AF744301

Augsburg Center
for Global
Economic Law and Regulation

Augsburger Zentrum
für Internationales Wirtschaftsrecht
und Wirtschaftsregulierung

Centre pour
le droit international et la régulation
économiques, Augsbourg

Schriften des Augsburg Center for
Global Economic Law and Regulation

Arbeiten zum Internationalen Wirtschaftsrecht
und zur Wirtschaftsregulierung

herausgegeben von

Prof. Dr. Thomas M. J. Möllers, Universität Augsburg
Prof. Dr. Matthias Rossi, Universität Augsburg

Band 68

Mauritz Christopher Poppele

Kapitalmarktinvestmentprodukte

Horizontaler Privatanlegerschutz im Lichte der MiFID II

Nomos

Die Deutsche Nationalbibliothek verzeichnet diese Publikation in der Deutschen Nationalbibliografie; detaillierte bibliografische Daten sind im Internet über http://dnb.d-nb.de abrufbar.

Zugl.: Augsburg, Univ., Diss., 2014
u.d.T: „Kapitalmarktinvestmentprodukte (PRIP)-Horizontaler Privatanlegerschutz im Lichte der MiFID II"

ISBN 978-3-8487-1829-0 (Print)
ISBN 978-3-8452-5826-3 (ePDF)

1. Auflage 2015
© Nomos Verlagsgesellschaft, Baden-Baden 2015. Printed in Germany. Alle Rechte, auch die des Nachdrucks von Auszügen, der fotomechanischen Wiedergabe und der Übersetzung, vorbehalten. Gedruckt auf alterungsbeständigem Papier.

In memoriam meiner Mutter Dr. Heike Wüstner

Vorwort

Das europäische Anlegerschutzrecht befindet sich im Lichte der Neufassung der Finanzmarktrichtlinie („MiFID II“) auch weiterhin im Umbruch. Erstmals verfolgt der europäische Gesetzgeber einen horizontalen Ansatz, der typische Privatanlegerprodukte mit Kapitalmarktbezug einem einheitlichen Regulierungsansatz zuführen soll. Dabei agiert er bisweilen zögerlich, etwa indem entgegen der Empfehlung des EU-Parlaments fondsbasierte Lebensversicherungen letztlich doch nicht unmittelbar in das MiFID II-Regelungsregime einbezogen wurden. Berücksichtigt man die vielfältigen Regelungsvorhaben auf mitgliedstaatlicher und europäischer Ebene, zeichnet sich gleichwohl deutlich eine Annäherung von Anleger- und Verbraucherschutzrecht ab. Ziel dieser Untersuchung ist es, die Konvergenzbewegung dieser Rechtsbereiche nachzuzeichnen und im Hinblick auf künftige Regelungsvorhaben zu systematisieren.

Diese Arbeit wurde im Sommersemester 2014 von der Universität Augsburg als Dissertation angenommen. Mit der mündlichen Prüfung am 9. Juli 2014 wurde das Promotionsverfahren abgeschlossen. Mein tiefer Dank gilt zuvorderst meinem Doktorvater Herrn Prof. Dr. Thomas M.J. Möllers, der mein Vorhaben in allen Phasen stets vorbehaltlos förderte. Ich hätte mir keinen besseren Lehrer und Mentor vorstellen können. Nicht zuletzt für die äußert zügige Erstellung des Erstgutachtens gebührt ihm mein besonderer Dank. Gleichermaßen danke ich Frau Prof. Dr. Martina Benecke für die schnelle Erstellung des Zweitgutachtes.

Besonders bedanken möchte ich mich auch bei der Konrad-Adenauer-Stiftung für die großzügige Unterstützung durch ein Promotionsstipendium. Dieses hat es mir ermöglich, mich auf die Fertigstellung dieser Arbeit konzentrieren zu können. Herrn Prof. Dr. Matthias Rossi sowie Herrn Prof. Dr. Möllers danke ich für die Aufnahme der Arbeit in die Schriftenreihe des Augsburg Center for Global Economic Law and Regulation. Ohne die kontinuierliche Aufmunterung und tatkräftige Unterstützung durch meinen Bruder Florian und – ganz besonders – Sylvia hätte ich diese Arbeit nicht zu einem erfolgreichen Abschluss bringen können. Ich bin Euch zu großem Dank verpflichtet.

Mainz, im Dezember 2014 — Mauritz Christopher Poppele

Inhaltsverzeichnis

Abkürzungsverzeichnis

1. Verbraucherkredit-RiL 87/102/EWG	RiL 87/102/EWG des Rates vom 22.12.1986 zur Angleichung der Rechts- und Verwaltungsvorschriften der Mitgliedstaaten über den Verbraucherkredit, ABl. Nr. L 42 v. 12.2.1987, S. 48-53
2. FFG	Gesetz über den Wertpapierhandel und zur Änderung börsenrechtlicher und wertpapierrechtlicher Vorschriften (Zweites Finanzmarktförderungsgesetz) v. 26.7.1994, BGBl. Teil I Nr. 1994 v. 20.7.1994, S. 1749
2. Verbraucherkredit-RiL 2008/48/EG	RiL 2008/48/EG des Europäischen Parlaments und des Rates v. 23.4.2008 über Verbraucherkreditverträge und zur Aufhebung der RiL 87/102/EWG des Rates, ABl. Nr. L 133 vom 22.5.2008, S. 66- 92
3. FFG	Gesetz zur weiteren Fortentwicklung des Finanzplatzes Deutschland (Drittes Finanzmarktförderungsgesetz) v. 24.3.1998, BGBl. I Nr. 1998 v. 27.3.1998, S. 525
4. FFG	Gesetz zur weiteren Fortentwicklung des Finanzplatzes Deutschland (Viertes Finanzmarktförderungsgesetz) v. 21.6.2002, BGBl. I Nr. 2002 v. 26.6.2002, S. 2009
AGB	Allgemeine Geschäftsbedingungen
AIFM-RiL 2011/61/EU	RiL 2011/61/EU des Europäischen Parlaments und des Rates v. 8.6.2011 über die Verwalter alternativer Investmentfonds und zur Änderung der RiL 2003/41/EG und 2009/65/EG und der Verordnungen (EG) Nr. 1060/2009 und (EU) Nr. 1095/2010, ABl. Nr. L 174 v. 1.7.2011, S. 1-73
AIFM-UmsG	Gesetz zur Umsetzung der RiL 2011/61/EU über die Verwalter alternativer Investmentfonds (AIFM-Umsetzungsgesetz – AIFM-UmsG) v. 4.7.2013, BGBl. I Nr. 35 v. 10.7.2013, S. 1981
Änderungs-RiL 97/55/EG	RiL 97/55/EG des Europäischen Parlaments und des Rates v. 6.10.1997 zur Änderung der RiL 84/450/EWG über irreführende Werbung zwecks Einbeziehung der vergleichenden Werbung ABl. Nr. L 290 v. 23.10.1997, S. 18-23

AnsFuG	Gesetz zur Stärkung des Anlegerschutzes und Verbesserung der Funktionsfähigkeit des Kapitalmarkts (Anlegerschutz- und Funktionsverbesserungsgesetz) v. 5.4.2011, BGBl. I Nr. 14 v. 7.4.2011, S. 538
AnSVG	Gesetz zur Verbesserung des Anlegerschutzes v. 28.10.2004, BGBl. I Nr. 2004 v. 29.10.2004, S. 2630
AVB	Allgemeine Versicherungsbedingungen
AVmG	Altersvermögensgesetz
BaFin	Bundesanstalt für Finanzdienstleistungen
Beteiligungs-RiL 88/627/EWG	RiL 88/627/EWG des Rates v. 12.12.1988 über die bei Erwerb und Veräußerung einer bedeutenden Beteiligung an einer börsennotierten Gesellschaft zu veröffentlichenden Informationen, ABl. Nr. L 348 v. 17.12.1988, S. 62-65
Börsenzulassungs-RiL 2001/34/EG	RiL 2001/34/EG des Europäischen Parlaments und des Rates v. 28.5.2001 über die Zulassung von Wertpapieren zur amtlichen Börsennotierung und über die hinsichtlich dieser Wertpapiere zu veröffentlichenden Informationen, ABl. Nr. L 184 v. 6.7.2001, S. 1-66
Börsenzulassungs-RiL 79/279/EWG	RiL 79/279/EWG des Rates v. 5.3.1979 zur Koordinierung der Bedingungen für die Zulassung von Wertpapieren zur amtlichen Notierung an einer Wertpapierbörse, ABl. Nr. L 66 v. 5.3.1979, S. 21-32
BVI	Bundesverband Investment und Asset Management
BVR	Bundesverband der Deutschen Volksbanken und Raiffeisenbanken
CEBS	Committee of European Banking Supervisors
CEIOPS	Committee of European Insurance and Occupational Pensions Supervisors
CESR	Committee of European Securities Regulators
COBS	Conduct of Business Sourcebook
DAI	Deutsches Aktieninstitut
DCFR	Draft Common Frame of Reference
DeckRV	Verordnung über Rechnungsgrundlagen für die Deckungsrückstellungen
Dodd-Frank-Act 2010	Dodd-Frank Wall Street Reform and Consumer Protection Act, Pub. L. No. 111-203 v. 21.7.2010, 124 Stat. 1376 (2010)

Dritte RiL-SchadenVers 92/49/EWG	RiL 92/49/EWG des Rates v. 18.6.1992 zur Koordinierung der Rechts- und Verwaltungsvorschriften für die Direktversicherung (mit Ausnahme der Lebensversicherung) sowie zur Änderung der RiL 73/239/EWG und 88/357/EWG (Dritte RiL Schadenversicherung), ABl. Nr. L 228 v. 11.8.1992, S. 1-23
DSGV	Deutscher Sparkassen- und Giroverband
E-Commerce-RiL 2000/31/EG	RiL 2000/31/EG des Europäischen Parlaments und des Rates v. 8.6.2000 über bestimmte rechtliche Aspekte der Dienste der Informationsgesellschaft, insbesondere des elektronischen Geschäftsverkehrs, im Binnenmarkt („RiL über den elektronischen Geschäftsverkehr"), ABl. Nr. L 178 v. 17.7.2000, S. 1-16
EBA	European Banking Authority
EIOPA	European Insurance and Occupational Pensions Authority
ESMA	European Securities and Markets Authority
ESMA-VO (EU) Nr. 1095/2010	VO (EU) Nr. 1095/2010 des Europäischen Parlaments und des Rates zur Errichtung einer Europäischen Aufsichtsbehörde (Europäische Wertpapier- und Marktaufsichtsbehörde), zur Änderung des Beschlusses Nr. 716/2009/EG und zur Aufhebung des Beschlusses 2009/77/EG der Kommission v. 24.11.2010, ABl. Nr. L 331 v. 15.12.2010, S. 84-119
Fernabsatz-ÄndG	Gesetz zur Änderung der Vorschriften über Fernabsatzverträge bei Finanzdienstleistungen v. 2.12.2004, BGBl. I Nr. 64 v. 7.12.2004, S. 3102
Fernabsatz-RiL 97/7/EG	RiL 97/7/EG des Europäischen Parlaments und des Rates v. 20.5.1997 über den Verbraucherschutz bei Vertragsabschlüssen im Fernabsatz, ABl. Nr. L 144, S. 19-27
FESE	Federation of European Stock Exchanges
Financial Services Act 2012	An Act to amend the Bank of England Act 1998, the Financial Services and Markets Act 2000 and the Banking Act 2009; to make other provision about financial services and markets; to make provision about the exercise of certain statutory functions relating to building societies, friendly societies and other mutual societies; to amend section 785 of the Companies Act 2006; to make provision enabling the Director of Savings to provide services to other public bodies; and for connected purposes v. 19.12.2012, 2012 c. 21

FinAnlV- und VermAnlG	Gesetz zur Novellierung des Finanzanlagenvermittler- und Vermögensanlagenrechts v. 6.12.2011, BGBl. I Nr. 63 v. 12.12.2011, S. 2481
FinDA-StärkG	Gesetz zur Stärkung der deutschen Finanzaufsicht v. 28.11.2012, BGBl. I Nr. 56 v. 3.12.2012, S. 2369
FinFA-ÄnderungsG	Gesetz v. 2.12.2004 zur Änderung der Vorschriften über Fernabsatzverträge bei Finanzdienstleistungen, BGBl. I Nr. 64 v. 7.12.2004, S. 3102
FinFA-RiL 2002/65/EG	RiL 2002/65/EG des Europäischen Parlaments und des Rates vom 23.9.2002 über den Fernabsatz von Finanzdienstleistungen an Verbraucher und zur Änderung der RiL 90/619/EWG des Rates und der RiL 97/7/EG und 98/27/EG, ABl. Nr. L 271 v. 9.10.2002, S. 16-24
FRUG	Gesetz zur Umsetzung der RiL über Märkte für Finanzinstrumente (RiL 2004/39/EG, MiFID) und der Durchführungs-RiL (RiL 2006/73/EG) der Kommission v. 16.7.2007, BGBl. I Nr. 31 v. 19.7.2010, S. 1330
GDV	Gesamtverband der Deutschen Versicherungswirtschaft
Handelsvertreter-RiL 86/653/EWG	RiL 86/653/EWG des Rates v. 18.12.1986 zur Koordinierung der Rechtsvorschriften der Mitgliedstaaten betreffend die selbständigen Handelsvertreter, ABl. Nr. L 382 v. 31.12.1986, S. 17-21
Haustürwiderruf-RiL 85/577/EWG	RiL 85/577/EWG des Rates v. 20.12.1985 betreffend den Verbraucherschutz im Falle von außerhalb von Geschäftsräumen geschlossenen Verträgen, ABl. Nr. L 372 v. 31.12.1985, S. 31-33
HonoraranlageberatungsG	Gesetz zur Förderung und Regulierung einer Honoraranlageberatung über Finanzinstrumente (Honoraranlageberatungsgesetz) v. 15.7.2013, BGBl. I Nr. 38 v. 18.7.2013, S. 2390
IBF	International Banking Federation
IIF	Institute of International Finance
Insider-RiL 89/592/EWG	RiL 89/592/EWG des Rates v. 13.11.1989 zur Koordinierung der Vorschriften betreffend Insider- Geschäfte, ABl. Nr. L 334 v. 18.11.1989, S. 30-32
Investment Advisers Act 1940	15 U.S.C. §§ 80b-1-15-80b-21

Investmentmodernisie-rungsG	Gesetz zur Modernisierung des Investmentwesens und zur Besteuerung von Investmentvermögen (Investment-modernisierungsgesetz) v. 15.12.2003, BGBl. I Nr. 62 v. 19.12.2003, S. 2676
JAC	Joint Associations Committee on Retail Structured Products
KapMuG-EinführungsG	Gesetz zur Einführung von Kapitalanleger-Musterverfahren v. 16.8.2005, BGBl. I Nr. 2005 v. 19.8.2005, S. 2437
Klausel-RiL 93/13/EWG	RiL 93/13/EWG des Rates v. 5.4.1993 über mißbräuchliche Klauseln in Verbraucherverträgen, ABl. Nr. L 95 v. 21.4.1993, S. 29-34
Lebensversicherungs-RiL 2002/83/EG	RiL 2002/83/EG des Europäischen Parlaments und des Rates v. 5.11.2002 über Lebensversicherungen, ABl. Nr. L 345 v. 19.12.2001, S. 1-51
Leerverkaufs-VO (EU) Nr. 236/2012	VO (EU) Nr. 236/2012 des Europäischen Parlaments und des Rates vom 14.3.2012 über Leerverkäufe und bestimmte Aspekte von Credit Default Swaps, ABl. Nr. L 26 v. 24.3.1012, S. 1-24
Marktmissbrauchs-RiL 2003/6/EG	RiL 2003/6/EG des Europäischen Parlaments und des Rates vom 28.1.2003 über Insider-Geschäfte und Marktmanipulation (Marktmissbrauch), ABl. Nr. L. 96 v. 12.4.2003, S. 16-35
MiFID I	RiL 2004/39/EG des Europäischen Parlaments und des Rates v. 21.4.2004 über Märkte für Finanzinstrumente, zur Änderung der RiL 85/611/EWG und 93/6/EWG des Rates und der RiL 2000/12/EG des Europäischen Parlaments und des Rates und zur Aufhebung der RiL 93/22/EWG des Rates, ABl. Nr. L 145 v. 30.4.2004, S. 1-44
MiFID I-DRL 2006/73/EG	RiL 2006/73/EG der Kommission v. 10.8.2006 zur Durchführung der RiL 2004/39/EG des Europäischen Parlaments und des Rates in Bezug auf die organisatorischen Anforderungen an Wertpapierfirmen und die Bedingungen für die Ausübung ihrer Tätigkeit sowie in Bezug auf die Definition bestimmter Begriffe für die Zwecke der genannten RiL, ABl. Nr. L 241 v. 2.9.2009, S. 26-58
MiFID II-E	Vorschlag v. 20.10.2011 für eine RiL des Europäischen Parlaments und des Rates über Märkte für Finanzinstrumente zur Aufhebung der RiL 2004/39/EG des Europäischen Parlaments und des Rates (Neufassung), KOM (2011) 656 endg.

MiFID II-E (EUP)	Abänderungen des Europäischen Parlaments v. 26.10.2012 zu dem Vorschlag für eine RiL des Europäischen Parlaments und des Rates über Märkte für Finanzinstrumente zur Aufhebung der RiL 2004/39/EG des Europäischen Parlaments und des Rates (Neufassung), P7_TA-PROV(2012), 0406
MiFID II	RiL 2014/65/EU des Europäischen Parlaments und des Rates v. 15.5.2014 über Märkte für Finanzinstrumente sowie zur Änderung der RiL 2002/92/EG und 2011/61/EU, ABl. Nr. L 173 v. 12.6.2014, S. 349-496
MiFIR-E	Vorschlag v. 20.10.2011 für eine Verordnung des Europäischen Parlaments und des Rates über Märkte für Finanzinstrumente und zur Änderung der Verordnung [EMIR] über OTC-Derivate, zentrale Gegenparteien und Transaktionsregister v. 20.10.2011, KOM(2011) 652 endg.
MiFIR-E (EUP)	Abänderungen des Europäischen Parlaments v. 26.10.2012 zu dem Vorschlag für eine Verordnung des Europäischen Parlaments und des Rates über Märkte für Finanzinstrumente und zur Änderung der Verordnung [EMIR] über OTC-Derivate, zentrale Gegenparteien und Transaktionsregister, P7_TA-PROV (2012), 0407
MiFIR	Verordnung (EU) Nr. 600/2014 des Europäischen Parlaments und des Rates vom 15.5.2014 über Märkte für Finanzinstrumente und zur Änderung der Verordnung (EU) Nr. 648/2012, ABl. Nr. L 173 v. 12.6.2014, S. 84-148
OGAW IV-RiL 2009/65/EG	RiL 2009/65/EG des Europäischen Parlaments und des Rates v. 13.7.2009 zur Koordinierung der Rechts- und Verwaltungsvorschriften betreffend bestimmte Organismen für gemeinsame Anlagen in Wertpapieren (OGAW), ABl. Nr. L 302 v. 17.11.2009, S. 32-96
OGAW-IV-UmsG	Gesetz zur Umsetzung der RiL 2009/65/EG zur Koordinierung der Rechts- und Verwaltungsvorschriften betreffend bestimmte Organismen für gemeinsame Anlagen in Wertpapieren v. 22.6.2011 (OGAW-IV-Umsetzungsgesetz – OGAW-IV-UmsG), BGBl. I Nr. 30 v. 25.6.2011, S. 1126

ProdHaft-RiL 85/374/EWG	RiL 85/374/EWG des Rates vom 25.7.1985 zur Angleichung der Rechts- und Verwaltungsvorschriften der Mitgliedstaaten über die Haftung für fehlerhafte Produkte, Abl. Nr. L 210 v. 7.8.1985, S. 29-33
Prospekt-RiL 2003/71/EG	RiL 2003/71/EG des Europäischen Parlaments und des Rates v. 4.11.2003 betreffend den Prospekt, der beim öffentlichen Angebot von Wertpapieren oder bei deren Zulassung zum Handel zu veröffentlichen ist, und zur Änderung der RiL 2001/34/EG, ABl. Nr. L 345 v. 31.12.2003, S. 64-89
Prospekt-RiL 2010/73/EU	RiL 2010/73/EU des Europäischen Parlaments und des Rates v. 24.11.2010 zur Änderung der RiL 2003/71/EG betreffend den Prospekt, der beim öffentlichen Angebot von Wertpapieren oder bei deren Zulassung zum Handel zu veröffentlichen ist, und der RiL 2004/109/EG zur Harmonisierung der Transparenzanforderungen in Bezug auf Informationen über Emittenten, deren Wertpapiere zum Handel auf einem geregelten Markt zugelassen sind, ABl. Nr. L 327 v. 11.12.2010, S. 1-12
Prospekt-RiL 80/390/EWG	RiL 80/390/EWG des Rates v. 17.3.1980 zur Koordinierung der Bedingungen für die Erstellung, die Kontrolle und die Verbreitung des Prospekts, der für die Zulassung von Wertpapieren zur amtlichen Notierung an einer Wertpapierbörse zu veröffentlichen ist, ABl. Nr. L 100 v. 7.4.1980, S. 1-26
Prospekt-RiL-UmsetzungsG	Gesetz zur Umsetzung der RiL 2003/71/EG des Europäischen Parlaments und des Rates v. 4.11.2003 betreffend den Prospekt, der beim öffentlichen Angebot von Wertpapieren oder bei deren Zulassung zum Handel zu veröffentlichen ist, und zur Änderung der RiL 2001/34/EG v. 22.6.2005, BGBl. I Nr. 2005 v. 27.6.2005, S. 1698
Prospekt-VO (EU) Nr. 583/2010	VO (EU) Nr. 583/2010 der Kommission vom 1.7.2010 zur Durchführung der RiL 2009/65/EG des Europäischen Parlaments und des Rates im Hinblick auf die wesentlichen Informationen für den Anleger und die Bedingungen, die einzuhalten sind, wenn die wesentlichen Informationen für den Anleger oder der Prospekt auf einem anderen dauerhaften Datenträger als Papier oder auf einer Website zur Verfügung gestellt werden, ABl. Nr. L 176 v. 10.7.2010, S. 1-15

Publizitäts-RiL 82/121/EWG	RiL 82/121/EWG des Rates v. 15.2.1982 über regelmäßige Informationen, die von Gesellschaften zu veröffentlichen sind, deren Aktien zur amtlichen Notierung an einer Wertpapierbörse zugelassen sind, ABl. Nr. L 48 v. 20.2.982, S. 26-29
RiL-E Wettbwb-Schadensersatz	Vorschlag für eine RiL des Europäischen Parlaments und des Rates über bestimmte Vorschriften für Schadensersatzklagen nach einzelstaatlichem Recht wegen Zuwiderhandlungen gegen wettbewerbsrechtliche Bestimmungen der Mitgliedstaaten und der Europäischen Union v. 11.6.2013, COM(2013) 404 endg.
Risikokapitalfonds-VO (EU) Nr. 345/2013	Verordnung (EU) Nr. 345/2013 des Europäischen Parlaments und des Rates über Europäische Risikokapitalfonds v. 25.4.2013, ABl. Nr. L 115 v. 27.4.2013, S. 1-17
SchVGEG	Gesetz zur Neuregelung der Rechtsverhältnisse bei Schuldverschreibungen aus Gesamtemissionen und zur verbesserten Durchsetzbarkeit von Ansprüchen von Anlegern aus Falschberatung v. 31.7.2009, BGBl. I Nr. 2009 v. 4.8.2009, S. 2512
SEC	Securities Exchange Commission
Transparenz-RiL 2004/109/EG	RiL 2004/109/EG des Europäischen Parlaments und des Rates v. 15.12.2004 zur Harmonisierung der Transparenzanforderungen in Bezug auf Informationen über Emittenten, deren Wertpapiere zum Handel auf einem geregelten Markt zugelassen sind, und zur Änderung der RiL 2001/34/EG, ABl. Nr. L 390 v. 31.12.2004, S. 38-57
Uniform Sercurities Act 2005	Uniform Securities Act (Last Revised or Amended in 2005)
Verbraucherkredit-RiL-UmsetzungsG	Gesetz zur Umsetzung der Verbraucherkredit-RiL, des zivilrechtlichen Teils der Zahlungsdienste-RiL sowie zur Neuordnung der Vorschriften über das Widerrufs- und Rückgaberecht v. 29.7.2009, BGBl. I Nr. 49 v. 3.8.2009, S. 2355
Verbraucherrechte-RiL 2011/83/EU	RiL des Europäischen Parlaments und des Rates v. 25.10.2011 über die Rechte der Verbraucher, zur Abänderung der RiL 93/13/EWG des Rates und der RiL, 1999/44/EG des Europäischen Parlaments und des Rates sowie zur Aufhebung der RiL 85/577/EWG des Rates und der RiL 97/7/EG des Europäischen Parlaments und des Rates, ABl. Nr. L 304 v. 22.11.2011, S. 64-88

Verbraucherrechte-RiL-E	Vorschlag v. 8.10.2008 für eine RiL des Europäischen Parlaments und des Rates über Rechte der Verbraucher, KOM(2008) 614 endg.
Verbraucherrechte-RiL-UmsG	Gesetz zur Umsetzung der Verbraucherrechte-RiL und zur Änderung des Gesetzes zur Regelung der Wohnungsvermittlung v. 20.9.2013, BGBl. I Nr. 58 v. 27.9.2013, S. 3642
Verbrauchsgüterkauf-RiL 1999/44/EG	RiL 1999/44/EG des Europäischen Parlaments und des Rates v. 25.5.1999 zu bestimmten Aspekten des Verbrauchsgüterkaufs und der Garantien für Verbrauchsgüter, ABl. Nr. L 171 v. 7.7.1999, S. 12-16
VersÄndG	Gesetz zur Änderung versicherungsrechtlicher Vorschriften v. 24.4.2013, BGBl. I Nr. 20 v. 30.4.2013, S. 932
Versicherungsvermittlungs-RiL 2002/92/EG	RiL 2002/92/EG des Europäischen Parlaments und des Rates v. 9.12.2002 über Versicherungsvermittlung, ABl. Nr. L 9 v. 15.1.2003, S. 3-10
Versicherungsvermittlungs-RiL II-E	Vorschlag v. 3.7.2012 für eine RiL des Europäischen Parlaments und des Rates über Versicherungsvermittlung (Neufassung), KOM(2012) 360 endg.
VersVermG	Gesetz zur Neuregelung des Versicherungsvermittlerrechts v. 19.12.2006, BGBl. I S. 3232
VO-E Basisinformationsblätter	Vorschlag für eine Verordnung des Europäischen Parlaments und des Rates über Basisinformationsblätter für Anlageprodukte v. 3.7.2012, KOM(2012), 352 endg.
VVG-ReformG	Gesetz zur Reform des Versicherungsvertragsrechts v. 23.11.2007, BGBl. I Nr. 59 v. 29.11.2007, S. 2631
Werbe-RiL 2006/114/EG	RiL 2006/114/EG des Europäischen Parlaments und des Rates v. 12.12.2006 über irreführende und vergleichende Werbung, ABl. Nr. L 376 v. 27.12.2006, S. 21-27
Werbe-RiL 84/450/EWG	RiL 84/450/EWG des Rates v. 10.9.1984 zur Angleichung der Rechts- und Verwaltungsvorschriften der Mitgliedstaaten über irreführende Werbung, ABl. Nr. L 250 v. 19.9.1984, S. 17-20
WpDiRiL 93/22/EWG	RiL 93/22/EWG des Rates v. 10.5.1993 über Wertpapierdienstleistungen ABl. EWG Nr. L 141 v. 24.5.1993, S. 27-46

Zahlungsdienste-RiL 2007/64/EG	RiL 2007/64/EG des Europäischen Parlaments und des Rates v. 13.11.2007 über Zahlungsdienste im Binnenmarkt, zur Änderung der RiL 97/7/EG, 2002/65/EG, 2005/60/EG und 2006/48/EG sowie zur Aufhebung der RiL 97/5/EG, ABl. Nr. L 319 v. 5.12.2007, S. 1-36

Einleitung

„That the only purpose for which power can be rightfully exercised over any member of a civilized community, against his will, is to prevent harm to others. His own good, either physical or moral, is not a sufficient warrant.“[1]

A. Untersuchungskontext

Die Prämisse des Paternalismus, dass der Staat besser als seine Bürger einzuschätzen vermag, welche Entscheidungen in deren wohlverstandenem Interesse liegen, wurde bereits im aufkeimenden Liberalismus des 19. Jahrhunderts scharf zurückgewiesen. Stattdessen überantworteten die Volkswirtschaften westlicher Prägung den Schutz des Einzelnen dem Markt. Das Vertrauen in die interessenausgleichenden Kräfte des Marktes kommt im bisherigen Regelungsmodell des Kapitalmarktrechts in geradezu paradigmatischer Weise zum Ausdruck: Marktkomplementäre Informationspflichten sollen es den Anlegern ermöglichen, eigenverantwortlich rationale Anlageentscheidungen zu treffen; durch zielgenaue Kapitalallokation sichern sie zugleich die Effizienz der Kapitalmärkte ab. Das Produktangebot wurde bislang nicht reguliert. Stattdessen setzte der Kapitalmarktgesetzgeber auf die angebotslenkende Macht einer rationalen und informierten Nachfrageseite.

Das Vertrauen in diese Regelungskräfte wurde durch die Finanzmarktkrise 2007/2008 zutiefst erschüttert, da sie die Kapitalmärkte weltweit zum Absturz brachte und die Portefeuilles der Anleger dahinschmelzen ließ. Irrationales Anlegerverhalten und eigennützige Manipulationen der Finanzmarktakteure scheinen paternalistische Eingriffe erforderlich zu machen, um insbesondere Privatanleger vor den Risiken der Kapitalmarktanlage zu schützen.

Den hiermit notwendigen regulatorischen Richtungswechsel von dem Vertrauen auf eine uneingeschränkte Markteffizienz hin zu einem marktkompensatorischen Regulierungsverständnis würde der Rückgriff auf Dogmatik und Regelungsinstrumente des Verbraucherschutzrechts erheb-

---

1 *Mill*, On Liberty, in: On Liberty and Utilitarianism, 1993 (Erstaufl. 1859), S. 12.

lich erleichtern. Denn das Verbraucherschutzrecht trägt die Maxime, dass die Verbraucher der Anbieterseite strukturell unterlegen sind und nötigenfalls durch staatliche Intervention vor sich selbst geschützt werden müssen. Eine verbraucherschutzrechtliche Rückbindung des Privatanlegerschutzes wäre indes ausgeschlossen, wenn es sich bei Anleger- und Verbraucherschutzrecht um disparate Regelungsregime handeln würde.

Ohne auf diese Zweifelsfrage einzugehen, hebt die 2007 auf europäischer Ebene auf den Weg gebrachte Reforminitiative „Anlageprodukte für Kleinanleger“[2] die faktische Trennung der beiden Rechtskreise auf, indem Anleger- und Verbraucherprodukte demselben Regelungsregime unterstellt werden sollen. Hintergrund dieses rechtsgebiets- und produktformübergreifenden, horizontalen Regulierungsansatzes ist die empirische Erkenntnis, dass für die Kapitalanlage der privaten Haushalte klassische Wertpapiere wie Aktie und Anleihe nur von geringer Bedeutung sind. Stattdessen setzen Privatanleger auf Bankeinlagen, Lebensversicherungen, Investmentfonds und derivative Wertpapiere, die im Nachfolgenden unter den Begriffen Packaged Retail Investment Products („PRIP“) bzw. „Kapitalmarktinvestmentprodukte“ zusammengefasst werden.

Erstes Ergebnis der EU-Konsolidierungsbestrebungen ist der von der Kommission im Juli 2012 vorgelegte Vorschlag für eine Verordnung über Basisinformationen für Anlageprodukte[3], der für Kapitalmarktinvestmentprodukte einheitliche Informationspflichten empfiehlt.

Am 15. Mai 2014 – und damit nach der offiziellen Einreichung dieser Arbeit – hat Europa seinen Finanzmärkten schließlich in Gestalt der Neufassung der Finanzmarktrichtlinie („MiFID II“)[4] und der dazu gehörigen

---

2 Insbesondere Kommission, Mitteilung v. 30.4.2009 an das Europäische Parlament und den Rat: Anlageprodukte für Kleinanleger, KOM(2009) 204 endg.

3 Vorschlag für eine Verordnung des Europäischen Parlaments und des Rates über Basisinformationsblätter für Anlageprodukte v. 3.7.2012, KOM(2012), 352 endg., S. 2 (nachfolgend zitiert als „VO-E Basisinformationsblätter“).

4 Richtlinie 2014/65/EU des Europäischen Parlaments und des Rates v. 15.5.2014 über Märkte für Finanzinstrumente sowie zur Änderung der Richtlinien 2002/92/EG und 2011/61/EU, ABl. Nr. L 173 v. 12.6.2014, S. 349-496 (nacholgend zitiert als „MiFID II“).

Finanzmarktverordnung („MiFIR")[5] eine neue Verfassung gegeben.[6] Vorausgegangen waren Regelungsvorschläge von Kommission[7] und EU-Parlament[8]. Letztere fanden im Rahmen dieser Untersuchung bereits Berücksichtigung, die endgültigen Regelungen von MiFID II und MiFIR wurden für die Zwecke der Publikation dieser Arbeit nachträglich noch eingearbeitet.

Der MiFID II-Entwurf des EU-Parlaments sah insbesondere vor, dass die MiFID-Wohlverhaltensregeln, die das Rechtsverhältnis zwischen Wertpapierdienstleister und Kunde regeln, auf fondsbasierte Lebensversicherungen ausgeweitet werden sollten[9]. Erst in letzter Minute hat sich der europäische Gesetzgeber zumindest im Kontext der MiFID II gegen die richtungsweisende Gleichstellung von Kapitalmarktinvestmentprodukten entschieden.[10] Im Rahmen einheitlicher Informationsvorgaben für Kapitalmarktinvestmentprodukte wurde indes an dem horizontalen Regulierungsansatz festgehalten. Insofern wurde die Zielsetzung, kohärente Regelungssysteme für aus Anlegersicht gleichartige Anlageprodukte zu schaffen, nicht aufgegeben.[11] Die Ausführungen hierzu haben daher ihre Gültigkeit nicht eingebüßt.

---

5 Verordnung (EU) Nr. 600/2014 des Europäischen Parlaments und des Rates vom 15.5.2014 über Märkte für Finanzinstrumente und zur Änderung der Verordnung (EU) Nr. 648/2012, ABl. Nr. L 173 v. 12.6.2014, S. 84-148 (nachfolgend zitiert als „MiFIR").

6 Insbesondere zur Anlageberatung ewa *Buck-Heeb*, BKR 2014, 221 ff.

7 Vorschlag für eine RiL über Märkte für Finanzinstrumente zur Aufhebung der RiL 2004/39/EG (Neufassung) v. 20.10.2011, KOM(2011) 656 endg. (nachfolgend zitiert als „MiFID II-E"); Vorschlag v. 20.10.2011 für eine Verordnung des Europäischen Parlaments und des Rates über Märkte für Finanzinstrumente und zur Änderung der Verordnung [EMIR] über OTC-Derivate, zentrale Gegenparteien und Transaktionsregister v. 20.10.2011, KOM(2011) 652 endg. (nachfolgend zitiert als „MiFIR-E").

8 Abänderungen des Europäischen Parlaments v. 26.10.2012 zu dem Vorschlag für eine RiL über Märkte für Finanzinstrumente zur Aufhebung der RiL 2004/39/EG, P7_TA-PROV(2012)0406 (nachfolgend zitiert als „MiFID II-E (EUP)"); Abänderungen des Europäischen Parlaments v. 26.10.2012 zu dem Vorschlag für eine Verordnung des Europäischen Parlaments und des Rates über Märkte für Finanzinstrumente und zur Änderung der Verordnung [EMIR] über OTC-Derivate, zentrale Gegenparteien und Transaktionsregister, P7_TA-PROV (2012), 0407 (nachfolgend zitiert als „MiFIR-E (EUP)").

9 Siehe Art. 1 Abs. 3 a MiFID II-E (EUP).

10 Vgl. auch *Buck-Heeb*, BKR 2014, 221, 224.

11 Vgl. Erwägungsgrund 87 MiFID II.

Auch die Koalitionsvereinbarung der amtierenden Bundesregierung bezieht den Finanzsektor explizit mit ein, wenn im „Interesse eines besseren Verbraucherschutzes" gefordert wird, das Verbrauchervertragsrecht künftig „verständlich, übersichtlich und in sich stimmig" auszugestalten. Überall dort, wo „Verbraucher sich nicht selbst schützen können oder überfordert sind", müsse der Staat „Schutz und Vorsorge bieten".[12] Diesen Vorgaben folgend, stellte die Bundesregierung am 22. Mai 2014 einen „Aktionsplan zum Verbraucherschutz im Finanzmarkt"[13] vor und präsentierte mit dem Referentenentwurf eines Kleinanlegerschutzgesetzes vom 28. Juli 2014[14] einen ersten Vorschlag für dessen Umsetzung. Diese Maßnahmen konnten in der vorliegenden Untersuchung keine umfassende Berücksichtigung mehr finden.

Diese Entwicklungen auf europäischer und nationaler Ebene deuten auf die Annäherung von verbraucherschutzorientiertem Unterlegenenschutz und anlegerschutzorientiertem Marktrecht hin. Nicht per se ausgeschlossen ist damit, dass paternalistische Regelungsinstrumente künftig auch im Bereich des klassischen Anlegerschutzrechts zur Anwendung kommen. So ziehen es sowohl der europäische als auch der nationale Gesetzgeber in Erwägung, die Aufsichtsbehörden zu ermächtigen „... Finanzprodukte zu verbieten oder den aktiven Vertrieb zu untersagen, sofern diese die Finanzmarktstabilität gefährden oder unverhältnismäßige Risiken für Anleger bergen."[15] Zur Ergänzung des bestehenden Regelungsinstrumentariums fordert der Bundesjustiz- und Verbraucherschutzminister zudem, den „kollektiven Verbraucherschutz" bei Finanzdienstleistungen zu stärken.[16] *De lege ferenda* deutet sich insofern an, dass der Kapitalmarktgesetzgeber zunehmend auf marktkompensatorische Regelungsinstrumente zurück-

---

12 Regierungskoalition CDU/CSU/SPD, Koalitionsvertrag 18. Legislaturperiode S. 87.

13 Abrufbar unter www.bundesfinanzministerium.de (zuletzt abgerufen am 23.11.2014).

14 Referentenentwurf der Bundesregierung veines Kleinanlegerschutzgesetzes v. 28.7.2014, abrufbar unter www.bundesfinanzministerium.de (zuletzt abgerufen am 23.11.2014).

15 So *Ulrich Kleber*, Parlamentarischer Staatssekretär im Justizministerium, gegenüber der Süddeutschen Zeitung, vgl. *Hulverscheidt*, SZ-online v. 23.1.2014; siehe auch *Beate Merk*, ehedem Bayerische Justiz- und Verbraucherschutzministerin, Pressemitteilung Nr. 122/2013 v. 10.5.2013: Verbraucherschutzministerin Merk fordert: „Verbraucher besser vor ungeeigneten Finanzprodukten schützen".

16 *Maas*, SZ v. 10.3.2014.

greifen könnte, um den Schutz der Privatanleger bei der Geldanlage in Kapitalmarktinvestmentprodukte zu verbessern.

Vor diesem Hintergrund kann sich der Verbraucherschutz womöglich neben dem Topos Anlegerschutz als weiteres „Postulat, Normzweck und dogmatische Kategorie“[17] der Kapitalmarktgesetzgebung etablieren.

B. Untersuchungsziele und Aufbau

Die private Geldanlage in Kapitalmarktinvestmentprodukte berührt die Rechtsebenen Vertrag, Verband und Markt.[18] Es handelt sich um eine rechtliche Querschnittsmaterie, die sich aus unterschiedlichsten Rechtsquellen speist.

Metaziel dieser Untersuchung ist es, die von der PRIP-Initiative initiierte Konvergenzbewegung von Anleger- und Verbraucherschutzrecht zu untersuchen. Zu diesem Zweck sind die Regulierungsgegenstände, die dogmatischen Ansätze und die Regelungsinstrumente der einfachgesetzlichen Rechtsquellen systematisch zu ordnen.

Dabei müssen rechtskonzeptuelle Fragestellungen wie die Anerkennung konkludenter Anlageberatungsverträge und das Verhältnis von Aufsichts- und Zivilrecht zueinander untersucht werden; schließlich herrscht nach wie vor Unklarheit über die dogmatischen Grundlagen des individuellen Anlegerschutzes.[19]

Den Grundlagen der Regulierung von Kapitalmarktinvestmentprodukten widmet sich *Teil 1*: § 1 stellt die Regelungsziele des Kapitalmarktrechts dar und nimmt Bezug darauf, ob hierzu auch der Verbraucherschutz zu zählen ist.

---

17 *Hopt*, in: Grundmann (Hrsg.), Systembildung und Systemlücken in Kernbereichen des Europäischen Privatrechts, 2000, S. 303, 313.

18 *Kalss*, Anlegerinteressen, 2000, passim.

19 *Buck-Heeb*, Kapitalmarktrecht, 6. Aufl. 2013, Rdn. 12: konzeptionelle Grundlagen des Anlegerschutzes bis heute ungeklärt; *Kasten*, Neuregelung der Explorations- und Informationspflichten, 2009, S. 37: Anlegerschutz bis heute nur in seinen Kernpositionen akzentuiert; *Damrau*, Selbstregulierung im Kapitalmarktrecht, 2003, S. 28 f.; *Kress*, Effizienzorientierte Kapitalmarktregulierung, 1996; besonders deutlich *Assmann*, ZBB 1989, 49: „Der Begriff des Anlegerschutzes gehört zu jenen topoi, deren Häufigkeit des Gebrauchs in keinem Verhältnis zur Klärung ihrer konzeptionellen Grundlagen steht.“.

Teil 2 widmet sich den Regulierungsgegenständen der PRIP-Initiative: § 2 erläutert die einzelnen Kapitalmarktinvestmentprodukte und deren Regulierungsrahmen, wobei besonderes Augenmerk den gemeinsamen Merkmalen gilt. § 3 stellt Anleger, Kunde und Verbraucher als personelle Regulierungsgegenstände vor. § 4 geht auf die zivilrechtlichen Grundlagen ein; von besonderer Bedeutung ist hierbei neben der Anwendbarkeit des Verbrauchervertragsrechts die rechtliche Konstruktion konkludenter Anlageberatungsverträge. § 5 nimmt zu der Zweifelsfrage Stellung, ob es sich bei Anleger- und Verbraucherschutzrecht um disparate Regelungsregime handelt. Die Untersuchungsergebnisse von Teil 2 fasst § 6 zusammen.

Teil 3 setzt sich mit den dogmatischen Grundlagen von Anleger- und Verbraucherschutz auseinander. Die in § 7 dargestellten ökonomischen Markttheorien leiten zu der Unterteilung in marktkomplementäre (§ 8) und marktkompensatorische Ansätze (§ 9) als mögliche dogmatische Grundlagen der PRIP-Initiative über. Die Untersuchungsergebnisse von Teil 3 fasst § 10 zusammen.

Teil 4 untersucht, ob sich aus dem horizontalen Regulierungsansatz der PRIP-Initiative verallgemeinerungsfähige Rechtsprinzipien (§ 11) gewinnen lassen. Herausgearbeitet werden die Rechtsprinzipien „fremdnützige Interessenwahrung" (§ 12) und „umfassende Anlegerinformation" (§ 13). § 14 fasst die Untersuchungsergebnisse von Teil 4 zusammen.

In *Teil 5* wird das Sanktionsinstrumentarium des PRIP-Regelungsregimes dargestellt. Dieses unterteilt sich in ein vorvertragliches (§ 16) und nach Vertragsschluss zur Anwendung kommendes Regelungsinstrumentarium (§ 17). Die Ergebnisse von Teil 5 werden in § 18 unter Untersuchung des verbraucherschützenden Charakters der einfachgesetzlichen Regelungsinstrumente zusammengefasst.

Die Untersuchungsergebnisse fasst § 19 in einer Schlussbetrachtung abschließend zusammen.

C. Untersuchungsmethodik

Der horizontale Regelungsansatz der PRIP-Initiative verlangt nach einem rechtsvergleichenden Untersuchungsansatz. Neben Verbraucherschutzgesetzen sind aufgrund ihres Vorbildcharakters die Regelungen anderer europäischer Mitgliedsstaaten und insbesondere des US-amerikanischen Kapitalmarktgesetzgebers zu berücksichtigen. Um die Untersuchungshypothesen zu belegen, werden verstärkt empirische Erkenntnisse herangezogen.

D. Eingrenzung der Untersuchungsgegenstände

Kein Untersuchungsgegenstand dieser Arbeit ist die individuelle Vermögensverwaltung als klassisches Portfoliomanagement, die dem Vermögensverwalter eigenen Entscheidungsspielraum einräumt: Kapitalmarktinvestmentprodukte wie Investmentfonds und fondsbasierte Lebensversicherungen diversifizieren das Anlagekapital und machen damit eine individuelle Vermögensverwaltung entbehrlich. Ohnehin ist die individuelle Vermögensverwaltung für den überwiegenden Teil der Privatanleger in Anbetracht der geforderten Mindestanlagesummen[20] keine Option.[21]

Ebenso wenig sind die „marktbezogenen" Informationspflichten Untersuchungsgegenstand, da sie sich in erster Linie an professionelle Marktteilnehmer richten.[22] Auch die Regulierung der Anbieterseite durch Qualitätsanforderungen an die Wertpapierdienstleister und das aufsichtsrechtliche Sanktionsinstrumentarium in Gestalt von Bußgeldern und Tätigkeitsverboten bleibt außen vor.

---

20 *Lenenbach,* Kapitalmarktrecht, 2. Aufl. 2010, Rdn. 8.3., nennt für die „standardisierte" Vermögensverwaltung eine Mindestanlagesumme von 100.000 Euro, die individuelle Vermögensberatung beginne ab einem Mindestkapital von 1 Mio. Euro; ebenso *Schäfer*, in: Assmann/Schütze (Hrsg.), Hdb KapitalanlageR, 3. Aufl. 2007, § 23 Rdn. 5.

21 *Möllers/Poppele*, ZGR 2013, 437, 478.

22 Hierzu auch S. 355 ff.

Teil 1: Grundlagen

§ 1 Regelungsziele der Kapitalmarktgesetzgebung

Die Kapitalmarktgesetzgebung war bisher durch den Zielfunktionendualismus von *Anleger-* und *Funktionenschutz* geprägt. Entwicklungen auf europäischer Ebene legen nahe, dass diese Regelungsziele künftig um den *Verbraucherschutz* zu einer Schutztrias zu erweitern sind. Im Nachfolgenden gilt es die Genese der Regelungsziele nachzuzeichnen und deren Schutzdimensionen darzustellen:

A. Funktionenschutz

Die Kapitalmärkte sind die „Motoren" der Marktwirtschaften westlicher Prägung. Funktionsfähige, effiziente Kapitalmärkte zählen aus wirtschaftswissenschaftlicher Sicht zu den Grundbedingungen für Wachstum und Dynamik einer Volkswirtschaft.[1]

Unstreitig[2] ist, dass die Sicherstellung dieser Grundbedingungen, der sogenannte *Funktionenschutz*, zentrale Aufgabe jeder Kapitalmarktregulierung sein muss. Als Schutzgut des Funktionenschutzes ist primär das öffentliche Interesse an effizienten Märkten zu nennen.[3] Dieses entspricht dem Gemeininteresse, das sich aus einer Vielzahl privater und öffentlicher Interessen ableitet. Es muss mit diesen Einzelinteressen aber nicht zwangsläufig übereinstimmen und kann zu ihnen bisweilen in Wider-

---

1 *Hirte/Heinrich*, in: Köln. Komm. z. WpHG, 2. Aufl. 2014, Einl. Rdn. 14.

2 Zuletzt etwa *Mülbert*, ZHR 177 (2013), 160, 171; ebenso *Assmann*, ZBB 1989, 49, 61; *Möllers*, AcP 208 (2008), 1, 7; *Baums*, ZHR 167 (2003), 139, 143 f.; *Oulds*, in: Kümpel/Wittig, Bank- und Kapitalmarktrecht, 4. Aufl. 2011, Rdn. 12.142; *Keßler*, in: Keßler/Micklitz (Hrsg.), Anlegerschutz in Deutschland, Schweiz, Großbritannien, USA und der Europäischen Gemeinschaft, S. 20; kritisch allein *Köndgen*, ZHR 164 (2000), 648, 652.

3 Etwa *Kümpel*, Bank- und Kapitalmarktecht, 3. Aufl. 2004, Rdn. 8.393.

spruch stehen.[4] Zum öffentlichen Interesse zählt z.B. die Sicherstellung der privaten Altersvorsorge.[5]

Gewöhnlich wird der Funktionenschutz in die drei Teilbereiche *allokative*, *operationale* und *institutionelle* Funktionsfähigkeit unterteilt:[6]

I. Allokative Funktionsfähigkeit

Der allokativen Funktionsfähigkeit wird die größte Bedeutung beigemessen.[7] Sie zielt darauf ab, die knappe Ressource Investitionskapital dorthin zu leiten („alloziieren"), wo sie am dringendsten benötigt und am sinnvollsten eingesetzt wird.[8] Dies ist in der Regel dort der Fall, wo das Investitionskapital die höchste Rendite bei größtmöglicher Sicherheit erwirtschaftet.[9] In Bezug auf den Primärmarkt gilt es sicherzustellen, dass das Kapital zum jeweils effizientesten Kapitalnutzer gelangt. Für den Sekundärmarkt lautet die Zielsetzung, dass Anleger entsprechend ihren Anlagezielen möglichst risikoeffiziente Kapitalmarktprodukte erwerben und dadurch die allokative Effizienz des Primärmarktes stärken.[10]

Die allokative Funktionsfähigkeit des Kapitalmarkts ist an zweierlei Bedingungen geknüpft: Damit Anleger Kapital zur Verfügung stellen, ist

---

4 Umfassend hierzu *Kümpel*, Bank- und Kapitalmarktecht, 3. Aufl. 2004, Rdn. 8.394 m.wN.

5 Vgl. *Kümpel*, Bank- und Kapitalmarktecht, 3. Aufl. 2004, Rdn. 8.394.

6 Siehe *Kümpel*, Bank- und Kapitalmarktecht, 3. Aufl. 2004, Rdn. 8.400 ff.; *Seiler/Kniehase*, Schimansky/Bunte/Lwowski (Hrsg.), Bankrechts-Handbuch, 4. Aufl. 2011, Vor § 104 Rdn. 86 ff.; *Buck-Heeb*, Kapitalmarktrecht, 6. Aufl. 2013, Rdn. 7 ff. *Kohl/Kübler/Walz/Wüstrich*, ZHR 138 (1974), 1, 17, nennen zudem die informationelle Effizienz (Markttransparenz); siehe *Mülbert*, ZHR 177 (2013), 160, 173.

7 So bereits *Kohl/Kübler/Walz/Wüstrich*, ZHR 138 (1974), 1, 16 f.; *Kübler*, AG 1977, 85, 89. Siehe *Kasten*, Neuregelung der Explorations- und Informationspflichten, 2009, S. 35 m.w.N.; *Seiler/Kniehase*, Schimansky/Bunte/Lwowski, (Hrsg.) Bankrechts-Handbuch, 4. Aufl. 2011, Vor § 104 Rdn. 87; *Hirte/Heinrich*, in: Köln. Komm. z. WpHG, 2. Aufl. 2014, Einl. Rdn. 14.

8 Etwa *Möllers*, AcP 208 (2008), 1; *Bartsch*, Effektives Kapitalmarktrecht, 2005, S. 21; *Kasten*, Neuregelung der Explorations- und Informationspflichten, 2009, S. 35 m.w.N.

9 So *Seiler/Kniehase*, Schimansky/Bunte/Lwowski (Hrsg.), Bankrechts-Handbuch, 4. Aufl. 2011, Vor § 104 Rdn. 87 m.w.N.

10 *Mülbert*, ZHR 177 (2013), 160, 173; *ders.*, Aktiengesellschaft, Unternehmensgruppe und Kapitalmarkt, 2. Aufl. 1996, S. 120.

deren Vertrauen in die Fairness, Stabilität und Integrität der Märkte erforderlich;[11] die notwendige Markttransparenz ist durch bestmögliche Anlegerinformationen herzustellen.[12]

Zu den Regelungsinstrumenten, welche die Allokationseffizienz absichern, zählen neben den Informationspflichten auch Mechanismen, die Fehlallokationen nachträglich revidieren und Fehlverhalten der Anbieterseite ausgleichen.[13]

II. Operationale Funktionsfähigkeit

Der Abschluss von Verträgen ist grundsätzlich mit Transaktionskosten verbunden.[14] Der Begriff Transaktionskosten bezeichnet dabei den Aufwand, den potentielle Vertragspartner in Form von Information und Koordination für den Vertragsabschluss und dessen spätere Durchsetzung aufwenden müssen.[15] Lassen sich Transaktionskosten nicht vollständig vermeiden, sind sie nach rechtsökonomischer Maßgabe demjenigen aufzubürden, der sie mit dem besten Kosten-Nutzen-Verhältnis reduzieren kann.[16]

Um die operationale Funktionsfähigkeit sicherzustellen, sind die Kosten für die Bereitstellung und den Erwerb von Kapitalmarktprodukten zu minimieren.[17] Die Senkung dieser Transaktionskosten steigert die Rendite der Anleger, was sich wiederum positiv auf die Akzeptanz des Kapitalmarkts auswirkt[18] und dazu beiträgt, dessen allokative Funktionsfähigkeit zu stärken.

---

11 Siehe *Möllers*, ZGR 1997, 334, 337; *Lenenbach*, Kapitalmarktrecht, 2. Aufl. 2010, S. 20.

12 *Seiler/Kniehase*, Schimansky/Bunte/Lwowski (Hrsg.), Bankrechts-Handbuch, 4. Aufl. 2011, Vor § 104 Rdn. 88; *Buck-Heeb*, Kapitalmarktrecht, 6. Aufl. 2013, Rdn. 11.

13 *Kalss/Oppitz/Zollner*, Kapitalmarktrecht, 2005, Bd. I, § 1 Rdn. 21.

14 Grundlegend *Coase*, 3 Journal of Law and Economics (1960), 1 ff. Weiterführend *Williamson*, Die ökonomischen Institutionen des Kapitalismus, 1990, S. 1 und 19; *ders.*, 149 Journal of Institutional and Theoretical Economics 99 ff. (1993).

15 *Schäfer/Ott*, Lehrbuch der ökonomischen Analyse des Zivilrechts, 4. Aufl. 2005, S. 5. Zur Transaktionskostenökonomik *Fleischer*, Informationsasymmetrie im Vertragsrecht, 2001, S. 135 ff.

16 *Lenenbach*, Kapitalmarktrecht, 2. Aufl. 2010, Rdn. 1.75.

17 Vgl. *Kalss/Oppitz/Zollner*, Kapitalmarktrecht, Bd. I, 2005, § 1 Rdn. 22; *Lenenbach*, Kapitalmarktrecht, 2. Aufl. 2010, Rdn. 1.75.

18 *Buck-Heeb*, Kapitalmarktrecht, 6. Aufl. 2013, Rdn. 10.

Institutionelle Funktionsfähigkeit

Schließlich gilt es die „institutionellen Grundvoraussetzungen" von funktionierenden Märkten abzusichern, auch bezeichnet als institutionelle Funktionsfähigkeit.[19]

Hierauf zielen alle Maßnahmen ab, die der Erhaltung des Anlegervertrauens in die Stabilität und Integrität der Kapitalmärkte dienen, z.B. der freie Marktzugang von Anbietern und Nachfragern, typisierte und verkehrsfähige Anlageformen, sowie eine ausreichende Liquidität (Aufnahmefähigkeit). Letztere ist von der Marktbreite (Vielfalt des Marktangebots) und Markttiefe (Zahl der Investoren und Anlagevolumina) abhängig.[20]

B. Anlegerschutz

Der Funktionenschutz ist conditio sine qua non aller regulierten Kapitalmärkte. Sukzessive konnte sich daneben der Anlegerschutz als eigenständiges Regelungsziel der Kapitalmarktgesetzgebung etablieren. Zunächst gilt es die Genese des Anlegerschutzes nachzuzeichnen, bevor dessen verschiedene Schutzdimensionen aufgezeigt werden.

Genese des kapitalmarktrechtlichen Anlegerschutzes

Rechtshistorische Ursprünge

Rechtshistorischer Ausgangspunkt des Topos „Anlegerschutz" ist die Aktiengesellschaft, die sich im 19. Jahrhundert vom „Instrument der staatlichen Interessenverfolgung und Spekulation" zur „Kapitalsammelstelle für größere Projekte jeder Art und zum Träger des wirtschaftlichen Aufschwungs" entwickelte.[21] Im Zuge diese Entwicklung wurde erstmals weiter gefassten Bevölkerungsschichten die Chance eröffnet, durch die Bereitstellung von Kapital am wirtschaftlichen Aufschwung teilzunehmen.

---

19 *Buck-Heeb*, Kapitalmarktrecht, 6. Aufl. 2013, Rdn. 9; *Assmann*, in: Assmann/Schütze (Hrsg.), Hdb KapitalanlageR, 3. Aufl. 2007, § 1 Rdn. 26; *Kümpel*, Bank- und Kapitalmarktrecht, 3. Aufl. 2004, Rdn. 8.400 ff.

20 *Lenenbach*, Kapitalmarktrecht, 2. Aufl. 2010, Rdn. 1.76; *Kalss/Oppitz/Zollner*, Kapitalmarktrecht, Bd. I, 2005, § 1 Rdn. 23.

21 *Assmann*, in: Assmann/Schütze (Hrsg.), Hdb KapitalanlageR, 3. Aufl. 2007, § 1 Rdn. 5.

Trotz zahlreicher Skandale blieben die zum Schutz des anlagesuchenden Publikums ergriffenen Maßnahmen im „Bannkreis des Aktienrechts“[22] verhaftet.[23] Noch die Reform des AktG von 1965[24] befasste sich mit dem Aktionär ausschließlich als Gesellschafter einer juristischen Person, ohne auf seine Bedeutung für den Kapitalmarkt als Anbieter von Investitionskapital einzugehen.[25]

I. Entwicklungsphasen des kapitalmarktrechtlichen Anlegerschutzes

Die Entwicklung des kapitalmarktrechtlichen Anlegerschutzes lässt sich rechtshistorisch in drei Phasen unterteilen:

1. Erste Phase (1960er Jahre – 1993)

Ausgehend vom Segré-Bericht aus dem Jahr 1966[26] wurde auf europäischer Ebene zunächst die Harmonisierung der mitgliedstaatlichen Vorschriften über die Börsenzulassung, Börsenprospekte und die Unternehmenspublizität vorangetrieben.[27] Erst die Verabschiedung der WpDi-RiL 93/22/EWG setzte den Anlegerschutz aber in größere Zusammenhänge. Sie lässt sich insofern als „Demarkationspunkt“ der Kapitalmarktregulierung begreifen.

---

22 *Hopt*, in: Coing/Wilhelm (Hrsg.), Wissenschaft und Kodifikation des Privatrechts im 19. Jahrhundert, Bd. V, 1980, S. 128, 166.

23 *Assmann*, in: Großkomm. z. AktG, 4. Aufl. 2004, Einl. Rdn. 415.

24 Aktiengesetz v. 6.9.1965, BGBl. I Nr. 48 v. 11.9.1965, S. 1089.

25 Bereits *Wiedemann*, Gesellschaftsrecht, Bd. I, 1980, S. 478; *Assmann*, in: Assmann/Schütze (Hrsg.), Hdb KapitalanlageR, 3. Aufl. 2007, § 1 Rdn. 7.

26 EWG-Kommission, Der Aufbau des Europäischen Kapitalmarkts, 1966.

27 Börsenzulassungs-RiL 79/279/EWG; Prospekt-RiL 80/390/EWG; Publizitäts-RiL 82/121/EWG.

a) Marktharmonisierung

Die Richtlichtliniengesetzgebung der Jahre 1985-1993[28] zielte darauf ab, die Voraussetzungen eines gemeinsamen Wertpapierdienstleistungsmarkts auf Anbieterseite zu vervollständigen.[29] Nur punktuell rekurrierte der europäische Normgeber in dieser Zeit auf das Regelungsziel Anlegerschutz: In der Börsenzulassungs-RiL 79/279/EWG[30], der Börsenzulassungsprospekt-RiL 80/390/EWG[31], der Zwischenberichts-RiL 82/121/EWG[32] sowie der Wertpapierverkaufsprospekt-RiL 89/298/EWG[33] wird der Anlegerschutz nur am Rande erwähnt.

b) Anlegerschutzvorschriften – „Wohlverhaltensregeln"

Unabhängig von den Maßnahmen auf europäischer Ebene hatte 1970 die Börsensachverständigenkommission beim Bundesministerium für Wirtschaft anlegerschützende „Händler- und Beraterregeln"[34] beschlossen. Diese sollten die Verhaltenspflichten der Kreditinstitute und Anlageberater bei der Wertpapierberatung regeln.[35] Der überwiegende Teil der Kreditinstitute unterwarf sich diesen Regeln auf vertraglicher Basis, allerdings

---

28 RiL 85/611/EWG des Rates v. 20.12.1985 zur Koordinierung der Rechts- und Verwaltungsvorschriften betreffend bestimmte Organismen für gemeinsame Anlagen in Wertpapieren (OGAW), ABl. Nr. L 375 v. 31.12.1985, 1985, S. 3-18; Beteiligungs-RiL 88/627/EWG; Insider-RiL 89/592/EWG.

29 Kommission, Weißbuch der Kommission an den Europäischen Rat v. 14.6.1985: Vollendung des Binnenmarktes, KOM(1985) 310 endg., Nr. 101, S. 27; *Moloney*, How to Protect Investors?, 2010, S. 6; *Fleischer*, BKR 2006, 389.

30 Erwägungsgrund 1 Börsenzulassungs-RiL 79/279/EWG.

31 Zurückhaltender Erwägungsgrund 2 Prospekt-RiL 80/390/EWG.

32 Erwägungsgrund 2 Publizitäts-RiL 82/121/EWG.

33 Vor allem Erwägungsgrund 1 RiL 89/298/EWG des Rates v. 17.4.1989 zur Koordinierung der Bedingungen für die Erstellung, Kontrolle und Verbreitung des Prospekts, der im Falle öffentlicher Angebote von Wertpapieren zu veröffentlichen ist, ABl. Nr. L 124 v. 5.5.1989, S. 8-15.

34 Die Händler- und Börsenregeln i.d.F. von 1976 finden sich bei *Schwark*, Komm. z. BörsG, 1976.

35 *Kumpan*, in. Schwark/Zimmer (Hrsg.), KMRK, 4. Aufl. 2010, Vorbem. § 31-37 a WpHG Rdn. 3.

fehlte es an aufsichtsrechtlichen Vorkehrungen, um Fehlverhalten zu sanktionieren.[36]

Vielversprechender waren die 1977 auf europäischer Ebene veröffentlichten „Empfehlungen betreffend europäische Wohlverhaltensregeln für Wertpapiertransaktionen"[37].[38] Die Initiative fand allerdings kaum Beachtung und wurde letztlich nicht weiter verfolgt.[39] Erst 1987 nahm die Kommission einen erneuten Anlauf zur Statuierung anlegerschützender Regeln, der schließlich 1989 in in den „Vorschlag für eine Richtlinie des Rates über Wertpapierdienstleistungen"[40] aufgenommen wurde.[41] Dieser trat 1993 als WpDiRiL 93/22/EWG in Kraft.

c) Wertpapierdienstleistungs-Richtlinie 93/22/EWG

Die WpDiRiL 93/22/EWG wurde als „großer Schritt zur Schaffung eines einheitlichen Finanzbinnenmarktes" gewertet,[42] denn sie weitete die „im Bankenmarkt erreichte Liberalisierung und Integration auf den Bereich der Wertpapierdienstleistungen" aus.[43]

Zugleich führte sie eine neue Regelungssystematik ein: In den Vorarbeiten wurden Funktionen- und Anlegerschutz erstmals getrennt voneinander und damit als gleichberechtigte Regelungsziele benannt.[44] Diese Tren-

---

36 Vgl. *Schwark*, Anlegerschutz durch Wirtschaftsrecht, 1979, S. 237; *Kumpan*, in. Schwark/Zimmer (Hrsg.), KMRK, 4. Aufl. 2010, Vorbem. § 31-37 a WpHG Rdn. 3.

37 Kommission, 77/534/EWG: Empfehlung der Kommission v. 25.7.1977 betreffend europäische Wohlverhaltensregeln für Wertpapiertransaktionen, ABl. Nr. L 212 v. 20.8.1977, S. 37-43.

38 *Kumpan*, in. Schwark/Zimmer (Hrsg.), KMRK, 4. Aufl. 2010, Vor § 31-37 a WpHG Rdn. 4: „von entscheidender Bedeutung für das heutige Recht".

39 Hierzu *Möllers/Ganten*, ZGR 1998, 773, 776.

40 Kommission, Vorschlag für eine Richtlinie des Rates über Wertpapierdienstleistungen v. 3.1.1989, KOM(1988) 778 endg., ABl. Nr. C 43 Nr. 7 v. 22.2.1989, S. 7-14.

41 *Kumpan*, in: Schwark/Zimmer (Hrsg.), KMRK, 4. Aufl. 2010, Vor § 31-37 a WpHG Rdn. 4.

42 *Fleischer*, BKR 2006, 389, 390.

43 *Fleischer*, BKR 2006, 389, 390.

44 Vgl. Wirtschafts- und Sozialausschuss, Stellungnahme zum Vorschlag für eine RiL des Rates über Wertpapierdienstleistungen, ABl. EG Nr. C 298/6 v. 27.11.1989, Ziff. 1.8.2.1. lit. b) und c).

nung wurde für die Erwägungsgründe der späteren Richtlinie beibehalten.[45] Bereits der erste Entwurf aus dem Jahr 1987 enthielt Verhaltens-, Organisations- und Meldepflichten für die Wertpapierdienstleister („Wohlverhaltensregeln“ [46]). Zwischenzeitlich wurden diese gestrichen gestrichen. Erst der Rat[47] nahm sie auf Hinwirken des Wirtschafts- und Sozialausschusses[48] wieder in die endgültige Textfassung der WpDiRiL auf[49].

Der materielle Regelungsschwerpunkt der WpDiRiL blieb auf die Vollendung der Marktharmonisierung gerichtet,[50] formell trug der europäische Gesetzgeber der zunehmenden Bedeutung des Anlegerschutzes aber Rechnung:

> „Diese Reglementierung, die *primär* auf die Schaffung der Bedingungen für den freien Verkehr von Finanzdienstleistungen abzielte, hat auch zu einem wachsenden Schutz der Verbraucher geführt, die ihr Geld und ihre finanziellen Interessen der Finanzbranche anvertrauen. Indem sie Finanzkraft, Redlichkeit und Zuverlässigkeit der *Erbringer* von Finanzdienstleistungen gewährleisten, stellen diese Aufsichtsvorschriften einen wertvollen Schutz für die Empfänger derartiger Dienstleistungen dar.“[51]

---

45 Art. 31 WpDiRiL 93/22/EWG: „Eines der Ziele dieser Richtlinie ist der Anlegerschutz. Dazu sollte den unterschiedlichen Schutzbedürfnissen der einzelnen Gruppen von Anlegern und ihrer unterschiedlichen fachlichen Erfahrung Rechnung getragen werden.“ Auf den Anlegerschutz beziehen sich auch die Erwägungsgründe 2, 5, 28, 40 und 41.

46 Bspw. Art. 11 Abs. 1 S. 1 WpDiRiL 93/22/EWG: „Die Mitgliedstaaten erlassen Wohlverhaltensregeln, welche die Wertpapierfirmen fortwährend einzuhalten haben.“.

47 Gemeinsamer Standpunkt des Rates v. 21.12.1992, ABl. EG Nr. C 18 v. 23.1.1992, S. 1.

48 Stellungnahme 89/C 298/03 zu dem Vorschlag für eine Richtlinie des Rates über Wertpapierdienstleistungen v. 27.9.1989, ABl. EG Nr. C 298/6 v. 27.11.1989.

49 Siehe *Bliesener*, Aufsichtsrechtliche Verhaltenspflichten beim Wertpapierhandel, 1998, S. 10; *Möllers*, in: Köln. Komm. z. WpHG, 2. Aufl. 2014, § 31 WpHG Rdn. 33.

50 Bereits *Fleischer*, BKR 2006, 389.

51 Kommission, Grünbuch Finanzdienstleistungen, KOM(1996) 209 endg., S. 3 (Hervorh. d. d. Verf.).

Die in Artt. 10, 11 Abs. 1 WpDiRiL niedergelegten Wohlverhaltensregeln setzte der deutsche Gesetzgeber im Zuge des 2. FFG mit den §§ 31 f. WpHG a.F. um.[52]

2. Zweite Phase (1993 – 2006)

In der zweiten Phase von 1993 bis 2006 gewann der Anlegerschutz als eigenständiges Regelungsziel kontinuierlich an Bedeutung.

a) „Bond"-Rechtsprechung und FSAP

Noch vor der Verabschiedung des WpHG[53] im Juli 1994 hatte der BGH mit seiner „Bond"-Rechtsprechung auf zivilrechtlicher Ebene eine erhebliche Verbesserung des Anlegerschutzes in die Wege geleitet, indem er die Banken zur „anleger- und objektgerechten" Aufklärung verpflichtete. [54]

Nur mit einiger Verzögerung ließ der europäische Gesetzgeber Maßnahmen folgen. Den Anstoss gaben die erheblichen Anlegerschutzdefizite, die 1996 in der Bestandsaufnahme zur WpDiRiL 93/22/EWG identifiziert worden waren.[55] Dennoch war es zunächst der nationale Gesetzgeber, der u.a. 1997 mit dem Umsetzungsgesetz[56] weitreichende Änderungen der Wohlverhaltensregeln bewirkte, indem er deren Anwendungsbereich auf die Warentermin- und Devisenmärkte ausweitete.[57]

---

52 Art. 1 2. FFG. Siehe auch Beschlussempfehlung und Bericht des Finanzausschusses v. 15.6.1994 z. 2. FFG, BR-Ds. 12/7918, S. 97. Hierzu *Möllers*, in: Köln. Komm. z. WpHG, 2. Aufl. 2014, § 31 WpHG Rdn. 44.

53 Eingeführt durch Art. 1 2. FFG.

54 Vgl. BGH, Urt. v. 6.7.1993 (Az. XI ZR 12/93), BGHZ 123, 126 ff.

55 Z.B. „Der Kommission sind Fälle von "aggressivem" und zuweilen illegalem Verhalten nicht der Aufsicht unterliegender Finanzmittler zu Gehör gekommen, durch die es vor allem für Kunden im Bank- und im Anlagebereich vielfach zu unbilligen Härten und sogar Notlagen gekommen ist.", Kommission, Grübuch Finanzdienstleistungen: Wahrung der Verbraucherinteressen, Mai 1996, KOM (96) 209, S. 10 f.

56 Begleitgesetz zum Gesetz zur Umsetzung von EG-Richtlinien zur Harmonisierung bank- und wertpapierrechtlicher Vorschriften v. 22.10.1997, BGBl. I Nr. 71 v. 28.10.1997, S. 1997.

57 *Möllers*, in: Köln. Komm. z. WpHG, 2. Aufl. 2014, § 31 WpHG Rdn. 45.

Erst im Mai 1999 wurde auf europäischer Ebene wegen der „rasanten politischen, wirtschaftlichen und technischen Entwicklungen“[58] an den Finanzplätzen mit dem Aktionsplan Finanzdienstleistungen (*Financial Services Action Plan*, „FSAP“) [59] die Verwirklichung „offener und sicherer Privatkundenmärkte“ zu einer der drei Hauptprioritäten der europäischen Kapitalmarktgesetzgebung erklärt.[60] Gefordert wurde, dass die europäische Gesetzgebung künftig den unterschiedlichen Schutzbedürfnisse von „erfahrenen Anlegern und „weniger professionellen Normalanlegern“ Rechnung tragen muss[61]. Diese „Privatanlegerschutz-Agenda“ [62] sollte u.a. durch eine weitergehende Harmonisierung der Wohlverhaltensregeln umgesetzt werden.[63]

b) Finanzmarktrichtlinie 2004/39/EG

Trotz der bestehenden Schutzdefizite waren die Kapitalmarkinvestitionen von Privatanlegern bis zum Zusammenbruch des Neuen Markts weiter angestiegen. Mit dem Platzen der „dot.com“-Blase 2002/2003 mussten viele von ihnen erhebliche Verluste verkraften.[64] Neben Marktversagen, Transparenzdefiziten und Marktmissbrauch identifizierte die EU-Kommission insbesondere Treuepflichtverletzungen der Finanzintermediäre als Ursache der immensen Schadenshöhe.[65] Die Kommission sah sich im November 2002 gezwungen, einen Vorschlag für eine neue Finanzmarktrichtli-

58 *Lutter/Bayer/Schmidt*, Europäisches Unternehmens- und Kapitalmarktrecht, 5. Aufl. 2011, § 33 Rdn. 1; siehe auch Kommission, FSAP v. 11.5.1999, KOM(1999) 232 endg., S. 5.

59 Kommission, FSAP v. 11.5.1999, KOM(1999) 232 endg.

60 Kommission, FSAP v. 11.5.1999, KOM(1999) 232 endg., S. 21 ff., 26 f.

61 Kommission, FSAP v. 11.5.1999, KOM(1999) 232 endg., S S. 5.

62 *Moloney*, How to Protect Investors?, 2010, S. 9.

63 Kommission, FSAP v. 11.5.1999, KOM(1999) 232 endg., S. 9: „„Eine geeignete schrittweise Harmonisierung der Regelungen über den Verkauf und die Information (...) würde einen wirklich integrierten Privatkundenmarkt in Aussicht stellen (...).“.

64 *Hannöver*, in: Schimansky/Bunte/Lwowski (Hrsg.), Bankrechts-Handbuch, 4. Aufl. 2011, § 110 Rdn. 1.

65 Kommission, Vorschlag v. 19.11.2002 z. MiFID I, KOM(2002) 625 endg., S. 3 f. Siehe z.B. BGH, Urt. v. 13.7.2004 (Az. XI ZR 178/03), BGHZ 160, 58 ff.; *Helmschrott/Waßmer*, WM 1999, 1853 ff.

nie[66] vorzulegen.[67] Auf Grundlage dieser Vorarbeiten trat schließlich im April 2004 die Finanzmarkt-RiL 2004/39/EG (*Markets in Financial Instruments Directive*, „MiFID I“)[68] in Kraft, mit der zugleich die WpDiRiL 93/22/EWG aufgehoben wurde.

Die MiFID I manifestierte nicht nur die formelle Gleichstellung von Funktionen- und Anlegerschutz[69], sondern stärkte durch Ausweitung der Wohlverhaltensregeln[70] zugleich den materiellen Anlegerschutz. Der deutsche Gesetzgeber setzte die MiFID I sowie die MiFID I-Durchführungs-RiL („MiFID I-DRL 2006/73/EG“) schließlich im Jahr 2007 mit dem FRUG und der WpDVerOV um.

3. Dritte Phase (seit 2007)

Seit der weltweiten Finanzmarktkrise 2007/2008 ist die Kapitalmarktgesetzgebung bemüht, die krisenbedingten Verwerfungen an den internationalen Finanzmärkten regulatorisch einzudämmen:

a) Finanzmarktkrise 2007/2008

Der Beginn der Finanzmarktkrise lässt sich an der sprunghaften Erhöhung des Zinssatzes für Interbankenkredite am 9.8.2007 festmachen.[71] Als ihr „Höhepunkt“[72] gilt der Zusammenbruch der US-Investmentbank Lehman

---

66 Kommission, Vorschlag v. 19.11.2002 z. MiFID I, KOM(2002) 625 endg.

67 Hierzu und zum Entstehungsprozess *Lutter/Bayer/Schmidt*, Europäisches Unternehmens- und Kapitalmarktrecht, 5. Aufl. 2011, § 33 Rdn. 1.

68 MiFID I.

69 Insbesondere Erwägungsgrund 31 MiFID I: „Ein Ziel dieser Richtlinie ist der Anlegerschutz“; siehe aber auch Erwägungsgrund 17: „Aus Gründen des *Anlegerschutzes und der Stabilität des Finanzsystems* sollten Personen, die die unter diese Richtlinie fallenden Wertpapierdienstleistungen erbringen...“; Art. 22 Abs. 3: „Um zu gewährleisten, dass die Maßnahmen für den *Anlegerschutz und das faire und ordnungsgemäße Funktionieren der Märkte*...“ (Hervorh. durch d. Verf.).

70 Anlegerschützende Regelungen finden sich insbesondere in Artt. 19-22 MiFID I.

71 *N.N.*, FAZ v. 26.8.2008, Nr. 199, S. 21; *N.N.*, Handelsblatt v. 17.8.2007, S. 19.

72 So *Issing/Bluhm*, in: Hopt/Wohlmannstetter (Hrsg.), Hdb Corporate Governance, 2011, 2. Teil I. A. (S. 78).

Brothers am 15.9.2008,[73] während sich zugleich die Zahlungsunfähigkeit weiterer Großbanken abzeichnete.[74]

Als Reaktion hierauf und „um das Schlimmste zu verhindern und die Funktionsfähigkeit des Finanzsektors als Teil der Infrastruktur der Wirtschaft zu schützen“,[75] verabschiedete der deutsche Gesetzgeber mehrere Finanzmarktstabilisierungsgesetze. [76] Begründet wurde diese Krisengesetzgebung u.a. damit, dass die Verbesserung des Anlegerschutzes notwendig ist, um das Vertrauen der Anleger und das ordnungsgemäße Funktionieren der Wertpapiermärkte wiederherzustellen.[77] Im Gegensatz zum Platzen der „dot.com“-Blase sind die Ursachen dieser Finanzmarktkrise nicht in einer verfehlten Anlegerschutzpolitik zu suchen, sondern auf übergeordneter Interbankenebene.[78] Die Verluste privater Anleger waren Symptome struktureller Schutzdefizite auf der Vertriebsebene von Finanzprodukten.[79] und des europäischen[80] Gesetzgebers In der Folge entspann sich eine öffentliche Diskussion um die Qualität der Anlageberatung, die

---

73 Hierzu *Wildmoser/Schiffer/Langoth*, RiW 2009, 657, 660.

74 *N.N.*„ FAZ v. 13.12.2008, Nr. 292, S. J8.

75 So *Hellwig/Höfling/Zimmer*, Gutachten E/G z. 68. DJT 2010, 2010, S. 1.

76 Allen voran das im Schnellverfahren verabschiedete Gesetz zur Umsetzung eines Maßnahmenpaketes zur Stabilisierung des Finanzmarktes (Finanzmarktstabilisierungsgesetz-FMStG) v. 17.10.2008, BGBl. I Nr. 46 v. 17.10.2008, S. 1982. Zu den übrigen Maßnahmen vgl. den Überblick bei *Winterfeld*, in: Schimansky/Bunte/Lwowski (Hrsg.), Bankrechts-Handbuch, 4. Aufl. 2011, § 124 a Rdn. 11 ff.

77 Im europäischen Richtlinienrecht etwa Erwägungsgründe 2, 31 WpDiRiL 93/22/EWG; Erwägungsgründe 2, 17, 31 MiFID I; Begr v. 20.10.2011 z. MiFID II-E, KOM(2011) 656 endg., S. 3 sowie Erwägungsgrund 4 MiFID II-E. Im nationalen Recht z.B. Beschlussempfehlung und Bericht des Finanzausschusses v. 15.6.1994 z. RegE v. 27.1.1994 z. 2. FFG, BT-Ds. 12/7918, S. 97; Begr RegE v. 6.11.1997 z. 3. FFG, S. 54; Begr RegE v. 24.5.2004 z. AnSVG, BT-Ds. 15/3174, S. 26; RegE v. 24.9.2010 z. AnSVG, BR-Ds. 584/10, S. 1. Hierzu bereits *Kasten*, Neuregelung der Explorations- und Informationspflichten, 2009, S. 38.

78 Ursächlich waren neben einer verfehlten Zinspolitik der Notenbanken die zunehmende Verbriefung von Finanzprodukten sowie mangelnde Transparenz und unzureichende Regulierung, zuvorderst auf dem US-Subprimemarkt und von Rating-Agenturen, vgl. *Issing/Bluhm*, in: Hopt/Wohlmannstetter (Hrsg.), Hdb Corporate Governance, 2011, 2. Teil I.A. (S. 79); ausführlich *Witte/Mehrbrey*, ZIP 2009, 744.

79 Z.B. RegE v. 24.9.2010 z. AnsFuG, BR-Ds. 584/10, S. 1. Siehe auch Kommission, PRIP-Mitteilung v. 30.4.2009, KOM(2009) 204 endg., S. 2.

80 Etwa Kommission, PRIP-Mitteilung v. 30.4.2009, KOM(2009) 204 endg., S. 2: „Die Finanzkrise hat jäh vor Augen geführt, wie wichtig transparente Finanzprodukte sind und wie teuer ein verantwortungsloser Vertrieb zu stehen kommen kann.“.

in dem Aufruf an den Gesetzgeber kulminierte[81], den als unzureichend bewerteten Anlegerschutz zu verbessern.[82]

Der deutsche Gesetzgeber kam diesen Forderungen teils im Alleingang nach.[83] Zu nennen sind die Einführung einer Protokollpflicht für die Anlageberatung (§ 34 Abs. 2 a S. 1-3 WpHG), das Rücktrittsrecht bei telefonischer Beratung (§ 34 Abs. 2 a S. 4-6 WpHG) und die Anpassung des bis dato geltenden Sonderverjährungsrechts für Anlegeransprüche (§ 37 a WpHG a.F.) an die Regelverjährung des BGB.[84] Hierbei blieb es jedoch nicht. 2011 rückte insbesondere die Anlageberatungspraxis in den regulatorischen Fokus:[85] Die Wertpapierdienstleister wurden zur Aushändigung von Produktinformationsblättern bei der Anlageberatung (§ 31 Abs. 3 a WpHG) verpflichtet; neben einem Sachkundenachweis und einer Registrierungspflicht für Anlageberater (§ 34 d Abs. 1 S. 1-3, Abs. 2 WpHG) wurde eine Meldepflicht für Kundenbeschwerden (§ 34 d Abs. 1 S. 4 WpHG) eingeführt.[86]

b) MiFID II-Reform

Die Weiterentwicklung des europäischen Anlegerschutzrechts wird maßgeblich von der im September 2009 auf den Weg gebrachten MiFID I-Reform geprägt.

Nach Durchführung einer öffentlichen Anhörung[87] und Veröffentlichung eines Konsultationspapiers[88] im Dezember 2010 legte die Kommission im November 2011 ihre Reformvorschläge zu einer Neufassung der MiFID I-Rechtsetzungsakte vor („MiFID II-E" und „MiFIR-E"). Auf die

81 Siehe *Brinckmann*, BKR 2010, 45, 49; *Märker/Hillesheim*, ZRP 2009, 65, 67 ff.
82 Vgl. *Hannöver*, in: Schimansky/Bunte/Lwowski (Hrsg.), Bankrechts-Handbuch, 4. Aufl. 2011, § 110 Rdn. 12.
83 *Hannöver*, in: Schimansky/Bunte/Lwowski (Hrsg.), Bankrechts-Handbuch, 4. Aufl. 2011, § 110 Rdn. 13.
84 Siehe SchVGEG. Hierzu überblicksartig *Assmann*, in: Assmann/Schneider (Hrsg.), WpHG, 6. Aufl. 2012, Einl. WpHG Rdn. 45; *V. Lang/Kühne*, WM 2009, 1301; kritisch *van Randenborgh*, ZRP 2010, 76, 78.
85 *Hannöver*, in: Schimansky/Bunte/Lwowski (Hrsg.), Bankrechts-Handbuch, 4. Aufl. 2011, § 110 Rdn. 12.
86 Siehe AnsFuG. Hierzu *Möllers/Wenninger*, NJW 2011, 1697 ff.
87 Kommission, Zusammenfassung der Anhörung v. 20./21.9.2009.
88 Kommission, Mitteilung zur MiFID I-Konsultation v. 8.12.2010.

Stellungnahmen der Europäischen Zentralbank (März 2012)[89] sowie des Wirtschafts- und Sozialausschusses (April 2012)[90] folgten im Oktober 2012 die Änderungsvorschläge des Europäischen Parlaments („MIFID II-E (EUP)" und „MiFIR-E (EUP)"). Im 15. Mai 2014 verabschiedete der EU-Gesetzgeber schließlich sein endgültiges, aus MiFID II und MiFIR bestehendes Finanzmarkt-Regulierungspaket. Die Neuregelungen der MiFID II gilt es bis 3. Juli 2016 auf mitgliedstaatlicher Ebene umzusetzen[91]; von den Mitgliedstaaten sind sie weitestgehend ab 3. Januar 2017 verbindlich anzuwenden[92]. Gleiches gilt für die MiFIR.[93]

Bereits mit der Vorlage seines MiFIDI II-Entwurfs stellte das EU-Parlament heraus, dass zur Gewährleistung eines angemessenen Anlegerschutzlevels verschärfte Wohlverhaltensregeln alleine nicht ausreichten.[94] Auch in Anbetracht der konkreten Gesetzesvorschriften ist weiterhin zu konstatieren, dass europäischen Anlegerschutzregime mit Umsetzung dieser Vorgaben tiefgreifende Veränderungen bevorstehen.[95] Auf die Richtlinienvorschläge von Kommission und EU-Parlament wird an späterer Stelle näher eingegangen.

II. Schutzdimensionen

1. Institutioneller Anlegerschutz

Unter dem Begriff institutioneller Anlegerschutz wird der Schutz der Gesamtheit der Anleger (Anlegerpublikum) verstanden.[96]

Aufgabe des Gesetzgebers ist es, das Vertrauen des Anlegerpublikums in die Integrität und Stabilität der Kapitalmärkte zu sichern.[97] Nach der im Schrifttum vorherrschenden Auffassung ist der institutionelle Anleger-

---

89 EZB, Stellungnahme v. 22.3.2012 z. MiFID II-E, ABl. Nr. C 161 v. 7.7.2012, S. 3.

90 Europäischer Wirtschafts- und Sozialausschuss, Stellungnahme v. 25./26.4.2012 z. MiFID II-E, ABl. Nr. C 191 v. 29.6.2012, S. 80.

91 Art. 93 Unterabs. 1 MiFID II.

92 Art. 93 Unterabs. 2 MiFID II.

93 Art. 55 Unterabs. 1 MiFIR.

94 Erwägungsgrund 51 a MiFID II-E (EUP).

95 Bereits zu den MiFID II-/MiFIR-Entwürfen von Kommission und EU-Parlament *Möllers/Poppele*, ZGR 2013, 437 ff.

96 Statt aller *Buck-Heeb*, Kapitalmarktrecht, 6. Aufl. 2013, Rdn. 13.

97 *Buck-Heeb*, Kapitalmarktrecht, 6. Aufl. 2013, Rdn. 13.

schutz „untrennbar mit dem Funktionsschutz verbunden“, da sämtliche Publizitätsvorschriften und Marktaufsichtsregelungen sowohl dem einen als auch dem anderen Zweck dienen.[98] Die Interessen des einzelnen Anlegers werden somit nur als „Glied[er] einer unbestimmten Personengesamtheit“ berücksichtigt.[99] Beschränkte sich das Regelungsziel „Anlegerschutz“ tatsächlich auf diese institutionelle Dimension, wäre der individuelle Anlegerschutz letztlich nur Teilaufgabe des Funktionenschutzes.[100]

2. Individueller Anlegerschutz

Der individuelle Anlegerschutz zielt auf den Schutz des aus der Masse des Anlegerkollektivs herausgelösten Einzelanlegers ab, dem zu diesem Zweck direkte Rechtsansprüche verschafft werden sollen.

„Dreh- und Angelpunkt“ des individuellen Anlegerschutzes ist die Anlageentscheidung, die idealtypisch auf einer rationalen und voll informierten Entscheidung beruht, die alle künftigen Anlegerrisiken berücksichtigt.[101] Zur Vorbereitung[102] der Anlageentscheidung setzt der Gesetzgeber auf Informations- und Beratungspflichten, die zugleich Rationalitätsdefiziten des Anlegers Rechnung tragen.[103] Nachdem er seine Investition getätigt hat, sind dem Anleger kontinuierlich Informationen zur Verfügung zu stellen, damit er seine Anlageentscheidung überprüfen und ggf. Mitspra-

98 *Buck-Heeb*, Kapitalmarktrecht, 6. Aufl. 2013, Rdn. 13.

99 *Kümpel*, Bank- und Kapitalmarktecht, 3. Aufl. 2004, Rdn. 8.419.

100 Vgl. *Kümpel*, Bank- und Kapitalmarktrecht, 3. Aufl. 2004, Rdn. 8.388; *Kasten*, Neuregelung der Explorations- und Informationspflichten, 2009, S. 39; zuvor bereits *Assmann*, ZGR 1994, 494, 499; *ders.*, ZBB 1989, 49, 61; *Koch/Schmidt*, BFuP 1981, 231, 235 ff.; Aktiengesellschaft, Unternehmensgruppe und Kapitalmarkt, 2. Aufl. 1996, S. 113.

101 *Kalss*, Anlegerinteressen, 2001, S. 37; *dies./Opitz/Zollner*, Kapitalmarktrecht, Bd. I, 2005, § 1 Rdn. 24; *Assmann*, in: Großkomm. z. AktG, 4. Aufl. 2004, Einl. Rdn. 373 ff.; *Mülbert*, Aktiengesellschaft, Unternehmensgruppe und Kapitalmarkt, 2. Aufl. 1996, S. 109. Zuletzt *Möllers/Poppele*, ZGR 2013, 437, 448 ff.; *Mülbert*, ZHR 177 (2013), 160, 165 ff., 206.

102 Bereits *Hopt*, Gutachten G z. 51. DJT, 1976, 1976, passim.; *Möllers*, ZGR 1997, 334, 337; *Kalss*, Anlegerinteressen, 2001, S. 37.

103 Vgl. *Möllers/Poppele*, ZGR 2013, 437, 479 f.; *Kalss/Opitz/Zollner*, Kapitalmarktrecht, Bd. I, 2005, § 1 Rdn. 24; *Mülbert*, ZHR 177 (2013), 160, 206 f.

cherechte („voice“) ausüben kann. Zudem muss die Möglichkeit einer Desinvestition („exit“) zu Marktpreisen bestehen.[104]

C. Verbraucherschutz

I. Genese des Verbraucherschutzrechts

1. Von den ersten Ansätzen zur spezialgesetzlichen Kodifikation

Ebenso wie der Anlegerschutz ist auch der Verbraucherschutz keine neuartige Erscheinung.[105] Bereits im Mittelalter wurde die Anbieterseite durch lebensmittelrechtliche Vorschriften (z.B. das Reinheitsgebot) und Wucher- bzw. Übervorteilungsverbote reglementiert.[106] Als Vorläufer des modernen Verbraucherschutzes gelten die Polizeiordnungen des 18. und 19. Jahrhunderts, die den Schutz von Mietern und Darlehensnehmern regelten.[107] Das Abzahlungsgesetz von 1894[108] dürfte die erste verbraucherschutzrechtliche Kodifikation darstellen.[109]

Entwicklungen im nationalen Recht der 1960er und 1970er Jahre

Wegweisend für die Verbrauchergesetzgebung waren Entwicklungen in den 1960er und 1970er Jahren. Die Bedeutung der Verbraucher als größte Nachfrager-Gruppe an den Märkten anerkennend, rief der damalige US-Präsident *John F. Kennedy*[110] 1962 folgende vier Verbraucher-Grundrechte zu Zielfunktionen der Gesetzgebung aus: Sicherheit („the right to safety“), Information („the right to be informed“), Wahlfreiheit („the right to choose“) und Gehör („the right to be heard“).[111]

---

104 *Kalss/Opitz/Zollner*, Kapitalmarktrecht, Bd. I, 2005, § 1 Rdn. 25.

105 *Duve*, in: Schmoeckel/Rückert/Zimmermann (Hrsg.), Hist.-krit. Komm. z. BGB, 2003, §§ 1-14 BGB Rdn. 67 ff.; *Kannowski*, in: Staudinger, BGB, Neubearb. 2013, Vor §§ 13, 14 BGB Rdn. 2.

106 Vgl. *Kannowski*, in: Staudinger, BGB, Neubearb. 2013, Vor §§ 13, 14 BGB Rdn. 2 m.w.N.

107 *Tamm*, Verbraucherschutzrecht, 2011, S. 181 m.w.N.

108 Gesetz betreffend die Abzahlungsgeschäfte (Abzahlungsgesetz) v. 16.5.1894, RGBl. I Nr. 2176 v. 21.5.1894, S. 450.

109 *Tamm*, Verbraucherschutzrecht, 2011, S. 181; *Kannowski*, in: Staudinger, BGB, Neubearb. 2013, Vor §§ 13, 14 BGB Rdn. 2.

110 *Kennedy*, Special Message to the Congress on Protecting Consumer Interest v. 15.3.1962.

111 Zur Bedeutung dieser Rede *Pfeiffer*, NJW 2012, 2609.

Anknüpfend an die Sozialstaatsdiskussion der 1960er Jahre[112] legte die Bundesregierung 1971 und 1975 Programmerklärungen zur Verbraucherpolitik[113] vor und brachte diverse verbraucherschützende Gesetze auf den Weg.[114] Nachdem der 50. Deutsche Juristentag 1974 gesetzliche Maßnahmen zum Schutz der Endverbraucher gegen AGB und Formularverträge empfohlen hatte[115], wurde 1976 das AGB-Gesetz[116] verkündet. Ende der 1970er Jahre erlahmte der Elan der deutschen Verbraucherschutzpolitik jedoch spürbar.[117]

2. Entwicklungen auf europäischer Ebene

Erst Ende 1980er Jahre gewann der Verbraucherschutz auf europäischer Ebene zunehmend an Bedeutung:[118] Nach Verabschiedung der Einheitlichen Europäischen Akte 1987[119] wurde mit ex-Art. 100a EGV[120] eine zentrale Ermächtigungsgrundlage für Maßnahmen des EU-Gesetzgebers auf dem Gebiet des Verbraucherschutzes geschaffen.[121] Zu den bedeutendsten europäischen Verbraucherschutz-Richtlinien zählen u.a. die Maßnahmen auf dem Gebiet der Werbung und des Lauterkeitsrechts[122], des

112 *Hartwich*, Sozialstaatspostulat, 1970, passim.

113 Bericht zur Verbraucherpolitik v. 18.10.1971, BT-Ds. 6/2724; Zweiter Bericht der Bundesregierung zur Verbraucherpolitik v. 20.10.1975, BT-Ds. 7/4181.

114 Vgl. den Überblick bei *v. Hippel*, Verbraucherschutz, 3. Aufl. 1986, S. 10f.

115 *Kötz*, Gutachten A z. 50. DJT 1974, 1974, passim.

116 Gesetz zur Regelung des Rechts der Allgemeinen Geschäftsbedingungen (AGB-Gesetz) v. 9.12.1976, BGBl. I Nr. 141 v. 15.12.1976, S. 3317.

117 Mit diesem Befund *Micklitz*, in: Münch. Komm. z. BGB, 6. Aufl. 2012, Vor §§ 13, 14 BGB Rdn. 20.

118 Umfassend *Tamm*, Verbraucherschutzrecht, 2011, S. 189ff.

119 Einheitliche Europäische Akte v. 28.2.1986, ABl. Nr. L 169 v. 29.6.1987, S. 1-19.

120 Jetzt Art. 114 AEUV.

121 *Tamm*, Verbraucherschutzrecht, 2011, S. 191.

122 Zuletzt Werbe-RiL 2006/114/EG und UGP-RiL 2005/29/EG; zuvor bereits Werbe-RiL 84/450/EWG und Änderungs-RiL 97/55/EG.

Haustürwiderrufsrechts[123], der Produkthaftung[124], des Verbraucherkredits[125], der Fernabsatzgeschäfte[126] und der Vertragsbedingungen[127].[128]

Im Jahr 2004 wurde die Konsolidierung des europäischen Verbraucherschutzrechts durch die Überprüfung des gemeinschaftlichen Besitzstands[129] eingeleitet. Auf dieser Grundlage präsentierte die Kommission 2008 ihren Vorschlag für eine Verbraucherrechte-RiL[130].[131] Der Richtlinienvorschlag zielte darauf ab, vier verbraucherrechtliche Richtlinien[132] in einem „horizontalen" Rechtsinstrument zusammenzuführen und das Konzept der Mindestharmonisierung durch vollharmonisierende Maßnahmen zu ersetzen.[133] Der Berichtsentwurf des Ausschusses für Binnenmarkt und Verbraucherschutz des EU-Parlaments vom 25.6.2010 setzte demgegenüber auf das Konzept einer „gezielten vollständigen Harmonisierung",[134] die sich im Wesentlichen auf den Bereich der Fernabsatz- und Haustürgeschäfte beschränkte. In anderen Bereichen sollten den Mitgliedsstaaten dagegen Umsetzungsspielräume eröffnet werden.[135]

Auf der Grundlage dieser Vorarbeiten wurde im Oktober 2011 die Verbraucherrechte-RiL 2011/83/EU verabschiedet, die mit Wirkung zum 13.6.2014 die Haustürwiderruf-RiL 85/577/EWG und die Fernabsatz-RiL 97/7/EG aufhebt.[136] Im Hinblick auf die Umsetzungspflicht zum 13.12.2013 legte das BMJ im September 2012 einen Referentenentwurf[137]

---

123 Haustürwiderruf-RiL 85/577/EWG.

124 ProdHaft-RiL 85/374/EWG.

125 1. Verbraucherkredit-RiL 87/102/EWG, 2. Verbraucherkredit-RiL 2008/48/EG.

126 Fernabsatz-RiL 97/7/EG und FinFA-RiL 2002/65/EG.

127 Klausel-RiL 93/13/EWG.

128 Ausführlich hierzu und zu weiteren Richtlinien *Tamm*, Verbraucherschutzrecht, 2011, S. 198 ff.

129 Kommission, Mitteilung der Kommission an das Europäische Parlament und den Rat v. 11.10.2004, Europäisches Vertragsrecht und Überarbeitung des gemeinschaftlichen Besitzstands – weiteres Vorgehen, KOM(2004) 651 endg.

130 Vorschlag v. 8.10.2008 z. Verbraucherrechte-RiL-E, KOM(2008) 614 endg.

131 Siehe *Schwab/Giesemann*, EuZW 2012, 253.

132 Haustürwiderruf-RiL 85/577/EWG, Klausel-RiL 93/13/EWG, die Fernabsatz-RiL 97/7/EG sowie die Verbrauchsgüterkauf-RiL 1999/44/EG.

133 Begr v. 8.10.2008 z. Verbraucherrechte-RiL-E, KOM(2008) 614 endg., S. 3.

134 Ausschuss für Binnenmarkt und Verbraucherschutz, Bericht v. 8.10.2008 z. Verbraucherrechte-RiL-E, A7-0038/2011, S. 125.

135 Hierzu *Schwab/Giesemann*, EuZW 2012, 253.

136 Vgl. Artt. 31, 28 Verbraucherrechte-RiL 2011/83/EU.

137 RefE des BMJ v. 19.9.2012 eines Gesetzes zur Umsetzung der Verbraucherrechterichtlinie, zur Änderung des Verbrauchsgüterkaufrechts und zur Änderung des

vor und drei Monate später folgte die Bundesregierung mit ihrem Gesetzentwurf[138]. Dieser wurde nach mehreren Beratungsdurchgängen[139] im September 2012 schließlich als „Gesetz zur Umsetzung der Verbraucherrechterichtlinie und zur Änderung des Gesetzes zur Regelung der Wohnungsvermittlung" verabschiedet und trat am 13.6.2014 in Kraft[140].

II. Verbraucherschutz bei Anlagegeschäften

1. Kapitalanlagerecht

Zu Beginn der 1970er Jahre entstand in Deutschland ein neues Kapitalmarktsegment, das Anlegern in größerem Umfang Anlagemöglichkeiten jenseits der Aktien und Anleihen börsennotierter Unternehmen offerierte.[141] Angeboten wurden vor allem Beteiligungen an Publikumspersonengesellschaften und geschlossenen Fonds.

Erst sukzessive bildete sich kraft richterlicher Rechtsfortbildung für diese neuen Beteiligungsformen ein eigenständiges Regelungsregime heraus, das sogenannte Kapitalanlagerecht.[142] Es wurde festgestellt, dass sich das Kapitalanlagerecht auf dem Weg zum Verbraucherschutzrecht befinde, da Kapitalanlagen zunehmend als Konsumgüter und deren Anleger als Konsumenten zu betrachten seien.[143] Ausschlaggebend für diesen Be-

---

Gesetzes zur Regelung der Wohnungsvermittlung, abrufbar unter www.bmj.de (zuletzt abgerufen am 23.11.2014).

138 RegE v. 21.12.2012 z. Verbraucherrechte-RiL-UmsG, BR-Ds. 817/12.

139 Vgl. http://dipbt.bundestag.de/extrakt/ba/WP17/500/50037.html (zuletzt abgerufen am 23.11.2014).

140 Art. 15 Verbraucherrechte-RiL-UmsG.

141 *Assmann*, in: Assmann/Schneider (Hrsg.), WpHG, 6. Aufl. 2012, Einl. Rdn. 4; *Seiler/Kniehase*, in: Schimansky/Bunte/Lwowski (Hrsg.), Bankrechts-Handbuch, 4. Aufl. 2011, Vor § 104 Rdn. 8.

142 Verstanden als Sammelbezeichnung für die Rechtsregeln, die das „marktvermittelte Zustandekommen, die Durchführung und Beendigung von Vertragsbeziehungen" zwischen den Anbietern und den Nachfragern von Beteiligungen des grauen Kapitalmarkts bestimmen, siehe *Assmann*, in: Assmann/Schütze (Hrsg.), Hdb KapitalanlageR, 3. Aufl. 2007, § 1 Rdn. 1.

143 *Assmann*, in: Assmann/Schütze (Hrsg.), Hdb KapitalanlageR, 3. Aufl. 2007, § 1 Rdn. 3.

fund dürfte die Entwicklung sein, dass gemäß BGH-Rechtsprechung[144] und Schrifttum[145] derjenige, der eigenes Vermögen durch Kapitalanlage oder den Erwerb von Immobilien oder Fondsanteilen verwaltet, nicht als Unternehmer (§ 14 BGB), sondern als Verbraucher (§ 13 BGB) angesehen wird. Den Kapitalanlegern wird dadurch der für sie oftmals vorteilhaftere Rückgriff auf die Regelungsinstrumente des Verbraucherschutzrechts eröffnet.

2. Kapitalmarktrecht

a) Grünbuch Finanzdienstleistungen (1996)

Mit dem 1996 vorgelegten Grünbuch Finanzdienstleistungen präsentierte der europäische Gesetzgeber erstmals ein „Basisverbraucherschutzpaket"[146] für den Finanzdienstleistungssektor, das auch den Versicherungs- sowie den Wertpapier- und Börsenbereich umfasste. Erstmals wurde die Gruppe der Verbraucher als eigenständige Regelungsadressaten des Finanzdienstleistungsrechts identifiziert. Die Fokussierung auf Verbraucherinteressen wurde wie folgt begründet:

„In diesem Grünbuch geht es um den spezifischen Schutz einer bestimmten Kategorie von Nutzern finanzieller Dienstleistungen, nämlich der privaten Verbraucher, die in der Regel besser geschützt werden müssen als erfahrenere oder mächtigere Marktteilnehmer. Obschon die Finanzdienstleistungs-Richtlinien in erster Linie auf den Finanzsektor ausgerichtet sind, berücksichtigen sie doch auch die Rechte und Interessen der Verbraucher. Sie enthalten Bestimmungen, die die Rechte der Verbraucher auf korrekte und vollständige Informationen sichern, ihre rechtlichen Interessen schützen und ihnen Zugang zu Abhilfeverfahren eröffnen."[147]

---

144 BGH, Urt. 23.10.2001 (Az. XI ZR 63/01), BGHZ 149, 80, 82 ff.; Urt. v. 14.7.2000 (Az. V ZR 384/98), NJW 2000, 3496, 3497; Urt. v. 5.6.1996 (Az. VIII ZR 151/95), BGHZ 133, 71 ff. Für geschlossene Immobilienfonds auch *Wagner*, in: Assmann/Schütze (Hrsg.), Hdb KapitalanlageR, 3. Aufl. 2007, § 15 Rdn. 232 ff. m.wn.

145 Etwa *Tamm*, in: Tamm/Tonner (Hrsg.), Verbraucherrecht, 2012, § 2 Rdn. 49 m.w.N. Kritisch *Wagner*, BKR 2003, 649 ff.

146 Kommission, Grünbuch Finanzdienstleistungen, KOM(1996) 209 endg., S. 3.

147 Kommission, Grünbuch Finanzdienstleistungen, KOM(1996) 209 endg., S. 1.

b) Lamfalussy-Bericht (2001)

Im Jahr 2001 mahnte der Lamfalussy-Bericht an, dass im Bereich des Finanzdienstleistungsrechts nach wie vor „kein einheitlicher Verbraucherschutz auf hohem Niveau" bestehe.[148] Für alle Finanz- und Wertpapierdienstleistungen müsse der Grundsatz gelten, dass ein im Verhältnis zum jeweiligen Risiko angemessener Verbraucherschutz sichergestellt wird.[149] Konkret betonte der vor dem endgültigen Lamfalussy-Bricht erstellte Ausschussbericht die Bedeutung der sachkundigen Anlageberatung. Um bei der Anlageberatung einen „angemessene[n] Verbraucherschutz" zu gewährleisten, müsse das Informationsmodell verbessert werden.[150] Nach Auffassung des EU-Gesetzgebers sollte die Verbesserung der Wohlverhaltensregeln[151] (die sich per se an „Anleger" richten) zugleich eine Verbesserung des Verbraucherschutzes bewirken.

Dieses deutet darauf hin, dass der Gesetzgeber Anleger- und Verbraucherschutz als ein einheitliches Regelungsziel der Finanzmarktregulierung begreifen wollte.

c) Weißbuch Finanzdienstleistungspolitik (2005)

Das „Weißbuch Finanzdienstleistungspolitik" erneuerte 2005 für die europäische Finanzdienstleistungspolitik das Ziel, den Verbraucherschutz zu verbessern:

> „... vor dem Hintergrund eines effizienten Aufsichtsniveaus und einer effizienten Regulierung auf dem Gebiet der Wohlverhaltensregeln, die wiederum zu einem hohem Maß an Finanzstabilität sowie an Vorteilen für die Verbraucher und des Verbraucherschutzes führen"[152]

148 Ausschuss der Weisen, Schlussbericht v. 15.2.2001 z. Lamfalussy-Verfahren, S. 18.

149 Ausschuss der Weisen, Schlussbericht v. 15.2.2001 z. Lamfalussy-Verfahren, S. 29 (Hervorh. durch d. Verf.).

150 Ausschuss der Weisen, Erster Bericht über die Reglementierung der Europäischen Wertpapiermärkte v. 9.11.2000, S. 7.

151 Damals in Gestalt von Art. 11 WpDiRiL 93/22/EWG bzw. § 31 WpHG a.F.

152 Kommission, Weißbuch Finanzdienstleistungspolitik, KOM(2005) 625 endg., S. 4.

d) PRIP-Initiative und MiFID II-Reform

Die europäische PRIP-Initiative rückt seit 2009 „den Verbraucher" ins Zentrum der regulatorischen Agenda. Augenfällig ist, dass in den dazugehörigen Materialien die Begriffe „Anleger" und „Verbraucher" austauschbar verwendet werden.[153]

Mit der Begründung der MiFID II-Entwurfsfassung brachte die EU-Kommission unzweideutig zum Ausdruck, dass die europäischen Regulierungsmaßnahmen auf dem Gebiet des Kapitalmarktrechts im Lichte des übergeordneten Regelungsziels „Verbraucherschutz" zu sehen sind:

> „Die genannten Ziele stehen in Einklang mit den grundlegenden Zielsetzungen der EU, eine harmonisierte und nachhaltige Entwicklung der Wirtschaftstätigkeiten, ein hohes Maß an Wettbewerbsfähigkeit sowie ein hohes Verbraucherschutzniveau zu fördern, zu dem auch die Sicherheit und die wirtschaftlichen Interessen der Verbraucher gehören (Artikel 169 AEUV)."[154]

3. Verbraucherschutz als Aufgabe der Kapitalmarktaufsicht

Bislang zählt allein der (institutionelle) Anlegerschutz zu den Aufgaben der staatlichen Kapitalmarktaufsicht: Gemäß § 4 Abs. 4 FinDAG übt die BaFin ihre Aufsichtstätigkeit ausschließlich im „öffentlichen Interesse" aus; dieses ist mit dem Funktionenschutz bzw. dem institutionellen Anlegerschutz gleichzusetzen.[155]

Möglicherweise sind die Aufgaben der Marktaufsichtsbehörden künftig um den Verbraucherschutz zu erweitern: Anlässlich der FinDAG-Reform 2012[156] blieb der Aufgabenkatalog der BaFin zwar unberührt. Allerdings werden Verbraucherschutz und Kapitalmarktaufsicht zunehmend miteinander verknüpft: So benennt das deutsche Umsetzungsgesetz zur EU-Ver-

---

153 Vgl. Kommission, PRIP-Mitteilung v. 20.4.2009, KOM(2009) 204 endg., S. 5, 7, 12; Begr v. 3.7.2012 z. VO-E Basisinformationsblätter, KOM(2012) 352 endg., S. 5. Siehe auch *Moloney*, 13 EBOR (2012), 169, 173.

154 Siehe Begr v. 20.10.2011 z. MiFID II-E, KOM(2011) 656 endg., S. 195.

155 Siehe auch *Micklitz/Träger*, in: Keßler/Micklitz (Hrsg.), Anlegerschutz in Deutschland, Schweiz, Großbritannien, USA und der Europäischen Gemeinschaft, 2004, S. 53, 75; *Laars*, Komm. z. FinDAG, 2012, § 4 FinDAG Rdn. 6.

156 RegE v. 4.5.2012 z. FinDA-StärkG, BR-Ds. 249/12.

ordnung über die Zusammenarbeit im Verbraucherschutz (VSchDG)[157] die BaFin als zuständige Aufsichtsbehörde für Teilbereiche des Verbraucherschutzes.[158] Überdies musste mit Wirkung zum 1.3.2013 bei der BaFin ein Verbraucherbeirat eingerichtet werden.[159] Hierdurch sollen Verbraucherfragen im Kontext der Kapitalmarktaufsicht künftig stärkere Beachtung finden.[160] Ferner hat die BaFin inzwischen auf ihrer Website eine Rubrik eingerichtet[161], die explizit an „Verbraucher" gerichtet ist.[162] Das gewandelte Selbstverständnis verdeutlicht nicht zuletzt die Rede der BaFin-Präsidentin König anlässlich des Neujahrspresseempfangs 2014: „Verbraucherschutz wird für uns weiter an Bedeutung gewinnen... Wir sind Verbraucherschützer aus Überzeugung".[163] Der Koalitionsvertrag von CDU/CSU und SPD sieht explizit vor, den Verbraucherschutz zum gleichberechtigten Ziel der Aufsichtstätigkeit der BaFin zu machen.[164]

Weiter als auf nationaler Ebene ist man in Großbritannien: Dort wird die seit April 2013 für die Marktaufsicht zuständige *Financial Conduct Authority* (FCA) ausdrücklich auch im Interesse der Verbraucher tätig.[165] Auf europäischer Ebene ist der Verbraucherschutz im Bereich Finanzdienstleistungen Aufgabe der Europäischen Wertpapier- und Marktaufsichtsbehörde (ESMA) sowie der Europäischen Bankenaufsichtsbehörde (EBA).[166] ESMA und EBA wurden u.a. Kompetenzen zur „Entwicklung

157 VO (EG) Nr. 2006/2004 des Europäischen Parlaments und des Rates vom 27.10.2004 über die Zusammenarbeit zwischen den für die Durchsetzung der Verbraucherschutzgesetze zuständigen nationalen Behörden, ABl. Nr. L 364 v. 9.12.2004, S. 1-11.

158 Siehe § 2 Nr. 2 VSchDG. Hierzu bereits *Buck-Heeb*, ZHR 176 (2012), 66, 81.

159 § 8 a FinDAG, eingefügt durch Art. 2 Nr. 6 FinDA-StärkG.

160 RegE v. 4.5.2012 z. FinDA-StärkG, BR-Ds. 249/12, S. 23.

161 Siehe http://www.bafin.de/DE/Verbraucher/verbraucher_node.html (zuletzt abgerufen am 23.11.2014).

162 Mit diesem Hinweis bereits *Buck-Heeb*, ZHR 2013 (177), 310, 340.

163 *König*, Rede anlässlich des Neujahrspresseempfangs der BaFin 2014 am 16.1.2014 in Frankfurt/Main.

164 Regierungskoalition CDU/CSU/SPD, Koalitionsvertrag 18. Legislaturperiode S. 87.

165 Vgl. Sec. 6(1) Financial Services Act 2012 sowie die Vorgängerregelung Sec. 5(1) Financial Services and Markets Act 2000 a.F.: „The FCA's operational objectives are... the consumer protection objective.... and the integrity objective" – „The consumer protection objective is: securing an appropriate degree of protection for consumers".

166 Für die ESMA siehe Art. 1(5)(f) der VO(EU) Nr. 1095/2010 des Europäischen Parlaments und des Rates vom 24.11.2010 zur Errichtung einer Europäischen

gemeinsamer Methoden zur Bewertung der Wirkungen von Produktmerkmalen und Verteilungsprozessen auf die Finanzlage der Institute und den Verbraucherschutz" eingeräumt.[167] Auch dem „Beratenden Ausschuss des Europäischen Ausschusses für Systemrisiken" (ESRB) soll ein Mitglied angehören, das Erfahrungen als „Verbraucher von Finanzdienstleistungen" hat.[168]

Der seit geraumer Zeit von Verbraucherschützern erhobenen Forderung, den Marktaufsichtsbehörden Verbraucherschutzaufgaben zu übertragen,[169] wird auf europäischer Ebene bereits entsprochen. Es ist davon auszugehen, dass sich diese Entwicklung auf nationaler Ebene forsetzt.

D. Fazit

Zu Beginn der 1960er Jahre rückte die Harmonisierung der Kapitalmärkte auf die politische Agenda. Die europäische Gesetzgebung zielte zunächst darauf ab, die Funktionsfähigkeit der Kapitalmärkte abzusichern. Erst sukzessive etablierte sich der Anlegerschutz als gleichberechtigtes Regelungsziel.[170] Der für die europäische Kapitalmarktgesetzgebung charakteristische Zielfunktionendualismus lässt sich ebenso für andere Rechtskreise

---

Aufsichtsbehörde (Europäische Wertpapier- und Marktaufsichtsbehörde), zur Änderung des Beschlusses Nr. 716/2009/EG und zur Aufhebung des Beschlusses 2009/77/EG der Kommission, ABl. Nr. L 331 v. 15.12.2010, S. 84-119. Für die EBA siehe Art. 1(5)(f) der VO (EU) Nr. 1093/2010 des Europäischen Parlaments und des Rates vom 24.11.2010 zur Errichtung einer Europäischen Aufsichtsbehörde (Europäische Bankenaufsichtsbehörde), zur Änderung des Beschlusses Nr. 716/2009/EG und zur Aufhebung des Beschlusses 2009/78/EG der Kommission, ABl. Nr. L 331 v. 15.12.2010, S. 12-47.

167 Vgl. jeweils Art. 8(2)(i) der VO 1093/2010 sowie der VO 1095/2010. Eingehend hierzu *Reifner*, VuR 2011, 410 ff.

168 Art. 12 Abs. 1 S. 2 der VO (EU) Nr. 1092/2010 des Europäischen Parlaments und des Rates v. 24.11.2010 über die Finanzaufsicht der Europäischen Union auf Makroebene und zur Errichtung eines Europäischen Ausschusses für Systemrisiken, ABl. Nr. L 331 v. 15.12.2010, S. 1-11.

169 Siehe BaFin, Jahresbericht 2010, April 2011, S. 254 ff.; *Metz*, in: FS Nobbe, 2009, S. 883, 889 f. Nachweise bei *Buck-Heeb*, ZHR 176 (2012), 66, 81.

170 Vgl. zum Dualismus der Regelungsziele auch *Möllers*, in: Möllers/Rotter (Hrsg.), Ad-hoc-Publizität, 2003, § 3 Rdn. 26.

feststellen: die Normgeber in der Schweiz[171], in den USA[172] sowie die International Organization of Securities Commissions (IOSCO)[173] erkennen die Gleichberechtigung von Funktionen- und Anlegerschutz an.[174]

Der Topos Anlegerschutz weist zwei Schutzdimensionen auf: den institutionellen sowie den individuellen Anlegerschutz. Diese Unterteilung wurde treffend als „Janusköpfigkeit" der Schutzzwecke bezeichnet.[175] Während der institutionelle Anlegerschutz unmittelbar mit der Kapitalmarktfunktionsfähigkeit verknüpft ist, gilt hinsichtlich der dogmatischen Grundlagen des individuellen Anlegerschutzes nach wie vor Vieles als ungeklärt.[176] Die dogmatischen Lücken lassen sich für den Regelungsbereich der Kapitalmarkinvestmentprodukte womöglich durch die Heranziehung des Verbraucherschutzrechts ausfüllen.

Im Schrifttum wird daher vermehrt diskutiert, ob sich das Anlegerschutzrecht nicht zu einem „Verbraucher-Kapitalmarktrecht" weiterentwickelt.[177] Hierfür spricht, dass die europäischen Kapitalmarktaufsichtsbehörden bereits Aufgaben des Verbraucherschutzes wahrnehmen. Es scheint nur eine Frage der Zeit zu sein, bis auch das FinDAG um die Aufsichtsaufgabe „Verbraucherschutz" erweitert wird. Begünstigend dürfte sich auswirken, dass die BaFin gegenwärtig bereits die Aufsicht über den Versicherungssektor ausübt.

---

171 Vgl. Art. 1 Bundesgesetz über die Börsen und den Effektenhandel (BEHG): „... um *für den Anleger Transparenz und Gleichbehandlung sicherzustellen*. Es schafft den Rahmen, um die *Funktionsfähigkeit der Effektenmärkte zu gewährleisten*." (Hervorh. d. d. Verf.).

172 So der Dodd-Frank-Act 2010, der den Zielfunktionsdualismus bereits in seinem offiziellen Untertitel benennt: Dodd–Frank Wall Street Reform and Consumer Protection Act v. 21.7.2010, Public Law 111-203.

173 IOSCO, Objectives and Principles of Securities Regulation, Juni 2010, S. 5 f.; *dies.*, Supervisory Framework for Markets, Mai 1999, S. 1.

174 So bereits *Kasten*, Neuregelung der Explorations- und Informationspflichten, 2009, S. 35.

175 *Hopt*, Gutachten G z. 51. DJT 1976, 1976, S. 47.

176 Vgl. *Kümpel*, Bank- und Kapitalmarktrecht, 3. Aufl. 2004, Rdn. 8.388 f.; *Kasten*, Neuregelung der Explorations- und Informationspflichten, 2009, S. 37; *Buck-Heeb*, *dies.*, ZHR 176 (2012), 66, 68; *Assmann*, ZBB 1989, 49 ff.

177 Bspw. *Buck-Heeb*, ZHR 176 (2012), 66 ff.; *Koller*, in: Assmann/Schneider (Hrsg.), WpHG, 6. Aufl. 2012, § 31 WpHG Rdn. 4 ff.; *Vogel*, Vom Anlegerschutz zum Verbraucherschutz, 2005; insbes. *Moloney*, 13 EBOR (2012), 169 ff.; *dies.*, How to Protect Investors?, 2010; *dies.*, 63 Current Legal Problems (2010), 375 ff; *Kingsford-Smith*, in: Howells/Ramsay/Wilhelmsson (Hrsg.), Handbook of Research on International Consumer Law, 2010, S. 431 ff.

Den weiteren Gang der Arbeit bestimmt die Frage, wie sich eine Zielfunktionentrias von Funktionen-, Anleger- und Verbraucherschutz auf die Regulierungsgegenstände, Dogmatik, Rechtsprinzipien und das Sanktionsinstrumentarium des Privatanlegerschutzes auswirkt. Von besonderer Bedeutung ist dabei der horizontale Regulierungsansatz der europäischen PRIP-Initiative, die in § 2 vorgestellt wird.

Teil 2: Regulierungsgegenstände

§ 2 Kapitalmarktinvestmentprodukte (PRIP)

Unter dem Schlagwort „Anlageprodukte für Kleinanleger"[1] brachte der europäische Gesetzgeber 2007 eine Initiative auf den Weg, die unterschiedlichste Anlageprodukte einem „horizontalen", also rechtsgebiets- und produktformübergreifenden Regulierungsansatz unterstellt. Eingängiger und begrifflich aussagekräftiger ist deren englische Bezeichnung: *Packaged Retail Investment-* bzw. (akronymisiert) PRIP-Initiative. „Packaged" umschreibt dabei das charakteristische Verpackungselement und „retail" die Ausrichtung auf die privaten Haushalte als potentiellen Vertriebsmarkt. Synonym zum PRIP-Begriff wird in der weiteren Untersuchung der Begriff „Kapitelmarktinvestmentprodukte" verwendet. Zu den Kapitalmarktinvestmentprodukten sind Investmentfonds, strukturierte Bankeinlagen, fondsbasierte Lebensversicherungen und bestimmte Derivate zu zählen.

Die horizontale Regulierungsstrategie ist nur vor dem Hintergrund der Anlagepräferenzen der Privathaushalte[2] nachvollziehbar. Kapitalmarktinvestmentprodukte werden typischerweise nicht von professionellen Marktakteuren erworben. Hauptzielgruppe sind vielmehr die privaten Haushalte. Innerhalb dieser Anlegerschicht werden Anlagegeschäfte nur vereinzelt und in erster Linie zur privaten Vermögensvorsorge getätigt.

Im Nachfolgenden gilt es zunächst die Vermögensstruktur und Anlageziele der Privathaushalte zu analysieren und zum besseren Verständnis die Genese der PRIP-Initiative nachzuzeichnen. In einem zweiten Schritt sind die gemeinsamen Merkmale der von der PRIP-Initiative erfassten Produk-

1 So auch der Titel der von der EU-Kommission eigens eingerichteten Website, barufbar unter http://ec.europa.eu/internal_market/finservices-retail/invest-ment_products/index_de.htm (zuletzt abgerufen am 23.11.2014).

2 Ein Privathaushalt besteht entweder aus einer Person oder einer Gruppe von Personen, die normalerweise an derselben Adresse wohnen, sowohl Einnahmen als auch Ausgaben teilen, und die Kosten des täglichen Lebens gemeinsam bestreiten, vgl. Deutsche Bundesbank, Private Haushalte und ihre Finanzen, Tabellenanhang zur Pressemitteilung v. 21.3.2013.

te herauszuarbeiten, um auf dieser Grundlage Kapitalmarktinvestmentprodukte anhand systematischer Kriterien zu ordnen.

A. Das Retail-Marktumfeld

Kapitalmarktinvestmentprodukte sind Anlageprodukte, die zum Vertrieb an die privaten Haushalte („retail") konzipiert werden. Diesem „Retail-Marktumfeld" sind anhand von Daten zur Vermögensstruktur und zu den Anlagezielen der deutschen und europäischen Privathaushalte empirische Konturen zu verleiehen. Zu diesem Zweck werden Datensätze unterschiedlichster Provenienz und Aussagekraft herangezogen. Methodologisch mag dieses Vorgehen Zweifelsfragen aufwerfen, ist doch bereits das Verhältnis von Empirie und Theorie in der Erkenntnistheorie höchst umstritten.[3] Für definitive Schlussfolgerungen auf empirischer Grundlage divergieren die in Bezug genommenen Parameter und methodischen Ansätze zu stark. Aus den Datensätzen lassen sich aber zumindest gewisse Tendenzen ableiten:

Auch der europäische Gesetzgeber sützt seine Gesetzgebungsvorhaben zunehmend auf empirische Studien. So wird im Rahmen der PRIP-Initiative explizit auf das *Consumer Markets Scoreboard* („Verbraucherbarometer")[4] der EU-Kommission Bezug genommen.[5] Dieses misst unionsweit die Funktionsweise von 51 Verbrauchermärkten anhand von Umfragen und anderen Datenerhebungen. Auf der Grundlage dieses Datenmaterials wird ein Index (*Market Performance Index*, „MPI") gebildet.[6] Die MPI-Auswertung identifizierte 2008 den Finanzdienstleistungsbereich als einen der Binnenmarktbereiche mit den gravierendsten Verbraucherschutzdefiziten, insbesondere im Hinblick auf die Bewertungskriterien Information, Gebührenhöhe und Gebührentransparenz.[7]

---

3 *Kelle*, Empirisch begründete Theoriebildung, 1994, S. 25 f.

4 Zur Funktionsweise des Verbraucherbarometers und Untersuchungstechnik allgemein Kommission, Mitteilung v. 29.1.2008: Überwachung von verbraucherrelevanten Ergebnisse im Binnenmarkt: das Verbraucherbarometer, KOM(2008) 31 endg.

5 Kommission, Commission Staff Working Document Retail Financial Services v. 22.9.2009, SEC(2009) 1251 endg., S. 2 ff.

6 Siehe http://ec.europa.eu/consumers/consumer_research/consumer_market_mo-nitoring_survey_en.htm (zuletzt abgerufen am 23.11.2014).

7 Siehe auch Kommission, Commission Staff Working Document Retail Financial Services v. 22.9.2009, SEC(2009) 1251 endg., S. 2.

Auf empirische Daten stützen sich auch die MiFID II-Reformvorschläge. Zu nennen ist insbesondere die von der Kommission in Auftrag gegebene BME-Studie[8] aus dem Jahr 2007, die den Markt für langfristige Verbraucher-Geldanlagen in der EU untersuchte.[9]

I. Vermögensstruktur des Marktumfelds

1. Europäische Privathaushalte

Zum Ende des 2. Quartals 2013 belief sich das Nettovermögen[10] der europäischen Privathaushalte auf 42,7 Bil. Euro. Davon entfielen 29,6 Bil. Euro Anlagegüter (insbesondere Immobilien) und knapp 19 Bil. Euro auf Finanzanlagen. 2010 hatten die Bankeinlagen den größten Anteil an den Finanzanlagen (42,9 %), gefolgt von Investmentfonds (8,7 %), börsennotierten Aktien (7,9%), Anleihen (6,6 %), sonstigen Finanzanlagen (5,3 %) und Privatkrediten (2,2 %).[11]

Bemerkenswert ist, dass die Anteile der einzelnen Assetklassen am Gesamtvermögen zwischen den Mitgliedsstaaten z.T. erheblich divergieren. Vollständige Werte liegen für das Jahr 2005 vor: Der Anteil börsennotierter Aktien am Gesamtvermögen der Anleger war am niedrigsten in Deutschland und Frankreich (je 5 %), am höchsten dagegen in Schweden (21 %), gefolgt von Spanien (15%) und Großbritannien (11 %).[12] Hohe Anleihen-Anteile konnten insbesondere für Italien (32 %) und Deutsch-

8 Berücksichtigt werden berücksichtigt sowohl absolute Zahlen als auch die Ergebnisse einer Verbraucherbefragung, siehe November, The EU Market For Consumer Longterm Retail Savings Vehicles, 2007, passim.

9 Die MiFID II-Folgenabschätzung für Privatanleger bezieht sich ausdrücklich auf die von der BME-Studie als relevant eingestuften Anlageprodukte, vgl. Kommission, Impact Assessment v. 20.10.2011, SEC(2011)1217 endg., S. 70 Fn. 151 und 152, S. 71 Fn. 156.

10 Das Netto-Haushaltsvermögen ist die Summe aller privaten Vermögenswerte (Finanzanlagen und Sachwerte) abzüglich aller privaten Schulden. Hierzu EZB, Statistics Paper Series Nr. 2, April 2013, S. 107.

11 Die nationalen Zentralbanken übermittelten der EZB überwiegend Werte für das Jahr 2010, z.T. aber auch 2009 und 2008, siehe EZB, Statistics Paper Series Nr. 2, April 2013, S. 47.

12 BME, The EU Market For Consumer Longterm Retail Savings Vehicles, November 2007, S. 46.

land (13 %) festgestellt werden.[13] Der Anteil von Investmentfonds war überdurchschnittlich hoch in Deutschland (29 %), niedrig dagegen in Frankreich (6 %) und Großbritannien (4 %). Allerdings liegt der Wert in Großbritannien de facto erheblich höher, wenn man die Investmentfonds, die sich in den Portefeuilles institutioneller Investoren wie z.B. der Lebensversicherer finden,[14] den Haushalten indirekt zurechnet.[15] Lebensversicherungen hatten hohe Anteile in Deutschland (47 %), Frankreich (46 %) und Großbritannien (32 %), wobei Großbritannien gemessen am Gesamtvolumen den größten Markt für Lebensversicherungen innerhalb der EU beheimatete.[16]

Festhalten lässt sich somit, dass direkte Kapitalmarktanlagen (z.B. Aktien) am Gesamtvermögen der europäischen Haushalte nur einen geringen Anteil haben. Dies verdeutlicht nicht zuletzt eine Erhebung des Europäischen Börsenverbands aus dem Jahr 2007, wonach die europäischen Privathaushalte nur 14 % des Marktwerts aller börsengehandelten Aktien hielten. [17] Europaweit sehr geringe Bedeutung hatten bislang Derivate und Private Equity-Beteiligungen.[18] Über Letztere verfügen in erster Linie überdurchschnittlich wohlhabende Anleger.[19] Noch stärker dürfte dieser Befund für Hedgefonds-Anteile zutreffen, die in einigen europäischen Mitgliedsstaaten nicht an private Anleger vertrieben werden dürfen.[20]

---

13 Mit Ausnahme von Spanien (5 %), Österreich (10 %), Portugal (11 %) sowie Griechenland und Belgien (je 14 %) lag der Anleihen-Anteil ansonsten unter 5 %, BME, The EU Market For Consumer Longterm Retail Savings Vehicles, November 2007, S. 41 f.

14 Siehe EIOPA, Statistical Annex Insurance 2011, Dezember 2012.

15 BME, The EU Market For Consumer Longterm Retail Savings Vehicles, November 2007, S. 56.

16 BME, The EU Market For Consumer Longterm Retail Savings Vehicles, November 2007, S. 63.

17 FESE, Share Ownership Structure in Europe, 2008, S. 22.

18 FESE, Share Ownership Structure in Europe, 2008, S. 77 ff., 81 ff.

19 FESE, Share Ownership Structure in Europe, 2008, S. 83.

20 Siehe Übersicht 12, BME, The EU Market For Consumer Longterm Retail Savings Vehicles, November 2007, S. 83. In Deutschland dürfen Single- bzw. Ziel-Hedgefonds nur von professionellen und semi-professionellen Anlegern erworben werden, vgl. §§ 1 Abs. 6, 225 Abs. 1 S. 2, 283 KAGB KAGB. Privatanleger können nur über Dachfonds (vgl. § 225 Abs. 1 S. 1 KAGB) Hedgefonds-Investments tätigen, siehe Begr RegE v. 21.12.2012 z. KAGB, BR-Ds. 791/12, S. 486.

2. Deutsche Privathaushalte

Die deutschen Privathaushalte[21] verfügten 2012 über ein Nettovermögen[22] von 10,7 Bil. Euro.[23] Den größten Anteil hieran hatten Anlagegüter (56,7 %). Das Geldvermögen in Höhe von 4,9 Bil. Euro setzte sich zusammen aus Bankeinlagen und Barvermögen (40,7 %), Ansprüchen gegenüber Versicherungen, und Pensionsrückstellungen inkl. sonstiger Forderungen (36,7 %) sowie Wertpapieren (22,5 %).[24] Das Wertpapiervermögen lässt sich weitergehend unterteilen in Aktien inkl. sonstiger Anteilsrechte (9 %), Investmentzertifikate (8 %) und Anleihen inkl. Geldmarktpapiere (5 %).[25]

Auch auf nationaler Ebene ist die direkte Kapitalmarktanlage für die privaten Haushalte vergleichsweise unbedeutend, was sich in der Zahl der Aktienbesitzer widerspiegelt: Zieht man von der vom Deutschen Aktieninstitut für 2012 ermittelten Gesamtzahl von 9,49 Mio. Aktienanlegern die Belegschaftsaktionäre (1,285 Mio.) und Fondsbesitzer (6,620 Mio.) ab, verbleiben lediglich 1,585 Mio. Personen mit direktem Aktienbesitz.[26] Unbedeutend sind Zertifikate mit einer Prävalenzrate von lediglich 2 %.[27] Geringen Anteil am Gesamtvermögen der deutschen Privathaushalte hatten Anteile an geschlossenen Fonds; das Gesamteigenkapital (96,5 Mrd.) entsprach lediglich 2 % des Bruttogeldvermögens.[28] In der Anlagegruppe Versicherungen[29] hatten Risikoversicherungen (13,4 %) im Vergleich zu Kapital-Lebensversicherungen (45,5 %) und Rentenversicherungen (41,1 %) nur vergleichsweise geringe Bedeutung.[30]

---

21 Es wird allgemein unterschieden zwischen den „institutionellen Sektoren des Inlands", „nichtfinanziellen und finanziellen Kapitalgesellschaften", „Staat" und der Gruppe der „privaten Haushalte und privaten Organisationen ohne Erwerbszweck". Vgl. Statistisches Bundesamt, Sektorale und gesamtwirtschaftliche Vermögensbilanzen 1991-2012 v. 4.9.2013.

22 Inkl. Gebrauchsvermögen.

23 Statistisches Bundesamt, Sektorale und gesamtwirtschaftliche Vermögensbilanzen 1991-2012 v. 4.9.2013, S. 11.

24 Festverzinsliche Wertpapiere, Finanzderivate, Aktien, Sonstige Beteiligungen und Investmentzertifikate.

25 BVR, Volkswirtschaft special Nr. 13 v. 8.10.2013, S. 7.

26 DAI, Factbook 2012, Nr. 8.3.

27 Deutsche Bundesbank, Monatsbericht Juni 2013, S. 47.

28 VGF, Branchenzahlen Geschlossene Fonds 2011, S. 24.

29 Ohne Pensionskassen und ohne Pensionsfonds.

30 GDV, Die deutsche Lebensversicherung in Zahlen 2012, S. 16.

II. Anlageziele

1. Anlageziele allgemein

Typischerweise liegen der Geldanlage folgende Zielsetzungen als Entscheidungsparameter zugrunde: ein hoher und nachhaltiger Ertrag der Investition („Rentabilität"), ein geringes Verlustrisiko („Sicherheit") und die Möglichkeit der Desinvestition („Verfügbarkeit über den Gegenwert").[31] Nicht ohne Grund wird das Verhältnis, in dem diese drei Zielsetzungen zueinander stehen, als „magisches Dreieck" der Vermögensanlage bezeichnet, denn alle drei Ziele lassen sich nicht mit einer einzigen Anlage gleichermaßen erreichen. [32] Beispielsweise bieten spekulative Anlagen höhere Ertragschancen bieten, weisen aber u.U. höhere Verlustrisiken auf. Bei der privaten Geldanlage steht laut einer Umfrage des Deutschen Sparkassen- und Giroverbands das Anlageziel „Sicherheit" deutlich im Vordergrund (97 %), gefolgt von „Verfügbarkeit" (88 %) und „Rentabilität" (77 %).[33]

2. Private Altersvorsorge

Motiv der privaten Geldanlage ist überwiegend die finanzielle Altersvorsorge: der Erwerb von Anlageprodukten soll das Vermögen erhalten und idealerweise vermehren.[34] Anlässlich einer Studie zum Spar- und Anlageverhalten gaben 72 % der Befragten an, die private Altersvorsorge sei ein „wichtiges" Sparziel.[35] Einer europäischen Umfrage zufolge ist die private Altersvorsorge „Hauptziel" der Geldanlage vor allem für Schweden

---

31 *Roth*, in: Assmann/Schütze (Hrsg.), Hdb KapitalanlageR, 3. Aufl. 2007, § 11 Rdn. 44. Detailliert hierzu *May*, Geldanlage, 4. Aufl. 2009, S. 5 ff.

32 Siehe die Veranschaulichung von Allianz Global Investors, Was bei Fonds zu beachten ist, abrufbar unter https://www.allianzglobalinvestors.de/ web/main?page=/cms-out/ueber-uns/hilfe/fondswissen/magisches-dreieck.html (zuletzt abgerufen am 23.11.2014).

33 DSGV, Vermögensbarometer 2011, S. 13.

34 So auch Kommission, Weißbuch Finanzdienstleistungspolitik, KOM(2005) 625 endg., S. 5.

35 Keine Bedeutung hatte die private Alterversogung für nur 11 % der Befragten, vgl. *Börsch-Supan/Coppola/Essig/Eymann/Schunk*, SAVE-Studie, 2009, S. 94.

(33 %) und Deutsche (31 %), eher unbedeutend ist sie für Spanier (10 %), Niederländer (7 %) und Italiener (6,5 %).[36]

Früher war die Altersversorgung Aufgabe des (Wohlfahrt-)Staats. Der durch höhere Sterbealter und geringere Geburtenraten gekennzeichnete demographische Wandel hat jedoch dazu geführt, dass der Staat das Niveau der gesetzlichen Rente senken musste.[37] Zugleich wurden die Bürger verstärkt in die Pflicht genommen, der Altersarmut vorzubeugen.[38] Der Gesetzgeber setzt vor allem darauf, die private Altersvorsorge über die Kapitalmärkte abzusichern. So wurde das Altersvermögensgesetz[39] 2001 wie folgt begründet:

„Bei einer Begrenzung des demografisch bedingten Anstiegs des Beitragssatzes zur gesetzlichen Rentenversicherung ist zudem der eigenverantwortliche Aufbau einer kapitalgedeckten Altersvorsorge zur Sicherung des Lebensstandards im Alter unerlässlich.“[40]

Für das Anlageziel der Altersvorsorge spielen Aktien, Anleihen und Zertifikate für private Anleger eine nochmals geringere Rolle als bereits allgemein festgestellt wurde. So fragte eine Studie 2012 danach, welche Geldanlagen der Befragte zur privaten Altersvorsorge besitzt.[41] An erster Stelle wurden Sparbücher (58 %) genannt, gefolgt von Lebensversicherungen (44 %), Bausparverträgen (43 %), Tagesgeld (33 %), Investmentfondsanteilen (26 %) und Festgeld (24 %).

---

36 BME, The EU Market For Consumer Longterm Retail Savings Vehicles, November 2007, S. 14 f.

37 *Börsch-Supan/Coppola/Essig/Eymann/Schunk*, SAVE-Studie, 2009, S. 95. Zu den Reformen des Rentensystems *Börsch-Supan*, in: Börsch-Supan/Miegel (Hrsg.), Pension Reform in Six Countries, 2010, S. 33 ff.; *ders./Wilke*, The German Public Pension System: How it Was, How it Will Be, NBER Working Paper No. 10525, Mai 2004.

38 Etwa *Lehmensiek-Starke*, BKR 2012, 191.

39 Gesetz zur Reform der gesetzlichen Rentenversicherung und zur Förderung eines kapitalgedeckten Altersvorsorgevermögens (Altersvermögensgesetz – AVmG) v. 26.6.2001, BGBl. I Nr. 31 v. 29.6.2001, S. 1310.

40 Begr der Frakt. SPD und Bündnis 90/Die Grünen v. 14.11.2010 z. AVmG, BT-Ds. 14/4595, S. 1.

41 BVI, BVI-Anlegerbefragung 2012, S. 3.

B. Genese der europäischen PRIP-Initiative

Die europäische PRIP-Initiative lässt sich in verschiedene Entwicklungsphasen unterteilen, in deren Verlauf sich die vorgeschlagenen Legaldefinitionen für Kapitalmarktinvestmentprodukte zunehmend verdichtet haben.

I. Konzeptuelle Vorarbeiten (2007-2008)

Die Weichen für die PRIP-Initiative wurden noch vor der Finanzmarktkrise gestellt: Bereits im Mai 2007 hatte der Rat für Wirtschaft und Finanzen der Europäischen Union („ECOFIN")[42] dazu aufgefordert, den Harmonisierungsbedarf in Bezug auf Anlageprodukte für Privatkunden zu untersuchen.[43] Hieran anknüpfend setzte die Kommission im Oktober 2007 ein Konsultationsverfahren[44] in Gang. Es sollte in Erfahrung gebracht werden, ob

> „***[die]*** Vielzahl von Regelungen für Privatkunden-Anlagen... zu allzu großen Unterschieden bei den Informationspflichten und Wohlverhaltensregeln und so zu einer realen, signifikanten Beeinträchtigung des Anlegerschutzes führt"[45].

Im März 2008 wurden die eingegangenen Konsultationsbeiträge in einem Abschlussbericht[46] veröffentlicht. Die Ergebnisse wurden im Mai 2008 anlässlich eines Seminars mit Vertretern der Finanzindustrie[47] und im Juli 2008 im Rahmen einer öffentlichen Anhörung mit Teilnehmern aus Politik, Wirtschaft und Verbraucherorganisationen diskutiert und weiterentwickelt.[48]

---

42 Economic and Financial Affairs Council, auch bezeichnet als EU-Finanzministerrat.

43 Siehe Pressemitteilung zur 2798. Tagung des Rates Wirtschaft und Finanzen v. 8.5.2007, 9171/07 (Presse 97), S. 8 ff.

44 Kommission, Call for Evidence, Oktober 2007.

45 Kommission, Pressemitteilung v. 26.10.2007, Finanzdienstleistungen: Konsultation zu substitutiven Anlageprodukten, IP/07/1615.

46 Kommission, Feedback Statement on Contributions to the Call for Evidence on "Substitute" Retail Investement Products, März 2008.

47 Siehe Kommission, Minutes of the Industry Workship on Retail Investment Products v. 22.5.2008.

48 Siehe Kommission, Record of Open Hearing on Retail Investment Products v. 15.7.2008.

II. PRIP-Mitteilung (2009)

Diese Vorarbeiten konsolidierte die im April 2009 von der Kommission veröffentlichte „Mitteilung zu Anlageprodukten für Kleinanleger" („PRIP-Mitteilung")[49]. Festgelegt wurden dabei u.a. die Säulen der weiteren Regulierung: Die bis dato rechtsgebiets- bzw. produktbezogenen („vertikalen") Anlegerschutzkonzepte sollten in einem rechtsgebiets- und produktformübergreifenden („horizontalen") Ansatz zusammengeführt werden, insbesondere in Bezug auf Informationspflichten und Vertriebspraktiken.[50] Es wurde in diesem Kontext vorgeschlagen, den Anwendungsbereich der MiFID I auf die von ihr noch nicht erfassten Produktkategorien auszuweiten.[51] Begründet wurde dieser Vorschlag damit, dass Kapitalmarktinvestmentprodukte zwar unterschiedliche Rechtsformen und Vertriebswege haben, im Wesentlichen aber vergleichbare Funktionen erfüllen.[52]

Mit der PRIP-Mitteilung formulierte der EU-Gesetzgeber zugleich eine erste Legaldefinition: (1.) Kapitalmarktinvestmentprodukte sind indirekt mit dem Risiko des Basiswerts verbunden; das Risiko entspricht daher nicht dem des Direktbesitzes. (2.) Ihre Hauptfunktion ist die Vermögensbildung, wenngleich einige von ihnen unter Umständen auch der Kapitalerhaltung dienen. (3.) Sie sind auf den mittel- bis langfristigen Retail-Markt ausgerichtet. (4.) Überwiegend werden sie direkt an Kleinanleger vertrieben.[53]

III. Konsultationsphase (2009-2011)

1. PRIP-Workshop und PRIP-Update (2009)

Im Oktober 2009 lud die EU-Kommission Vertreter von Finanzindustrie, Verbraucherverbänden und Aufsichtsbehörden zu einem Workshop nach Brüssel. Ihnen sollte die Möglichkeit gegeben werden, fachlich zu dem Gesetzgebungsvorhaben beizutragen.

---

49 Kommission, PRIP-Mitteilung v. 30.4.2009, KOM(2009) 204 endg., S. 2.
50 Kommission, PRIP-Mitteilung v. 30.4.2009, KOM(2009) 204 endg., S. 2.
51 Kommission, PRIP-Mitteilung v. 30.4.2009, KOM(2009) 204 endg., S. 12.
52 Kommission, PRIP-Mitteilung v. 30.4.2009, KOM(2009) 204 endg., S. 3 f.
53 Kommission, PRIP-Mitteilung v. 30.4.2009, KOM(2009) 204 endg., S. 3.

Das den Workshop begleitende Arbeitspapier definierte Kapitalmarktinvestmentprodukte wie folgt: (1.) Im Gegensatz zum Direktbesitz von Aktien und Anleihen sind sie Wertentwicklungen der Basiswerte nur indirekt ausgesetzt. (2.) Sie zielen auf Vermögensbildung ab. (3.) Die Anleger tragen das Investitionsrisiko zumindest teilweise.[54]

Im Dezember 2009 veröffentlichte die Kommission schließlich ein sogenanntes PRIP-Update mit folgender Defition von Kapitalmarktinvestmentprodukten: (1.) Es handelt sich um vermögensvermehrende Produkte (inkl. solcher Produkte, die Vermögenszuwächse als Einkommen ausschütten). (2.) Die Basiswerte werden aufgrund des Verpackungselements nicht in Direktbesitz gehalten. (3.) Die Anleger sind dem Investitionsrisiko vollumfänglich, zumindest aber zum Teil (bei Abgabe einer Kapitalgarantie) ausgesetzt.[55]

2. Stellungnahmen der Aufsichtsbehörden (2009 und 2010)

Zeitgleich mit Veröffentlichung der PRIP-Mitteilung begannen CEBS, CEIOPS und CESR[56], die auf der dritten Stufe des Lamfalussy-Verfahrens gebildeten Zentralausschüsse der nationalen Aufsichtsbehörden, den horizontalen Regulierungsansatz weiterzuentwickeln. Die Ergebnisse der Ausschussarbeiten wurden der Kommission in Form dreier branchenspezifischer Berichte im November 2009 präsentiert.[57] Auf Grundlage dieser Berichte wurde eine gemeinsame Task Force gebildet. Deren Abschlussbericht, der „3L3 Task Force-Report“ [58] wurde der Kommission im November 2010 vorgelegt.

Die Task Force-Mitglieder hatten sich mehrheitlich auf folgende Definition für Kapitalmarktinvestmentprodukte geeinigt: (1.) Es handelt sich

---

54 Kommission, Arbeitspapier des PRIP-Workshops v. 22.10.2009 in Brüssel, S. 3.

55 Kommission, Update on Commission Work on Packaged Retail Investment Products v. 16.12.12009, S. 3 f.

56 CEBS (Committee of European Banking Supervisors), CEIOPS (Committee of European Insurance and Occupational Pensions Supervisors), CESR (Committee of European Securities Regulators) sind die Vorgänger von EBA (European Banking Authority), EIOPA (European Insurance and Occupational Pensions Authority) und ESMA (European Securities and Markets Authority).

57 Vgl. CESR/CEBS/CEIOPS, 3L3 Task Force-Report v. 6.10.2010, Nr. 33 ff. (S. 9 ff.).

58 CESR/CEBS/CEIOPS, 3L3 Task Force-Report v. 6.10.2010, S. 3 f.

um Produkte, bei denen der Auszahlungsbetrag von Schwankungen der Marktpreise oder den Zahlungsströmen der Vermögenswerte abhängig ist; (2.) die investierten Vermögenswerte werden zusammengefasst oder durch andere Mechanismen als Direktbesitz gehalten.[59]

3. PRIP-Konsultationsverfahren (2010-2011)

Im November 2010 initiierte die Kommission schließlich ein öffentliches Konsultationsverfahren, das Ende Januar 2011 abgeschlossen wurde.[60] Ziel war es, Interessenvertretern erneut die Möglichkeit einer Stellungnahme einzuräumen. Mit dem Konsultationsaufruf waren zwei Studien vorgelegt worden: die eine untersuchte die aus einer Abänderung der Vertriebsregeln für Kapitalmarktinvestmentprodukte potentiell resultierenden Kosten, die andere analysierte die Entscheidungsfindung von Kleinanlegern.[61] Zudem bestätigte der Konsultationsbericht die Kapitalmarktinvestmentprodukte-Definition des 3L3 Task Force-Reports.[62]

IV. Verordnungsentwurf Basisinformationsblätter (2012)

Mit dem „Vorschlag für eine Verordnung über Basisinformationsblätter für Anlageprodukte" („VO-E Basisinformationsblätter")[63] legte der EU-Gesetzgeber im Juli 2012 auf Grundlage der PRIP-Initiative erstmals den Entwurf eines konkreten Rechtsetzungsakts vor. Dieser greift die Vorarbeiten auf und zielt darauf ab, Anleger in einem „leicht verständlichen", standardisierten Format „prägnant und in deutlicher Sprache" mittels so-

---

59 CESR/CEBS/CEIOPS, 3L3 Task Force-Report v. 6.10.2010, Nr. 47 (S. 11): „A PRIP is a product where the amount payable to the investor is exposed to (a) fluctuation in the market value of assets or (b) payouts from assets, through a combination or wrapping of those assets, or other mechanisms than a direct holding.".

60 Kommissionsdienste, PRIP-Konsultationsbericht v. 26.11.2010, S. 5 ff.

61 Kommission, Midday Express v. 26.11.2010: News from the Communication Directorate General's midday briefing.

62 Vgl. Kommissionsdienste, PRIP-Konsultationsbericht v. 26.11.2010, S. 6: „A PRIP is a product where the amount payable to the investor is exposed to fluctuations in the market value of assets or payouts from assets, through a combination or wrapping of those assets, or other mechanisms than a direct holding.".

63 VO-E Basisinformationsblätter v. 3.7.2012, KOM(2012) 352 endg.

genannter Basisinformationsblätter über „die wichtigsten Merkmale des Produkts, sowie die mit der entsprechenden Anlage verbundenen Risiken und Kosten“ zu informieren.[64].

Die vom Anwendungsbereich erfassten Produkte wurden unter dem Begriff „Anlageprodukte“ zusammengefasst und wie folgt definiert:

> „... eine Anlage, bei der unabhängig von der Rechtsform der Anlage der dem Anleger rückzuzahlende Betrag von Schwankungen von Referenzwerten oder Fluktuationen bei der Entwicklung eines oder mehrerer Vermögenswerte, die nicht direkt vom Anleger erworben werden, abhängig ist“.[65]

V. MiFID II-Reform

Der Bedeutung der PRIP-Initiative trägt die MiFID II-Reform Rechnung: Die Begründung des Kommissionsvorschlags weist ausdrücklich auf die Selbstverpflichtung der Kommission hin, „für einen einheitlichen Regulierungsansatz... zu sorgen, was den Vertrieb verschiedener Finanzprodukte, die ähnliche Erfordernisse der Anleger erfüllen und vergleichbare Fragen hinsichtlich des Anlegerschutzes aufwerfen, an Privatanleger angeht.“[66] Sie trägt damit dem horizontalen Regulierungsansatz der PRIP-Initiative Rechnung.

Der MiFID II-Entwurf des EU-Parlaments greift die Definition des VO-E Basisinformationsblätter auf. Art. 4 Abs. 2 Nr. 33 b MiFID II-E (EUP) definiert Kapitalmarktinvestmentprodukte folgendermaßen:

> „... ein Produkt, bei dem der an den Kunden zu zahlende Betrag anhand des Wertes von Finanzinstrumenten bestimmt wird, oder bei dem Produkt handelt es sich um eine strukturierte Einlage, eine fondsgebundene Versicherung oder ein Anlageprodukt für Kleinanleger im Sinne [der PRIP-Initiative]“

Diese generelle Definition wurde mit Vorlage der MiFID II aufgrund der Nichteinbeziehung von Versicherungsprodukten fallen gelassen; neu ist gegenüber der MiFID I ledglich die Definition für strukturierte Einlagen[67]. Im Hinblick auf künftige Regulierungsvorhaben zur Umsetzung der PRIP-

64 Kommission, Finanzdienstleistungen: Kommission schlägt Rechtsvorschriften zur Verbesserung des Verbraucherschutzes vor, Pressemitteilung v. 3.7.2012, IP/12/736.

65 Art. 4 lit. a) VO-E Basisinformationsblätter.

66 Begr z. MiFDI II-E v. 20.11.2011, KOM(2011) 656 endg., S. 7.

67 Vgl. Art. 4 Abs. 1 Nr. 43 MiFID II.

Initiative bleiben die vorgenannten Begriffsannäherungen gleichwohl von Bedeutung.

C. Gemeinsame Merkmale von Kapitalmarktinvestmentprodukten

Kapitalmarktinvestmentprodukte verfügen über gemeinsame Merkmale, die den horizontalen Regelungsansatz der PRIP-Initiative rechtfertigen. Zudem lassen sich spezifische Anlagerisiken herausarbeiten, denen die Geldanlage in Kapitalmarktinvestmentprodukte typischerweise ausgesetzt ist.

Der Gesetzgeber entschied sich letztlich für eine weite Begriffsdefinition mit den Begriffskernen „Verpackung" und „indirekte Anlagerisiken". Diese Konzeption trägt dem Bestreben Rechnung, Kapitalmarktinvestmentprodukte möglichst umfassend zu regulieren.[68] Im Vergleich zur Begriffsumschreibung der PRIP-Mitteilung hat das Verpackungselement eigenständige Bedeutung erlangt.[69] Weggefallen ist dagegen das Merkmal, dass Kapitalmarktinvestmentprodukte für den Zielmarkt der Kleinanleger entwickelt werden (Retail-Marktumfeld). Begründet wird die Streichung damit, dass das „Kleinanlegerelement" nur bei der jeweiligen Verkaufsstelle bestimmt werden kann, und zwar erst dann, wenn ein Kapitalmarktinvestmentprodukt an einen Retailkunden verkauft oder dazu Beratung angeboten wird.[70].

I. Indirekte Anlageform („Verpackung")

Charakteristisch für Kapitalmarkinvestmentprodukte ist, dass es sich um indirekte Anlageformen handelt.[71] Der Anleger beteiligt sich weder gleich einem Aktionär am Eigenkapital des Emittenten, noch erlangt er durch Bereitstellung von Fremdkapital den Status eines Gläubigers. Stattdessen wird das bereitgestellte Kapital verwendet, um Investitionen in Kapital-

68 So *Seitz/Juhnke/Seibold*, BKR 2013, 1, 4.

69 Vgl. CESR/CEBS/CEIOPS, 3L3 Task Force-Report v. 6.10.2010, Nr. 39 (S. 10).

70 Begr v. 3.7.2012 z. VO-E Basisinformationsblätter, KOM(2012) 352 endg., S. 9.

71 Siehe bereits Kommission, PRIP-Mitteilung v. 30.4.2009, KOM(2009) 204 endg., S. 3; bestätigt durch Begr v. 3.7.2012 z. VO-E Basisinformationsblätter, KOM(2012), 352 endg., S. 8.

markttitel („Basiswerte") zu tätigen und hierdurch Renditen zu erwirtschaften.

Kapitalmarktinvestmentprodukte gelangen dadurch zur „Entstehung" dass Finanzintermediäre Basiswerte zusammenfassen und dieses Paket als neues Anlageprodukt anbieten.[72] Diese Technik wird auch als „Verpackung" bezeichnet.[73] Hierzu zählen im Einzelnen „Verfahren zur Zusammenlegung von Kapital mehrerer Anleger zur gemeinsamen Anlage" (Investmentfonds)[74] und die „Konzeption von Produkten, bei denen derivative Finanzinstrumente zum Einsatz kommen" (Derivate und auf Derivaten aufbauende Produkte).[75] Das Verpackungsmerkmal schließt Finanzmarkttitel aus, die sich im Direktbesitz des Anlegers befinden. Anderes gilt nur für Direktanlagen wie Aktien und Anleihen, die in ein Derivate „eingebettet" werden, da hierdurch die Produktkomplexität steigt.[76] Die Verpackungstechnik hat für den Anleger ambivalente Folgen:[77]

Vorteilhaft ist, dass ihm mit einem einzigen Produkt die Risikodiversifikation ermöglicht wird. Bei der Geldanlage in fondsbasierten Lebensversicherungen und Investmentfonds investiert der Anleger in ein Produktportfolio und damit in eine Vielzahl unterschiedlicher Vermögenswerte. Zugleich wird ihm die Chance eröffnet, in Anlagetitel zu investieren, die als Einzelprodukte nur an institutionelle Anleger vertrieben werden dürfen (z.B. Einzelhedgefonds).[78]

Nachteilig ist dagegen die mit der Verpackungstechnik einhergehende Erhöhung der Produktkomplexität. Die Anlagetransparenz ist im Vergleich zu Aktien und Anleihen deutlich geringer. Des Weiteren verursacht die Verpackungstechnik hohe Kosten für Produktentwicklung, Emission

---

72 Begr v. 3.7.2012 z. VO-E Basisinformationsblätter, KOM(2012) 352 endg., S. 8.

73 Bspw. Kommissionsdienste, PRIP-Konsultationsbericht v. 26.11.2010, S. 3: „These issues are particularly significant for what can be termed packaged retail investment products (PRIPs), which offer exposure to underlying financial assets, but in packaged forms which modify that exposure compared with direct holdings. "; siehe auch Begr v. 3.7.2012 z. VO-E Basisinformationsblätter, KOM(2012) 352 endg., S. 7 f.

74 Siehe S. 112 ff.

75 Begr v. 3.7.2012 z. VO-E Basisinformationsblätter, KOM(2012) 352 endg., S. 8.

76 Vgl. Art. 2 lit. c) und d) VO-E Basisinformationsblätter sowie Begr v. 3.7.2012 z. VO-E Basisinformationsblätter, KOM(2012) 352 endg., S. 8.

77 Hierzu Begr v. 3.7.2012 z. VO-E Basisinformationsblätter, KOM(2012) 352 endg., S. 8.

78 Siehe S. 420.

und Verwaltung. Aufgrund der notwendigen Beteiligung von Finanzintermediären werden zudem die Grundlagen potentieller Interessenkonflikte geschaffen.[79]

II. Indirekte Anlagerisiken

Vor knapp 40 Jahren arbeitete *Klaus J. Hopt* für das Wertpapiergeschäft verschiedene Anlagerisiken heraus: das „Risiko der Substanzerhaltung", „Informationsrisiko", „Abwicklungs- und Verwaltungsrisiko", „Risiko der Interessensvertretung" und „Konditionenrisiko".[80] Diese Risikoanalyse lässt sich gleichermaßen für die Geldanlage in Kapitalmarktinvestmentprodukte nutzbar machen und dient zur Abgrenzung von anderen Anlageprodukten.

1. Risiko der Substanzerhaltung

Das Risiko der Substanzerhaltung umschreibt die Gefahr, dass der Anleger sein eingesetztes Kapital durch Wertschwankungen oder Totalverluste einbüßt.

Für Kapitalmarktinvestmentprodukte besteht das Risiko der Substanzerhaltung in doppelter Hinsicht: Aufgrund der „Verpackung" trägt der Anleger nicht nur das Verlustrisiko der mit dem jeweiligen Produkt verknüpften Basiswerte als „Kursrisiko", sondern auch das Insolvenzrisiko des jeweiligen Anbieters als „Emittentenrisiko". Zudem unterliegen sowohl die in Aussicht gestellte Kapitalverzinsung („Rendite") als auch der an den Anleger zum Laufzeitende ggf. zurückzuzahlende Betrag („Rückzahlungsbetrag") „Schwankungen von Referenzwerten" bzw. „Fluktuationen bei der Entwicklung eines oder mehrerer Vermögenswerte, die nicht direkt vom Anleger erworben werden".[81] Dabei gelten folgende produktspezifische Besonderheiten:

---

79 Siehe S. 231 ff.

80 *Hopt*, Kapitalanlegerschutz im Recht der Banken, 1975, S. 83 ff., 88 ff., 132 ff., 137 ff. und 144 ff.

81 Siehe Erwägungsgrund 6 VO-E Basisinformationsblätter v. 3.7.2012; CESR/CEBS/CEIOPS, 3L3 Task Force-Report v. 6.10.2010, Nr. 43 f. (S. 11).

a) (Strukturierte) Bankeinlagen

Für Bankeinlagen bis 100.000 Euro kompensiert die gesetzliche Einlagensicherung[82] das Risiko der Substanzerhaltung weitgehend.[83] Zudem hat der Bundesverband deutscher Banken einen freiwilligen Einlagensicherungsfonds aufgelegt, der bis zum 1.1.2015 pro Anleger Einlagen in Höhe von 30 % des haftenden Eigenkapitals der Bank absichert, bei einem Mindesteigenkapital von 5 Mio. Euro also in Höhe von 1,5 Mio. Euro.[84]

b) Lebensversicherungen

Ein dem Einlagensicherungsfonds vergleichbarer Schutz wurde für (fondsbasierte) Lebensversicherungen geschaffen: vor dem Emittentenrisiko der Versicherer soll deren obligatorische Mitgliedschaft in einem gemeinsamen Sicherungsfonds[85] schützen.[86] Bestehen bleibt aber das Kursrisiko der (Kapitalmarkt-)Werte, in die das Versicherungsvermögen investiert wird.[87] Anderes gilt für Lebensversicherungen mit garantierter Verzinsung.[88] Da der Rückkaufswert keinen Schwankungen unterliegt, handelt es sich folglich nicht um Kapitalmarktinvestmentprodukte.[89]

---

82 Gewährleistet durch die Entschädigungseinrichtung deutscher Banken GmbH.

83 Siehe § 4 Abs. 2 Nr. 1 EAEG (Einlagensicherungs- und Anlegerentschädigungsgesetz v. 16.7.1998, BGBl. I Nr. 45 v. 22.7.2013, S. 1842, zuletzt geändert durch Art. 3 des CRD IV-Umsetzungsgesetzs vom 28.8.2013, BGBl. I Nr. 53 v. 3.9.2013, S. 3395).

84 Bankenverband, Fakten zum Thema Einlagensicherung, abrufbar unter http://bankenverband.de/themen/geldinfos-finanzen/einlagensicherung/fakten-zum-thema-einlagensicherung (zuletzt abgerufen am 23.11.2014). Die Sicherungsgrenzen der einzelnen Banken können im Internet unter abgerufen werden unter https://bankenverband.de/themen/geldinfos-finanzen/einlagensicherung /abfrage (zuletzt abgerufen am 23.11.2014).

85 Dies ist die Protektor Lebensversicherungs-AG.

86 Vgl. § 124 Abs. 1 VAG.

87 Siehe auch § 164 Abs. 4 S. 1 Hs. 1 VVG.

88 Zur Garantiezins-Entwicklung etwa *Mohr/Germis*, FAZ v. 9.11.2013, Nr. 261, S. 21.

89 Art. 2 lit. a) VO-E Basisinformationsblätter.

c) Zertifikate

Populär bei Privatanlegern sind insbesondere Zertifikate mit Kapitalschutz. Hier übernimmt der Produktemittent die vertragliche Garantie, dass er das eingesetzte Kapital zum Ende der Laufzeit zurückzahlt. Diese Absicherung steht unter dem Vorbehalt, dass der Emittent nicht selbst insolvent wird. Das Ausmaß der Lehman Brothers-Pleite[90] dürfte hinreichend verdeutlicht haben, dass Anleger vor *einem* Risiko letztlich keinen Schutz kaufen können, nämlich dass es zum Laufzeitende den Emittenten noch gibt.[91]

Eine gewisse Ausnahme gilt für die von Sparkassen und Genossenschaftsbanken emittierten Schuldverschreibungen und Zertifikate: Die wechselseitigen Sicherungssysteme der Sparkassen (DSGV)[92] und der Volks- und Raiffeisenbanken (BVR)[93] sollen verhindern, dass ein Mitgliedsinstitut überhaupt zahlungsunfähig wird. Solange das Sicherungssystem zahlungsfähig bleibt, werden daher neben Inhaberschuldverschreibungen der Mitgliedsinstitute auch eigenemittierte Zertifikate und sonstige derivative Produkte abgesichert.

d) Investmentfondsanteile

Für Investmentvermögen in Vertragsform sind keine Mechanismen vorgesehen, die vor dem Substanzverlustrisiko infolge marktbedingter Wertschwankungen des Anlagevermögens schützen. Schutz vor riskanten (Kapitalmarkt-)Anlagen bieten allenfalls die Beschränkungen der zulässigen Vermögensgegenstände, welche für bestimmte Fonds vorgesehen sind.[94]

---

90 Z.B. *Böttger*, BKR 2011, 485.

91 *N.N.*, FAZ Nr. 172 v. 28.7.2009, S. 21. Zu den weiteren Risiken von Garantie-Zertifikaten *N.N.*, Auch Garantie-Zertifikate sind nicht ohne Risiken, FAZ.NET v. 18.7.2011, abrufbar unter http://fazarchiv.faz.net (zuletzt abgerufen am 23.11.2014).

92 Vgl. DSGV, Haftungsverbund, abrufbar unter http://www.dsgv.de/de/sparkassen-finanzgruppe/haftungsverbund/ (zuletzt abgerufen am 23.11.2014).

93 Vgl. BVR, Die Sicherungseinrichtung des BVR, abrufbar unter http://www.bvr.de (zuletzt abgerufen am 23.11.2014).

94 Vgl. §§ 192, 219, 221, 231, 261 KAGB.

Vor der Insolvenz der Verwaltungsgesellschaft sind Anleger geschützt, die Gelder in Investmentfonds anlegen, die als Sondervermögen[95] konzipiert sind. [96] Durch Verwahrungs-, Verfügungs- und Verwaltungsbeschränkungen wird das Sondervermögen von den übrigen Vermögenswerten der Verwaltungsgesellschaft wirksam getrennt.[97] Handelt es sich um eine Investmentgesellschaft, schützt den Anleger die mit der Gesellschafterstellung einhergehende Beteiligung am etwaigen Liquidationsüberschuss (§ 199 InsO) zumindest rudimentär vor dem Totalverlustrisiko.

2. Informationsrisiko

Das Informationsrisiko bezeichnet die Gefahr, dass Anleger Anlagefehlentscheidungen aufgrund unzulänglicher, nicht zutreffender oder nicht verständlicher Informationen treffen.

Neben den Informationen, die von den Produktemittenten bereitgestellt werden, materialisiert sich das Informationsrisiko auch durch eine falsche oder unzureichende Informationserteilung bei der Anlageberatung. Ursächlich für diese Fehlinformationen sind oftmals Interessenkonflikte. Dabei erhöht das Verpackungselement von Kapitalmarktinvestmentprodukten die Komplexität und Quantität der zur Risikobeschreibung erforderlichen Informationen zusätzlich. Hierdurch verringert sich wiederum die Produkttransparenz. Bei Kapitalmarktinvestmentprodukten ist das Informationsrisiko damit auf mehrfacher Ebene präsent.

3. Abwicklungs- und Verwaltungsrisiko

Abwicklungs- und Verwaltungsrisiken resultieren aus einer veruntreuenden Verwaltung der Anlegergelder.

Eine Verwaltung von Anlegergeldern ist nur für Kollektivanlagen wie Lebensversicherungen und Investmentfonds vorgesehen. Nur hier kann

---

95 § 1 Abs. 10 KAGB.

96 Hierzu *Köndgen/Schmies*, in: Schimansky/Bunte/Lwowski (Hrsg.), Bankrechts-Handbuch, 4. Aufl. 2011, § 113 Rdn. 57.

97 §§ 72, 81, 93 KAGB. Zu den Vorschriften des InvG a.F. *Nietsch*, in: Emde/Dornseifer/Dreibus (Hrsg.), Komm. z. InvG, 2013, Vor §§ 30-39 und §§ 41-45 Rdn. 5 ff.

die Gefahr bestehen, dass die Fondsverwaltungs- oder Versicherungsgesellschaft Misswirtschaft betreibt oder sich anlegerinteressenwidrig eigene Vorteile verschafft. Das Abwicklungs- und Verwaltungsrisiko wird bei der Investmentfondsanlage dadurch gemildert, dass jeder OGAW- und AIF-Verwaltungsgesellschaft eine Verwahrstelle zur Seite gestellt wird.[98] Deren Aufgabe ist es, die Verwaltungsgesellschaft und insbesondere den Mittelzu- und Abfluss zu überwachen. Am strengsten sind die Vorgaben für OGAW-Verwahrstellen, die von der BaFin überwacht werden.[99] Investmentgesellschaften müssen zudem die BaFin informieren, sobald das Gesellschaftsvermögen den Wert des Anfangskapitals bzw. der zusätzlich erforderlichen Eigenmittel unterschreitet.[100]

4. Interessenvertretungsrisiko

Das Interessenvertretungsrisiko betrifft Fälle, in denen die Banken das ihnen übertragene Depotstimmrecht zu eigenen Gunsten ausüben.

Eine kollektive, korporative Willensbildung ist allenfalls bei KAGB-Investmentgesellschaften denkbar[101]. Das Interessenvertretungsrisiko hat für Kapitalmarktinvestmentprodukte eine deutlich geringere Prävalenz als bei dem von *Hopt* untersuchten Aktienerwerb.

5. Konditionenrisiko

Das Konditionenrisiko ist gleichbedeutend mit der Gefahr, dass Anlagegeschäfte zu ungünstigen Bedingungen getätigt werden.

Für Kapitalmarktinvestmentprodukte lassen sich produkt- und *vertriebsbezogene* Konditionenrisiken unterscheiden: Produktbezogene Konditionenrisiken beruhen auf Produktgestaltungen, die für den Kunden ungünstig sind. Vertriebsbezogene Kostenrisiken resultieren aus überhöhten bzw. intransparenten Gebühren und Provisionen, die dem Anleger in Rechnung gestellt werden.

---

98 §§ 68 ff. bzw. 80 ff. KAGB.

99 § 69 KAGB.

100 §§ 114, 145, 155 KAGB.

101 Investmentkommanditgesellschaften und Investmentaktiengesellschaften, § 1 Art. 11 KAGB.

6. Zwischenfazit

Ebenso wie die klassische Effektenanlage ist auch die Geldanlage in Kapitalmarktinvestmentprodukten dem Risiko der Substanzerhaltung, dem Informations-, Abwicklung- und Verwaltungsrisiko sowie dem Konditionenrikso ausgesetzt. Allein das Interessenvertretungsrisiko spielt in der Praxis keine Rolle.

Vor der Emittenteninsolvenz schützen die Sicherungsmechanismen für Bankeinlagen, fondsbasierte Lebensversicherungen und Investmentfonds. Für Derivate besteht ein Insolvenzschutz allein auf freiwilliger Basis und soweit es sich um Produkte handelt, die von einem dem DSGV oder BVR zugehörigen Institut emittiert werden. Für alle Sicherheitseinrichtungen gilt jedoch der caveat, dass der Leistungsträger selbst zahlungsfähig bleibt.

Besonders hoch ist bei Kapitalmarktinvestmentprodukten das Informationsrisiko, da die Verpackungstechnik die Transparenz verringert und zugleich die Komplexität und Quantität der Informationen erhöht, die zur Beschreibung des Anlagerisikos notwendig sind.

Intransparente Gestaltungen erhöhen wiederum die produkt- und vertriebsbezogenen Konditionenrisiken von Kapitalmarktinvestmentprodukten.

D. Systematisierender Überblick

Kapitalmarktinvestmentprodukte lassen sich anhand der verwendeten Regelungstechniken und der Einteilung in Produktkategorien systematisierend ordnen.

I. Regelungstechniken

Um die gemeinsamen Merkmale von Kapitalmarktinvestmentprodukten zu konkretisieren, hat der europäische Gesetzgeber einen „Positivkatalog“ veröffentlicht, der Regelbeispiele für Kapitalmarktinvestmentprodukte aufzählt. Zugleich wurde ein enumerativer „Negativkatalog“ aufgestellt, der bestimmte Produkte aus dem Anwendungsbereich der PRIP-Initiative ausklammert. Diese Gesetzgebungstechnik, die Positiv- und Negativkataloge zur Festlegung von Anwendungsbereichen zu verwendet, ist bereits aus der MiFID I-Gesetzgebung bekannt:[102] Der MiFID I-Anwendungsbereich bestimmt sich positiv anhand des in Anhang I aufgelisteten Produktkatalogs. Diejenigen „komplexen“ Anlageprodukte, die nicht im Wege des beratungsfreien Geschäfts (§ 31 Abs. 7 WpHG) verkauft werden dürfen, werden wiederum einem fiktiven Negativkatalog zugewiesen.[103]

1. Positivkatalog

Die Produktaufzählung der PRIP-Mitteilung sollte exemplarisch und indikativ verstanden werden. Aufgrund der Dynamik, mit der Finanzinnovationen entwickelt und angeboten werden, handelte es sich ausdrücklich um eine nicht-enumerative Auflistung.[104] Das Arbeitspapier zum PRIP-Workshop und der 3L3 Task Force-Report führten diese Regelungstechnik fort.[105]

2. Negativkatalog

Zu Beginn der PRIP-Reformarbeiten wurde die Verwendung eines enumerativen Negativkatalogs noch abgelehnt. Argumentiert wurde vor allem damit, dass derartige Produktlisten regelmäßig aktualisiert werden müssten. Auch sei es erforderlich, die verwendete Terminologie zu präzisieren, um Unklarheiten und insbesondere eine überschießende Regulierung zu vermeiden.[106] Sukzessive erkannte der EU-Gesetzgeber aber, dass ein

---

102 CESR/CEBS/CEIOPS, 3L3 Task Force-Report v. 6.10.2010, Nr. 60 ff. (S. 14 f.).

103 Vgl. Art. 19 Abs. 6, 1. Spiegelstrich MiFID I, Art. 38 MiFID I-DRiL 2006/73/EG.

104 Kommission, PRIP-Mitteilung v. 30.4.2009, KOM(2009) 204 endg., S. 3: „Da ständig neue Anlageprodukte entstehen, ist die nachstehende Liste nicht als vollständig zu betrachten. Die dort aufgeführten Produkte sind nicht die einzigen, die sich für den Retail-Markt eignen.“.

105 Arbeitspapier z. PRIP-Workshop, S. 15; CESR/CEBS/CEIOPS, 3L3 Task Force-Report v. 6.10.2010, Nr. 66 (S. 16).

106 Vgl. CESR/CEBS/CEIOPS, 3L3 Task Force-Report v. 6.10.2010, Nr. 60 ff. (S. 14 f.).

enumerativer Negativkatalog zur trennscharfen Abgrenzung des sachlichen Anwendungsbereichs notwendig ist.[107]

Mit Vorlage des VO-E Basisinformationen wurde die Regelungstechnik des Positivkatalogs schließlich zugunsten des Negativkatalogs vollständig fallen gelassen.[108] DieAufzählung dieses Negativkatalogs ist enumerativ, da sich weder aus den Gesetzesmaterialien noch aus dem Regelungswortlaut von Art. 2 VO-E Basisinformationsblätter ergibt, dass die genannten Produkte lediglich Regelbeispiele konstituieren. Hierzu hätte es des einschränkenden Zusatzes „insbesondere" bedurft. Keine Kapitalmarktinvestmentprodukte sind ausweislich des Negativkatalogs u.a. „Versicherungsprodukte ohne bzw. mit festem Rückkaufswert", „einfache Bankeinlagen" sowie Aktien und „Plain Vanilla"-Anleihen:[109]

a) Versicherungsprodukte ohne bzw. mit festem Rückkaufswert

> „...Versicherungsprodukte, die keinen Rückkaufswert bieten oder bei denen dieser Rückkaufswert nicht vollständig oder zumindest teilweise Marktschwankungen ausgesetzt ist, entweder direkt oder indirekt."[110]

Die von der PRIP-Initiative erfassten fondsgebundenen Lebensversicherungen bieten keinen festen Rückkaufswert i.S.e. garantierten Summe. Allerdings darf ein Rückkaufswert auch nicht von vorneherein ausgeschlossen sein.

Den gesetzlichen Regelfall der fondsgebundenen Lebensversicherung statuiert § 164 Abs. 4 S. 1 Hs. 1 VVG: Die Versicherungsprämien werden angelegt, die Garantie eines bestimmten Rückkaufswerts ist aber definitorisch ausgeschlossen. Bei Nichtlebensversicherungen wie Schutzversicherungen fehlt es bereits an der Anlage der Prämienzahlungen.

---

107 Kommission, Arbeitspapier z. PRIP-Workshop, S. 15; CESR/CEBS/CEIOPS, 3L3 Task Force-Report v. 6.10.2010, Nr. 16 (S. 5), Nr. 33 (S. 9) und Nr. 68 (S. 16 f.); Kommissionsdienste, PRIP-Konsultationsbericht v. 26.11.2010, S. 8 ff.

108 Produkte, welche die PRIP-Merkmale erfüllen, werden nur noch beispielhaft in der zugrundeliegenden Begründung aufgezählt, Begr v. 3.7.2012 z. VO-E Basisinformationsblätter, KOM(2012) 352 endg., S. 8.

109 Vgl. Art. 2 VO-E Basisinformationsblätter. Siehe hierzu auch Begr v. 3.7.2012 z. VO-E Basisinformationsblätter, KOM(2012) 352 endg., S. 8, sowie Erwägungsgrund 7 VO-E Basisinformationsblätter.

110 Vgl. Art. 2 VO-E lit. a) Basisinformationsblätter.

b) Einfache Bankeinlagen

> „... Einlagen mit einer Rendite, die in Abhängigkeit von einem Zinssatz bestimmt wird, etwa EURIBOR oder LIBOR, und die nicht mit einem Derivat verknüpft sind;“[111]

Bankeinlagen sind die Geldmittel, die Bankkunden als Spar- und Termineinlagen zur Verfügung stellen. Anhand des Kriteriums „Variabilität des Rückzahlungsbetrags“ lassen sich „einfache“ und „strukturierte“ Bankeinlagen unterscheiden:

Bei strukturierten Bankeinlagen ist die Termineinlage mit einer Option oder einer durch ein Derivatgeschäfte bestimmten Zinsstruktur verknüpft.[112] Sie weisen somit eine variable Komponente auf; ob und in welcher Höhe eine Rückzahlung erfolgt, ist ungewiss. Bei einfachen Bankeinlagen entspricht der Rückzahlungsbetrag der geleisteten Anlagesumme, lediglich dessen Verzinsung ist von Schwankungen der Leitzinse EURIBOR und LIBOR abhängig.[113] Die Definition des Negativkatalogs stellt klar, dass einfache Bankeinlagen im Gegensatz zu strukturierten Bankeinlagen keine Kapitalmarktinvestmentprodukte sind.[114]

c) Aktien und „Plain Vanilla“-Anleihen

> „... die in Art. 1 Abs. 2 lit. b)-g), i) und j) der Prospekt-RiL 2003/71/EG aufgeführten Wertpapiere;.... alle sonstigen Wertpapiere, in die kein Derivat eingebettet ist;“[115]

---

111 Vgl. Art. 2 VO-E lit. b) Basisinformationsblätter.

112 Siehe Kommission, PRIP-Mitteilung v. 30.4.2009, KOM(2009) 204 endg., S. 3 f.

113 Begr v. 3.7.2012 z. VO-E Basisinformationsblätter, KOM(2012) 352 endg., S. 8.

114 Zur Abgrenzung von strukturierten Einlagen und einfachen Einlagen auch Erwägungsgrund 26 und Art. 2 Abs. 3 MiFID II-E. Nach dem PRIP-Konsultationsbericht sollten dagegen auch einfache Bankeinlagen als PRIP eingestuft werden, sofern die geleistete Anlage nicht in voller Höhe oder nur aufgrund einer Garantie oder einer Vereinbarung mit Dritten zurückzubezahlen ist, vgl. Kommissionsdienste, PRIP-Konsultationsbericht v. 26.11.2010, S. 9: „A deposit shall be a PRIP if either of the following conditions are met: its principal is not repayable at par [or] its principal is only repayable at par under a particular guarantee or agreement provided by the credit institution or a third party.“.

115 Vgl. Art. 2 VO-E lit. c) und d) Basisinformationsblätter.

Keine Kapitalmarktinvestmentprodukte sind im Direktbesitz gehaltene Aktien, Staatsanleihen und Anleihen mit fester Laufzeit und jährlichem Festzins („Plain-Vanilla"-Anleihen)[116].

d) Variabel verzinsliche Anleihen

Es wurde bereits festgestellt, dass einfache Bankeinlagen aus dem Anwendungsbereich der PRIP-Initiative ausgeschlossen sind, obschon der (Leit-) Zinssatz Marktschwankungen unterliegt. Insofern stellt sich die Frage, wie es sich mit variabel verzinslichen Anleihen verhält. Wendet man die Bereichsausnahme für einfache Bankeinlagen *analog* auf auf variabel verzinsliche Anleihen an, sprechen regelungssystematische Gründe gegen deren Einstufung als Kapitalmarktinvestmentprodukte.[117] Nicht zuletzt die allgemein gehaltene Begründung des PRIP-Konsultationsberichts rechtfertigt die Annahme, [118] dass der Gesetzgeber mit dem Ausschluss einfacher Bankeinlagen eine normative Entscheidung zum Ausdruck bringen wollte, die auch für Anleihen mit variablem Zinssatz Geltung beansprucht. Anleihen mit variablem Zinssatz sind daher keine Kapitalmarktinvestmentprodukte.[119]

e) Derivate ohne Kapitaleinsatz

Derivate sind Finanzprodukte, deren Bewertung sich nach der Entwicklung eines Basiswerts richtet, der Preis- und Bewertungsschwankungen unterliegt (*underlying*).[120] In den Materialien der PRIP-Initiative werden

---

116 Zum Begriff *Tetzlaff*, in: Schimansky/Bunte/Lwowski (Hrsg.), Bankrechts-Handbuch, 4. Aufl. 2011, § 88 Rdn. 47.

117 Vgl. *Seitz/Juhnke/Seibold*, BKR 2013, 1, 4.

118 Kommissionsdienste, PRIP-Konsultationsbericht v. 26.11.2010, S. 8: „The definition of packaged retail investement products [above] might encompass financial products which are not targeted by this inititiative, such that it may be proportionate to consider explicitly excluding certain types of products...".

119 Siehe Kommissionsdienste, PRIP-Konsultationsbericht v. 26.11.2010, S. 7; *Seitz/Juhnke/Seibold*, BKR 2013, 1, 4.

120 *Assmann*, in: Assmann/Schneider (Hrsg.), WpHG, 6. Aufl. 2012, § 2 WpHG Rdn. 43; *Schüwer/Steffen*, in: Zerey (Hrsg.), Finanzderivate, 3. Aufl. 2013, § 1 Rdn. 1.

Derivate auch als „strukturierte Wertpapiere für Kleinanleger“ bezeichnet und wie folgt umschrieben:

> „[Sie] haben ein einzelnes Wertpapier, einen Wertpapierkorb, einen Index, einen Rohstoff, einen Schuldtitel und/oder eine Fremdwährung als Basiswert. Bei einem strukturierten Wertpapier verpflichtet sich in der Regel eine Investmentbank, zu einem bestimmten Zeitpunkt einen nach einer bestimmten Formel ermittelten Betrag auszuzahlen. Bei den meisten strukturierten Wertpapieren ist gewährleistet, dass der Anleger das eingesetzte Kapital am Ende der Laufzeit in voller Höhe zurückerhält. Es gibt aber auch solche, die durch Fremdmittelfinanzierung hohe Renditen bieten, das eingesetzte Kapital aber nur bedingt oder gar nicht schützen. An die Anleger können sie u.a. als Zertifikate, strukturierte Schuldtitel (Anleihen) oder Optionsscheine verkauft werden.“[121]

Investitionen in Derivate dienen nicht zwangsläufig der Vermögens*anlage*. Bestimmte OTC[122]-Derivate setzen nicht voraus, dass bei Vertragsschluss Kapital „eingesetzt“ wird. Keine Anlagesumme verlangen beispielsweise Terminersatz-Geschäfte: Die Parteien vereinbaren bei Abschluss einen Nominalbetrag und legen einen Zinssatz fest, der nach einem bestimmten Zeitraum mit dem dann geltenden Referenzzinssatz verglichen wird. Der Käufer schuldet den Minderbetrag nur, wenn der vereinbarte Zinssatz den Referenzzinssatz über- bzw. unterschreitet.[123] Mit Terminersatz-Geschäften werden in erster Linie Absicherungs- oder Spekulationszwecke verfolgt.[124]

Diese Derivate sind nach der hier vertretenen Auffassung keine Kapitalmarktinvestmentprodukte, da ihnen die notwendige „Anlagefunktion“ fehlt. Charakteristisch für Kapitalmarktinvestmentprodukte ist schließlich, dass das angelegte Vermögen mit einer Rendite vermehrt wird, die über der von vollkommen „risikofreien“ Anlagen liegt.[125] Zudem gibt es regelmäßig einen „rückzuzahlenden Betrag“[126]. Der Begriff „Rückzahlung“

---

121 Kommission, PRIP-Mitteilung v. 30.4.2009, KOM(2009) 204 endg., S. 4.

122 Als OTC („over the counter“)-Derivate bezeichnet man außerbörsliche Finanztermingeschäfte, vgl. *Jahn*, in: Schimansky/Bunte/Lwowski (Hrsg.), Bankrechts-Handbuch, 4. Aufl. 2011, § 114 Rdn. 1, 14.

123 *Jahn*, in: Schimansky/Bunte/Lwowski (Hrsg.), Bankrechts-Handbuch, 4. Aufl. 2011, § 114 Rdn. 1, 14.

124 *Seitz/Juhnke/Seibold*, BKR 2013, 1, 4.

125 So Begr v. 3.7.2012 z. VO-E Basisinformationsblätter, KOM(2012) 352 endg., S. 7; siehe zuvor Kommission, PRIP-Mitteilung v. 30.4.2009, KOM(2009) 204 endg., S. 3.

126 Vgl. Art. 4 lit. a) VO-E Basisinformationsblätter.

impliziert aber die vorherige Leistung einer Anlagesumme. Auch die Definition für „strukturierte Wertpapiere" setzt die vorherige Zahlung eines Anlagebetrags („eingesetztes Kapital") voraus.[127]

Ungeschriebenes Tatbestandsmerkmal von PRIP bzw. Anlageprodukten i.S.v. Art. 4 VO-E Basisinformationsblätter ist damit das Merkmal der „Anlagefunktion", die insbesondere bei Terminersatz-Geschäften fehlt.

f) Betriebliche Altersvorsorgeprodukte

> „(e) betriebliche Altersversorgungssysteme im Anwendungsbereich der RiL 2003/41/EG[128] oder der RiL 2009/138/EG[129];
> (f) Altersvorsorgeprodukte, für die das nationale Recht einen finanziellen Beitrag des Arbeitgebers vorschreibt und bei denen der Beschäftigte den Anbieter nicht wählen kann."

Altersvorsorgeprodukte sind alle Einrichtungen der betrieblichen Altersversorgung (EbAV); neben Pensionskassen (§ 118 a VAG) und Pensionsfonds (§ 112 VAG) auch alle anderen EbAV-Durchführungswege, die durch das Betriebsrentengesetz (BetrAVG)[130] anerkannt werden. Diese betrieblichen Altervorsorgeprodukte sind keine Kapitalmarktinvestmentprodukte.

Zwischenfazit

Keine Kapitalmarktinvestmentprodukte sind Lebensversicherungen mit garantiertem Rückkaufswert, Schutzversicherungen, einfache Bankeinlagen, Aktien und „Plain Vanilla"-Anleihen, variabel verzinsliche Anleihen,

---

127 Kommission, PRIP-Mitteilung v. 30.4.2009, KOM(2009) 204 endg., S. 4.

128 RiL 2003/41/EG des Europäischen Parlaments und des Rates v. 3.6.2003 über die Tätigkeiten und die Beaufsichtigung von Einrichtungen der betrieblichen Altersversorgung, ABl. Nr. L 235 v. 23.9.2003, S. 10-21.

129 RiL 2009/138/EG des Europäischen Parlaments und des Rates v. 25.11.2009 betreffend die Aufnahme und Ausübung der Versicherungs- und der Rückversicherungstätigkeit (Solvabilität II), ABl. Nr. L 335 v. 17.12.2009, S. 1-155.

130 Gesetz zur Verbesserung der betrieblichen Altersversorgung v. 19.12.1974, BGBl. I Nr. 139 v. 21.12.1974, S. 3610, zuletzt geändert durch Art. 4 des Gesetzes zur Verbesserung der Rahmenbedingungen für die Absicherung flexibler Arbeitszeitregelungen und zur Änderung anderer Gesetze v. 21.12.2008, BGBl. I Nr. 64 v. 29.12.2008, S. 2940.

Derivate ohne Kapitaleinsatz sowie Produkte der betrieblichen Altersversorgung.

II. Produktkategorien

Entsprechend ihrer Funktion und Organisationsform lassen sich Kapitalmarktinvestmentprodukte in die Kategorien vertragliche und kollektive Kapitalmarktinvestmentprodukte unterteilen.[131]

1. Vertragliche Kapitalmarktinvestmentprodukte

Die Gemeinsamkeit vertraglicher Kapitalmarktinvestmentprodukte liegt darin, dass sich der Emittent dem Anleger gegenüber vertraglich verpflichtet, zu einem bestimmten Zeitpunkt eine bestimmte Leistung zu erbringen. Hierzu zählen Derivate und Schuldtitel, Bankeinlagen sowie fondsgebundene Lebensversicherungen.

2. Kollektive Kapitalmarktinvestmentprodukte

Zu den kollektiven Kapitalmarktinvestmentprodukten zählen alle gemeinsamen Anlageformen: die Gelder einer Vielzahl von Anlegern werden gegen Gebühr über einen Fonds als „kollektives Anlagevehikel" investiert.[132] Das der Legaldefinition von Kapitalmarktinvestmentprodukten zugrunde zu legende Begriffsverständnis umfasst offene (*open-end*) und geschlossene (*closed-end*) Fonds.[133]

---

131 So bereits IIF/IBF/JAC, JAC Letter v. 11.3.2011, S. 3: „Contractual PRIPs" und „Collective Investment PRIPs".

132 Kommission, PRIP-Mitteilung v. 30.4.2009, KOM(2009) 204 endg., S. 3.

133 Begr v. 3.7.2012 z. VO-E Basisinformationsblätter, KOM(2012) 352 endg., S. 8: „... Investmentfonds des geschlossenen oder offenen Typs einschließlich OGAW... ". Zuvor bereits Kommissionsdienste, PRIP-Konsultationsbericht v. 26.11.2010, S. 7: „... all investment funds, whether closed ended or open ended... ".

a) Offene Fonds

Zentraler Begriff des KAGB ist das Investmentvermögen (§ 1 Abs. 1 KAGB). Offene Investmentvermögen („Fonds“) sind alle Organismen für die gemeinsame Anlage in Wertpapieren (OGAW)[134] sowie Alternative Investmentfonds (AIF)[135]. Sie können in Vertragsform als ein von der Verwaltungsgesellschaft[136] verwaltetes Sondervermögen[137] oder in Satzungsform[138] aufgelegt werden.[139]

In der Regel sind offene Fonds aber nicht körperschaftlich verfasst,[140] was zur Folge hat, dass keine mitgliedschaftlichen Kontrollrechte der Anleger bestehen.[141] Zwischen der Fondsleitung und den einzelnen Anlegern werden koordinierte Anlageverträge geschlossen (Kollektivvertragstypus).[142] Die Fondsverwaltung ist gesetzlich dazu verpflichtet ist, Fondsanteile auf Anlegerwunsch jederzeit zurückzunehmen (vgl. § 1 Abs. 4 KAGB). Besonders einfach gelingt die Desinvestition bei Exchange Traded Funds (ETF). ETF sind offene Fonds, deren Anteile an einer Börse oder einem anderen organisierten Sekundärmarkt zum Handel zugelassen sind und die jederzeit über das Handelssystem verkauft werden können.[143]

Offene Fonds sind indirekte Anlageformen mit variabler Rückzahlungssumme bzw. Rendite und damit unzweifelhaft Kapitalmarktinvestmentprodukte.

---

134 OGAW sind gemäß § 1 Abs. 2 KAGB Investmentvermögen, die die Anforderungen der OGAW-RiL 2009/65/EG.

135 AIF sind alle Investmentvermögen, die keine OGAW sind, § 1 Abs. 3 KAGB.

136 § 1 Abs. 14 KAGB.

137 § 1 Abs. 10 KAGB.

138 In der Rechtsform einer Investmentaktiengesellschaft oder Investmentkommanditgesellschaft, § 1 Abs. 11 KAGB.

139 Zum aufgehobenen InvG *Einsele*, Bank- und Kapitalmarktrecht, 2. Aufl. 2010, § 10 Rdn. 9.

140 Laut Statistik der BaFin gab es 2012 lediglich 22 Investmentaktiengesellschaften, vgl. BaFin, Jahresbericht 2012, März 2013, S. 203.

141 Hierzu *Köndgen/Schmies*, in: Schimansky/Bunte/Lwowski (Hrsg.), Bankrechts-Handbuch, 4. Aufl. 2011, § 113 Rdn. 10.

142 *Köndgen/Schmies*, in: Schimansky/Bunte/Lwowski (Hrsg.), Bankrechts-Handbuch, 4. Aufl. 2011, § 113 Rdn. 10.

143 *Emde*, in: Emde/Dornseifer/Dreibus (Hrsg.), Komm. z. InvG, 2013, Einl. InvG Rdn. 25.

b) Geschlossene Fonds

Geschlossene Fonds sind in aller Regel körperschaftlich verfasst. Die Portfoliowerte stehen nicht im gesonderten Vermögen der Kapitalanlagegesellschaft, eine Rückgabe der Anteile ist regelmäßig nicht möglich.[144]

Sie sind stets unternehmerische Beteiligungen. Steuerrechtlich bedeutet dies, dass die Einkünfte aus geschlossen Fonds nicht wie bei offenen Fonds über die Abgeltungssteuer besteuert, sondern einkommensteuerrechtlich veranlagt werden.[145] Kennzeichnend für unternehmerische Beteiligungen ist, dass weder die Rückzahlung der Anlagesumme noch eine Rendite garantiert wird. Dies gilt umso mehr für die in der Vergangenheit populären Steuersparmodelle auf Basis geschlossener Fonds, die nicht zwangsläufig darauf ausgerichtet waren, Erträge zu erwirtschaften. Vielmehr sollten Verlustvorträge die Steuerbelastung von Privatanlegern mit hohem Einkommen reduzieren.[146]

Nicht alle geschlossenen Fonds lassen sich als Kapitalmarktinvestmentprodukte qualifizieren. Zu unterscheiden ist zwischen geschlossenen Publikums- und Spezial-AIF-Investmentvermögen.[147]

aa) Geschlossene Spezial-AIF

Geschlossene Spezial-AIF sind keine Kapitalmarktinvestmentprodukte, da sie nur von professionellen bzw. semi-professionellen Anlegern gehalten werden dürfen (§ 1 Abs. 6 KAGB). Privatanlegern (§ 1 Abs. 19 Nr. 31 KGAB) stehen sie nicht offen.

---

144 *Köndgen/Schmies*, in: Schimansky/Bunte/Lwowski (Hrsg.), Bankrechts-Handbuch, 4. Aufl. 2011, § 113 Rdn. 11.

145 Entweder als „Einkünfte aus Gewerbebetrieb“ oder „Einkünfte aus Vermietung und Verpachtung“, siehe §§ 15, 21 EStG.

146 Umfassend hierzu *Wagner*, in: Assmann/Schütze (Hrsg.), Hdb KapitalanlageR, 3. Aufl. 2007, § 15 Rdn. 1 ff. Zu Immobilienfonds im Speziellen *Loritz*, NZG 2008, 887.

147 Vgl. § 1 Abs. 5 KAGB. Als Rechtsformen stehen die Investment-AG und die Investment-KG zur Verfügung, vgl. §§ 139, 140 ff., 149 ff., 261 ff., 285 f. KAGB.

bb) Geschlossene Publikums-AIF

In Bezug auf die Einstufung geschlossener Publikums-AIF als Kapitalmarktinvestmentprodukte gilt es anhand des KAGB-Grundsatzes der Risikomischung (§ 262 Abs. 1 KAGB) zu differenzieren.

Hiernach muss ein ein Fonds entweder bei im Wesentlichen gleicher Wertverteilung in mindestens drei Sachwerte investiert sein (§ 262 Abs. 1 S. 1 Nr. 1 KAGB), oder die Streuung des Ausfallrisikos ist bei wirtschaftlicher Betrachtungsweise anderweitig gewährleistet (§ 262 Abs. 1 S. 2 Nr. 2 KAGB). Geschlossene Publikums-AIF, die diese Voraussetzungen erfüllen, können als Kapitalmarktinvestmentprodukte eingestuft werden. Wegen der obligatorischen Risikomischung entspricht das Anlagerisiko nicht dem der Direktanlage in die jeweiligen Einzelwerte.

Keine Kapitalmarktinvestmentprodukte sind dagegen „Ein-Objekt-Fonds" und andere geschlossene Publikums-AIF, auf die der Grundsatz der Risikomischung keine Anwendung findet (vgl. § 262 Abs. 2 KAGB). Hierbei handelt es sich um Fonds, die in Beteiligungen an Unternehmen investieren, die nicht zum Handel an einer Börse zugelassen oder in einen organisierten Markt einbezogen sind (§ 261 Abs. 1 Nr. 4 KAGB), und deren Aktien und Anteile nur von Privatanlegern erworben werden dürfen, die mindestens 20.000 Euro investieren.

Gerade bei Ein-Objekt-Fonds entspricht das Anlagerisiko entgegen dem PRIP-Verständnis faktisch dem der Direktanlage in Aktien oder Anleihen. Hinzu kommt, dass die Mindestanlagesumme von 20.000 Euro den Anlagehorizont des typischen Privatanlegers übersteigt. Zwar belief sich 2010 das in offene und geschlossene Fonds angelegte Vermögen der privaten Haushalte im Bundesschnitt auf 23.860 Euro, der aussagekräftigere Medianwert liegt jedoch deutlich darunter, nämlich bei 7.400 Euro.[148] Die wenigsten Retail-Anleger werden insofern dazu in der Lage sein, 20.000 Euro in einen einzigen Spezial-AIF zu investieren.

148 Deutsche Bundesbank, Private Haushalte und ihre Finanzen, Tabellenanhang zur Pressemitteilung v. 21.3.2013, Tabelle 3_13.

3. Zwischenfazit

Keine Kapitalmarktinvestmentprodukt i.S.d. PRIP-Initiative sind geschlossene Spezial-AIF sowie Ein-Objekt-Fonds und andere geschlossene Publikums-AIF.

Maßgeblicher Kapitalmarktinvestmentprodukte-Begriff

Der Kapitalmarktinvestmentprodukte-Begriff dieser Untersuchung bezeichnet die von Art. 4 lit. a) VO-E Basisinformationsblätter erfassten Anlageprodukte, soweit sie eine „Anlagefunktion" aufweisen und jedenfalls *de lege ferenda* dem Finanzinstrumente-Begriff des WpHG unterstehen.

Das Begriffselement „Produkt" verdeutlicht, dass Kapitalmarktinvestmentprodukte für den Massenmarkt der privaten Haushalte konzipiert werden, „Kapitalmarkt" stellt den Bezug zum Kapitalmarktrecht her und symbolisiert die Volatilität dieser Geldanlagen, die sich dadurch von festverzinslichen Produkten wie Tagesgeld- und Festgeldkonten unterscheiden.

III. Qualifizierung als WpHG-Finanzinstrumente

Der weite Anwendungsbereich der PRIP-Initiative erfasst unterschiedlichste Rechtsgebiete: das Kapitalmarktrecht i.e.S. (z.B. WpHG, KAGB), das Versicherungsrecht (VAG, VVG) sowie das Bank- und Börsenrecht (z.B. KWG, BörsG, WpPG). Die kapitalmarktrechtliche Ausrichtung dieser Untersuchung wirft die Frage auf, welche Kapitalmarktinvestmentprodukte nach geltendem bzw. vorhersehbarem künftigen Recht als WpHG-Finanzinstrumente (§ 2 Abs. 2 b WpHG) zu qualifizieren sind.

Abbildung 2.1: Kapitalmarktinvestmentprodukte

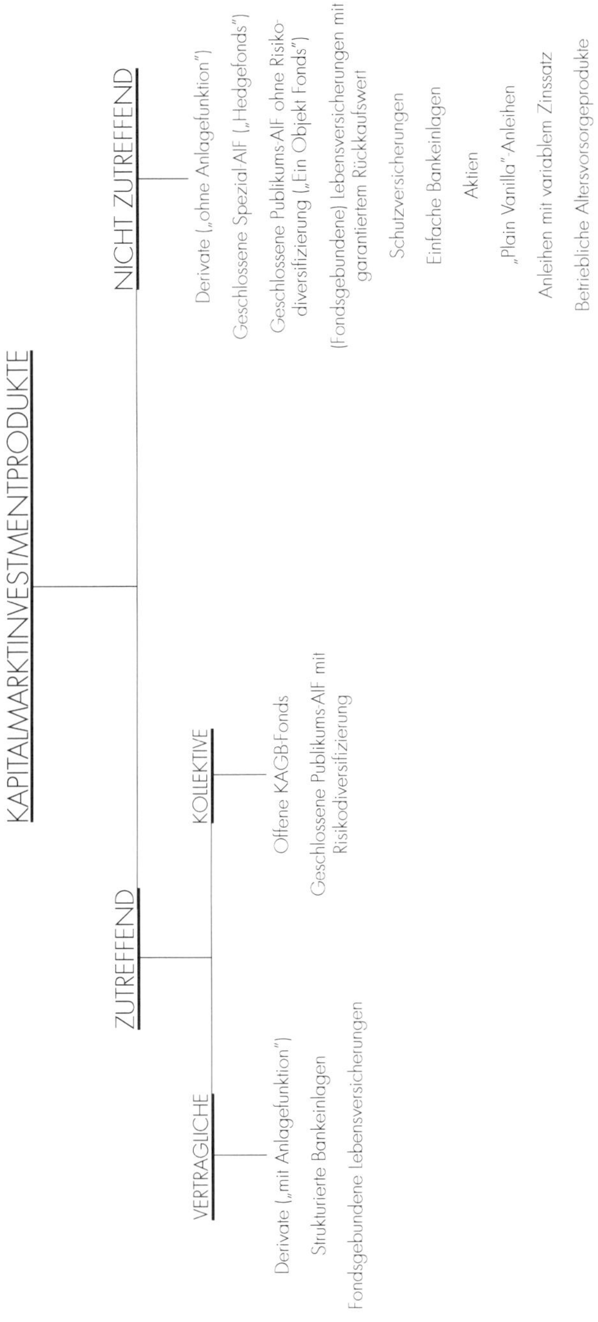

E. Finanzinstrumente-Begriff des WpHG

Unter dem Oberbegriff „Finanzinstrumente" fasst das WpHG Wertpapiere, Geldmarktinstrumente (§ 2 Abs. 1 a WpHG), Derivate (§ 2 Abs. 2 WpHG), Zeichnungsrechte für Wertpapiere und bestimmte Vermögensanlagen (§ 1 Abs. 2 VermAnlG)[149] zusammen.[150] Der WpHG-Begriff ist damit einerseits enger als der KWG-Begriff (§ 1 Abs. 11 S. 1 KWG), weil „Devisen und Rechnungseinheiten" nicht einbezogen werden, andererseits aber weiter, da auch Zeichnungsrechte erfasst werden.[151]

I. Derivate

Es wurde bereits herausgearbeitet, dass der Derivatebegriff der PRIP-Initiative (nur) für Derivate gilt, die über eine „Anlagefunktion" verfügen.[152] Hieran anknüpfend stellt sich die Frage der gesetzlichen Einordnung dieser „PRIP-Derivate".

Als Ausgangsbasis dient § 2 Abs. 2 WpHG. Seit der Neufassung[153] verzichtet die Norm auf eine allgemeingültige Derivate-Definition und statuiert stattdessen einen Positivkatalog (vgl. § 2 Abs. 2 Nr. 1-5 WpHG). Problematisch ist, dass Derivate. i.S.d. PRIP-Initiative auch einen Schuldtitel zum Basiswert haben können bzw. als „strukturierte Schuldtitel (Anleihen)" verkauft werden.[154] Nicht jedes PRIP-Derivat ist damit zugleich Derivat i.S.d.WpHG.

Einzelne PRIP-Derivate sind als „Schuldtitel" (§ 2 Abs. 1 S. 1 Nr. 3 WpHG) einzustufen, wobei das WpHG wiederum zwei Gruppen unterscheidet: (1.) die Gruppe der Genussscheine, Inhaber- und Orderschuldverschreibungen und Schuldtitel vertretenden Zertifikate (§ 2 Abs. 1 S. 1 Nr. 3 lit. a) WpHG); (2.) die Gruppe der sonstigen Schuld-

---

149 Ausnahmen gelten für Anteilen an einer Genossenschaft i.S.d. § 1 GenG sowie bestimmte Namensschuldverschreibungen, vgl. § 2 Abs. 2 b WpHG.

150 Vgl. *Kumpan*, in: Schwark/Zimmer (Hrsg.), KMRK, 4. Aufl. 2010, § 2 WpHG Rdn. 58 f.

151 *Kumpan*, in: Schwark/Zimmer (Hrsg.), KMRK, 4. Aufl. 2010, § 2 WpHG Rdn. 59.

152 Siehe bereits S. 99.

153 Art 2. Abs. 1 lit c) FRUG.

154 So Kommission, PRIP-Mitteilung v. 30.4.2009, KOM(2009) 204, S. 4.

titel (§ 2 Abs. 1 S. 1 Nr. 3 lit. b) WpHG). Charakteristisch für die zweite Gruppe sind derivative und strukturierende Elemente, wie sie für Bonus-, Garantie-, Discount- und Turbo-Zertifikate typisch sind.[155] Schuldtitel der ersten Gruppe wie z.B. Index- und Basket-Zertifikate sind demgegenüber einfacher konstruiert, da sich der Rückzahlungsbetrag nach der Wertentwicklung eines Indexes bzw. eines vom Emittenten zusammengestellten „Korbs“ nicht-derivativer Wertpapiere bestimmt.

Die Zuordnung zur ersten bzw. zweiten Schuldtitel-Gruppe ist aus folgendem Grund von Bedeutung: „Sonstige Schuldtitel“ zählen zu den Produkten, die der Gesetzgeber als „komplex“ einstuft.[156] Komplexe Produkte unterliegen Vertriebsbeschränkungen, die es an späteter Stelle aufzugreifen gilt.[157] Die Schuldtitel der ersten Gruppe zählen dagegen zu den „nicht-komplexen“[158] Finanzinstrumenten, die keinen Vertriebsbeschränkungen unterliegen.

II. Bankeinlagen

Zu den Kapitalmarktinvestmentprodukten zählen auch strukturierte Bankeinlagen. Diese „fallen... im Gegensatz zu anderen strukturierten Anlagen nicht unter die Rechtsvorschriften für den Anlegerschutz auf Unionsebene“, so die Bestandsaufnahme des MiFID II-Gesetzgebers.[159]

Dem horizontalen Regulierungsansatz der PRIP-Initiative ist es geschuldet, dass der Anwendungsbereich der MiFID II auf strukturierte Bankeinlagen ausgeweitet wurde,[160] insbesondere die anlegerschützenden Vorschriften von Kapitel II (vgl. Artt. 24 ff. MiFID II).[161] *De lege lata* werden weder einfache noch strukturierte Bankeinlagen als WpHG-Fi-

155 Vgl. *Kumpan*, in: Schwark/Zimmer (Hrsg.), KMRK, 4. Aufl. 2010, § 2 WpHG Rdn. 28 f.

156 Art. 19 Abs. 6, 1. Spiegelstrich, S. 1 MiFID I; Art. 38 lit. a) MiFID I-DRL 2006/73/EG i.V.m. Art. 4 Abs. 1 Nr. 18 lit. c), Anhang I, Abschn. C Nr. 4-10 MiFID I.

157 Hierzu S. 421.

158 Siehe § 31 Abs. 7 Nr. 1 WpHG; Art. 38 MiFID I-DRiL 2006/73/EG.

159 Erwägungsgrund 26 MiFID II-E (EUP).

160 Bereits Erwägungsgründe 39 f. MiFID II.

161 Zu den Ausnahmen Art. 1 Abs. 3 MiFID II-E.

nanzinstrumente eingestuft. Das sogenannte Einlagengeschäft unterliegt gegenwärtig nur den KWG-Vorschriften[162].

III. Fondsgebundene Lebensversicherungen

Fondsgebundene Lebensversicherungen zählen zu den Kapitalmarktinvestmentprodukten. Sie kombinieren Elemente der klassischen Lebensversicherung als Risikoversicherung für den Todesfall mit kollektiven Anlageformen, insbesondere Investmentfonds.[163] Die Anlagesumme wird entweder in laufenden Beiträgen oder als Einmalzahlung geleistet und teilt sich regelmäßig in drei Komponenten auf:[164] ein Teil dient der Kostendeckung, ein weiterer Teil wird für die Risikodeckung (Eintritt des Todesfallrisikos) bereitgehalten und mit dem dritten Teil soll das Deckungskapital durch Aufbau eines Anlagestocks aufgebaut werden (Sparteil). Der Sparteil wird von der Versicherung in Investmentanteilen oder direkt in den für das Sondervermögen einer Kapitalanlagegesellschaft zugelassenen Werten angelegt (§ 54 b Abs. 1 VAG).[165]

Eine Reform des Vertriebsrechts für fondsgebundene Lebensversicherungen kündigte sich bereits mit der PRIP-Mitteilung der Kommission an. Es wurde befürwortet, die anlegerschützenden Bestimmungen der MiFID I wegen der festgestellten Schutzdefizite im Versicherungsbereich[166] auf fondsgebundene Lebensversicherungen auszuweiten.[167] Als vorbereitende

162 § 1 Abs. 1 Satz 2 Nr. 1 KWG definiert als Einlagengeschäft die „Annahme fremder Gelder als Einlagen oder anderer unbedingt rückzahlbarer Gelder des Publikums, sofern der Rückzahlungsanspruch nicht in Inhaber- oder Orderschuldverschreibungen verbrieft wird, ohne Rücksicht darauf, ob Zinsen vergütet werden.“ Das Einlagengeschäft unterliegt gemäß § 1 Abs. 1 S. 2 KWG der staatlichen Aufsicht und bedarf der Erlaubnis gemäß § 32 KWG. Hierzu *Schürmann*, in: Schimansky/Bunte/Lwowski (Hrsg.), Bankrechts-Handbuch, 4. Aufl. 2011, § 69 Rdn. 1 a.

163 Vgl. *Baur*, in: Assmann/Schütze (Hrsg.), Hdb KapitalanlageR, 3. Aufl. 2007, § 20 Rdn. 306.

164 *Baur*, in: Assmann/Schütze (Hrsg.), Hdb KapitalanlageR, 3. Aufl. 2007, § 20 Rdn. 307.

165 § 54 b VAG. Hierzu auch *Köndgen/Schmies*, in: Schimansky/Bunte/Lwowski (Hrsg.), Bankrechts-Handbuch, 4. Aufl. 2011, § 113 Rdn. 25.

166 Kommission, PRIP-Mitteilung v. 30.4.2009, KOM(2009) 204 endg., S. 9.

167 Kommission, PRIP-Mitteilung v. 30.4.2009, KOM(2009) 204 endg., S. 12.

Maßnahme gab die Kommission eine Studie[168] in Auftrag, die die Kosten und potentiellen Vorteile einer Anpassung der Vertriebsvorschriften an den MiFID I-Standard untersuchen sollte. Diese kam zu dem Ergebnis, dass die Kostenbelastung infolge regulatorischer Änderungen vergleichsweise gering sei und selbst die Banken und Versicherungen ein entsprechendes Gesetzgebungsvorhaben in Anbetracht etwaiger Synergie- und Kostensenkungseffekte befürworteten.[169]

Die Kommission schlug zunächst eine andere Richtung ein und sah von der Einbeziehung fondsgebundener Lebensversicherungen in den Anwendungsbereich des MiFID II-Regimes ab. Es wurde als ausreichend erachtet, die MiFID II im Zuge der Überarbeitung der Versicherungsmittler-RiL 2002/92/EG[170] zu „berücksichtigen". Eine Konsolidierung der beiden Rechtsregime war nicht geplant.[171]

Das Europäische Parlament ließ die ursprüngliche Idee wiederaufleben und traf in seinem MiFID II-Entwurf die richtungsweisende Entscheidung, fondsgebundene Lebensversicherungen in den Anwendungsbereich des MiFID II-Regimes miteinzubeziehen.[172] Konkret wurde vorgeschlagen, den Anwendungsbereich der MiFID-Organisations- und Wohlverhaltenspflichten[173] auf Versicherungsunternehmen und Versicherungsvermittler auszuweiten (Art. 1 Abs. 3 a MiFID II-E (EUP)), wenn diese fondsgebundene Versicherungen an Kunden verkaufen oder diesbezüglich Beratungsleistungen erbringen. Fondsgebundene Versicherungen werden definiert (vgl. Art. 4 Abs. 2 Nr. 33 a MiFID II-E (EUP)) als

> „Versicherungsverträge, bei denen der an den Kunden zu zahlende Betrag an den Marktwert eines Vermögenswerts oder die Ausschüttung eines Vermögenswerts oder Referenzwerts geknüpft ist und bei denen der Kunde den Vermögenswert nicht unmittelbar hält".

„Versicherungsverträge, die mit Instrumenten des Wertpapiersektors verbunden sind", sollten in Zukunft als Finanzinstrumente qualifiziert wer-

---

168 Europe Economics, MiFID-Versicherungsreport v. 29.9.2010.

169 Europe Economics, MiFID-Versicherungsreport v. 29.9.2010, Nr. 12 ff. (S. IV-VII), 24 ff. (S. VII-VIII), 34 ff. (S. VIII-X).

170 Versicherungsvermittlungs-RiL 2002/92/EG.

171 Vgl. Begr v. 3.7.2013 z. Versicherungsvermittlungs-RiL II-E, KOM(2012) 360 endg., S. 2 ff.

172 Siehe Erwägungsgrund 16 MiFID II-E (EUP).

173 Artt. 16 Abs. 3, 23-26 MiFID II-E (EUP).

den.[174] Der deutsche Umsetzungsgesetzgeber wäre hiernach verpflichtet gewesen, die WpHG-Definition für Finanzinstrumente auf fondsbasierte Lebensversicherungsprodukte auszuweiten.

Erst mit Vorlage endgültigen MiFID II-Fassung entschied sich der EU-Gesetzgeber letztlich gegen die Einbeziehung fondsgebundener Versicherungen in das MiFID-Regelungsregime. Es wird jedoch in den Erwägungsgründen explizit anerkannt, dass fondsgebundene Versicherungen oftmals als „Ersatz" für MiFID-Finanzinstrumente angeboten werden und daher „angemessenen Anforderungen" in Bezug auf Kundenschutz und Wettbewerbsbedingungenen unterliegen müssten. Die Anforderungen der MiFID II sollen „daher auch für Anlagen aufgrund von Versicherungsverträgen gelten", allein „wegen ihrer unterschiedlichen Marktstrukturen und Produktmerkmale" sei es „sachgerechter, detaillierte Anforderungen lieber im Rahmen der laufenden Überarbeitung der Richtlinie 2002/92/EG als in dieser Richtlinie festzulegen".[175] Um den Gleichlauf der Regelungsregime sicherzustellen, soll daher die Versicherungsvermittlungs-RiL 2002/92/EG entsprechend geändert werden.[176]

IV. Investmentfondsanteile

1. Offene Fonds

Mit dem Inkrafttreten des KAGB wurde die wertpapierhandelsrechtliche Einstufung von Fondsanteilen grundlegend neu geregelt:

Bis dato hatte der WpHG-Gesetzgeber Anteile an offenen Fonds[177] als Wertpapiere[178] eingestuft (§ 2 Abs. 1 S. 2 WpHG a.F.).[179] Damit waren sie

174 Vgl. Anhang I, Abschnitt C Abs. 6 a MiFID II-E (EUP).

175 Erwägungsgrund 87 MiFID II.

176 Erwägungsgrund 88 MiFID II.

177 Investmentvermögen i.S.d. § 1 S. 2 InvG a.F.

178 Auch als Wertpapiere „sui generis" bezeichnet, so die Begr RegE v. 20.12.1996 eines Gesetzes zur Umsetzung von EG-Richtlinien zur Harmonisierung bank- und wertpapieraufsichtsrechtlicher Vorschriften, BR-Ds. 963/96, S. 100. Hierzu auch *Fuchs*, in: Fuchs (Hrsg.), WpHG, 2009, § 2 WpHG Rdn. 32; *Assmann*, in: Assmann/Schneider (Hrsg.), WpHG, 6. Aufl. 2012, § 2 Rdn. 33.

179 Erst mit der Einfügung von § 2 Abs. 1 S. 2 WpHG a.F. im Jahr 1997 hatte der Gesetzgeber den vorausgegangenen Streit über die Einordnung von Investmentfondanteilen als kapitalmarktgängiges Wertpapier beendet. Hierzu *Fuchs*, in:

zugleich Finanzinstrumente i.S.d. WpHG. Auch die MiFID I stufte Investmentfondsanteile als Finanzinstrumente ein, verzichtete aber auf eine Definition des Begriffs. [180] Dennoch war es unstreitig, dass sowohl OGAW-konforme als auch nicht-OGAW-konforme Investmentvermögen erfasst werden sollten.[181]

An der Einordnung offener Investmentfonds als WpHG-Finanzinstrumente wurde im Zuge der KAGB-Reform festgehalten: § 2 Abs. 1 S. 2 WpHG a.F. wurde gestrichen, stattdessen werden Investmentvermögen nunmehr direkt von § 2 Abs. 2 b WpHG als Finanzinstrumente qualifiziert.

2. Geschlossene Fonds

Die KAGB-Reform wirkte sich auch auf die Finanzinstrumente-Einstufung geschlossener Fonds aus:

Bis zum Inkrafttreten der Neuregelungen unterfiel der Vertrieb geschlossener Fonds[182] nicht dem WpHG-Regime; sie wurden nicht als Investmentvermögen (§ 2 Abs. 1 S. 2 WpHG a.F.) eingestuft.[183] Nach Auffassung des Gesetzgebers[184] und der h.M. im Schrifttum[185] waren Anteile an geschlossenen Fonds ebenso wenig unter den Begriff der „Aktien ver-

Fuchs (Hrsg.), WpHG, 2009, § 2 Rdn. 32; zum damaligen Streitstand m.w.N. *Schäfer*, in: Schäfer/Hamann (Hrsg.), Kapitalmarktgesetze, 2. Aufl. 2006, § 2 WpHG Rdn. 15.

180 Siehe Anhang I Abschnitt C Nr. 3 MiFID I.

181 Begr RegE v. 12.1.2007 z. FRUG, BT-Ds. 16/4028, S. 7; *Kumpan*, in: Schwark/Zimmer (Hrsg.), KMRK, 4. Aufl. 2010, § 2 WpHG Rdn. 30. Hierfür sprach insbesondere, dass § 2 Abs. 1 S. 2 WpHG a.F. nicht die Vorgabe machte, das Fondsvermögen ausschließlich in Wertpapieren anlegen zu müssen. Ausdrücklich auch Begr RegE v. 12.12007 z. FRUG, aaO, S. 54: „Satz 2 enthält keine Beschränkung auf die Investition in Wertpapiere.".

182 Vgl. § 8 f Abs. 1 VerkProsG a.F.: „... im Inland öffentlich angebotene nicht in Wertpapieren im Sinne des [WpPG] verbriefte Anteile, die eine Beteiligung am Ergebnis eines Unternehmens gewähren,... Anteile an einem Vermögen, das der Emittent oder ein Dritter in eigenem Namen für fremde Rechnung hält oder verwaltet (Treuhandvermögen), oder... Anteile an sonstigen geschlossenen Fonds...".

183 *Kumpan*, in: Schwark/Zimmer (Hrsg.), KMRK, 4. Aufl. 2010, § 2 WpHG Rdn. 30.

184 Begr RegE v. 12.1.2007 z. FRUG, BT-Ds. 16/4028, S. 7 f.

185 *Kumpan*, in: Schwark/Zimmer (Hrsg.), KMRK, 4. Aufl. 2010, § 2 WpHG Rdn. 19; auf den Einzelfall abstellend *Fuchs*, in: Fuchs, WpHG, 2009, § 2 WpHG Rdn.

gleichbaren Anteile“ (§ 2 Abs. 1 Nr. 2 WpHG) zu subsumieren. Die Einbeziehung geschlossener Fonds als WpHG-Finanzinstrumente war zwar vereinzelt vorgeschlagen worden, konnte sich politisch aber zunächst nicht durchsetzen.[186] Erst das im Jahr 2011 eingeführte VermAnlG erweiterte den WpHG-Finanzinstrumente-Begriff[187] auf die nunmehr als „Vermögensanlagen“[188] umschriebenen geschlossenen Fonds.

Mit der KAGB-Reform wurde auch das VermAnlG geändert: Die Einbeziehung „sonstiger geschlossener Fonds“[189] wurde gestrichen und der Begriff der Vermögensanlagen auf solche Anlageobjekte beschränkt, die nicht zugleich Investmentvermögen i.S.d. § 1 Abs. 1 KAGB sind.[190] Zu den „KAGB-Investmentvermögen“ zählen jedoch auch geschlossene Fonds. Kraft Gesetzes unterstehen sie damit dem WpHG-Finanzinstrumente-Begriff (vgl. § 2 Abs. 2 b WpHG). Hiermit sollte sichergestellt werden, dass Investmentvermögen ausschließlich durch das KAGB reguliert werden. Der Anwendungsbereich des VermAnlG beschränkt sich nunmehr auf Genussscheine und Namensschuldverschreibungen.[191]

F. Fazit

Die Geldanlage der Privathaushalte konzentriert sich auf die Produkte Bankeinlagen, Kapitallebensversicherungen und Investmentfonds. Aktien, Anleihen, Derivate und Beteiligungen an Hedge-, Private Equity- und sonstige geschlossene Fonds spielen im typischen Retail-Marktumfeld

---

23; **a.A.** *Assmann*, in: Assmann/Schneider (Hrsg.), WpHG, 6. Aufl. 2012, § 2 WpHG Rdn. 16 f.; tendenziell auch *Voß*, BKR 2007, 45 ff.

186 Vgl. Art. 1 Nr. 2 i.d.F. des DiskussionsE v. 3.5.2010 z. AnsFuG v. 3.5.2010, abrufbar unter http://www.kapitalmarktrecht-im-internet.eu (zuletzt abgerufen am 23.11.2014). Zur Nichtausweitung des Finanzinstrumente-Begriffs auf geschlossene Fonds vgl. die Stellungnahme des Bundesrates v. 5.11.2010 zum RegE v. 21.9.2010 z. AnsFuG, BT-Ds. 17/3628, S. 32 (Anhang 3 Nr. 1 lit. b)) sowie Verbraucherzentrale Bundesverband, Stellungnahme v. 5.11.2010, abrufbar unter http://www.vzbv.de/mediapics/anlegerschutzgesetz_stellungnahme_5_11_2010.pdf (zuletzt abgerufen am 23.11.2014).

187 § 2 Abs. 2 b WpHG i.d.F. des FinAnlV- und VermAnlG.

188 § 1 Abs. 2 VermAnlG a.F.

189 § 1 Abs. 2 Nr. 3 VermAnlG a.F.

190 Vgl. Art. 11 Nr. 1 AIFM-UmsG.

191 Soweit diese nicht ebenfalls als Investmentvermögen einzustufen sind, vgl. Begr RegE v. 21.12.2012 z. AIFM-UmsG, BR-Ds. 791/12, S. 563.

keine Rolle. Zentrales Motiv der Geldanlage ist für weite Teile der Bevölkerung die private Altersvorsorge, die nach dem Willen des Gesetzgebers insbesondere über den Kapitalmarkt erfolgen soll.

Unter dem Oberbegriff „Kapitalmarktinvestmentprodukte“ werden diejenigen Anlageprodukte zusammengefasst, die von privaten Anlegern bevorzugt zur Geldanlage genutzt werden. Die (vorerst) maßgebliche Legaldefinition ergibt sich aus Art. 4 VO-E Basisinformationsblätter: Es handelt sich um indirekte Anlageformen („Verpackung“), wobei die Rückzahlung des Investitionskapitals und dessen Verzinsung nicht garantiert werden („indirektes Anlagerisiko“). Wegen des Kapitalmarktbezugs dieser Produkte tragen die Anleger das Kursrisiko grundsätzlich selbst. Der Schutz der Anleger vor den Emittenten- und Abwicklungs- bzw. Verwaltungsrisiken divergiert zwischen den einzelnen Produktkategorien erheblich.

Keine Kapitalmarktinvestmentprodukte sind Lebensversicherungen mit garantiertem Rückkaufswert, Schutzversicherungen, einfache Bankeinlagen, Aktien, (variabel verzinsliche) Anleihen, geschlossene Fonds ohne Risikomischung und Derivate, denen das ungeschriebene Tatbestandsmerkmal der Anlagefunktion fehlt

§ 3 Anleger, Kunden und Verbraucher

Es wurde bereits herausgearbeitet, dass sich Kapitalmarktinvestmentprodukte weit überwiegend in den Portefeuilles der privaten Haushalte wiederfinden.

Aufsichtsrecht und bürgerliches Recht halten eine Vielzahl von Kategorien bereit, um die Anlegerschaft rechtsterminologisch zu klassifizieren. Neben den verschiedenen Anleger- und Kundenbegriffen von WpHG und KAGB könnten die Erwerber von Kapitalmarktinvestmentprodukten womöglich auch unter den bürgerlich-rechtlichen Verbraucherbegriff (§ 13 BGB) zu fassen sein. Dieser dient als Anknüpfungspunkt des Verbraucherschutzrechts.

Abbildung 3.1: Terminologie

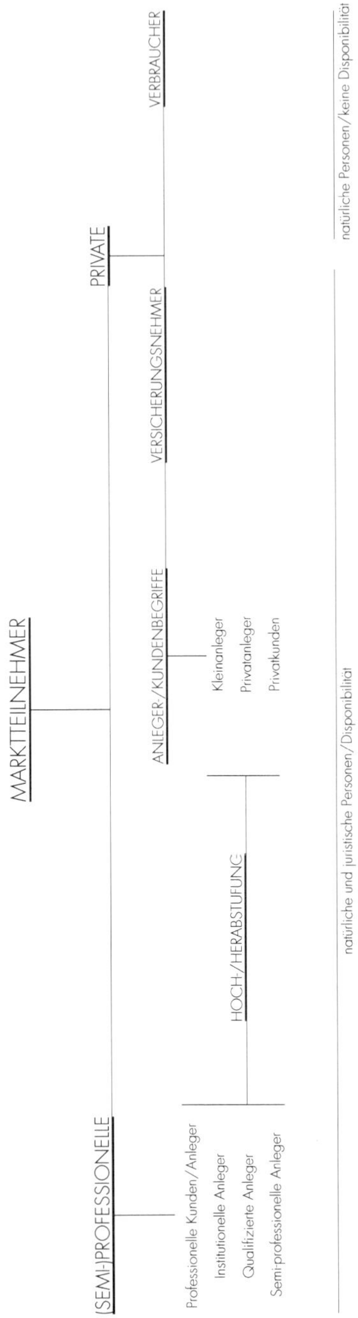

A. Anleger- und Kundenbegriffe

Die gesetzlichen Anleger- und Kundenbegriffe lassen sich in zwei Gruppen unterteilen: Zum einen die Begrifflichkeiten, die zur terminologischen Erfassung der professionellen Marktteilnehmer verwendet werden, zum anderen diejenigen für private Marktteilnehmer.

I. Professionelle Marktteilnehmer

1. Terminologie

Zur Umschreibung der professionellen Marktteilnehmer stehen die Termini „professioneller Kunde", „professioneller Anleger", „institutioneller Anleger", „qualifizierter Anleger" und „semi-professioneller Anleger" zur Verfügung:

Die Kategorie „professioneller Kunde" geht auf die MiFID I[1] zurück und wurde mit derselben Begrifflichkeit in § 31 a Abs. 2 WpHG umgesetzt. Das KAGB spricht von „professionellen Anlegern" (§ 1 Art. 19 Nr. 32 KAGB), bezieht sich jedoch gleichwohl auf das MiFID I-Begriffsverständnis[2]. MiFID I und WpHG kennen zudem die Kategorie der „geeigneten Gegenpartei".[3] Hierbei handelt es sich letztlich um eine Untergruppe der professionellen Kunden; auf eine eigenständige Darstellung wird daher verzichtet.[4] Auch die „institutionellen Anleger" sind eine weitere Unterkategorie der professionellen Kunden.[5] Eine Legaldefinition fehlt allerdings.[6] Zumindest die BaFin behandelt institutionelle Anleger als eigenständige regulatorische Kategorie.[7]

---

1 Vgl. Art. 4 Abs. 1 Nr. 11 MiFID I.

2 Die Vorschrift verweist unmittelbar auf die MiFID I-Begriffsbestimmung für professionelle Kunden.

3 Vgl. § 31 a Abs. 4 WpHG, Art. 24 Abs. 2 MiFID I.

4 Hierzu z.B. *Koch*, in: Schwark/Zimmer (Hrsg.), KMRK, 4. Aufl. 2010, § 31 a WpHG Rdn. 24 ff.

5 Vgl. § 31 a Abs. 2 S. 2 Nr. 1 lit. h und Nr. 5 WpHG.

6 *Vahldiek*, in: Boos/Fischer/Schulte-Mattler (Hrsg.), KWG, 4. Aufl. 2012, § 53 KWG Rdn. 189.

7 Öffentlich-rechtliche Körperschaften, Kredit- und Finanzdienstleistungsinstitute, Kapitalanlagegesellschaften, mittelgroße und große Kapitalgesellschaften i.S.d. § 267 Abs. 2 und 3 HGB sowie private und öffentliche Versicherungsunternehmen,

Für das Prospektrecht führte die Prospekt-RiL 2003/71/EG[8] die Kategorie der „qualifizierten Anleger" ein. Diese hat ihre eigenständige Bedeutung zwischenzeitlich wieder verloren, weil im Zuge der Prospektänderungs-RiL 2010/73/EU die Definition „qualifizierter Anleger" an die MiFID I-Begriffsbestimmung für professionelle Kunden angepasst wurde.[9]

Vergleichsweise neu im deutschen Kapitalmarktrecht ist die nicht auf europäischen Vorgaben beruhende Kategorie der „semi-professionellen Anleger" (§ 1 Abs. 19 Nr. 33 KAGB). Aus den Gesetzesmaterialien ergibt sich, dass sich die Definition an diejenige für „andere Anleger" i.S.d. Risikokapitalfonds-VO (EU) Nr. 345/2013 anlehnt.[10] Deren Kriterien hat der KAGB-Gesetzgeber weitgehend übernommen:[11] Vorausgesetzt wird eine Mindestanlagesumme; für semi-professionelle Anleger beträgt sie aber nicht 100.000 Euro[12], sondern 200.000 Euro.[13] Materiell-rechtlich behandelt das KAGB semi-professionelle und professionelle Anleger weitgehend gleich.[14]

2. Einbeziehung natürlicher Personen

Es stellt sich die Frage, ob für die Einstufung natürlicher Personen nur die Kategorien in Betracht kommen, die für nicht-professionelle Marktteilnehmer vorgesehen sind.

Hierfür könnte der Umstand sprechen, dass professionelle Kunden nach Maßgabe des WpHG vor allem „Unternehmen" sind[15]. Im Lichte der weiteren Aufzählung („Regierungen", „Zentralbanken", „institutionelle Anle-

---

siehe BaFin, Merkblatt v. 1.4.2005: Hinweise zur Erlaubnispflicht nach § 32 Abs. 1 KWG, Nr. 2.2 (S. 7).

8 Vgl. Art. 2 Abs. 1 lit. e) Prospekt-RiL 2003/71/EG.

9 Erwägungsgrund 7, Art. 1 Nr. 2 lit. a (i) Prospekt-RiL 2003/71/EG sowie § 2 Nr. 6 WpPG.

10 Begr RegE v. 21.12.2012 z. KAGB, BR-Ds. 791/12, S. 370.

11 Vgl. § 1 Abs. 19 Nr. 33 lit. a) bb)-ee) KAGB.

12 Art. 6 lit. a) Risikokapitalfonds-VO (EU) Nr. 345/2013.

13 § 1 Art. 19 Nr. 33 lit. a) aa). Der Schwellenwert i.H.v. 200.000 Euro orientiert sich an der Mindestsumme gemäß § 2 Nr. 3 lit. c) VermAnlG, vgl. Begr RegE v. 21.12.2012 z. KAGB, BR-Ds. 791/12, S. 347.

14 Unterschiede bestehen bspw. gemäß § 295 Abs. 3 Nr. 1 b und 2 b KAGB. Siehe auch Begr RegE v. 21.12.2012 z. KAGB, BR-Ds. 791/12, S. 347.

15 Vgl. § 31 a Abs. 2 S. 2 Nrn. 1 und 2 WpHG.

ger“[16]) verdichtet sich der Eindruck, dass § 31 a Abs. 2 WpHG allein juristischen Personen bzw. Körperschaften des öffentlichen Rechts offenstehen könnte.

Dagegen spricht jedoch Folgendes:[17] Regelungssystematisch ist nicht ersichtlich, dass natürliche Personen nicht auch Unternehmen i.S.v. § 31 a Abs. 2 WpHG sein können. „Unternehmer“ im bürgerlich-rechtlichen (§ 14 BGB) bzw. handelsrechtlichen Sinne („Kaufleute“, § 1 HGB) können sowohl juristische als auch natürliche Personen sein. Hinzu kommt, dass sich § 31 a Abs. 2 S. 1 WpHG allgemein auf „Kunden“ bezieht und Kunden sind nach der Legaldefinition von § 31 a Abs. 1 WpHG, der § 31 a Abs. 2 WpHG naturgemäß vorausgeht, sowohl juristische als auch natürliche Personen.

Weitere Argumente systematischer Natur ergeben sich aus dem Europarecht: Bereits die Prospekt-RiL 2003/17/EG eröffnete den Mitgliedsstaaten ausdrücklich die Option, auch natürliche Personen als qualifizierte Anleger zuzulassen.[18] Überdies verwendet die MiFID I, anders als das WpHG, für professionelle Kunden nicht den Begriff der Unternehmen, sondern spricht ganz allgemein von „Rechtspersönlichkeiten“[19]. Rechtspersönlichkeiten sind wiederum sowohl natürliche als auch juristische Personen.[20] Bei richtlinienkonformer Auslegung steht die Kategorie der professionellen Kunden daher auch natürlichen Personen offen, und zwar nicht erst über den (Um-)Weg einer sekundären Hochstufung[21], sondern bereits im Hinblick auf die originäre Ersteinstufung.

---

16 Vgl. § 31 a Abs. 2 S. 2 Nr. 3-5 WpHG.

17 Für ein insoweit auf juristische Personen beschränktes Verständnis des Unternehmensbegriffs im Kontext der Frage, ob auch Privatkunden zur geeigneten Gegenpartei hochgestuft werden können, *Koller*, in: Assmann/Schneider (Hrsg.), WpHG, 6. Aufl. 2012, § 31 a WpHG Rdn. 13; *Kasten*, BKR 2007, 261, 264.

18 Vgl. Art. 2 Abs. 1 lit. e) iv) Prospekt-RiL 2003/71/EG. Hierfür mussten mindestens zwei der folgenden drei Kriterien erfüllt werden: Erfahrung mit Wertpapiergeschäften in „großem Umfang“ (nachgewiesen durch mind. zehn Transaktionen im Schnitt der letzten vier Quartale), ein Wertpapierdepot mit einem Mindestwert von 500.000 Euro oder eine mindestens einjährige berufliche Tätigkeit im Finanzsektor mit einschlägigen Erfahrungen bei der Wertpapieranlage, vgl. Art. 2 Abs. 2 Prospekt-RiL 2003/71/EG.

19 Vgl. Anhang II, Nr. I MiFID I.

20 Vgl. *Koller*, in: Assmann/Schneider (Hrsg.), WpHG, 6. Aufl. 2012, § 31 a WpHG Rdn. 6.

21 Siehe S. 130 f.

In der Praxis werden jedoch die wenigsten natürlichen Personen mindestens zwei der drei zur Einstufung als „geborener" professioneller Anleger erforderlichen Voraussetzungen erfüllen: eine Bilanzsumme von 20 Mio. Euro, Umsatzerlöse von 40 Mio. Euro oder Eigenmittel von 2 Mio. Euro.[22] Ebenso wenig ist die „Investition in Finanzinstrumente" berufliche Haupttätigkeit des typischen Privatanlegers[23].

II. Marktteilnehmer

Die nicht-professionelle Marktteilnehmerschaft unterteilt sich in „Kleinanleger", „Privatkunden" und „Privatanleger". Die Begrifflichkeiten des WpHG weichen dabei von den europarechtlichen Vorgaben ab, so dass sich als weiterer Untersuchungsaspekt die Zweifelsfrage der richtlinienkonformen Umsetzung stellt.

1. Terminologie

Um anlässlich des erstmaligen Kontakts mit einem Wertpapierdienstleister als „professioneller Kunde" eingestuft werden zu können, müssen die in den gesetzlichen Regelbeispielen niedergelegten positiven Merkmale erfüllt sein. Demgegenüber bestimmt sich die Zugehörigkeit zur MiFID I-Gruppe „Kleinanleger" negativ: Kleinanleger[24] ist nach Maßgabe von Art. 4 Abs. 1 Nr. 12 MiFID I jeder Anleger, der *nicht* professioneller Anleger ist.

Von Kleinanlegern ist auch an prominenter Stelle der PRIP-Initiative die Rede: Die deutsche Sprachfassung der PRIP-Mitteilung der Kommission trägt den Titel „Anlageprodukte für Kleinanleger".[25] In der englischen Sprachfassung werden sie als *retail investors* bezeichnet und als unerfahrene, nicht-institutionelle Anleger definiert.[26] Auf die definitorische

---

22 § 31 a Abs. 2 S. 2 Nr. 2 WpHG.

23 § 31 a Abs. 2 S. 2 Nr. 5 WpHG.

24 In der französischen MiFID I-Sprachfassung „client de détail", in der englischen Sprachfassung „retail client". Siehe auch Art. 4 Abs. 1 Nr. 10 MiFID II-E.

25 Vgl. Kommission, PRIP-Mitteilung v. 20.4.2009, KOM(2009) 204 endg.

26 Kommission, PRIP-Impact Assessment v. 30.4.2009, SEC(2009) 556: „The term 'retail investor' is here taken to mean a non-sophisticated, noninstitutional investor. ".

Angleichung des Kleinanleger-Begriffs der PRIP-Initiative an den Kleinanleger-Begriff der MiFID I zielt der VO-E Basisinformationsblätter ab: Der hier gewählte „Kleinanleger“-Begriff umfasst neben den „MiFID I-Kleinanlegern“ auch die Versicherungsnehmer[27].[28] Infolge der Einbeziehung der Versicherungsnehmer ist der PRIP-Kleinanlegerbegriff damit weiter gefasst als der geltende MiFID I-Kleinanlegerbegriff.

Anstelle des Kleinanleger-Begriffs verwendet der deutsche Gesetzgeber die Begrifflichkeiten Privatkunde (§ 31 a Abs. 3 WpHG) [29] und Privatanleger (§ 1 Abs. 19 Nr. 32 KAGB), wobei die Regelungstechnik der Negativdefinition im Übrigen übernommen wurde. Im Schrifttum wurde es begrüßt, dass sich der Umsetzungsgesetzgeber gegen den Kleinanleger-Begriff der MiFID I entschieden hatte: Der Privatkunden-Begriff bringe besser zum Ausdruck, dass das Kundenvermögen bei der originären Einstufung keine Rolle spielt.[30]

Privatanleger kann daher sowohl eine AG mit einer Bilanzsumme von 19,9 Mio. Euro und Umsatzerlösen von 39,9 Mio. Euro (mithin eine mittelgroße Kapitalgesellschaft gemäß § 267 Abs. 2 HGB) als auch ein Klein(st)anleger mit einer Anlage von nur wenigen Euro sein.[31]

2. Notwendigkeit richtlinienkonformer Auslegung

Die Richtlinienkonformität der WpHG-Begrifflichkeiten wird nicht dadurch infrage gestellt, dass der deutsche Gesetzgeber anstelle des MiFID I-Begriffs „Kunde“ die Bezeichnung „Anleger“ verwendet. Eine nicht-richtlinienkonforme Umsetzung läge allerdings vor, wenn die WpHG-Legaldefinitionen von der MiFID I abweichende situative und personelle Anwendungsbereiche eröffnen.

27 Kunden im Sinne der Versicherungsvermittlung-RiL 2002/92/EG.

28 Art. 4 lit. c) VO-E Basisinformationsblätter.

29 Auch der österreichische Umsetzungsgesetzgeber verwendet den Begriff „Privatkunde“, vgl. § 1 Nr. 14 WAG 2007.

30 So *Seyfried*, WM 2006, 1375, 1376.

31 Unerheblich für die Einstufung als Kleinanleger bzw. Privatkunde/Privatanleger ist auch, ob der Anleger mit privater oder gewerblicher Zweckrichtung handelt, *Bülow*, in: FS Nobbe, 2009, S. 495, 501, 503; ebenso *Koch*, in: Schwark/Zimmer (Hrsg.), KMRK, 4. Aufl. 2010, § 31 a WpHG Rdn. 23.

a) Situativer Anwendungsbereich

Der situative Anwendungsbereich beschreibt die Phasen („Situationen“) des Anlageprozesses:

Kunde ist nach MiFID I-Definition jede Person, für die eine Wertpapierfirma Wertpapierdienstleistungen „erbringt“[32]. Wertpapierdienstleistungen werden regelmäßig erst nach Abschluss eines zivilrechtlichen Verpflichtungsgeschäfts erbracht. Das Abstellen das Erbringen könnte die vorvertragliche Anbahnungsphase ausklammern. Diese Lesart hätte zur Folge, dass sich der situative Anwendungsbereich nicht auf *potentielle* Kunden erstreckt.

Indes stellt § 31 a Abs. 1 WpHG nicht allein auf die Erbringung ab, sondern bezieht die „Anbahnungsphase“ gleichermaßen ein: „Kunden... sind alle natürlichen oder juristischen Personen, für die Wertpapierdienstleistungsunternehmen Wertpapier[neben]dienstleistungen erbringen oder *anbahnen*“ [33]. Die „Anbahnung“ umfasst sowohl Aufforderungen zur Abgabe eines Angebots (invitationes ad offerendum) als auch bloße Werbemitteilungen i.S.d. § 31 Abs. 2 WpHG.[34] Der WpHG-Kundenbegriff erscheint somit im Vergleich zum MiFID I-Anlegerbegriff weiter gefasst zu sein, da er sich auch auf die potentiellen Vertragspartner der Wertpapierfirmen erstreckt.

Letztlich sind die Unterschiede zwischen MiFID I und WpHG aber nur definitorischer Natur: Auch die MiFID I bezieht an anderer Stelle die Phase der Vertragsanbahnung in ihren Anwendungsbereich mit ein. So sind Erkundigungs- und Informationspflichten gegenüber „potenziellen Kunden“ vorgesehen[35]. Zudem wird für geeignete Gegenparteien ausdrücklich klargestellt, dass sowohl die „Anbahnung“ als auch der „Abschluss“ von Geschäften erfasst sein soll.[36]

Die situativen Anwendungsbereiche stimmen im Ergebnis überein, so dass insofern kein Anlass für eine richtlinienkonforme Auslegung besteht.

---

32 Art. 4 Abs. 1 Nr. 10 MiFID I, Hervorh. d. d. Verf.

33 Hervorh. d. d. Verf.

34 *Koller*, in: Assmann/Schneider (Hrsg.), WpHG, 6. Aufl. 2012, § 31 a WpHG Rdn. 2.

35 Vgl. Art. 19 Abs. 2 MiFID I.

36 Vgl. Erwägungsgrund 41 MiFID I. Hierzu *Koch*, in: Schwark/Zimmer (Hrsg.), KMRK, 4. Aufl. 2010, § 31 a WpHG Rdn. 5; *Koller*, in: Assmann/Schneider (Hrsg.), WpHG, 6. Aufl. 2012, § 31 a WpHG Rdn. 2.

b) Personeller Anwendungsbereich

Die WpHG- und MiFID I-Begrifflichkeiten wären vollends kongruent, wenn auch die personellen Anwendungsbereiche übereinstimmen.

Zweifel bestehen im Hinblick auf die Einbeziehung rechtsfähiger Personengesellschaften: Das deutsche Recht unterscheidet zwischen juristischen Personen (z.B. GmbH) und rechtsfähigen Personengesellschaften (z.B. KG). Festgemacht wird diese Unterscheidung an der Registereintragung, die nur für die rechtliche Entstehung einer juristischen Person konstitutive Wirkung entfaltet.[37] Kunde kann nach § 31 a Abs. 1 WpHG jede natürliche oder juristische Personen sein; rechtsfähige Personengesellschaften werden indes nicht genannt. Diese wären dem Wortlaut zufolge aus dem WpHG-Kundenkreis ausgeschloßen.

Allerdings kommt es auf europäischer Ebene für die rechtliche Ankerkennung einer juristischen Person nicht auf einen staatlichen Verleihungsakt an.[38] Bei richtlinienkonformer Auslegung sind auch rechtsfähige Personengesellschaften unter den WpHG-Kundenbegriff zu fassen.[39] Im Übrigen geht der deutsche Kapitalmarktgesetzgeber an anderer Stelle davon aus, dass Personengesellschaften Kunden der Wertpapierdienstleister sein können, etwa angesichts des Wortlauts von § 2 Abs. 3 WpDverOV: „Bei *Personengesellschaften* und Kapitalgesellschaften, die die Kriterien des § 31 a Abs. 2 Satz 2 Nr. 2 des Wertpapierhandelsgesetzes nicht erfüllen,... “[40].

III. Zwischenfazit

Situativer und personeller Anwendungsbereich der WpHG-Begrifflichkeiten stimmen mit den MiFID I-Vorgaben überein. An der Richtlinienkonformität von § 31 a WpHG bestehen im Ergebnis keine Zweifel. Dies

37 Vgl. *Schücking*, in: Münch. Hdb z. GesR, Bd. I, 3. Aufl. 2009, § 2 Rdn. 10.

38 Bspw. *Forsthoff*, in: Grabitz/Hilf/Nettesheim (Hrsg.), Das Recht der Europäischen Union, 49. Erg.-Lfg. 2012, Art. 54 AEUV Rdn. 3.

39 Hierzu *Koch*, in: Schwark/Zimmer (Hrsg.), KMRK, 4. Aufl. 2010, § 31 a WpHG Rdn. 4 m.w.N. Für die Einbeziehung von OHG, KG, Partnerschaftsgesellschaft und Außen-GbR auch *Koller*, in: Assmann/Schneider (Hrsg.), WpHG, 6. Aufl. 2012, § 31 a WpHG Rdn. 4.

40 Hervorh. d. d. Verf.

rechtfertigt die synonyme Verwendung der Begrifflichkeiten „Anleger" und „Kunde" im Folgenden.

B. Verbraucherbegriff

I. Ursprünge des juristischen Verbraucherbegriffs

Erstmals wurde der Verbraucherbegriff im 18. Jahrhundert verwendet; etymologisch lässt er sich aus dem bereits im Mittelalter gebräuchlichen Verb „verbruchen" herleiten.[41] Im juristischen Kontext wurde die Zielgruppe der „verbrauchenden Bevölkerung"in den Vorarbeiten zum Abzahlungsgesetz von 1891 erwähnt.[42]

Der bürgerlich-rechtliche Verbraucherbegriff (§ 13 BGB) ist jedoch keine Schöpfung des deutschen Rechts, sondern entstammt dem europäischen Recht.[43] Der Verbraucher wird im europäischen Primärrecht mehrfach erwähnt[44], es fehlt aber eine Legaldefinition.[45] Gleichwohl konnte sich für das sekundäre Gemeinschaftsrecht im Lichte der verbraucherrechtlichen Richtlinien[46] der Kern eines einheitlichen europäischen Verbraucherbegriffs herausbilden. Dieser weist folgende Elemente auf:[47] Verbraucher sind natürliche Personen, die bei Vertragsschluss zu privaten

41 Hierzu *Kannowski*, in: Staudinger, BGB, Neubearb. 2013, Vor §§ 13, 14 BGB Rdn. 1 m.w.N.

42 Siehe *Benöhr*, ZHR 138 (1974), 492 ff.; vgl. *Kannowski*, in: Staudinger, BGB, Neubearb. 2013, Vor §§ 13, 14 BGB Rdn. 1.

43 *Schmidt-Räntsch*, in: Beck. Komm. z. BGB, Edit. 27 (Stand: 1.2.2013), § 13 BGB Rdn. 3.

44 Vgl. Artt. 4 Abs. 2 lit. f), 2, 39 Abs. 1 lit. e), 40 Abs. 2 S. 2, 101 Abs. 3, 102 S. 2 lit. b), 107 Abs. 2 lit. a), 114 Abs. 3, 169 Abs. 1 AEUV.

45 So bereits zum EGV *Pfeiffer*, in Grabitz/Hilf (Hrsg.), Das Recht der Europäischen Union, 40. Aufl. 2009, Art. 153 EGV Rdn. 24; zum AEUV *Krebber*, in: Calliess/ Ruffert (Hrsg.), EUV/AEUV, 4. Aufl. 2011, Art. 169 AEUV Rdn. 4.

46 Vgl. den Überblick bei *Tamm*, in: Tamm/Tonner (Hrsg.), Verbraucherrecht, 2012, § 2 Rdn. 7.

47 So z.B. *Dreher*, JZ 1997, 167, 168; *Faber*, ZEuP 1998, 854, 858 ff.; *Pfeiffer*, in Grabitz/Hilf (Hrsg.), Das Recht der Europäischen Union, 40. Aufl. 2009, Art. 153 EGV Rdn. 24.

Zwecken handeln, welche nicht ihrer beruflichen oder gewerblichen Tätigkeit zugerechnet werden können.[48]

Wegen der „Kohärenzbestrebungen" der EU-Kommission im Verbrauchersekundärrecht soll in Zukunft ein einheitlicher Verbraucherbegriff auf europäischer Ebene gelten. [49] Die Verbraucherrechte-RiL 2011/83/EU legt für Unternehmer-Verbraucher-Verträge[50] folgenden Verbraucherbegriff fest:[51] Verbraucher ist „jede natürliche Person, die bei von dieser Richtlinie erfassten Verträgen zu Zwecken handelt, die außerhalb ihrer gewerblichen, geschäftlichen, handwerklichen oder beruflichen Tätigkeit liegen"[52].

Im Vergleich zu den Verbraucherdefinitionen vorhergehender Richtlinien[53] weist die Legaldefinition der Verbraucherrechte-RiL 2011/83/EU die zusätzlichen Elemente „handwerklich" und „geschäftlich" auf. Diese sollen verdeutlichen, dass auch ein Handeln zu handwerklichen oder geschäftlichen Zwecken den Charakter eines typischen Verbrauchergeschäfts haben kann.[54] Zudem entspricht die Begriffserweiterung der Verbraucherdefinition des Draft Common Frame of Reference (DCFR)[55], wonach Verbraucher jede natürliche Person ist, die in erster Linie zu Zwecken handelt, die nicht zu ihrem Gewerbe, Geschäft oder Beruf zählen.[56]

---

48 *Pfeiffer*, in Grabitz/Hilf (Hrsg.), Das Recht der Europäischen Union, 40. Aufl. 2009, Art. 153 EGV Rdn. 24 m.w.N.

49 So *Tamm*, in: Tamm/Tonner (Hrsg.), Verbraucherrecht, 2012, § 2 Rdn. 9.

50 Art. 3 Abs. 1 Verbraucherrechte-RiL 2011/83/EU.

51 Hierzu *Purnhagen*, ZRP 2012, 36.

52 Art. 2 Nr. 1 Verbraucherrechte-RiL 2011/83/EU.

53 Verbraucher ist z.B. gemäß Art. 2 Nr. 2 Fernabsatz-RiL 97/7/EG „jede natürliche Person, die beim Abschluß von Verträgen im Sinne dieser Richtlinie zu Zwecken handelt, die nicht ihrer gewerblichen oder beruflichen Tätigkeit zugerechnet werden können".

54 *Purnhagen*, ZRP 2012, 36.

55 Study Group on a European Civil Code/Research Group on EC Private Law (Acquis Group), Principles, Definitions and Model Rules of European Private Law: DCFR, 2009, abrufbar unter http://ec.europa.eu/justice/policies/civil/docs/dcfr_outline_edition_en.pdf (zuletzt abgerufen am 23.11.2014).

56 I.-I:105 DCFR: „... "consumer" means any natural person who is acting primarily for purposes which are not related to his or her trade, business or profession.".

II. Bürgerlich-rechtlicher Verbraucherbegriff

Die Regelungsschwerpunkte des Verbraucherrechts sind noch immer „zivilrechtlich fokussiert“,[57] verbraucherrechtliche Regelungen beschränken sich aber heute nicht mehr allein auf das BGB.

Von zentraler Bedeutung bleibt die Legaldefinition des § 13 BGB[58]. Diese liegt insbesondere den von § 2 Abs. 2 UKlaG aufgezählten Verbrauchergesetzen zugrunde, u.a. dem Recht der Haustürgeschäfte (§§ 312, 312 a BGB), dem Fernabsatzrecht (§§ 312b-312 f BGB), dem Verbrauchsgüterkaufrecht (§§ 474-479 BGB), dem Recht der Teilzeitwohnrechteverträge (§§ 481-487 BGB) sowie dem Verbraucherkreditrecht (§§ 491-507, 358 f., 655a-655 e BGB).[59] Außerhalb des BGB wird auf § 13 BGB auch im HGB[60], in der ZPO[61] und im UWG[62] Bezug genommen. Ein autonomer Verbraucherbegriff gilt dagegen im direkt anwendbaren europäischen Verordnungsrecht, das nicht auf § 13 BGB Bezug nimmt.[63]

III. Verbraucherbegriff im Recht der Finanzdienstleistungen

Das Recht der Finanzdienstleistungen[64] ist mit Ausnahme der Fernabsatzgeschäfte und der Verbraucherdarlehensverträge außerhalb des BGB gere-

---

57 *Tamm*, in: Tamm/Tonner (Hrsg.), Verbraucherrecht, 2012, § 1 Rdn. 3.

58 Eingefügt durch Art. 2 Abs. 1 Nr. 1 des Gesetzes über Fernabsatzverträge und andere Fragen des Verbraucherrechts sowie zur Umstellung von Vorschriften auf Euro v. 27.6.2000, BGBl. I Nr. 28 v. 29.6.2000, S. 897.

59 Siehe *Micklitz*, in: Münch. Komm. z. BGB, 6. Aufl. 2012, § 13 BGB Rdn. 7.

60 §§ 414, 449, 451 a, 451 b, 451 g, 451 h, 455, 466, 468, 472, 475 h HGB. .

61 §§ 29 c, 79, 1031 ZPO.

62 § 2 Abs. 2 UWG.

63 Bspw. Artt. 15 und 16 der VO (EG) Nr. 44/2001 des Rates v. 22.12.2000 über die gerichtliche Zuständigkeit und die Anerkennung und Vollstreckung von Entscheidungen in Zivil- und Handelssachen, ABl. Nr. L 12 v. 16.1.2001, S. 1-23; Artt. 17-19 der VO Nr. 1215/2012 des Europäischen Parlaments und des Rates v. 12.12.2012 über die gerichtliche Zuständigkeit und die Anerkennung und Vollstreckung von Entscheidungen in Zivil- und Handelssachen, ABl. Nr. L 351 v. 20.12.2012, S. 1-32. Siehe auch EuGH, Urt. v. 3.7.1997, Rs. C-269/95, Slg. 1997, I-3767 – *Benincasa*; *Schmidt-Räntsch*, in: Beck. Komm. z. BGB, Edit. 27 (Stand: 1.11.2011), § 13 BGB Rdn. 17.

64 Zum aufsichtsrechtlichen Begriff § 1 Abs. 1 a S. 2 KWG, zur eigenständigen zivilrechtlichen Begriffsdefinition § 312 b Abs. 1 S. 2 BGB. Hierzu auch *Schmidt-*

gelt. [65] Als Oberbegriff verstanden, umfasst das Finanzdienstleistungsrecht neben dem Kapitalmarktrecht auch das Bank- und Versicherungsrecht.

1. Verwendung im europäischen Finanzdienstleistungsrecht

2. Verbraucherbegriff im Richtlinienrecht

Der Verbraucherbegriff findet sich in zahlreichen europäischen Richtlinien mit Bezug zum Finanzdienstleistungsrecht. Zu nennen ist zuvorderst die FinFA-RiL 2002/65/EG, die sich explizit an Verbraucher richtet.[66]

Die MiFID I nimmt auf den Verbraucherbegriff insoweit Bezug, als sie den Mitgliedsstaaten aufträgt, außergerichtliche Beschwerdeverfahren für Verbraucher einzurichten[67] bzw. Verbandsrechte zur Einlegung von Rechtsbehelfen im Interesse der Verbraucher vorzusehen[68]. Alleiniger Schutzadressat der MiFID I-Wohlverhaltensregeln bleibt jedoch der Anleger.[69]

Gleiches gilt für die MiFID I-DRL 2006/73/EG, die sich in ihren Erwägungsgründen auf den „Verbraucherschutz" bezieht, soweit mitgliedsstaatliche Vorschriften über den Regelungsgehalt der Richtlinie hinausgehen und nach deren Umsetzung beibehalten werden sollen.[70] Materiell-rechtlich wird aber deutlich zwischen Anlegern und Verbrauchern differenziert. Nach Maßgabe der MiFID I-DRL 2006/73/EG müssen vor Vertragsschluss weitergehende Informationen zur Verfügung gestellt werden, wenn der Vertrag auf Verlangen eines Kleinanlegers unter Verwendung eines Fernkommunikationsmittels abgeschlossen wird.[71] Grundsätzlich gilt für den Fernabsatz von Finanzdienstleistungen aber die FinFA-

Räntsch, in: Beck. Komm. z. BGB, Edit. 27 (Stand: 1.11.2011), § 312 b BGB Rdn. 22.

65 *Micklitz*, in: Münch. Komm. z. BGB, 6. Aufl. 2012, Vorbem. zu §§ 13, 14 BGB Rdn. 94.

66 So bereits der amtliche Titel; siehe auch Art. 1 Abs. 1 FinFA-RiL 2002/65/EG.

67 Art. 53 Abs. 1 MiFID I.

68 Art. 52 Abs. 2 MiFID I. Vergleichbare Regelungen finden sich auch in Artt. 100, 107 Abs. 3 OGAW IV-RiL 2009/65/EG.

69 Vgl. Artt. 19 ff. MiFID I.

70 Erwägungsgrund 10 MiFID I-DRiL.

71 Art. 29 Abs. 1, 2 MiFID I-DRiL.

RiL 2002/65/EG. Um eine Überlagerung der Regelungsregime zu vermeiden, ordnet die MiFID I-DRL 2006/73/EG die entsprechende Anwendung der Fernabsatz-Informationspflichten an.[72] Hierdurch vermied der Gesetzgeber die formelle Gleichsetzung von Anleger- und Verbraucherbegriff, auf den die FinFA-RiL 2002/65/EG Bezug nimmt.

Die MiFID II identifiziert erstmals Verbraucher und Anleger als selbständige Schutzadressaten, indem sie deutlich zwischen „Anlegern" und „Verbrauchern" differenziert.[73]

3. Verwendung im nationalen Finanzdienstleistungsrecht

a) Verbraucherbegriff im WpHG

Entgegen anders lautender Behauptung[74] ist der Verbraucherbegriff im WpHG nicht gänzlich unbekannt: Bis zur Aufhebung durch das FRUG im Jahr 2007[75] knüpften die Informationspflichten bei Finanztermingeschäften explizit an die Verbrauchereigenschaft des Anlegers an (§ 37 d Abs. 1 S. 1 WpHG a.F). [76] Während sich die Regierungsbegründung nicht zur Verwendung des Verbraucherbegriffs äußerte,[77] lassen sich Anhaltspunkte in den weiteren Gesetzesmaterialien finden: Der Bericht des Finanzausschusses, der der Regierungsbegründung vorausgegangen war, nimmt auf die Begriffsdefinition von Art. 29 Abs. 1 EGBGB a.F. Bezug.[78] Die Begründung der Begriffsverwendung mit der „weiteren Deregulierung sowie der Stärkung des Verbraucherschutzes" [79] fällt indes sehr pauschal aus.

---

72 Vgl. Art. 29 Abs. 5 lit. b) MiFID I-DRiL.

73 Vgl. Erwägungsgrund 156 MiFID II hinsichtlich der Gewährleistung bestimmter technischer Standards bei Finanzdienstleistungen.

74 *Micklitz*, in: Münch. Komm. z. BGB, 6. Aufl. 2012, § 13 BGB Rdn. 68.

75 Aufgehoben durch Art. 1 Nr. 30 FRUG.

76 § 37 d Abs. 1 S. 1 WpHG a.F war erst im Jahr 2002 in das WpHG eingefügt worden, vgl. Art. 2 Nr. 24 4. FFG.

77 Vgl. Begr RegE v. 18.1.2002 z. 4. FFG, BT-Ds. 14/8017, S. 94 f. Siehe *Buck-Heeb*, ZHR 176 (2012), 66, 75.

78 Art. 29 Abs. 1 EGBGB a.F. definierte Verbraucherverträge wie folgt: Verträge „über die Lieferung beweglicher Sachen oder die Erbringung von Dienstleistungen zu einem Zweck, der nicht der beruflichen oder gewerblichen Tätigkeit des Berechtigten (Verbrauchers) zugerechnet werden kann".

79 Bericht des Finanzausschusses v. 21.3.2002 z. 4. FFG, BT-Ds. 14/8601, S. 20.

b) Verbraucherbegriff im KAGB

Bereits das aufgehobene InvG bezog sich mit den Vorschriften über Beschwerde- und Schlichtungsverfahren (§ 143 c Abs. 3 InvG a.F.) auf den Verbraucherbegriff.[80] Dementsprechend findet der Verbraucherbegriff auch in der KAGB-Nachfolgevorschrift Verwendung.[81] Zudem schließt das KAGB das Widerrufsrecht bei Haustürgeschäften aus, wenn der Verkäufer nachweist, dass der Käufer kein Verbraucher i.S.d. § 13 BGB ist.[82]

c) Verbraucherbegriff im VVG

Vertragsparteien des Versicherungsvertrags sind Versicherer und Versicherungsnehmer (§ 1 VVG). Versicherungsnehmer kann jede natürliche oder juristische Person bzw. Personengesellschaft sein.[83] Dem Versicherungsvertragsrecht ist eine dem WpHG oder KAGB vergleichbare Kundenkategorisierung fremd. Der Verbraucherbegriff findet nur auf der Ebene des nachgeordneten Verordnungsrechts (VVG-InfoV) Verwendung.[84]

Dies ist insoweit bemerkenswert, als das zentrale Motiv der Neufassung des VVG im Jahr 2007[85]die Verbesserung des Verbraucherschutzes im Versicherungsvertragsrecht war.[86] Mangels Bezugnahme auf den Verbraucherbegriff wird der intendierte Verbraucherschutz auch auf diejenigen Versicherungsnehmer ausgeweitet wird, die per definitionem Unternehmer i.S.d. § 14 BGB sind.[87]

80 Begr RegE v. 24.1.2011 z. OGAW-IV-UmsG, BT-Ds. 17/4510, S. 87. Auch der hiermit u.a. umgesetzte Art. 100 OGAW IV-RiL verwendet den Verbraucherbegriff.

81 § 342 Abs. 3 KAGB.

82 § 305 Abs. 3 Nr. 1 KAGB.

83 *Looschelders*, in: Münch. Komm. z. VVG, 2010, § 1 VVG Rdn. 91.

84 § 4 Abs. 1 VVG-InfoV. Siehe auch die amtliche Begründung zur VVG-Informationspflichtenverordnung v. 19.12.2007, BAnz. 2008, S. 98 ff. (zu § 4 VVG-InfoV); *Armbrüster*, in: Münch. Komm. z. VVG, 2010, § 4 VVG-InfoV Rdn. 4.

85 VVG-ReformG v. 23.11.2007, BGBl. I Nr. 59 v. 29.11.2007, S. 2631.

86 Bereits an prominenter Stelle im Titel: BMJ, Pressemitteilung v. 9.6.2006, Neues Versicherungsvertragsrecht: Mehr Verbraucherschutz für Versicherte. Weitere Nachweise bei *Lorenz*, in: Münch. Komm. z. VVG, 2010, Rdn. 27.

87 *Lorenz*, in: Münch. Komm. z. VVG, 2010, Rdn. 27.

IV. Disponibilität der gesetzlichen Einstufung

1. Disposition über WpHG-Kundeneinstufung

Um vom Status des WpHG-Privatkunden zum professionellen Kunden hochgestuft zu werden, muss ein formelles Hochstufungsverfahren (§ 31 a Abs. 7 WpHG) durchlaufen oder eine privatautonome Hochstufungsvereinbarung getroffen werden.

a) Formelles Hochstufungsverfahren

Die Kriterien für die Hochstufung vom Privatkunden zum professionellen Kunden entsprechen im Wesentlichen den Voraussetzungen, die gesetzlich an qualifizierte Anleger gestellt werden.[88] Demnach sind mindestens zwei der folgenden drei Voraussetzungen zu erfüllen:[89] durchschnittlich zehn Geschäfte „von erheblichem Umfang"[90] pro Quartal im Jahreszeitraum[91], die mindestens einjährige Ausübung eines „Berufs am Kapitalmarkt"[92] oder ein Bankguthaben bzw. Wertpapierdepot i.H.v. mindestens 500.000 Euro.[93]

Auch wenn diese Voraussetzungen erfüllt sind, ist die Hochstufung kein Automatismus. Der Wertpapierdienstleister muss stets überprüfen, ob der Kunde konkret dazu in der Lage ist, generell oder zumindest für eine bestimmte Art von Geschäften die Tragweite seiner Anlageentscheidung und deren Risiken zu überschauen.[94] Die Voraussetzungen sind objektiv zu überprüfen, ein subjektiver Bewertungsspielraum steht der Wertpapier-

88 Siehe S. 117.

89 Vgl. § 31 a Abs. 7 S. 3 Nr. 1-3 WpHG.

90 Das Gesetz konkretisiert nicht, was unter „erheblichem Umfang" zu verstehen ist. Im Schrifttum wird vorgeschlagen, dass die Geschäfte mindestens 2,5% bis 3% des Mindestdepotbestandes nach § 31 a Abs. 7 S. 3 Nr. 2 WpHG ausmachen müssen, vgl. *Koch*, in: Schwark/Zimmer (Hrsg.), KMRK, 4. Aufl. 2010, § 31 a WpHG Rdn. 47; einen Wert von 3 % nennen *Spindler/Kasten*, WM 2006, 1797, 1798; *Sindelar*, ÖBA 2007, 206, 209 f. nennt 2,5%.

91 § 31 a Abs. 7 S. 3 Nr. 1 WpHG.

92 § 31 a Abs. 7 S. 3 Nr. 3 WpHG.

93 § 31 a Abs. 7 S. 3 Nr. 2 WpHG. Zu den Voraussetzungen im Einzelnen *Koch*, in: Schwark/Zimmer (Hrsg.), KMRK, 4. Aufl. 2010, § 31 a WpHG Rdn. 45.

94 Vgl. § 31 a Abs. 7 S. 2 WpHG.

firma nicht zu.[95] In den wenigsten Fällen wird sich die „Professionalität" des Kunden auf alle Arten von Finanzinstrumenten beziehen.[96] Anders als bei der Herabstufung (§ 31 a Abs. 6 S. 3 WpHG) besteht *keine* Regelvermutung, dass sich die Hochstufung auf alle Geschäfte beziehen soll.[97]

Das Hochstufungsverfahren kann sowohl auf Antrag des Kunden[98] als auch durch den Wertpapierdienstleister eingeleitet werden (§ 31 a Abs. 7 S. 1 WpHG). Hierzu muss der Kunde schriftlich informiert werden, welche Schutzstandards er infolge der Hochstufung verliert.[99] Wirksam ist die Hochstufung nur, wenn der Kunde sein schriftliches Einverständnis[100] erklärt hat (§ 31 a Abs. 7 S. 5 WpHG).

b) Privatautonome Hochstufungsvereinbarung

Alternativ zum formellen Hochstufungsverfahren kann die Kundeneinstufung auch durch eine privatautonome Hochstufungsvereinbarung zwischen Wertpapierdienstleister und Kunde geändert werden. Diese bedarf zwingend der Schriftform (§§ 126,126 a BGB)[101], anderenfalls ist sie nichtig.[102]

2. Disposition über die KAGB-Anlegereinstufung

Das KAGB gestattet die Hochstufung unter folgenden Voraussetzungen: Neben der Aufbringung der Mindestanlagesumme von 200.000 Euro muss der Anleger schriftlich in einem vom Anteilskaufvertrag getrennten Doku-

---

95 Siehe *Fuchs,* in: Fuchs (Hrsg.), WpHG, 2009, § 31 a WpHG Rdn. 35; *Koch*, in: Schwark/Zimmer (Hrsg.), KMRK, 4. Aufl. 2010, § 31 a WpHG Rdn. 47.

96 *Koller*, in: Assmann/Schneider (Hrsg.), WpHG, 6. Aufl. 2012, § 31 a WpHG Rdn. 17.

97 *Ekkenga*, in: Münch. Komm. z. HGB, 2. Aufl. 2009, Effektengeschäft Rdn. 137.

98 Mindestens in Textform, § 2 Abs. 2 S. 1 Nr. 1 WpDVerOV.

99 § 31 a Abs. 7 S. 4 WpHG i.V.m. § 2 Abs. 2 S. 1 Nr. 2 WpDVerOV.

100 Siehe auch § 2 Abs. 2 S. 1 Nr. 3, Abs. 2 S. 2 WpDVerOV. Hierzu *Koch*, in: Schwark/Zimmer (Hrsg.), KMRK, 4. Aufl. 2010, § 31 a WpHG Rdn. 51 f.

101 *Koch*, in: Schwark/Zimmer (Hrsg.), KMRK, 4. Aufl. 2010, § 31 a WpHG Rdn. 130, 138.

102 Gemäß § 125 BGB, siehe *Koch*, in: Schwark/Zimmer (Hrsg.), KMRK, 4. Aufl. 2010, § 31 a WpHG Rdn. 130.

ment bestätigen, dass „er sich der Risiken im Zusammenhang mit der beabsichtigten Verpflichtung oder Investition bewusst ist“[103]. Im nächsten Schritt hat die Fondsgesellschaft „Sachverstand, Erfahrungen und Kenntnisse“ des Anlegers zu prüfen.[104] Sie muss sich „hinreichend“ davon überzeugen, dass der Anleger in der Lage ist, Anlageentscheidungen selbstständig zu treffen, die damit einhergehenden Risiken nachzuvollziehen und dass die geplante Anlage für den konkreten Anleger angemessen ist.[105] Zuletzt hat die Fondsgesellschaft dem Anleger schriftlich zu bestätigen, dass seine Sachkenntnis ür die geplante Investition ausreicht.[106]

3. Disposition über die bürgerlich-rechtliche Verbrauchereinstufung

Die Einstufung als Verbraucher unterliegt nicht der Parteidisposition.[107] Die Abbdingbarkeit würde die Funktion von § 13 BGB als Anknüpfungsnorm des Verbraucherschutzrechts aufgeoben.

Der zwingende Charakter der Verbrauchereinstufung kommt dadurch zum Ausdruck, dass nach Maßgabe von § 312 i BGB von den Vorschriften der §§ 312-312 g BGB für besondere Vertriebsformen (insbesondere Haustür- und Fernabsatzgeschäfte) nicht zu Lasten des Verbrauchers abgewichen werden darf (§ 312 i S. 1 BGB). Gleichermaßen unzulässig sind Umgehungsgestaltungen (§ 312 i S. 2 BGB). Der Anwendungsbereich von § 312 i BGB umfasst dabei nicht nur die Normen, die zur Umsetzung der Fernabsatz-RiL 97/7/EG statuiert wurden, sondern über die §§ 312-312 g BGB hinaus sämtliche Vorschriften, die bereits zuvor einen den Richtlinienvorgaben entsprechenden Schutz gewährten.[108]

---

103 § 1 Art. 19 Nr. 33 lit. a) bb) KAGB.

104 § 1 Art. 19 Nr. 33 lit. a) cc) KAGB.

105 § 1 Art. 19 Nr. 33 lit. a) dd) KAGB.

106 (§ 1 Art. 19 Nr. 33 lit. a) ee) KAGB. Die vorgenannten Voraussetzungen gelten nicht für die Einstufung von Geschäftsleitern, Risikoträgern und weiterer Personen (§ 37 Abs. 1 KAGB) der Fondsgesellschaft, die bereits durch den Erwerb von Anteilen des verwalteten Fonds als semi-professionelle Anleger eingestuft werden, vgl. § 1 Abs. 19 Nr. 33 lit. b) KAGB.

107 *Micklitz*, in: Münch. Komm. z. BGB, 6. Aufl. 2012, § 13 BGB Rdn. 33; zur Frage der Abdingbarkeit des Widerrufsrechts bereits *Fuchs*, AcP 196 (1996), 313, 352 ff. **A.A.** tendenziell EuGH, Urt. v. 20.1.2005, Rs. C 464/01 Tz. 53 – *BayWa AG*, wonach ein (konkludenter) Verzicht möglich sein soll.

108 Vgl. Art. 12 Abs. 1 Fernabsatz-RiL 97/7/EG. Hierzu zählen neben den §§ 241 a, 355-359 BGB, Art. 46 b EGBGB auch die ergänzenden Regelungen ge-

Für WpHG-Privatkunden, die sich zum professionellen Kunden hochstufen lassen, muss der Wertpapierdienstleister weiterhin verbraucherschutzrechtliche Vorgaben wie die Fernabsatz-Informationspflichten gemäß § 312 c BGB erfüllen. Aufsichtrechtlich werden aber infolge der Hochstufung nurmehr Informationen in reduziertem Umfang geschuldet.[109] Die mit der Kundenklassifizierung verfolgte Zielsetzung, das geschuldete Pflichtenprogramm von der Schutzbedürftigkeit des Kunden abhängig zu machen[110] und den Aufsichtsbehörden durch Standardisierung und Typisierung des Pflichtenkanons die Überwachung zu erleichtern,[111] wird hierdurch konterkariert.

Umstritten ist, wie mit Fällen umzugehen ist, in denen die „Unternehmer-Vertragspartei" bei Vertragsschluss weder positiv wusste noch hätte wissen können, dass der Vertragspartner als Verbraucher handelt. Nach einer Ansicht soll sich die Verbrauchereigenschaft aus Sicht des objektiven Empfängerhorizonts des Unternehmers bestimmen.[112] Mit anderer Auffassung ist dagegen auf den Zweck abzustellen, den die potentielle „Verbraucher-Vertragspartei" verfolgt.[113] Für diese Sichtweise spricht, dass die Schutzwürdigkeit des Verbrauchers nicht von den Erkenntnismöglichkeiten des Unternehmers abhängig sein darf.[114]

C. Privatanleger-Begriff dieser Untersuchung

Unter den Privatanleger-Begriff dieser Untersuchung fallen die typischen Erwerber von Kapitalmarktinvestmentprodukten. Die zugrunde liegende Definition ist weiter gefasst als die des Terminus technicus „Privatanle-

---

mäß §§ 346 ff., 823, 1004 BGB und § 3 UWG, vgl. *Wendehorst*, in: Münch. Komm. z. BGB, 6. Aufl. 2012, § 312 i BGB Rdn. 5, 7.

109 Vgl. bspw. § 31 Abs. 9 S. 2 WpHG.

110 Vgl. Begr RegE v. 12.1.2007 z. FRUG, BT-Ds. 16/4028, S. 38.

111 *Clouth/Seyfried*, in: Ellenberger/Schäfer/Clouth (Hrsg.), Wertpapier- und Derivategeschäft, 4. Aufl. 2011, Rdn. 66.

112 *Herresthal*, JZ 2006, 695, 697 f.; so i.E. auch *K. Schmidt*, JuS 2006, 1, 8.

113 *Kannowski*, in: Staudinger, BGB, Neubearb. 2013, § 13 BGB Rdn. 42; *Micklitz*, in: Münch. Komm. z. BGB, 6. Aufl. 2012, § 13 BGB Rdn. 35. Zur Positionierung der EuGH- und BGH-Rechtsprechung siehe *Micklitz*, in: Münch. Komm. z. BGB, 6. Aufl. 2012, § 13 BGB Rdn. 34 f.

114 *Kannowski*, in: Staudinger, BGB, Neubearb. 2013, § 13 BGB Rdn. 42.

ger" i.S.d. § 1 Abs. 19 Nr. 32 KAGB, denn der horizontale Regulierungsansatz der PRIP-Initiative beschränkt sich nicht auf Investmentvermögen.

Begriffs- bzw. „Bedeutungskern"[115] ist die auf den ersten Blick heterogen erscheinende Gruppe natürlicher Personen, die Kapitalmarktinvestmentprodukte zu Zwecken erwerben, die nicht ihrer gewerblichen bzw. selbständigen beruflichen Tätigkeit dienen, sondern zur privaten Vermögensvorsorge.[116] Anhand dieser gemeinsamen Schnittmenge lassen sich die Privatanleger trennscharf von den gesetzlichen Kategorien („professionelle Anleger", „professionelle Kunden", „geeignete Gegenparteien", „andere Anleger", „institutionelle Anleger", „qualifizierte Anleger" und „semi-professionelle Anleger") abgrenzen.

Die hierdurch umrissene Personengruppe erfüllt zugleich die Anforderungen des bürgerlich-rechtlichen Verbraucherbegriffs.

D. Fazit

Nicht jede natürliche Person ist zwangsläufig Privatanleger bzw. Privatkunde; besonders wohlhabende Privatpersonen können unter die für professionelle Marktteilnehmer vorgesehenen Begrifflichkeiten subsumiert werden.

Mit „Anleger" und „Kunde" verwenden europäischer und nationaler Gesetzgeber unterschiedliche Bezeichnungen. Inhaltlich stimmen diese jedoch überein. Anleger- und Kundenbegriff werden daher im Zuge der weiteren Untersuchung synonym verwendet, soweit sich nicht anderes aus dem konkreten Gesetzeskontext ergibt.

Der horizontale Regulierungsansatz der PRIP-Initiative macht sich auch terminologisch bemerkbar: „Kleinanleger" sind nach der PRIP-Definition nicht nur Privatkunden und Privatanleger sondern auch Versicherungsnehmer. Diese Begriffspluralität verdeutlicht die Trichotomie der Rechtsquellen, aus denen sich das Regelungsregime für Kapitalmarktinvestmentprodukte speist.

Die Verwendung des Verbraucherbegriffs ist ein Indiz für die (nicht nur) terminologische Annäherung von Anleger- und Verbraucherschutzrecht. Der Hauptunterschied von § 13 BGB zu den Anleger- und Kunden-

---

115 Erstmals *Heck*, AcP 112 (1914), 1, 173.

116 Allgemein bereits *Kümpel*, WM 2005, 1.

begriffen liegt darin, dass die Verbrauchereinstufung nicht disponibel ist. Insofern können die Anleger- und Kundenbegriffe nicht schlichtweg durch den Verbraucherbegriff ersetzt werden.[117]

§ 4 Zivilrechtliche Grundlagen

Der Geldanlage in Kapitalmarktinvestmentprodukte basiert stets auf zivilrechtlichen Verträgen zwischen Wertpapierdienstleister und Kunde: Entweder erwirbt der Anleger das Produkt direkt vom Wertpapierdienstleister als Verkäufer („Direkterwerb“) oder der Produkterwerb vollzieht sich mittelbar, indem der Wertpapierdienstleister als „Mittler“ zwischen Anleger und eigentlichem Verkäufer agiert („mittelbarer Erwerb“). Hinzu kommen Verträge, die Anleger im Vorfeld der eigentlichen Anlagegeschäfte abschließen.

Individueller Privatanlegerschutz ist damit vor allem eine Aufgabe des Vertragsrechts. Dem Vertragsrecht liegen verschiedene Vertragstypen zugrunde. Soweit sich zivilrechtliche Verträge den vom WpHG definierten Geschäftsarten zuordnen lassen, ist zugleich der Anwendungsbereich des Aufsichtsrechts eröffnet. Aufsichts- und Zivilrecht kommen sodann nebeneinander zur Anwendung.

Es wurde bereits festgestellt, dass der Verbraucherbegriff auf die Privatanlegerschaft Anwendung findet. Aufgrund der Anknüpfung an § 13 BGB tritt in bestimmten Vertragsabschlusskonstellationen als weitere Rechtsquelle das Verbrauchervertragsrecht hinzu.

Diese unterschiedlichen Rechtsquellen sind im Nachfolgenden systematisierend zu ordnen. Eine Einführung in die Vertragstypologie sowie eine Darstellung des WpHG-Wertpapierdienstleistungsbegriffs sollen die nötigen Grundlage schaffen.

---

117 So aber *Micklitz*, in: Münch. Komm. z. BGB, 6. Aufl. 2012, Vor §§ 13, 14 BGB Rdn. 94.

A. Grundlagen

I. Einführung in die Vertragstypologie

Erste Ansätze für eine typologische Unterscheidung zivilrechtlicher Verträge finden sich bei *Rudolf v. Jhering*, der neben den Grundformen der „societas" (Gesellschaftsvertrag) und dem „Tauschcontract" noch eine dritte Form identifizierte, nämlich den Vertrag der „Selbstverleugnung", bei dem ein fremdes Interesse auf Kosten des eigenen Interesses gewollt wird.[1]

Die auch heute noch Gültigkeit besitzende Vertragstypologie beruht vor allem auf den Forschungsbeiträgen *Franz Beyerles*, der Verträge in eine „Dreizahl wesentlichster Typen persönlicher Verkettung" unterteilte.[2] Als Grundformen nannte er den auf Austausch und „gegenläufig-eigennützige Belangwahrung" gerichteten gegenseitigen Vertrag, die Gesamthand zur „gleichläufig-eigennützigen Belangwahrung" sowie die auf „vertretungsweise-uneigennützige Belangwahrung" gerichtete Treuhand.[3] Hierauf aufbauend unterschied *Hans Würdinger* als „Grundtatbestände des Rechtsverkehrs" Verträge mit Interessengegensatz, die vertragliche Interessengemeinschaft und die Interessenwahrung.[4]

Anhand der zugrunde liegenden Interessenausrichtung der Vertragsparteien lassen sich zivilrechtliche Verträge daher den Vertragstypen Austauschvertrag, Kooperationsvertrag und Interessenwahrungsvertrag zuordnen.[5]

1. Kooperationsverträge

Innerhalb eines Kooperationsvertrags sind die Interessen der Vertragsparteien gleichgerichtet.

---

1 *V. Jhering*, Der Zweck im Recht, 3. Aufl. 1893, S. 124.

2 *Beyerle*, Treuhand, 1932, S. 16 f.

3 *Beyerle*, Treuhand, 1932, S. 17 ff.; vgl. *Löhnig*, Treuhand, 2006, S. 108.

4 *Würdinger*, Gesellschaften, Bd. I, 1937, S. 9 ff.

5 Zur Terminologie *Fleischer*, Informationsasymmetrie im Vetragsrecht, 2001, S. 574; ausführlich *Martinek*, in: Staudinger, Neubearb. 2006, Vor §§ 662 ff. BGB Rdn. 23 ff., 28 ff.

Paradigmatisch für den Typ des Kooperationsvertrags sind Gesellschaftsverträge; die Interessengleichrichtung bringt insbesondere das bürgerlich-rechtliche Grundmodell der Personengesellschaftsverträge (§ 705 BGB) zum Ausdruck: „Durch den Gesellschaftsvertrag verpflichten sich die Gesellschafter gegenseitig, die Erreichung eines *gemeinsamen Zweckes*... zu fördern... “.[6]

Die Geldanlage in Kapitalmarktinvestmentprodukte lässt sich nicht dem Vertragstyp Kooperationsvertrag zuordnen, da sich Wertpapierdienstleister und Anleger nicht mit dem Ziel einer gemeinsamen Zweckverfolgung vertraglich aneinander binden.

2. Austauschverträge

Im Vertragstyp Austauschvertrag ist der Leistungsaustausch der Vertragsparteien vertragliche Hauptpflicht.[7]

Charakteristisch für Austauschverträge wie Kauf, Miete und Tausch ist, dass jeder Vertragspartner *do ut des* einen eigenen Vorteil gegen einen dem anderen gewährten Vorteil begehrt.[8] Die Interessen der Vertragsparteien sind damit in aller Regel gegenläufig: „Im Tauschcontract will der Wille das eigene Interesse auf Kosten des fremden (Egoismus)“[9].

3. Interessenwahrungsverträge

a) Grundkonzeption

Charakteristisch für Interessenwahrungsverträge ist, dass eine Vertragspartei ihre Interessen den fremden Interessen der anderen Vertragspartei unterordnet (auch als „Subordination“ bezeichnet[10]).

---

6 Hervorh. d.d. Verf.

7 *Martinek*, in: Staudinger, Neubearb. 2006, Vor §§ 662 ff. BGB Rdn. 28.

8 So *Martinek*, in: Staudinger, Neubearb. 2006, Vor §§ 662 ff. BGB Rdn. 24; ebenso bereits *Hopt*, Kapitalanlegerschutz im Recht der Banken, 1975, S. 246 ff.

9 *V. Jhering*, Der Zweck im Recht, 3. Aufl. 1893, S. 124.

10 *Martinek*, in: Oetker (Hrsg.), Komm. z. HGB, 3. Aufl. 2013, § 384 HGB Rdn. 16; *Leisch*, Informationspflichten nach § 31 WpHG, 2004, S. 114.

Anders als bei Austauschverträgen steht somit nicht der eigennützige Leistungsaustausch der Vertragsparteien im Zentrum der vertraglichen Pflichten. Vielmehr verpflichtet sich eine Vertragspartei dazu, die Interessen der anderen Vertragspartei so wahrzunehmen, als ob es ihre eigenen Interessen i.S.e. *tua res a mea quasi mea agitur* wären.[11]

Die Vereinbarung eines Entgelts ändert nichts an der „interessenstrukturtypologischen Qualifikation" als Subordinations- bzw. Interessenwahrungsvertrag.[12] Von Austauschverträgen unterscheiden sich Interessenwahrungsverträge dadurch, dass die sich unterordnende Vertragspartei eigene Interessen nur mittelbar verfolgt, indem sie zunächst die Interessen der übergeordneten Vertragspartei erfüllt.[13] Aus rechtsökonomischer Sicht handelt die mit der Interessenwahrnehmung beauftragte Vertragspartei als „Agent", der Auftraggeber ist „Prinzipal". Die Inanspruchnahme des Agenten eröffnet dem Prinzipal im Idealfall die Möglichkeit, die bessere Sachkenntnis und Informationsmöglichkeiten des Agenten in Anspruch zu nehmen.[14]

Prinzipal-Agenten-Beziehungen bergen stets das Risiko, dass sich der Agent dazu verleiten lässt, statt der Interessen des Prinzipals vorrangig seine eigenen Interessen zu verfolgen. Um dieses „typusprägende" Kontrolldefizit auszugleichen, muss der Agent dazu verpflichtet werden, den Weisungen des Prinzipals zu folgen, eigene Belange hinter den Prinzipalinteressen zurückzustellen und dem Prinzipal Auskunft über die verrichtete Tätigkeit zu erteilen.[15] Im Falle der strukturellen Unterlegenheit des Prinzipals kommen aus rechtsökonomischer Sicht zur „Ergänzung der eingeschränkten Ordnungsleistungen des Marktes" vertragliche Verhaltenspflichten sowie aufsichtsrechtliche Leistungs- und Preiskontrollen in Betracht.[16]

---

11 *Beyerle*, Treuhand, 1932, S. 19; *Löhnig*, Treuhand, 2006, S. 116.; *Martinek*, in: Staudinger, Neubearb. 2006, Vor §§ 662 ff. BGB Rdn. 28.

12 *Martinek*, in: Staudinger, Neubearb. 2006, Vor §§ 662 ff. BGB Rdn. 28.

13 *Martinek*, in: Staudinger, Neubearb. 2006, Vor §§ 662 ff. BGB Rdn. 30.

14 Vgl. *Leisch*, Informationspflichten nach § 31 WpHG, 2004, S. 114. *Larenz/Wolf*, BGB AT, 9. Aufl. 2004, § 51 II.

15 *Leisch*, Informationspflichten nach § 31 WpHG, 2004, S. 115; *Martinek*, in: Staudinger, Neubearb. 2006, Vor §§ 662 ff. BGB Rdn. 26, 29.

16 *Martinek*, in: Staudinger, Neubearb. 2006, Vor §§ 662 ff. BGB Rdn. 31.

b) Zivilrechtliche Interessenwahrungsverträge

aa) Entgeltliche Geschäftsbesorgung (§ 675 BGB)

Grundform aller zivilrechtlichen Interessenwahrungsverträge ist die von § 675 BGB geregelte entgeltliche Geschäftsbesorgung,[17] die die vertragstypenprägenden Elemente „Interessenwahrung" und „Entgeltlichkeit" vereint. Die Entgeltlichkeit verleiht dem Geschäftsbesorgungsvertrag austauschvertraglichen Charakter, die Interessenverkettung der Vertragsparteien unterscheidet ihn gleichwohl vom Austauschvertrag: Bei Austauschverträgen stehen sich die Interessen beider Parteien gegenüber, bei der Geschäftsbesorgung wird demgegenüber nur das Interesse *eines* Vertragspartners Vertragsgegenstand.[18] Lediglich beim Aushandeln des Entgelts darf jede Partei isoliert ihre eigenen Interessen wahrnehmen.[19]

(1) Einheits- und Trennungstheorie

§ 675 Abs. 1 BGB stellt Regelungen für Dienst- und Werkverträge auf, „die eine Geschäftsbesorgung zum Anlass haben". Damit stellt sich die Frage, wie sich die Geschäftsbesorgung zu Dienst- und Werkvertrag verhält:

Nach der Einheitstheorie entsprechen sich der Begriff der „Geschäftsbesorgung" von § 662 BGB als auftragsrechtlicher Grundnorm und der Geschäftsbesorgungsbegriff von § 675 BGB.[20] Geschäftsbesorgung i.S.v. § 662 BGB ist jede unentgeltliche, erlaubte Tätigkeit.[21] Die Einheitstheorie hat somit zur Folge, dass jeder Dienst- und Werkvertrag ein Geschäftsbesorgungsvertrag ist. Diese Sichtweise ist zwar der Vereinheitlichung der BGB-Terminologie zuträglich, stellt aber die Notwendigkeit der Normierung in § 675 Abs. 1 BGB in Frage.[22]

---

17 Vgl. *Martinek*, in: Staudinger, Neubearb. 2006, § 675 BGB Rdn. A 22.

18 *Martinek*, in: Staudinger, Neubearb. 2006, § 675 BGB Rdn. A 22.

19 So *Löhnig*, Treuhand, 2006, S. 136.

20 Z.B. *Isele*, Geschäftsbesorgung, 1935, S. 95 ff.; *Lenel*, AcP 129 (1929), 1, 8 ff.; *Nipperdey*, in: Staudinger, BGB, 11. Aufl. 1958, § 675 BGB Rdn. 2, 14 ff; *Seiler*, in: Münch. Komm. z. BGB, 6. Aufl. 2012, § 662 BGB Rdn. 9 ff., 14.

21 *Seiler*, in: Münch. Komm. z. BGB, 6. Aufl. 2012, § 662 BGB Rdn. 15.

22 Vgl. *Löhnig*, Treuhand, 2006, S. 138.

Vorzugswürdig ist nach h.M. die Trennungstheorie.[23] Dieser liegt die Annahme zugrunde, dass es im BGB keinen einheitlichen Begriff der Geschäftsbesorgung gibt. Für § 675 Abs. 1 BGB wird ein engeres Begriffsverständnis als für § 662 BGB zu gefordert. Für die Trennungstheorie sprechen der Wille des historischen Gesetzgebers sowie der Wortlaut und die Systematik des Gesetzes.[24]

Auch der BGH folgt der Trennungstheorie: Er erfasst unter dem Begriff „Geschäftsbesorgung“ jede „selbständige Tätigkeit wirtschaftlicher Art, für die ursprünglich der Geschäftsherr selbst zu sorgen hatte, die ihm aber durch einen anderen (den Geschäftsführer) abgenommen wird.“[25] Das Gericht lässt jedoch offen, wie die Kriterien „Tätigkeit“, „Selbständigkeit“, „wirtschaftlicher Charakter“ und „fremdes wirtschaftliches Interesse“ zu definieren sind.[26]

(2) Geschäftsbesorgungspflichten

Konsens besteht darin, dass der Geschäftsbesorger grundsätzlich dazu verpflichtet ist, „mit dem ihm anvertrauten Vermögen treu und gewissenhaft umzugehen“ und „im fremden Interesse fürsorglich tätig zu werden“.[27] Die weiteren Pflichten bestimmen sich nach Parteivereinbarung;[28] im Übrigen gelten die auftragsrechtlichen Loyalitäts- und Herausgabepflichten auch für die Geschäftsbesorgung.[29]

Die Loyalitätspflicht hat einen „personenbezogenen Einschlag“, der sich daraus ergibt, dass der Auftragnehmer bzw. Geschäftsbesorger fremdnützig tätig wird und damit in umfassenderer Weise die Interessen seines Vertragspartners zu wahren hat als etwa derjenige, der sich z.B. bei Kauf und Miete zu einer reinen Sachleistung verpflichtet.[30] Umfang und Inhalt

---

23 Siehe m.w.N. insbesondere *Martinek*, in: Staudinger, Neubearb. 2006, § 662 BGB Rdn. A 16.

24 Vgl. *Martinek*, in: Staudinger, Neubearb. 2006, Vor §§ 662 ff. Rdn. A 17 ff.

25 BGH, Urt. v. 25.4.1966 (Az. VII ZR 120/65), BGHZ 45, 223, 229.

26 Vgl. *Löhnig*, Treuhand, 2006, S. 139 f.

27 *Larenz*, Schuldrecht, Bd. II/1, 13. Aufl. 1986, § 56 I; vgl. *Martinek*, in: Staudinger, Neubearb. 2006, § 675 BGB Rdn. A 22.

28 *Heermann*, in: Münch. Komm. z. BGB, 6. Aufl. 2012, § 675 BGB Rdn. 14.

29 Für die Herausgabepflicht *Heermann*, in: Münch. Komm. z. BGB, 6. Aufl. 2012, § 675 BGB Rdn. 18.

30 So *Seiler*, in: Münch. Komm. z. BGB, 6. Aufl. 2012, § 662 BGB Rdn. 36.

der vom Geschäftsbesorger zu wahrenden Treue bestimmen sich nach dem Gegenstand und der Dauer der Geschäftsbesorgung sowie dem Vertrauen, das der Geschäftsherr dem Geschäftsbesorger entgegen bringt.[31] Die Herausgabepflicht (§ 667 BGB) verpflichtet den Geschäftsbesorger dazu, die aus der Geschäftsführung erlangten Vorteile an den Geschäftsherrn herauszugeben.[32]

bb) Kommissionsrechtliche Interessenwahrung (§ 384 BGB)

Für das besondere Geschäftsbesorgungsverhältnis der Kommission (§§ 383 ff. HGB) gelten Spezialvorschriften. Nur subsidiär kommen kraft Verweisung einzelne Vorschriften des Auftrags-, Dienst- und Werkvertragsrechts zur Anwendung.[33]

Bei der Kommission stehen sich die Vertragsparteien nicht als „Gegenspieler" gegenüber. Die Rolle des Kommissionärs wird daher auch als die eines „Vertrauensmanns"[34] bzw. „alter ego"[35] des Kommittenten beschrieben.[36] Der Kommissionär ist dazu verpflichtet, bei der Durchführung der Kommission stets den Interessen des Kommittenten Vorrang einzuräumen (§ 384 Abs. 1 Hs. 2 Fall 1 BGB). Dies gilt auch dann, wenn die Interessen des Kommittenten mit den Eigeninteressen des Kommissionärs konfligieren[37] oder aus Sicht des Kommissionärs die erteilte Weisung den Interessen des Kommittenten offensichtlich zuwider läuft[38].

In Anbetracht ihres eindeutigen Wortlauts bezieht sie die kommissionsrechtliche Interessenwahrungspflicht nur auf das „übernommene Geschäft", also das Ausführungsgeschäft.[39] Die §§ 384 Abs. 1 Hs. 2, 387 ff. HGB konkretisieren die kommissionsrechtliche Treuepflicht näher.[40]

---

31 *Seiler*, in: Münch. Komm. z. BGB, 6. Aufl. 2012, § 662 BGB Rdn. 37.

32 *Seiler*, in: Münch. Komm. z. BGB, 6. Aufl. 2012, § 667 BGB Rdn. 1.

33 *Heermann*, in: Münch. Komm. z. BGB, 6. Aufl. 2012, § 675 BGB Rdn. 14.

34 RG, Urt. v. 19.5.1926 (Az. I 309/25), RGZ 114, 9, 12.

35 *Koller*, in: FS Piper, 1996, S. 899, 909.

36 Siehe *Häuser*, in: Münch. Komm. z. HGB, 3. Aufl. 2013, § 384 HGB Rdn. 17.

37 BGH, Urt. v. 20.3.2003 (Az. I ZR 225/00), NJW-RR 2003, 1056, 1059; *Martinek*, in: Oetker (Hrsg.), Komm. z. HGB, 3. Aufl. 2013, § 384 HGB Rdn. 16.

38 *Häuser*, in: Münch. Komm. z. HGB, 3. Aufl. 2013, § 384 HGB Rdn. 17.

39 *Martinek*, in: Oetker (Hrsg.), Komm. z. HGB, 3. Aufl. 2013, § 384 HGB Rdn. 16.

40 *Martinek*, in: Oetker (Hrsg.), Komm. z. HGB, 3. Aufl. 2013, § 384 HGB Rdn. 16.

II. Wertpapierdienstleistungen

Die geschäftliche Tätigkeit der Wertpapierdienstleister (§ 2 Abs. 4 WpHG) wird aufsichtsrechtlich unter dem Oberbegriff der Wertpapier(neben)dienstleistungen zusammengefasst (§§ 2 Abs. 3, Abs. 3 a WpHG). Der Wertpapierdienstleistungs-Begriff ist für das WpHG von zentraler Bedeutung, fungiert er doch als „Bindeglied“[41] zwischen den Finanzinstrumenten (§ 2 Abs. 2 WpHG) als „Handelsgegenständen“ und den Wertpapierdienstleistern als „Marktakteuren“.[42]

Die einzelnen Wertpapierdienstleistungen listet ein enumerativer[43] Katalog auf (§ 2 Abs. 3 S. 1 WpHG). Soweit in diesem Kontext von „Anschaffung“ und „Veräußerung“ die Rede ist[44], sind hierunter alle Rechtsgeschäfte zu verstehen, die auf den entgeltlichen „Erwerb“ von Finanzinstrumenten gerichtet sind, wobei es sich nicht zwingend um sachenrechtlichen Eigentumserwerb handeln muss.[45] Die börsliche oder außerbörsliche Abwicklung des Erwerbsgeschäfts ist unerheblich.[46]

B. Anlagevertragsrecht und aufsichtsrechtliche Qualifizierung

I. Anlageverträge

Es ist zwischen den (allgemeinen) Vertragsmodellen des bürgerlichen Rechts und dem spezialgesetzlichen Versicherungsvertrag zu unterscheiden. Anlagegeschäfte können vertragsrechtlich als Zwei- und Dreipersonenverhältnisse ausgestaltet sein. Nicht für jede Konstellation ist der Anwendungsbereich des Aufsichtsrechts eröffnet.

---

41 *Kumpan*, in: Schwark/Zimmer (Hrsg.), KMRK, 4. Aufl. 2010, § 2 WpHG Rdn. 61.

42 *Fuchs*, in: Fuchs (Hrsg.), WpHG, 2009, § 2 WpHG Rdn. 71.

43 Vgl. *Versteegen*, in: Köln. Komm. z. WpHG, 2. Aufl. 2014, § 2 WpHG Rdn. 142.

44 Vgl. § 2 Abs. 3 S. 1 Nr. 1-4 und S. 2 WpHG.

45 *Kumpan*, in: Schwark/Zimmer (Hrsg.), KMRK, 4. Aufl. 2010, § 2 WpHG Rdn. 62; *Versteegen*, in: Köln. Komm. z. WpHG, 2. Aufl. 2014, § 2 WpHG Rdn. 151: auch Wertpapierleihe.

46 *Versteegen*, in: Köln. Komm. z. WpHG, 2. Aufl. 2014, § 2 WpHG Rdn. 151.

Abbildung 4.1: Anlagevertragsrecht

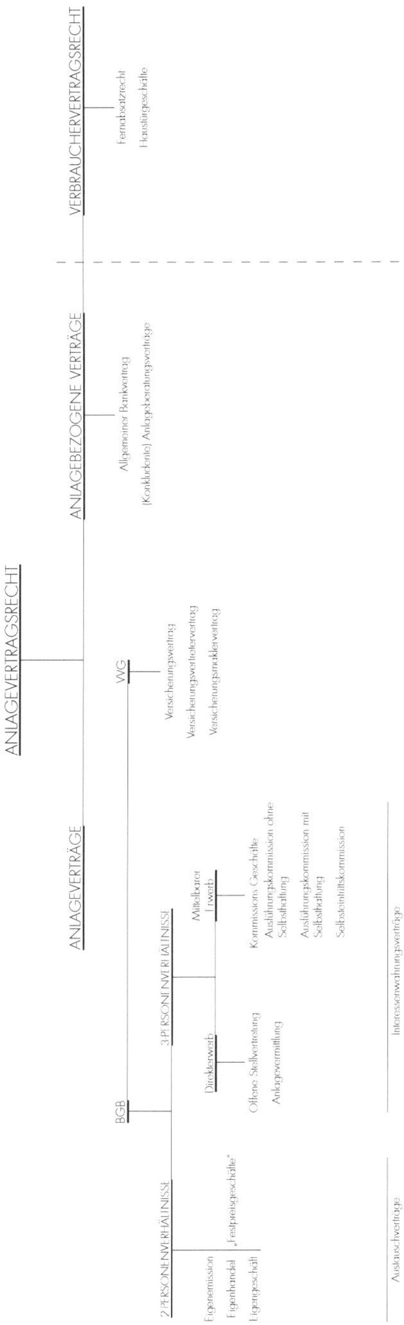

1. Bürgerlich-rechtliche Vertragsmodelle

a) Zweipersonenverhältnisse

Vollzieht sich ein Anlagegeschäft im Zweipersonenverhältnis, handelt der Wertpapierdienstleister im eigenen Namen und auf eigene Rechnung, er tritt dem Anleger gegenüber als Produktverkäufer auf. Die als Zweipersonenverhältnisse ausgestalteten Erwerbsgeschäfte lassen sich überwiegend dem Typus „Austauschvertrag" zuordnen.

Der Direkterwerb im Zweipersonenverhältnis wird auch als „Festpreisgeschäft" bezeichnet, da zwischen dem Wertpapierdienstleister als Verkäufer und dem Anleger als Käufer ein fester bzw. bestimmbarer Kaufpreis vereinbart wird.[47] Für Festpreisgeschäfte sind folgende Erwerbskonstellationen denkbar: (1.) Der Wertpapierdienstleister veräußert ein eigenemittiertes Finanzinstrument („Eigenemission"). (2.) Er veräußert das Produkt eines Fremdemittenten, das er zuvor bereits in seinen sogenannten Eigenbestand übernommen hatte („Eigengeschäft"). (3.) Gegenstand des Festpreisgeschäfts ist das Produkt eines Fremdemittenten, das sich noch nicht im Eigenbestand des Wertpapierdienstleisters befindet; zur Erfüllung seiner Lieferverpflichtung aus dem Kaufvertrag muss er ein Deckungsgeschäft am Markt tätigen („Eigenhandel").[48]

---

47 Vgl. § 1 Abs. 3 der Sonderbedingungen für Wertpapiergeschäfte. Die Sonderbedingungen für Wertpapiergeschäfte sind ebenso wie die AGB-Banken und AGB-Sparkassen abgedruckt bei *Bunte*, Komm. z. AGB-Banken, 3. Aufl. 2011. Diese bankrechtlichen AGB sind aufgrund einer Verständigung der in der „Deutschen Kreditwirtschaft" zusammengeschlossenen Spitzenverbände für nahezu alle deutschen Institute weitestgehend identisch. Zu geringfügigen Abweichungen *Bergmann*, in: Langenbucher/Bliesener/Spindler (Hrsg.), Bankrechts-Kommentar, 2013, § 36 Rdn. 13 m. Fn. 23; *Bunte*, Komm. z. AGB-Banken, 3. Aufl. 2011, 8. Sonderbedingungen für Wertpapiergeschäfte, Rdn. 21 ff..

48 Vgl. *Roth*, in: Assmann/Schütze (Hrsg.), Hdb KapitalanlageR, 3. Aufl. 2007, § 10 Rdn. 55 f.

aa) Eigenemission und Eigengeschäft

(1) Vertragsrechtliche Ausgestaltung

Eigenemission und Eigengeschäft liegt jeweils ein Kaufvertrag (Austauschvertrag) zugrunde.[49]

Eine Ausnahme gilt für den (erstmaligen) Vertrieb von Investmentfondsanteilen an Sondervermögen in Vertragsform (§ 1 Abs. 10 KAGB). Diese Investmentfondsanteile werden in Anteilsscheinen verbrieft (§ 95 Abs. 1 S. 1 KAGB) und von Kapitalverwaltungsgesellschaft und Depotbank als Verwahrstelle gemeinsam ausgestellt (§ 95 Abs. 1 S. 5 KAGB). Der Anleger kann die Anteilsscheine direkt von der Verwaltungsgesellschaft erwerben, indem er den Ausgabepreis zahlt („Ersterwerb") bzw. im Wege von Eigengeschäft oder Eigenhandel einen bereits emittierten Anteilsschein kauft („Zweiterwerb").[50] Der Ersterwerb basiert auf einem Investmentvertrag, der als Geschäftsbesorgungsvertrag mit Dienstleistungscharakter (§§ 675 Abs. 1, 611 BGB) keine kaufvertraglichen Elemente aufweist und typologisch ein Interessenwahrungsvertrag ist.[51] Der Zweiterwerb lässt den bereits in Verkehr gelangten Anteilsschein unverändert, schuldrechtliche Grundlage ist hier allein ein Kaufvertrag.[52]

---

49 Siehe *Ekkenga*, in: Münch. Komm. z. HGB, 2. Aufl. 2009, Effektengeschäft Rdn. 107, 116.

50 Noch zum InvG a.F. *Schott*, in: Emde/Dornseifer/Dreibus (Hrsg.), Komm. z. InvG, 2013, § 33 InvG Rdn. 19; siehe auch *Baur*, in: Baur (Hrsg.), Investmentgesetze, 2. Aufl. 1997, § 18 KAGG Rdn. 4.

51 Zum vorherigen Recht bereits *Baur*, in: Assmann/Schütze (Hrsg.), Hdb KapitalanlageR, 3. Aufl. 2007, § 20 Rdn. 213; *Canaris*, Bankvertragsrecht, 2. Aufl. 1981, Rdn. 2352; *Schödermeier/Baltzer*, in: Brinkhaus (Hrsg.), Komm. z. KAGG/ AuslInvestmentG, 2003, § 18 KAGG Rdn. 13.

52 Bereits *Canaris*, Bankvertragsrecht, 2. Aufl. 1981, Rdn. 2354; *Baur*, in: Assmann/ Schütze (Hrsg.), Hdb KapitalanlageR, 3. Aufl. 2007, § 20 Rdn. 213.

(2) Aufsichtsrechtliche Qualifizierung

(a) Qualifizierung des Eigengeschäfts

Erwirbt ein Wertpapierdienstleister Finanzinstrumente für seinen Eigenbestand, handelt es sich aufsichtsrechtlich um ein Eigengeschäft, das den Wertpapierdienstleistungen gleichgestellt ist (§ 2 Abs. 3 S. 2 WpHG).[53]

(b) Qualifizierung der Eigenemission

(i) Nach geltendem Recht

Die Eigenemission von Finanzinstrumenten unterliegt gegenwärtig nicht dem Anwendungsbereich des WpHG.[54]

Von Eigenhandel und Eigengeschäft unterscheidet sie sich dadurch, dass es an einer „Anschaffung" fehlt. Nach Auffassung der BaFin ist für das Begriffsmerkmal Anschaffung ein abgeleiteter (derivativer) Eigentumserwerb zu fordern.[55] Im Fall der Eigenemission gelangt das Produkt dagegen erst durch die Emission rechtlich zur Entstehung. Auch ist ein „Handel" nur bei Produkten gegeben, die sich bereits in den Sekundärmarkt einbezogen sind.[56]

Ebenso wenig lässt sich die Eigenemission als Emissions- bzw. Platzierungsgeschäft (§ 2 Abs. 3 S. 1 Nr. 6) qualifizieren.[57] Für das Emissionsgeschäft muss ein Wertpapierdienstleister Finanzinstrumente von einem Dritten zur Platzierung für eigenes Risiko übernehmen. Gefordert wird die feste Übernahmeverpflichtung, die zu emittierenden Finanzinstrumente

53 BaFin, Merkblatt v. 25.7.2013: Hinweise zu den Tatbeständen des Eigenhandels und des Eigengeschäfts, Ziff. 1 c) cc); *Fuchs*, in: Fuchs (Hrsg.), WpHG, 2009, § 2 Rdn. 115.

54 Vgl. BGH, Urt. v. 22.3.2011 (Az. XI ZR 33/10), BGHZ 189, 13, 20 Rdn. 38 – *Zins-Swap*; Urt. v. 27.9.2011 (Az. XI ZR 182/10), BGHZ 191, 119, 131 Rdn. 37 – *Lehman II*.

55 BaFin, Merkblatt v. 25.7.2013: Hinweise zu den Tatbeständen des Eigenhandels und des Eigengeschäfts, Ziff. 1 c) aa).

56 Vgl. *Oelkers*, WM 2001, 340, 341.

57 *Assmann*, in: Assmann/Schneider (Hrsg.), WpHG, 6. Aufl. 2012, § 2 WpHG Rdn. 87, 98. Siehe auch BaFin, Merkblatt v. 25.7.2013: Hinweise zu den Tatbeständen des Eigenhandels und des Eigengeschäfts, Ziff. 1 c) aa): nicht erlaubnispflichtig.

gegen Zahlung eines Übernahmepreises abzunehmen.[58] Ohne feste Übernahmeverpflichtung könnte die Transaktion ggf. als Platzierungsgeschäft eingestuft werden,[59] zumal Gegenstand einer „Übernahme" auch solche Produkte sein können, die rechtlich bereits zur Entstehung gelangt sind und nun erstmals öffentlich angeboten werden.[60] Bei Eigenemissionen fehlt es aber an der Übernahme von einem Dritten.[61]

(ii) Nach künftigem Recht

Die Regelungslücke, dass Eigenemissionen gegenwärtig nicht dem WpHG-Anwendungsbereich unterstehen, soll durch die MiFID II geschlossen werden:

„Wertpapierfirmen und Kreditinstitute, die Finanzinstrumente vertreiben, die sie selbst ausgeben, sollten von dieser Richtlinie erfasst werden, wenn sie Anlageberatung für ihre Kunden leisten. Um Unklarheiten zu beseitigen und den Anlegerschutz zu stärken, ist es zweckmäßig, die Anwendung dieser Richtlinie vorzusehen, wenn auf dem Primärmarkt Wertpapierfirmen und Kreditinstitute von ihnen selbst ausgegebene Finanzinstrumente vertreiben, ohne dabei Beratung zu leisten. Zu diesem Zweck sollte die Begriffsbestimmung für die Dienstleistung der „Ausführung von Aufträgen im Namen von Kunden" ausgedehnt werden."[62]

Rechtstechnisch wurde die Ausweitung des MiFID II-Anwendungsbereichs auf Eigenemissionen dadurch vollzogen, dass die bisherige Definition der „Ausführung von Aufträgen im Namen des Kunden" (Art. 4 Abs. 1 Nr. 5 MiFID I) erweitert wurde. Nunmehr zählen hierzu auch „Vereinbarungen über den Verkauf von Finanzinstrumenten", „die von einem Kreditinstitut oder einer Wertpapierfirma zum Zeitpunkt ihrer Emission ausgegeben werden" (Art. 4 Abs. 1 Nr. 5 MIFID II). An die „Ausführung von Aufträgen" knüpfen wiederum die Vorschriften über das beratungsfreie Geschäft (Art. 25 Abs. 4 MiFID II) an. Damit werden eige-

---

58 *Kumpan*, in: Schwark/Zimmer (Hrsg.), KMRK, 4. Aufl. 2010, § 2 WpHG Rdn. 72.

59 *Assmann*, in: Assmann/Schneider (Hrsg.), WpHG, 6. Aufl. 2012, § 2 WpHG Rdn. 95.

60 *Schäfer*, WM 2001, 361, 363.

61 *Assmann*, in: Assmann/Schneider (Hrsg.), WpHG, 6. Aufl. 2012, § 2 WpHG Rdn. 87.

62 Erwägungsgrund 45 MiFID II. Zuvor bereits Erwägungsgrund 30 MIFID II-E; siehe auch Begr. v. 20.11.2011 z. MIFID II-E, KOM(2011) 656 endg., S. 8.

nemittierte Finanzinstrumente dem Anwendungsbereich dieser Vorschriften unterstellt.

(3) Zwischenfazit

Nicht alle Kapitalmarktinvestmentprodukte kommen in der Praxis für Eigengeschäfte infrage: Ein Wertpapierdienstleister wird zum Zweck des Abverkaufs an Privatanleger nur solche Produkte in seinen Eigenbestand aufnehmen, die er problemlos wieder über Handelssysteme abstoßen kann, die also jederzeit „übertragbar" und „an den Finanzmärkten handelbar" sind. Diese Voraussetzungen erfüllen per definitionem nur Wertpapiere (§ 2 Abs. 1 WpHG) und Geldmarktinstrumente (§ 2 Abs. 1 a WpHG). Keine Wertpapiere i.S.d. WpHG sind etwa Anteile an geschlossenen Investmentvermögen.[63] Anderes gilt für Anteile an offenen Investmentvermögen, die als Wertpapiere *sui generis* bezeichnet werden und die vorgenannten Anforderungen erfüllen.[64]

Auch ist nicht jedes Derivat zwangsläufig Wertpapier i.S.d. WpHG, schließlich setzt die Legaldefinition (§ 2 Abs. 2 WpHG) die Merkmale „Übertragbarkeit" und „Handelbarkeit" nicht voraus.[65] Termingeschäfte mit Privatanlegern können de facto nur im Wege des Kommissionsgeschäfts abgewickelt werden. Dies liegt daran, dass im besonders praxisrelevanten Erwerbsfall über Banken und Kreditinstitute deren AGB zur Anwendung kommen (vgl. § 305 Abs. 3 BGB).[66] Diese „Sonderbedingungen für Termingeschäfte"[67] sehen vor, dass Termingeschäfte stets als Kommissionsgeschäfte über die Eurex Deutschland[68] auszuführen sind.[69]

63 Siehe Begr RegE v. 6.2.2013 z. KAGB, BT-Ds. 17/12294, S. 308.

64 Noch zu § 33 InvG a.F.: *Schott*, in: Emde/Dornseifer/Dreibus (Hrsg.), Komm. z. InvG, 2013, § 33 InvG Rdn. 5 m.w.N.

65 *Kumpan*, in: Schwark/Zimmer (Hrsg.), KMRK, 4. Aufl. 2010, § 2 WpHG Rdn. 38; ebenso *Assmann*, in: Assmann/Schneider (Hrsg.), WpHG, 6. Aufl. 2012, § 2 WpHG Rdn. 45.

66 *Hopt*, in: Schimansky/Bunte/Lwowski (Hrsg.), Bankrechts-Handbuch, 4. Aufl. 2011, § 1 Rdn. 2.

67 Abrufbar bei beck-online.

68 European Exchange („Eurex"), eine der weltweit größten Terminbörsen für Finanzderivate.

69 Vgl. Nr. 1 Abs. 1 der Sonderbedingungen für Termingeschäfte: „Die Bank... wird alle Aufträge, die sich auf die zum Handel an der Eurex Deutschland zugelassenen Options- und Futureskontrakte beziehen, als Kommissionärin im eigenen Namen

(4) Rechtspolitischer Reformvorschlag

Zukünftig ist für Eigenemissionen ein rudimentärer[70] Anlegerschutz vorgesehen, indem sie den Vorschriften für „beratungsfreie Geschäfte" unterstellt werden.

Für das Eigengeschäft fehlt weiterhin jeglicher (aufsichtsrechtlicher) Anlegerschutz. Das Eigengeschäft ist den Wertpapierdienstleistungen gleichgestellt; werden Fremdprodukte ohne Anlageberatung (§ 31 Abs. 4 WpHG) aus dem Eigenbestand verkauft, sind die hierzu subsidiären Anlegerschutzprogramme der „anderen" bzw. „beratungsfreien" Geschäfte (§§ 31 Abs. 5, Abs. 7 WpHG) indes nicht anwendbar: Für andere Geschäfte fehlt es an dem erforderlichen „Kundenauftrag" (vgl. § 31 Abs. 5 WpHG), schließlich befindet sich das Produkt bereits im Eigenbestand des Wertpapierdienstleisters und muss nicht erst noch erworben werden. [71] Der Anwendungsbereich des beratungsfreien Geschäfts ist wiederum auf Finanzkommission, Abschluss- bzw. Anlagevermittlung und Eigenhandel beschränkt (vgl. § 31 Abs. 7 Nr. 1 WpHG).

Vor dem Hintergrund, dass die BGH-Rechtsprechung Eigenemissionen und Eigengeschäfte materiell gleichbehandelt und jeweils denselben Anlegerschutz gewähren will,[72] zeichnet sich ein nur schwerlich zu rechtfertigender Wertungswiderspruch zwischen Aufsichts- und Zivilrecht ab.

Aus diesem Grund ist an den Gesetzgeber der Reformappell zu richten, *de lege ferenda* auch für das Eigengeschäft auf aufsichtsrechtlicher Ebene Anlegerschutzvorschriften vorzusehen.

---

für Rechnung des Kunden an der Eurex Deutschland ausführen." Die Literatur will von einem Kommissionsgeschäft sogar dann ausgehen, wenn die Sonderbedingungen ausnahmsweise nicht Vertragsbestandteil werden, vgl. *Binder*, in: Langenbucher/Bliesener/Spindler (Hrsg.), Bankrechts-Kommentar, 2013, § 37 Rdn. 45.

70 *Möllers/Poppele*, ZGR 2013, 437, 461 f.

71 Vgl. *Grundmann*, in: Ebenroth/Boujong/Joost/Strohn, Handelsgesetzbuch, 2. Aufl. 2009, § 2 WpHG Rdn. VI55.

72 In Bezug auf die Aufklärung über Gewinnmargen, z.B. BGH, Urt. v. 17.9.2013 (Az. XI ZR 332/12), NZG 2013, 1226, 1227 Rdn. 11 – *Lehman IV*.

bb) Eigenhandel

(1) Vertragsrechtliche Ausgestaltung

Es ist umstritten, ob dem Eigenhandel ein Kaufvertrag[73] oder ein kombinierter Kauf- und Geschäftsbesorgungsvertrag[74] zugrunde zu legen ist. Für die letztgenannte Ansicht könnte sprechen, dass der Wertpapierdienstleister nicht ausschließlich als Verkäufer auftritt, sondern aufgrund seiner Verpflichtung gegenüber dem Anleger, ein Deckungsgeschäft abzuschließen, zugleich eine Dienstleistung erbringt.[75] Hierdurch unterscheidet sich der Eigenhandel von Eigenemission und Eigengeschäft.[76] Der BGH beurteilt indes alle Festpreisgeschäfte in mittlerweile ständiger Rechtsprechung einheitlich nach Maßgabe des Kaufrechts.[77]

(2) Aufsichtsrechtliche Qualifizierung

Das Aufsichtsrecht definiert den Eigenhandel (§ 2 Abs. 3 S. 1 Nr. 2 WpHG) als Kauf- oder Verkaufsgeschäft eines Wert-

---

73 So die wohl überw. Meinung, siehe *Roth*, in: Assmann/Schütze (Hrsg.), Hdb KapitalanlageR, 3. Aufl. 2007, § 10 Rdn. 54 m.w.N.; *Seiler/Kniehase*, in: Schimansky/Bunte/Lwowski (Hrsg.), Bankrechts-Handbuch, 4. Aufl. 2011, § 104 Rdn. 190; *Schäfer*, in: Schwintowski/Schäfer (Hrsg.), Bankrecht, 2. Aufl. 2004, § 16 Rdn. 19; *Balzer*, in: Horn/Krämer (Hrsg.), Bankrecht 2002, 2003, S. 365, 370; *Lang*, Informationspflichten bei Wertpapierdienstleistungen, 2003, § 5 Rdn. 23 (S. 53). **A.A.** *Oelkers*, WM 2001, 340, 345 m.w.N.; *Köndgen*, in: FS Canaris, 2007, Bd. II, S. 183, 206.

74 *Ekkenga*, in: Münch. Komm. z. HGB, 2. Aufl. 2009, Effektengeschäft Rdn. 107 m.w.N. Das geschäftsbesorgungsrechtliche Vertragselement soll Werkleistungscharakter haben, weil der Verkäufer für die rechtzeitige Lieferung hafte, siehe *Kümpel*, Bank- und Kapitalmarktrecht, 3. Aufl. 2004, Rdn. 10.272; *Oelkers*, WM 2001, 340, 345; *du Boisson*, WM 2003, 1401, 1407 f.

75 *Kümpel*, Bank- und Kapitalmarktrecht, 3. Aufl. 2004, Rdn. 10.272; *Oelkers*, WM 2001, 340, 345; *du Boisson*, WM 2003, 1401, 1407 f.

76 *Hefermehl*, in: Schlegelberger, HGB, 5. Aufl. 1977, Anh. § 406 HGB Rdn. 108; *Kümpel*, Bank- und Kapitalmarktrecht, 3. Aufl. 2004, Rdn. 10.271.

77 BGH, Urt. v. 27.9.2011 (Az. XI ZR 178/10), NJW-RR 2012, 43, 47 Rdn. 47 – *Lehman I*; Urt. v. 27.9.2011 (Az. XI ZR 182/10), BGHZ 191, 119, 133 Rdn. 44 – *Lehman II*; siehe *Buck-Heeb*, WM 2012, 625, 631.

papierdienstleisters für eigene Rechnung „auch ohne Dienstleistung für andere".[78]

b) Dreipersonenverhältnisse

Im Dreipersonenverhältnis fungiert der Wertpapierdienstleister nur als „Mittler", über den der Anlagevertrag zwischen Produktverkäufer und Anleger über einen zustande kommt. Insofern werden folgende Rechtsverhältnisse begründet: (1.) ein Kaufvertrag zwischen Produktverkäufer und Anleger, (2.) ein Geschäftsbesorgungsvertrag zwischen Wertpapierdienstleister und Anleger oder Wertpapierdienstleister und Produktverkäufer.

Es muss unterschieden werden, ob der Wertpapierdienstleister im eigenen oder fremden Namen handelt: Bei Handeln im Namen des Anlegers (bzw. Produktverkäufers) wird er nicht selbst Vertragspartei. Vielmehr kommt der Anlagevertrag im Wege der offenen Stellvertretung oder Anlagevermittlung unmittelbar zwischen Produktverkäufer und Anleger zustande („Direkterwerb im Dreipersonenverhältnis").

Handelt er dagegen im eigenen Namen und nur auf fremde Rechnung des Anlegers[79], wird er selbst Vertragspartei. Für den Anleger vollzieht sich der Produkterwerb in diesem Fall lediglich mittelbar („mittelbarer Erwerb im Dreipersonenverhältnis"). Es wird ein Prinzipal-Agenten-Verhältnis begründet, da der Wertpapierdienstleister („Agent") im Auftrag des Anlegers („Prinzipal") tätig wird. Aufgrund der Verpflichtung zu fremdnützigem Tätigwerden handelt es sich vertragstypologisch um einen Interessenwahrungsvertrag.

---

78 Vgl. BVerwG, Urt. v. 27.2.2008 (Az. 6 C 11/07 und 6 C 12/07), BVerwGE 130, 262, 283 Rdn. 59; Begr RegE v. 12.1.2007 z. FRUG, BT-Ds. 16/4028, S. 56; *Fuchs*, in: Fuchs (Hrsg.), WpHG, 2009, § 2 WpHG Rdn. 83; *Versteegen*, in: Köln. Komm. z. WpHG, 2. Aufl. 2014, § 2 WpHG Rdn. 156; *Oelkers*, WM 2001, 340, 345; *Weber-Rey/Baltzer*, WM 1997, 2288, 2289.

79 Ebenso ist möglich, dass der Wertpapierdienstleister auf Rechnung des Produktverkäufers tätig wird.

aa) Direkterwerb im Dreipersonenverhältnis

(1) Vertragsrechtliche Ausgestaltung

Anlagegeschäfte im Dreipersonenverhältnis vollziehen sich dadurch, dass zwischen Wertpapierdienstleister und Anleger bzw. Wertpapierdienstleister und Produktverkäufer ein Geschäftsbesorgungsvertrag abgeschlossen wird, der eine offene Stellvertretung oder eine Anlagevermittlung zum Gegenstand hat.

Kennzeichnend für die offene Stellvertretung ist nach der Grundkonzeption des § 164 Abs. 1 BGB, dass der Wertpapierdienstleister nach außen erkennbar als Vertreter des Anlegers[80] auftritt und in dessen Namen den Vertragsschluss mit einem dritten Produktanbieter herbeiführt. In der Praxis ist diese Geschäftsform eine absolute Ausnahme.[81] Schließlich verlangt das Anlagegeschäft in offener Stellvertretung von dem als Vertreter zwischengeschalteten Wertpapierdienstleister die Angabe der Kundendaten. Hiergegen sprechen jedoch regelmäßig Schutzerwägungen für die Kundenbeziehung.[82]

Im Gegensatz zur offenen Stellvertretung schließt der Anlagevermittler Rechtsgeschäfte nicht selbst im fremden Namen ab, sondern vermittelt lediglich deren Abschluss.[83] Typischerweise werden Anlagevermittler im Interesse der Produktanbieter tätig und übernehmen für diese den Vertrieb.[84] Zwischen Anlagevermittler und Anleger kommt in der Regel ein handelsrechtlicher Maklervertrag (§§ 93 ff. HGB) zustande.[85] Die Tätigkeit des Anlagevermittlers beschränkt sich in diesem Fall auf den makler-

---

80 Bzw. des Produktverkäufers.

81 *Ekkenga/Bernau*, in: Derleder/Knops/Bamberger (Hrsg.), Europäisches und deutsches Bankrecht, 2. Aufl. 2009, § 57 Rdn. 14; *Ekkenga*, in: Münch. Komm. z. HGB, 2. Aufl. 2009, Effektengeschäft Rdn. 42.

82 *Bergmann*, in: Langenbucher/Bliesener/Spindler (Hrsg.), Bankrechts-Kommentar, 2013, § 36 Rdn. 15.

83 *Schramm*, in: Münch. Komm. z. BGB, 6. Aufl. 2012, Vor §§ 164-181 BGB Rdn. 65.

84 *Siol*, in: Schimansky/Bunte/Lwowski (Hrsg.), Bankrechts-Handbuch, 4. Aufl. 2011, § 45 Rdn. 4. Zu den Vertriebsrollen des Vermittlers im Einzelnen *Lutter*, in: FS Bärmann, 1975, S. 605, 609.

85 *V. Heymann/Edelmann*, in: Assmann/Schütze (Hrsg.), Hdb KapitalanlageR, 3. Aufl. 2007, § 4 Rdn. 8; zuvor bereits *Hopt*, Haftung für Anlage- und Vermögensberatung, 2. Aufl. 1985, S. 11; BGH, Urt. v. 19.1.1977 (Az. VIII ZR 211/75), WM 1977, 334.

rechtlichen Vermittlungsnachweis[86] und die Übermittlung der Willenserklärung des Anlegers als Erklärungsbote.[87]

Die Anlagevermittlung wird meist von Anlagevermittlungsgesellschaften und selbstständigen Anlagevermittlern ausgeübt,[88] seltener von Banken.[89] Insbesondere die Rechtsprechung geht vielfach davon aus, dass eine Bank regelmäßig als Anlageberater und nicht nur als Anlagevermittler agiert.[90]

(2) Aufsichtsrechtliche Qualifizierung

Die Wertpapierdienstleistung der Abschlussvermittlung (§ 2 Abs. 3 S. 1 Nr. 3 WpHG) wird als die Anschaffung oder Veräußerung von Finanzinstrumenten in fremdem Namen für fremde Rechnung definiert. Das Regelungsmodell entspricht der offenen Stellvertretung (§ 164 Abs. 1 S. 1 BGB).[91] Aufsichtsrechtlich ist es ohne praktische Bedeutung.[92]

Die Anlagevermittlung ist ebenfalls eine Wertpapierdienstleistung (§ 2 Abs. 3 S. 1 Nr. 4 WpHG), definiert als die Vermittlung von Geschäften über die Anschaffung und Veräußerung von Finanzinstrumenten. Das Begriffsverständnis beruht auf den Prinzipien des Maklerrechts (§ 93 HGB, § 652 BGB); der Vermittler muss zu einem Vertragsabschluss zwischen den Parteien beitragen oder die zu einem Vertragsschluss entschlossenen Parteien zusammenbringen.[93] Als Anlagevermittlung ist auch die Tätigkeit von „Botenbanken" zu qualifizieren.[94]

---

86 *Hopt*, in: Baumbach/Hopt, Handelsgesetzbuch, 35. Aufl. 2012, § 93 HGB Rdn. 6.

87 Siehe BaFin, Merkblatt: Hinweise zum Tatbestand der Anlagevermittlung (Stand: 24.7.2013), Nr. 1 a).

88 Etwa BGH, Urt. v. 25.11.1981 (Az. IVa ZR 286/80), NJW 1982, 1095, 1096.

89 *Siol*, in: Schimansky/Bunte/Lwowski (Hrsg.), Bankrechts-Handbuch, 4. Aufl. 2011, § 45 Rdn. 4.

90 Vgl. BGH, Beschl. v. 9.3.2011 (Az. XI ZR 191/10), NJW 2011, 3227 f. Rdn 19; Urt. v. 7.10.2008 (XI ZR 89/07), BGHZ 178, 149, 153 Rdn. 12.

91 *Kumpan*, in: Schwark/Zimmer (Hrsg.), KMRK, 4. Aufl. 2010, § 2 WpHG Rdn. 68.

92 Vgl. *Assmann*, in: Assmann/Schneider (Hrsg.), WpHG, 6. Aufl. 2012, § 2 WpHG Rdn. 79; *Fuchs*, in: Fuchs (Hrsg.), WpHG, 2009 § 2 WpHG Rdn. 88.

93 So *Kumpan*, in: Schwark/Zimmer (Hrsg.), KMRK, 4. Aufl. 2010, § 2 WpHG Rdn. 69 m.w.N.

94 Differenzierend *Assmann*, in: Assmann/Schneider (Hrsg.), WpHG, 6. Aufl. 2012, § 2 WpHG Rdn. 83.

bb) Mittelbarer Erwerb im Dreipersonenverhältnis

(1) Vertragsrechtliche Ausgestaltung

Gestaltet sich das Anlagegeschäft als mittelbarer Erwerb im Dreipersonenverhältnis, geht der Wertpapierdienstleister als Vertragspartei Rechtsverhältnisse mit dem Anleger und dem Produktverkäufer ein: mit dem Anleger schließt er einen Geschäftsbesorgungsvertrag ab und mit dem Produktverkäufer einen Kaufvertrag.[95]

Diese Rechtverhältnisse werden im zivilrechtlichen Kommissionsgeschäft zusammengeführt und reguliert (§§ 383 ff. HGB). Das Kommissionsgeschäft lässt sich als Fall der mittelbaren Stellvertretung begreifen, da der Wertpapierdienstleister im Auftrag und in Stellvertretung des Anlegers, aber im eigenen Namen einen Wertpapierkaufvertrag mit einem Dritten abschließt („Ankaufskommission"). Somit wird er selbst berechtigt und verpflichtet, während der wirtschaftliche Erfolg dem Anleger als mittelbar Vertretenem zugute kommt.[96] Das Handeln für fremde Rechnung unterscheidet das Kommissionsgeschäft vom Festpreisgeschäft, das Handeln im eigenen Namen von der Abschlussvermittlung.

Dabei lassen sich im Einzelnen die „Ausführungskommission ohne Selbsthaftung", die „Ausführungskommission mit Haftungseintritt" sowie die „Selbsteintrittskommission" unterscheiden.

(a) Ausführungskommission ohne Selbsthaftung

Die Ausführungskommission ohne Selbsthaftung bildet nach § 383 Abs. 1 HGB das Grundmodell der Kommissionsgeschäfte. Kommissionär ist hiernach, „wer es gewerbsmäßig übernimmt, Waren oder Wertpapiere für Rechnung eines anderen (des Kommittenten) in eigenem Namen zu kaufen oder zu verkaufen".[97]

---

95 Siehe *Roth*, in: Assmann/Schütze (Hrsg.), Hdb KapitalanlageR, 3. Aufl. 2007, § 10 Rdn. 7 f.

96 So *Bunte*, AGB-Banken und Sonderbedingungen, 3. Aufl. 2011, 8. Sonderbedingungen für Wertpapiergeschäfte Rdn. 48.

97 Aufgrund der geforderten Gewerbsmäßigkeit muss der Kommissionär zwar nicht Kaufmann, zumindest aber Gewerbetreibender sein, siehe *Martinek*, in: Oetker (Hrsg.), Komm. z. HGB, 3. Aufl. 2013, § 383 HGB Rdn. 3.

Bei der Kommission lassen sich regelmäßig zwei Rechtsverhältnisse unterscheiden, nämlich Kommissions- und Ausführungsgeschäft:[98]Das Kommissionsgeschäft unterliegt den Vorschriften der §§ 383 ff. HGB und kommt zwischen dem Kommissionär und dem Kommittenten als dessen Auftraggeber zustande.[99]

Im gesetzlichen Regelfall muss der Kommissionär nicht dafür einstehen, dass der Verkäufer das Ausführungsgeschäft erfüllt (vgl. § 394 Abs. 1 HGB). Gegenstand des Leistungsversprechens ist daher eine Geschäftsbesorgung mit Dienstleistungscharakter (§§ 675, 611 BGB).[100] Das Ausführungsgeschäft kommt im Zuge der auftragsgemäßen Ausführung des Kommissionsgeschäfts mit einem Dritten zustande (§ 384 Abs. 1 HGB).

(b) Ausführungskommission mit Haftungseintritt

Von der Ausführungskommission ohne Selbsthaftung unterscheidet sich die Ausführungskommission mit Haftungseintritt dadurch, dass der Kommissionär gegenüber dem Kommittenten eine Erfüllungshaftung übernimmt.

Nach den Sonderbedingungen für Wertpapiergeschäfte haftet die Bank für die ordnungsgemäße Erfüllung des Ausführungsgeschäfts durch ihren eigenen Vertragspartner oder den eines Zwischenkommissionärs (§ 9 S. 1).

---

98 *Krüger*, in: Ebenroth/Boujong/Joost/Strohn, Handelsgesetzbuch, 2. Aufl. 2009, § 383 HGB Rdn. 4; *Häuser*, in: Münch. Komm. z. HGB, 2. Aufl. 2013, § 383 HGB Rdn. 18 f.**A.A.** *Hopt*, in Baumbach/Hopt, Handelsgesetzbuch, 35. Aufl. 2012, § 383 HGB Rdn. 1, sowie *Martinek*, in: Oetker (Hrsg.), Komm. z. HGB, 3. Aufl. 2013, § 383 HGB Rdn. 7, die als ein drittes Rechtsverhältnis das Abwicklungsgeschäft einstufen, also die Übertragung der Ergebnisse des Ausführungsgeschäfts auf den Kommittenten.

99 *Krüger*, in: Ebenroth/Boujong/Joost/Strohn, Handelsgesetzbuch, 2. Aufl. 2009, § 383 HGB Rdn. 4.

100 *Ekkenga*, in: Münch. Komm. z. HGB, 2. Aufl. 2009, Effektengeschäft Rdn. 92, 70.

(c) Selbsteintrittskommission

Bei der Selbsteintrittskommission tritt der Kommissionär zugleich als Verkäufer auf („Selbsteintrittskommissionär"), indem er den (Kauf-)Gegenstand des Ausführungsgeschäfts selbst liefert (§ 400 Abs. 1 HGB).

In der Bankpraxis wurde die Selbsteintrittskommission über lange Zeit bevorzugt. Anders als im Grundfall des § 384 Abs. 3 HGB muss der Selbsteintrittskommissionär den Dritten, mit dem das Ausführungsgeschäft abgeschlossen wird, nicht benennen.[101] Zudem ist die Selbsteintrittskommission für den Kommissionär wirtschaftlich vorteilhafter: Wird das Deckungsgeschäft, das zur Erfüllung der Verbindlichkeiten aus dem Selbsteintritt getätigt werden muss, erst im Anschluss an die Erklärung des Selbsteintritts vorgenommen, darf der Kommissionär von etwaigen Kursgewinnen profitieren, die nach dem Wirksamwerden des Selbsteintritts bis zur Vornahme des Absatzgeschäfts anfallen.[102] Nur für Geschäfte, die bereits vor dem Wirksamwerden des Selbsteintritts getätigt wurden, darf die Bank keinen ungünstigeren als den tatsächlich erzielten Preis berechnen (vgl. § 401 Abs. 2 HGB).[103]

Die Selbsteintrittskommission hat im Bankengeschäft ihre ehemalige Bedeutung weitgehend eingebüßt. Die aktuellen Sonderbedingungen für Wertpapiergeschäfte sehen die Selbsteintrittskommission nicht mehr vor. Genannt werden nur noch die Ausführungskommission, die Beauftragung eines Zwischenkommissionärs sowie die Ausführung des Kundenauftrags „gegen die Bank" im elektronischen Handel (§ 1 Abs. 2). Zugleich wird herausgestellt, dass die Bank zur Erledigung des Kommissionsauftrages ein Kommissionsgeschäft mit einer Drittpartei (andere Marktpartei, zentrale Gegenpartei) abzuschließen hat (§ 1 Abs. 1 S. 2), was einem Selbsteintritt naturgemäß entgegensteht.[104]

Der vertragliche Ausschluss des kommissionsrechtlichen Selbsteintritts dürfte als Reaktion der Banken auf die berechtigte Kritik an der Selbstein-

---

101 Siehe aber § 405 Abs. 1 HGB, wenn der Kommissionär im Falle der Selbsteintrittskommission ein Ausführungsgeschäft anzeigt, ohne ausreichend auf den Selbsteintritt hinzuweisen. Hierzu *Koller*, in: Staub, Großkomm. z. HGB, 5. Aufl. 2013, § 384 HGB Rdn. 144.

102 Die Bank trägt aber auch die entsprechenden Verluste, vgl. *Ekkenga*, in: Münch. Komm. z. HGB, 2. Aufl. 2009, Effektengeschäft Rdn. 96.

103 *Ekkenga*, in: Münch. Komm. z. HGB, 2. Aufl. 2009, Effektengeschäft Rdn. 97.

104 *Ekkenga*, in: Münch. Komm. z. HGB, 2. Aufl. 2009, Effektengeschäft Rdn. 102 m.w.N.

trittskommission zu verstehen sein.[105] Tatsächlich begünstigt die rechtliche Konzeption der Selbsteintrittskommission Manipulationen zulasten des Kunden. Dem Kunden ist es im Regelfall nicht möglich nachzuweisen, dass die Bank das Deckungsgeschäft zu einem günstigeren als dem in Rechnung gestellten Kurs abgeschlossen hat.[106]

Kein Fall der Selbsteintrittskommission ist die Ausführung des Kundenauftrags im elektronischen Handel „gegen" die Bank.[107] Im Gegensatz zur Selbsteintrittskommission entscheidet hier das Handelssystem (z.B. Xetra-Best) und nicht die Bank über die Ausführungsweise.[108]

(2) Aufsichtsrechtliche Qualifizierung

Das Finanzkommissionsgeschäft wird als Wertpapierdienstleistung qualifiziert (§ 2 Abs. 3 S. 1 Nr. 1 WpHG). Gefordert wird, dass der Wertpapierdienstleister Finanzinstrumente im eigenen Namen für fremde Rechnung anschafft (bzw. veräußert). Die Definition entspricht damit der zivilrechtlichen Grundkonzeption des Kommissionsgeschäfts (§§ 383 ff. HGB).[109]

c) Zwischenfazit

Erwerbsgeschäfte im Zwei- bzw. Dreipersonenverhältnis lassen sich anhand verschiedener Merkmale voneinander abgrenzen.

Festpreisgeschäfte unterscheiden sich von Kommissionsgeschäften wie folgt: (1.) Es wird ein Festpreis vereinbart, [110] während bei der Kommission als „Preislimit" entweder eine Preisuntergrenze (Verkaufsauftrag) oder

---

105 Z.B. *v. Dallwigk zu Lichtenfels*, Das Effektenkommissionsgeschäft, 1975, S. 133 f.; *Schneiders*, Anlegerschutz im Recht der Effektenkommission, 1977, S. 82 f.; *Koller*, in: Staub, Großkomm. z. HGB, 5. Aufl. 2013, § 401 HGB Rdn. 7.

106 *Koller*, in: Staub, Großkomm. z. HGB, 5. Aufl. 2013, § 401 HGB Rdn. 7; *Seiler/Kniehase*, in: Schimansky/Bunte/Lwowski (Hrsg.), Bankrechts-Handbuch, 4. Aufl. 2011, § 104 Rdn. 104 f.

107 So aber *Ekkenga*, in: Münch. Komm. z. HGB, 2. Aufl. 2009, Effektengeschäft Rdn. 102, der von einer Selbsteintrittskommission ausgeht.

108 *Bunte*, in: AGB-Banken und Sonderbedingungen, 3. Aufl. 2011, 8. Sonderbedingungen für Wertpapiergeschäfte Rdn. 54.

109 *Fuchs*, in: Fuchs (Hrsg.), WpHG, 2009, § 2 WpHG Rdn. 77.

110 *Kümpel*, Bank- und Kapitalmarktecht, 3. Aufl. 2004, Rdn. 10.268.

eine Preisobergrenze (Kaufauftrag) bestimmt wird. (2.) Im Festpreisgeschäft ist ein Finanzintermediär in die Übertragungskette zwischengeschaltet, demgegenüber erwirbt der Anleger im Kommissionsgeschäft das Eigentum am Wertpapier direkt vom Dritten.[111] (3.) Unterschiede bestehen hinsichtlich der Verteilung des Absatz- bzw. Preisverfallsrisikos: bei der Ausführungskommission übernimmt die Bank nach der Grundkonzeption nicht das Risiko für die zu beschaffenden oder zu veräußernden Finanzinstrumente, im Festpreisgeschäft trägt sie dagegen stets das Absatz- bzw. Preisverfallrisiko.[112]

Nicht alle Anlageverträge erfasst das geltende Aufsichtsrecht als Wertpapierdienstleistungen: Nicht dem WpHG unterstehen derzeit eigenemittierte Finanzprodukte, die aber im Zuge der MiFID II-Umsetzung künftig miteinbezogen werden sollen. Reformbedarf besteht weitherhin in Bezug auf die aufsichtsrechtliche Erfassung von Eigengeschäften; insbesondere, wenn sie ohne begleitende Anlageberatung abgewickelt werden.

2. Versicherungsvertragsrecht

a) Vertragsrechtliche Grundlagen

Das Versicherungsvertragsrecht als Teil des Privatrechts setzt sich aus den AVB und dem Versicherungsvertragsgesetz (VVG) zusammen.[113] Die vertragliche Ausgestaltung von Versicherungsprodukten und der Vertragsbeziehungen zwischen Versicherern, Vermittlern und Versicherungsnehmern regelt das VVG, das größtenteils dispositiv ist.[114]

aa) Versicherungsvertrag

Eine Legaldefinition des Begriffs „Versicherung“ sieht das VVG nicht vor. Die vertragstypischen Pflichten des Versicherungsvertrags statuiert aber § 1 VVG. Hiernach verpflichtet sich der Versicherer zur Versicherung eines bestimmten Risikos im Gegenzug gegen Prämienzahlungen des

111 *Ekkenga*, in: Münch. Komm. z. HGB, 2. Aufl. 2009, Effektengeschäft Rdn. 105.
112 *Ekkenga*, in: Münch. Komm. z. HGB, 2. Aufl. 2009, Effektengeschäft Rdn. 106.
113 *Schimikowski*, Versicherungsvertragsrecht, 5. Aufl. 2014, Rdn. 1.
114 *Schimikowski*, Versicherungsvertragsrecht, 5. Aufl. 2014, Rdn. 6 ff.

Versicherungsnehmers. Es handelt sich also um ein synallagmatisches Leistungsversprechen, daa vertragstypologisch dem Austauschvertrag entspricht.[115]

In dogmatischer Hinsicht ist der Versicherungsvertrag aufgrund der dauernden Leistungspflicht bzw. der Pflicht zur Erbringung wiederkehrender Leistungen den Dauerschuldverhältnissen i.S.d. § 314 BGB zuzuordnen.[116] Beendet wird der Versicherungsvertrag durch Vertragsaufhebung, Zeitablauf oder vorzeitige Kündigung.[117] Für Lebensversicherungsverträge gelten gemäß § 168 VVG Sonderregelungen. Parteien des Versicherungsvertrags sind der Versicherer und der konkrete Versicherungsnehmer, wobei nicht ausgeschlossen ist, dass weitere Personen als Versicherte in den Versicherungsschutz miteinbezogen werden.[118] Anders als im Fall von Eigengeschäft bzw. Eigenhandel werden Versicherungsprodukte direkt vom Emittenten und damit im Zweipersonenverhältnis „erworben".

Für das Zustandekommen des Versicherungsvertrags gelten die allgemeinen bürgerlich-rechtlichen Regeln, die allerdings durch das VVG nicht unerhebliche Modifikationen erfahren: Regelmäßig liegt dem Vertragsschluss ein Angebot des Versicherungsnehmers zugrunde.[119] Abweichend vom allgemeinen Zugangserfordernis (§ 130 Abs. 1 S. 1 BGB) genügt jedoch die Übergabe des Vertragsangebots an den Versicherungsvertreter, der eine Empfangsvollmacht kraft Gesetzes besitzt (§ 69 Abs. 1 VVG).

bb) Versicherungsvermittlungsverträge

Die Versicherer bedienen sich für den Vertrieb von Versicherungsprodukten sogenannter Versicherungsvermittler. Nach der Legaldefinition sind dies sowohl Versicherungsvertreter als auch Versicherungsmakler (§ 59 Abs. 1 VVG). Die Tätigkeit von Versicherungsvermittlern bedarf stets der gewerberechtlichen Erlaubnis (§ 34 d Abs. 1 S. 1 GewO).[120]

---

115 So die h.M., etwa *Schimikowski*, Versicherungsvertragsrecht, 5. Aufl. 2014, Rdn. 29; für einen Geschäftsbesorgungsvertrag dagegen *Schünemann*, JZ 1995, 430, 432 f.

116 *Lorenz*, in: Münch. Komm. z. VVG, 2010, § 1 VVG Rdn. 74.

117 *Lorenz*, in: Münch. Komm. z. VVG, 2010, § 1 VVG Rdn. 75.

118 *Schimikowski*, Versicherungsvertragsrecht, 5. Aufl. 2014, Rdn. 74.

119 Zu den verschiedenen Vertragsschlussmodellen *Looschelders*, in: Münch. Komm. z. VVG, § 1 VVG Rdn. 134 ff.

120 *Dörner*, in: Prölss/Martin, Komm. z. VVG, 28. Aufl. 2010, § 59 VVG Rdn. 3.

Zwischen Versicherungsvertreter und Versicherer besteht ein Geschäftsbesorgungsvertrag i.S.d. § 675 BGB, der auf die Vermittlung und den Abschluss von Versicherungsverträgen gerichtet ist.[121] Der Versicherungsmakler ist Handelsmakler (§ 93 HGB), da er Versicherungsverträge gewerbsmäßig vermittelt.

Während der Versicherungsvertreter im Auftrag des Versicherers (bzw. eines anderen Versicherungsvertreters) und damit in dessen Interesse tätig wird, handelt der Versicherungsmakler im Auftrag eines potentiellen Versicherungsnehmers (§§ 59 Abs. 2, 3 VVG). Der zwischen Makler und potentiellem Versicherungsnehmer abgeschlossene Vertrag vereinigt i.d.R. Elemente eines Dienst- und Werkvertrags und ist auf Geschäftsbesorgung i.S.d. § 675 BGB gerichtet. Im Unterschied zum Versicherungsvertreter ist der Makler zur Wahrung der Interessen seines Kunden verpflichtet; der zugrunde liegende Vertrag ist damit ein Interessenwahrungsvertrag.[122]

b) Aufsichtsrechtliche Qualifizierung

Auch nach den MiFID II-Entwürfen von Kommission und EU-Parlament sollten Versicherungsunternehmen nicht generell in den Anwendungsbereich des MiFID-Regimes einbezogen werden.[123] Vielmehr sollteneinzelne Vorschriften auf Versicherer und Versicherungsvermittler Anwendung finden,[124] um im Hinblick auf die damals noch geplante Einbeziehung fondsbasierter Lebensversicherungen in das MiFID-Regime[125] allen Anlegern dasselbe Schutzlevel bieten zu können: neben den Anforderungen an die Produktentwicklung[126] sollten dies insbesondere die Wohlverhaltensregeln sein[127]. Mit dieser Erweiterung des Finanzinstrumente-Begriffsauf fondsbasierte Lebensversicherungen,[128] hätte deren Vertrieb künftig eine Wertpapierdienstleistung dargestellt.[129]

---

121 *Dörner*, in: Prölss/Martin, Komm. z. VVG, 28. Aufl. 2010, § 59 VVG Rdn. 8.
122 *Schimikowski*, Versicherungsvertragsrecht, 5. Aufl. 2014, Rdn. 140 f.
123 Vgl. Erwägungsgrund 16, Art. 2 Abs. 1 lit. a) MiFID II-E (EUP).
124 Art. 1 Abs. 3 a MiFID II-E (EUP).
125 Artt. 1 Abs. 3 a, 4 Abs. 2 Nr. 33 a MiFID II-E (EUP). Bereits S. 87.
126 Art. 16 Abs. 3 MiFID II-E (EUP).
127 Artt. 23-26 MiFID II-E (EUP).
128 Art. 4 Abs. 2 Nr. 14 MiFID II-E i.V.m. Anhang I Abschnitt C Nr. 6 a MiFID II-E (EUP).
129 Vgl. Art. 4 Abs. 2 Nr. 1 MiFID II-E.

Zwar hat sich der EU-Gesetzgeber letztlich gegen die unmittelbare Einbeziehung fondsbasierter Lebensversicheurngen entschieden, so dass deren Vertrieb zumindest unter der MiFID II keine Wertpapierdienstleistung darstellt, jedoch ist aufgrund der geplanten Änderungen der Versicherungsvermittler-RiL 2002/92/EG davon auszugehen, dass gleichwohl dieselben Regelungen zur Anwendung kommen werden.[130]

II. Anlagebezogene Verträge

1. Allgemeine Bankverbindung

Kapitalmarktinvestmentprodukte werden insbesondere über Banken vertrieben. Insofern kommt als weiteres Rechtsverhältnis neben dem eigentlichen Anlagevertrag auch die Bankverbindung als solche in Betracht. Die Bankverbindung wird weder durch das Zivil- noch durch das Aufsichtsrecht eigenständig erfasst.

a) Zivilrechtliche Begründung der Bankverbindung

Nur in Ausnahmefällen wird von vorneherein klar sein, dass sich der geschäftliche Kontakt zwischen Bank und Kunde auf ein einmaliges Geschäft beschränkt.[131] Typischerweise bestehen neben dem konkreten Anlagevertrag weitere Vertragsverhältnisse zwischen Anleger und Bank, ohne die die meisten Kapitalmarktinvestmentprodukte faktisch nicht erworben werden können:

Mit Ausnahme fondsbasierter Lebensversicherungen und einzelner Investmentfonds setzt die Anlage in Kapitalmarktinvestmentprodukte zwingend das Bestehen eines Wertpapierdepots voraus, da die „Eigenverwahrung" von Wertpapieren mangels Einzelverbriefung heutzutage nicht mehr vorgesehen ist. Anleger und Bank müssen daher einen Depotvertrag über die Verwahrung und Verwaltung der Wertpapiere abschließen (vgl. § 1 Abs. 2 S. 2 Nr. 5 KWG). Nahezu ausnahmslos nehmen dabei Wertpa-

130 Erwägungründe 87 f. MiFID II.

131 *Hopt*, in: Schimansky/Bunte/Lwowski (Hrsg.), Bankrechts-Handbuch, 4. Aufl. 2011, § 1 Rdn. 1.

piersammelbanken die Verwahrung als Girosammelverwahrung im Auftrag der Hausbanken wahr (vgl. § 5 Abs. 1 S. 1 DepotG).[132]

Um die bei der Abwicklung des Anlagegeschäfts und Verwaltung der Anlage notwendigen Zahlungen ausführen bzw. entgegennehmen zu können, benötigt der Anleger zudem ein Girokonto (vgl. § 1 Abs. 1 S. 2 Nr. 9 KWG). Dieses wird sich oftmals bei derselben Bank befinden, über die auch das Anlagegeschäft zustande kommt. Weitere Rechtsverhältnisse resultieren aus dem Einlagengeschäft (§ 1 Abs. 1 S. 2 Nr. 1 KWG) zur Verwahrung des Geldvermögens und, wenn ein Kredit zur Finanzierung der Anlage in Anspruch genommen wird, auch aus Kreditgeschäften (§ 1 Abs. 1 S. 2 Nr. 2 KWG).

Depot-, Giro-, Einlagen- und Kreditgeschäft sind Geschäftsbesorgungsverträge mit Dienst- oder Werkleistungscharakter[133], die aufsichtsrechtlich dem Katalog der Bankgeschäfte zugewiesen werden (§ 1 Abs. 1 S. 2 Nr. 1-11 KWG).

Auf der hieraus resultierenden, auf Dauer angelegten Geschäftsverbindung baut die zivilrechtliche Begründung der Bankverbindung als Rechtsverhältnis auf.[134] Deren Rechtsnatur ist seit jeher im Schrifttum äußerst umstritten:

---

132 *Einsele*, in: Münch. Komm. z. HGB, 2. Aufl. 2009, Depotgeschäft Rdn. 50.

133 (§§ 675 Abs. 1, 611 bzw. §§ 675 Abs. 1, 631 BGB. Hierzu *Martinek*, in: Staudinger, Neubearb. 2006, § 675 BGB Rdn. B 27. Siehe auch *Köndgen*, NJW 2004, 1288; *Oechsler*, NJW 2005, 1406.

134 Vgl. *Hopt*, in: Schimansky/Bunte/Lwowski (Hrsg.), Bankrechts-Handbuch, 4. Aufl. 2011, § 1 Rdn. 1.

aa) Lehre vom allgemeinen Bankvertrag

Nach einer im Schrifttum vertretenen Ansicht[135] kommt mit der Eröffnung einer Bankverbindung ein allgemeiner Bankvertrag als Grundlagen- bzw. Rahmenvertrag zustande. Dieser soll seiner Rechtsnatur nach einem auf Geschäftsbesorgung gerichteten Dienstvertrag i.S.d. §§ 675 Abs. 1, 611 BGB[136] entsprechen.

Aus dem allgemeinen Bankvertrag resultieren keine primären Hauptleistungspflichten; Rechtswirkungen soll er gleichwohl in Bezug auf die einzelnen Bankgeschäfte als „Ausfüllungsgeschäfte" entfalten.[137] Das Zustandekommen des Bankvertrags begründet ein geschäftsbesorgungsrechtliches Vertrauens- und Interessenwahrungsverhältnis und regelt die Bereitstellung der Geschäftseinrichtungen der Bank und die Anwendbarkeit der Banken-AGB.[138]

---

135 Vgl. *Raiser*, Das Recht der Allgemeinen Geschäftsbedingungen, 1935, S. 135, 145; *Ulmer*, Der Vertragshändler, 1969, S. 316 ff.; *Hopt*, Kapitalanlegerschutz im Recht der Banken, 1975, S. 383 ff., 402; *ders.*, in: Schimansky/Bunte/Lwowski, Bankrechts-Handbuch, 4. Aufl. 2011, § 1 Rdn. 15, 19 ff., 53; *ders.*, in: Baumbach/Hopt, Handelsgesetzbuch, 35. Aufl. 2012, A. Grundlagen des Bankrechts Rdn. A/6; *Fuchs*, Zur Lehre vom Bankvertrag, 1982, passim; *Hopt/Mülbert*, Kreditrecht, 1989, Rdn. 506; *Thessinga*, in: Ebenroth/Boujong/Joost/Strohn, Handelsgesetzbuch, 2. Aufl. 2009, Bankrecht Rdn. I 9; *Schwintowski*, Bankrecht, 3. Aufl. 2011 § 1 Rdn 11 ff.; *Martinek*, in: Staudinger, Neubearb. 2006, § 675 BGB Rdn. B 31; *Pikart*, WM 1957, 1238 ff.; *Bunte*, WM 1983, 430; *Köndgen*, NJW 1992, 2263; *ders.*, NJW 2004, 1288, 1289; *M. Roth*, WM 2003, 480, 482. Erstmals wohl *Bernstein*, Bank-Archiv 3 (1903/04), 166; *Regelsberger*, Bank-Archiv 5 (1906), 169; vgl. *Balzer*, BKR 2002, 1092.

136 Für einen Vertrag sui generis indes *Thessinga*, in: Ebenroth/Boujong/Joost/Strohn, Handelsgesetzbuch, 2. Aufl. 2009 Bankrecht Rdn. I 13.

137 *Raiser*, Das Recht der Allgemeinen Geschäftsbedingungen, 1935, S. 145; *Haupt*, Allgemeine Geschäftsbedingungen der deutschen Banken, 1937, S. 43 f.; *Ulmer*, Der Vertragshändler, 1969, S. 318; *Häuser*, in: Derleder/Knops/Bamberger (Hrsg.), Handbuch zum deutschen und europäischen Bankrecht, 2. Aufl. 2009, § 2 Rdn. 22; *Hopt*, in: Schimansky/Bunte/Lwowski (Hrsg.), Bankrechts-Handbuch, 4. Aufl. 2011, § 1 Rdn. 32.

138 So *Martinek*, in: Staudinger, Neubearb. 2006, § 675 BGB Rdn. B 28.

bb) Lehre von der Bankverbindung als Vertrauensverhältnis

Nach der Gegenmeinung[139] ist eine vertragliche Rückbindung der bankmäßigen Geschäftsverbindung abzulehnen. Gleichwohl wird sie als schützenswertes Rechtsverhältnis anerkannt. Rechtsdogmatische Ausgangsbasis dieser Auffassung ist insbesondere die Lehre von der „dauernden Geschäftsbeziehung" [140], die auf eine Entscheidung des Reichsgerichts aus dem Jahr 1891[141] zurückgeht. „Laufende Geschäftsbeziehungen" begründen hiernach ein gesetzliches Schuldverhältnis, das keine primären Leistungspflichten umfasst, aber eine Vertrauenshaftung bewirkt.[142] Hieraus resultieren Schutzpflichten, die von den einzelnen Anlagegeschäften unabhängig und der Haftung für Verschulden bei Vertragsschluss (*culpa in contrahendo*, *c.i.c.*, vgl. §§ 311 Abs. 2, 280 I, 241 Abs. 2 BGB) vergleichbar sind.

cc) BGH-Rechtsprechung

Die Rechtsprechung schien es lange Zeit vermeiden zu wollen, die Bankverbindung dogmatisch zu verorten. So wurde sie zwar im Zusammenhang mit dem Bankgeheimnis und Giro- bzw. Kontokorrentverträgen erwähnt, ohne aber hieraus Rechtsfolgen abzuleiten.[143]

Mit einer Entscheidung aus dem Jahr 2002 lehnte allerdings der „Bankrechtssenat" des BGH (XI. Zivilsenat) die Existenz eines allgemeinen

---

139 *Canaris*, in: Großkomm. z. HGB, 4. Aufl. 2005, Bankvertragsrecht Rdn. 2 ff. Weitere Nachweise bei *Hopt*, in: Schimansky/Bunte/Lwowski (Hrsg.), Bankrechts-Handbuch, 4. Aufl. 2011, § 1 Rdn. 47 Fn. 106.

140 Insbesondere *Canaris*, in: Großkomm. z. HGB, 4. Aufl. 2005, Bankvertragsrecht Rdn. 15 f.; ebenso *Kümpel*, Bank- und Kapitalmarktrecht, 3. Aufl. 2004, Rdn. 2.808; *Schwark*, ZHR 151 (1987), 325, 329 ff.; *Immenga*, ZBB 1990, 44 f.; *Rümker*, ZHR 147 (1983), 27, 34; vgl. *Häuser*, in: Derleder/Knops/Bamberger (Hrsg.), Handbuch zum deutschen und europäischen Bankrecht, 2. Aufl. 2009, § 2 Rdn. 42.

141 RG, Urt. v. 31.1.1891 (Az. I 254/90), RGZ 27, 118, 121.

142 Siehe *Müller-Graff*, JZ 1976, 153 ff.; *Canaris*, in: Großkomm. z. HGB, 4. Aufl. 2005, Bankvertragsrecht Rdn. 14.

143 Vgl. *Hopt*, in: Schimansky/Bunte/Lwowski (Hrsg.), Bankrechts-Handbuch, 4. Aufl. 2011, § 1 Rdn. 18; *Häuser*, in: Derleder/Knops/Bamberger (Hrsg.), Handbuch zum deutschen und europäischen Bankrecht, 2. Aufl. 2009, § 2 Rdn. 6 mit jeweils w.N. der Rechtsprechung.

Bankvertrages mit umfangreicher Begründung ab.[144] Diese dezidierte Ablehnung der Lehre vom Bankvertrag gestattet gleichwohl nicht den Umkehrschluss, dass die Bankverbindung rechtsdogmatisch auf einer vertrauensschützenden Geschäftsverbindung beruht.[145] In einer nachfolgenden Entscheidung des „Gesellschaftsrechtssenats" (II. Zivilsenat) lebte der allgemeine Bankvertrag sogar wieder auf.[146]

Letztlich kann nicht davon ausgegangen werden, dass der XI. Zivilsenat der Bankverbindung jegliche Rechtswirkung versagen wollte. Vielmehr führt er in der „Kirch/Breuer"-Entscheidung 2006 aus, dass das Verhältnis von Kreditinstituten zu ihren Kunden durch eine „besondere Vertrauensbeziehung" geprägt sei, die „Interessenwahrungs-, Schutz- und Loyalitätspflichten" begründe.[147] In den Entscheidungsgründen stellte der Senat allerdings nur auf den konkreten Darlehensvertrag als Rechtsgrundlage dieser Vertrauenspflichten ab, ohne zur dogmatischen Rückbindung der Bankverbindung erneut Stellung zu nehmen.

Die in Anbetracht dieser Inkonsistenzen gebotene Entscheidung des Großen Senats in Zivilsachen (§ 138 Abs. 1 GVG) zur dogmatischen Rückbindung der Bankverbindung und ihrer Rechtswirkungen steht bislang aus.

b) Stellungnahme

Gegen die rechtliche Anerkennung der Bankverbindung könnte sprechen, dass nach Ansicht des BGH die Annahme einer Vertrauenshaftung nur

---

144 BGH, Urt. v. 24.9.2002 (Az. XI ZR 345/01), BGHZ 152, 114. Zustimmend *Kilgus*, BB 2002, 2573, 2576; *Balzer*, BKR 2002, 1092, 1094; *Kort*, EWiR 2003, 151 f.; *V. Lang*, BKR 2003, 227, 233; **a.A.** *M. Roth*, WM 2003, 480; ebenso *Hopt*, in: Schimansky/Bunte/Lwowski (Hrsg.), Bankrechts-Handbuch, 4. Aufl. 2011, § 1 Rdn. 19 ff.

145 Vgl. BGH, Urt. v. 24.9.2002 (Az. XI ZR 345/01), BGHZ 152, 114, 119: „Eine längere Geschäftsverbindung als solche ist nichts weiter als eine Beziehung, die auf einem Dauerschuldverhältnis oder einer mehr oder weniger großen Zahl von Einzelverträgen beruht.".

146 BGH, Urt. v. 26.4.2004 (Az. II ZR 120/02), WM 2004, 1237, 1238 Tz. 14: „In Betracht kommt aber ein Schadensersatzanspruch... wegen schuldhafter Verletzung der aus dem Bankvertrag folgenden allgemeinen Schutzpflicht der Bank, die Interessen ihres Kunden zu wahren".

147 BGH, Urt. v. 24.1.2006 (Az. XI ZR 384/03), BGHZ 166, 84, 93 Rdn. 38 – *Kirch/ Breuer*.

ausnahmsweise in Betracht kommt. Anderenfalls würde „die im geltenden Haftungssystem bewußt gezogene Grenze zwischen vertraglichem und deliktischem Bereich weitgehend aufgehoben".[148] Eine auf die bankmäßige Geschäftsverbindung gestützte Vertrauenshaftung muss sich hiernach auf Ausnahmefälle beschränken.[149] Allerdings hat die Vertrauenshaftung zwischenzeitlich mit der Normierung der c.i.c. in § 311 Abs. 2 BGB eine gesetzliche Grundlage gefunden und ist nicht mehr nur eine Ausnahme- bzw. Rückfallregelung.

Die Kritiker des allgemeinen Bankvertrags führen des Weiteren an, dass ein „überlagernder Rahmenvertrag" entbehrlich sei, da „die Rechtsprechung im Hinblick auf die Durchführung einzelner Geschäfte relativ schnell auf einen Vertragsabschluss" abstelle.[150] Die Tragfähigkeit des Arguments, dass nämlich etwaige Schutzlücken durch konkludente (Anlageberatungs-)Verträge geschlossen werden, vermag schon deshalb nicht zu überzeugen, weil der XI. Zivilsenat in seiner Entscheidung aus dem Jahr 2002 zugleich den konkludenten Abschluss eines Beratungsvertrags verneint hatte.[151] Dem entschiedenen Sachverhalt lag ein Giro- und Darlehensvertrag zugrunde. Womöglich ist die Entscheidung zu sehr von der Sicht dieser Verträge geprägt.[152] So ist vorstellbar, dass das Gericht anders entschieden hätte, wenn auf Grundlage der Bankverbindung Anlagegeschäfte getätigt worden wären. Schließlich ist anerkannt, dass bei Wertpapiergeschäften eine intensivere Aufklärung über den Vertragsgegenstand erfolgen muss, als etwa bei der Zahlungsabwicklung im Giroverhältnis.[153]

In Teilen des Schrifttums wird am allgemeinen Bankvertrag weiterhin festgehalten.[154] Hierfür spricht zunächst die von den Banken gelebte Rechtspraxis: Die AGB-Banken finden ausweislich ihres Wortlauts auf die „gesamte Geschäftsbeziehung" Anwendung (Nr. 1 Abs. 1); nur für einzelne Geschäftsbeziehungen bzw. Bankgeschäfte gelten Sonder-AGB.

---

148 BGH, Urt. v. 11.10.1988 (Az. XI ZR 1/88), NJW 1989, 1029, 1030.

149 BGH, Urt. v. 11.10.1988 (Az. XI ZR 1/88), NJW 1989, 1029.

150 *Lang*, BKR 2003, 227, 234.

151 BGH, Urt. v. 24.9.2002 (Az. XI ZR 345/01), BGHZ 152, 114, 121.

152 So *Hopt*, in: Schimansky/Bunte/Lwowski (Hrsg.), Bankrechts-Handbuch, 4. Aufl. 2011, § 1 Rdn. 2.

153 *Hopt*, in: Schimansky/Bunte/Lwowski (Hrsg.), Bankrechts-Handbuch, 4. Aufl. 2011, § 1 Rdn. 2.

154 Siehe *Martinek*, in: Staudinger, Neubearb. 2006, § 675 BGB Rdn. B 31 ff.; m.w.N. zum Schrifttum *Hopt*, in: Schimansky/Bunte/Lwowski (Hrsg.), Bankrechts-Handbuch, 4. Aufl. 2011, § 1 Rdn. 18 ff.

Folgerichtig wird zwischen der Kündigung der gesamten Geschäftsbeziehung und der Kündigung einzelner Geschäftsbeziehungen unterschieden (Nr. 18 Abs. 1 und Nr. 19 Abs. 1 AGB-Banken).[155] Die Möglichkeit zur Kündigung der gesamten Geschäftsbeziehung setzt denklogisch voraus, dass es sich um ein *Vertragsverhältnis* handelt. Mit ihren AGB bringen die Kreditinstitute daher den Willen zum Ausdruck, einen Bankvertrag als Rahmenvertrag abschließen zu wollen. Dessen Abschluss wird regelmäßig auch im Interesse des Kunden liegen, weil er hierdurch zusätzlich geschützt wird.

Auf die dogmatische Alternative, die bankmäßigen Geschäftsverbindung als Vertrauensverhältnis zu begreifen, ist nur dann zurückzugreifen, wenn ein allgemeiner Bankvertrag z.B. wegen Geschäftsunfähigkeit nicht zustande kommt oder wenn sich die Bankverbindung auf punktuelle Austauschgeschäfte ohne Dauerschuldcharakter beschränkt, etwa den Ankauf von Münzen im Schaltergeschäft. Im Regelfall wird das Vertrauensverhältnis vom allgemeinen Bankvertrag aber „absorbiert“. [156]

Aus diesen Gründen wird die rechtliche Existenz des allgemeinen Bankvertrags von der hier vertretenen Ansicht anerkannt.

2. Anlageberatung

a) Vertragsrechtliche Ausgestaltung

Die Beratungspflichten von Versicherern und Versicherungsvermittlern sind im VVG spezialgesetzlich geregelt (§§ 6, 61 VVG). Die Erbringung von Anlageberatung in Bezug auf andere Kapitalmarktinvestmentprodukte ist dagegen zivilgesetzlich nicht normiert.

Rechtsprechung und Schrifttum sahen sich insofern dazu veranlasst, einen allgemeinen Anlageberatungsvertrag zu entwickeln.[157] Als Grundlage dient ein Geschäftsbesorgungsvertrag mit Dienst- oder Werkleistungscharakter.[158] Der Anlageberatungsvertrag zählt damit zu den Interessen-

---

155 *Martinek*, in: Staudinger, Neubearb. 2006, § 675 BGB Rdn. B 31.

156 *Martinek*, in: Staudinger, Neubearb. 2006, § 675 BGB Rdn. B 32.

157 *Weller,* ZBB 2011, 191, 192.

158 §§ 675, 611 BGB bzw. §§ 675, 631 BGB. Hierzu *v. Heymann/Edelmann*, in: Assmann/Schütze (Hrsg.), Hdb KapitalanlageR, 3. Aufl. 2007, § 4 Rdn. 7.

wahrungsverträgen und verpflichtet zu fremdnützigem Tätigwerden,[159] so dass die Eigeninteressen des Anlageberaters hinter die Anlegerinteressen zurücktreten müssen.[160]

Den Erwartungshorizont des Anlegers bei der Anlageberatung fasst eine BGH-Entscheidung prägnant zusammen:

> „Einen Anlageberater wird der Kapitalanleger im allgemeinen hinzuziehen, wenn er selbst keine ausreichenden wirtschaftlichen Kenntnisse und keinen genügenden Überblick über wirtschaftliche Zusammenhänge hat. Er erwartet dann nicht nur die Mitteilung von Tatsachen, sondern insbesondere deren fachkundige Bewertung und Beurteilung. Häufig wünscht er eine auf seine persönlichen Verhältnisse zugeschnittene Beratung, die er auch besonders honoriert. In einem solchen Vertragsverhältnis hat der Berater regelmäßig weitgehende Pflichten gegenüber dem betreuten Kapitalanleger."[161]

Unerheblich ist, ob es sich bei dem nachfolgenden Anlagegeschäft um ein Eigen- oder Kommissionsgeschäft handelt,[162] oder ob sich das Wertpapierdepot überhaupt bei der beratenden Bank befindet.[163] In der Regel wird die Anlageberatung nicht als isolierte Dienstleistung, sondern in Zusammenhang mit einem Anlagegeschäft erbracht,[164] wenngleich diese Konnexität nicht zwingend ist.[165]

b) Aufsichtsrechtliche Qualifizierung

Aufsichtsrechtlich zählt die Anlageberatung zu den Wertpapierdienstleistungen (§ 2 Abs. 3 S. 1 Nr. 9 WpHG).

---

159 Siehe die zahlr. Nachweise bei *Buck-Heeb*, WM 2012, 625, 629 m. Fn. 93.

160 *Sethe*, Anlegerschutz im Recht der Vermögensverwaltung, 2005, S. 769, 781; *Hopt*, ZGR 2004, 1, 18 ff.; *Weller*, ZBB 2011, 191, 197 f.; vgl. *Buck-Heeb*, WM 2012, 625, 629.

161 BGH, Urt. v. 13.5.1993 (Az. III ZR 25/92), NJW-RR 1993, 1114 f.

162 BGH, Urt. v. 16.2.1981 (Az. II ZR 179/80), BGHZ 80, 80, 82; Urt. v. 6.4.1981 (Az. II ZR 84/80), NJW 1981, 1440, 1441; RG, Urt. v. 24.9.1898 (Az. I 201/98), RGZ 42, 125, 131; *Hannöver*, in: Schimansky/Bunte/Lwowski (Hrsg.), Bankrechts-Handbuch, 4. Aufl. 2011, § 110 Rdn. 23.

163 OLG Frankfurt, Urt. v. 25.3.1993 (Az. 16 U 200/92), WM 1993, 1030, 1031; *Hannöver*, in: Schimansky/Bunte/Lwowski (Hrsg.), Bankrechts-Handbuch, 4. Aufl. 2011, § 110 Rdn. 23.

164 *Fuchs*, in: Fuchs (Hrsg.), WpHG, 2009, § 31 WpHG Rdn. 242.

165 Vgl. *Hannöver,* Schimansky/Bunte/Lwowski (Hrsg.), Bankrechts-Handbuch, 4. Aufl. 2011, § 110 Rdn. 28.

Keine Anlageberatung i.S.v. § 2 Abs. 3 S. 1 Nr. 9 WpHG liegt vor, wenn sich die Beratung und Vermittlung ausschließlich auf Investmentfondsanteile bezieht (§ 2 a Abs. 1 Nr. 7 WpHG). Von dieser praxisrelevanten Ausnahmeregelung profitieren sogenannte Fondsshops, die sich ausschließlich auf die Vermittlung von Investmentfonds spezialisiert haben und keine weiteren Wertpapier(neben)dienstleistungen erbringen.[166]

3. Konkludente Anlageberatungsverträge

Die Rechtsprechung neigt dazu, in Beratungssituationen fast schon als Automatismus den konkludenten Abschluss von Anlageberatungsvertägen anzunehmen. Ausdrückliche Vertragsabschlüsse sind in der Gerichtsrealität dagegen die Ausnahme.[167] Im Schrifttum wird das von der Rechtsprechung entwickelte Modell konkludenter Vertragsabschlüsse seit geraumer Zeit kritisiert.[168] Zu dieser Kritik wird im Nachfolgenden Stellung bezogen.

---

166 *Fuchs*, in: Fuchs (Hrsg.), WpHG, 2009, § 2 a WpHG Rdn. 19 f.

167 *Herresthal*, ZBB 2012, 89, 92; *Möllers*, WM 2008, 93, 94. Zum konkludent geschlossenen Beratungsvertrag als Regelfall auch *Hannöver*, in: Schimansky/Bunte/Lwowski (Hrsg.), Bankrechts-Handbuch, 4. Aufl. 2011, § 110 Rdn. 22; *Siol*, in: *ebd.*, § 43 Rdn. 7; *v. Heymann/Edelmann*, in: Assmann/Schütze (Hrsg.), Hdb KapitalanlageR, 3. Aufl. 2007, § 4 Rdn. 6, 10.

168 Vgl. *Canaris*, Bankvertragsrecht, 3. Aufl. 1988, Rdn. 88; *ders.*, in: FS Schimansky, 1999, S. 43, 47; *Roth*, in: Assmann/Schütze (Hrsg.), Hdb KapitalanlageR, 3. Aufl. 2007, § 11 Rdn. 16; *Einsele*, Bank- und Kapitalmarktrecht, 2. Aufl., 2010, § 8 Rdn. 25; *Singer*, in: FG 50 Jahre Bundesgerichtshof, Bd. I, 2000, S. 381, 393; *Berger*, ZBB 2001, 238, 241 f.; *Schaub*, AcP 202 (2002), 757, 788 f., 790; *Mertens*, AcP 203 (2003), 818, 852; *Wagner*, DStR 2003, 1757, 1760; *ders.*, DStR 2004, 1883, 1885; *Mansel*, in: GS Lüderitz, 2000, S. 487, 506 f.; *Heinsius*, ZBB 1994, 47, 49; *ders.*, ZHR 145 (1981), 177, 180 ff. Zuletzt *Bachmann/Roth*, in: Münch. Komm. z. BGB, 6. Aufl. 2012, § 241 BGB Rdn. 133; *Hannöver*, in: Schimansky/Bunte/Lwowski (Hrsg.), Bankrechts-Handbuch, 4. Aufl.2011, § 110 Rdn. 27; sowie *Buck-Heeb*, WM 2012, 625 ff.; *dies.*, BKR 2010, 1, 8; *Herresthal*, ZBB 2012, 89, 94 ff.; *dies.*, WM 2012, 2261, 2265; *Bausch*, NJW 2012, 354; *Spindler*, NJW 2011, 1920, 1921; *Weller*, ZBB 2011, 191, 193; siehe auch *Klöhn*, ZIP 2011, 762; *Haas*, LMK 2011, 318031.

a) Konkludente Auskunfts- und Beratungsverträge

Die rechtstechnische Konzeption des Anlageberatungsvertrags beruht auf dem Grundmodell des allgemeinen Auskunftsvertrags, der in aller Regel konkludent zustande kommt.[169] Der konkludente Abschluss eines Auskunftsvertrags hat folgende Voraussetzungen: (1.) Der Auskunft Begehrende macht deutlich, in Bezug auf eine konkrete Entscheidung „die besonderen Kenntnisse und Verbindungen" des Auskunftsgebers in Anspruch nehmen zu wollen.[170] (2.) Die Auskunft ist für den Empfänger „erkennbar von erheblicher Bedeutung", er will sie „zur Grundlage wesentlicher Entschlüsse"[171] machen. (3.) Der Auskunftgeber hat ein eigenes wirtschaftliches Interesse am Vertragsschluss[172].

Für das konkludente Zustandekommen eines Anlageberatungsvertrags soll es daher ausreichen, dass ein potentieller Anleger an einen Anlageberater oder umgekehrt der Berater an den Anleger herantritt („Angebot"), und im Anschluss ein Beratungsgespräch aufgenommen wird („Annahme").[173]

b) Kritik an der Konstruktion konkludenter Anlageberatungsverträge

Die Kritik des Schrifttums an konkludenten Anlageberatungsverträgen lässt sich auf drei Hauptpunkte zurückführen: (1.) Die „Passivlegitimation" – wer wird durch den Anlageberatungsvertrag verpflichtet und ist damit Anspruchsgegner im Fall von Pflichtverletzungen? (2.) Wird das situative Aufeinandertreffen von Anlageberater und Anleger den allgemeinen Voraussetzungen für Vertragsschlüsse gerecht? (3.) Lässt sich der von

---

169 *V. Heymann/Edelmann*, in: Assmann/Schütze (Hrsg.), Hdb KapitalanlageR, 3. Aufl. 2007, § 4 Rdn. 10.

170 BGH, Urt. v. 13.5.1993 (Az. III ZR 25/92), NJW-RR 1993, 1114; Urt. v. 13.1.2000 (Az. III ZR 62/99), NJW-RR 2000, 998; Urt. v. 13.5.1993 (Az. III ZR 25/92), WM 1993, 1238, 1239; zuvor bereits Urt. v. 22.3.1979 (Az. VII ZR 259/77), BGHZ 74, 103, 106, 107 f.

171 BGH, Urt. v. 13.2.1992 (Az. III ZR 28/90), NJW 1992, 2080, 2082.

172 Weitere Nachweise zur st. BGH-Rspr. bei *v. Heymann/Edelmann*, in: Assmann/Schütze (Hrsg.), Hdb KapitalanlageR, 3. Aufl. 2007, § 4 Rdn. 10.

173 Grundlegend BGH, Urt. v. 4.3.1987 (Az. IV a ZR 122/85), BGHZ 100, 117, 118 f. m.w.N. Siehe auch bspw. BGH, Urt. v. 28.1.1997 (Az. XI ZR 22/96), WM 1997, 662, 663.

der Rechtsprechung entwickelte Inhalt konkludenter Anlageberatungsverträge tatsächlich im Wege der ergänzenden Vertragsauslegung herleiten?

aa) Passivlegitimation

Im Schrifttum wird die Zweifelsfrage aufgeworfen, ob als Vertragspartei des Anlageberatungsvertrags der konkrete Berater oder der ihm übergeordnete Wertpapierdienstleister verpflichtet wird.[174]

Derartige Zurechnungsfragen werden zumeist bei freien Anlagevermittlern/-beratern virulent. Teilweise stellt die Rechtsprechung darauf ab, ob der Berater erkennbar für einen Wertpapierdienstleister aufgetreten ist, z.B. indem er zur Verfügung gestellte Logos, Briefpapier oder Visitenkarten verwendete. Ist dies der Fall, soll der Anlageberatungsvertrag unmittelbar zwischen Anleger und Wertpapierdienstleister zustande kommen.[175] Ist der Berater dagegen Angestellter des Wertpapierdienstleisters, folgt die Zurechnung bereits aus § 278 BGB;[176] die Frage der Passivlegitimation stellt sich nicht.

bb) Konkludenter Vertragsschluss durch situatives Aufeinandertreffen

Es ist als allgemein bekannt zu unterstellen, dass zivilrechtliche Verträge durch in Bezug aufeinander abgegebene und auf die Setzung einer Rechtsfolge gerichtete Willenserklärungen zustande kommen.[177] Ferner, dass sich Willensklärungen aus einem inneren, subjektiven Willenstatbestand (Handlungs-, Erklärungs- und Geschäftswille) und einem äußeren, objektiven Erklärungstatbestand zusammensetzen.[178]

Ausdrückliche und konkludent erteilte Willenserklärungen sind zudem rechtlich gleichwertig.[179] Die die auf den Abschluss eines konkludenten

---

174 Hierzu *Wagner*, DStR 2003, 1757, 1759 f.; *ders.*, DStR 2004, 1883, 1885 f.

175 OLG Celle, Urt. v. 5.9.2002 (Az. 11 U 184/01), OLGR 2003, 22; Urt. v. 5.9. 2002 (Az. 11 U 4/02), OLGR 2003, 24.

176 Siehe *Ekkenga*, in: Münch. Komm. z. HGB, 2. Aufl. 2009, Effektengeschäft Rdn. 269.

177 *Brox/Walker*, BGB AT, 36. Aufl. 2012 Rdn. 77.

178 Hierzu *Brox/Walker*, BGB AT, 36. Aufl. 2012 Rdn. 88 ff..

179 Vgl. *Singer*, in: Staudinger, BGB, Neubearb. 2012, § 133 BGB Rdn. 26 m.w.N., Vor §§ 116 ff. BGB Rdn. 43.

Vertrags gerichteten Willenserklärungen müssen daher dieselben Voraussetzungen erfüllen, die für ausdrücklich erteilte Willenserklärungen gelten.[180] Das situative Aufeinandertreffen von Anlageberater und potentiellem Anleger vermag nur dann einen konkludenten Vertragsschluss zu begründen, wenn die allgemeinen Voraussetzungen von Willenserklärungen vorliegen. Bei deren Ermittlung gilt es die Besonderheit konkludenter Willenserklärungen zu beachten, dass das Verhalten des Erklärenden bei isolierter Betrachtung keinen eindeutigen Sinn ergibt; nur in Verbindung mit anderen Umständen lässt sich auf einen bestimmten Sinn schließen.[181]

(1) Erklärungsbewusstsein und objektive Zurechnung

Unter dem Begriff Erklärungsbewusstsein (bzw. Erklärungswille) wird das Bewusstsein des Erklärenden verstanden, eine rechtlich verbindliche Erklärung abzugeben.[182] In Rechtsprechung und Schrifttum ist umstritten, ob das Erklärungsbewusstsein zu den Voraussetzungen einer Willenserklärung zählt.[183]

Zum Teil wird vertreten, dass das Erklärungsbewusstsein zumindest in Bezug auf konkludente Willenserklärungen konstitutive Voraussetzung ist.[184] Gegen diese Ansicht spricht, dass nicht ersichtlich ist, warum das Vertrauen auf ein konkludentes Verhalten nicht denselben Schutz wie das Vertrauen auf eine ausdrücklich erteilte Willenserklärung verdienen soll, wenn beide dieselben Rechtsfolgen bewirken.[185]

Hiervon ist die Fragestellung zu unterscheiden, ob der Erklärende auch an Willenserklärungen gebunden ist, die er nicht bewusst zur Setzung

---

180 *Armbrüster*, in: Münch. Komm. z. BGB, 6. Aufl. 2012, § 119 BGB Rdn. 100 m.w.N.

181 *Larenz/Wolf*, BGB AT, 9. Aufl. 2004, § 24 Rdn. 17 m.w.N., § 28 Rdn. 24 ff.

182 Siehe *Armbrüster*, in: Münch. Komm. z. BGB, 6. Aufl. 2012, § 119 BGB Rdn. 93.

183 Zum Meinungsstand *Armbrüster*, in: Münch. Komm. z. BGB, 6. Aufl. 2012, § 119 BGB Rdn. 94.

184 *Coing*, in: Staudinger, BGB, 11. Aufl. 1957, Vor § 116 BGB Rdn. 1 f. m.w.N.

185 *Armbrüster*, in: Münch. Komm. z. BGB, 6. Aufl. 2012, § 119 BGB Rdn. 100; zuvor bereits *Bydlinski*, Privatautonomie, 1967, S. 58; *Kramer*, Grundfragen der vertraglichen Einigung, 1972, S. 166; *Wieling*, AcP 176 (1976), 334, 335 f. Ebenso für das Schweigen als konkludente Willenserklärung BGH, Beschl. v. 19.9.2002 (Az. V ZB 37/02), BGHZ 152, 63, 70 f.

einer Rechtsfolge abgegeben hat.[186] Diesbezüglich kommt es nicht darauf an, ob der Erklärende über Erklärungsbewusstsein verfügte; entscheidend ist allein, ob die abgegebene Willenserklärung dem Erklärenden objektiv zurechenbar ist.[187] Dies lässt sich damit begründen, dass das Recht der Willenserklärungen (§§ 119 ff. i.V.m. § 157 BGB) das Vertrauen des Erklärungsempfängers in den Bestand einer Willenserklärung schützt.[188] Objektiv zurechenbar ist eine Willenserklärung, wenn der Erklärende bei „gehöriger Sorgfalt die mögliche Deutung seines Verhaltens als Willenserklärung erkennen und eine solche Deutung durch Vermeidung des Verhaltens verhindern hätte können".[189]

In Bezug auf den konkludenten Abschluss von Auskunftsverträgen wird die objektive Zurechenbarkeit der Willenserklärung über die bereits genannte Voraussetzung sichergestellt, dass die Auskunft für den Empfänger „erkennbar von erheblicher Bedeutung als Grundlage wesentlicher Entschlüsse" sein muss.[190]

(2) Rechtsbindungswille

Der Rechtsbindungswille ist Teil des objektiven Tatbestands einer Willenserklärung.[191] Aus der Sicht eines verständigen Adressaten muss das Verhalten des sich konkludent Erklärenden erkennen lassen, mit der Erklärung eine rechtliche Bindung bewirken zu wollen.[192]

---

186 Siehe *Bydlinski*, JZ 1975, 1, 5; *ders.*, Privatautonomie, 1967, S. 162 ff..

187 *Armbrüster*, in: Münch. Komm. z. BGB, 6. Aufl. 2012, § 119 BGB Rdn. 97 m.w.N.

188 *Armbrüster*, in: Münch. Komm. z. BGB, 6. Aufl. 2012, § 119 BGB Rdn. 97.

189 So *Armbrüster*, in: Münch. Komm. z. BGB, 6. Aufl. 2012, § 119 BGB Rdn. 97 m.w.N. aus Rspr. und Schrifttum, z.B. BGH, Urt. v. 7.6.1984 (Az. IX ZR 66/83), BGHZ 91, 324, 330.

190 Vgl. BGH, Urt. v. 13.2.1992 (Az. III ZR 28/90), NJW 1992, 2080, 2082. Siehe S. 170 sowie *Buck-Heeb*, WM 2012, 625, 627.

191 *Eckert*, in: Beck. Komm. z. BGB, Edition 27 (Stand: 1.5.2013), § 145 BGB Rdn. 35.

192 *Busche*, in: Münch. Komm. z. BGB, 6. Aufl. 2012, § 145 BGB Rdn. 7.

(a) Manifestation des Rechtsbindungswillens

Mitunter werden konkludente Anlageberatungsverträge mit dem Argument abgelehnt, dass durch die Aufnahme eines Beratungsgesprächs nicht der Wille zum Ausdruck komme, eine rechtliche Bindung herbeiführen zu wollen. Zur Rückbindung des von der Rechtsprechung entwickelten Pflichtenkanons fehle es insofern am erforderlichen Rechtsbindungswillen.[193]

Dieser Argumentation kann nicht gefolgt werden. Nicht einmal der Geschäftswille, also der auf die Herbeiführung eines rechtsgeschäftlichen Erfolgs gerichtete subjektive Wille,[194] der nicht zu den Voraussetzungen einer Willenserklärung zählt, muss sämtliche mit dem Vertrag bezweckten Rechtsfolgen exakt umfassen. Es reicht es aus, dass ein wirtschaftlicher Erfolg beabsichtigt wird.[195] Für die objektive Manifestation des Rechtsbindungswillens reicht es daher ebenfalls aus, dass dem potentiellen Anleger im Verlauf des Beratungsgesprächs Informationen mitgeteilt werden. Die Aufnahme des Beratungsgesprächs trägt aus Sicht eines objektiven Dritten den Rechtsbindungswillen des Beraters nach außen, einen Auskunfts- bzw. Anlageberatungsvertrag abschließen zu wollen. Auf etwaige innere Vorbehalte des Beraters, beispielsweise nur dem Produktvertrieb dienliche Informationen mitteilen zu wollen, kann es folglich nicht ankommen.[196]

(b) Bedingter Rechtsbindungswille

Mit Ausnahme des ab August 2014 gesetzlich verankerten Modells der Honoraranlageberatung[197] rechnet sich die zeit- und damit kostenintensive Anlageberatung für Wertpapierdienstleister nur unter dem Gesichtspunkt, dass der Beratungskunde ein umsatzrealisierendes Anlagegeschäft ab-

---

193 *Herresthal*, ZBB 2012, 89, 93.

194 *Larenz/Wolf*, Allgemeiner Teil des Bürgerlichen Rechts, 9. Aufl. 2004, § 24 Rdn. 9 m.w.N.

195 *Armbrüster*, in: Münch. Komm. z. BGB, 6. Aufl. 2012, Vor §§ 116-144 BGB Rdn. 28.

196 **A.A.** *Herresthal*, ZBB 2012, 89, 93.

197 Die Hauptregelungen treten m.W.z. 1.8.2014 in Kraft, vgl. Art. 5 Abs. 1 HonoraranlageberatungsG.

schließt. Die Anlageberatung ist somit vor allem ein „Absatzinstrument" der Finanzindustrie[198].

In Anbetracht dieser ökonomischen Motivation wird vorgebracht, dass es lebensfremd sei anzunehmen, der Wertpapierdienstleister wäre auch ohne den Abschluss eines nachfolgenden Anlagegeschäfts zur unentgeltlichen Anlageberatung bereit. Vielmehr stehe der Rechtsbindungswille zum Abschluss des Anlageberatungsvertrags unter der aufschiebenden Bedingung, dass auf Grundlage der Beratung ein Anlagegeschäft zustande kommt[199]

Hiergegen spricht jedoch, dass eine derartige Bedingung für den Anleger nach den allgemeinen Regeln (§§ 133, 157 BGB) objektiv erkennbar sein muss. Die Behauptung, dem durchschnittlichen Anleger sei bekannt, dass Anlageberatung nur deshalb kostenlos erbracht wird, weil die Berater auf die Realisierung einer Gewinnmarge oder Provision aus einem Folgegeschäft hoffen,[200] kommt einer Unterstellung gleich.[201] Für freie Anlagevermittler hatte der III. Zivilsenat des BGH eine Aufklärungspflicht über Provisionszahlungen Dritter verneint, da es für die Anleger „offenkundig" sei, dass die Vermittler keine anderweitige Vergütung für ihre Tätigkeit erhalten.[202] Anders verhält es sich nach Auffassung desselben Senats für die Anlageberatung einer Bank: Diese sei in eine dauerhafte Geschäftsbeziehung eingebettet und die Bank erhalte bereits aus der Erbringung anderer Dienstleistungen (z.B. Darlehens-, Zahlungsdienste-, Depotverträge) Vergütungen. Für den durchschnittlichen Bankkunden sei es nicht „offenkundig", dass die Bank bei der Erbringung von Anlageberatung ein Gewinnerzielungsinteresse verfolgt.[203]

Da sich die Geldanlage in Kapitalmarktinvestmentprodukte überwiegend im Kontext dauerhafter Geschäftsbeziehungen zu Banken vollziehen, haben Privatanleger typischerweise keinen Grund zu der Annahme, dass deren Rechtsbindungswille unter der aufschiebenden Bedingung steht, dass anschließend ein Anlagegeschäft abgeschlossen werden soll.

---

198 *Buck-Heeb*, WM 2012, 625, 628; siehe auch *Koller*, ZBB 2011, 361, 362 f.

199 *Vortmann*, Aufklärungs- und Beratungspflichten, 10. Aufl. 2013, Rdn. 696.

200 OLG Frankfurt, Urt. v. 15.9.2011 (Az. 3 U 19/11), BeckRS 2011, 24252; *Vortmann*, Aufklärungs- und Beratungspflichten, 10. Aufl. 2013, Rdn. 694.

201 Vgl. *Buck-Heeb*, WM 2012, 625, 632.

202 BGH, Urt. v. 15.4.2010 (Az. III ZR 196/09), BGHZ 185, 185, 189 f. Rdn. 13.

203 BGH, Urt. v. 19.7.2012 (Az. III ZR 192/10), NJW 2012, 2952, 2953 Rdn. 12 f.; siehe auch *Hanke*, BKR 2012, 493, 494.

(c) Ausschluss des Rechtsbindungswillens

Wertpapierdienstleister, die den Abschluss konkludenter Anlageberatungsverträge ausschließen möchten, müssen diesen „negativen Rechtsbindungswillen“ objektiv erkennbar zum Ausdruck bringen.

Dieser Ausschluss kann z.B. durch den Hinweis an den Kunden erfolgen, dass mit Aufnahme eines Gesprächs zwischen Berater und potentiellem Anleger kein Auskunfts- oder Beratungsvertrag begründet wird.[204] Zum Teil haben die Banken von der Möglichkeit Gebrauch gemacht, den Abschluss konkludenter Beratungsverträge AGB-rechtlich auszuschließen. So heißt es etwa in einer Rahmenvereinbarung der Stadtsparkasse München: „Für die gemäß der Rahmenvereinbarung in Anspruch genommenen Leistungen findet weder eine Anlageberatung zu Wertpapiergeschäften noch eine Produktberatung statt.“[205] Die Banken sind nicht daran gehindert, derartige Ausschlüsse auf alle potentiellen Beratungssituationen zu erstrecken und Anlageberatung nur noch auf ausdrücklicher, individualvertraglicher Grundlage zu erbringen. Der AGB-Ausschluss wird gleichwohl stillschweigend aufgehoben, wenn der Berater dennoch konkrete Fragen zu Anlageprodukten beantwortet.[206]

Zu verneinen ist der Abschluss eines Anlageberatungsvertrags, wenn ein Anleger mit gezielten Aufträgen an einen Anlageberater herantritt, die dieser sodann ohne weitere Informationserteilung ausführt.[207] Gleiches soll gelten, wenn der Kunde erklärt, keine Beratung zu wünschen[208] oder angibt, über hinreichende Erfahrungen zu verfügen[209].

---

204 *Buck-Heeb*, WM 2012, 625, 627 m.w.N.

205 Siehe Stadtsparkasse München, Rahmenvereinbarung über die Teilnahme am Online-Banking/Telefon-Banking, Stand 04/2014.

206 *Weller*, ZBB 2011, 191, 193; ebenso *Weber*, in: Fischer/Klanten (Hrsg.), Bankrecht, 4. Aufl. 2010, Rdn. 11.284; **a.A.** *Einsele*, Bank- und Kapitalmarktrecht, 2. Aufl. 2010, § 8 Rdn. 25.

207 *Hannöver*, in: Schimansky/Bunte/Lwowski (Hrsg.), Bankrechts-Handbuch, 4. Aufl. 2011, § 110 Rdn. 24; *Fuchs*, in: Fuchs (Hrsg.), WpHG, § 31 WpHG Rdn. 243 mit jeweils w.N.

208 *Vortmann,* Aufklärungs- und Beratungspflichten, 10. Aufl. 2013, Rdn. 688.

209 BGH, Urt. v. 24.9.1996 (Az. XI ZR 244/9), NJW-RR 1997, 176 f.; *V. Lang/ Balzer*, in: FS Nobbe, 2009, S. 639, 656.

cc) Ermittlung des Vertragsinhalts durch ergänzende Vertragsauslegung

Ausgangsbasis der inhaltlichen Pflichten von Anlageberatungsverträgen ist die „Bond"-Entscheidung des XI. Zivilsenats aus dem Jahr 1993: Anlageberater sind hiernach verpflichtet, „anleger- und objektgerecht" zu beraten.[210] Dem potentiellen Anleger muss unter Berücksichtigung seiner Anlageziele, Kenntnisse und Erfahrungen mit Anlageprodukten sowie seiner Risikoneigung ein geeignetes Produkt empfohlen werden.[211] Auf dieser Grundlage entwickelte die Rechtsprechung in den letzten beiden Dekaden einen Kanon weit ausdifferenzierter Aufklärungs- und Beratungspflichten.

In Anbetracht der Vielschichtigkeit dieses Pflichtenkanons und dessen Umfang[212] wird im Schrifttum in Zweifel gezogen, dass sich die Pflichtenstellungen auf eine Parteivereinbarung zurückführen lassen.[213] Zutreffend wäre diese Ansicht insbesondere dann, wenn die Voraussetzungen einer ergänzenden Vertragsauslegung nicht vorliegen.[214]

Grundsätzlich sind konkludent erteilte Willenserklärungen mit derselben Methodik auszulegen wie ausdrückliche Willenserklärungen.[215] Haben sich die Vertragsparteien über einen regelungsbedürftigen Punkt nicht geeinigt, ist diese Lücke, soweit sie nicht durch dispositives Recht geschlossen werden kann,[216] mit Hilfe der ergänzenden Vertragsauslegung zu schließen.

Die ergänzende Vertragsauslegung hat folgende Voraussetzungen: (1.) Zwischen den Vertragsparteien ist tatsächlich ein Vertrag zustande gekommen, denn die ergänzende Vertragsauslegung darf nicht dazu benutzt werden, einen rechtlich nicht existenten Vertrag zu fingieren.[217] (2.) Es

---

210 BGH, Urt. v. 6.7.1993 (Az. XI ZR 12/93), BGHZ 123, 126 (Leitsatz).

211 *Fuchs*, in: Fuchs (Hrsg.), WpHG, 2009, § 31 WpHG Rdn. 236 ff.

212 Paradigmatisch BGH, Urt. v. 22.3.2011 (Az. XI ZR 33/10), BGHZ 189, 13, 25 Rdn. 29 – *Zins-Swap*, wonach der Kunde auf denselben Kenntnis- und Wissensstand wie die beratende Bank gebracht werden soll.

213 *Herresthal*, ZBB 2012, 89, 93.

214 Oben S. 177 ff.

215 *Singer*, in: Staudinger, BGB, Neubearb. 2012, § 133 BGB Rdn. 26; *Ellenberger*, in: Palandt, 73. Aufl. 2014, § 133 BGB Rdn. 11.

216 *H. Roth*, in: Staudinger, BGB, Neubearb. 2010, § 157 BGB Rdn. 15, 23 ff., 30; *Busche*, in: Münch. Komm. z. BGB, 6. Aufl. 2012, § 157 BGB Rdn. 26.

217 *Busche*, in: Münch. Komm. z. BGB, 6. Aufl. 2012, § 157 BGB Rdn. 26 m.w.N.; *Wolf*, in: Soergel, BGB, 13. Aufl. 1999, § 157 BGB Rdn. 125 ff.; *Larenz/Wolf*, BGB AT, 9. Aufl. 2004, § 28 Rdn. 63, 122. So aber bspw. BGH, Urt. v. 18.12.1979 (Az. VI ZR 52/78), NJW 1980, 1681, 1682.

besteht eine vertragliche Regelungslücke.[218] (3.) Die im Wege der ergänzenden Vertragsauslegung gefundenen Pflichten liegen im hypothetischen Interesse *beider* Vertragsparteien[219].

(1) Regelungslücke

Eine Regelungslücke resultiert nicht allein daraus, dass beiderseitige Planvorstellungen der Parteien fehlgeschlagen sind oder ein einseitiger Irrtum vorliegt.[220] Vielmehr muss eine vertragliche Regelung fehlen, die erforderlich ist, um den Regelungsplan der Parteien zu verwirklichen und die vom objektiven Regelungsgehalt der Parteieerklärungen nicht mehr erfasst wird.[221]

Mit Aufnahme des Beratungsgesprächs wird nur der Rechtsbindungswille manifestiert, dass ein Anlageberatungsvertrag abgeschlossen werden soll. Der Vertragsinhalt soll sich durch Auslegung der Willenserklärungen nach dem objektivierten Empfängerhorizont ergeben.[222] Diese „objektive" Auslegung stellt darauf ab, welche Erwartungen der Anleger an seinen Berater „vernünftigerweise" haben darf.[223] Eine Regelungslücke liegt nach dieser Ansicht nicht vor. Hiergegen spricht jedoch, dass durch die Bezugnahme auf typischer Weise anzunehmende Interessenlagen die Rückbindung an den subjektiven Parteiwillen in den Hintergrund gerät und die dogmatischen Grenzen zur ergänzenden Vertragsauslegung verschwimmen.

Aus diesem Grund ist es nach der hier vertretenen Ansicht vorzugswürdig, vom Bestehen einer Regelungslücke in Bezug auf den Pflichtenkanon des Anlageberatungsvertrags auszugehen, die sodann im Wege der ergänzenden Vertragsauslegung zu schließen ist.

---

218 *Cziupka*, JuS 2009, 103, 105.
219 Hierzu *Busche*, in: Münch. Komm. z. BGB, 6. Aufl. 2012, § 157 BGB Rdn. 47 ff.
220 Vgl. ebenso *H. Roth*, in: Staudinger, BGB, Neubearb. 2010, § 157 BGB Rdn. 15 m.w.N.
221 *H. Roth*, in: Staudinger, BGB, Neubearb. 2010, § 157 BGB Rdn. 15.
222 So *Forschner*, Wechselwirkungen von Aufsichts- und Zivilrecht, 2013, S. 110 f.
223 *Forschner*, Wechselwirkungen von Aufsichts- und Zivilrecht, 2013, S. 111; *Stackmann*, NJW 2011, 2616.

(2) „Im hypothetischen Interesse beider Vertragsparteien“

(a) Realer und hypothetischer Parteiwille

Mithilfe der klassischen Auslegungskanones wird der einer Willenserklärung zugrunde liegende reale Wille ermittelt. Die ergänzende Vertragsauslegung fragt nach dem hypothetischen Willen, „den die Parteien redlicherweise gehabt haben würden, wenn sie an eine bestimmte Situation gedacht und diese geregelt hätten“.[224]

Um das von den Parteien Gewollte zu ermitteln, stellt die Rechtsprechung darauf ab, was die Parteien bei Abwägung ihrer beiderseitigen[225] Interessen nach Treu und Glauben als gerechten Interessenausgleich gewollt und vereinbart hätten, wäre der ungeregelte Fall bedacht worden.[226] Insofern darf der Richter den Parteien nicht seine eigenen Maßstäbe aufdrängen, sondern „lediglich die von den Parteien zugrunde gelegten Wertungen zu Ende denken“.[227] Unzulässig ist ferner eine ergänzende Vertragsauslegung, die sich allein nach dem objektiv ökonomisch sinnvollen Ergebnis richtet.[228]

Dogmatisch soll es sich bei der ergänzenden Vertragsauslegung um eine von § 157 BGB losgelöste, auf § 242 BGB gestützte, heteronome Rechtsfortbildung handeln;[229] die Gegenansicht begreift die ergänzende Vertragsauslegung als schlichte Auslegung.[230]

---

224 So *Larenz/Wolf*, BGB AT, 9. Aufl. 2004, § 28 Rdn. 63.

225 BGH, Urt. v. 4.3.2009 (Az. XII ZR 18/08), NJW 2009, 1667, 1669 Rdn. 25; *H. Roth*, in: Staudinger, BGB, Neubearb. 2010, § 157 BGB Rdn. 32; *Larenz/Wolf*, BGB AT, 9. Aufl. 2004, § 28 Rdn. 116, 118.

226 St. Rspr. seit BGH, Urt. v. 22.4.1953 (Az. II ZR 143/52), BGHZ 9, 273, 277 f.; *H. Roth*, in: Staudinger, BGB, Neubearb. 2010, § 157 BGB Rdn. 30 f. m.w.N.; *Larenz/Wolf*, BGB AT, 9. Aufl. 2004, § 28 Rdn. 116, 118 m.w.N.

227 So *Larenz/Wolf*, BGB AT, 9. Aufl. 2004, § 28 Rdn. 120; ebenso *H. Roth*, in: Staudinger, BGB, Neubearb. 2010, § 157 BGB Rdn. 4.

228 *Larenz/Wolf*, BGB AT, 9. Aufl. 2004, § 28 Rdn. 116; *Eidenmüller*, Effizienz als Rechtsprinzip, 2. Aufl. 1998, S. 456 f.; *Cziupka*, JuS 2009, 103, 105.

229 So *Busche*, in: Münch. Komm. z. BGB, 6. Aufl. 2012, § 157 BGB Rdn. 28 m.w.N.

230 BGH, Urt. v. 22.4.1953 (Az. II ZR 143/52), BGHZ 9, 273, 277 f.; Urt. v. 24.2.1954 (Az. II ZR 88/53), BGHZ 12, 337, 342 f.; Urt. v. 3.11.1999 (Az. VIII ZR 269/98), BGHZ 143, 103, 120; *H. Roth*, in: Staudinger, BGB, Neubearb. 2010, § 157 BGB Rdn. 3 m.w.N.

(b) Ermittlung der hypothetischen Parteiinteressen

Zu thematisieren ist, nach welchem Maßstab die hypothetischen Parteiinteressen zu bestimmen sind. Diese Problematik lässt sich anhand der Fragestellung veranschaulichen, ob im Rahmen eines Anlageberatungsvertrags über die Gewinnmarge eines nachfolgenden Festpreisgeschäfts aufgeklärt werden muss.[231]

Im Rahmen des Kaufvertrags wird eine Aufklärungspflicht des Verkäufers über seine Gewinnmarge aus dem Kaufvertrag als gänzlich undenkbar und „betriebswirtschaftlich widersinnig" abgelehnt.[232] Anderes könnte jedoch für Festpreisgeschäfte gelten, denen ein (konkludenter) Anlageberatungsvertrag vorausgeht, der zur Auflärung über das empfohlene Anlagegeschäft inklusive einer etwaigen Gewinnmarge verpflichtet.

Diese Aufklärungspflicht könnte allerdings dadurch entfallen, dass die hypothetischen Parteiinteressen, die den Inhalt des Anlageberatungsvertrags bestimmen, „in Konnexität"[233] mit dem nachfolgenden Festpreisgeschäft zu bestimmen sind. So verneinte der XI. Zivilsenat eine Aufklärungspflicht über Gewinnmargen mit folgender Argumentation: „Was für den Kunden im Rahmen des Kaufvertrags offensichtlich ist, lässt innerhalb des Beratungsvertrags seine Schutzwürdigkeit entfallen"[234]. Die „Offensichtlichkeit" des eigennützigen Charakters des Festpreisgeschäfts überlagert hiernach die Fremdnützigkeit des vorausgehenden Anlageberatungsvertrags.

In Bezug auf ein nachfolgendes (fremdnütziges) Kommissionsgeschäft stellte derselbe Senat bemerkenswerterweise fest, dass es der „künstliche[n] Aufspaltung eines nach dem tatsächlichen Ablauf einheitlichen Lebenssachverhalts" gleich käme, wenn bei der rechtlichen Würdigung auf das Vorliegen zweier unterschiedlicher Vertragsverhältnisse abgestellt würde.[235] Schließlich wisse die Bank regelmäßig bereits zum Zeitpunkt der Beratung, „dass und in welchem Umfang sie bei dem empfohlenen

---

231 M. zahlr. N. zum Streitstand BGH, Urt. v. 27.9.2011 (Az. XI ZR 182/10), NJW 2012, 66, 69 Rdn. 36 – *Lehman II.*

232 *Buck-Heeb*, jurisPR-BKR 5/2010 Anm. 6; *dies.*, WM 2012, 625, 629.

233 *Buck-Heeb*, WM 2012, 625, 632 f. spricht von der „Relativität des Anlageberatungsvertrags".

234 BGH, Urt. v. 27.9.2011 (Az. XI ZR 178/10), NJW-RR 2012, 43, 47 Rdn. 47 – *Lehman I*; Urt. v. 27.9.2011 (Az. XI ZR 182/10), NJW 2012, 66, 70 Rdn. 44 – *Lehman II.*

235 BGH, Urt. v. 24.9.2013 (Az. XI ZR 204/12), BKR 2014, 23, 25 Rdn. 25.

Produkt Vertriebsprovisionen erhält und in welcher Form sie das Erwerbsgeschäft (Festpreisgeschäft oder Kommission) vollziehen will".[236]

Schlüssig ist das „Offensichtlichkeits"-Kriterium damit nur, wenn dem Anleger die spätere Verkäuferrolle der beratenden Bank positiv bekannt ist. Anderenfalls muss im Rahmen der Anlageberatung über den Charakter des nachfolgenden Anlagegeschäfts aufgeklärt werden. Nicht nachvollziehbar ist, warum der Senat im Gegensatz zu den Instanzgerichten[237] eine Aufklärung über die „Doppelrolle" als Berater und späterer Produktverkäufer mit dem Argument ablehnte, dass der Anlager anhand dieser Information das konkrete Ausmaß eines Interessenkonflikts nicht besser abschätzen könne.[238]

Dieser Argumentation kann nicht gefolgt werden. Ohne Kenntnis von der Verkäuferrolle hat der Anleger keinerlei Anlass, Interessenkonflikte des Wertpapierdienstleisters überhaupt in Betracht zu ziehen.[239] Es ist davon auszugehen, dass sich der durchschnittliche Privatanleger keine Meinung darüber bildet, ob er das ihm empfohlene Anlageprodukt direkt von seinem Berater erwirbt, der zugleich als Verkäufer auftritt, oder ob der Berater lediglich den Geschäftsabschluss vermittelt. Insofern geht es nicht um die Information, in welchem Ausmaß ein Interessenkonflikt besteht, sondern dass ein solcher überhaupt vorliegen könnte.

Die Argumentation des XI. Zivilsenats, der unter Bezugnahme auf das Kriterium der „Offensichtlichkeit" die Pflichten des Beratungsvertrags bestimmen möchte, ist widersprüchlich. Indem er diese aus einem nachfolgenden und zu diesem Zeitpunkt noch nicht abgeschlossenen Anlagegeschäft herleitet, unterliegt der Senat einem gravierenden „Rückschaufehler".[240] Eine „konnexe" Ermittlung der hypothetischen Parteiinteressen ist im Ergebnis abzulehnen.

---

236 So BGH, Urt. v. 24.9.2013 (Az. XI ZR 204/12), BKR 2014, 23, 25 Rdn. 27; ähnlich *Häuser*, in: Münch. Komm. z. HGB, 3. Aufl. 2013, § 384 HGB Rdn. 73 a.

237 OLG Frankfurt, Urt. v. 29.6.2011 (Az. 17 U 12/11), ZIP 2011, 1462, 1463; OLG Köln, Urt. v. 8.6.2011 (Az. 13 U 55/10), WM 2011, 1652, 1653 f.; Urt. v. 4.5.2011 (Az. 13 U 165/10), ZIP 2011, 1092, 1093; OLG Karlsruhe, Urt. v. 30.3.2011 (Az. 17 U 133/10), WM 2011, 883 ff.; Urt. v. 2.11.2010 (Az. 17 U 62/10), WM 2011, 353 ff.

238 BGH, Urt. v. 27.9.2011 (Az. XI ZR 178/10), NJW-RR 2012, 43, 47 Rdn. 51 – *Lehman I*; Urt. v. 27.9.2011 (Az. XI ZR 182/10), NJW 2012, 66, 70 Rdn. 48 – *Lehman II*.

239 So auch *Buck-Heeb*, WM 2012, 625, 634.

240 *Buck-Heeb*, WM 2012, 625, 632.

dd) Zwischenfazit

Soweit sich die Pflichten der Vertragsparteien eines Anlageberatungsvertrags nicht bereits durch Auslegung der (konkludenten) Willenserklärungen nach dem objektivierten Empfängerhorizont ermitteln lassen,[241] ist auf die ergänzende Vertragsauslegung zurückzugreifen.

Der zur Lückenfüllung herzuleitende Vertragsinhalt muss den hypothetischen Interessen der Vertragsparteien entsprechen. Dabei ist zu berücksichtigen, dass der Anlageberatungsvertrag als Geschäftsbesorgungsvertrag zu fremdnütziger Tätigkeit verpflichtet. Nach der hier vertretenen Ansicht sind die Parteiinteressen „isoliert" und nicht in Konnexität mit einem erst zu einem späteren Zeitpunkt geschlossenen Festpreisgeschäft zu ermitteln.

Maßgeblich ist für das hypthetische Parteiinteresse damit allein das Anlegerinteresse. Der Wertpapierdienstleister wird daher aufgrund ergänzender Vertragsauslegung dazu verpflichtet, dem Anleger alle Informationen offenzulegen, die potentiell in dessen Interesse liegen. Wegen des Risikos von Interessenkonflikten zählt hierzu auch die Aufklärung über eine Verkäuferrolle und die Gewinnmarge eines nachfolgenden Festpreisgeschäfts.

Am Modell konkludenter Anlageberatungsverträge kann im Ergebnis festgehalten werden:[242] In Übereinstimmung mit den allgemeinen dogmatischen Anforderungen lässt sich die Annahme eines Vertragsschlusses rechtfertigen; die materiell-rechtlichen Pflichtenstellungen ergeben sich aus Auslegung der Parteierklärungen und insbesondere der ergänzenden Vertragsauslegung.

c) Dogmatische Alternativen

aa) Aufklärungspflichten vorvertraglicher Schuldverhältnisse

Bisweilen wird gefordert, das Konzept der Anlageberatung auf der Basis konkludenter Anlageberatungsverträge als ein von der Rechtsprechung er-

241 Hierzu *Forschner*, Wechselwirkungen von Aufsichts- und Zivilrecht, 2013, S. 108 ff.

242 Mit diesem Ergebnis *Forschner*, Wechselwirkungen von Aufsichts- und Zivilrecht, 2013, S. 113.

sonnenes Konstrukt aufzugeben und Beratungspflichten aus einem vorvertraglichen Schuldverhältnis herzuleiten.[243]

Seit der Schuldrechtsreform 2002 ist das ehedem gewohnheitsrechtliche Rechtsinstitut[244] der *c.i.c.* in § 311 Abs. 2 BGB[245] gesetzlich normiert.

Vorvertragliche Schuldverhältnisse kommen u.a. durch die „Aufnahme von Vertragsverhandlungen" (§ 311 Abs. 2 Nr. 1 BGB) als Sonderfall der Vertragsanbahnung (§ 311 Abs. 2 Nr. 2 BGB) zustande. Unverbindliche Gespräche oder die Abgabe eines Angebots reichen bereits aus.[246] Das vorvertragliche Schuldverhältnis endet grundsätzlich mit dem Zeitpunkt, in dem entweder der geschäftliche Kontakt ohne Vertragsabschluss abgebrochen wird oder aber ein wirksamer Vertrag zustande kommt, dessen Pflichten an die Stelle der Rücksichtnahmepflichten des § 311 Abs. 2 BGB treten.[247]

Aus der Rücksichtnahmepflicht des § 311 Abs. 2 BGB i.V.m. § 241 Abs. 2 BGB ergeben sich vorvertragliche Informations- und Aufklärungspflichten, die grundsätzlich als dogmatische Grundlage der Anlageberatung in Betracht kommen.[248] Hierfür wird angeführt, dass für eine Haftung gemäß § 280 Abs. 1 BGB keinen Unterschied mache, ob sich Beratungspflichten aus einem selbstständigen Beratungsvertrag oder einem vorvertraglichen Schuldverhältnis ergeben.[249]

Dagegen spricht jedoch, dass die Aufklärungs- und Beratungspflichten aus einem Anlageberatungsvertrag nicht in einem nachfolgenden Kaufvertrag „aufgehen", so wie es für die Pflichten aus einem vorvertraglichen Schuldverhältnis der Fall ist.[250] Der Anlageberatungsvertrag damit eine ei-

243 Vgl. *Mertens* AcP 203 (2003), 818, 852; *Wagner*, DStR 2003, 1757, 1760. Kritisch hierzu *Buck-Heeb*, WM 2012, 625, 630.

244 ...

245

246 *Gehrlein/Sutschet*, in: Beck. Komm. z. BGB, Edit. 26 (Stand 1.2.2013), § 311 BGB Rdn. 45.

247 *Löwisch/Feldmann*, in: Staudinger, Neubearb. 2013, § 311 BGB Rdn. 112. Zum Verhältnis der Haftung aus Verschulden bei Vertragsverhandlungen zu den kaufrechtlichen Ansprüchen *Faust*, in: Beck. Komm. z. BGB, Edit. 26 (Stand. 1.3.2011), § 437 BGB Rdn. 189 f.

248 Hierzu *Löwisch/Feldmann*, in: Staudinger, Neubearb. 2013, § 311 BGB Rdn. 126.

249 *Tonner*, in: Derleder/Knops/Bamberger (Hrsg.), Bankrecht, 2. Aufl. 2009, § 4 Rdn. 5.

250 *Lange*, Informationspflichten von Finanzdienstleistern, 2000, S. 84 ff.

genständige Haftungsbedeutung, weil er den Abschluss eines nachfolgenden Festpreisgeschäfts überdauert.[251]

Aus diesem Grund kommt eine Rückführung der Anlageberatung auf Aufklärungspflichten aus einem vorvertraglichen Schuldverhältnis nur in Betracht, wenn ausnahmsweise kein konkludenter Anlageberatungsvertrag vorliegt.[252] Praxisrelevant könnte der Fall sein, dass der konkludente Abschluss von Beratungsverträgen durch AGB-rechtliche Bestimmungen ausgeschlossen wird. Diese schließen jedoch zugleich Beratungspflichten auf Grundlage von § 311 Abs. 2 BGB wirksam aus.[253]

bb) Fiktion des Vertragsschlusses gemäß § 362 Abs. 1 HGB

Nach der hier vertretenen Ansicht ist die Existenz des allgemeinen Bankvertrags anzuerkennen. Zur dogmatischen Begründung des Abschlusses eines Anlageberatungsvertrags kommt auch das Schweigen im Geschäftsverkehr (§ 362 Abs. 1 HGB) in Betracht:

Konto- und ggf. Wertpapierdepoteröffnung begründen die von § 362 Abs. 1 S. 1 HGB vorausgesetzte „Geschäftsverbindung", da mit dem wiederholten Abschluss von Geschäften zwischen Bank und Kunde zu rechnen ist.[254] Banken sind zudem (Form-)Kaufleute i.S.d. HGB; ihr „Gewerbebetrieb" bringt die „Besorgung von Geschäften für andere mit sich", denn Kommissions- und Anlageberatungsgeschäfte sind Geschäftsbesorgungsverträge. Wendet sich der Bankkunde nun an seinen Berater mit (konkludent geäußerter) Bitte um Beratung, liegt darin ein „Antrag" i.S.d. § 362 Abs. 1 S. 1 HGB. Will die Bank das Zustandekommen eines Anlageberatungsvertrags vermeiden, ist sie gemäß § 362 Abs. 1 S. 1 Hs. 1 HGB verpflichtet, unverzüglich zu antworten; anderenfalls gilt ihr Schweigen als Annahme des Antrags (§ 362 Abs. 1 S. 1 Hs. 2 HGB), es kommt also ein Beratungsvertrag zustande.

---

251 *Buck-Heeb*, WM 2012, 625, 630; zuvor bereits *Lange*, Informationspflichten von Finanzdienstleistern, 2000, S. 84 ff.Siehe auch *Kindl*, in: Erman, BGB, 13. Aufl. 2011, § 311 BGB Rdn. 46.

252 Im Ergebnis auch *Forschner*, Wechselwirkungen von Aufsichts- und Zivilrecht, 2013, S. 113.

253 *Emmerich*, in: Münch. Komm. z. BGB, 6. Aufl. 2012, § 311 BGB Rdn. 216.

254 Siehe *Welter*, in: Münch. Komm. z. HGB, 3. Aufl. 2013, § 362 HGB Rdn. 22.

Für diese Herleitung des Anlageberatungsvertrags spricht insbesondere, dass sich der Kunde an die Bank wendet, um deren „Sachkunde in Vermögensangelegenheiten“ in Anspruch zu nehmen. Der Anlageberatungsvertrag muss daher im Kontext dieses „übergreifenden wirtschaftlichen und rechtlichen Zusammenhangs“ gesehen werden, das der bankmäßigen Geschäftsverbindung insgesamt zugrunde zu legen ist.[255] Die Vertragspflichten bestimmen sich wiederum im Wege der ergänzenden Vertragsauslegung.

Allerdings kommt auch diese alternative Herleitung nicht in Betracht, wenn durch AGB-Bestimmungen konkludente Vertragsschlüsse wirksam ausgeschlossen werden.

C. Verbraucherverträge

Neben den bereits dargestellten Anlageverträgen und Verträgen über anlagebezogene Dienstleistungen kann in bestimmten Situationen Fernabsatzrecht und damit bürgerlich-rechtliches Verbraucherschutzrecht zur Anwendung kommen.

I. Geltendes Fernabsatzrecht

1. Anwendungsvoraussetzungen des Fernabsatzrechts

Die Anwendbarkeit des Fernabsatzrechts (§§ 312 b ff. BGB) setzt den Abschluss eines Verbrauchervertrags (§ 310 Abs. 3 BGB) voraus, also eines Vertrags zwischen einem Unternehmer (§ 14 Abs. 1 BGB) und einem Verbraucher (§ 13 BGB). Unschwer lassen sich gewerbsmäßige und als juristische Personen organisierte Wertpapierdienstleister als Unternehmer qualifizieren, während Privatanleger in aller Regel Verbraucher sind.[256]

Überdies muss es sich um einen Fernabsatzvertrag i.S.d. § 312 b Abs. 1 BGB handeln. Der Vertragsschluss mus also unter Verzicht auf die gleichzeitige körperliche Anwesenheit der Vertragsparteien und unter Verwendung eines Fernkommunikationsmittels (z.B. Onlinedienste inkl. Email, Telefon, Fax und Brief) erfolgen

255 Vgl. *Martinek*, in: Staudinger, Neubearb. 2006, § 675 BGB Rdn. B 31.
256 Oben S. 133.

(§ 312 b Abs. 1 S. 1, Abs. 2 BGB).[257] Das Fernabsatzrecht kommt grundsätzlich auch auf Verträge über Finanzdienstleistungen zur Anwendung (§ 312 b Abs. 1 S. 2 BGB), wobei es im Ergebnis unerheblich ist, ob man den Erwerb von Anlageprodukten den „Bankdienstleistungen" oder den „Dienstleistungen im Zusammenhang mit einer Geldanlage" zuordnet. [258] Die Fernabsatzvorschriften erweitern die Rechtspflichten vertraglicher Schuldverhältnisse und sind neben den WpHG-Vorschriften anwendbar[259].

2. Anwendungsausschluss innerhalb der Bankverbindung

Im Kontext bankmäßiger Geschäftsverbindung ist die Anwendbarkeit des Fernabsatzrechts gemäß § 312 b Abs. 4 BGB unter bestimmten Voraussetzungen ausgeschlossen. Es gilt folgende Ausschlusstatbestände zu unterscheiden:

a) Ausschluss des Fernabsatzrechts bei Abschluss eines Rahmenvertrags

Werden innerhalb einer Geschäftsverbindung immer wieder gleichartige Verträge geschlossen, findet das Fernabsatzrecht gemäß § 312 b Abs. 4 S. 1 BGB nur auf die erste Vereinbarung Anwendung. Diese wird auch als „Rahmenvertrag" bezeichnet.[260] Hierdurch soll eine unverhältnismäßige Belastung von Unternehmer und Rechtsverkehr durch

---

257 Hierzu bspw. *Ekkenga*, in: Münch. Komm. z. HGB, 2. Aufl. 2009, Effektengeschäft Rdn. 172.

258 Offen gelassen von *Schmidt-Räntsch*, in: Beck. Komm. z. BGB, Edit. 26 (Stand: 1.2.2013), § 312 b BGB Rdn. 22; ohne eindeutige Positionierung auch *Wendehorst*, in: Münch. Komm. z. BGB, 6. Aufl. 2012, § 312 b BGB Rdn. 14, 25 f. *Ekkenga*, in: Münch. Komm. z. HGB, 2. Aufl. 2009, Effektengeschäft Rdn. 172, differenziert indes, indem er als Kommissionsgeschäft ausgestaltete Wertpapiergeschäfte den „Bankdienstleistungen" zuordnet, Festpreisgeschäfte dagegen unter die Fallgruppe „Geldanlage" subsumiert.

259 *Schmidt-Räntsch*, in: Beck. Komm. z. BGB, Edit. 26 (Stand: 1.2.2013), § 312 b BGB Rdn. 71.

260 *Schmidt-Räntsch*, in: Beck. Komm. z. BGB, Edit. 27 (Stand: 1.11.2011), § 312 b BGB Rdn. 58.

die mit jedem Vorgang erneut zur Anwendung kommenden Fernabsatzvorschriften vermieden werden.[261]

Aus § 312 b Abs. 4 S. 1 Alt. 2 BGB lassen sich die Merkmale „Reihencharakter“ und „Gleichartigkeit“ ableiten. Der inhaltliche Zusammenhang zwischen Rahmenvertrag und darauffolgenden Geschäftsvorgängen bestimmt sich danach, ob der zu beurteilende Vorgang bei wertender Betrachtung z.B. mit einem Einzelvorgang im Rahmen eines Giro- oder Portfolioverwaltungsvertrags vergleichbar ist.[262] „Reihencharakter“ und „Gleichartigkeit“ sind somit keine streng auszulegenden Tatbestandsmerkmale, die kumulativ vorliegen müsse, sondern lediglich Regelbeispiele.[263]

Die Anwendbarkeit des Fernabsatzrechts ist zudem dann ausgeschlossen, wenn der Rahmenvertrag nicht in einer Fernabsatzsituation abgeschlossen wird. Anlageschäfte werden zwar zunehmend über Tele- bzw. Online-Banking abgewickelt.[264] Allerdings werden die hierfür notwendigen Zugangsvoraussetzungen (Konto- und Depoteröffnung sowie deren Freischaltung) nach wie vor anlässlich eines persönlichen Kundengesprächs in einer Bankfiliale eingerichtet. Der Wertpapierdepotvertrag als Rahmenvertrag[265] kommt bei gleichzeitiger körperlicher Anwesenheit der Vertragsparteien und damit nicht in einer Fernabsatzsituation zustande.[266] Anderes gilt indes für Rahmenverträge, die mit einer Direktbank abgeschlossen werden. Aufgrund der Verwendung von Fernkommunikations-

---

261 Vgl. Begr RegE v. 22.4.2004 z. Fernabsatz-ÄndG, BT-Ds. 15/2946, S. 19: „Dies erleichtert für
den Unternehmer die Abwicklung erheblich“. Siehe auch *Wendehorst*, in: Münch. Komm. z. BGB, 6. Aufl. 2012, § 312 b BGB Rdn. 91.

262 *Wendehorst*, in: Münch. Komm. z. BGB, 6. Aufl. 2012, § 312 b BGB Rdn. 95 m.w.N.

263 *Wendehorst*, in: Münch. Komm. z. BGB, 6. Aufl. 2012, § 312 b BGB Rdn. 94.

264 Siehe S. 235.

265 Erwägungsgrund 17 FinFA-RiL 2002/65/EG: „Als "erste Dienstleistungsvereinbarung" gelten beispielsweise... der Abschluss eines Portfolioverwaltungsvertrags; als "Vorgänge" gelten beispielsweise... Transaktionen im Rahmen eines Portfolioverwaltungsvertrags.“; Begr RegE v. 22.4.2004 z. Fernabsatz-ÄndG, BT-Ds. 15/2946, S. 19: „Gegenstand dieser Richtlinienvorschrift sind etwa Verträge über... Depots, bei denen eine Vereinbarung geschlossen wird, die dann in einem zeitlichen Zusammenhang... Einzelanschaffungen auf das Depot „ausgefüllt“ wird.“ Siehe *Bunte*, in: Schimansky/Bunte/Lwowski (Hrsg.), Bankrechts-Handbuch, 4. Aufl. 2011, § 5 Rdn. 18 e.

266 Vgl. *Ekkenga*, in: Münch. Komm. z. HGB, 2. Aufl. 2009, Effektengeschäft Rdn. 172.

mitteln und wegen der fehlenden gleichzeitigen körperlichen Anwesenheit der Vertragsparteien ist regelmäßig eine Fernabsatzsituation gegeben. Der Abschluss des Rahmenvertrags unterliegt in diesem Fall dem Fernabsatzrecht.

b) Aussschluss des Fernabsatzrechts bei gleichartigen Vorgängen

Liegt kein Rahmenvertrag vor, ist die Anwendbarkeit des Fernabsatzrechts gemäß § 312 b Abs. 4 S. 2 BGB für aufeinander folgende Vorgänge gleicher Art ausgeschlossen. Es müssen mindestens zwei gleichartige Transaktionen innerhalb von einem Jahr getätigt werden (312 b Abs. 4 S. 3 BGB).[267]

Es stellt sich die Frage, welche Voraussetzungen an die „Gleichartigkeit" zu stellen sind. Die Erwägungsgründe der FinFA-RiL 2002/65/EG deuten darauf hin, dass dasselbe Produkt wiederholt gekauft werden muss, damit der Ausschlusstatbestand greift.[268] Der Erwerb eines anderen Anlageproduktes würde den Reihencharakter unterbrechen. Für diese Sichtweise spricht das teleologische Argument, dass die Befreiung des Unternehmers von seinen fernabsatzrechtlichen Informationspflichten[269] nur dann gerechtfertigt ist, wenn der Verbraucher über die „wesentlichen Merkmale"[270] des Produkts bereits informiert wurde.[271]

Diese Sichtweise scheint auch mit Blick auf den Ausschlusstatbestand des § 312 b Abs. 4 S. 1 BGB gerechtfertigt, denn bei bestehendem Rahmenvertrag muss über die verschiedenen Arten von Anlageprodukten bereits im Zeitpunkt des Abschlusses des Rahmenvertrags informiert werden.[272]

Ohne bestehenden Rahmenvertrag sind die Kriterien „Reihencharakter" und „Gleichartigkeit" daher eng und als Tatbestandsmerkmale auszule-

---

267 *Wendehorst*, in: Münch. Komm. z. BGB, 6. Aufl. 2012, § 312 b BGB Rdn. 95.

268 Erwägungsgrund 17 FinFA-RiL 2002/65/EG: „Zeichnungen neuer Anteile desselben Investmentfonds gelten als "aufeinander folgende Vorgänge der gleichen Art".".

269 Siehe S. 371 f.

270 Vgl. § 312 c BGB i.V.m. Art. 246 § 1 Abs. 1 Nr. 4 EGBGB.

271 Für komplexe Verträge soll zumindest eine Zusammenfassung der Vertragselemente anzugeben sein, siehe *Schmidt-Räntsch*, in: Beck. Komm. z. BGB, Edit. 27 (Stand: 1.11.2011), Art. 246 EGBGB § 1 Rdn. 11.

272 *Wendehorst*, in: Münch. Komm. z. BGB, 6. Aufl. 2012, § 312 b BGB Rdn. 98.

gen.[273] Das Fernabsatzrecht ist folglich nur dann ausgeschlossen, wenn aufeinander folgende Anlagegeschäfte diese Voraussetzungen erfüllen.

II. Künftiges Fernabsatzrecht

Das Fernabsatzrecht wurde aufgrund der Vorgaben der europäischen Verbraucher-RiL 2011/83/EU neu geregelt.[274] Dieser Umsetzungsverpflichtung[275] ist der deutsche Gesetzgeber mit Verabschiedung des „Gesetzes zur Umsetzung der Verbraucherrechterichtlinie und zur Änderung des Gesetzes zur Regelung der Wohnungsvermittlung“[276] nachgekommen, das zum 13.6.2014 in Kraft getreten ist[277].

Nunmehr gelten dieselben Vorschriften (§ 312 BGB) für alle Verbraucherverträge, die außerhalb von Geschäftsräumen (§ 312 b BGB) oder im Wege des Fernabsatzes (§ 312 c BGB) zustande kommen. In welchen Konstellationen ein Vertrag außerhalb der Geschäftsräume eines Unternehmers geschlossen wird, bestimmt § 312 b Abs. 1 Nr. 1-3 BGB.

Kein Fernabsatzvertrag liegt vor, wenn ein Verbraucher in den Geschäftsräumen über den konkreten Vertrag verhandelt, den Vertrag aber erst im Anschluss unter Verwendung eines Fernkommunikationsmittels abschließt. Gleiches gilt, wenn der Vertrag über ein Fernkommunikationsmittel angebahnt, aber erst in den Geschäftsräumen erst tatsächlich abgeschlossen wird.[278] Dies ist beispielsweise der Fall, wenn ein Kunde telefonisch oder per Email einen Banktermin vereinbart, um dann in der Bankfiliale ein Anlagegeschäft abzuschließen. Sondervorschriften für Finanzdienstleistungen[279] finden sich in § 312 Abs. 5 BGB, der im Wesentlichen § 312 b Abs. 4 BGB a.F. entspricht.

---

273 *Schmidt-Räntsch*, in: Beck. Komm. z. BGB, Edit. 27 (Stand: 1.11.2011), § 312 b BGB Rdn. 60; *Wendehorst*, in: Münch. Komm. z. BGB, 6. Aufl. 2012, § 312 b BGB Rdn. 99.

274 Zum Richtlinienvorschlag bereits *Micklitz/Reich*, EuZW 2009, 279, 282.

275 Zum 13.12.2013, vgl. Art. 28 Abs. 1 Verbraucherrechte-RiL 2011/83/EU.

276 Verbraucherrecht-RiL-UmsG.

277 Art. 15 Verbraucherrecht-RiL-UmsG.

278 Erwägungsgrund 20 Verbraucherrechte-RiL 2011/83/EU; Begr RegE v. 6.3.2013 z. Verbraucherrechte-RiL-UmsG, BT-Ds. 17/12637, S. 50.

279 Die Definition entspricht § 312 b Abs. 1 S. 2 BGB, siehe Begr RegE v. 6.3.2013 z. Verbraucherrechte-RiL-UmsG, BT-Ds. 17/12637, S. 48.

D. Fazit

Vertragsrechtlich vollziehen sich Anlagegeschäfte auf unterschiedlicher Vertragsgrundlage. Ob dem einzelnen Anlagevertrag ein Zwei- oder Dreipersonenverhältnis zugrunde liegt, richtet sich nach der jeweiligen Geschäftsart: Festpreisgeschäfte (Eigenemission, Eigengeschäft und Eigenhandel) sind stets Zweipersonenverhältnisse, das Kommissionsgeschäft ist ein Dreipersonenverhältnis. Vertragstypologisch ist ferner zwischen Austauschverträgen (Zweipersonenverhältnisse) und Interessenwahrungsverträgen (Dreipersonenverhältnisse) zu unterscheiden.

Aufsichtsrechtlich sollte die formelle Gleichstellung des Eigengeschäfts mit den Wertpapierdienstleistungen *de lege ferenda* auch materiell-rechtlich vollzogen werden, indem das Eigengeschäft den §§ 31 ff. WpHG unterstellt wird.

Das von der Rechtsprechung entwickelte Modell konkludenter Anlageberatungsverträge lässt sich aufrechterhalten. Der Vertragsschluss ist anhand der allgemeinen Vorschriften bzw. als Schweigen auf einen Antrag gemäß § 362 Abs. 1 HGB herzuleiten. Um den Inhalt des Beratungsvertrags bestimmen zu können, bedarf es der ergänzenden Vertragsauslegung. Hierfür müssen die hypothetischen Parteiinteressen ermittelt werden. Die Rechtsprechung ist der Auffassung, dass die Parteiinteressen in Konnexität mit dem nachfolgenden Anlageberatungsvertrag zu bestimmen sind. Nach der hier vertretenen Ansicht ist die hypothetische Interessenlage jedoch isoliert zu ermitteln. Die alternative Herleitung von Aufklärungs- und Beratungspflichten aus einem vorvertraglichen Schuldverhältnis ist abzulehnen, da es bei hierauf folgenden Festpreisgeschäften zu nicht hinnehmbaren Haftungslücken kommt.

Auf die Anlagegeschäfte von Verbrauchern ist potentiell Verbraucherschutzrecht in Gestalt der Fernabsatzvorschriften anwendbar. In der Regel werden die Ausschlusstatbestände von § 312 b Abs. 4 BGB greifen, im Einzelfall kann es aber zu Überschneidungen mit Informationspflichten auf anderer Gesetzesgrundlage kommen. Hierauf gilt es an späterer Stelle (§ 13) zurückzukommen.

§ 5 Disparität von Anleger- und Verbraucherschutzrecht

Die bisherigen Untersuchungsergebnisse lassen sich wie folgt zusammenfassen: Auf europäischer Ebene ist der Verbraucherschutz bereits Aufgabe der europäischen Marktaufsicht. In den Gesetzgebungsmaterialien finden sich zudem Anzeichen, die für eine Gleichsetzung von Anleger- und Verbraucherschutzrecht in Teilbereichen des Kapitalmarktrechts sprechen. Paradigmatisch ist der horizontale Regelungsansatz der PRIP-Initiative, der Regelungsstände des klassischen Anleger- und Verbraucherschutzrechts einem einheitlichen Regelungsregime unterstellt. Zudem lässt sich feststellen, dass dem geltenden Kapitalmarktrecht der Verbraucherbegriff als formeller Anknüpfungspunkt des Verbraucherschutzrechts keineswegs fremd ist; er findet sowohl auf der Ebene von Gesetzesvorhaben als auch auf konkreter Regelungsebene Anwendung.

Diese Verklammerung von Anleger- und Verbraucherschutzrecht legt regulatorische Konvergenzbewegungen beider Regelungsregime nahe. Hiergegen wird im kapitalmarktrechtlichen Schrifttum die „Disparität" der Rechtsgebiete und ihrer Regelungsgegenstände angeführt.[1] Die Tragfähigkeit dieser Argumentation ist im nachfolgend anhand der Entscheidungsparameter von Konsum- und Anlageentscheidungen und verschiedener Verbraucherbegriffe zu überprüfen.

A. Entscheidungsparameter

Die Entscheidungssituation des Anlegers bei der Geldanlage soll sich grundlegend von der eines Verbrauchers im Vorfeld von Konsumentscheidungen unterscheiden.[2] Da Anleger und Verbraucher naturgemäß nicht über grundverschiedene kognitive Fähigkeiten verfügen, könnten die behaupteten Unterschiede am ehesten mit divergierenden Entscheidungsparametern zu erklären sein. Die für Anleger und Verbraucher maßgeblichen Entscheidungsparameter lassen sich aus den typischen Merkmalen von Kapitalmarkt- und Konsumprodukten herleiten: „Beschaffenheiten" und „Exspektanzen".

---

1 Insbesondere *Vogel*, Vom Anlegerschutz zum Verbraucherschutz, 2005, S. 147; zuletzt *Stahl*, Information Overload am Kapitalmarkt, 2013, S. 53 f.; überblicksartig zum Meinungsspektrum auch *N. Lang*, VuR 2004, 201, 204.

2 *Mülbert*, ZHR 177 (2013), 160, 180.

I. „Beschaffenheit“ von Verbraucherprodukten

Nicht jedem Entscheidungsparameter misst das Zivilrecht rechtliche Relevanz zu. So ist es nach ganz h.M. rechtlich unbeachtlich, wenn eine Vertragspartei einem sogenannten Motivirrtum unterliegt, also über die konkreten Beweggründe ihrer Willensbildung irrt:

> „Die denkbaren Beweggründe, die Veranlassung zur Abgabe einer Willenserklärung geben können, sind unüberschaubar und vielfach noch nicht einmal rational nachvollziehbar. Es liegt auf der Hand, dass der Kauf von Lebensmitteln oder Aktien nicht etwa deshalb angefochten werden kann, weil der zur Beköstigung erwartete Besuch oder ein erhoffter Kursgewinn ausgeblieben ist.“[3]

Das (Verbrauchsgüter-)Kaufrecht[4] schützt somit nicht jeden Entscheidungsparameter einer Kaufentscheidung, sondern nur die vorausgesetzte Mangelfreiheit der Kaufsache. Nach § 434 Abs. 1 S. 1 BGB liegt ein Mangel vor, wenn die tatsächliche Beschaffenheit des Kaufgegenstands („Ist-Beschaffenheit“) von der vereinbarten Beschaffenheit („Soll-Beschaffenheit“) abweicht.[5]

Dabei umfasst der Begriff der Beschaffenheit nur solche Umstände, die direkt oder indirekt mit dem *physischen* Zustand der Kaufsache bei Gefahrübergang zusammenhängen.[6] Eigenschaften, die nicht von einem physischen Zustand abhängen, können daher nicht zum Gegenstand einer Beschaffenheitsvereinbarung gemacht werden.[7] Die kaufrechtliche Beschaffenheit weist stets eine „physische Rückbindung“ auf. Indem für das Vorliegen eines Mangels kraft Gesetzes auf den Zeitpunkt des Gefahrübergangs abgestellt wird (§ 446 S. 1 BGB), impliziert der Gesetzgeber, dass die Mangelfreiheit im Zeitpunkt des Übergangs der Entscheidungsverantwortlichkeit auf den Käufer grundsätzlich überprüfbar ist.[8]

Zusicherungen in Bezug auf Kapitalmarktinvestmentprodukte werden sich zumeist auf künftige Wertentwicklungen beziehen. Der künftige

---

3 *Wendtland*, in: Beck OK BGB, Edit. 30 (Stand: 1.2.2014), § 119 BGB Rdn. 37.1 f.

4 §§ 433 ff., 474 ff. BGB.

5 Hierzu z.B. *Faust*, in: Beck OK BGB, Edit. 30 (Stand: 1.3.2011), § 434 BGB Rdn. 12.

6 So *Faust*, in: Beck OK BGB, Edit. 30 (Stand: 1.3.2011), § 434 BGB Rdn. 27, 22.

7 *Faust*, in: Beck OK BGB, Edit. 30 (Stand: 1.3.2011), § 434 BGB Rdn. 23 m.w.N.; **a.A.** z.B. *Berger*, JZ 2004, 276, 283; *Schröcker*, ZGR 2005, 63, 75 ff.

8 Siehe auch *Hirte/Heinrich*, in: Köln. Komm. z. WpHG, 2. Aufl. 2014, Einl. Rdn. 16.

Marktpreis eines Produkts ist einer Beschaffenheitsvereinbarung indes nicht zugänglich,[9] im Übrigen sind Fehlvorstellungen über künftige Entwicklungen rechtlich unerhebliche Motivirrtümer.[10] Die Annahme einer Garantieerklärung über zukünftige Umstände wie die Wert- und Preisentwicklung des Kaufgegenstands bedarf weiterer Voraussetzungen.

Im Ergebnis werden nur diejenigen Entscheidungsparameter von Konsumentscheidungen durch das Kaufrecht geschützt, die gegenwärtig sind und sich auf physische Merkmale zurückführen lassen.

II. „Exspektanzen" von Kapitalmarktinvestmentprodukten

Kapitalmarktinvestitionen sind stets auf künftige Wertentwicklungen gerichtet.[11] Maßgebliche Entscheidungsparameter von Investitionsentscheidungen sind nicht etwaige Beschaffenheiten im „Erwerbszeitpunkt", sondern „Exspektanzen", also Aussichten auf zukünftige Vermögensmehrungen.[12] Die Hoffnung der Anleger ist darin begründet, dass sich die Exspektanzen nach Vertragsschluss zu ihren Gunsten und mit hohem Gewinn materialisieren.[13]

Kapitalmarktprodukte werden daher auch als Vertrauensgüter (*credence goods*) bezeichnet[14]: Mit der Geldanlage bringt der Anleger implizit sein Vertrauen zum Ausdruck, dass der Emittent als der andere Vertragsteil seine Prognose erfüllt. Hierdurch unterscheiden sich Vertrauensgüter von Suchgütern (*search goods*)[15], bei denen sich die Qualität im Regelfall bereits bei Vertragsschluss durch einfache (Sach-)Prüfung feststellen lässt

9 *Westermann*, in: Münch. Komm. z. BGB, 6. Aufl. 2012, § 434 BGB Rdn. 10.

10 Vgl. *Faust*, in: Beck OK BGB, Edit. 30 (Stand: 1.3.2011), § 434 BGB Rdn. 25 m.w.N. zum Streitstand.

11 *Bumke*, in: Hopt/Veil/Kämmerer (Hrsg.), Kapitalmarktgesetzgebung im EU-Binnenmarkt, 2008, S. 107, 112.

12 *Satzger*, Jura 2009, 518, 520.

13 *Fleischer*, Gutachten F z. 64. DJT 2002, 2002, S. 23.

14 Hierzu zählen auch Anwalts- und Arztdienstleistungen.

15 Z.B. Konsumgüter.

und von Erfahrungsgütern (*experience goods*)[16], deren Qualität zumindest durch Verbrauch überprüfbar ist.[17]

Die Geldanlage am Kapitalmarkt erfordert aufgrund ihrer Unvorhersehbarkeit stets eine gewisse Risikobereitschaft. Die Investoren versuchen zwar, durch Auswertung vergangenheitsbezogener Daten Vorhersagen über die künftige Wertentwicklung eines Anlagetitels zu treffen, die reale Kapitalmarktentwicklung stellt den reinen Prognosecharakter dieser Analysen jedoch regelmäßig unter Beweis.

Entscheidungsparameter der Anlageentscheidung ist damit die Exspektanz als künftige Entwicklung mit dementsprechender Unsicherheit.

III. Zwischenfazit

Die Entscheidungsparameter von Konsum- und Anlageentscheidungen sind nicht kongruent: Während das Verbrauchsgüterkaufrecht nur die im Zeitpunkt des Gefahrübergangs grundsätzlich überprüfbaren Beschaffenheiten schützt, sind Exspektanzen stets spekulativer Natur. Insofern ist der BGH-Standpunkt gerechtfertigt, das Investitionsrisiko zunächst dem Anleger zuzuweisen.[18]

Die divergierende Schutzbedürftigkeit von Konsum- und Anlageentscheidungen macht im Weiteren den Einsatz unterschiedlicher Regelungsinstrumente erforderlich. Dies schließt nicht aus, punktuell Regelungsinstrumente des Verbraucherschutzrechts für das Anlegerschutzrecht im Allgemeinen und insbesondere den Privatanlegerschutz im Speziellen nutzbar zu machen.

B. Formeller und materieller Verbrauchbegriff

Der formelle Verbrauchbegriff des § 13 BGB als Anknüpfungspunkt des bürgerlich-rechtlichen Verbraucherschutzrechts wurde bereits dargestellt.

---

16 Z.B. Lebensmittel.

17 Mit dieser Dreiteilung in Suchgüter, Erfahrungsgüter und Vertrauensgüter erstmals *Nelson*, 78 Journal of Political Economy 311 (1970); siehe *van den Bergh/ Lehmann*, GRUR Int. 1992, 588, 591.

18 Z.B. BGH, Urt. v. 22.3.2011 (Az. XI ZR 33/10), BGHZ 189, 13, 21 f. Rdn. 20 f.– *Zins-Swap*.

Geldanlage-Geschäfte wären aus dem Anwendungsbereich von § 13 BGB ausgeschlossen, wenn ihnen die „Typizität" von Verbrauchergeschäften fehlte. In der Folge wäre § 13 BGB auf den Erwerb von Kapitalmarktinvestmentprodukten nicht anwendbar, was gegen eine Konvergenzbewegung von Anleger- und Verbraucherschutzrecht sprechen würde. Diese Hypothese wäre wiederum widerlegt, wenn sich neben dem formellen Verbraucherbegriff ein materieller Verbraucherbegriff herausbilden lässt, der verbraucherschützende Vorschriften ohne Anknüpfung an § 13 BGB zur Anwendung bringt.

I. Formeller Verbraucherbegriff

1. Personeller Anwendungsbereich

An vorheriger Stelle wurde festgestellt, dass nicht nur juristische Personen, sondern auch rechtsfähige Personengesellschaften „Kunden" bzw. „Anleger" sein können.[19] Der Verbraucherbegriff des § 13 BGB steht dagegen ausschließlich natürlichen Personen offen; juristische Personen sind per definitionem keine Verbraucher. Für rechtsfähige Personengesellschaften ist die Einbeziehung in § 13 BGB umstritten.[20] Damit unterscheiden sich die personellen Anwendungsbereiche von Verbraucherbegriff und Anleger-/Kundenbegriff; der Anwendungsbereich von § 13 BGB ist wegen der Beschränkung auf natürliche Personen enger gefasst.[21]

Der für die Zwecke dieser Arbeit gebildete Privatanleger-Begriff[22] beschränkt sich jedoch auf natürliche Personen als das regulatorische alter ego der privaten Haushalte. Die divergierenden personellen Anwendungsbereiche spielen daher für den Privatanlegerschutz bei der Geldanlage in Kapitalmarktinvestmentprodukte keine Rolle.

---

19 Siehe S. 118.

20 Hierzu etwa *Micklitz*, in: Münch. Komm. z. BGB, 6 Aufl. 2012, § 13 BGB Rdn. 16 ff.

21 Vgl. *Buck-Heeb*, ZHR 176 (2012), 66, 75.

22 S. 133.

2. Sachlicher Anwendungsbereich

a) Teleologische Reduktion bei Anlagegeschäften

Teile des Schrifttums sind der Ansicht, dass § 13 BGB aus teleologischen Gründen nicht auf Anlagegeschäfte natürlicher Personen anzuwenden ist: Kapitalanleger bedürften nicht des Schutzes durch das Verbraucherrecht, da sie ihr Geld „einem Spekulanten ähnlich... zur Gewinnmaximierung in risikobehaftete Kapitalanlagen“[23] investierten. Hierdurch sollen sich Anleger von Konsumenten unterscheiden, die Geld für „verlockende, aber flüchtige Konsumgüter“ ausgeben[24].

Eine solche teleologische Reduktion des sachlichen Anwendungsbereichs von § 13 BGB wurde zunächst für den Beitritt von Verbrauchern zu geschlossenen Immobilienfonds diskutiert.[25] Hieran anknüpfend erging der Vorschlag, auch Börsentermingeschäften die Anerkennung als Verbrauchergeschäfte zu verweigern, denn Börsenspekulanten seien „nicht gerade der Prototyp schutzwürdiger „Verbraucher““.[26] Ebenso wenig sollen Aktieninvestoren Verbraucher sein.[27]

Die Notwendigkeit einer teleologischen Reduktion wird damit begründet, dass die Sondervorschriften des Kapitalmarktrechts Investoren ausreichend schützen.[28] Zudem sei es wenig überzeugend, Einkünfte aus (geschlossenen) Fondsanlagen steuerrechtlich als „Mitunternehmer“-Einkünfte aus Gewerbebetrieb (§ 15 Abs. 1 Nr. 2 EStG) zu behandeln, hinsichtlich

---

23 *Edelmann*, in: Assmann/Schütze (Hrsg.), Hdb KapitalanlageR, 3. Aufl. 2007, § 3 Rdn. 7.

24 So *Armbrüster*, ZIP 2006, 406, 408.

25 Die Verbrauchereigenschaft anzweifelnd bzw. verneinend *Dauner-Lieb/Dötsch*, DB 2003, 1666, 1667; *Wagner*, in: Assmann/Schütze (Hrsg.), Hdb KapitalanlageR, 3. Aufl. 2007, § 15 Rdn. 232 ff.; *ders.*, NZG 2000, 169, 173; *ders.*, BKR 2003, 649; **a.A.** *Armbrüster*, ZIP 2006, 406, 407.

26 So *Schlosser*, in: FS Steindorff (Hrsg.), 1990, S. 1379, 1383; *Armbrüster*, ZIP 2006, 406, 409; siehe *Edelmann*, in: Assmann/Schütze (Hrsg.), Hdb KapitalanlageR, 3. Aufl. 2007, § 3 Rdn. 7 m. Fn. 11.

27 *Triebel/Peglow*, ZIP 1987, 613, 616; **a.A.** *Saenger*, in: Erman, BGB, 13. Aufl. 2011, § 13 BGB Rdn. 13; differenzierend *Mülbert*, in: FS Hadding, 2004, S. 575, 582 ff.

28 *Edelmann*, in: Assmann/Schütze (Hrsg.), Hdb KapitalanlageR, 3. Aufl. 2007, § 3 Rdn. 12; *Früh*, ZIP 1999, 701, 703; *Wagner*, BKR 2003, 649, 651; **a.A.** *Armbrüster*, ZIP 2006, 406, 407.

der für § 13 BGB maßgeblichen Zweckrichtung aber auf private und nicht gewerbliche Motive abzustellen.[29]

b) Rechtsprechung

aa) BGH-Rechtsprechung

Für Kapitalanleger sieht dagegen der BGH regelmäßig den Anwendungsbereich von § 13 BGB eröffnet: Bereits früh hatte das Gericht entschieden, dass die Verwaltung eigenen Vermögens keine gewerbliche Tätigkeit darstellt.[30] Ebenso wurden die Teilnehmer von Devisen-, Wertpapier- und Warentermingeschäften trotz festgestellter Gewinnerzielungsabsicht als Verbraucher eingestuft.[31] Dieselbe rechtliche Beurteilung wurde einem Kapitalanleger zuteil, der einem geschlossenen Immobilienfonds beigetreten war.[32]

1996 warf der BGH in einem EuGH-Vorlageverfahren allerdings die Grundsatzfrage auf, ob jemand, „der eine Sache zum Preise von 250000 DM für seine Freizeitgestaltung erwirbt" des besonderen Schutzes durch das Verbraucherrecht bedarf.[33] Im Schrifttum wurde in der Folge über die Sinnhaftigkeit eines „Verbraucherschutzes für Millionäre"[34] bzw. beim Erwerb von „Luxusgütern"[35] diskutiert.[36] Geschlussfolgert wurde, dass der Schutz durch das Verbraucherrecht nur demjenigen zustehe, der „allgemeintypische" Verbrauchergeschäfte tätigt.[37]

Letztlich kommt eine Begrenzung des sachlichen Anwendungsbereichs von § 13 BGB aber nicht in Betracht. Der BGH erteilte 2001 der teleologi-

---

29 *Edelmann*, in: Assmann/Schütze (Hrsg.), Hdb KapitalanlageR, 3. Aufl. 2007, § 3 Rdn. 11; **a.A.** *Armbrüster*, ZIP 2006, 406, 407.

30 BGH, Urt. v. 10.6.1974 (Az. VII ZR 44/73), BGHZ 63, 32, 33; Urt. v. 10.5.1979 (Az. VII ZR 97/78), BGHZ 74, 273, 276 f. *Kessal-Wulf*, in: Staudinger, BGB, Neubearb. 2012, § 491 BGB Rdn. 38; *Kannowski*, in: Staudinger, BGB, Neubearb. 2013, § 13 BGB Rdn. 51.

31 BGH, Vorlagebeschl. v. 29.1.1991 (Az. XI ZR 17/90), WM 1991, 360.

32 BGH, Urt. v. 18.12.2001 (Az. XI ZR 156/01), BGHZ 149, 302 ff.

33 BGH, Vorlagebeschl. v. 29.2.1996 (Az. XI ZB 40/95), NJW 1997, 2685, 2686.

34 *Heß*, IPrax 2000, 370.

35 *Kappus*, NJW 1997, 2653.

36 Vgl. *Edelmann*, in: Assmann/Schütze (Hrsg.), Hdb KapitalanlageR, 3. Aufl. 2007, § 3 Rdn. 9.

37 *Mankowski*, EWiR Art. 13 EuGVÜ 1/99, 743, 744.

scher Reduktion des Verbraucherbegriffs eine deutliche Abfuhr: Selbst gewerbsmäßiges Handeln bei der Verwaltung von Grundbesitz, der mithilfe erheblicher Fremdmittel erworben wurde reiche nicht aus, um eine gewerbliche Tätigkeit i.S.d. § 14 BGB annehmen zu können.[38] Ebenso wenig soll eine neben dem eigentlichen Beruf dauerhaft ausgeübte, gewohnheitsmäßige Spekulation mit Wertpapieren genügen, um die Verbrauchereigenschaft verneinen zu können.[39] Selbst für die Geldanlage in Steuersparmodellen wurde die Verbrauchereigenschaft des Anlegers bejaht.[40]

Die Annahme von Verbraucherhandeln ist bei Anlagegeschäften erst dann nicht mehr gerechtfertigt, wenn weitere Umstände hinzutreten, z.B. die Unterhaltung eines Büros oder einer geschäftsmäßigen Organisation zur Abwicklung von Anlagegeschäften.[41] Einzelfallabhängig ist, ob der mit der Vermögensverwaltung verbundene zeitliche und organisatorische Aufwand auf das Vorliegen eines planmäßigen Geschäftsbetriebs hindeutet.[42] Die Geldanlage in Kapitalmarktinvestmentprodukte erfüllt diese hohen Anforderungen regelmäßig nicht. Wer sein Geld in fondsbasierte Lebensversicherungen oder Investmentfonds investiert, möchte die Aufwendung zeitlicher und organisatorischer Ressourcen gerade vermeiden und entscheidet sich aus diesem Grund für das Modell einer kollektiven Vermögensanlage.

---

38 BGH, Urt. v. 23.10.2001 (Az. XI ZR 63/01), BGHZ 149, 80, 86 f. Streitgegenständlich war ein Darlehen in Höhe von DM 240.000 für Umbaumaßnahmen mit einem Gesamtvolumen von DM 950.000.

39 BGH, Urt. v. 25.4.1988 (Az. II ZR 185/87), BGHZ 104, 205, 207 f.; siehe *Edelmann*, in: Assmann/Schütze (Hrsg.), Hdb KapitalanlageR, 3. Aufl. 2007, § 3 Rdn. 22.

40 BGH, Urt. v. 17.9.1996 (Az. XI ZR 164/95), BGHZ 133, 254, 262; siehe *Edelmann*, in: Assmann/Schütze (Hrsg.), Hdb KapitalanlageR, 3. Aufl. 2007, § 3 Rdn. 22.

41 BGH, Urt. v. 23.9.2002 (Az. IV ZR 196/91), BGHZ 119, 252, 256.

42 Vgl. LG Waldshut-Tiengen, Urt. v. 30.4.2008 (Az. 1 S 27/07), Beck RS 2009, 07023, für die Verwaltung von Immobilienvermögen. Hinweis bei *Micklitz*, in: Münch. Komm. z. BGB, 6. Aufl. 2012, § 13 BGB Rdn. 45.

bb) EuGH-Rechtsprechung

Bis zum Beginn des letzten Jahrzehnts konnte der EuGH-Rechtsprechung ein weites Verbraucherschutzverständnis zugrunde gelegt werden,[43] das die Ausrichtung des europäischen Verbraucherrechts bestimmte.[44] Anzeichen für eine teleologische Reduktion des Verbraucherbegriffs waren nicht ersichtlich. So bejahte der EuGH 2001 das Vorliegen eines Verbrauchergeschäfts, obwohl mit dem streitgegenständlichen Darlehen der Erwerb einer Immobilie zur Kapitalanlage finanziert werden sollte.[45]

In den Folgejahren wurde diese Positionierung zunehmend unschärfer: So entschied das Gericht 2005, dass das Verbraucherschutzrecht auf einen Immobilienkaufvertrag keine Anwendung findet, der Bestandteil eines kreditfinanzierten Kapitalanlagemodells war.[46] 2010 urteilte der EuGH wiederum, dass Verbraucherrecht (in diesem Fall die Haustürwiderruf-RiL 85/577/EWG) auf die Beitrittserklärung zu einem geschlossenen Immobilienfonds grundsätzlich anwendbar ist, sofern der Investor vorrangig den Zweck der Kapitalanlage und nicht den des Gesellschaftsbeitritts verfolgt.[47] In späteren Folgeentscheidungen wurde dagegen betont, dass der Verbraucherschutz nicht absolut ist.[48] Unter Bezugnahme auf diese Entscheidungen kam das Gericht 2012 zu dem Ergebnis, dass für den Abschluss fondsbasierter Lebensversicherungsverträge eine Bereichsausnahme der Haustürwiderruf-RiL 85/577/EWG gilt und deren verbraucherschützende Regelungen daher nicht zur Anwendung kommen.[49]

Der EuGH-Rechtsprechung lässt sich somit keine klare Linie entnehmen, inwieweit der Ausschluss von Geldanlage-Geschäften aus dem Anwendungsbereich des formellen Verbraucherbegriffs geboten ist.

---

43 Etwa EuGH, Urt. v. 10.5.2001, Rs. C-203-99, Slg. 2001, I-3569 Tz. 15 – *Veedfald*, wonach Ausnahmen von gemeinschaftsrechtlichen Verbraucherschutzvorschriften nach ständiger Rechtsprechung eng auszulegen sind.

44 *Armbrüster*, ZIP 2006, 406, 411 m.w.N.

45 EuGH, Urt. v. 13.12.2001, Rs. C-481/99, Slg. 2001, I-9945 Tz. 33 ff. – *Heininger*.

46 EuGH, Urt. v. 25.10.2005, Rs. C-350/03, Slg. 2005, I-9215 Tz. 81 – *Schulte*.

47 EuGH, Urt. v. 15.4.2010, Rs. C-215/08, Slg. 2010, I-2947 Tz. 34 – *Friz*.

48 EuGH, Urt. v. 10.4.2008, Rs. C-412/06, Slg. 2008, I-2383 Tz. 39 ff., 40– *Hamilton/Volksbank*; Urt. v. 14.4.10.10, Rs. C-215/08, Slg. 2010, I-2947 Tz. 44 – *Friz*.

49 EuGH, Urt. v. 1.3.2012, Rs. C-166/11, NJW 2012, 1709, 1710 Tz. 31 f., 34 – *González Alonso*.

3. Europarechtliche Einschränkungen

a) Anlagegeschäfte als „geschäftliche" Tätigkeiten

Nach dem Wortlaut von Art. 2 Abs. 1 Verbraucherrechte-RiL 2011/83/EU schließt ein Handeln mit „handwerklicher" und „geschäftlicher" Zielsetzung die Annahme „privaten" Verbraucherhandelns aus. Anlagegeschäfte könnten hiernach als „geschäftliches" Handeln zu qualifizieren sein.

In Anbetracht des Wortlauts von § 13 BGB, der nicht auf geschäftliches Handeln Bezug nimmt, stellt sich die Frage, ob der deutsche Gesetzgeber seiner Umsetzungsverpflichtung nachgekommen ist. Stattdessen sind vom Anwendungsbereich des § 13 BGB lediglich Tätigkeiten mit „gewerblicher" bzw. „selbständiger beruflicher" Zwecksetzung ausgenommen.[50]

Eine richtlinienkonforme Auslegung von § 13 BGB wäre geboten, wenn das Merkmal „geschäftlich" nicht lediglich der Konkretisierung von Tätigkeiten mit „nicht-privater" Zwecksetzung dient, sondern nach Willen des EU-Gesetzgebers eigenständigen Regelungsgehalt hat.

Die Verbraucherrechte-RiL 2011/83/EU beinhaltet keine Definition des Begriffs „geschäftlich"; auch in den Gesetzesmaterialien finden sich keine Hinweis darauf, ab welchem Umfang und welcher Häufigkeit das Handeln natürlicher Personen als „geschäftlich" einzustufen ist.

Es wird vorgeschlagen, die Tatbestandsmerkmale „gewerblich" und „beruflich" des § 13 BGB von der Richtlinienvorgabe „geschäftlich" umfasst zu sehen.[51] Hierfür spricht, dass nach der Legaldefinition des § 1 Abs. 2 HGB jede Tätigkeit „gewerblich" ist, die planvoll und auf gewisse Dauer angelegt ist, selbständig und wirtschaftlich ausgeübt wird und nach außen hervortritt.[52] Als „Beruf" definiert die Rechtsprechung jede Tätigkeit, die „Lebensaufgabe und Lebensgrundlage ist und durch die... zugleich [ein] Beitrag zur gesellschaftlichen Gesamtleistung" erbracht wird.[53] Die Erweiterung auf „geschäftliche" Zwecke ist somit lediglich

---

50 Hierzu auch *Föhlisch/Dyakova*, MMR 2013, 3, 4.

51 Siehe *Purnhagen*, ZRP 2012, 36, 37, der jedoch die Normierung von „beruflich" empfiehlt, da dieser Begriff nur von der Rechtsprechung, nicht aber gesetzlich definiert werde.

52 Vgl. *Purnhagen*, ZRP 2012, 36, 37, unter Verweis auf *Micklitz*, in: Münch. Komm. z. BGB, 6. Aufl. 2012, § 14 BGB Rdn. 18.

53 BVerfG, Urt. v. 11.6.1958 (Az. 1 BvR 596/56), BVerfGE 7, 377, 397 – *Niederlassungsfreiheit für Apotheker*.

„kosmetischer" Natur, rechtliche Auswirkungen hat sie keine.[54] Insbesondere schränkt sie die Anwendbarkeit von § 13 BGB auf Kapitalanleger nicht ein. Dafür, dass die Wortlautabweichung des § 13 BGB von den Richtlinienvorgaben zulässig ist, spricht zudem Erwägungsgrund 13 Verbraucherrechte-RiL 2011/83/EU: Hiernach unterliegt der Verbraucherbegriff nur der Mindestharmonisierung.

Damit lässt sich feststellen, dass der Verbraucherbegriff im deutschen Recht richtlinienkonform ist.

b) Einschränkungen bei „dual purpose"-Geschäften

Die Anwendbarkeit von § 13 BGB könnte zumindest in „dual purpose"-Konstellationen ausgeschlossen sein.

Unter der englischen Bezeichnung „dual purpose"[55] wird das Handeln natürlicher Personen zusammengefasst,[56] das nicht eindeutig den Anwendungsbereichen von § 13 BGB (Verbraucherhandeln) bzw. § 14 BGB (Unternehmerhandeln) zugeordnet werden kann.[57] „Dual purpose"-Charakter könnte etwa die Kapitalmarktanlage eines Selbstständigen haben, die sowohl seiner privaten Altersvorsorge als auch der Bildung von Rücklagen für sein Erwerbsgeschäft dienen soll. Die rechtliche Einordnung von „dual purpose"-Geschäften ist umstritten:[58]

Der BGH begreift die negative Formulierung von § 13 Hs. 2 BGB als Vermutensregel[59] zugunsten des Verbrauchers, wonach jedes Rechtsgeschäft primär privaten Zwecken diene. [60] Die restriktive[61] Auslegung des EuGH lässt das Verbraucherrecht dagegen nur dann zur Anwendung kom-

---

54 So *Grüneberg*, in: Palandt, BGB, 71. Aufl. 2012, § 312 g BGB Rdn. 2; ebenso *Purnhagen*, ZRP 2012, 36.

55 Vgl. Erwägungsgrund 17 Verbraucherrechte-RiL 200/11/83/EU i.d. engl. Sprachfassung, auf deutsch: „doppelter Zweck".

56 Auch als „dual use" bezeichnet, vgl. *Föhlisch*, Das Widerrufsrecht im Onlinehandel, 2009, S. 73.

57 *Schmidt-Räntsch*, in: Beck. Komm. z. BGB, Edit. 27 (Stand: 1.2.2012), § 13 BGB Rdn. 12.

58 Siehe *Loacker*, JZ 2013, 234 ff.

59 *Micklitz*, in: Müch. Komm. z. BGB, 6. Aufl. 2012, § 13 BGB Rdn. 44 m.w.N.

60 BGH, Urt. v. 30.9.2009 (Az. VIII ZR 7/09), NJW 2009, 3780 (Leitsatz).

61 So *Micklitz*, in: Müch. Komm. z. BGB, 6. Aufl. 2012, § 13 BGB Rdn. 42, der die EuGH-Rechtsprechung nicht ohne weiteres auf das materielle Verbraucherschutzrecht übertragen möchte.

men, wenn der „beruflich-gewerbliche Zweck... derart nebensächlich [ist], dass er im Gesamtzusammenhang des betreffenden Geschäftes nur eine ganz untergeordnete Rolle spielt, die Tatsache, dass der nicht beruflich-gewerbliche Zweck überwiegt, ohne Bedeutung ist".[62]

Im Schrifttum gehen die Meinungen auseinander: Teilweise wird angenommen, dass „dual purpose"-Fälle stets Verbrauchergeschäfte darstellen.[63] Andere gehen demgegenüber von unternehmerischem Handeln aus[64]. Nach einer vermittelnden Ansicht soll es darauf ankommen, ob das private Handeln oder das unternehmerische Handeln überwiegt.[65] Diese Ansicht findet ihre Stütze in den Erwägungsgründen der Verbraucherrechte-RiL 2011/83/EU[66]. Hiernach ist als Verbraucher einzustufen, wer einen Vertrag „teilweise für gewerbliche und teilweise für nichtgewerbliche Zwecke" abschließt, sofern der „gewerbliche Zweck im Gesamtzusammenhang des Vertrags" nicht überwiegt. Die Richtlinie lässt offen, wann ein Zweck „nicht überwiegt". Die Erwägungsgründe könnten die Vermutensregel aufstellen, dass bei „dual purpose"-Geschäften im Zweifel Verbraucherhandeln anzunehmen ist.[67] Für diese Sichtweise wird angeführt, dass die für § 13 BGB formulierte Vermutensregel für das europäische Recht übernommen werden sollte.[68] Definitorisch lehnt sich der europäische Verbraucherbegriff zudem an die Modellgesetzgebung des DCFR an. Gemäß I-I:105 Abs. 1 DCFR soll es ebenfalls auf ein „Überwiegen" ankommen.[69]

---

62 EuGH, Urt. v. 20.1.2005, Rs. C-464/01, Slg. 2005, I-439 Tz. 68 – *Gruber/BayWa.*

63 Insbesondere *v. Westphalen*, BB 1996, 2101; *Schwerdtfeger*, DStR 1997, 499, 500.

64 *Schmidt-Räntsch*, in: Beck. Komm. z. BGB, Edit. 27 (Stand: 1.2.2012), § 13 BGB Rdn. 12 m.w.N.

65 *Micklitz*, in: Münch. Komm. z. BGB, 6. Aufl. 2012, § 13 BGB Rdn. 40 m.w.N; *Pfeiffer*, NJW 1999, 171, 173.

66 Erwägungsgrund 17 Verbraucherrechte-RiL 2011/83/EU.

67 *Purnhagen*, ZRP 2012, 36.

68 *Purnhagen*, ZRP 2012, 36. *Föhlisch/Dyakova*, MMR 2013, 3, 4, sind der Auffassung, dass zu Klarstellungszwecken der Rechtsgedanke von Erwägungsgrund 17 entweder in § 13 BGB, zumindest aber in die Gesetzesbegründung des Verbraucherrechte-RiL-UmsG hätte übernommen werden sollen. Keinen Umsetzungsbedarf sieht indes *Loacker*, JZ 2013, 234, 237.

69 „A "consumer" means any natural person who is acting *primarily* for purposes which are not related to his or her trade, business or profession.", Hervorh. durch d. Verf. *Loacker*, JZ 2013, 234, 237, verweist auf die „Acquis Principles" und die „Principles of European Law: Sales (PELS)" als weitere Parallelregelungen. Keine

Schließt man sich dieser Auffassung an, steht ein Handeln zu geschäftlichen Zwecken der Annahme eines Verbrauchergeschäfts nicht entgegen, solange der überwiegende Vertragszweck nicht-geschäftlicher Natur ist.[70] Die Anlagegeschäfte von Privatanlegern unterstehen damit in aller Regel dem Anwendungsbereich des formellen Verbraucherbegriffs.

4. Zwischenfazit

Richtigerweise macht die BGH-Rechtsprechung die Gewährung von Verbraucherschutz nicht vom Vertragsgegenstand, der Investitionshöhe und spekulationsorientierten bzw. steuermindernden Anlagezielen des Investors oder dessen persönlicher Sachkenntnis abhängig.

Ein Ausschluss von Geldanlage-Geschäften aus dem Anwendungsbereich von § 13 BGB würde dem Wortlaut der Vorschrift widersprechen. Dieser differenziert nicht danach, ob das Handeln einer natürlichen Person auf den Abschluss eines Spekulationsgeschäfts oder den Erwerb von Konsumgütern gerichtet ist[71]. Maßgeblich ist allein das Handeln einer natürlichen Person zu privaten Zwecken.[72]

Nichts anderes ergibt sich aus der Rechtsprechung des EuGH: Die Entscheidung zur Nichtanwendbarkeit des Verbraucherschutzrechts beim Abschluss einer fondsbasierten Lebensversicherung ist nicht als obiter dictum zu verstehen. Schließlich wies das Gericht zugleich darauf hin, dass die Anwendbarkeit anderer verbraucherschützender Normen nicht ausgeschlossen ist.[73] Ebenso wenig lässt sich eine tatbestandliche Beschränkung von § 13 BGB mit dem Erfordernis richtlinienkonformer Auslegung begründen.

Entsprechung im europäischen Recht findet dagegen I-I:105 Abs. 3 DCFR, wonach „dual purpose"-Verträge immer dann als Verbraucherverträge zu qualifizieren sind, wenn dem Handelnde hierdurch Verbraucherrechte gewährt werden.

70 So *Purnhagen*, ZRP 2012, 36.

71 *Edelmann*, in: Assmann/Schütze (Hrsg.), Hdb KapitalanlageR, 3. Aufl. 2007, § 3 Rdn. 15.

72 *Armbrüster*, ZIP 2006, 406, 409; zuvor bereits EuGH, Schlussanträge des Generalanwalts Marco Darmon v. 27.10.1992, I-175 Tz. 78 vor EuGH, Urt. v. 19.1.1993, Rs. C-89/91, Slg. 1993, I-139. Vgl. *Edelmann*, in: Assmann/Schütze (Hrsg.), Hdb KapitalanlageR, 3. Aufl. 2007, § 3 Rdn. 23 f.

73 EuGH, Urt. v. 19.1.1993, Rs. C-89/91, Slg. 1993, I-139 Tz. 33.

Die Anlagegeschäfte von Privatanlegern unterfallen nur dann nicht dem Anwendungsbereich von § 13 BGB, wenn die für „gewerbliche“ bzw. „selbstständig berufliche“ Tätigkeiten entwickelten Schwellen überschritten sind.[74]

II. Materieller Verbraucherbegriff

Womöglich kommt das Verbraucherschutzrecht aber auch ohne tatbestandliche Anknüpfung an den formellen Verbraucherbegriff des § 13 BGB zur Anwendung. Ein solcher „materieller“ Verbraucherbegriff unterscheidet nicht zwischen Verbrauchern und Nicht-Verbrauchern und könnte sich für sämtliche Rechtsquellen belegen lassen, aus denen sich die Regulierung von Kapitalmarktinvestmentprodukten herleitet.

1. Materieller Verbraucherbegriff im WpHG

Im geltenden WpHG findet der formelle Verbraucherbegriff keine Verwendung. Allerdings erweitert § 5 Abs. 3 S. 3 Hs. 2 WpDVerOV die an den Verbraucherbegriff anknüpfenden Informationspflichten des Fernabsatzrechts auf Kunden, die nach § 14 BGB als Unternehmer einzustufen sind: „... ist der Privatkunde Unternehmer im Sinne des § 14 [BGB], ist § 312 c Abs. 1 [BGB i.V.m. Art. 246 § 1 EGBGB] entsprechend anzuwenden... “.

Die Unternehmer-Eigenschaft des Kunden steht der Anwendung von Verbraucherschutzrecht damit nicht entgegen. [75] Bereits diese Erweiterung der fernabsatzrechtlichen Informationspflichten auf Nicht-Verbraucher deutet auf einen materiellen Verbraucherbegriff hin.

2. Materieller Verbraucherbegriff im BGB

Anhaltspunkte für einen materiellen Verbraucherbegriff finden sich auch in den Vorschriften über Verbraucherdarlehensverträge: Die

74 Hierzu *Micklitz*, in: Münch. Komm. z. BGB, 6. Aufl. 2012, § 14 BGB Rdn. 16 ff.

75 Kritisch *Ekkenga*, in: Münch. Komm. z. HGB, 2. Aufl. 2009, Effektengeschäft Rdn. 385.

§§ 491 ff. BGB gelten auch für natürliche Personen, die sich als „Existenzgründer" einen Kredit bis maximal 75.000 Euro zur Aufnahme einer gewerblichen oder selbständigen beruflichen Tätigkeit gewähren lassen (§ 512 BGB). Ohne diese Sondervorschrift und bei Anknüpfung an § 13 BGB wären sie aufgrund der gewerblichen Zweckrichtung ihres Handelns bei der Kreditaufnahme als Unternehmer i.S.d. § 14 BGB einzustufen.

Materiellen Verbraucherschutz ohne Anknüpfung an den Verbraucherbegriff gewährt auch das Reisevertragsrecht: [76] Vertragspartner des Reiseveranstalters ist der „Reisende" und nicht der Verbraucher (§ 651 a Abs. 1 BGB); Reisender kann auch ein Geschäftsreisender sein, der den Reisevertrag zu unternehmerischen Zwecken i.S.d. § 14 BGB abschließt[77].

3. Materieller Verbraucherbegriff im VVG

Im VVG findet der Verbraucherbegriff keine unmittelbare Verwendung.[78] Unterschieden wird lediglich zwischen Versicherern und Versicherungsnehmern. Materiell-rechtlich handelt es sich bei den Bestimmungen des VVG gleichwohl um Verbraucherschutzrecht.[79]

In den personellen Anwendungsbereich der verbraucherschützenden VVG-Normen werden somit auch Nicht-Verbraucher einbezogen. Diese Gleichbehandlung von Verbrauchern (§ 13 BGB) und Unternehmern (§ 14 BGB) wird mit einer „konzeptionellen Entscheidung" des Gesetzgebers begründet.[80] Schließlich verfüge die „Mehrzahl der Gewerbetreiben-

---

76 Hierzu *Tonner*, in: Münch. Komm. z. BGB, 6. Aufl. 2012,Vor §§ 651a-651 m BGB Rdn. 26.

77 Geschäftsreisende sollen von der Pauschalreise-RiL 90/314/EWG einbezogen werden, vgl. *Tonner*, in: Münch. Komm. z. BGB, 6. Aufl. 2012, Vor §§ 651a-651 m BGB Rdn. 26.

78 Nur das Verordnungsrecht in Gestalt von § 4 Abs. 1 VVG-InfoV bezieht sich auf „Verbraucher".

79 Hierzu deutlich *Lorenz*, in: Münch. Komm. z. VVG, 2010, Einführung Rdn. 44.

80 So *Lorenz*, in: Münch. Komm. z. VVG, 2010, Einführung Rdn. 28.

den und der Freiberufler... nicht über sehr viel mehr Kenntnisse und Erfahrungen bei Versicherungsverträgen als die privaten Verbraucher".[81]

Bemerkenswert ist diese gesetzgeberische Entscheidung insoweit, als die Entscheidungssituation vor Abschluss einer fondsgebundenen Lebensversicherung dieselbe ist wie bei anderen Kapitalmarktinvestitionen: maßgeblicher Entscheidungsparameter ist die Exspektanz. Für fondsgebundene Lebensversicherungen ist die prospektive Berechnung des voraussichtlichen Rückkaufswerts nicht möglich; wegen Preisschwankungen der investierten Finanzmarkttitel steht die Höhe der Ablaufleistung bei Vertragsschluss nicht fest.[82] Der Versicherungsnehmer weiß folglich nicht, mit welcher Summe er bei (vorzeitiger) Vertragsbeendigung rechnen kann. Besonders deutlich schlagen sich die Unwägbarkeiten der Geldanlage in fondsbasierte Lebensversicherungen in den gesetzlichen Vorschriften über den Rückkaufswert[83] nieder.[84] Gemäß § 169 Abs. 4 VVG beschränkt sich der Rückkaufswert auf den jeweiligen Zeitwert, sofern der Versicherer nicht eine bestimmte Leistung garantiert hat. Wie auch bei der „klassischen" Kapitalmarktanlage bringt der Gesetzgeber damit die Grundsatzentscheidung zum Ausdruck, dass ausschließlich der Versicherungsnehmer die Chancen und Risiken der Kapitalmarktanlage unmittelbar trägt.[85]

Im Ergebnis lässt sich auch für das VVG-Regime ein materieller Verbraucherbegriff feststellen.

---

81 Kommission zur Reform des Versicherungsvertragsrechts, Abschlussbericht v. 19.4.2004, S. 21 f.; Begr RegE v. 20.12.2006 z. VVG-ReformG, BT-Ds. 16/3945, S. 59 f.

82 *Mönnich*, in: Münch. Komm. z. VVG, 2011, § 169 VVG Rdn. 111 m.w.N.

83 Legal definiert in § 169 Abs. 3 S. 1 VVG.

84 Diese sollen sicherstellen, dass bei Kündigung oder anderweitiger vorzeitiger Beendigung des Versicherungsvertrags der Versicherungsnehmer den durch die bisherigen Prämien angesparten Wert des Vertrags erhält, der Versicherer aber weder über seine bereits entstandenen Verpflichtungen hinaus belastet wird, noch ihm gestattet wird, Vorteile aus der Kündigung zu ziehen, siehe Begr RegE v. 20.12.2006 z. VVG-ReformG, BT-Ds. 16/3945, S. 52 f.

85 Begr RegE v. 20.12.2006 z. VVG-ReformG, BT-Ds. 16/3945, S. 53.

4. Zwischenfazit

Ein materieller Verbraucherbegriff, der verbraucherschützende Regelungen ohne Bezugnahme auf den formellen Verbraucherbegriff des § 13 BGB zur Anwendung bringt und insofern auch für Nicht-Verbraucher gilt, lässt sich für WpHG, BGB und VVG gleichermaßen feststellen.

C. Vierstufigkeit der Kunden- und Anlegerkategorisierung

Der formelle Verbraucherbegriff § 13 BGB ist auf die Geldanlage von Privatanlegern in Kapitalmarktinvestmentprodukt uneingeschränkt anwendbar. Dies hat zur Folge, dass sich die Kunden- und Anlegerkategorien von WpHG und KAGB weitergehend unterteilen lassen: Innerhalb der Kategorien „Privatkunde" bzw. „Privatanleger" ist zu differenzieren zwischen juristischen Personen, die Anlagegeschäfte ausschließlich zu gewerblichen Zwecken tätigen („Unternehmer-Privatkunden")[86] sowie „Verbraucher-Privatkunden", die als natürliche Personen mit der Geldanlage ausschließlich private Zwecke verfolgen. Die Kategorisierungssysteme sind damit de facto vierstufig angelegt.[87]

D. Fazit

Weder die unterschiedlichen Entscheidungsparameter von Anlage- und Konsumentscheidungen noch die Verwendung des formellen Verbraucherbegriffs rechtfertigen es, Anleger- und Verbraucherschutzrecht als disparate Regelungsregime zu begreifen.

„Beschaffenheiten" und „Exspektanzen" sind die für Konsum- und Anlageentscheidungen maßgeblichen Entscheidungsparameter. Der Unterschied liegt darin, dass nur Beschaffenheiten aufgrund ihrer physischen Rückbindung bei Gefahrübergang prinzipiell überprüfbar sind. Wegen dieser qualitativen Unterschiede schützt die Rechtsordnung nur solche Entscheidungen umfassend, denen Beschaffenheiten zugrunde liegen. Zur

---

86 Namentlich kleinere Firmenkunden, die die Größenmerkmale des § 31 Abs. 2 S. 2 Nr. 2 WpHG nicht erfüllen, vgl. *Ekkenga*, in: Münch. Komm. z. HGB, 2. Aufl. 2009, Effektengeschäft Rdn. 150.

87 *Ekkenga*, in: Münch. Komm. z. HGB, 2. Aufl. 2009, Effektengeschäft Rdn. 150.

Abgrenzung von Anleger- und Verbraucherschutzrecht sind Entscheidungsparameter gleichwohl ungeeignet: Die Entscheidung zum Abschluss einer fondsbasierten Lebensversicherung basiert auf ebenso unsicherer Exspektanzen-Grundlage, materiell-rechtlich statuiert das VVG aber Verbraucherschutzrecht.

Ebenso wenig lassen sich Anleger- und Verbraucherschutzregime anhand des formellen Verbraucherbegriffs trennen. Die Beispiele aus WpHG, BGB und VVG verdeutlichen, dass der Gesetzgeber auch Regelungsadressaten, die formell als Nicht-Verbraucher i.S.v. § 14 BGB einzustufen sind, materielles Verbraucherschutzrecht gewährt, ohne dabei an § 13 BGB anzuknüpfen. Ausschlaggebend für diesen materiellen Verbraucherbegriff ist allein, dass der in den Anwendungsbereich einbezogene Nicht-Verbraucher ebenso schutzbedürftig ist wie der typische Verbraucher.[88] Die Begrifflichkeiten Anleger und Verbraucher verwendet der Gesetzgeber folglich nicht gezielt dazu, um die Anwendungsbereiche von Anleger- und Verbraucherschutzrecht strikt zu trennen.[89]

Die Anwendbarkeit des Verbraucherbegriffs auf die Anlagegeschäfte natürlicher Personen hat zur Folge, dass die Kunden- und Anlegerkategorisierungssysteme von WpHG und KAGB weitergehend zu unterteilen sind, nämlich in „Unternehmer"- und „Verbraucher"-Privatanleger/-kunden. Hieraus ergibt sich ein vierstufiger Aufbau der Kategorisierungssysteme.

§ 6 Zwischenergebnisse zum 2. Teil

A. Zusammenfassende Thesen

1. Regelungsziele der Kapitalmarktregulierung sind der (institutionelle) Anlegerschutz sowie der Funktionenschutz. Dieser Zielfunktionendualismus könnte künftig um den Verbraucherschutz zu einer Schutztrias erweitert werden; zu den Aufgaben der europäischen Kapitalmarktaufsicht zählt der Verbraucherschutz bereits.

---

88 Siehe *Kümpel*, WM 2005, 1, 3.

89 So aber *Moloney*, 13 EBOR (2012), 169, 193, der zufolge der Verbraucherbegriff für die Notwendigkeit paternalistischer Markteingriffe stehe, während der Anlegerbegriff für Maßnahmen mit geringerer Regulierungsintensität verwendet werde.

2. Regelungsinstrumente und Dogmatik des Verbraucherschutzrechts könnten nutzbar gemacht werden, um Unklarheiten des individuellen Anlegerschutzes zu beseitigen und Schutzlücken zu schließen.
3. Der horizontale Regulierungsansatz der europäischen PRIP-Initiative schafft die regulatorischen Rahmenbedingungen für eine Konvergenzbewegung von Anleger- und Verbraucherschutzrecht, indem erstmals „Kapitalmarktinvestmentprodukte" einheitlich reguliert werden sollen.
4. Als Kapitalmarktinvestmentprodukte werden diejenigen Anlageprodukte bezeichnet, die von den privaten Haushalten bevorzugt zur Altersvorsorge genutzt werden. Es handelt sich um indirekte Anlageformen („Verpackung"), bei denen die Rückzahlung der Investitionssumme und deren Verzinsung nicht garantiert sind („Investitionsrisiko"). Hierzu zählen fondsbasierte Lebensversicherungen, Derivate mit „Anlagefunktion", strukturierte Bankeinlagen sowie Investmentfonds.
5. Die Vielzahl der von der PRIP-Initiative betroffenen Rechtsregime verdeutlicht die Begriffspluralität in Gestalt von „Privatanlegern", „Privatkunden", „Verbrauchern" und „Versicherungsnehmern".
6. Der Geldanlage in Kapitalmarktinvestmentprodukte liegt stets ein zivilrechtlicher Vertrag zugrunde, der sich als Zwei- oder Dreipersonenverhältnis vollzieht. Nicht alle bürgerlich-rechtlichen Geschäftsarten lassen sich einer aufsichtsrechtlichen Wertpapierdienstleistung zuordnen. Weitere Rechtsquelle ist neben dem Anlagevertrags- und Aufsichtsrecht das bürgerlich-rechtliche Verbraucherschutzrecht.

   Eigengeschäfte sollten den Wertpapierdienstleistungen *de lege ferenda* gleichgestellt werden, indem sie dem Regime der §§ 31 ff. WpHG untergeordnet werden.

   Am Modell konkludenter Anlageberatungsverträge kann festgehalten werden, denn der Vertragsschluss lässt sich sowohl nach den allgemeinen Vorschriften als auch als Schweigen auf einen Antrag gemäß § 362 Abs. 1 HGB herleiten. Der Inhalt bestimmt sich durch ergänzende Vertragsauslegung. Die hierfür maßgeblichen hypothetischen Parteiinteressen sind isoliert und nicht in Konnexität mit einem nachfolgenden (Festpreis-)Folgegeschäft zu ermitteln.

   Nur natürliche Personen sind in den Anwendungsbereich von § 13 BGB einbezogen. Die „Privatanleger" im Sinne dieser Untersuchung sind das alter ego der privaten Haushalte. Die teleologische Reduktion des sachlichen Anwendungsbereich von § 13 BGB in Bezug auf Geldanlage-Geschäfte ist nicht geboten.

Anleger- und Verbraucherschutzrecht sind nicht per se disparate Regelungsregime, denn auch Verbraucherentscheidungen können Exspektanzen als maßgebliche Entscheidungsparameter zugrunde liegen. Für WpHG, BGB und VVG lässt sich zudem ein materieller Verbraucherbegriff herausarbeiten, der ohne Anknüpfung an § 13 BGB Nicht-Verbraucher in den Anwendungsbereich verbraucherschützender Normen einbezieht.

B. Gang der weiteren Untersuchung

Diese Thesen deuten auf die Konvergenz von Anleger- und Verbraucherschutzrecht für den Regelungsbereich der Kapitalmarktinvestmentprodukte hin. Möglicherweise sind individueller Anlegerschutz und Verbraucherschutz aber aufgrund dogmatischer Erwägungen strikt voneinander zu trennen.

In *Teil 3* gilt es daher die dogmatischen Grundlagen des Privatanlegerschutzes bei der Geldanlage in Kapitalmarktinvestmentprodukte zu untersuchen. Besonderes Augenmerk ist dabei auf verbraucherschutzrechtliche Begründungsansätze zu richten.

Für die Konvergenz von Anleger- und Verbraucherschutzrecht könnten gemeinsame Rechtsprinzipien sprechen, die in *Teil 4* aus den verschiedenen Rechtsquellen der PRIP-Initiative rechtsgebiets- und produktformübergreifend abgeleitet werden.

Gemeinsamkeiten bestehen womöglich auch in Bezug auf das Regelungsinstrumentarium, das die Rechtsprinzipien des PRIP-Privatanlegerschutzes auf einfachgesetzlicher Ebene sanktioniert und dessen Instrumente in *Teil 5* systematisiert dargestellt und verglichen werden.

Teil 3: Dogmatik

§ 7 Dogmatische Ausgangsbasis

Vor dem Hintergrund der bisherigen Untersuchungsergebnisse stellt sich die Frage nach den dogmatischen Grundlagen des Privatanlegerschutzes.

In Betracht kommen einerseits kapitalmarktrechtliche Begründungsansätze, die auf dem Prinzip der Markteffizienz bzw. „Marktkomplementarität" beruhen und in engem Zusammenhang mit der Funktionsfähigkeit der Kapitalmärkte stehen. Andererseits könnten verbraucherschutzrechtliche Ansätze dogmatisch nutzbar gemacht werden, die auf Marktkorrektur bzw. „Marktkompensation" abzielen.

Die rechtspolitische Gegensätzlichkeit marktkomplementärer und marktkompensatorischer Ansätze erschließt sich vor dem Hintergrund der Markt- und Wettbewerbsmodelle, die von den Wirtschaftswissenschaften entwickelt wurden.

A. Wirtschaftswissenschaftliche Markt- und Wettbewerbsmodelle

In den Wirtschaftswissenschaften wurde eine Vielzahl ökonomischer Modelle für die idealtypische Funktionsweise von Markt und Wettbewerb entwickelt.

Für die Zwecke dieser Untersuchung interessiert primär die mit diesen Modellen verwobene rechtspolitische Positionierung, ob die angestrebte Wirtschaftsordnung auf der Verantwortung der Marktakteure oder auf der ordnenden, paternalistischen Hand des Staates beruhen soll,[1] mithin in welchem Umfang und welcher Intensität staatliche Intervention für nötig erachtet wird.

Die einzelnen Modelle lassen sich bestimmten Denkschulen zuordnen, nämlich Klassik bzw. Neoklassik sowie freiheitlichen bzw. ordoliberalen Ansätzen.

---

1 So *Drexl*, Die wirtschaftliche Selbstbestimmung des Verbrauchers, 1998, S. 91.

I. Marktmodelle der Klassik und Neoklassik

1. Klassisches Marktmodell

Im Zentrum der klassischen Marktwirtschaftslehre von *Adam Smith*[2] steht die sogenannte Preistheorie, der zufolge sich der Marktpreis durch das Zusammentreffen von Angebot und Nachfrage bildet. Der Preismechanismus hat die Aufgabe, ein Über- und Unterangebot von Waren und Dienstleistungen auszugleichen und die optimale Allokation von Ressourcen, Produktionsfaktoren und Gütern abzusichern.[3]

Das Wirtschaftsleben wird somit durch die „unsichtbare Hand" des Marktes geleitet.[4] Dem *Smith*'schen Marktmodell liegen folgende Leitlinien zugrunde: (1.) Der Marktpreis spiegelt alle wesentlichen Informationen wider. (2.) Der Markt ist eine staatliche Einrichtung. (3.) Die Verteilungsfunktion des Marktes bewirkt den effizientesten Schutz der Marktteilnehmer.[5]

Dennoch darf sich der Staat *Smith* zufolge nicht vollständig aus dem Wirtschaftsgeschehen zurückziehen. Aufgabe des Staates bleibt es, die institutionellen Rahmenbedingungen abzusichern, die für die Funktionsfähigkeit des Marktes unabdingbar sind.[6] Staatliche Intervention ist ausnahmsweise erforderlich, wenn Wettbewerbsbehinderungen persistieren oder Marktteilnehmer aus sozialen oder rechtlichen Gründen ihrer Marktgegenseite erheblich unterlegen sind.[7]

---

2 *Smith*, Der Wohlstand der Nationen, 1974, passim.

3 Zusammenfassend *Seiler*, Verbraucherschutz auf elektronischen Märkten, 2006, S. 53 f. m.w.N.

4 Hierzu *Drexl*, Die wirtschaftliche Selbstbestimmung des Verbrauchers, 1998, S. 93 m.w.N.

5 Überblickartig *Drexl*, Die wirtschaftliche Selbstbestimmung des Verbrauchers, 1998, S. 94.

6 *Tuchtfeldt*, ORDO 27 (1976), 29, 35.

7 Hierzu *Tuchtfeldt*, ORDO 27 (1976), 29, 37 ff.; vgl. *Seiler*, Verbraucherschutz auf elektronischen Märkten, 2006, S. 55.

2. Neoklassisches Gleichgewichtsmodell

Das neoklassische Marktmodell[8] baut auf der klassischen Theorie von *Smith* auf. Deren Preistheorie wird um eine graphische Darstellung erweitert, die in ihrer Grundform aus sich schneidenden Angebots- und Nachfragekurven besteht.[9] Sie soll das Theorem veranschaulichen, dass der gesellschaftliche Gesamtwohlstand im Schnittpunkt (Gleichgewichtspunkt) der Kurven am höchsten ist.[10]

Um dieses Gleichgewicht zu erreichen, fordert das neoklassische Modell vollkommenen Wettbewerb unter folgenden Bedingungen: (1.) Möglichst viele Anbieter und Nachfrager. (2.) Das Handeln einzelner Marktteilnehmer kann den Preismechanismus nicht beeinflussen. (3.) Marktzugang und -abgang sind kostenlos. (4.) Die am Markt gehandelten Güter sind austauschbar, so dass es nicht darauf ankommt, bei welchem Anbieter gekauft wird.[11]

Nach neoklassischem Verständnis sind staatliche Markteingriffe allenfalls hinnehmbar, wenn sie zur Wiederherstellung der Markteffizienz zwingend erforderlich sind.

3. Der Homo oeconomicus als Zentralfigur der (Neo-)Klassik

Ohne vollständige Markttransparenz kann sich in den Marktmodellen von Klassik und Neoklassik kein effizienter Marktpreis bilden.

Zentralfigur der neoklassischen Ökonomie ist daher der sogenannte *Homo oeconomicus*.[12] Dieser wird beschrieben als eine Person, die „in allen Lebensbeziehungen den Nützlichkeitswert voranstellt“[13] und dazu in der Lage ist, alle verfügbaren Informationen vollumfänglich aufzunehmen, zu

8 Insbesondere *Samuelson/Nordhaus*, Economics, 19. Aufl. 2010, passim.

9 Siehe *Seiler*, Verbraucherschutz auf elektronischen Märkten, 2006, S. 95.

10 Beschreibend *Drexl*, Die wirtschaftliche Selbstbestimmung des Verbrauchers, 1998, S. 95 ff.

11 *Hunt/Sherman*, Volkswirtschaftslehre, Bd. I, 1993, S. 238 f.; vgl. *Seiler*, Verbraucherschutz auf elektronischen Märkten, 2006, S. 78; *Drexl*, Die wirtschaftliche Selbstbestimmung des Verbrauchers, 1998, S. 116 m.w.N.

12 Vgl. nur *Pennekamp*, FAZ Nr. 250 v. 26.10.2012, S. 11.

13 Vgl. *Spranger*, Lebensformen, 8. Aufl. 1950, S. 148.

verarbeiten und auf dieser Grundlage rationale Entscheidungen zu treffen.[14] Die Figur des Homo oeconomicus beruht nicht auf einer empirischen Beschreibung der Wirklichkeit. Sie ist lediglich eine Hypothese, die dem methodologischen Individualismus dient.[15] Es muss daher nicht erst die empirisch verifizierte Theorie der beschränkten Rationalität[16] bemüht werden, um die Tragfähigkeit modelltheoretischer Annahmen in Frage zu stellen, die auf der Figur des Homo Oeconomicus beruhen.[17]

4. Modellevolutionen der Chicago School

Die Markt- und Wettbewerbskonzeption der Neoklassik wurde von der Chicago School[18] weiterentwickelt. Die Chicago School lehnt *jegliche* staatliche Marktintervention ab; oberstes Gebot wettbewerblichen Handelns ist die Effizienzoptimierung.[19] Soziale Erwägungen, Aspekte der individuellen Freiheitssicherung und Fragen der Verteilungsgerechtigkeit müssen demgegenüber zurücktreten.[20] Die Annahmen der Homo oeconomicus-Hypothese dienen hier nicht nur der theoriemäßigen Vereinfachung, sondern werden als realitätsnahe Beschreibungen der Fähigkeiten der Marktteilnehmer verstanden.[21]

---

14 Siehe *Griffith/Goldfarb*, in: Koford/Miller, Social Norms and Economic Institutions, 1991, S. 39, 44 ff.; *Kirchner*, Ökonomische Theorie des Rechts, 1997, S. 13 ff.; *Kunz*, Rational Choice, 2004, S. 32 ff.; *Kirchgässner*, Homo Oeconomicus, 2. Aufl. 2000, S. 12 ff., 46 ff.; *Schäfer/Ott*, Lehrbuch der ökonomischen Analyse des Zivilrechts, 4. Aufl. 2005, S. 58.

15 Hierzu *Schäfer/Ott*, Lehrbuch der ökonomischen Analyse des Zivilrechts, 4. Aufl. 2005, S. 54 ff.

16 Unten S. 239.

17 Vgl. *Drexl*, Die wirtschaftliche Selbstbestimmung des Verbrauchers, 1998, S. 130, 170 ff.

18 Siehe *Schmidt/Rittaler*, Die Chicago School of Antitrust Analysis, 1986, passim.; überblickartig *Reder*, 20 Journal of Economic Literature 1 ff. (1982).

19 Zusammenfassend *Seiler*, Verbraucherschutz auf elektronischen Märkten, 2006, S. 80 f.

20 Beschreibend *Seiler*, Verbraucherschutz auf elektronischen Märkten, 2006, S. 91; siehe auch *Fehl*, ORDO 38 (1987), 309, 310.

21 Hierzu *Drexl*, Die wirtschaftliche Selbstbestimmung des Verbrauchers, 1998, S. 131 f.

II. Freiheitliche und ordoliberale Modelle

1. Wettbewerb als Entdeckungsverfahren[22]

In der Markt- und Wirtschaftsordnung *von Hayeks* steht anders als bei den Vertretern von Klassik und Neoklassik die Freiheit des einzelnen Marktteilnehmers im Mittelpunkt.[23] Als „spontane Wirtschaftsordnung"[24] beschreibt sie keinen Gleichgewichtszustand, sondern einen Meinungsbildungsprozess, der sich durch den Erwerb von Marktwissen und die Schließung von Informations- und Koordinationslücken vollzieht.[25] Die hierfür notwendigen Adaptions- und Lernleistungen sind ohne persönliche Freiheit der Marktteilnehmer undenkbar.[26]

Aufgabe der staatlichen Rechtsordnung ist es, die Freiheit des Einzelnen zu sichern und ihm die Verfolgung seiner Ziele zu ermöglichen.[27] Da sich in einer spontanen Wirtschaftsordnung wirtschaftliche Ergebnisse nicht ethisch bewerten lassen, zählt die Absicherung der materiellen Gleichheit der Marktteilnehmer nicht zu den staatlichen Aufgaben.[28] Dieses Marktmodell stellt insofern auch keine normativen Maßstäbe für „gerechte" Marktergebnisse auf.[29]

2. Ordoliberalismus

Den Ordoliberalismus[30] trägt der Leitgedanke, dass die Funktionsfähigkeit von Markt und Wettbewerb nicht durch staatliche Eingriffe, sondern durch das Handeln der Marktteilnehmer gefährdet wird.[31] *Eucken* zufolge ist

---

22 *V. Hayek*, Der Wettbewerb als Entdeckungsverfahren, 1968, passim.
23 Beschreibend *Seiler*, Verbraucherschutz auf elektronischen Märkten, 2006, S. 94.
24 *V. Hayek*, in: *ders.*, Individualismus und wirtschaftliche Ordnung, 1952, S. 122 ff.
25 Zusammenfassend *Seiler*, Verbraucherschutz auf elektronischen Märkten, 2006, S. 90.
26 *Streit*, ORDO 43 (1992), 1, 18; vgl. *Drexl*, Die wirtschaftliche Selbstbestimmung des Verbrauchers, 1998, S. 101.
27 *Drexl*, Die wirtschaftliche Selbstbestimmung des Verbrauchers, 1998, S. 131.
28 Vgl. *Drexl*, Die wirtschaftliche Selbstbestimmung des Verbrauchers, 1998, S. 102 f.
29 So *Seiler*, Verbraucherschutz auf elektronischen Märkten, 2006, S. 94.
30 Insbesondere *Eucken*, ORDO 1 (1948), 56 ff.
31 Zusammenfassend *Seiler*, Verbraucherschutz auf elektronischen Märkten, 2006, S. 75.

Wettbewerb kein Verdrängungs-, sondern ein Parallelprozess.[32] Die Feststellung „sozialer Missstände" soll daher Wettbewerbsdefizite indizieren.[33]

Maxime staatlichen Handelns ist hiernach nicht die größtmögliche Abstinenz von Marktinterventionen. Stattdessen obliegt dem Staat die „schöpferische Aufgabe", die nötigen Marktstrukturen bereitzustellen[34] und für ein „sinnvolles Ineinandergreifen der Wirtschaftsprozesse" Sorge zu tragen, damit alle Wirtschaftsteilnehmer frei planen und handeln können.[35] Das ordoliberale Marktmodell zeichnet sich durch die „Interdependenz der Ordnungen" aus: Hiernach ist die Wirtschaftsordnung nicht isoliert, sondern stets in Zusammenhang mit der Verfassungs-, Rechts- und Staatsordnung zu betrachten.[36]

3. Soziale Marktwirtschaft

Das Markt- und Wettbewerbsmodell des Ordoliberalismus ging im Konzept der Sozialen Markwirtschaft als einer umfassenden gesellschaftspolitischen Theorie auf.[37] Unter dem Begriff „Soziale Marktwirtschaft" wird eine „nach den Regeln der Marktwirtschaft ablaufende, aber mit sozialen Ergänzungen und Sicherungen versehene Wirtschaft"[38] verstanden. Dabei dient das Soziale nicht bloß als Korrektiv der Marktwirtschaft; Sozialordnung und die Ordnung der Marktwirtschaft stehen vielmehr gleichberechtigt nebeneinander und bedingen sich gegenseitig.[39]

---

32 *Eucken*, ORDO 2 (1949), 1, 24 f.

33 *Eucken*, ORDO 2 (1949), 1, 25; vgl. *Seiler*, Verbraucherschutz auf elektronischen Märkten, 2006, S. 85.

34 *Eucken*, in: Eucken (Hrsg.), Grundsätze der Wirtschaftspolitik, 1952, S. 254 ff., 291 ff.; vgl. *Seiler*, Verbraucherschutz auf elektronischen Märkten, 2006, S. 75.

35 *Eucken*, ORDO, 2 (1949), 1, 93; vgl. *Drexl*, Die wirtschaftliche Selbstbestimmung des Verbrauchers, 1998, S. 111.

36 *Drexl*, Die wirtschaftliche Selbstbestimmung des Verbrauchers, 1998, S. 112; zur Interdependenz etwa *Krüsselberg*, ORDO 40 (1989), 223 ff.; *Hoppmann*, in: FS Mestmäcker, 1996, S. 177, 189.

37 Vgl. *Seiler*, Verbraucherschutz auf elektronischen Märkten, 2006, S. 95.

38 *Müller-Armack*, ORDO 1 (1948), 125, 148 f.

39 Zusammenfassend *Drexl*, Die wirtschaftliche Selbstbestimmung des Verbrauchers, 1998, S. 147 m.w.N.

Erst das Zusammenspiel von Wirtschafts- und Sozialordnung ergibt die gewünschte Gesellschaftsordnung,[40] wobei marktkonforme soziale Maßnahmen Vorrang gegenüber ausschließlich sozial motivierten Markteingriffen genießen[41]. Jede staatliche Intervention ist mithin so zu gestalten, dass sie den Funktionsbedingungen „wettbewerblicher Marktsteuerung" Rechnung trägt.[42]Der ehemalige Bundeswirtschaftsminister *Ludwig Erhard* setzte die Soziale Marktwirtschaft in den 1940er und 1950er Jahren in praktische Wirtschaftspolitik um.[43]

B. Ansätze zur dogmatischen Rückbindung des Privatanlegerschutzes

Die verschiedenen ökonomischen Markt- und Wettbewerbstheorien finden ihre rechtsdogmatische Entsprechung in der Unterteilung in die folgenden dogmatischen Ansätze, an denen sich die Untersuchung im Weiteren ausrichten soll: „Marktkomplementarität" und „Marktkompensation". Diese aus dem Verbraucherschutzrecht bekannte Unterteilung von Markteingriffen lässt sich für die dogmatische Rückbindung des Privatanlegerschutzes bei der Geldanlage in Kapitalmarktinvestmentprodukte unter Berücksichtigung der Eingriffsintensität und des Wirkungsgrads[44] staatlicher Maßnahmen nutzbar machen. Der marktkompensatorische Ansatz ist dabei grundsätzlich deutlich weiter gefasst als der marktkomplementäre Ansatz.[45]

---

40 Zusammenfassend *Seiler*, Verbraucherschutz auf elektronischen Märkten, 2006, S. 96.

41 Siehe *Drexl*, Die wirtschaftliche Selbstbestimmung des Verbrauchers, 1998, S. 147.

42 *Zohlnhöfer*, ORDO 43 (1992), S. 269, 276.

43 Beschreibend *Seiler*, Verbraucherschutz auf elektronischen Märkten, 2006, S. 95.

44 Grundlegend *Reich*, Markt und Recht, 1977, S. 198, 218 f.; siehe auch *Micklitz*, in: Münch. Komm. z. BGB. 6. Aufl. 2012, Vor §§ 13-14 BGB Rdn. 17 ff.; *Tamm*, Verbraucherschutzrecht, 2011, S. 35 m.w.N.

45 Für das Verbraucherschutzrecht *v. Hippel*, Verbraucherschutz, 3. Aufl. 1986, S. 271, der darauf hinweist, dass sich die beiden Unterteilungen nicht notwendigerweise ausschließen.

I. Marktkomplementärer Privatanlegerschutzansatz

Der Ansatz eines marktkomplementären Privatanlegerschutzes beschränkt staatliche Intervention auf ein Maß, das zur Förderung und Erhaltung des marktbedingten Wettbewerbs erforderlich ist.[46] Er korrespondiert mit den Markt- und Wettbewerbsmodellen der Klassik bzw. Neoklassik, die staatliche Intervention darauf beschränken, Rahmenbedingungen für effiziente Märkte herzustellen.

Den besten Marktteilnehmerschutz bietet nach dieser Konzeption ein funktionierender Wettbewerb:[47] Dieser soll für eine „optimale Bedarfsbefriedigung und Bedarfsentscheidung"[48] sorgen und die Anbieterseite „entmachten"[49].

Eingriffe in die Privatautonomie sind nach diesem Regulierungsverständnis im Übrigen zu vermeiden;[50] der Anleger soll auch weiterhin objektiv unvernünftige Entscheidungen treffen können. Er trägt die Letztverantwortlichkeit für sein Handeln und wird nicht vor sich selbst geschützt. Staatliche Intervention ist lediglich ultima ratio für Fälle, in denen die „selbstregulativen Kräfte des Marktes" versagen.[51] Zulässig sind Eingriffe in Marktgeschehen und Privatautonomie nur, wenn sie zwingend erforderlich sind, damit der Anleger seine Marktteilnehmerrolle wahrnehmen kann.[52]

Das Instrumentarium marktkomplementärer Regulierung beschränkt sich auf Informationspflichten[53] und die Vergrößerung des Marktangebots

---

46 Bezogen auf das Verbraucherschutzrecht *Tamm*, Verbraucherschutzrecht, 2011, S. 35 f.

47 *Basedow*, AcP 200 (2000), 445, 486; *Schnünemann*, in: FS Brandner, 1996, S. 279, 294.

48 Zusammenfassend *Tamm*, Verbraucherschutzrecht, 2011, S. 36,.

49 Aus Verbraucherschutzperspektive *Reich*, Markt und Recht, 1977, S. 200; *Tamm*, Verbraucherschutzrecht, 2011, S. 36.

50 Vgl. *Basedow*, AcP 200 (2000), 445, 488; *Dauner-Lieb*, Sonderprivatrecht für Verbraucher, 1983, S. 69, 104..

51 So für den Verbraucherschutz *Kind*, Die Grenzen des Verbraucherschutzes durch Information, 1998, S. 44 m.w.N.

52 *Schünemann*, in: FS Brandner, 1996, S. 279 ff., 283 ff.; vgl. *Kind*, Die Grenzen des Verbraucherschutzes durch Information, 1998, S. 44.

53 *Dauner-Lieb*, Sonderprivatrecht für Verbraucher, 1983, S. 69 ff., 105; *Drexl*, Die wirtschaftliche Selbstbestimmung des Verbrauchers, 1998, S. 9; *Dick*, Verbraucherleitbild der Rechtsprechung, 1995, S. 27.

zur Wettbewerbssteigerung[54]. Diese stärken die Stellung des Anlegers am Markt mittelbar.[55]

II. Marktkompensatorischer Privatanlegerschutzansatz

Als marktkompensatorisch bzw. marktkorrigierend lässt sich das Schutzverständnis bezeichnen, demnach zum Schutz der Marktteilnehmer staatliche Interventionen geboten sind, die über Informationspflichten und wettbewerbssichernde Maßnahmen hinausgehen.[56] Derartige Eingriffe sind erforderlich, wenn der marktkomplementäre Ansatz allein keinen ausreichenden Schutz bietet.[57] In diesen Fällen sei es Aufgabe der Rechtsordnung, Funktionslücken des Marktrechts zu schließen[58] und sicherzustellen, dass der formalen Vertragsfreiheit zugleich wirtschaftliche Freiheit gegenübersteht.[59]

Der markkompensatorische Ansatz basiert auf der Annahme, dass der Nachfrageseite die Fähigkeit zur rationalen Entscheidungsfindung regelmäßig fehlt.[60] Gerechtfertigt werden Eingriffe in Marktprozesse[61] und in die Privatautonomie damit, dass die voluntativen Voraussetzungen freier und individuell ausgehandelter Verträge insbesondere in Bezug auf Verbraucherhandeln regelmäßig nicht gegeben sind.[62]

Zu den Regelungsinstrumenten, die die marktfunktionalen Defizite der unterlegenen Marktteilnehmer kompensieren, zählen neben umfassenden Informationspflichten auch Mechanismen zur Abschluss- und Inhaltskontrolle von Verträgen.[63] Im Einzelnen sind hiervon Widerrufsrechte, Vor-

---

54 Hierzu *Limbach*, JuS 1985, 10, 11.

55 *Tamm*, Verbraucherschutzrecht, 2011, S. 42.

56 *Dauner-Lieb*, Sonderprivatrecht für Verbraucher, 1983, S. 141 ff., 150; *Reifner*, VuR 2004, 130, 131.

57 *Drexl*, Die wirtschaftliche Selbstbestimmung des Verbrauchers, 1998, S. 9; vgl. *Tamm*, Verbraucherschutzrecht, 2011, S. 43.

58 *Bartl*, ZRP 1976, 13 f.; *Reick/Micklitz*, Verbraucherschutzrecht in der Bundesrepublik Deutschland, 1980, Rdn. 5.

59 *Kind*, Die Grenzen des Verbraucherschutzes durch Information, 1998, S. 47 f. m.w.N.

60 Vgl. *Kind*, Die Grenzen des Verbraucherschutzes durch Information, 1998, S. 6.

61 *Reich*, Markt und Recht, 1977, S. 198.

62 Vgl. *Bartsch*, ZRP 1973, 219, 222; *Limbach*, JuS 1985, 10, 13.

63 *Repgen*, Kein Abschied von der Privatautonomie, 2001, passim; vgl. *Tamm*, Verbraucherschutzrecht, 2011, S. 43.

schriften zur inhaltlichen Überprüfung der Vertragsbedingungen (z.B. §§ 138, 307 ff. BGB) ex ante und ex post, nicht-dispositive Vorschriften sowie Maßnahmen zur vereinfachten Rechtsdurchsetzung, etwa in Gestalt von kollektiven Klagerechten und Beweiserleichterungen umfasst.[64]

Der marktkompensatorische Schutzansatz stimmt am ehesten mit dem ordoliberalen Marktverständnis überein, das die wirtschaftliche Freiheit des Einzelnen nicht nur als „Mittel zum Zweck" zur Herstellung von Markteffizienz, sondern als eigenständige Zielfunktion begreift. Ökonomie und Rechtsordnung bestimmen die Ausgestaltung von Markt und Wettbewerb somit gemeinsam.[65]

§ 8 Marktkomplementäre Dogmatik

Eng mit den Paradigmen der neoklassischen Ökonomie verwoben sind die „klassischen" Ansätze der Anlegerschutzdogmatik. Diese zielen darauf ab, die Effizienz der Kapitalmärkte sicherzustellen. Gemeinsame Grundlage dieser Anlegerschutztheorien ist ein marktkomplementäres Regulierungsverständnis.

Nachfolgend wird untersucht, welche Bedeutung der Schutz des einzelnen Anlegers in diesem Theoriegebilde einnimmt. Marktkompensatorische Eingriffe, die mit dem Regelungsziel der Markteffizienz konfligieren, sind nur dann erforderlich, wenn der Preismechanismus den Individualschutz nicht ausreichend absichert oder falls der individuelle Anlegerschutz als eigenständiges Regelungsziel der klassischen Kapitalmarktgesetzgebung begriffen werden kann.

A. Das Informationsmodell des Kapitalmarktrechts

I. Marktförmige Informationsasymmetrien als Ausgangsbasis

Wissensunterschiede zwischen Vertragsparteien, sogenannte asymmetrische Informationsverteilungen, beschreibt *Holger Fleischer* in seiner Ha-

---

64 *Dauner-Lieb*, Sonderprivatrecht für Verbraucher, 1983, S. 117 ff.; vgl. *Tamm*, Verbraucherschutzrecht, 2011, S. 43.

65 Vgl. *Drexl*, Die wirtschaftliche Selbstbestimmung des Verbrauchers, 1998, S. 160; *Seiler*, Verbraucherschutz auf elektronischen Märkten, 2006, S. 100.

bilitationsschrift als „konstitutionellen Bestandteil marktförmiger Austauschprozesse“.[1]

Am Markt stehen sich grundsätzlich gegenläufige Rechtspositionen gegenüber: die aus der grundgesetzlich abgesicherten Privatautonomie herzuleitende Freiwilligkeit des Vertragsschlusses und die Bedeutung, welche am Prinzip der Eigennützigkeit ausgerichtete Austauschverträge für unsere Wirtschaftsordnung haben.[2] Die Inanspruchnahme der Privatautonomie setzt voraus, dass jede Vertragspartei vor Vertragsschluss Kenntnis davon hat, welche vertraglichen Pflichten und Risiken sie mit Abschluss des Vertrages eingeht. Werden der Gegenseite Informationspflichten aufoktroyiert, sinkt zugleich die Anreizfunktion selbstbestimmter Geschäftsabschlüsse, weil der Vertragsschluss für den Informationsverpflichteten teurer und unattraktiver wird.

I. Ökonomische Grundlagen

1. Theorie der rationalen Entscheidung

Ausgehend vom Modell des Homo Oeconomicus beruht das Informationsparadigma des Kapitalmarktrechts auf der Theorie der rationalen Entscheidung (*rational choice theory*). Hiernach ist das Handeln der Marktteilnehmer stets streng rational und auf Nutzenmaximierung ausgerichtet.[3] Überträgt man diese Modellvorstellung auf den Kapitalmarkt als Institution, lässt er sich vereinfachend als eine Person vorstellen, die auf Grundlage der verfügbaren Informationen uneingeschränkt rationale Entscheidungen trifft.[4] Setzt man im Folgeschritt den typischen Anleger in seinen Fähig-

1 *Fleischer*, Informationsasymmetrie im Vertragsrecht, 2001, S. 1.

2 Vgl. *Fleischer*, Informationsasymmetrie im Vertragsrecht, 2001, S. 1 f. m. zahlr. w.N.

3 Hierzu *Jacoby*, 6 Roger Williams University Law Review 83, 85 ff., 98 ff. (2000-2001); *Rubin*, 80 Chicago-Kent Law Review 1091, 1092 ff. (2005).

4 *Klöhn*, ZHR 177 (2013), 349, 354.

keiten mit dem Homo oeconomicus gleich,[5] gilt der Logarithmus: „Je mehr Informationen, desto besser."[6]

2. Kapitalmarkteffizienzhypothese (ECMH)

Ökonomische Grundlage der kapitalmarktrechtlichen Informationspflichten ist die von *Eugene Fama*[7] konturierte und auch im deutschen Schrifttum hinlänglich rezipierte[8] Kapitalmarkteffizienzhypothese (*Efficient Capital Markets Hypothesis* – „ECMH").[9]

Der ECMH liegt die Annahme zugrunde, dass sich der tatsächliche Wert jedes Finanzinstruments, der sogenannte Fundamentalwert, anhand einer aus zwei Variablen bestehenden Funktion berechnen lässt: den zukünftigen Zahlungsströmen und dem jeweiligen Anlagerisiko.[10] Die zukünftige Kursentwicklung kann allerdings nur äußerst eingeschränkt vorhergesehen werden.[11] Aus diesem Grund besagt die „halbstrenge" Variante der ECMH, dass die am Kapitalmarkt gebildeten Preise Schätzungen sind, die zu jedem Zeitpunkt alle öffentlich bekannten Informationen vollumfänglich reflektieren.[12]

---

5 Vgl. *Paredes*, 81 Washington University Law Quarterly, 417, 440 ff. (2003); *Stahl*, Information Overload am Kapitalmarkt, 2013, S. 33.

6 *Berndt*, Konsumentscheidung und Informationsüberbelastung, 1983, S. 23; *Caplin/Leahy*, in: *Brocas/Carrillo* (Hrsg.), The Psychology of Economic Decisions, 2003, Vol. I, S. 74. Vgl. *Stahl*, Information Overload am Kapitalmarkt, 2013, S. 33.

7 Grundlegend *Fama*, 25 The Journal of Finance 383 ff. (1970); *ders.*, 46 The Journal of Finance 1575, 1576 (1991).

8 Siehe die umfangreichen Nachweise bei *Klöhn*, ZHR 177 (2013), 349, 352 m. Fn. 12.

9 *Gilson/Kraakman*, 70 Virginia Law Review 549, 550 (1984): „[t]he ECMH is now *the* context in which serious discussion of the regualtion of financial markets takes place"; siehe *Klöhn*, ZHR 177 (2013), 349, 352.

10 *Klöhn*, ZHR 177 (2013), 349, 352.

11 *Klöhn*, ZHR 177 (2013), 349, 352.

12 *Fama*, 25 The Journal of Finance (1970), 383, 384-385; *ders.*, 46 The Journal of Finance (1991), 1575, 1576. Hierzu auch *Klöhn*, ZHR 177 (2013), 349, 353.

III. Informationsparadigma

Das Informationsparadigma[13] lässt sich als rechtliche Umsetzung der Annahmen von rational choice theory und ECMH begreifen: Typischerweise verfügen Anleger nicht über eigene Informationen, um die Chancen und Risiken einer Kapitalmarktanlage beurteilen zu können.[14] Informationsasymmetrien verhindern in der Folge, dass sich am Markt ein optimaler Produktpreis bilden kann; stattdessen drohen Marktineffizienzen bis hin zu Marktversagen.[15]

Aufgabe des Kapitalmarktrechts ist es daher, den Anlegern über gesetzliche Pflichten die benötigten Informationen bereitzustellen. [16] Die Verpflichtung der Anbieterseite zur Information der Nachfrageseite bezweckt zweierlei: zum einen sollen alle Marktteilnehmer zum möglichst gleichen Zeitpunkt Zugang zu denselben bewertungsrelevanten Informationen haben;[17] zum anderen gilt es die bei Kapitalmarktgeschäften anfallenden Transaktionskosten zur Steigerung des gesamtvolkswirtschaftlichen Wohlstands[18] zu senken.[19]

Credo des Informationsparadigmas ist daher, wie es *Louis D. Loss* als einer seiner Nestoren mantrahaft zusammenfasste, „Disclosure, disclosure, again disclosure, and still more disclosure“[20], oder, nach den Anfangsworten des „wohl auch jedem deutschen Kapitalmarktrechtler bekannten Aufsatzes“[21] von *Louis D. Brandeis*: „Sunlight is said to be the best of disinfectants“.[22]

---

13 Auch als Offenlegungs- oder Disclosure-Paradigma bezeichnet, siehe *Klöhn*, ZHR 177 (2013), 349, 350.

14 *Lenenbach*, Kapitalmarktrecht, 2. Aufl. 2010, Rdn. 11.3.

15 *Fleischer*, Informationsasymmetrie im Vertragsrecht, 2001, S. 121 ff.; *ders.*, Gutachten F z. 64. DJT 2002, 2002, S. 23. Grundlegend *Akerlof*, 84 Quarterly Journal of Economics 488 ff. (1970).

16 *Fleischer*, ZIP 2006, 451, 458.

17 Hierzu *Lenenbach*, Kapitalmarktrecht, 2. Aufl. 2010, Rdn. 11.4 ff.

18 *Fleischer*, ZEuP 2000, 772, 778; zuvor bereits *Beales/Craswell/Salop*, 24 Journal of Law and Economics, 491, 493 (1981). Siehe auch *de Graaf/Williams*, 32 University of New South Wales Law Journal 390, 393 f. (2009), 390, 393-394; *Brewer/Gough/Shah*, 9 DePaul Business and Commercial Law Journal 257, 260 (2010-2011).

19 *Richter/Furubotn*, Neue Institutionenökonomik, 3. Aufl. 2005, S. 58 ff.

20 *Loss*, Securities Regulation, Bd. I, 2. Aufl. 1961 S. 21.

21 *Klöhn*, ZHR 177 (2013), 349, 352.

22 *Brandeis*, Other People's Money, 1914, S. 62.

B. Anlegerschutztheorien

I. Eigenständigkeit des Individualschutzes

Viel zitiert ist im deutschen Schrifttum die auf *Hopt* zurückgehende These, wonach der individuelle Anlegerschutz und der Schutz der Funktionsfähigkeit als „zwei Seiten derselben Medaille" eng miteinander verknüpft sind, „[w]er das eine betreibt, betreibt zugleich das andere".[23] Der Individualschutz ist hiernach neben dem Funktionenschutz ein eigenständiges Regelungsziel des Kapitalmarktrechts.[24]

Der Herleitung des individuellen Anlegerschutzziels unmittelbar aus dem Sozialstaatsprinzip steht die höchstrichterliche Rechtsprechung[25] entgegen, denn allein aus Artt. 20 Abs. 1, 28 GG ergeben sich keine individuell einklagbaren Rechtsansprüche.[26] Das Sozialstaatsprinzip muss daher durch die unterverfassungsrechtliche Rechtsordnung bereichsspezifisch konkretisiert werden, etwa in Gestalt des individuellen Anlegerschutzes für den Bereich des Kapitalmarktrechts.[27] Der Individualschutz soll insofern ein allgemeines Rechtsprinzip bzw. ein normatives Konzept darstellen, aus dem sich der konkret notwendige Schutzumfang herleiten lasse.[28].

Auch *Eberhard Schwark* begreift den Anlegerschutz als eigenständige Aufgabe der Kapitalmarktregulierung, stützt sich dabei aber auf eine interessenbezogene Argumentation.[29] Den Anlegern gehe es in erster Linie um den Schutz ihrer Interessen: eine sachgerechte Anlageentscheidung, die Erhaltung der angelegten Vermögenswerte, Anlageertrag und eine eigene Rechtsposition im Liquidationsfall[30].[31] Der Anlegerschutz ist hiernach ein

---

23 So *Hopt*, ZHR 159 (1995), 135, 159. Zu den historischen, ökonomischen und rechtsvergleichenden Belegen dieses Befundes *ders.*, Kapitalanlegerschutz im Recht der Banken, 1975, S. 334.

24 Vgl. *Hopt*, Kapitalanlegerschutz im Recht der Banken, 1975, S. 336.

25 BVerfG, Beschl. v. 3.12.1969 (Az. 1 BvR 624/5), BVerfGE 27, 253, 283 – *Kriegsfolgeschäden*.

26 Hierzu im Einzelnen *Herzog/Grzeszick*, in: Maunz/Dürig, GG, 69. Erg.-Lfg. 2013, Art. 20 GG Rdn. 28.

27 *Hopt*, Kapitalanlegerschutz im Recht der Banken, 1975, S. 288.

28 So *Kasten*, Neuregelung der Explorations- und Informationspflichten, 2009, S. 42.

29 Siehe *Schwark*, Anlegerschutz durch Wirtschaftsrecht, 1979, S. 11 ff.; ähnlich auch *Kübler*, AG 1977, 85, 87 ff.

30 *Schwark*, Anlegerschutz durch Wirtschaftsrecht, 1979, S. 10 f.

31 Zusammenfassend *Kasten*, Neuregelung der Explorations- und Informationspflichten, 2009, S. 44.

„Medium des Ausgleichs" zwischen den Interessen der Marktteilnehmer[32].

II. Unselbstständigkeit des Individualschutzes

1. Teilfunktion des Funktionenschutzes

Nach der u.a. von *Heinz-Dieter Assmann*[33] für das deutsche Recht bzw. *John C. Coffee*[34] für den amerikanischen Rechtskreis vertretenen Ansicht ist es das vordringliche Ziel des Anlegerschutzrechts, systematische Defizite zu beheben, denn nur diese beeinträchtigen die Funktionsfähigkeit des Kapitalmarkts.[35] Systematischer Natur sind die Informationsasymmetrien zwischen Anlegern und Anbietern,[36] die es daher abzubauen gilt.[37]

Schadenersatzansprüche, die das Recht dem einzelnen Anleger zuspricht, dienen nach dieser Ansicht nicht der Verwirklichung eigenständiger Gerechtigkeitsinhalte, sondern sind nur ein weiteres Instrument des Funktionenschutzes:[38] Sie sollen den Rückzug der Anleger vom Kapitalmarkt verhindern.[39]

Schützenswert ist der einzelne Anleger im Ergebnis nur aufgrund der Notwendigkeit des Anlegerschutzes als „Funktion" der Kapitalmarkteffizienz, nicht aber um seiner selbst willen.[40] Der Individualschutz ist somit kein eigenständiges Regelungsziel der Kapitalmarktgesetzgebung,[41] son-

---

32 *Schwark*, Anlegerschutz durch Wirtschaftsrecht, 1979, S. 378, 401.
33 *Assmann*, ZBB 1989, 49 ff.
34 *Coffee*, 106 Columbia Law Review 1534 ff. (2006).
35 *Assmann*, ZBB 1989, 49, 62 f.; vgl. *Mülbert*, ZHR 177 (2013), 160, 172.
36 Vgl. *Stiglitz/Weiss*, 71 American Economic Review 393 ff., 409 (1981).
37 *Mülbert*, ZHR 177 (2013), 160, 172; *Assmann*, ZBB 1989, 49, 59 ff.
38 *Mülbert*, ZHR 177 (2013), 160, 172.
39 Vgl. *Mülbert*, ZHR 177 (2013), 160, 172.
40 *Assmann*, ZBB 1989, 49, 61; *ders.*, in: Großkomm. z. AktG, 2004, Einl. A-D Rdn. 264. Ebenso *Hommelhoff*, ZHR 153 (1989), 181, 194; *Mülbert*, ZHR 177 (2013), 160, 172 ff.; *ders*, Aktiengesellschaft, Unternehmensgruppe und Kapitalmarkt, 2. Aufl. 1996, S. 113 ff.; *Lange*, Informationspflichten von Finanzdienstleistern, 2000, S. 274, 303 ff.;; vgl. *Kasten*, Neuregelung der Explorations- und Informationspflichten, 2009, S. 40 m. Fn. 68.
41 Zusammenfassend *Kasten*, Neuregelung der Explorations- und Informationspflichten, 2009, S. 40.

dern unter dem „Primat des Funktionenschutzes“[42] nur eine seiner Teilfunktionen.[43] Die Berücksichtigung von Aspekten der Sozialfürsorge oder anderer gesellschaftspolitischer Erwägungen ist hiernach keine Aufgabe des Anlegerschutzes.[44]

2. Überindividueller Anlegerschutz durch Preisschutz

Ein weiterer Ansatz differenziert zwischen den Regelungsbereichen des Kapitalmarktrechts: der „transaktionsbezogene“ Bereich des Wertpapierhandels sowie der „kundenbezogene“ Bereich des Produktvertriebs. Unter Bezugnahme auf die halbstrenge Variante der ECMH[45] lehnen die Vertreter dieses Ansatzes den Individualanlegerschutz als kapitalmarktrechtliche Aufgabe ab.[46]

Schutzadressat des Wertpapierhandelsrechts ist allein der „fundamentalwertorientierte Informationshändler“, ein verständiger und rein rational handelnder Anleger.[47] Informationshändler (*information traders*)[48] sind Kapitalmarkthändler, die kursrelevante Informationen suchen und auswerten, um sich Informationsvorteile zu verschaffen und hierdurch Gewinne zu erzielen. Diese Informationshändler sind damit die Personifizierung des effizienten Marktes:

„Der Maßstab, an dem sie [die Informationshändler, d. Verf.] die Informationen messen, sind die Gesetze eines effizienten Marktes: Sie kaufen, wenn Finanzinstrumente im Vergleich zu ihrem Fundamentalwert unterbewertet sind und sie verkaufen, wenn die Wertpapiere überbewertet sind.“[49]

---

42 *Mülbert*, ZHR 177 (2013), 160, 172.

43 Im Hinblick auf die allokative Funktionsfähigkeit des Kapitalmarkts *Assmann*, Prospekthaftung, 1985, S. 274; *ders.*, ZBB 1989, 49, 61 f.; vgl. *Damrau*, Selbsregulierung im Kapitalmarktrecht, 2003, S. 32.

44 Vgl. *Kasten*, Neuregelung der Explorations- und Informationspflichten, 2009, S. 41.

45 Siehe S. 222.

46 Etwa *Klöhn*, ZHR 177 (2013), 349, 358.

47 *Klöhn*, ZHR 177 (2013), 349, 376 f., 386.

48 Hierzu *Goshen/Parchomovsky*, 55 Duke Law Journal 711, 723 (2006); *Klöhn*, ZHR 177 (2013), 349, 354 f.

49 *Klöhn*, ZHR 177 (2013), 349, 354.

Der hierdurch bewirkte „Preisschutz“ soll *alle* Anleger vor überteuerten Käufen oder zu billigen Verkäufen schützen.[50] Demnach kann sich das Wertpapierhandelsrecht darauf beschränken, einen „kompetitiven Markt für Informationshändler“ zu schaffen.[51] Der Schutz der individuellen Anlageentscheidung sei dagegen allenfalls „Sache des Aufsichts-, Verbraucher- und Vertragsrechts“ sein, nicht aber des Wertpapierhandelsrechts.[52]

C. Fazit

Der Vertrieb von Kapitalmarktinvestmentprodukte soll künftig einheitlichen Regeln unterstellt werden.

Es erscheint daher naheliegend, den Privatanlegerschutz bei der Geldanlage in Kapitalmarktinvestmentprodukte auf die anerkannte Dogmatik des Wertpapierhandelsrechts zurückzuführen. Die hierfür entwickelten Anlegerschutztheorien folgen jedoch ausschließlich dem Primat ökonomischer Effizienz; der Schutz des einzelnen Anlegers hat dagegen keine eigenständige Bedeutung. Marktkompensatorische Maßnahmen zugunsten der Privatanleger sind nach diesem Regulierungsverständnis nicht geboten. Aus einer dem Kapitalmarkt verpflichteten und damit primär kollektiven Perspektive lässt sich die Notwendigkeit individualschützender Interventionen nicht herleiten.

Der Schutz des einzelnen Anlegers ist paradoxerweise auch nicht vordringliches Regelungsziel derjenigen Anlegerschutztheorien, die den Individualschutz als eigenständige Regelungsaufgabe des Kapitalmarktrechts propagieren (*Hopt*, *Schwark*). Dies liegt daran, dass der eingeforderte individuelle Anlegerschutz stets *Marktbezug* hat, was sich anhand der §§ 37 b, 37 c WpHG veranschaulichen lässt: Diese Normen gewähren dem einzelnen Anleger zivilrechtliche Haftungsansprüche, wenn Insiderinformationen[53] nicht unverzüglich bzw. mit unwahrem Inhalt veröffentlicht

---

50 Bereits *Easterbrook/Fischel*, 70 Virginia Law Review, 669, 694 (1984).

51 *Klöhn*, ZHR 177 (2013), 349, 358; zuvor bereits *Goshen/Parchomovsky*, 55 Duke Law Journal 711 ff. (2006).

52 *Klöhn*, ZHR 177 (2013), 349, 358.

53 Dies sind auf den Emittenten bezogene Informationen mit Kursrelevanz, vgl. §§ 13, 15 WpHG.

werden.[54] Spätestens seit der „IKB"-Entscheidung des BGH[55] steht fest, dass die zugrunde liegende Ad-hoc Publizität auch den Schutz des einzelnen Anlegers bezweckt.[56] Damit wird zugleich unterstellt, dass der einzelne Anleger zu rationalem Handeln in der Lage ist, denn bei Kenntnis der Insiderinformation hätte er anders gehandelt, nämlich nicht zu überhöhtem Preis gekauft bzw. bei zu niedrigem Preis verkauft.[57] Der einzelne Anleger wird somit in seinen Fähigkeiten dem rationalen Markt gleichgesetzt.

Individual- und Funktionenschutz bedingen sich gegenseitig („zwei Seiten einer Medaille"); infolge der Verknüpfung mit dem Funktionenschutz verliert der individuelle Anlegerschutz zugleich seine dogmatische Eigenständigkeit. Damit sichern selbst diejenigen Pflichten, die dem einzelnen Anleger in concreto individuelle Rechtspositionen einräumen, letztlich nur die institutionelle Funktionsfähigkeit des Kapitalmarkts ab.

Gegen die Gleichsetzung von individuellem Anlegerschutz und überindividuellem Marktschutz spricht aber, dass Privatanleger, die Kapitalmarktinvestmentprodukte erwerben, nicht selbst als Marktakteure auftreten. Nur Finanzintermediäre sind tatsächlich am Kapitalmarkt als „Händler" tätig, die Finanzinstrumente kaufen und verkaufen. Der Geldanlage in Kapitalmarktinvestmentprodukte fehlt jener unmittelbare Marktbezug, der die alleinige dogmatische Rückbindung des Privatanlegerschutzes an das Prinzip der Markteffizienz und die Beschränkung auf marktkomplementäre Ansätze rechtfertigen würde. Überdies ist das Leitmotiv eines überindividuellen Marktschutzes dem Versicherungs- und Investmentrecht fremd:

---

54 Zu diesem Haftungsregime etwa *Möllers/Leisch*, in: Köln. Komm. z. WpHG, 2. Aufl. 2014, §§ 37 b, 37 c WpHG.

55 BGH, Urt. v. 13.12.2011 (Az. XI ZR 51/10), BGHZ 192, 90, 113 Rdn. 56 – *IKB*: „... § 15WpHG bezweckt... nunmehr auch den Schutz des individuellen Anlegers vor auf unzutreffenden Marktinformationen beruhenden Anlageentscheidungen." Hierzu ausführlich *Klöhn*, AG 2012, 345 ff.

56 Noch in der Gesetzesbegründung des 2. FFG zu § 15 WpHG a.F. heißt es dagegen, dass die Ad-hoc-Publizität allein der Markttransparenz und damit der Funktionsfähigkeit des Kapitalmarkts diene, vgl. Beschlussempfehlung u. Bericht des Finanzausschusses v. 15.6.2004 z. 2. FFG, BT-Ds. 12/7918, S. 102. Im Zuge des 4. FFG wurde jedoch § 15 WpHG a.F. geändert, was vom Gesetzgeber u.a. damit begründet wurde, dass die Ad-hoc-Publizität dazu beitragen solle, „... dass Marktteilnehmer frühzeitig über marktrelevante Informationen verfügen, damit sie sachgerechte Anlageentscheidungen treffen können.", Begr RegE v. 18.2.2002 z. 4. FFG, BT-Ds. 14/8017, S. 87; vgl. auch die Wiederholung in Begr RegE v. 24.5.2004 z. AnSVG, BT-Ds.15/3174, S. 34.

57 Vgl. *Klöhn*, ZHR 177 (2013), 349, 386.

Sowohl für die Gemeinschaft der Versicherungsnehmer als auch für die in einem Fonds gemeinschaftlich investierten Anleger lassen sich Gruppeninteressen identifizieren, die gegenüber den Individualinteressen potentiell vorrangig sind.[58] Die Bindung dieser Anleger ist aber rein vertraglicher Natur, vergleichbar dem gesellschaftsrechtlichen Anlegerschutz, der sich allein aus dem Gesellschaftsvertrag, nicht aber aus markteffizienten Erwägungen herleitet. Eine primäre Ausrichtung des Anlegerschutzes bei Kollektivanlagen an markteffizienten Theorien ist daher fernliegend. Das Prinzip der Markteffizienz und die hierauf aufbauenden „klassischen" Anlegerschutztheorien kommen als dogmatische Grundlagen des Privatanlegerschutzes damit nicht in Betracht.

Die Zulässigkeit marktkompensatorischer Interventionen zugunsten der Privatanleger hängt nicht davon ab, ob das Regelungsziel des Funktionenschutzes derartige Maßnahmen gebietet oder ob sie hierzu „dysfunktional" wirken.[59] Der Telos, der dem horizontalen Regelungsansatz der PRIP-Initiative zugrunde liegt, verlangt nach einer einheitlichen dogmatischen Basis. Hierfür gilt es alternative Begründungsansätze zu untersuchen.

§ 9 Marktkompensatorische Dogmatik

Der Geldanlage in Kapitalmarktinvestmentprodukte fehlt der unmittelbare Bezug zum Kapitalmarkt, denn deren Erwerber treten nicht als Marktakteure in Erscheinung. Aus diesem Grund kommen marktkomplementäre Ansätze zur dogmatischen Rückbindung des PRIP-Regelungsregimes nicht in Betracht.

Der typische Privatanleger ist nicht dazu in der Lage, Informationen über Chancen und Risiken einer Kapitalmarktanlage vollumfänglich aufzunehmen und auf dieser Grundlage rationale Anlageentscheidungen zu treffen. Hinzu kommt, dass Privatanleger keinen eigenen Marktzugang besitzen und somit auf die Dienste von Finanzintermediären angewiesen sind, die nicht notwendigerweise im Anlegerinteresse handeln. Die Marktposition der Privatanleger ist insofern durch informationelle und marktfunktionale Defizite beeinträchtigt, die marktkompensatorische Interven-

---

58 Vgl. für das Versicherungsrecht *Bruns*, in: Münch. Komm. z. VVG, 2009, Vor §§ 307-309 BGB Rdn. 77. Ansatzweise für das Investmentrecht *Emde*, in: Emde/Dornseifer/Dreibus (Hrsg.), Komm. z. InvG, 2013, Einl Rdn. 13.

59 Vgl. *Mülbert*, ZHR 177 (2013), 160, 177.

tionen zur Wiederherstellung der Verhandlungsparität rechtfertigen könnten.

Die Kompensation von Ungleichgewichtslagen struktureller Natur ist vor allem ein Anliegen des Verbraucherschutzrechts. Insofern lassen sich womöglich verbraucherschutzrechtliche Ansätze zur dogmatischen Rückbindung des Privatanlegerschutzes nutzbar machen. Die Fortführung der ideologisch geprägten Verbraucherschutzdiskussion gilt es dabei zu vermeiden. Stattdessen sollen die Notwendigkeit marktkompensatorischer Maßnahmen und die verfassungsrechtliche Ausgangssituation veranschaulicht werden, um sodann auf dieser Grundlage die Begründungsansätze vorzustellen, die im Einzelnen vertreten werden.

A. Die Notwendigkeit marktkompensatorischer Maßnahmen

Die private Geldanlage in Kapitalmarktinvestmentprodukte ist verschiedenen Risiken ausgesetzt: neben den bereits dargestellten Produktrisiken[1] sind marktfunktionale und informationelle Defizite zu nennen, die den Anlageerfolg potentiell gefährden. Noch heute besitzt daher die Bewertung von *Louis D. Brandeis* zur Marktposition der Privatanleger uneingeschränkte Gültigkeit:

> „For a small investor to make an intelligent selection from these many corporate securities – indeed, to pass an intelligent judgment upon a single one – is ordinarily impossible. He lacks the ability, the facilities, the training and the time essential to a proper investigation. Unless his purchase is to be little better than a gamble, he needs the advice of an expert, who, combining special knowledge with judgment, has the facilities and incentive to make a thorough investigation.“ [2]

---

1 Siehe S. 90 ff.

2 *Brandeis*, Other People's Money: And How The Bankers Use It, 1914, S. 5 f. Von *Hopt*, Der Kapitalanlegerschutz im Recht der Banken, 1975, S. 8, wie folgt übersetzt: „Für den kleinen Anleger ist die kluge Wahl zwischen diesen vielen Effekten – ja schon die fundierte Beurteilung eines einzelnen Wertpapiers – in der Regel unmöglich. Ihm fehlen die Fähigkeit, die Hilfsmittel, die Schulung und die Zeit, die für eine angemessene Untersuchung notwendig sind. Soll seine Anlage nicht wenig besser als ein Spiel sein, benötigt er den Rat eines Fachmanns mit Spezialkenntnissen und Urteilskraft, der die Möglichkeiten und den Antrieb zu gründlicher Untersuchung hat.“.

Marktfunktionale Defizite (die Abhängigkeit von der Finanzintermediation – „facilities and incentive of an expert“) sowie informationelle, zeitliche und fachliche Defizite (limitierte Fähigkeiten, Zeit und Fachkenntnisse – „lack of ability, time and training“) bewirken irrationale, den eigentlichen Anlagezielen nicht entsprechende Entscheidungen („a purchase little better than a gamble“). Diese Defizite sind nicht nur vereinzelt beobachten sind, sondern treten zwischen Privatanlegern und Finanzintermediären mit systematischer Häufung auf.

I. Marktfunktionale Defizite

Die Anleger bilden das „wirtschaftliche Zentrum“ des Kapitalmarkts, denn sie stellen das benötigte Investitionskapital zur Verfügung und sorgen für Angebot und Nachfrage, indem sie Kapitalmarktprodukte kaufen und verkaufen.

Gerade die Privatanleger sind wichtige „Liquiditätslieferanten“. Ihre Marktmacht wird jedoch durch ein funktionales Defizit beeinträchtigt: ohne die Unterstützung sogenannter Finanzintermediäre sind sie nicht dazu in der Lage, am Kapitalmarkt zu investieren. Finanzintermediäre i.e.S. (Banken, Versicherungen und Investmentgesellschaften) haben die Aufgabe, das Kapitalangebot der Anleger mit der Kapitalnachfrage von Unternehmen und Staaten zusammenzuführen.[3] In der Regel verfügen Privatanleger nicht über einen eigenen, unmittelbaren Zugang zum Kapitalmarkt. Stattdessen sind sie auf den fremden, mittelbaren Marktzugang von Finanzintermediären angewiesen.[4] Dies liegt nicht zuletzt daran, dass für die direkte Teilnahme an den organisierten Kapitalmärkten eine besondere Zulassung erforderlich ist.[5] Finanzintermediäre i.w.S. (Finanzmakler, Rating-Agenturen und Finanzanalysten) bieten anlagebezogene Dienstleistungen an.

---

3 Vgl. *Langer/Weber*, in: Obst/Hintner, Geld-, Bank- und Börsenwesen, 40. Aufl. 2000, S. 202 f.

4 *Kümpel*, Bank- und Kapitalmarktrecht, 3. Aufl. 2004, Rdn. 8.265, 8.267. Siehe auch *Möllers/Poppele*, ZGR 2013, 437, 447.

5 *Seiler/Kniehase*, in: Schimansky/Bunte/Lwowski (Hrsg.), Bankrechts-Handbuch, 4. Aufl. 2011, Vor § 104 Rdn. 45.

1. Funktionen der Finanzintermediation

Charakteristisch für Finanzintermediäre i.e.S. ist ihre „Transformationsfunktion“, d.h. sie wandeln Spar- in Anlagekapital um.[6]Es werden drei Transformationsteilfunktionen unterschieden:[7]

(1) Die „Losgrößentransformation“ ist der betragsmäßige Ausgleich zwischen der Höhe des vom Anleger angebotenen Kapitalbetrags und der Höhe des nachgefragten Kapitalbetrags, denn diese stimmen in der Regel nicht überein. (2.)Als Fristentransformation“ wird die Zusammenführung der Zeiträume bezeichnet, für die Kapital zur Verfügung gestellt bzw. aufgenommen werden soll. (3.) Die sogenannte „Risikotransformation“ bringt schließlich divergierende Sicherungsbedürfnisse zum Ausgleich.

Finanzintermediäre sind häufig auch Informationsintermediäre[8], denn sie erfassen, verarbeiten, ggf. ergänzen und bewerten die verfügbaren Marktinformationen und üben dadurch eine „Informationsfunktion“ aus. Die Informationsintermediation ist insbesondere Aufgabe der Finanzintermediäre i.w.S., aber auch die Finanzintermediäre i.e.S. werten zum Zwecke der Vermittlung bzw. des Verkaufs von Finanzprodukten Informationen aus und stellen sie den Anlegern zur Verfügung.

2. Ökonomische Erklärungsmodelle der Finanzintermediation

Die Dienstleistung der Finanzintermediation wird von privaten Unternehmen mit Gewinnerzielungsabsicht erbracht. Insbesondere das Privatkundengeschäft erlebte in jüngster Zeit eine Renaissance, zählt es doch trotz krisenbedingter Einbrüche zu den ertragsstarken Profit-Centern der Finanzkonzerne.[9]

Gewinnrealisierend sind folgende Einnahmequellen: Vermittelt die Bank Anlagegeschäfte, erhält sie in der Regel von der Anbieterseite Vermittlungsprovisionen; tritt sie selbst als Verkäufer auf, kalkuliert sie Ge-

6 *Langer/Weber*, in: Obst/Hintner, Geld-, Bank- und Börsenwesen, 40. Aufl. 2000, S. 203; *Loistl*, Kapitalmarkttheorie, 3. Aufl. 1994, S. 30.

7 Hierzu *Hartmann-Wendels/Pfingsten/Weber*, Bankbetriebslehre, 5. Aufl. 2010, S. 5 ff.

8 Vgl. *Seibt*, ZGR 2006, 501, 504 ff.

9 Vgl. A.T. Kearney, Banking Radar: Privatkundengeschäft erweist sich für Europas Banken als stabiler Anker, Pressemitteilung v. 9.7.2013.

winnmargen ein. Für die Zeichnung von Investmentfondsanteilen werden Ausgabeaufschläge (sogenanntes Agio)[10] und Verwaltungsgebühren in Rechnung gestellt, beim Abschluss von Kapitallebensversicherungsverträgen sind Abschlussprovisionen fällig, später auch Verwaltungsgebühren und ggf. Stornokosten bei vorzeitiger Vertragsbeendigung.

In den Wirtschaftswissenschaften wurden von Vertretern der Transaktionskosten- und der Informationsökonomie Erklärungsmodelle entwickelt, warum die Finanzintermediation trotz ihrer Kosten gesamtvolkswirtschaftlich vorteilhaft ist:

a) Erklärungsansatz der Informationsökonomie

Der Abschluss von Verträgen verursacht regelmäßig Transaktionskosten.[11] Der auf *John G. Gurley* und *Edward S. Shaw*[12] zurückgehende Erklärungsansatz begründet die Notwendigkeit der Finanzintermediation damit, dass die Zwischenschaltung von Finanzintermediären einen erheblichen Teil dieser Transaktionskosten einspart.[13] Schließlich muss nicht mehr jeder einzelne Kapitalgeber mit potentiellen Kapitalnehmern zeit- und kostenintensiv verhandeln. Diese Aufgabe übernehmen die Finanzintermediäre, die Interessen und Ressourcen der Kapitalgeber bündeln und mit der Nachfrageseite zusammenführen; in der Folge sind erheblich weniger Vertragsschlüsse erforderlich. Die hierdurch eingesparten Transaktionskosten sollen die Kosten der Finanzintermediation überwiegen und gereichen damit zu deren gesamtvolkswirtschaftlicher Vorteilhaftigkeit.[14]

---

10 Vgl. FAZ.NET-Börsenlexikon zu „Ausgabeaufschlag (Agio)", abrufbar unter http://boersenlexikon.faz.net/agabeauf.htm (zuletzt abgerufen am 23.11.2014).

11 Siehe S. 51 f.

12 Grundlegend *Gurley/Shaw*, Money in a Theory of Finance, 2. Aufl. 1962, passim. Zum Überblick über das Schrifttum hierzu *Santomero*, 16 Journal of Money, Credit and Banking 576 ff., 696 ff. (1984). Siehe auch *Hellwig*, in: Obst/Hintner, Geld-, Bank- und Börsenwesen, 40. Aufl. 2000, S. 15 f.

13 *Hartmann-Wendels/Pfingsten/Weber*, Bankbetriebslehre, 5. Aufl. 2010, S. 124 f.

14 *Langer/Weber*, in: Obst/Hintner, Geld-, Bank- und Börsenwesen, 40. Aufl. 2000, S. 214, demzufolge die eingesparten Transaktionskosten die Delegationskosten aufgrund der Zwischenschaltung von Finanzintermediären übersteigen.

b) Erklärungsansatz der Transaktionskostenökonomie

Der von *Douglas Diamond*[15] entwickelte Erklärungsansatz begründet die Notwendigkeit der Finanzintermediation damit, dass mit der Zwischenschaltung von Finanzintermediären Informationsasymmetrien zwischen Kapitalgebern und -nehmern abgebaut werden.

Ausgangsbasis dieser Überlegungen ist ein Prinzipal-Agenten-Modell:[16] Nach Vertragsschluss kann der Kapitalgeber (Prinzipal) die Handlungen seines Kapitalnehmers (Agenten) nicht mehr überwachen. Hinzu kommt, dass der Agent nach Vertragsschluss neue Informationen aufnimmt, die er nicht notwendigerweise an den Prinzipal weitergibt. Die Folge ist ein Kooperationsproblem, weil die Überwachung des Agenten bzw. die Erreichung seines Informationsstands für den Prinzipal regelmäßig zu kostenintensiv ist.[17]

Aufgabe der Finanzintermediäre ist es insofern, zentral die Überwachung („Monitoring") der Kapitalnehmer/Agenten zu übernehmen und dadurch Transaktionskosten einzusparen.[18]

3. Disintermediation als Gegenmodell zur Finanzintermediation

Das Gegenmodell zur Finanzintermediation ist die sogenannte Disintermediation, wobei zwischen „strenger" und „weicher" Disintermediation unterschieden werden kann:

a) „Strenge" Disintermediation

In der strengsten, zugleich aber realitätsfernsten Ausprägung des Disintermediations-Gedankens erfüllen die Unternehmen ihren Kapitalbedarf voll-

15 *Diamond*, 51 Review of Economic Studies 393 ff. (1984).

16 Grundlegend *Jensen/Meckling*, 3 Journal of Financial Economics 305, 308 (1976). Hierzu allgemein *Richter/Furubotn*, Neue Institutionenökonomik, 3. Aufl. 2005, S. 173 ff., 217 f., 235 ff.

17 Vgl. *Fleischer*, Informationsasymmetrie im Vertragsrecht, 2001, S. 138.

18 Hierzu ausführlich *Hartmann-Wendels/Pfingsten/Weber*, Bankbetriebslehre, 5. Aufl. 2010, S. 127 ff., 137 ff. Zu weiteren Erklärungsansätzen *ebd.*, S. 145 ff.

ständig selbst, indem sie eigene Aktien und Anleihen im Direktvertrieb an die Anleger verkaufen, anstatt sich über Bankkredite zu finanzieren. [19]

Die „strenge“ Disintermediation ist in der Realität nicht durchsetzungsfähig: Im Hinblick auf die Komplexität der Losgrößen-, Fristen- und Sicherungsproblematik befriedigt das Modell der Direktfinanzierung nicht die komplexen Finanzierungsbedürfnisse einer vernetzten Volkswirtschaft. Überdies sind ohne die Beteiligung von Finanzintermediären bestimmte Anlageformen nicht vorstellbar: Für Kollektivanlagen wie Fonds und Lebensversicherungen muss Spar- in Anlagevermögen umgewandelt werden (Transformationsfunktion), danach gilt es die Kapitalnehmer zu überwachen (Monitoringfunktion). Auf diese kollektiven Anlageformen lässt sich nicht schlichtweg verzichten, denn sie befreien den Anleger vom Zeit- und Kostenaufwand, der ansonsten für die Zusammenstellung und Verwaltung eines Wertpapierportfolios mit vergleichbarer Diversifikation erforderlich ist.

b) „Weiche“ Disintermediation

Um neue Vertriebswege zu erschließen, sind zahlreiche Wertpapierdienstleister dazu übergegangen, ihre Dienstleistungen in bestimmten Vertriebskanälen auf ein Minimum zu beschränken und den Kunden im Gegenzug besonders günstige Konditionen anzubieten.[20] Diese Geschäftsformen werden als „Discount-Broking“ bezeichnet[21] und sind vor allem als Online-Geschäft populär. Sie werden auch als „weiche“ Disintermediation umschrieben, weil die Beteiligung des Finanzintermediärs auf ein Minimum reduziert wird. [22] Gleichwohl kann auf Prinzipal-Agenten-Beziehungen nicht vollständig verzichtet werden, denn die technische Abwicklung der Anlagegeschäfte obliegt nach wie vor den Finanzintermediären.

---

19 *Kenning/Heldt/Breuer/Breuer/Hennig/Schneider*, in: Gabler Wirtschaftslexikon online, Stichwort: Disintermediation, abrufbar unter: http://wirtschaftslexikon.gabler.de/ Definition/disintermediation.html (abgerufen zuletzt am 21.2.2014).

20 *Möllers*, in: Köln. Komm.z. WpHG, 2. Aufl. 2014, § 31 WpHG Rdn. 413.

21 Hierzu ausführlich *Lenenbach*, Kapitalmarktrecht, 2. Aufl. 2010, Rdn. 4.136 ff., 4.147 ff.

22 *Klöhn*, Kapitalmarkt, Spekulation und Behavioral Finance, 2006, S. 178; *Buck-Heeb*, ZHR 177 (2013), 310, 330.

Neue Vertriebskanäle reduzieren die Einflussnahmemöglichkeiten der Finanzintermediäre und mindern damit das Risiko von Interessenkonflikten. Zugleich entfällt aber jegliche Form der Anlageberatung. Für die breite Masse der Privatanleger stellt das Modell der „weichen Disintermediation“ keine wirkliche Alternative zu den klassischen Finanzintermediationsmodellen dar.

4. Marktposition der Banken im Privatanlegergeschäft

a) Grundsätzliche Vormachtstellung bei Kapitalmarktinvestmentprodukten

Im Marktsegment der Kapitalmarktinvestmentprodukte verfügen Banken und Sparkassen über eine unangefochtene Vormachtstellung im Vergleich zu anderen Anbietern:

Bereits im europäischen Durchschnitt konzentriert sich der Vertrieb von Anlageprodukten an Privatanleger deutlich bei den Banken und Sparkassen.[23] So wird der Großteil der Investmentfondsanteile (80 %)[24] und die Hälfte der Lebensversicherungsverträge über Banken vertrieben. [25] Noch deutlicher wird die Marktdominanz der Banken und Sparkassen auf nationaler Ebene: Einer Umfrage aus dem Jahr 2011 zufolge erwarben 71 % der Anleger Anlageprodukte über die Banken und Sparkassen. Der (Direkt-)Vertrieb über Fondsgesellschaften (8 %), Versicherungen (8 %) und unabhängige Finanzdienstleister (2 %) war deutlich niedriger.[26] Mit einem Anteil von 85 % haben die Banken quasi eine Alleinstellung bei kurzfristi-

---

23 Siehe auch Europe Economics, MiFID-Versicherungsreport v. 29.9.2010, Rdn. 2.69.

24 BME Consulting, The EU Market for Consumer Longterm Retail Savings Vehicles, November 2007, S. 113. In Großbritannien werden indes 47 % der Anteile über unabhängige Berater vertrieben, *ebd.*, S. 114.

25 BME Consulting, The EU Market for Consumer Longterm Retail Savings Vehicles, November 2007, S. 137.

26 Auf öffentlich-rechtliche Banken entfallen 21 %, Direktbanken 20 %, Großbanken 13 %, Genossenschaftsbanken 11 %, Privatbanken 3 % und Investmentbanken 3 %. Siehe Batten & Company, Studie: Welches Kundenvertrauen Finanzdienstleister genießen, Oktober 2011, S. 15.

gen Anlagen.[27] Ein anderes Bild ergibt sich lediglich für den Lebensversicherungs-Markt: Deutschland ist eines der wenigen Länder in Europa, in dem nicht der Vertrieb über Banken, sondern über Versicherungsvertreter dominiert.[28]

Bestätigt werden diese Zahlen durch Umfrageergebnisse, wonach 56 % der deutschen Anleger Anlageprodukte bevorzugt über Banken und Sparkassen erwerben. Versicherungen (12 %), Online-Broker (15 %) und unabhängige Berater (9 %) spielen eine untergeordnete Rolle.[29]

b) Der Vertrieb von Investmentfondsanteilen

In Deutschland haben die Banken und Sparkassen am Vertrieb von Investmentfondsanteile einen Anteil von 81 %;[30] der Vertrieb über Makler, Anlageberater und sonstige Vermittler (10,8 %) bzw. über die Fondsgesellschaften (12,3 %) hat nur geringe Bedeutung.[31]

Die Vormachtstellung der Banken lässt sich wie folgt erklären: Zwischen Fondsgesellschaften und Banken bestehen oftmals starke gesellschaftsrechtliche Verflechtungen in Form von Konzernstrukturen.[32] In sogenannten Allfinanzkonzernen[33] wird die Trennung der Vertriebsbereiche für unterschiedliche Produktarten vollständig aufgehoben, indem über das hinzuerworbene Vermittlernetz fondsgebundene Lebensversicherungen an Bankkunden oder Fondssparpläne an Versicherungskunden vertrieben

27 Batten & Company, Studie: Welches Kundenvertrauen Finanzdienstleister genießen, Oktober 2011, S. 14.

28 Neben Polen und der Slowakei, vgl. BME Consulting, The EU Market for Consumer Longterm Retail Savings Vehicles, November 2007, S. 137.

29 Fidelity, Anlegerinteressen im Fokus, September 2011, S. 8.

30 Filialbanken und Sparkassen (69,7 %) und Direktbanken (11,3 %).

31 GfK/Bundesverband Investment und Asset Management (BVI), in: Die Bank (März 2010), S. 3.

32 *Baur*, in: Assmann/Schütze (Hrsg.), Hdb KapitalanlageR, 3. Aufl. 2007, § 20 Rdn. 310; *Köndgen/Schmies*, in: Schimansky/Bunte/Lwowski (Hrsg.), Bankrechts-Handbuch., 4. Aufl. 2011, § 113 Rdn. 26.

33 Allfinanzkonzerne entstehen z.B. aus den Beteiligungen von Versicherungen und Bausparkassen an anderen Finanzintermediären i.e.S., zu nennen ist etwa die ehemalige Beteiligung der Allianz an der Dresdner Bank. Hierzu *Sprißler/Kemmer*, in: Obst/Hintner, Geld-, Bank- und Börsenwesen, 40. Aufl. 2000, S. 1370.

werden.[34] Die Empfehlung der Produkte von Konzernunternehmen dient dabei zum einen dem kollektiven Interesse des Konzernverbunds und sichert dessen wirtschaftliche Existenz, zum anderen profitiert auch das empfehlende Institut, wenn es im Gegenzug das Agio und Bestandsprovisionen als Gegenleistung erhält.[35]

Diese Interessenlage konnten die Banken und Sparkassen institutionell absichern. Es ist ihnen gelungen, ihre Vertriebskanäle für die Fondsprodukte von Wettbewerbern faktisch abzuschotten; sei es dadurch, dass Kunden per se nur Fondsprodukte aus dem Konzernverbund angeboten werden, oder dass für die Produkte von Drittanbietern höhere Gebühren verlangt werden.[36]

Hinzu kommt, dass Filialbanken die Transaktions- und Verwaltungsgebühren von Kleindepots oftmals prohibitiv hoch kalkulieren.[37] Die Geldanlage in Investmentfonds und fondsbasierte Lebensversicherungen erscheint dadurch im Vergleich zu Wertpapierdepots kostenmäßig attraktiver, was deren Vertrieb wiederum begünstigt.[38]

II. Informationelle Defizite

Um informierte und rationale Anlageentscheidungen treffen zu können, müssen Anleger Informationen aufnehmen, verarbeiten und auf dieser Grundlage die Chancen und Risiken des jeweiligen Anlageproduktes bewerten.

Seit geraumer Zeit wird in Zweifel gezogen, ob das auf dem Informationsparadigma basierende Regelungsprogramm tatsächlich die notwendige Informationsversorgung der Anleger sicherstellt: Ausgehend von For-

---

34 *Köndgen/Schmies*, in: Schimansky/Bunte/Lwowski (Hrsg.), Bankrechts-Handbuch., 4. Aufl. 2011, § 113 Rdn. 26.

35 *Baur*, in: Assmann/Schütze (Hrsg.), Hdb KapitalanlageR, 3. Aufl. 2007, § 20 Rdn. 310.

36 *Baur*, in: Assmann/Schütze (Hrsg.), Hdb KapitalanlageR, 3. Aufl. 2007, § 20 Rdn. 310.

37 Hierzu *N.N.*, Finanztest 2/2008, S. 29, wonach Filial- gegenüber Direktbanken bis zu 50-mal höhere Ordergebühren verlangen, sowie *N.N.*, Finanztest 5/2011, S. 44, die für dasselbe Wertpapierdepot einen jährlichen Gebührenunterschied von EUR 9.000 zwischen Online- und Filialdepot feststellen.

38 So *Köndgen/Schmies*, in: Schimansky/Bunte/Lwowski (Hrsg.), Bankrechts-Handbuch., 4. Aufl. 2011, § 113 Rdn. 26.

schungsergebnissen der Konsumentenforschung wurde erkannt, dass kognitive Beschränkungen bei der Aufnahme und Verarbeitung von Informationen die Informationsüberlastung der Anleger zur Folge haben können. Das Zusammenspiel von beschränkter Rationalität und Informationsüberlastung begünstigt wiederum irrationale Anlageentscheidungen.

1. Beschränkte Rationalität

In den 1950er Jahren begründete der Verhaltenspsychologe *Herbert A. Simon* die Theorie der beschränkten Rationalität (*bounded rationality theory*).[39] Hiernach definiert das Zusammenspiel von Informationsquantität und -komplexität mit den individuellen Aufnahme- und Verarbeitungskapazitäten des Informationsempfängers die Grenzen, innerhalb derer rationales Verhalten stattfindet.[40]

2. Informationsüberlastung

Mit dem Begriff Informationsüberlastung bzw. Informationsüberflutung (*information overload*) beschreibt die auf der Theorie der beschränkten Rationalität aufbauende Konsumentenforschung den kognitiven Schwellenwert, bei dessen Überschreitung Informationen nicht mehr aufgenommen oder verarbeitet werden.[41]

Ist dieser Punkt erreicht, droht schlimmstenfalls der Abbruch des gesamten Informationsverarbeitungsvorgangs.[42] Die Erhöhung der Informa-

---

39 Grundlegend *Simon*, 69 Quarterly Journal of Economics 99 ff. (1955); *ders.*, Models of Man, 1957. Simon wurde 1978 mit dem Wirtschaftsnobelpreis für seine Erkenntnisse der Entscheidungsfindung in Wirtschaftsorganisationen ausgezeichnet.

40 Bestätigt von *Miller*, 63 Psychology Review 81 ff. (1956); später auch von *Chase/Simon,* 4 Cognitive Psychology 55, 76 (1973). Anwendungsbezogen zum Verbraucherschutz *Jacoby/Speller/Kohn-Berning*, 1 Journal of Consumer Research 33, 41 (1974); *Russo/Krieser/Miyashita*, 39 Journal of Marketing 11 ff. (1975).

41 Grundlegend *Jacoby/Speller/Kohn-Berning*, 1 Journal of Consumer Research 33 ff. (1974),; *Malhotra*, 8 Journal of Consumer Research 419 ff. (1982); *ders.*, 10 Journal of Consumer Research 436 ff. (1984); *Hagemann*, Wahrgenommene Informationsbelastung des Verbrauchers, 1988, S. 87.

42 Vgl. *Kind*, Die Grenzen des Verbraucherschutzes durch Information, 1998, S. 468 m.w.N.; *Metz*, Verbraucherschützende Informationspflichten, 2008, S. 19.

tionsquantität verbessert somit nicht zwangsläufig die Entscheidungsqualität: Informationen haben einen abnehmenden Grenznutzen [43] beziehungsweise einen dysfunktionalen Effekt auf die Entscheidungsfindung.[44] Die Informationsverarbeitungskapazität hängt wiederum von der Komplexität der Informationen als exogenem Faktor und endogenen, individuellen Faktoren wie den Differenzierungsfähigkeiten und dem logischen Verknüpfungsvermögen ab.[45] Fachwissen und Erfahrungen mit bestimmten Informationstypen steigern die Aufnahmefähigkeiten.[46] Grundsätzlich ist die Informationsverarbeitungskapazität als solche aber begrenzt ist.[47]

3. Irrationale Entscheidungsmuster

Die von *Daniel Kahneman* und *Amos Tversky* aufgestellte Neue Erwartungstheorie (*prospect theory*) [48] untersucht die Entscheidungsfindung in Situationen der Unsicherheit und bildet die Grundlage der Verhaltensöko-

---

Zum Abbruch des Informationsvorgangs auch *Raffée/Fritz*, in: Hoyos/Kroeber-Riel/Rosenstiel (Hrsg.), Grundbegriffe der Wirtschaftspsychologie, 1980, S. 83, 85.

43 *Fleischer*, Informationsasymmetrie im Vertragsrecht, 2001, S. 115; siehe auch *Bydlinski*, System und Prinzipien des Privatrechts, 1996, S. 748; ausführlich *Kind*, Die Grenzen des Verbraucherschutzes durch Information, 1998, S. 442 ff.; *Fleischer*, ZEuP 2000, 772 ff.; *Metz*, Verbraucherschützende Informationspflichten, 2008, S. 19.

44 *Kind*, Die Grenzen des Verbraucherschutzes durch Information, 1998, S. 468; zuvor bereits *Behrens*, Konsumentenverhalten, 2. Aufl. 1991, S. 156; *Hagemann*, Wahrgenommene Informationsbelastung des Verbrauchers, 1988, S. 95; *Jacoby/Speller/Kohn-Berning*, 1 Journal of Consumer Research 33 (1974); *Jacoby/Speller/Kohn*, 11 Journal of Marketing Research 63 (1974).

45 Hierzu *Kind*, Die Grenzen des Verbraucherschutzes durch Information, 1998, S. 468 ff.

46 So *Möllers/Kernchen*, ZGR 2011, 1, 9.

47 *Kind*, Die Grenzen des Verbraucherschutzes durch Information, 1998, S. 468.

48 Siehe *Kahneman/Tversky*, 47 Econometrica 263 ff. (1979). Kahneman wurde „für das Einführen von Einsichten der psychologischen Forschung in die Wirtschaftswissenschaft, besonders bezüglich Beurteilungen und Entscheidungen bei Unsicherheit“ und die Entwicklung der sogenannten Prospekttheorie 2002 mit dem Wirtschaftsnobelpreis ausgezeichnet. Ausführliche Darstellung der Prospekttheorie bei *Aulibauer/Thießen*, in: Hockmann/Thießen (Hrsg.), Investmentbanking, 2. Aufl. 2007, S. 142 ff.; siehe auch *Kuhnle*, Overconfidence und Overoptimism, 2009, S. 129 ff.

nomik. Die Verhaltensökonomik (*behavioral economics*)[49] beschäftigt sich mit menschlichem Verhalten in wirtschaftlichen Situationen, das in Widerspruch zum Homo oeconomicus-Leitbild steht. Das Spezialgebiet der *behavioral finance*[50] untersucht Irrationalitäten im Anlegerverhalten und versucht zu erklären, warum Menschen bei Investitionsentscheidungen irrationale, der Logik widersprechende Entscheidungen treffen.[51] Mit der *rational choice theory* sind die im Folgenden dargestellten Verhaltensweisen nicht vereinbar:[52]

a) Heuristiken

Die beobachteten Marktunvollkommenheiten beruhen vor allem auf Heuristiken. Hierunter versteht man Mechanismen bzw. „Daumenregeln" (*rules of thumb*)[53], die Menschen unbewusst verwenden, um Entscheidungsprozesse zu vereinfachen:[54]

Eines der „am besten abgesicherten Phänomene der Urteilspsychologie" soll die Überschätzung eigener Sachkunde (*overconfidence*) sein, die oftmals mit dem Hang zu übermäßigem Optimismus (*overoptimism*) und Wunschdenken (*wishful thinking*) einhergeht.[55] So glauben 85 % der Privatanleger, dass sie besser als der Markt abschneiden, obwohl sie durch-

---

49 Z.B. *Englerth*, in: Towfigh/Petersen (Hrsg.), Ökonomische Methoden im Recht, 2010, S. 165 ff.; *Magen*, in: Engel/Englerth/Lüdemann (Hrsg.), Recht und Verhalten, 2007, S. 261 ff.

50 Hierzu etwa *Shleifer*, Inefficient Markets, 2000; *Kiehling*, Börsenpsychologie und Behavioral Finance, 2001; *Spindler*, in: FS Säcker, 2011, S. 469 ff.; *Klöhn*, Kapitalmarkt, Spekulation, und Behavioral Finance, 2006, S. 92 ff.; *ders.*, in: Fleischer/Zimmermann (Hrsg.), Beitrag der Verhaltensökonomie (Behavioral Economics) zum Handels- und Wirtschaftsrecht, 2011, S. 83, 93; *Möllers/Kernchen*, ZGR 2011, 1, 7 ff.; *ders./Hailer*, ZBB 2012, 178, 186.

51 Vgl. *Möllers/Kernchen*, ZGR 2011, 1, 7; *Belsky/Gilovich*, Das Lemmingprinzip, 2007, S. 11 f.; *Shiller*, 17 Journal of Economic Perspectives 83 ff. (2003); *Oehler*, ÖBA 2000, 978 ff.

52 Vgl. *Klöhn*, Kapitalmarkt, Spekulation, und Behavioral Finance, 2006, S. 106 f. m.w.N.

53 *Zimbardo/Gerrig*, Psychologie, 18. Aufl. 2008, S. 374.

54 *Klöhn*, Kapitalmarkt, Spekulation, und Behavioral Finance, 2006, S. 93 m.w.N.; *Goldberg/Nitzsch*, Behavioral Finance, 1999, S. 49.

55 Hierzu mit m.w.N. *Klöhn*, Kapitalmarkt, Spekulation, und Behavioral Finance, 2006, S. 116 ff.

schnittlich eine 2 % geringere Rendite als professionelle Anleger erzielen.[56]

Des Weiteren wurde festgestellt, dass Informationsaufnahme und -verarbeitung kontextabhängig erfolgen, so dass Informationen abhängig von ihrer positiven oder negativen Formulierung unterschiedlich bewertet werden (*framing*).[57] Leicht zugängliche bzw. aufnehmbare Informationen werden im Allgemeinen höher gewichtet.[58] Von selektiver Informationswahrnehmung (*chunking*) spricht man, wenn nicht alle Angaben in ihrem vollen Bedeutungsgehalt wahrgenommen werden, sondern nur einzelne „Schlüsselinformationen".[59]

b) Subjektive Rationalität

Die dargestellten Vereinfachungsstrategien haben zur Folge, dass sich beim Informationsempfänger trotz seiner kognitiven Beschränkungen subjektiv das Gefühl einstellt, „informiert" zu sein und eine optimale Anlageentscheidung getroffen zu haben.[60] Sind die Entscheidungsprozesse komplexer, werden sie dadurch vereinfacht, dass sich die der Entscheidung vorausgehende Informationssuche auf solche Informationen beschränkt, die mehr Nutzen versprechen als das Auffinden kostet[61] bzw. die am

---

56 *Lüdemann*, in: Engel/Englerth/Lüdemann (Hrsg.), Recht und Verhalten, 2007, S. 7, 26.

57 *Tversky/Kahneman*, 211 Science 453 (1981); *dies.*, 59 Journal of Business 251 (1986); *Klöhn*, Kapitalmarkt, Spekulation, und Behavioral Finance, 2006, S. 95 ff. m.w.N.

58 Hierzu *Klöhn*, Kapitalmarkt, Spekulation, und Behavioral Finance, 2006, S. 108 ff. m.w.N.; *Mülbert*, ZHR 177 (2013), 160, 170.

59 *Jacoby/Speller/Kohn-Berning*, 1 Journal of Consumer Research 33, 40 (1974); vgl. *Kind*, Die Grenzen des Verbraucherschutzes durch Information, 1998, S. 471 m.w.N.

60 *Jacoby/Speller/Kohn-Berning*, 1 Journal of Consumer Research 33, 40 (1974); *Jacoby/Speller/Kohn*, Journal of Marketing Research 63, 67 (1974); *Behrens*, Konsumentenverhalten, 2. Aufl. 1991, S. 156; *Kind*, Die Grenzen des Verbraucherschutzes durch Information, 1998, S. 470.

61 Vgl. *Kind*, Die Grenzen des Verbraucherschutzes durch Information, 1998, S. 481 f. Siehe auch *Fleischer*, Informationsasymmetrie im Vertragsrecht, 2001, S. 999, unter Verweis auf das sogenannte Marginalprinzip: Informationen werden nur soweit gesucht, wie es Nutzen verspricht. Auch als „positiver Nettonutzen" der Informationssuche bezeichnet, vgl. *Metz*, Verbraucherschützende Informationspflichten, 2008, S. 22.

schnellsten und am besten verfügbar sind (Verfügbarkeitsheuristik, *availability heuristic*)[62]. Dieses aus Sicht des Informationsempfängers rationale Vorgehen[63] wird als subjektive Rationalität bezeichnet.[64]

c) Urteilsverzerrungen

Urteilsverzerrungen lassen sich vor allem in Bezug auf die subjektive Risikowahrnehmung feststellen. Hierzu zählen beispielsweise Strategien zur Reduzierung sogenannter kognitiver Dissonanzen, die durch die Aufnahme von Informationen hervorgerufen werden, welche zu bisherigen Meinungen, Gefühlen oder Werten des Informationsempfängers in Widerspruch stehen.[65] Um diese Dissonanzen zu kompensieren, werden unliebsame Informationen verdrängt beziehungsweise abgewertet (*conservatism bias*)[66].

Spiegelbildlich werden dissonanzreduzierende Informationen aktiv gesucht, beispielsweise Werbeanzeigen und Prospekte des erstandenen Produkts, deren Aussagen sodann überbewertet werden (*confirmation bias*).[67] Je größer das wahrgenommene Risiko ist, desto mehr sucht der Mensch nach beruhigenden Informationen, die aber nur selektiv verarbeitet werden.[68] Eine weitere Ausprägung ist der sogenannte Ankereffekt (*ancho-*

---

62 Grundlegend *Tversky/Kahneman*, 5 Cognitive Psychology 207 (1973).

63 Vgl. *Kahneman*, 58 American Psychologist 697 ff. (2003); *Jolls/Sunstein/Thaler*, 50 Stanford Law Review, 1593, 1594 f. (1998). Hierzu mit jeweils w.N. *Klöhn*, Kapitalmarkt, Spekulation und Behavioral Finance, 2006, S. 92.

64 *Drexl*, Die wirtschaftliche Selbstbestimmung des Verbrauchers, 1998, S. 198 f.; *Kind*, Die Grenzen des Verbraucherschutzes durch Information, 1998, S. 482; *Metz*, Verbraucherschützende Informationspflichten, 2008, S. 22.

65 Grundlegend *Festinger*, A theory of cognitive dissonance, 1957, passim.; *Hagemann*, Wahrgenommene Informationsbelastung des Verbrauchers, 1988, S. 81; *Kind*, Die Grenzen des Verbraucherschutzes durch Information, 1998, S. 475; *Metz*, Verbraucherschützende Informationspflichten, 2008, S. 20 f.

66 Hierzu *Klöhn*, Kapitalmarkt, Spekulation, und Behavioral Finance, 2006, S. 107 m.w.N.

67 Z.B. *Metz*, Verbraucherschützende Informationspflichten, 2008, S. 21; *Kind*, Die Grenzen des Verbraucherschutzes durch Information, 1998, S. 477 m.w.N.

68 Entwickelt von *Bauer*, Consumer Behavior as Risk Tasking, in: Karp (Hrsg.), Issues in Marketing, 1974, S. 46 ff. Siehe *Gemünden*, 2 International Journal of Research in Marketing 79 ff. (1985); *Kind*, Die Grenzen des Verbraucherschutzes durch Information, 1998, S. 480 f. m.w.N.; *Metz*, Verbraucherschützende Informationspflichten, 2008, S. 21.

ring)[69]. Hierzu kommt es, wenn der Anleger anhand eines Initialwerts („Anker") Schätzungen anstellt und auf dieser Grundlage seine Prognose nach unten oder oben korrigiert[70] oder wenn er sich an den Empfehlungen seines Anlageberaters orientiert[71].

Die rationale Entscheidungsfindung wird ferner durch Besitzeffekte eingeschränkt (*endowment effects*). Besitzeffekte verleiten den Menschen dazu, Objekte höher zu bewerten, wenn er sie besitzt.[72] Als Beispiel ist das Halten von verlustreichen Wertpapieren zu nennen, die nicht verkauft werden, obwohl der Anleger sie zum aktuellen Kurs selbst nicht kaufen würde.[73] Das Risiko unsicherer, zukünftiger Einbußen wird somit geringer bewertet als das Risiko sicherer, gegenwärtiger Einbußen.[74]

Zu nennen ist zudem der Präferenzumkehreffekt (*reflection effect*).[75] Hiernach sind Menschen risikoavers, wenn es um Entscheidungen zur Erzielung potentieller Gewinne geht; bei gleicher Eintrittswahrscheinlichkeit sind sie aber risikobereit, sofern es potentielle Verluste abzuwenden gilt.[76] Der Dispositionseffekt (*disposition effect*)[77] ist ein Unterfall des Präferenzumkehreffekts. Er beschreibt das Phänomen, dass Anleger dazu neigen, im Wert gestiegene Titel zu verkaufen und jene zu halten, die im Wert gesunken sind.[78]

d) Herdentrieb

Die auf der ECMH basierenden Anlegerschutztheorien erkennen an, dass Anleger im Einzelfall Fehlentscheidungen treffen. Auf kollektiver Ebene sollen irrationale Entscheidungen Einzelner aber durch gegenläufige Irrationalitäten kompensiert werden, so dass sich trotzdem ein effizienter

---

69 Grundlegend *Tversky/Kahneman*, 185 Science 1124, 1128 (1974).

70 Vgl. *Klöhn*, Kapitalmarkt, Spekulation, und Behavioral Finance, 2006, S. 108.

71 *Mülbert*, ZHR 177 (2013), 160, 170.

72 *Eidenmüller*, JZ 2011, 814, 817.

73 Mit diesem Beispiel *Eidenmüller*, JZ 2011, 814, 817.

74 Grundlegend *Kahneman/Tversky*, 47 Econometrica 262 (1979); vgl. *Eidenmüller*, JZ 2011, 814, 815 m. Fn. 5.

75 *Kahneman/Tversky*, 47 Econometrica 263, 268 f. (1979).

76 *Klöhn*, Kapitalmarkt, Spekulation, und Behavioral Finance, 2006, S. 94 f., 317; *Mülbert*, ZHR 177 (2013), 160, 171.

77 Grundlegend *Shefrin/Statman*, 40 Journal of Finance 777 (1985).

78 *Klöhn*, Kapitalmarkt, Spekulation, und Behavioral Finance, 2006, S. 100 f.

Marktpreis bildet.[79] Demzufolge haben die durch irrationale Entscheidungen ausgelösten Fehlallokationen in der Gesamtschau keinen Einfluss auf den Preismechanismus des Kapitalmarkts.[80]

Nach der Gegenansicht der Herdentrieb-Theorie (*herding*)[81] lassen sich Heuristiken und andere Urteilsverzerrungen nicht nur vereinzelt, sondern mit „systematischer Häufigkeit" beobachten.[82] Irrationale Entscheidungsmuster liegen hiernach nicht nur den Anlageentscheidungen von Privatanlegern zugrunde, sondern lassen sich gleichermaßen für professionelle Marktteilnehmer wie Fondsmanager[83] und Finanzintermediäre[84] beobachten.

Dass eine abschließende Antwort auf diese Zweifelsfragen bislang nicht gefunden werden konnte, verdeutlicht die Entscheidung des Nobelpreiskomitees, *Fama* als Verfechter der Kapitalmarkteffizienz gemeinsam mit dem Behavioral Finance-Vertreter *Robert J. Shiller* mit dem Wirtschaftsnobelpreis 2013 auszuzeichnen.

4. Rezeption im kapitalmarktrechtlichen Schrifttum

Mit beschränkter Rationalität, Informationsüberlastung und irrationalen Entscheidungsmustern setzte sich das rechtswissenschaftliche Schrifttum in Deutschland zunächst für die Informationsmodelle im Vertrags-[85] und

---

79 *Fama*, 46 Journal of Financial Economics 283 ff. (1998); *Posner*, 50 Stanford Law Review 1551 (1998).

80 Etwa *Fama*, 46 Journal of Financial Economics 283 (1998); *Gilson/Kraakman*, 70 Virginia Law Review 549, 581 (1984); *Mülbert*, ZHR 177 (2013), 160, 173. Hierzu auch *Klöhn*, Kapitalmarkt, Spekulation, und Behavioral Finance, 2006, S. 63, 79 f.

81 *Nofringer/Sias*, 54 Journal of Finance 2263 ff. (1999); *Graham*, 54 Journal of Finance, 237 ff. (1999); *Klöhn*, in: Fleischer/Zimmermann (Hrsg.), Beitrag der Verhaltensökonomie (Behavioral Economics) zum Handels- und Wirtschaftsrecht, 2011, S. 124; *Spindler*, in. FS Säcker, 2011, S. 469, 479.

82 *Klöhn*, Kapitalmarkt, Spekulation, und Behavioral Finance, 2006, S. 123 ff.

83 Etwa *Shefrin/Statman*, 21 Journal of Portfolio Management 26, 29 (1995); vgl. *Klöhn*, Kapitalmarkt, Spekulation, und Behavioral Finance, 2006, S. 115, 124 f.

84 Z.B. *Trueman*, 7 Review of Financial Studies 97 (1994); vgl. *Klöhn*, Kapitalmarkt, Spekulation, und Behavioral Finance, 2006, S. 126.

85 Bspw. *Fleischer*, Informationsasymmetrie im Vertragsrecht, 2001, S. 115; *ders.*, ZEuP 2000, 772, 798.

Verbraucherschutzrecht[86] auseinander. Dabei wurde erkannt, dass diese Phänomene aller Voraussicht nach in allen Lebensbereichen anzutreffen sind.[87]

Auch das kapitalmarktrechtliche Schrifttum musste schließlich eingestehen, dass zu viele und zu komplexe Anlegerinformationen die Gefahr der Informationsüberlastung bergen.[88] In der Folge wurde die „Sinnhaftigkeit sich stetig vermehrender Informationspflichten" in zunehmendem Maße angezweifelt.[89] In seinem im Lichte der geplatzten „dot.com"-Blase erstellten Gutachten für den 64. Deutschen Juristentag 2002 forderte *Fleischer*[90] eine bessere Aufklärung der Wirkungsweise der Kapitalmärkte und die stärkere Berücksichtigung der Behavioral Finance-Forschung.[91] Diesem Postulat ist das kapitalmarktrechtliche Schrifttum unter Bezugnah-

---

86 *Drexl*, Die wirtschaftliche Selbstbestimmung des Verbrauchers, 1998, S. 200; *Kind*, Die Grenzen des Verbraucherschutzes durch Information, 1998; *Martinek*, in: Grundmann (Hrsg.), Systembildung und Systemlücken, 2000, S. 511, 522 ff.; *ders.*, NJW 1997, 1393, 1396.

87 So *Kind*, Die Grenzen des Verbraucherschutzes durch Information, 1998, S. 505.

88 Z.B. *Schwark*, ZGR 1983, 162, 168; *Assmann*, Prospekthaftung, 1985, S. 30 f.; *Hopt*, WM 1985, 793, 801; *Assmann*, AG 1993, 549, 560; *Köndgen*, in: FS Druey, 2002, 791, 793; *Spindler*, DStR 2002, 1576, 1577; *ders.*, WM 2003, 2073, 2077; *Dreyling*, Der Konzern 2005, 1, 5; *Leuering/Zetsche*, NJW 2009, 2856, 2861; *Möllers/Holzner*, NZG 2008, 166, 171 f.; *Möllers*, JZ 2009, 861, 869; *Möllers/Kernchen*, ZGR 2011, 1 ff. Im US-amerikanischen Schrifttum beispielsweise *Paredes*, 81 Washington University Law Quarterly 417 ff. (2003); *Choi/Pritchard*, 56 Stanford Law Review 1, 61 (2003); *Bainbridge*, 68 University of Cincinatti Law Review 1023 ff. (2000); *Viscusi*, 48 Rutgers Law Review 625, 661 ff. (1996).

89 *Mülbert*, ZHR 177 (2013), 160, 187.

90 *Fleischer*, Gutachten F z. 64. DJT 2002, 2002, S. 30 f.

91 Ebenso *Keßler*, in: Keßler/Micklitz (Hrsg.), Anlegerschutz in Deutschland, Schweiz, Großbritannien, USA und der EG, 2004, S. 11, 48; kritisch dagegen *Sauer*, Haftung für Falschinformation des Sekundärmarkts, 2004, S. 176 f.

me auf die „Vorarbeiten" in der US-amerikanischen Literatur[92] gefolgt;[93] besonders hervorzuheben ist die Dissertationsschrift von *Klöhn*[94].

III. Zwischenfazit

Informationelle und marktfunktionale Defizite gefährden die Autonomie der Privatanleger als Marktteilnehmer.

In Bezug auf die informationellen Defizite der Privatanleger dürften die Erkenntnisse über die systeminhärenten Grenzen des Informationsparadigmas als gesichert gelten: beschränkte Rationalität, Informationsüberlastung und irrationale Entscheidungsmuster stellen das effizienzorientierte Modell der Informationsregulierung und dessen modelltheoretischen Grundlagen in Gestalt von Homo oeconomicus und ECMH infrage.

Hinzu kommt, dass Privatanleger ohne die Inanspruchnahme von Finanzintermediären keine Investitionen am Kapitalmarkt tätigen können. Insbesondere die Banken haben beim Vertrieb von Kapitalmarktinvestmentprodukten eine Vormachtstellung. Das Risiko von Interessenkonflikten ist umso höher, je mehr „Agenten" auf Anbieterseite an der Konzeption und dem Vertrieb von Anlageprodukten beteiligt sind.

Zum Schutz der Privatanleger vor Interessenkonflikten reicht die Verbesserung des marktkomplementären Informationsregimes allein nicht aus. Die spezifische Risikolage der Geldanlage in Kapitalmarktinvestmentprodukte, die sich aus vielfach intransparenten Produktgestaltungen, mehrschichtig angelegten Prinzipal-Agenten-Konflikten sowie Irrationali-

92 Z.B. *Langevoort*, 84 California Law Review 627 ff. (1996); *Jolls/Sunstein/Thaler*, 50 Stanford Law Review, 1471 ff. (1998); *Prentice*, 51 Duke Law Journal 1397 ff. (2002); kritisch *Brown,* 7 New York University Journal of Law and Business 105, 152 (2010); *Posner*, 50 Stanford Law Review 1551, 1560 (1998); *Johnson*, 45 Journal of Corporate Law 561, 611 (2010).

93 *Klöhn*, ZHR 177 (2013), 349, 385; *ders.*, in: Fleischer/Zimmermann (Hrsg.), Beitrag der Verhaltensökonomie, 2011, S. 124; *Mülbert*, ZHR 177 (2013), 160, 169 ff.; *Buck-Heeb*, ZHR 177 (2013), 310, 327 ff. Siehe auch *Möllers/Kernchen*, ZGR 2011, 1, 7 ff.; *Möllers/Hailer*, ZBB 2012, 178, 186; *Cocca/Schubert*, Die Bank 2010, 38, 41; *Koller*, ZBB 2011, 361, 369; *Spindler*, in: FS Säcker, 2011, S. 469, 479; *ders.*, in: Langenbucher/Bliesener/Spindler (Hrsg.), Bankrechts-Kommentar, 2013, § 33 Rdn. 9.

94 *Klöhn*, Kapitalmarkt, Spekulation und Behavioral Finance, 2006, passim.

täten auf Anlegerseite zusammensetzt, verlangt vielmehr nach marktkompensatorischen Eingriffen.

B. Verfassungsrechtliche Rechtfertigung

Marktkompensatorische Maßnahmen sind geeignet, die grundrechtlich abgesicherte Vertrags- und Berufsfreiheit der Anbieterseite und womöglich sogar deren Eigentumsrechte zu beschneiden. Zuvorderst gilt es zu klären, wie staatliche Eingriffe in diese Grundrechte gerechtfertigt werden können. Neben dem Sozialstaatsprinzip kommen insbesondere Wechselwirkungen der Privatautonomie in Betracht.

I. Sozialstaatsprinzip

Das Sozialstaatsprinzip ist in Art. 20 Abs. 1 GG verankert, wonach die Bundesrepublik ein demokratischer und sozialer Bundesstaat ist. Es gilt als das „umstrittenste politische und auch verfassungsrechtliche Prinzip der gesamten politischen Landschaft der Bundesrepublik“.[95]

Bisweilen wird im Schrifttum vertreten, dass sich Grundrechtseingriffe allein mit dem Sozialstaatsprinzip als Ermächtigungsgrundlage rechtfertigen lassen und sogar Ansprüche auf staatliches Handeln begründen können.[96] Nach überwiegender Auffassung ist Sozialpolitik jedoch lediglich eine politische Ermessensentscheidung.[97] Das Sozialstaatsprinzip betrifft somit nur das Verhältnis Bürger-Staat, individuelle Rechtsansprüche lassen sich hieraus nicht ableiten.[98]

Marktkompensatorische Eingriffe lassen sich danach allein unter Bezugnahme auf das Sozialstaatsprinzip nicht verfassungsrechtlich rechtfertigen.

---

95 *Grzeszick/Herzog*, in: Maunz/Dürig, GG, 69. Erg.-Lfg. 2013, Art. 20 GG VII Rdn. 1.

96 *Reich*, Markt und Recht, S. 197; *Tamm*, in: (Hrsg.), Verbraucherrecht, 2012, § 1 Rdn. 31 m.w.N.

97 Statt aller: *Grzeszick/Herzog*, in: Maunz/Dürig, GG, 69. Erg.-Lfg. 2013, Art. 20 GG VII Rdn. 25 ff. m.w.N.

98 BVerfG, Urt. v. 3.12.1969 (Az. 1 BvR 624/56), BVerfGE 27, 253 (Leitsatz) – *Kriegsfolgeschäden*. Siehe auch *Drexl*, Die wirtschaftliche Selbstbestimmung des Verbrauchers, 1998, S. 244 ff.

II. Privatautonomie

Die Privatautonomie ist das „zivilrechtliche Korrelat“ der allgemeinen Handlungsfreiheit (Art. 2 Abs. 1 GG). Sie sichert dem Einzelnen zu, dass er seine Rechtsverhältnisse nach eigenem Willen selbst, eigenverantwortlich und frei von Zwang gestalten kann[99].[100] Damit zählt die Privatautonomie zu den Freiheitsrechten,[101] unmittelbare Wirkungen zwischen Grundrechtsträgern entfaltet sie aber nur ausnahmsweise. Neben verschiedenen grundrechtlichen Funktionen hat sie eine formelle sowie eine materielle Schutzdimension.[102]

1. Schutzdimensionen

a) Formelle Schutzdimension

Nach einer klassischen, formellen Sichtweise beschränkt sich die Aufgabe der Privatautonomie darauf, die formell-abstrakte Gleichheit der Rechtssubjekte herzustellen. Staatliche Regulierung hat hiernach lediglich die formelle Chancengleichheit abzusichern. Im Übrigen gilt das „Selbstschutzdogma“ *caveat emptor*: jeder ist selbst dafür verantwortlich, welche vertraglichen Verpflichtungen er eingeht.

Diese Sichtweise der Privatautonomie lag über lange Jahre der höchstrichterlichen Rechtsprechung zugrunde. So ging der BGH davon aus, dass junge Volljährige auch ohne besondere geschäftliche Erfahrungen dazu in der Lage sind, das finanzielle Risiko einer Bürgschaftserklärung abzuschätzen:

> „Der Gläubiger kann davon ausgehen, daß derjenige, der eine Bürgschaftsverpflichtung übernimmt, sich über die Tragweite seines Handelns im klaren ist und sein Risiko abschätzt... Die Freiheit der Vertragsgestaltung als Teil der Privatautonomie umfaßt für jeden voll Geschäftsfähigen auch die Rechts-

---

99 BVerfG, Beschl. v. 19.10.1993 (Az. 1 BvR 567/89, 1044/89), BVerfGE 89, 214, 231 –*Bürgschaft*. Siehe auch *Badura*, Staatsrecht, 5. Aufl. 2012, A Rdn. 6, C Rdn. 23; *Canaris*, JZ 1987, 993, 994 f.

100 Hierzu im Einzelnen *Di Fabio*, in: Maunz/Dürig, GG, 69. Erg.-Lfg. 2013, Art. 2 GG Rdn. 101.

101 Hierzu *Epping*, Grundrechte, 5. Aufl. 2012, Rdn. 14 ff., 17.

102 Zu dieser Unterscheidung etwa *Tamm*, in: Tamm/Tonner (Hrsg.), Verbraucherrecht, 2012, § 1 Rdn. 44, 45 ff.

> macht, sich zu Leistungen zu verpflichten, die er nur unter besonders günstigen Bedingungen erbringen kann.“ [103]

Diese formelle Vertragsfreiheit lässt Fremdbeeinflussung zu und gibt die Richtigkeitsvermutung auf, die selbstbestimmten Vertragsschlüssen innewohnt.[104] Der Theorie von der Richtigkeitsgewähr vertraglicher Vereinbarungen[105] liegt die Annahme zugrunde, dass jede Partei für sie günstige Rechtsfolgen herbeiführen möchte, wenn sie eine vertragliche Vereinbarung eingeht. Der Erklärungswille einer potentiellen Vertragspartei bietet noch keine Gewähr dafür, dass die intendierte Vereinbarung auch objektiv gerecht ist.[106] Das Zustimmungserfordernis der anderen Vertragspartei wirkt insofern als Korrektiv von Vertragsangeboten mit einseitiger Interessenausrichtung, denn erst die Erteilung der Zustimmung indiziert, dass ein Interessenausgleich erreicht wurde. Die Zustimmung lässt sich als „positive Richtigkeitsgewähr“ des Vertragsschlusses begreifen. Die Verweigerung der Zustimmung lässt den beabsichtigten Vertragsschluss dagegen scheitern; sie steht für eine „negative Richtigkeitsgewähr“.[107] Die Richtigkeitsgewähr-Theorie wurde als starkes Argument gegen staatliche Eingriffe in die Vertragsordnung verstanden.[108]

b) Materielle Privatautonomie

Strukturelle Defizite einer Vertragspartei, z.B. im Bereich der kognitiven Informationsverarbeitung, können den privatautonomen Interessenausgleich erschweren oder gänzlich verhindern. Damit fehlt es zugleich an den Voraussetzungen der Richtigkeitsvermutung des Vertragsschlusses.[109]

Um dem Einzelnen die Inanspruchnahme des Grundrechts auf Privatautonomie zu ermöglichen, kann sich die Rechtsordnung nicht darauf be-

---

103 BGH, Urt. v. 19.1.1989 (Az. IX ZR 124/88), BGHZ 106, 269, 271.

104 Siehe *Drexl*, Die wirtschaftliche Selbstbestimmung des Verbrauchers, 1998, S. 267 m.w.N.

105 *Schmidt-Rimpler*, AcP 147 (1941), 130 ff.

106 *Schmidt-Rimpler*, AcP 147 (1941), 130, 151.

107 *Schmidt-Rimpler*, in: FS Raiser, 1974, S. 3, 6; hierzu *Seiler*, Verbraucherschutz auf elektronischen Märkten, 2006, S. 131 f.

108 Zusammenfassend *Seiler*, Verbraucherschutz auf elektronischen Märkten, 2006, S. 131.

109 *Raiser*, in: v. Caemmerer (Hrsg.), FS 100 Jahre Deutscher Juristentag, Bd. I, 1960, S. 101, 118 f.

schränken, nur die formelle Entscheidungsfreiheit abzusichern, einem Vertragsschluss zuzustimmen oder diesen abzulehnen. Die materielle Sichtweise der Privatautonomie verlangt weitergehend, dass die Vertragsentscheidung selbstbestimmt ist.[110] Schließlich hat die Rechtsordnung dem Einzelnen die Rechtsmacht, privatautonom eigene Angelegenheiten regeln zu können, nicht um ihrer selbst Willen eingeräumt, sondern um angemessene Interessenausgleiche zu verwirklichen.[111] Indem wirtschaftliche, intellektuelle oder informationelle Paritätsstörungen durch staatliche Intervention beseitigt werden, soll der formellen Schutzdimension der Privatautonomie materielle Geltung verliehen werden.[112] Ziel ist es daher nicht, die Privatautonomie normativ zu beschränken, sondern auf faktische Gegebenheiten, die die Vertragsparität gefährden, angemessen zu reagieren.[113]

Inzwischen fordert auch das BVerfG, dem Schutzgehalt der Privatautonomie eine materielle Sichtweise zugrunde zu legen. Den Richtungswechsel leitete die Bürgschaftsentscheidung aus dem Jahr 1993 ein:

> „Nach der ständigen Rechtspr. des BVerfG ist die Gestaltung der Rechtsverhältnisse durch den einzelnen nach *seinem* Willen ein Teil der allgemeinen Handlungsfreiheit.... Art. 2 Abs. 1 GG gewährleistet die Privatautonomie als „Selbstbestimmung des einzelnen im Rechtsleben“... [Der Gesetzgeber] muß der Selbstbestimmung des einzelnen im Rechtsleben einen angemessenen Betätigungsraum eröffnen.“[114]

Mit Erteilung des Regelungsauftrags, die Selbstbestimmung des Einzelnen als Teil der Privatautonomie sicherzustellen, brachte das Gericht zum Ausdruck, dass sich die Schutzgewähr der Privatautonomie nicht auf eine formelle Schutzdimension beschränkt.

---

110 *Brox/Walker*, BGB AT, 36. Aufl. 2012, Rdn. 25; *Medicus*, BGB AT, 10. Aufl. 2010, Rdn. 176 ff.; vgl. *Seiler*, Verbraucherschutz auf elektronischen Märkten, 2006, S. 135 m.w.N.

111 *Tamm*, in: Tamm/Tonner (Hrsg.), Verbraucherrecht, 2012, § 1 Rdn. 46.

112 *Drexl*, Die wirtschaftliche Selbstbestimmung des Verbrauchers, 1998, S. 7, 208, 266 f.; *Tamm*, in: Tamm/Tonner (Hrsg.), Verbraucherrecht, 2012, § 1 Rdn. 47; *Tamm*, Verbraucherschutzrecht, 2011, S. 174.

113 Hierzu auch *Canaris*, AcP 200 (2000), 273, 277; *Drexl*, Die wirtschaftliche Selbstbestimmung des Verbrauchers, 1998, S. 7, 208 f., 266 f.; *Tamm*, Verbraucherschutzrecht, 2011, S. 170 ff.

114 BVerfG, Beschl. v. 19.10.1993 (1 BvR 567/89, 1044/89), BVerfGE 89, 214, 231 – *Bürgschaft*.

3. Grundrechtliche Funktionen

a) Abwehrrecht

Die Grundrechte sind vor allem subjektive Abwehrrechte[115] gegen staatliche Eingriffe (vgl. Art. 1 Abs. 3 GG). Der h.M.[116] zufolge begründen die Grundrechte zwischen Privaten nur dann unmittelbare Rechtspositionen, soweit dies vom Grundgesetz ausdrücklich vorgesehen ist.[117] Eine unmittelbare Bindung und Berechtigung Privater ordnen *argumentum e contrario* ausschließlich Artt. 9 Abs. 3 S. 2 GG, 20 Abs. 4, 48 Abs. 1 S. 2 GG an.[118]

b) Negative Kompetenzvorschrift

Grundrechtliche Freiheitsrechte wirken als negative Kompetenzvorschriften, indem sie staatlicher Regelungsgewalt Grenzen ziehen.

Neben der Koalitionsfreiheit (Art. 9 Abs. 3 GG) ist insbesondere das Subsidiaritätsprinzip des Art. 2 Abs. 1 GG zu nennen, das staatliche Eingriffe in die Marktwirtschaft wie folgt beschränkt:[119] (1.) Wird der Staat wirtschaftsordnend tätig, hat er unter gleich wirksamen Mitteln dasjenige anzuwenden, das den geringsten Eingriff in die „privatautonome Gestaltung der Wirtschaftsbeziehungen durch Private" bedeutet (verfassungsrechtliches Verhältnismäßigkeitsprinzip). (2.) Soll staatliche Regulierung das Prinzip der privatautonomen Regelung der Wirtschaft ersetzen, bedarf es einer verfassungsrechtlichen Rechtfertigung. (3.) Das Recht des Einzelnen auf privatautonome Gestaltungen beruht nicht auf einer „normativen Ermächtigung" durch das Recht, sondern ist die „normative Anerkennung einer natürlich vorgegebenen Gestaltungsmöglichkeit".

---

115 Z.B. *Poscher*, Grundrechte als Abwehrrechte, 2003, passim.

116 Vgl. *Stern,* Das Staatsrecht der Bundesrepublik Deutschland, Bd. III/1, 1988, S. 1523 ff., 1531 f.; zum Streitstand auch *Canaris*, AcP 184 (1984), 201, 202 ff.

117 *Herdegen*, in: Maunz/Dürig, GG, 69. Erg.-Lfg. 2013, Art. 1 Abs. 3 GG Rdn. 59.

118 *Epping*, Grundrechte, 5. Aufl. 2012, Rdn. 332.

119 Zusammenfassend bereits *Drexl*, Die wirtschaftliche Selbstbestimmung des Verbrauchers, 1998, S. 232 f. m.w.N.; zuvor *Rittner*, in: FS Müller-Freienfels, 1986, S. 509 ff.: „Vorrang des Privatrechts".

Verfassungsrechtlich motivierte Eingriffe in die privatautonome Marktordnung müssen folglich die Ausnahme bleiben. Grundsätzlich bestimmt das Privatrecht, „was und wie etwas geregelt gehört“.[120]

c) Staatliche Institutsgarantie

Das BVerfG würdigt die Bedeutung der Privatautonomie zudem als „Strukturelement einer freiheitlichen Gesellschaftsordnung“.[121] Neben der Vereinigungsfreiheit (Art. 9 Abs. 1 GG), der Berufs- und Gewerbefreiheit (Art. 12 Abs. 1 GG) und dem Privateigentum (Art. 14 GG) zählt die Privatautonomie zu den „Instituten“, die der Verfassungsgeber naturrechtlich vorgefunden hat und die er als konstitutive Elemente der Privatrechtsordnung in ihrem Bestand gleich einer „Institutsgarantie“[122] verfassungsrechtlich absichert.[123]

Institutsgarantie und die Funktion der Privatautonomie als negativer Kompetenztitel verlangen den Schutz aller einfachgesetzlichen Normen, die die „Voraussetzungen privatautonomer Gestaltung“ gewährleisten.[124]

d) Teilhaberecht

Die h.M.[125] lehnt es ab, aus den Grundrechten unmittelbare Teilhaberechte als Leistungsansprüche gegen den Staat abzuleiten. Dennoch hat der Staat sicherzustellen, dass die Grundrechte für alle Wirtschaftsteilnehmer einheitlich gelten, gerade wenn Aspekte der Verteilungsgerechtigkeit betroffen sind.[126] Die Konzeption der Privatautonomie im deutschen Zivilrecht basiert auf der Annahme, dass sich gleich starke Vertragspartner gegen-

---

120 So *Drexl*, Die wirtschaftliche Selbstbestimmung des Verbrauchers, 1998, S. 233.

121 *BVerfG*, Urt. v. 7.2.1990 (Az. 1 BvR 26/84), BVerfGE 81, 242, 254.

122 Zu den weiteren Institutsgarantien des Grundgesetzes *Herdegen*, in: Maunz/Dürig, GG, 69. Erg.-Lfg. 2013, Art. 1 Abs. 3 GG Rdn. 18.

123 Vgl. *Drexl*, Die wirtschaftliche Selbstbestimmung des Verbrauchers, 1998, S. 234.

124 *Drexl*, Die wirtschaftliche Selbstbestimmung des Verbrauchers, 1998, S. 234.

125 Hierzu z.B. *Hesse*, Grundzüge des Verfassungsrechts, 20. Aufl. 1995, Rdn. 289; *Brohm*, JZ 1994, 213, 215 f.; vgl. *Drexl*, Die wirtschaftliche Selbstbestimmung des Verbrauchers, 1998, S. 239.

126 So *Drexl*, Die wirtschaftliche Selbstbestimmung des Verbrauchers, 1998, S. 240.

überstehen.[127] Ist diese Prämisse gefährdet, verpflichtet die Funktion als Teilhaberecht den Zivilrechtsgesetzgeber dazu, strukturellen Ungleichgewichten entgegenzuwirken.

e) Staatliche Schutzpflicht

Der Staat ist verpflichtet, die Wertentscheidungen der Grundrechte in allen Bereichen der Rechtsordnung zu schützen:[128] die Legislative ist zu einer „grundrechtsgeleiteten" Gesetzgebung verpflichtet, die Judikative muss die gesetzlichen Bestimmungen im Lichte der Grundrechte anwenden.[129] Für alle staatlichen Organe gilt daher die Verpflichtung, den Grundrechtsschutz durch organisatorische und verfahrensrechtliche Standards sicherzustellen[130].[131]

Die Bedeutung der staatlichen Schutzpflicht für die Grundrechte tritt insbesondere in der BVerfG-Rechtsprechung zur Privatautonomie zu Tage.[132] Hiernach muss der Staat verhindern, „dass sich für einen Vertragsteil die Selbstbestimmung in eine Fremdbestimmung verkehrt"[133] und allein das „Recht des Stärkeren"[134] gilt.[135] Nötigenfalls muss der Staat die Voraussetzungen der freien Willensbildung wiederherstellen.[136]

---

127 Etwa *Säcker*, in: Münch. Komm. z. BGB, 6. Aufl. 2012, Einl. Rdn. 36.

128 BVerfG, Urt. v. 21.6.1974 (Az. 1 BvQ 4/74), BVerfGE 39, 1, 41 – *Schwangerschaftsabbruch.*

129 Z.B. BVerfG, Urt. v. 15.1.1958 (Az. 1 BvR 400/51), BVerfGE 7, 198, 205 ff. – *Lüth.*

130 Z.B. BVerfG, Beschl. v. 8.8.1978 (Az. 2 BvL 8/77), BVerfGE 49, 89, 142 – *Kalkar I.*

131 Vgl. *Herdegen*, in: Maunz/Dürig, GG, 69. Erg.-Lfg. 2013, Art. 1 Abs. 3 GG Rdn. 20 m.w.N.

132 *Di Fabio*, in: Maunz/Dürig, GG, 69. Erg.-Lfg. 2013, Art. 2 GG Rdn. 107 unter Verweis auf *Stern*, Staatsrecht III/1, 1988, § 76 IV 8.

133 So BVerfG, Urt. v. 6.2.2001 (Az. 1 BvR 12/92), BVerfGE 103, 89, 100 f. – *Inhaltskontrolle von Eheverträgen.*

134 BVerfG, Beschl. v. 5.8.1994 (Az. 1 BvR 1402/89), NJW 1994, 2749 f.

135 Hierzu *Di Fabio*, in: Maunz/Dürig, GG, 69. Erg.-Lfg. 2013, Art. 2 GG Rdn. 107.

136 Vgl. BVerfG, Urt. v. 7.2.1990 (Az. 1 BvR 26/84), BVerfGE 81, 242, 255 f.

3. Voraussetzungen der mittelbaren Drittwirkung der Grundrechte

Die Grundrechte entfalten zwischen Privaten in aller Regel keine unmittelbare Wirkung. Dennoch können sie als „objektive Werteordnung"[137] auf den Privatrechtsverkehr einwirken; sie stellen einen normativen Maßstab für alle Rechtsbereiche inklusive des Zivilrechts auf.[138]

Wegen dieser „mittelbaren Drittwirkung"[139] ist es insbesondere Sache der Zivilgerichte, praktische Konkordanz zwischen den gegenläufigen Prinzipien der Vertragsfreiheit als Freiheit von staatlicher Bevormundung und dem Schutz vor Fremdbestimmung herzustellen.[140] Die Grundlagen für Beschränkungen der zivilrechtlichen Vertragsfreiheit legte der BGH mit seiner Handelsvertreterentscheidung aus dem Jahr 1990:

> „Privatautonomie besteht nur im Rahmen der geltenden Gesetze, und diese sind ihrerseits an die Grundrechte gebunden. Das Grundgesetz will keine wertneutrale Ordnung sein, sondern hat in seinem Grundrechtsabschnitt objektive Grundentscheidungen getroffen, die für alle Bereiche des Rechts, also auch für das Zivilrecht, gelten. Keine bürgerlichrechtliche Vorschrift darf in Widerspruch zu den Prinzipien stehen, die in den Grundrechten zum Ausdruck kommen. Das gilt vor allem für diejenigen Vorschriften des Privatrechts, die zwingendes Recht enthalten und damit der Privatautonomie Schranken setzen."[141]

Aufgrund des hohen Stellenwerts der Vertragsfreiheit sind die Interessen beider Vertragspartner zunächst gleichermaßen schützenswert. Nicht jede Störung der Vertragsparität rechtfertigt eine Vertragskontrolle durch die Gerichte. Eingriffe in die Privatautonomie einer Vertragspartei sind nach Maßgabe des BVerfG erst dann geboten, wenn eine „typisierbare Situation

---

137 BVerfG, Urt. v. 22.2.1956 (1 BvR 253/56), BVerfGE 6, 32, 40 – *Elfes*; Urt. v. 15.1.1958 (Az. 1 BvR 400/51), BVerfGE 7, 198, 205 – *Lüth*; v. 21.6.1974 (Az. 1 BvQ 4/74), BVerfGE 39, 1, 41 – *Schwangerschaftsabbruch*. Zur Funktion der Grundrechte als objektive Werteordnung auch *Drexl*, Die wirtschaftliche Selbstbestimmung des Verbrauchers, 1998, S. 234 ff.

138 Hierzu *Epping*, Grundrechte, 5. Aufl. 2012, Rdn. 333 ff.

139 BVerfG, Urt. v. 15.1.1958 (Az. 1 BvR 400/57), BVerfGE 7, 198, 204 ff. – *Lüth*. Zur Drittwirkung der Grundrechte für private Unternehmen *Gurlit*, NZG 2012, 249 ff.; für das Gesellschaftsrecht *Reul*, DNotZ 2007, 184 ff.

140 Hierzu *Epping*, Grundrechte, 5. Aufl. 2012, Rdn. 346; siehe auch *Di Fabio*, in: Maunz/Dürig, GG, 69. Erg.-Lfg. 2013, Art. 2 GG Rdn. 109.

141 BVerfG, Urt. v. 7.2.1990 (Az. 1 BvR 26/84), BVerfGE 81, 242, 254.

strukturellen Vertragsungleichgewichts“ vorliegt, die „ungewöhnlich belastende Folgen“ für eine der Vertragsparteien hat.[142]

a) Typisierbare Situation strukturellen Vertragsungleichgewichts

Die BVerfG-Vorgaben lassen sich in drei Elemente aufteilen:[143] (1.) eine Störung der Vertragsparität, (2.) ein Ungleichgewicht struktureller Natur sowie (3.) eine typische Fallkonstellation strukturellen Ungleichgewichts.

aa) Störung der Vertragsparität

Die Vertragsparität muss dadurch gestört sein, dass bei einer der Vertragsparteien die Selbstbestimmung versagt hat.[144]

Dies ist dann der Fall, wenn der andere Vertragspartner aufgrund einer Ungleichgewichtslage „solches Gewicht hat, dass er den Vertragsinhalt faktisch einseitig bestimmen kann“.[145] Zu nennen sind insbesondere kognitive Defizite, die die vertragliche Selbstbestimmung beschränken.[146] Störungen der Vertragsparität hat das BVerfG in Fällen wirtschaftlicher („Handelsvertreter“[147]), intellektuell-emotionaler („Bürgschaft“[148] und „Ehevertrag“[149]) und situativer Unterlegenheit angenommen.[150] Die unter-

---

142 Mit diesen Begrifflichkeiten *Drexl*, Die wirtschaftliche Selbstbestimmung des Verbrauchers, 1998, S. 273.

143 Hierzu *Drexl*, Die wirtschaftliche Selbstbestimmung des Verbrauchers, 1998, S. 273 ff.

144 Bereits *Gernhuber*, JZ 1995, 1086, 1091; *Drexl*, Die wirtschaftliche Selbstbestimmung des Verbrauchers, 1998, S. 274.

145 BVerfG, Urt. v. 26.7.2005 (Az. 1 BvR 80/95), BVerfGE 114, 73, 90 – *Überschussbeteiligung.*

146 Siehe *Drexl*, Die wirtschaftliche Selbstbestimmung des Verbrauchers, 1998, S. 275.

147 BVerfG, Urt. v. 7.2.1990 (Az. 1 BvR 26/84), BVerfGE 81, 242, 255 ff.

148 BVerfG, Beschl. v. 19.10.1993 (1 BvR 567/89, 1044/89), BVerfGE 89, 214, 229 ff. – *Bürgschaft*; v. 5.8.1994, (Az. 1 BvR 1402/89), NJW 1994, 2749 f.; v. 2.5.1996 (Az. 1 BvR 696/96), NJW 1996, 2021.

149 Urt. v. 6.2.2001 (Az. 1 BvR 12/92), BVerfGE 103, 89 ff. – *Inhaltskontrolle von Eheverträgen.*

150 Mit dieser Unterteilung *Mülbert*, WM 2007, 1149, 1158.

legene Vertragspartei hatte jeweils einen Vertrag unterschrieben, der für sie mit erheblichen finanziellen Nachteilen verbunden war.

bb) Ungleichgewicht struktureller Natur

Das Ungleichgewicht muss zudem struktureller Natur sein. Das BVerfG bezieht sich dabei auf die äußeren Umstände des Vertragsschlusses. Zu pauschal ist die Ansicht, dass das Rechtsverhältnis zwischen Bank und Kunde stets durch ein strukturelles Ungleichgewicht geprägt ist.[151] Ebenso wenig kommt es darauf an, ob die benachteiligte Vertragspartei als Unternehmer oder Verbraucher handelt. Entscheidend ist vielmehr die Struktur der konkreten Vertragssituation.[152]

cc) Typische Fallkonstellation strukturellen Ungleichgewichts

Das BVerfG verlangt zudem die Typizität des strukturellen Ungleichgewichts. Es ist nicht zuletzt dem verfassungsrechtlichen Gebot der Rechtssicherheit geschuldet, dass nicht jeder Vertrag in Zweifel gezogen werden darf.[153] Vertypisierte Ungleichgewichtslagen liegen etwa den von § 138 Abs. 2 BGB erfassten Fallgruppen der Sittenwidrigkeit und den Regelungen über die AGB-Kontrolle (§§ 305 ff. BGB) sowie dem Haustürwiderrufs- (§ 312 BGB) und dem Verbraucherkreditrecht (§§ 491 ff. BGB) zugrunde.

b) Ungewöhnlich starke Belastung

Weitere Voraussetzung ist neben der strukturellen Unterlegenheit, dass die Vertragsfolgen für die benachteiligte Partei ungewöhnlich belastend sind;[154] neben die Störung der Verhandlungsparität müssen zusätzliche

---

151 *Drexl,* Die wirtschaftliche Selbstbestimmung des Verbrauchers, 1998, S. 275; **a.A.** *Singer*, JZ 1995, 1133, 1138.

152 *Drexl,* Die wirtschaftliche Selbstbestimmung des Verbrauchers, 1998, S. 276.

153 BVerfG, Beschl. v. 19.10.1993 (1 BvR 567/89, 1044/89), BVerfGE 89, 214, 232 – *Bürgschaft*.

154 Vgl. *Di Fabio*, in: Maunz/Dürig, GG, 69. Erg.-Lfg. 2013, Art. 2 GG Rdn. 109 f.

Umstände treten.[155] So begründete das BVerfG im Handelsvertreter-Fall die Aufhebung des Wettbewerbsverbots zulasten des Handelsvertreters mit der ungewöhnlich starken Einschränkung seiner Erwerbstätigkeit; im Bürgschafts-Fall war es die weitreichende Haftung des Bürgen und in den Ehevertrags-Fällen der Verzicht auf jegliche Unterhalts- und Versorgungsansprüche. Im Lebensversicherungs-Fall wurde die Nichtberücksichtigung bestimmter Vermögenswerte bei der Ermittlung der Überschussbeteiligung als besonders nachteilig bewertet.

4. Grenzen staatlicher Intervention

Die Vielgestaltigkeit von Paritätsstörungen erschwert deren gesetzliche Behebung, denn abstrakte Normen können letztlich einzelfallabhängige Ungleichgewichtslagen nur ansatzweise erfassen.[156] Der staatliche Schutzauftrag für die Privatautonomie muss sich daher gleich einem „Optimierungsgebot“ darauf beschränken, in Situationen struktureller Unterlegenheit Verhandlungsparität „so weit wie möglich“ herzustellen.[157]

Staatliche Intervention unterliegt stets der Einschätzungsprärogative des Gesetzgebers.[158] Dabei gilt es zu bedenken, dass Eingriffe in privatautonome Vereinbarungen womöglich deren Funktion gefährden, Rechtspositionen für die Zukunft verbindlich festzuschreiben.[159] Es kommt somit zum Konflikt zweier Verfassungspositionen, denn das Gebot der Rechtssicherheit ist Ausprägung der freiheitlich demokratischen Grundordnung[160].[161] Allerdings legitimiert der auf demokratischen Prinzipien beruhende Gesetzgebungsprozess die Interessenabwägung, die den vom Gesetzgeber gewählten „Interventionsschwellen“ und „Interventionsmitteln“ zugrunde liegt.[162] Das Argument, staatliche Vertragseingriffe gefährdeten die Rechtssicherheit, wird zudem dadurch entkräftet, dass bereits abgeschlos-

---

155 *Mülbert*, ZHR 177 (2013), 160, 176.

156 Hierzu *Tamm*, in: Tamm/Tonner (Hrsg.), Verbraucherrecht, 2012, § 1 Rdn. 48 ff.

157 *Canaris*, AcP 200 (2000), 273, 280.

158 *Tamm*, in: Tamm/Tonner (Hrsg.), Verbraucherrecht, 2012, § 1 Rdn. 50 f.m.w.N.

159 *Canaris*, AcP 200 (2000), 273, 279; vgl. *Reul*, DNotZ 2007, 184, 196.

160 Grundlegend BVerfG, Urt. v. 23.10.1952 (Az. 1 BvB 1/51), BVerfGE 2, 1, 12 – *Parteienverbot*.

161 So *Reul*, DNotZ 2007, 184, 196.

162 *Tamm*, Verbraucherschutzrecht, 2011, S. 178; *dies.*, in: Tamm/Tonner (Hrsg.), Verbraucherrecht, 2012, § 1 Rdn. 52.

sene Verträge durch das verfassungsmäßige Rückwirkungsverbot geschützt werden und für künftige Verträge die Beschränkung vorhersehbar ist.

III. Privatanlegerschutz als grundrechtlicher Schutzauftrag

1. BGH-Ansicht zur Herleitung des Anlegerschutzes aus den Grundrechten

Nach einer Entscheidung des für den Anlegerschutz zuständigen XI. Zivilsenats des BGH[163] aus dem Jahr 2010 sollen die verfassungsrechtlichen Voraussetzungen für eine mittelbare Drittwirkung der Privatautonomie bei Anlagegeschäften nicht vorliegen: Anleger befänden sich weder in einer „emotionalen Zwangslage“ noch handelten sie entsprechend den Bürgschaftsfällen „ohne eigenes wirtschaftliches Interesse“.[164]

Diese Sichtweise des XI. Zivilsenats hätte zur Folge, dass sich aus der Privatautonomie kein Auftrag an den Gesetzgeber ableiten lässt, einen „die Erfordernisse des Funktionenschutzes übersteigenden Anlegerindividualschutz zu etablieren“.[165] Marktkompensatorische Eingriffe wären mithin nicht mit Schutzaufträgen für die verfassungsmäßige Privatautonomie zu rechtfertigen.

Allerdings sprechen diverse Anzeichen dafür, dass das Gericht keine über den entschiedenen Fall hinausreichende Feststellung obiter dictu treffen wollte. Schließlich werden an späterer Stelle der Entscheidung weitere Umstände geprüft, die für Anleger potentiell nachteilig sein können, z.B. eine sittenwidrige Überhöhung des Kaufpreises, das Bestehen einer Überrumpelungssituation und das Fehlen anderweitiger (Verbraucher-) Schutzmechanismen.[166] Damit bringt der BGH implizit zum Ausdruck, dass sich aus der Privatautonomie in anderen Konstellationen durchaus Schutzaufträge ergeben können.

---

163 BGH, Urt. v. 29.6.2010 (Az. XI ZR 104/08), BGHZ 96, 101.

164 Ebenso *Mülbert*, ZHR 177 (2013), 160, 176.

165 Mit dieser Einschätzung *Mülbert*, ZHR 177 (2013), 160, 176; *ders.*, WM 2007, 1149, 1159.

166 Siehe BGH, Urt. v. 29.6.2010 (Az. XI ZR 104/08), BGHZ 96, 100 f. Rdn. 10.

2. BVerfG-Ansicht zur Herleitung des Anlegerschutzes aus den Grundrechten

Bereits 2001 hatte das BVerfG entschieden, dass vor einem Eingriff in die Privatautonomie Faktoren wie z.B. die Vermögenslage, die berufliche Qualifikation und die Perspektive der Vertragsparteien zu berücksichtigen sind.[167] Es kommt somit auf die „tatsächliche Lage" der Vertragsparteien an,[168] ohne dass es z.B. stets einer „emotionalen Zwangslage" bedarf.

In Bezug auf kapitalbildende Lebensversicherungen stellte das BVerfG heraus, dass verfassungsmäßige Schutzpflichten für die Privatautonomie zum Tragen kommen, wenn die Unterlegenheit einer Vertragspartei daraus resultiert, dass die Vertragsbedingungen nicht verhandelbar sind.[169]

3. Stellungnahme

Die BVerfG-Rechtsprechung zur Lebensversicherung lässt sich bei vergleichbarer Schutzbedürftigkeit von Versicherungsnehmern im Speziellen und Privatanlegern im Allgemeinen ohne weiteres auf alle Vertragswerke übertragen, die der Geldanlage in Kapitalmarktinvestmentprodukte zugrunde liegen. Denn nicht nur bei Lebensversicherungsverträgen, sondern bei nahezu allen im Massengeschäft vertriebenen Kapitalmarktinvestmentprodukten ist Privatanlegern die Möglichkeit verwehrt, auf die Ausgestaltung der Vertragsbedingungen Einfluss zu nehmen. Aus der Privatautonomie lässt sich somit die Verpflichtung des Zivilgesetzgebers ableiten, „für eine rechtliche Ausgestaltung des Rechtsverhältnisses der davon betroffenen Vertragsparteien zu sorgen, die ihren Belangen hinreichend Rechnung trägt".[170]

An die Aktivierung des verfassungsmäßigen Schutzauftrags sind keine überhöhten Anforderungen zu stellen. Dies gilt auch vor dem Hintergrund, dass das BVerfG in einem Nichtannahmebeschluss zur Unfallversicherung

167 BVerfG, Urt. v. 6.2.2001 (Az. 1 BvR 12/92), BVerfGE 103, 89, 104 – *Inhaltskontrolle von Eheverträgen*.

168 So *Reul*, DNotZ 2007, 184, 198.

169 BVerfG, Urt. v. 26.7.2005 (Az. 1 BvR 80/95), BVerfGE 114, 73, 90, 97 – *Überschussbeteiligung*.

170 BVerfG, Urt. v. 26.7.2005 (Az. 1 BvR 782/94, 1 BvR 957/96), BVerfGE 114, 1, 34 f. – *Rückkaufswert*; siehe auch Urt. v. 26.7.2005 (Az. 1 BvR 80/95), BVerfGE, 114, 73, 90 – *Überschussbeteiligung*.

einen Eingriff in den Versicherungsvertrag zum Schutze der Privatautonomie ablehnte. Zur Begründung wurde u.a. angeführt, dass die Unfallversicherung nicht den gleichen Stellenwert für die „Existenzsicherung" der Bürger hat wie die kapitalbildende Lebensversicherung.[171] Hieraus lässt sich aber nicht der Schluss ziehen, dass Vertragseingriffe verfassungsrechtlich erst dann geboten sind, wenn die unterlegene Partei existentiell auf den Vertragsabschluss angewiesen ist.[172] Diese für die Unfallversicherung getroffene Einschränkung ist vielmehr so zu deuten, dass bei Verträgen mit vergleichsweise geringen finanziellen Verpflichtungen die Voraussetzungen für einen Vertragseingriff besonders genau zu prüfen sind.

Damit verpflichtet die Privatautonomie den Gesetzgeber auch bei Anlagegeschäften, ihren grundrechtlichen Funktionen nötigenfalls durch Vertragseingriffe Geltung zu verleihen. Die Privatautonomie kommt im Ergebnis als verfassungsrechtliche Grundlage eines auf Marktkompensation abzielenden Privatanlegerschutzes in Betracht.[173]

C. Verbraucherschutztheorien

Zur weitergehenden Rechtfertigung marktkompensatorischer Interventionen zu Zwecken des Privatanlegerschutzes könnten insbesondere verbraucherschutzrechtliche Begründungsansätze in Betracht. Schließlich sind Anleger und Verbraucher ähnlich schutzbedürftig.[174]

Die rechtliche Schutzbedürftigkeit des Verbrauchers wird vor allem damit begründet, dass informationelle Defizite die Funktionsfähigkeit des Marktes als Ausgleichsmedium zwischen Angebot und Nachfrage beein-

---

171 BVerfG, Beschl. v. 29.5.2006 (Az. 1 BvR 240/98), VersR 2006, 961, 963.

172 So *Mülbert*, WM 2007, 1149, 1159.

173 So aber *Mülbert*, ZHR 177 (2013), 160, 177; *ders.*, WM 2007, 1149, 1159. Tendenziell auch *Buck-Heeb*, ZHR 177 (2013), 310, 341 f., die in Zweifel zieht, ob Kapitalanlagen mit ihrer Ansicht nach existenzsichernden Universaldienstleistungen wie dem Girokonto oder der Restschuldbefreiung vergleichbar sind.

174 Vgl. *Dauner-Lieb*, ZKredW 1984, 941, 942, die die fachlich-strukturelle Unterlegenheit der Anleger für vergleichbar mit der Unterlegenheit der Verbraucher hält. *Kuhlmann*, Verbraucherpolitik, 1990, S. 46 f., und *Kroeber-Riel/Weinberg*, Konsumentenverhalten, 8. Aufl. 2003, S. 371 ff. setzen den „typischen Anleger" mit dem Leitbild eines Verbrauchers gleich, der impulsive, emotionale und gewohnheitsmäßige Entscheidungen trifft; mit diesen Nachweisen *Kasten*, Neuregelung der Explorations- und Informationspflichten, 2009, S. 42.

trächtigen.[175] Dabei gilt es zu berücksichtigen, dass die Erkenntnisse über kognitive Beschränkungen ursprünglich aus der Konsumentenforschung stammen. Hinzu kommt, dass die vertraglichen Interessen von Unternehmern und Verbrauchern bisweilen erheblich divergieren. Typischerweise ist der Verbraucher der Unternehmer-Vertragsgegenseite wirtschaftlich unterlegen; dies gilt insbesondere dann, wenn er auf bestimmte Sachgüter oder Dienstleistungen existenziell angewiesen ist.[176]

Zur Kompensation der strukturellen Unterlegenheit der Verbraucher hat sich ein eigenständiges Verbraucherschutzrecht herausgebildet,[177] das als „Ausgleichsmedium" zwischen Verbraucher- und Unternehmerinteressen fungiert.[178] Für den Bereich des Verbraucherschutzes lässt sich zwischen marktkomplementären und marktkompensatorischen Ansätzen unterscheiden. Die Zulässigkeit bzw. Erforderlichkeit marktkompensatorischer Eingriffe richtet sich entsprechend der bereits dargestellten anlegerschutzrechtlichen Dogmatik nach dem vertretenen Markt- und Wettbewerbsmodell.[179]

I. Marktkomplementäre Verbraucherschutzansätze

1. Altliberales Modell

Die altliberale[180] Verbraucherschutzkonzeption[181] entspricht dem Marktverständnis der Klassik bzw. Neoklassik und insbesondere dem von der Chicago School propagierten Modell uneingeschränkter Markteffizienz.[182] Hiernach schützen Vertrag und Wettbewerb die Verbraucher in ausrei-

---

175 Vgl. *Lieb*, AcP 178 (1978), 196, 202; *ders.*, AcP 183 (1983), 327, 352 ff.; *Tamm*, in: Tamm/Tonner (Hrsg.), Verbraucherrecht, 2012, § 1 Rdn. 6.

176 *Micklitz*, NJW-Beilage 2012, 77, 79.

177 *Tamm*, in: Tamm/Tonner (Hrsg.), Verbraucherrecht, 2012, § 1 Rdn. 5.

178 Siehe *Hart/Köck*, ZRP 1991, 61, 62 ff.

179 So *Seiler*, Verbraucherschutz auf elektronischen Märkten, 2006, S. 121 f. Siehe auch *Drexl*, Die wirtschaftliche Selbstbestimmung des Verbrauchers, 1998, S. 25.

180 Zum Begriff *Kannowski*, in: Staudinger, BGB, Neubearb. 2013, § 13 BGB Rdn. 3.

181 Insbesondere *v. Hayek*, Recht, Gesetzgebung und Freiheit, Bd. I-III, 1980-1981, passim. Tendenziell auch *Dreher*, JZ 1997, 167 ff.; *Basedow*, AcP 200 (2000), 445, 486; vgl. *Tamm*, Verbraucherschutzrecht, 2011, S. 138.

182 Siehe S. 214.

chendem Umfang.[183] Marktkompensatorische Eingriffe des Gesetzgebers werden strikt abgelehnt.[184]

2. Stellungnahme und Zwischenfazit

Neben den grundsätzlichen Bedenken gegenüber Begründungsansätzen, die auf dem Homo oeconomicus-Leitbild aufbauen, sprechen insbesondere wettbewerbstheoretische Erwägungen gegen den Ansatz, den Verbraucherschutz den Marktmechanismen zu überlassen.

Die Privatautonomie ist die Grundvoraussetzung für Wettbewerb. Der Wettbewerb ist unvollkommen und der Markt ineffizient, wenn sich die Privatautonomie „aufgrund der Marktgegebenheiten nicht in allen Punkten durchsetzen kann".[185] Konsequenterweise ist regulatorisches Eingreifen dort zu fordern, „... wo Wettbewerb nicht funktioniert, oder... wo die formale Privatautonomie nicht geeignet ist, materielle Vertragsfreiheit im Rahmen einer Wettbewerbsordnung herzustellen".[186] Verbraucherschützende Ansätze können sich insofern nicht darauf beschränken, effiziente Preisbildungsmechanismen abzusichern; sie müssen sich zwangsläufig auch damit auseinandersetzen, wie die Privatautonomie der Marktteilnehmer gewährleistet werden kann. Denn Kern jeden Wettbewerbs ist stets „das Ob, Mit-Wem und Mit-Welchem-Inhalt des Vertragsschlusses".[187] Überdies würde ein Verbraucherschutzkonzept, das allein auf Markteffizienz ausgerichtet ist, dem verfassungsrechtlichen Schutzauftrag für die Privatautonomie aller Marktteilnehmer nicht gerecht.

II. Marktkompensatorischer Verbraucherschutz

Marktkompensatorisches Eingreifen zugunsten der Verbraucher wird unabhängig von der im Übrigen vertretenen Rechts- und Wirtschaftsideolo-

---

183 Beschreibend *Tamm*, Verbraucherschutzrecht, 2011, S. 137 f. m.w.N.

184 Siehe *Dreher*, JZ 1997, 167, 176 ff.

185 Bereits *Drexl*, Die wirtschaftliche Selbstbestimmung des Verbrauchers, 1998, S. 123 f.

186 So *Drexl*, Die wirtschaftliche Selbstbestimmung des Verbrauchers, 1998, S. 123.

187 *Drexl*, Die wirtschaftliche Selbstbestimmung des Verbrauchers, 1998, S. 124 m.w.N.

gie gefordert.[188] Neben dem Informationsmodell des Verbraucherschutzrechts basieren alternative Ansätze, z.T. anknüpfend an marxistische Theorien, auf ökonomischen und sozialen Machtgefällen zwischen Anbietern und Verbrauchern.[189] Einen eigenen Platz nimmt dabei ein bewegliches Kategorisierungssystem ein, das Eingriffsnotwendigkeiten zum Schutz der Verbraucher konkretisiert.

1. Informationsmodell

Das bereits für das Kapitalmarktrecht skizzierte Informationsmodell findet auch im Verbraucherschutzbereich Verwendung.[190] Es basiert auf der Prämisse, dass Verbraucher zu ökonomisch-rationalem Handeln in der Lage sind,[191] sofern sie angemessen informiert und aufgeklärt werden.[192] Hierdurch sollen die Verbraucher in die Lage versetzt werden, ihre Marktchancen zu nutzen.[193] Durch informierte Konsumentscheidungen entscheiden die Verbraucher zugleich über den wirtschaftlichen Erfolg bzw. Misserfolg der Anbieterseite und steuern dadurch den Markt in sinnvoller Weise. Diese Wirkweise des Informationsmodells wird auch als „Konsumentensouveränität" bezeichnet,[194] denn Produktion und Preisbildung sollen sich an den Bedürfnissen souveräner Konsumenten ausrichten.[195]

Im Unterschied zur altliberalen Verbraucherschutzkonzeption geht das Informationsmodell nicht davon aus, dass die Konsumenten bereits infor-

---

188 Mit Hinweis auf den Konsumentenschutz in China und weiterführend *Tamm*, Verbraucherschutzrecht, 2011, S. 56 f.

189 *Drexl*, Die wirtschaftliche Selbstbestimmung des Verbrauchers, 1998, S. 25.

190 Umfassend *Dauner-Lieb*, Sonderprivatrecht für Verbraucher, 1983, S. 62 ff.; siehe auch *Kannowski*, Staudinger, BGB, Neubearb. 2013, § 13 BGB Rdn. 4; *Kind*, Die Grenzen des Verbraucherschutzes durch Information, 1998, passim.

191 *Kannowski*, Staudinger, BGB, Neubearb. 2013, § 13 BGB Rdn. 4; siehe auch *Tilmann*, ZHR 142 (1978), 52, 61.

192 *Tamm*, Verbraucherschutzrecht, 2011, S. 138.

193 Siehe *Drexl*, Die wirtschaftliche Selbstbestimmung des Verbrauchers, 1998, S. 26; kritisch *Simitis*, Verbraucherschutz, Schlagwort oder Rechtsprinzip?, 1976, S. 107 ff.

194 Siehe *Hansen/Stauss*, in: Hansen/Stauss/Riemer (Hrsg.), Marketing und Verbraucherpolitik, 1982, S. 2, 5 ff.; *Dreher*, JZ 1997, 167, 177; vgl. *Kind*, Die Grenzen des Verbraucherschutzes durch Information, 1998, S. 44.

195 *Dauner-Lieb*, Sonderprivatrecht für Verbraucher, 1983, S. 53.

miert sind.[196] Es wird vielmehr angenommen, dass Informationsasymmetrien die Ausgleichs- und Gerechtigkeitsfunktion des Markts beeinträchtigen.[197] Diese informationellen Defizite struktureller Natur sollen durch Informationspflichten kompensiert werden, welche die Voraussetzungen privatautonomer Verbraucherentscheidungen wiederherstellen.[198]

Dem liberal-ökonomischen Verständnis von Ordoliberalismus und sozialer Marktwirtschaft folgend,[199] sind über gesetzliche Informationspflichten hinausgehende Markteingriffe dagegen auf ein Mindestmaß zu beschränken.[200] Andere als informationelle Gründe für das Versagen der Privatautonomie bleiben außen vor, z.B. strukturelle Ungleichgewichte wirtschaftlichen oder intellektuellen Ursprungs.[201] Überdies liegt dem Modell die Annahme zugrunde, dass die Interessen der Anbieter- und Nachfrageseite weitgehend gleichgerichtet sind.[202] Indem daran festgehalten wird, dass der Markt die besten Steuerungsmechanismen für das Verhalten der Marktakteure und deren Vereinbarungen untereinander bereitstellt,[203] bleibt eine hierauf aufbauende Verbraucherpolitik dem Primat der Markt- und Wettbewerbspolitik untergeordnet.[204]

---

196 *Tamm*, Verbraucherschutzrecht, 2011, S. 138 f.

197 *Dauner-Lieb*, Sonderprivatrecht für Verbraucher, 1983, S. 63.

198 Zusammenfassend m.w.N. *Tamm*, Verbraucherschutzrecht, 2011, S. 139. Siehe auch *Dauner-Lieb*, Verbraucherschutz durch Ausbildung eines Sonderprivatrechts für Verbraucher, 1983, S. 63 ff.; *Drexl*, Die wirtschaftliche Selbstbestimmung des Verbrauchers, 1998, S. 27.

199 *Seiler*, Verbraucherschutz auf elektronischen Märkten, 2006, S. 104.

200 *Dauner-Lieb*, Sonderprivatrecht für Verbraucher, 1983, S. 103 ff.; *Dick*, Verbraucherleitbild der Rechtsprechung, 1995, S. 25. Stärker noch *Stauss*, Verbraucherinteressen, 1980, S. 32: nur „gravierendste Beeinträchtigungen“ sind zu kompensieren.

201 *Tamm*, Verbraucherschutzrecht, 2011, S. 139 f.; *Drexl*, Die wirtschaftliche Selbstbestimmung des Verbrauchers, 1998, S. 27 f.

202 *Schricker*, GRUR Int. 1970, 32, 39.

203 *Tamm*, Verbraucherschutzrecht, 2011, S. 140.

204 *Seiler*, Verbraucherschutz auf elektronischen Märkten, 2006, S. 107.

2. Soziale Alternativmodelle

Den sozialen[205] Alternativmodellen ist die grundsätzliche Kritik am ordoliberalen Wettbewerbs- und Informationsmodell gemeinsam.[206] Der Verbraucher wird als strukturell unterlegener Marktteilnehmer gesehen, wobei die Unterlegenheit wirtschaftlichen, psychologischen oder intellektuellen Ursprungs sein kann.[207] Die vertretenen Theorien lassen sich weitergehend in situative und rollensoziologische Ansätze unterteilen.[208]

a) Situative Verbraucherschutzmodelle

Nach dem Verständnis der situativen Verbraucherschutzansätze sind Verbraucher nur in bestimmten Situationen bzw. Vertragskonstellationen schutzbedürftig. Staatliche Markteingriffe sind allenfalls punktuell erforderlich; die situativen Ansätze stehen damit in Bezug auf die Eingriffsnotwendigkeit zwischen dem Informationsmodell und den rollensoziologischen Modellen.[209]

aa) Vertragsbezogene Verbraucherschutzmodelle

Der vertragsbezogene Ansatz beschränkt die Zulässigkeit staatlicher Interventionen auf bestimmte Vertragstypen. Die Schutzbedürftigkeit richtet sich danach, ob eine Person in einer bestimmten Vertragsabschlusssituationen über die Geschäftskompetenz[210] eines Nichtverbrauchers ver-

---

205 So bezeichnet von *Dauner-Lieb*, Sonderprivatrecht für Verbraucher, 1983, S. 108 ff.

206 Die Alternativmodelle wurden bereits umfangreich dargestellt von *Drexl*, Die wirtschaftliche Selbstbestimmung des Verbrauchers, 1998, S. 29 ff.; *Seiler*, Verbraucherschutz auf elektronischen Märkten, 2006, S. 108 ff.

207 Zum Begriff der strukturellen Unterlegenheit BVerfG, Beschl. v. 19.10.1993 (Az. 1 BvR 567/89), BVerfGE 89, 214, 232 ff. – *Bürgschaft*. Siehe auch die Nachweise bei *Tamm*, Verbraucherschutzrecht, 2011, S. 141 m. Fn. 46.

208 Mit dieser Unterteilung bereits *Tamm*, Verbraucherschutzrecht, 2011, S. 142 f.

209 So *Tamm*, Verbraucherschutzrecht, 2011, S. 143 m.w.N.

210 Hierzu auch *Drexl*, JZ 1998, 1046, 1051; *ders.*, Die wirtschaftliche Selbstbestimmung des Verbrauchers, 1998, S. 206 f.

fügt.[211] Bejaht wurde die Schutzbedürftigkeit für sämtliche Verbraucherverträge[212], etwa für den Verbraucherkredit- und den Fernabsatzvertrag.

bb) Bewegliches Kategorisierungssystem

In seinem Gutachten für den 69. Deutschen Juristentag 2012 skizzierte *Hans-Werner Micklitz* einen Ansatz, der darauf abzielte, verbraucherschutzrechtliche Schutzgewähransprüche situationsabhängig und verbrauchertypenbezogen herauszubilden.[213] Aufgrund seiner Beweglichkeit unterscheidet sich das Modell von starren Rollenbildern, wie sie dem formellen Verbraucherbegriff und der Anleger- und Kundenkategorisierung im Aufsichtsrecht zugrunde liegen.[214]

Abstrakt-generelle Eingriffe in die Privatautonomie sind nur zulässig, wenn die Ungleichgewichte, etwa in der Verhandlungs- und Marktposition, nicht nur punktuell, sondern strukturell bestehen. Im Einzelnen werden vertypisierte Privatautonomiegrade unterschieden, die in den Leitbildern des „verantwortlichen", „vertrauenden" und des „verletzlichen" Verbrauchers niedergelegt sind.[215]

Der „verantwortliche" Verbraucher ist in der Lage, eigenverantwortliche Entscheidung zu treffen, indem er sich am günstigsten Preis orientiert und hierdurch zum Funktionieren des Binnenmarkts beiträgt. Er ist fähig, von den zu seinem Schutz bereitgestellten Rechtsinstrumenten Gebrauch zu machen. Paradigmatisch für das Leitbild des verantwortlichen Verbrauchers ist die Gruppe der Internetnutzer, die Waren in Kenntnis ihres Widerrufrechts online bestellt und bei Nichtgefallen von ihrem Rückgabe-

---

211 Vgl. *Micklitz*, in: Münch. Komm. z. BGB, 6. Aufl. 2012, Vor §§ 13, 14 BGB Rdn. 71.

212 Zu Verbraucherverträgen bereits S. 185 ff.

213 *Micklitz*, NJW-Beilage 2012, 77, 78.

214 *Micklitz*, in: Münch. Komm. z. BGB, 6. Aufl. 2012, Vor §§ 13, 14 BGB Rdn. 67 Rdn. 3: „[D]as europäische Verbraucherrecht [setzt] nicht an der konkreten Schutzbedürftigkeit [an], sondern an rollenbezogenen typisierten Vorgängen, die die Schutzbedürftigkeit auslösen." Im Anwendungsbereich der MiFID I gilt gemäß Erwägungsgrund 31 Folgendes: Die Vorkehrungen zum Schutz der Anleger sollten den Eigenheiten jeder Anlegerkategorie (Kleinanleger, professionelle Kunden, Gegenparteien) angepasst sein.".

215 *Micklitz*, in: Münch. Komm. z. BGB, 6. Aufl. 2012, Vor §§ 13, 14 BGB Rdn. 77, 79. Der „vertrauende" Verbraucher spielt keine eigenständige Rolle und soll im Folgenden nicht weiter untersucht werden.

recht Gebrauch macht.[216] Der „verletzliche" Verbraucher kommt demgegenüber mit den „Anforderungen der modernen Konsumgesellschaft nicht oder nicht mehr" zurecht,[217] wobei die Schutzbedürftigkeit aus ökonomischer wie sozialer Schwäche herrühren kann[218].

Gleich einem beweglichen System[219] bestimmt das Modell Notwendigkeit und Intensität staatlicher Eingriffe nicht nur anhand der typisierten Schutzbedürftigkeit des Verbrauchers, sondern auch *produkt- bzw. dienstleistungsbezogen*.[220] Jedem Verbrauchertyp werden Rechts- bzw. Dienstleistungsgebiete zugeordnet: dem verantwortlichen Verbraucher z.B. der Internetkauf, dem verletzlichen Verbraucher sogenannte Universaldienstleistungen.[221]

Universaldienstleistungen sind Teil der Daseinsvorsorge und wurden oftmals von Maßnahmen der Marktliberalisierung betroffen, z.B. im Energie- und Telekommunikationssektor. Kennzeichnend für diese Bereiche ist die nach wie vor bestehende Omnipräsenz des Staates, sei es als Leistungsanbieter, oder als nachgelagerte, sektorenspezifische Aufsichtsbehörde, die sich mittelbar in die Vertragsgestaltung einschaltet.[222] Der Staat stellte ehedem nicht nur die Versorgung mit Telefon, Post und Strom sicher, sondern auch eine auskömmliche Rente.[223] In Zeiten privater Altersvorsorge zieht sich der Staat jedoch zunehmend auf eine Aufsichtstätigkeit über den Finanzdienstleistungssektor zurück. Die Forderung, den Finanzdienstleistungsbereich in das Verbraucherschutzregime miteinzubeziehen,[224] muss daher insbesondere für Basisfinanzprodukte gelten, die vorrangig der privaten Altersvorsorge dienen und eine niedrige finanzielle Eintrittsschwelle haben wie z.B. die fondsbasierte Lebensversicherung.

Zum Schutz des verantwortlichen Verbrauchers reichen in der Regel die Instrumente Information und Widerruf aus. Der Schutz des verletzli-

---

216 *Micklitz*, Gutachten A z. 69. DJT 2012, 2012, S. 39.

217 *Micklitz*, Gutachten A z. 69. DJT 2012, 2012, S. 39.

218 *Micklitz*, NJW-Beilage 2012, 77, 78 f.

219 Siehe S. 397 f.

220 *Micklitz*, Gutachten A z. 69. DJT 2012, 2012, S. 104 ff.; *ders.*, NJW-Beilage 2012, 77; zuvor bereits *ders.*, in: Münch. Komm. z. BGB, 6. Aufl. 2012, Vorbemerkung zu §§ 13, 14 BGB Rdn. 67 ff.

221 *Micklitz*, NJW-Beilage 2012, 77.

222 *Micklitz*, Gutachten A z. 69. DJT 2012, 2012, S. 104.

223 Hierzu *Micklitz*, Gutachten A z. 69. DJT 2012, 2012, S. 41.

224 *Micklitz*, Gutachten A z. 69. DJT 2012, 2012, S. 118.

chen Verbrauchers verlangt dagegen marktkompensatorische Eingriffe, etwa in Gestalt staatlicher Preiskontrollen.[225]

Rollensoziologische Ansätze

Die rollensoziologischen Ansätze beschränken die Schutzbedürftigkeit des Verbrauchers nicht auf bestimmte Vertragstypen bzw. Situationen, sondern gehen davon aus, dass der Verbraucher gegenüber der Unternehmergegenseite per se strukturell unterlegen ist.[226] Marktkompensatorische Eingriffe bis hin zur Statuierung eines Sonderprivatrechts für Konsumenten[227] sind hiernach geboten, um persistierende Paritätsstörungen zwischen Verbrauchern und Unternehmern auszugleichen.[228] Folgende rollensoziologische Ansätze lassen sich unterscheiden:

b) Ausgleich von Interessenkonflikten

Der Schwerpunkt eines maßgeblich von *Konstantin Simitis*[229] vertretenen, deutlich marxistischen[230] Ansatzes liegt auf dem Ausgleich von Interessenkonflikten zwischen Verbrauchern und Unternehmern.

Zwischen Anbietern und Nachfragern bestehen hiernach unvereinbare Interessenwidersprüche: Den Anbietern geht es in erster Linie um den Tauschwert eines Produkts, der regelmäßig dem erzielbaren Kaufpreis entspricht; die Nachfrager suchen Bedürfnisbefriedigung, so dass der hiermit nicht notwendigerweise deckungsgleiche Gebrauchswert im Vordergrund steht.[231]

Der Anbieterseite geht es diesem Verständnis zufolge nicht darum, die Konsumentenbedürfnisse optimal zu befriedigen. Aus Anbieterperspektive reicht es vielmehr den Anschein eines Gebrauchswertes als Anreiz zum

225 Vgl. die tabellarische Übersicht bei *Micklitz*, NJW-Beilage 2012, 77, 80.

226 Zusammenfassend *Tamm*, Vebraucherschutzrecht, 2011, S. 143 m.w.N.

227 Etwa *K. Schmidt*, BB 2005, 837 ff.

228 *Tamm*, Vebraucherschutzrecht, 2011, S. 143.

229 *Simitis*, Verbraucherschutz, Schlagwort oder Rechtsprinzip?, 1976, passim.

230 *Simitis*, Verbraucherschutz, Schlagwort oder Rechtsprinzip?, 1976, S. 148, beruft sich auf die ungleiche Verteilung von Eigentum und der daraus resultierenden Herrschaft in der Gesellschaft. Vgl. *Drexl*, Die wirtschaftliche Selbstbestimmung des Verbrauchers, 1998, S. 30.

231 *Simitis*, Verbraucherschutz, Schlagwort oder Rechtsprinzip?, 1976, S. 144. Zu Tausch- und Gebrauchswert auch *Haug*, Kritik der Warenästhetik, 1971, S. 14 f.; vgl. *Seiler*, Verbraucherschutz auf elektronischen Märkten, 2006, S. 109.

Vertragsabschluss zu setzen und dadurch den persönlichen Gewinn zu maximieren.[232] Ohne staatliche Markteingriffe sollen sich die Verbraucher in einer „Ohnmachtssituation" befinden.[233] Um diese zu kompensieren, ist es geboten, die Anbieterseite staatlicher Kontrolle zu unterstellen und gegenüber den Verbrauchern zur Verantwortung zu ziehen.[234] Eine an diesem Modell ausgerichtete Verbraucherschutzpolitik zielt darauf ab, die Produktions- und Absatzprozesse „gesellschaftlicher Kontrolle" zu unterstellen.[235]

aa) Sozialmodell

Das von *Udo Reifner* konturierte Sozialmodell baut auf der Prämisse auf, dass ein formelles Verständnis der Privatautonomie den Gegebenheiten der Rechtswirklichkeit nicht gerecht wird. Das Zivilrecht differenziert nicht zwischen Armen und Reichen, Arbeitnehmern und Arbeitgebern;[236] die zivilrechtliche Regelungssystematik stehe für die „Herrschaft" der Unternehmen.[237]

Das Sozialmodell verlangt, die sozialen Rollen der am Wirtschaftsprozess Beteiligten zu berücksichtigen.[238] Informationspflichten und Einzelfallkorrekturen reichten nicht aus; stattdessen sei eine „soziale Auslegung" geboten.[239] Als verfassungsrechtliche Grundlage dieses antiliberalen Verbraucherschutzverständnisses dient insbesondere Art. 74 Abs. 1 Nr. 16 GG, die konkurrierende Gesetzgebungskompetenz zur Verhinderung des „Mißbrauchs wirtschaftlicher Macht".[240]

---

232 *Haug*, Kritik der Warenästhetik, 1972, S. 15.
233 *Simitis*, Verbraucherschutz, Schlagwort oder Rechtsprinzip?, 1976, S. 119.
234 *Simitis*, Verbraucherschutz, Schlagwort oder Rechtsprinzip?, 1976, S. 157.
235 *Simitis*, Verbraucherschutz, Schlagwort oder Rechtsprinzip?, 1976, S. 164; vgl. insbesondere die Zusammenfassung von *Seiler*, Verbraucherschutz auf elektronischen Märkten, 2006, S. 108 ff.
236 *Reifner*, Alternatives Wirtschaftsrecht, 1979, S. 24.
237 *Reifner*, Alternatives Wirtschaftsrecht, 1979, S. 69 f.
238 *Reifner*, Alternatives Wirtschaftsrecht, 1979, S. 38 ff., 43.
239 *Reifner*, Alternatives Wirtschaftsrecht, 1979, S. 85 f.
240 *Reifner*, Alternatives Wirtschaftsrecht, S. 98; vgl. insbesondere die Zusammenfassung von *Seiler*, Verbraucherschutz auf elektronischen Märkten, 2006, S. 110 ff.

bb) Ausgleich der Anbietermacht

In dem von *Norbert Reich* vorgeschlagenen Verbraucherschutzmodell soll die Macht der Anbieterseite durch Beschränkungen der Privatautonomie ausgeglichen werden.

Ausgangsbasis ist eine Dreiteilung des allgemeinen Vermögensrechts in Unternehmensrecht (Rechtsverkehr zwischen Unternehmen), Verbraucherschutzrecht (Warenaustausch zwischen Unternehmen und Endverbrauchern) und Bürgerrecht (Rechtsverkehr zwischen privaten Bürgern). Diesen Rechtsgebieten lassen sich einfachgesetzliche Pflichten zuordnen.[241]

Ein an der formellen Privatautonomie ausgerichtetes Regelungsregime soll nur für die Rechtsverhältnisse des Unternehmens- und des Bürgerrechts in Betracht kommen. Für das Verbraucherrecht werden wegen des Machtgefälles zwischen Unternehmen und Verbrauchern stärkere Interventionen für notwendig erachtet:[242] die Kontrolle von Anbietermacht (Preis-, Werbe- und AGB-Kontrolle), Gegeninformation (Produkt- und Warentests), Verbrauchergegenmacht (Förderung von Verbraucherverbänden) und Individualschutz (auf der Ebene des materiellen und des prozessualen Rechts).[243]

cc) Verbrauchergegenmacht

Am ordoliberalen Informationsmodell kritisieren *Dieter Hart* und *Christian Joerges*, dass es keinen Raum für die Entwicklung und Durchsetzung besserer Konzepte lasse.[244] Im Zentrum des befürworteten Verbraucherschutzmodells steht der Schutz der Verbraucherinteressen, auch wenn sich diese nicht verlässlich ermitteln lassen.[245]

---

241 *Reich*, ZRP 1974, 187, 188; *ders.*, Markt und Recht, 1977, S. 195; siehe *Drexl*, Die wirtschaftliche Selbstbestimmung des Verbrauchers, 1998, S. 33.

242 *Reich*, ZRP 1974, 187, 188.

243 *Reich*, ZRP 1974, 187, 191 ff.; vgl. insbesondere die Zusammenfassung von *Drexl*, Die wirtschaftliche Selbstbestimmung des Verbrauchers, 1998, S. 33.

244 *Hart/Joerges*, in: Assmann/Brüggemeier/Hart (Hrsg.), Wirtschaftsrecht als Kritik am Privatrecht, 1980, S. 83, 89.

245 *Hart/Joerges*, in: Assmann/Brüggemeier/Hart (Hrsg.), Wirtschaftsrecht als Kritik am Privatrecht, 1980, S. 83, 90 f.

Punktuelle Markteingriffe zur Kompensation von Ungleichgewichtslagen reichen hiernach nicht aus. Stattdessen soll eine Verbrauchergegenmacht gebildet werden, um das organisatorische Übergewicht der Unternehmer auszugleichen.[246] Als Regelungsinstrumente werden die Institutionalisierung von Widerspruchsmöglichkeiten, Möglichkeiten zum Verbraucherprotest sowie Mitspracherechte bei Produzentenentscheidungen vorgeschlagen.[247]

3. Zwischenfazit

Marktkompensatorische Eingriffe sind sowohl nach dem verbraucherschutzrechtlichen Informationsmodell als auch nach den sozialen Alternativmodellen zulässig, wobei unterschiedliche Interventionsintensitäten vorgeschlagen werden.

Zur dogmatischen Rückbindung des PRIP-Privatanlegerschutzes kommen nur diejenigen verbraucherschutzrechtlichen Ansätze in Betracht, die der strukturellen Unterlegenheit der Anleger Rechnung tragen. Dabei gilt es die verfassungsrechtlichen Voraussetzungen für staatliche Eingriffe in die Vertragsfreiheit zu beachten. Der Verhältnismäßigkeitsgrundsatz verbietet die rein schematischen und generalisierenden Ansätze, die für die rollensoziologischen Modelle charakteristisch sind.

Vorzugswürdig ist insofern das bewegliche Kategorisierungssystem von *Micklitz*, das die Eingriffsintensität von der Schutzbedürftigkeit abhängig macht und dadurch markeffiziente wie marktkompensatorische Erwägungen vereint. Überträgt man dieses Modell auf den Anlegerschutzbereich, könnte zwischen folgenden Anlegertypen unterschieden werden:[248]

Zum Schutz des „verantwortlichen" Anlegers reicht es aus, den Marktzugang sicherzustellen und der Anbieterseite Informationspflichten aufzuerlegen. Stereotypen des verantwortlichen Anlegers sind neben professionellen Marktakteuren insbesondere hochvermögende Privatanleger, die auf fachliche und personelle Ressourcen z.B. in Gestalt eines „Family Office" zurückgreifen können.

---

246 *Hart/Joerges*, in: Assmann/Brüggemeier/Hart (Hrsg.), Wirtschaftsrecht als Kritik am Privatrecht, 1980, S. 83, 107 ff.

247 *Hart/Joerges*, in: Assmann/Brüggemeier/Hart (Hrsg.), Wirtschaftsrecht als Kritik am Privatrecht, 1980, S. 83, 111.

248 Vgl. bereits *Buck-Heeb*, ZHR 177 (2013), 310, 341 f.

Als der Schwächere am Markt bedarf der „verletzliche“ Anleger dagegen stärkerer Schutzmechanismen. Das Leitbild entspricht dem typischen PRIP-Privatanleger, der vergleichsweise geringe Vermögenswerte zur Altersvorsorge anlegen möchte, in seinem Entscheidungsprozess durch geringes Fachwissen, kognitive Beschränkungen und Interessenkonflikte der Finanzintermediäre aber erheblich beeinträchtigt ist.

D. Rechtlicher Paternalismus

Staatlicher Paternalismus und Verbraucherschutz werden bisweilen auf einer Ebene angesiedelt,[249] obwohl sich die Konzepte dogmatisch unterscheiden. Charakteristisch für paternalistische[250] Herrschaftssysteme ist ein „väterliches“, fürsorgliches „Besserwissen“.[251]

Der rechtliche Paternalismus gründet auf der Vorstellung einer vormundschaftlichen Beziehung zwischen Staat und Bürger. Zu den legitimen Aufgaben der Rechtsordnung gehört es somit, den Einzelnen zu seinem Wohl auch vor sich selbst zu schützen, und zwar notfalls gegen seinen Willen.[252] Rechtliches Handeln ist demzufolge paternalistisch motiviert, wenn den „Rechtsunterworfenen“ „zu ihrem eigenen Besten“ geholfen werden soll.[253] Die in den Verbraucherschutzmodellen zumindest teilweise anerkannte Eigenverantwortlichkeit wird gegenüber staatlicher Intervention zurückgedrängt.

Paternalistische Begründungsansätze fristeten in den Rechtswissenschaften lange Zeit ein Schattendasein.[254] Als Hauptströmungen des rechtlichen Paternalismus lassen sich der sogenannte Wertepaternalismus und der liberale bzw. asymmetrische Paternalismus identifizieren.[255] Ausge-

---

249 *Knop*, FAZ v. 20.8.2013, Nr. 192, S. 15: „Es zeugt von einem falsch verstandenen Verbraucherschutz, von den Auswirkungen, die staatlicher Paternalismus im Alltag haben kann.“.

250 Abgeleitet von lat. pater (Vater).

251 So *Eidenmüller*, Effizienz als Rechtsprinzip, 2. Aufl. 1998, S. 359.

252 *Eidenmüller*, JZ 2011, 814; *ders.*, Effizienz als Rechtsprinzip, 2. Aufl. 1998, S. 359 f.; *G. Dworkin*, in: Sartorius (Hrsg.), Paternalism, 1983, S. 19, 20 ff.; *Shapiro*, 74 Virginia Law Review 519, 522 (1988).

253 So *Eidenmüller*, Effizienz als Rechtsprinzip, 2. Aufl. 1998, S. 360.

254 *Eidenmüller*, Effizienz als Rechtsprinzip, 2. Aufl. 1998, S. 358.

255 Vgl. *Eidenmüller*, JZ 2011, 814, 815. Diese Unterteilung soll auf die Differenzierung von *John Stuart Mill* zurückgehen, demzufolge zwischen Eingriffen zu un-

hend von Beiträgen im US-amerikanischen Schrifttum wird insbesondere der asymmetrische Paternalismus vermehrt als dogmatische Grundlage des Anlegerschutzes diskutiert.[256]

I. Wertepaternalismus

Der Wertepaternalismus zielt auf die Korrektur individueller Präferenzen ab.[257] Diese Präferenzkorrektur ist erforderlich, wenn die bei dem einzelnen Bürger vorgefundenen Präferenzen Werten widersprechen, von deren überindividueller Geltung der paternalistisch Intervenierende überzeugt ist.[258]

Präferenzlenkend wirkt vor allem die Verfassung. Die Grundrechte verkörpern eine „objektive Wertordnung", die als „verfassungsrechtliche Grundentscheidung für alle Bereiche des Rechts gilt"[259]. Im Mittelpunkt dieser Werteordnung stehen die sich frei entfaltende Persönlichkeit und Menschenwürde. Deren Unverzichtbarkeit[260] ist Konsequenz dieses „verfassungsrechtlichen Paternalismus[261].[262]

Aufgrund der bereits skizzierten Drittwirkung der Grundrechte entfaltet dieses Wertesystem auch jenseits verfassungsrechtlicher bzw. verwaltungsrechtlicher Fragestellungen Wirkungen. Als Beispiele sind die Beschränkungen vertraglicher Handlungsfreiheit zu nennen, die aus Wech-

---

terscheiden ist, die auf die Verbesserung des physischen Wohls abzielen und anderen, die das moralische Wohl befördern sollen. Hierzu *Eidenmüller*, Effizienz als Rechtsprinzip, 2. Aufl. 1998, S. 359 f. *Enderlein*, Rechtspaternalismus und Vertragsrecht, 1996, S. 17 f. unterscheidet zwischen „weichem" bzw. schwachem" und „hartem" Paternalismus.

256 Ergebnisneutral *Klöhn*, Kapitalmarkt, Spekulation und Behavioral Finance, 2006, S. 151 f. Paternalistische Ansätze ablehnend *Eidenmüller*, JZ 2011, 814, 819 ff.; *Mülbert*, ZHR 177 (2013), 160, 174.

257 *Eidenmüller*, JZ 2011, 814, 815.

258 *Eidenmüller*, JZ 2011, 814, 815.

259 BVerfG, Urt. v. 15.1.1958 (Az. 1 BvR 400/57), BVerfGE 7, 198 (Leitsatz) – *Lüth*; BVerwG, Urt. v. 15.12.1981 (Az. 1 C 232/79), BVerwGE 64, 274, 279 f. – *Peepshow*: „Ein Verhalten, das einer im Grundgesetz verankerten Wertvorstellung widerspricht, verstößt gegen die guten Sitten.".

260 BVerfG, Urt. v. 21.6.1977 (Az. 1 BvL 14/7), BVerfGE 45, 187, 299 – *Lebenslange Freiheitsstrafe*: „Die Würde des Menschen ist etwas Unverfügbares.".

261 Art. 1 Abs. 1 S. 1 GG.

262 *Eidenmüller*, Effizienz als Rechtsprinzip, 2. Aufl. 1998, S. 362.

selwirkungen mit der Privatautonomie resultieren,[263] z.B. die bürgerlichrechtliche Geschäftsfähigkeit, der Widerruf von Haustürgeschäften und die Rechtsprechung zur Sittenwidrigkeit von Bürgschaften und Eheverträgen[264].

II. Liberaler Paternalismus

Das Modell eines liberalen Paternalismus *(libertarian paternalism)*[265] will die intendierte Verhaltensbeeinflussung ohne Zwang erreichen.[266] Es zielt auf die Korrektur systematischer Rationalitätsdefizite im menschlichen Entscheidungsverhalten durch Präferenzsteuerung ab; auf Externalitäten kommt es dabei nicht an.[267]

Als Ausgangspunkt dient die Erkenntnis, dass die Rechtsordnung menschliche Entscheidungen beeinflusst.[268] Regelungsinstrumente des liberalen Paternalismus sind verhaltenssteuernde Effekte,[269] die durch die Kombination von Besitzeffekten[270] und dispositiven Gesetzesregeln[271] erzeugt werden.

Dispositive Regeln können zwar problemlos abgewählt werden; der Besitzeffekt hat jedoch zur Folge, dass sie als „Besitzstand" behandelt und im Zweifel eher behalten als abgewählt werden. Die dispositive Ausgestaltung von Rechtsnormen hat damit verhaltensbeeinflussende Wirkung.[272] Diesen Effekt kann sich der Gesetzgeber zunutze machen, indem er „sinnvolle" Rückfalloptionen dispositiv ausgestaltet und darauf spekuliert, dass der Besitzeffekt den Rechtsanwender von der Abwahl der Regelung faktisch abhält. Besitzeffekte können sich aber auch negativ auswir-

---

263 *Eidenmüller*, Effizienz als Rechtsprinzip, 2. Aufl. 1998, S. 360 f., 363.

264 Siehe S. 255 ff.

265 *Sunstein/Thaler*, 70 University of Chicago Law Review (2003) 1159 ff.; *Thaler/ Sunstein*, Nudge, 2009, passim.; hierzu kritisch *Mülbert*, ZHR 2013 (177), 160, *Saint-Paul*, The Tyranny of Utility, 2011, passim.; *Eidenmüller*, JZ 2011, 814, 821.

266 *Mülbert*, ZHR 177 (2013), 160, 174.

267 *Sunstein/Thaler*, 70 University of Chicago Law Review 1159, 1162 (2003).

268 *Sunstein/Thaler*, 70 University of Chicago Law Review 1159, 1161 ff. (2003); vgl. *Klöhn*, Kapitalmarkt, Spekulation und Behavioral Finance, 2006, S. 150.

269 So *Eidenmüller*, JZ 2011, 814, 815 f.

270 Hierzu S. 243 f.

271 Vgl. *Eidenmüller*, JZ 2011, 814, 817.

272 So *Eidenmüller*, JZ 2011, 814, 817.

ken, indem sie dazu führen, dass nachteilige dispositive Regelungen im Zweifel beibehalten werden.[273] Verhaltenssteuernd wirken Rechtsvorschriften vor allem dann, wenn sie von ihren Adressaten eine aktive Entscheidung einfordern.[274] Zwingende Regelungen sind dispositiven Ausgestaltungen vorzuziehen, wenn Besitzeffekte grundsätzlich vermieden werden sollen.

Es stellt sich zwangsläufig die Frage, in welchen Fällen diese „sanfte" Intervention, die den Adressaten durch rechtliche Mechanismen den Anstoß (*nudge*)[275] zu vermeintlich besseren Entscheidungen geben soll,[276] gerechtfertigt ist. Nach der „goldenen Regel" des liberalen Paternalismus ist staatliches Eingreifen geboten, wenn die Wahrscheinlichkeit hoch ist, dass der Anstoß hilft und die Wahrscheinlichkeit gering ist, dass er schadet.[277]

Konkrete Handlungsanweisungen lassen sich dieser (vermeintlichen) Maxime jedoch nicht entnehmen. Zur Plausibilisierung des „positiven Nettonutzens einer paternalistischen Intervention" wird vorgeschlagen, „dass eine paternalistische Intervention vor allem bei schwierigen, zukunftsbezogenen, seltenen Entscheidungen bei schlechter Informationslage sinnvoll ist". Schließlich sei die Gefahr, dass es aufgrund kognitiver Limitationen zu Fehlentscheidungen kommt, umso größer, je schwieriger die Entscheidung ist.[278]

---

273 Vgl. *Eidenmüller*, JZ 2011, 814, 818.

274 *Sunstein/Thaler*, 70 University of Chicago Law Review 1159, 1188 f. (2003); vgl. *Klöhn*, Kapitalmarkt, Spekulation und Behavioral Finance, 2006, S. 151.

275 *Thaler/Sunstein*, Nudge, 2008, S. passim.

276 Vgl. *Mülbert*, ZHR 177 (2013), 160, 174.

277 *Thaler/Sunstein*, Nudge, 2008, S. 72: „What's the best response? Choice architecture and its effects cannot be avoided, and so the short answer is an obvious one, call it the golden rule of libertarian paternalism: offer nudges that are most likely to help and least likely to inflict harm.". Hierzu auch *Eidenmüller*, JZ 2011, 814, 817 f.

278 So *Eidenmüller*, JZ 2011, 814, 818.

III. Asymmetrischer Paternalismus

Das Konzept des asymmetrischen Paternalismus deckt sich weitgehend mit den Ideen des liberalen Paternalismus.[279]

Nur solche Markteingriffe sind zulässig, die begrenzt rationalen Entscheidungsträgern große Vorteile verschaffen, für vollständig rationale Entscheidungsträger jedoch keine Mehrbelastung bedeuten.[280]

Beispiele asymmetrisch-paternalistischer Vorschriften sind Informationspflichten, die uninformierten Menschen bessere Entscheidungen ermöglichen, ohne informierte Menschen stärker zu belasten.[281] Zu nennen sind ferner Widerrufsfristen, die den Vollzug eines Vertrags allenfalls um wenige Tage hinausschieben, dem Verbraucher aber die Möglichkeit eröffnen, sich von einem unbedachten oder überstürzten Vertragsschluss wieder zu lösen.[282]

IV. Stellungnahme

Der Wertepaternalismus als „rechtsphilosophische Metaebene" hat keine eigenständige dogmatische Bedeutung. Dieser Ansatz geht über die ohnehin bestehenden verfassungsmäßigen Schutzaufträge des Gesetzgebers nicht hinaus, denn zur Konkretisierung wird die Verfassung als Werteordnung herangezogen.

Das Modell des liberalen Paternalismus ist als Maxime staatlichen Handelns per se ungeeignet.[283] Es fehlt an konkreten Aussagen, wie das zu sichernde „Wohl" bestimmt werden soll und damit am normativen Kern,

---

279 Mit dieser Einschätzung *Rachlinski*, 97 Northwestern University Law Review, 1165, 1225 (2002-2003); vgl. *Klöhn*, Kapitalmarkt, Spekulation und Behavioral Finance, 2006, S. 151.

280 *Camerer/Issacharoff/Loewenstein/O'Donoghue/Rabin*, 151 University of Pennyslvania Law Review 1211, 1219 (2003); vgl. *Klöhn*, Kapitalmarkt, Spekulation und Behavioral Finance, 2006, S. 151.

281 *Camerer/Issacharoff/Loewenstein/O'Donoghue/Rabin*, 151 University of Pennyslvania Law Review 1211, 1230 (2003); vgl. *Klöhn*, Kapitalmarkt, Spekulation und Behavioral Finance, 2006, S. 152.

282 *Camerer/Issacharoff/Loewenstein/O'Donoghue/Rabin*, 151 University of Pennyslvania Law Review 1211, 1240 (2003); vgl. *Klöhn*, Kapitalmarkt, Spekulation und Behavioral Finance, 2006, S. 152.

283 So *Eidenmüller*, JZ 2011, 814, 819 ff.; kritisch auch *Mülbert*, ZHR 177 (2013), 160, 174; zuvor bereits *Rachlinski*, 73 University of Chicago Law Review 207 ff.

den „jede ethische und rechtspolitische Konzeption“ zwingend benötigt.[284] Insbesondere blendet der liberale Paternalismus die Frage aus, wer die paternalistischen Entscheidungsregeln durchsetzen soll.[285]

Anders verhält es sich mit dem Konzept des asymmetrischen Paternalismus, der die verfassungsrechtlich gebotene Verhältnismäßigkeitsprüfung mit marktfunktionalen Erwägungen verknüpft. Dabei wird den Interessen der anderen Marktteilnehmer Rechnung getragen und marktkompensatorische Eingriffe werden zugleich auf ein verhältnismäßiges Maß begrenzt.

E. Fazit

Die Marktposition der Privatanleger ist durch Informationsasymmetrien, kognitive Beschränkungen und marktfunktionale Ungleichgewichte struktureller Natur beeinträchtigt.

Die Notwendigkeit staatlicher Eingriffe zum Zwecke der Marktkompensation ergibt sich aus dem verfassungsmäßigen Schutzauftrag für die Privatautonomie; Grenzen zieht der Verhältnismäßigkeitsgrundsatz. Die Privatautonomie stellt aufgrund ihres produkt-, markt- und rechtsgebietsunabhängigen Geltungsvorrangs eine Werteordnung bereit, die dem horizontalen Regelungsauftrag der PRIP-Initiative die nötige verfassungsrechtliche Rückbindung verleiht.

Hierdurch wird zugleich das Terrain verbraucherschutzrechtlicher Dogmatik betreten. Denn ebenso wie Privatanleger sind auch Verbraucher vor strukturellen Ungleichgewichten in Schutz zu nehmen. Die im Einzelnen vertretenen Verbraucherschutzansätze lassen sich ökonomischen Markt- und Wettbewerbsmodellen zuordnen. Hiernach richten sich Zulässigkeit und Eingriffstiefe staatlicher Interventionen.

Zur dogmatischen Rückbindung des horizontalen PRIP-Regimes kommen die marktkomplementäre Verbraucherschutztheorie und das Informationsmodell nicht in Betracht, da sie kognitive Limitationen nicht berücksichtigen und das Risiko von Interessenkonflikten ausblenden. Den rollensoziologischen Ansätzen fehlt vielfach eine dem Verhältnismäßigkeits-

---

(2006); *Englerth*, in: Engel/Englerth/Lüdemann (Hrsg.), Recht und Verhalten, 2007, S. 231, 241 f., 254 ff.; *Engel*, in: *ebd.*, S. 363, 394 ff.

284 *Eidenmüller*, JZ 2011, 814, 820.

285 *Mülbert*, ZHR 177 (2013), 160, 174: „Wissensproblem der Paternalisten“.

prinzip Rechnung tragende Dogmatik; unabhängig von der situativen Schutzbedürftigkeit werden politische Ideologien propagiert.

Tauglich erscheinen allein das bewegliche Kategorisierungssystem von *Micklitz* und das Konzept des asymmetrischen Paternalismus. Verbraucherschutzrechtlicher und paternalistischer Ansatz stehen in einem Spezialitätsverhältnis zueinander: Während der Paternalismus staatliches Einschreiten „zum Wohle“ des Einzelnen allgemein fordert, konkretisiert der Verbraucherschutz den verfassungsrechtlich verbürgten Schutzauftrag für die Gruppe der Verbraucher.

Inwieweit eine entsprechende Rückbindung tatsächlich in Betracht kommt, ist anhand der Untersuchung des einfachgesetzlichen Sanktionsinstrumentariums an späterer Stelle (§ 18) zu bestimmen.

§ 10 Zwischenergebnisse zum 3. Teil

A. Zusammenfassende Thesen

1. Die Zulässigkeit staatlicher Eingriffe in die Vertragsfreiheit richtet sich nach dem jeweiligen Markt- und Wettbewerbsverständnis. Für Anleger- und Verbraucherschutzrecht lassen sich marktkomplementäre sowie marktkompensatorische Begründungsansätze identifizieren.
2. Marktkomplementäre Schutzansätze lassen sich nur dann rechtfertigen, wenn die Aktivitäten der Regelungsadressaten unmittelbaren Marktbezug aufweisen. Dieser Marktbezug ist bei eigenen Handelstätigkeiten der Anleger gegeben, er fehlt jedoch bei der nur mittelbaren Kapitalmarktanlage in Gestalt „verpackter“ Kapitalmarktinvestmentprodukte.
3. Der Individualschutz ist kein eigenständiges Regelungsziel marktkomplementärer Schutzansätze, sondern lediglich ein Rechtsreflex marktfunktionaler Zielsetzungen. Die der Marktkomplementarität verpflichteten Ansätze unterliegen damit ausschließlich dem Primat ökonomischer Effizienz.
4. Marktkompensatorische Ansätze berücksichtigen hingegen informationelle und marktfunktionale Defizite der Privatanleger. Gemeinsame dogmatische Grundlage ist der verfassungsmäßige Schutzauftrag für die Privatautonomie, der seine Schranken im Verhältnismäßigkeitsgrundsatz findet.
5. Die Privatautonomie gilt produkt-, markt- und rechtsgebietsübergreifend. Sie stellt damit eine Werteordnung auf, die zur dogmatischen

Rückbindung des horizontalen Regelungsansatzes der PRIP-Initiative geeignet ist.

6. Zur Konkretisierung der Eingriffstiefe lassen sich das bewegliche Kategorisierungssystem sowie das Konzept des asymmetrischen Paternalismus nutzbar machen. Sie verknüpfen die Verhältnismäßigkeitsprüfung mit marktfunktionalen Erwägungen und tragen dadurch den berechtigten Interessen der Anbieterseite Rechnung.
7. Paternalismus und Verbraucherschutzrecht stehen zueinander in einem Spezialitätsverhältnis: Die vom Paternalismus propagierte Notwendigkeit von Markteingriffen, notfalls auch gegen den Willen der Schutzadressaten, konkretisiert der Verbraucherschutz für die umgrenzte Gruppe der Verbraucher.

B. Gang der weiteren Untersuchung

Als wesentliches Ergebnis des dritten Teils dieser Untersuchung ist die verbraucherschutzrechtliche Dogmatik hervorzuheben, die am ehesten zur dogmatischen Rückbindung des PRIP-Rechtsregimes in Betracht kommt.

In *Teil 4* gilt es die Rechtsprinzipien des Regelungsregimes für Kapitalmarktinvestmentprodukte herauszuarbeiten

Sodann ist in *Teil 5* von der dogmatischen Metaebene zum konkreten Sanktionierungsinstrumentarium zu wechseln, um auf dieser Grundlage paternalistische bzw. verbraucherschützende Regelungstendenzen zu untersuchen.

Teil 4: Rechtsprinzipien des Privatanlegerschutzes

§ 11 Rechtsprinzipien

Eike v. Hippel warf vor knapp 30 Jahren die Frage auf, ob die „in verschiedenen Gesetzen verstreuten und nicht hinreichend koordinierten Regeln zu einem wirklichen System des Verbraucherschutzes" zusammengefasst werden können, das „zugleich dem verstärkten Schutzbedürfnis des heutigen Verbrauchers *durchgehend* (d.h. über Vereinzelungen hinaus) Rechnung trägt"[1].

Im verbraucherschutzrechtlichen Schrifttum entspann sich daraufhin die Diskussion, ob sich dem einfachgesetzlichen Verbraucherschutzrecht ein gesetzesübergreifendes Rechtsprinzip des Konsumentenschutzes entnehmen lässt.[2]

Dem Regelungsregime für Kapitalmarktinvestmentprodukte liegen gleich dem Verbraucherschutzrecht unterschiedlichste Rechtsquellen zugrunde. Hinzu kommt, dass für die kapitalmarktbezogenen Rechtsbereiche eine hohe Regulierungsdynamik charakteristisch ist. Für den Teilbereich des Anlegerschutzes lässt sich zudem eine immer immer stärker verästeltete Rechtsprechung feststellen. Das Regelungsziel der PRIP-Initiative, einen kohärenten Regelungsrahmen für Kapitalmarktinvestmentprodukte bereitzustellen, kann insofern nur gelingen, wenn sich für das zugrunde liegende Normengefüge „horizontale" Rechtsprinzipien identifizieren lassen.

Die nachfolgenden Ausführungen zur Notwendigkeit und Legitimation sowie zu den Funktionen von Rechtsprinzipien und deren Ermittlung beruhen auf der insbesondere von *Marina Tamm* für das Verbraucherschutzrecht geleisteten Vorarbeit.[3]

---

1 *V. Hippel*, Verbraucherschutz, 3. Aufl. 1986, S. 21.

2 Ausführlich zu Rechtsprinzipien zuletzt *Tamm*, Verbraucherschutzrecht, 2011, S. 895 ff.

3 *Tamm*, Verbraucherschutzrecht, 2011, S. 893 ff.

A. Notwendigkeit und Legitimation

Rechtsnormen stehen innerhalb einer Rechtsordnung üblicherweise nicht unverbunden nebeneinander.[4] Vielfach lassen sich übergeordnete Prinzipien identifizieren, die Einzelnormen zu einem geschlossenen Regelungssystem verbinden.

Die Vertreter des Rechtspositivismus lehnen die Notwendigkeit von Rechtsprinzipien ab; für solche allgemeinen, zugleich aber übergeordneten Prinzipien sei in einem sich selbst genügenden System nur dann Platz, wenn sie ausdrücklich kodifiziert werden[5].[6] Nach der Gegenansicht enthält jede Rechtsordnung ungeschriebene Prinzipien, welche die lex scripta mit den von der jeweiligen Rechtsgemeinschaft anerkannten Vorstellungen verknüpfen und dadurch die Lösung schwieriger Rechtsfragen erst ermöglichen[7].[8]

Der Gesetzgeber könnte zu einer auf Rechtsprinzipien basierenden Gesetzgebung sogar verfassungsrechtlich verpflichtet sein: So lässt sich aus dem Rechtsstaatsprinzip des Art. 20 GG das Gebot der Rechtsklarheit ableiten.[9] Es ist umstritten, ob die Rechtsklarheit konkret dazu verpflichtet, kongruente Regelungsregime zu schaffen.[10] Anerkannt ist gleichwohl, dass der Rechtsklarheit eine widerspruchsfreie Kodifizierung geschuldet ist[11]. Um die „wertungsmäßige Vollständigkeit“ und „innere Geschlossen-

---

4 Siehe *Tamm*, Verbraucherschutzrecht, 2011, S. 897.

5 *Krawietz*, Recht als Regelsystem, 1984, passim.; *Merkl*, Die Lehre von der Rechtskraft, 1923, passim.

6 Zusammenfassend *Tamm*, Verbraucherschutzrecht, 2011, S. 898.

7 Grundlegend *Esser*, RabelsZ 18 (1953), 165. Ebenso *F. Bydlinski*, Fundamentale Rechtsgrundsätze, 1988, S. 11 ff., 123 ff.; *Viehweg*, Topik und Jurisprudenz, 5. Aufl. 1974, S. 105 ff.; *Alexy*, in: Schilcher/Koller/Funk (Hrsg.), Regeln, Prinzipien und Elemente im System des Rechts, 2000, S. 31 ff.

8 Mit dieser Zusammenfassung *Tamm*, Verbraucherschutzrecht, 2011, S. 899.

9 *Grzeszick*, in: Maunz/Dürig, GG, 69. Erg.-Lfg. 2013, Art. 20 GG Rdn. 49 ff.

10 Befürwortend z.B. BVerfG, Urt. v. 7.5.1998 (Az. 2 BvR 1991/95; 2 BvR 2004/95), BVerfGE 98, 106, 118 f. – *Kommunale Verpackungsteuer*. Kritisch z.B. *Sendler*, NJW 1998, 2875 ff.; *Konrad*, DÖV 1999, 12, 16 f.; siehe *Grzeszick*, in: Maunz/Dürig, GG, 69. Erg.-Lfg. 2013, Art. 20 GG Rdn. 56.

11 Z.B. BVerfG, Urt. v. 23.10.1951 (Az. 2 BvG 1/51), BVerfGE 1, 14 ff., 45 – *Südweststaat*; siehe *Grzeszick*, in: Maunz/Dürig, GG, 69. Erg.-Lfg. 2013, Art. 20 GG Rdn. 56.

heit“ der Rechtsordnung sicherzustellen,[12] muss daher der Gesamtheit der Rechtsnormen („äußeres System“) ein sich aus Rechtsprinzipien zusammensetzendes „inneres System“ zur Seite gestellt werden[13].[14]

B. Funktionen

Rechtsprinzipien sind eine Form des juristischen Denkens und für eine einheitliche Rechtsanwendung unabdingbar.[15] Folgende Einzelfunktionen lassen sich unterscheiden:[16]

Integrationsfunktion

Rechtsprinzipien führen äußeres und inneres System zusammen und tragen damit zur Kohärenz der Rechtsordnung bei.[17] Würde man das Recht auf seine „äußerliche Erscheinung“ in Gestalt einzelner Rechtsnormen reduzieren, könnten Unklarheiten nicht aufgelöst und Regelungslücken nicht systemgerecht ausgefüllt werden; aus Sicht der Rechtsunterworfenen erschiene das Recht widersprüchlich und willkürlich.[18]

I. Interpretationsfunktion

Der Integrationsfunktion verleiht erst eine Auslegung der Rechtsordnung praktische Wirksamkeit, die die maßgeblichen Rechtsprinzipien hinreichend berücksichtigt.[19] Rechtsprinzipien werden den Rechtsanwendern als Auslegungs- und Orientierungshilfe zur Seite gestellt. Diese Interpretati-

---

12 *Luhmann*, Das Recht der Gesellschaft, 1993, S. 38 ff., 62 ff.; *Kocher*, Funktionen der Rechtsprechung, 2007, S. 34.

13 Bereits *Heck*, Begriffsbildung und Interessenjurisprudenz, 1932, S. 139 ff.; *Larenz/Canaris*, Methodenlehre der Rechtswissenschaft, 3. Aufl. 1995, S. 264 f.

14 Vgl. *Tamm*, Verbraucherschutzrecht, 2011 S. 896 f.

15 Vgl. *Pascua*, in: Orsi/Seelmann/Smid (Hrsg.), Prinzipien des Rechts, 1996, S. 7, 10.

16 Umfassend *Tamm*, Verbraucherschutzrecht, 2011, S. 899 ff.; kursorisch *dies.*, in: *Tamm/Tonner* (Hrsg.), Verbraucherrecht, 2012, § 1 Rdn. 57 f.

17 *Larenz/Canaris*, Methodenlehre der Rechtswissenschaft, 3. Aufl. 1995, S. 263; *Esser*, Grundsatz und Norm, 4. Aufl. 1990, S. 2.

18 Bereits *F. Bydlinski*, Fundamentale Rechtsgrundsätze, 1988, S. 115; *Esser*, Grundsatz und Norm, 4. Aufl. 1990, S. 4 f. Mit diesen Nachweisen *Tamm*, Verbraucherschutzrecht, 2011, S. 900.

19 *Larenz/Canaris*, Methodenlehre der Rechtswissenschaft, 3. Aufl. 1995, S. 135 f.

onsfunktion soll „subjektive Einbrüche“ bei der Auslegung der Rechtsordnung verhindern.[20]

II. Lückenfüllungsfunktion

Die Interpretationsfunktion ermöglicht eine systemimmanente Auslegung der Rechtsordnung. Gleichermaßen „aus der Rechtsordnung heraus“ sind Gesetzeslücken auszufüllen.[21] Rechtsprinzipien lenken bei der Lückenfüllung das subjektive Ermessen des Rechtsanwenders in „geordnete Bahnen“.[22]

III. Programmatische Funktion

Bestandteil jedes Gesetzgebungsprozesses ist ein Abwägungsvorgang, der widerstreitende Interessen zum Ausgleich bringen soll. In diesem Zuge gilt es die betroffenen Rechtsprinzipien zu identifizieren, in ein Rangverhältnis zu setzen und sie im Falle der Gegenläufigkeit einem optimierenden Ausgleich zuzuführen.[23] Rechtsprinzipien haben daher eine programmatische Funktion. Sie lenken den Gesetzgeber, indem sie zur Herausbildung neuen positiven Rechts beitragen[24] und zugleich verhindern, dass der Gesetzgeber „vom Kurs abkommt“ [25].

IV. Rechtsvergleichende Funktion

Rechtsordnungsübergreifend lassen sich der Regulierung typischer Sachverhaltskonstellationen oftmals dieselben normativen Maßstäbe zugrunde legen, auch wenn das verwendete Regelungsinstrumentarium im Einzel-

---

20 *Tamm*, Verbraucherschutzrecht, 2011, S. 901 m.w.N.

21 Vgl. *Larenz/Canaris*, Methodenlehre der Rechtswissenschaft, 3. Aufl. 1995, S. 191 ff.

22 *Tamm*, Verbraucherschutzrecht, 2011, S. 901 f.

23 Hierzu *F. Bydlinski*, in: Schilcher/Koller/Funk (Hrsg.), Regeln, Prinzipien und Elemente im System des Rechts, 2000, S. 9, 19; zusammenfassend m.w.N. *Tamm*, Verbraucherschutzrecht, 2011, S. 903.

24 *Tamm*, Verbraucherschutzrecht, 2011, S. 902.

25 *Pascua*, in: Orsi/Guiseppe (Hrsg.), Prinzipien des Rechts, 1996, S. 7, 10.

nen nicht übereinstimmt.[26] Ausgangsbasis jeder Rechtsvergleichung ist daher ein Systemvergleich. Die Identifikation von Rechtsprinzipien erleichtert den Vergleich von Rechtsordnungen,[27] denn nur so lassen sich über Einzelfallregelungen hinausgehende Übereinstimmungen und Gegensätze identifizieren.[28]

C. Induktive Ermittlungsmethode

Um ein Rechtsprinzip als Teil der Rechtsordnung anerkennen zu können, muss es seinen Rückhalt in deren institutionellem Rechtsrahmen finden.[29] Je stärker dieser institutionelle Rückhalt ist, etwa aufgrund der Anzahl von Normen, denen das zu belegende Prinzip zugrunde gelegt werden kann, desto eher lässt sich eine rechtliche Idee als Rechtsprinzip qualifizieren.[30]

Die Vorgehensweise zur Identifikation von Rechtsprinzipien ist daher Folgende: Nachdem eine Rechtsidee hinreichend konkretisiert ist, gilt es die Rechtsordnung nach gleichgerichteten Normen zu „durchforsten“, die diese Idee tragen.[31] Die Untersuchungsmethode ist eine induktive,[32]da aus dem „besonderen“ einfachgesetzlichen Recht Rückschlüsse auf das rechtsprinzipielle „Allgemeine“ gezogen werden.[33]

---

26 *F. Bydlinski*, Fundamentale Rechtsgrundsätze, 1988, S. 30; vgl. *Tamm*, Verbraucherschutzrecht, 2011, S. 907.

27 *F. Bydlinski*, Fundamentale Rechtsgrundsätze, 1988, S. 16; *Esser*, Grundsatz und Norm, 4. Aufl. 1999, S. 218 ff., 246 ff; vgl. *Tamm*, Verbraucherschutzrecht, 2011, S. 907.

28 *F. Bydlinski*, Fundamentale Rechtsgrundsätze, 1988, S. 29.

29 Vgl. *Dworkin*, Law's Empire, 1986, passim.; *Tamm*, Verbraucherschutzrecht, 2011, S. 923.

30 *Esser*, Grundsatz und Norm, 4. Aufl. 1990, S. 248.

31 *Tamm*, Verbraucherschutzrecht, 2011, S. 924.

32 *Tamm*, Verbraucherschutzrecht, 2011, S. 924 f. m.w.N. Hierzu auch *Pascua*, in: Orsi/Giuseppe (Hrsg.), Prinzipien des Rechts, 1996, S. 7, 15; *F. Bydlinski*, in: Schilcher/Koller/Funk (Hrsg.), Regeln, Prinzipien und Elemente im System des Rechts, 2000, S. 9, 23 ff.

33 *Canaris*, Die Feststellung von Lücken im Gesetz, 2. Aufl. 1983, S. 98.

D. Konstitutive Merkmale

Nach der Identifikation eines Rechtsprinzips sind die konstitutiven Merkmale aus dem positiven Recht abstrakt-generell herauszuarbeiten. Hierzu zählen folgende Merkmale:[34]

I. Allgemeingültigkeit

Rechtsprinzipien wirken im Vergleich zu einfachgesetzlichen Normen als „normative Maximen von großer Allgemeinheit".[35] Die Verdichtung einzelner Regelungen zu einem Rechtsprinzip lässt sich innerhalb eines Regelungsbereichs insbesondere dann annehmen, wenn sich die rechtliche Grundidee durchgängig belegen lässt. Graduelle Abstufungen stehen der Annahme der Allgemeingültigkeit nicht entgegen.

II. Fehlen von Tatbestand und Rechtsfolge

Rechtsprinzipien verfügen typischerweise weder über einen Tatbestand noch ordnen sie eine konkrete Rechtsfolge an.[36]

Es wird insofern behauptet, dass Rechtsprinzipien anders als einfachgesetzliche Normen keinen „vollen Realisationsanspruch" haben, sondern im Rahmen der konkreten Umstände nur „mehr oder weniger" verwirklicht werden.[37] Tatbestandlich vage und in ihrer Rechtsfolge ergebnisoffen sind gleichermaßen einfach-gesetzliche Generalklauseln wie § 242 BGB.[38] Sie durchbrechen ebenfalls den vollen Realisationsanspruch einfachgesetzlicher Normen.[39] Zudem ist nicht ausgeschlossen, dass Rechtsprinzipien

---

34 *Tamm*, Verbraucherschutzrecht, 2011, S. 928 ff.

35 Bereits *F. Bydlinski*, Fundamentale Rechtsgrundsätze, 1988, S. 121; siehe auch *Tamm*, Verbraucherschutzrecht, 2011, S. 928 m.w.N.

36 *Esser*, Grundsatz und Norm, 4. Aufl. 1990, S. 50; *Pascua*, in: Orsi/Seelmann/Smid (Hrsg.), Prinzipien des Rechts, 1996, S. 7, 27.

37 *Alexy*, Begriff und Geltung des Rechts, 1992, S. 120; *ders.*, Theorie der Grundrechte, 1985, S. 71 ff.; *ders.*, in: Krawietz/Opalek/Peczenik (Hrsg.), Argumentation und Hermeneutik in der Jurisprudenz, S. 59 ff.

38 *Tamm*, Verbraucherschutzrecht, 2011, S. 930.

39 *Tamm*, Verbraucherschutzrecht, 2011, S. 930.

durch einfach-gesetzliche Normen dupliziert werden und dadurch konkrete Rechtsfolgen zeitigen.

Das Fehlen von Tatbestand und Rechtsfolge mag für die Annahme eines Rechtsprinzips Indizwirkung haben, keinesfalls handelt es sich aber um ein zwingendes Charakteristikum.

E. Fazit

Auf Grundlage der vorstehenden Erwägungen konnte aus der deutschen Rechtsordnung ein allgemeines Verbraucherschutzprinzip exzerpiert werden.[40]

Ziel der nachfolgenden Untersuchung ist es, die Rechtsprinzipien des Privatanlegerschutzes aus dem Rechtsrahmen für Kapitalmarktinvestmentprodukte abzuleiten. Die Identifikation rechts- und produktformübergreifender „Privatanlegerschutzprinzipien" würde es dem Gesetzgeber erleichtern, den von der PRIP-Initiative eingeschlagenen horizontalen Regelungsansatz fortzuführen, um *de lege ferenda* den intendierten kohärenten Rechtsrahmen für Kapitalmarktinvestmentprodukte tatsächlich verwirklichen zu können.

§ 12 Fremdnützige Interessenwahrung

Der Prinzipal-Agenten-Beziehung zwischen Wertpapierdienstleister und Privatanleger ist das Risiko von Interessenkonflikten immanent. Bei der Geldanlage in Kapitalmarktinvestmentprodukten sind Interessenkonflikte auf mehrfacher Ebene angelegt und drohen, sich gegenseitig zu potenzieren.[1] Berechtigterweise wirft daher *Thomas M.J. Möllers* die Frage auf, warum die Vermeidung von Interessenkonflikten in der „einschlägigen Lehrbuchliteratur" bislang nicht als „allgemeines Instrumentarium des Kapitalmarktrechts" herausgearbeitet wurde.[2] Unter Bezugnahme auf die dargestellten rechtstheoretischen Grundlagen geht es nachfolgend darum, ob

---

40 Siehe *Tamm*, Verbraucherschutzrecht, 2011, S. 938 ff.

1 Siehe S. 247 f.

2 So *Möllers*, in: FS Hopt, 2010, Bd. II, S. 2247, 2250. Der Interessenwahrung widmet sich bisher vertieft allein *Preute*, Interessengerechte Anlageberatung, 2000, passim.

sich für das PRIP-Rechtsregime gesetzesübergreifend das Rechtsprinzip einer „fremdnützigen Interessenwahrung" feststellen lässt. Von besonderer Bedeutung ist dabei das Spannungsverhältnis zwischen Aufsichtsrecht und bürgerlichem Recht.

Es zählt zu den „Grundprinzipien" des bürgerlichen Rechts, dass schuldrechtliche Verträge im Regelfall nicht dem Typus des Interessenwahrungsvertrags entsprechen, sondern als eigennützige Austauschverträge ausgestaltet sind.[3] Die Vertragsrechtsordnung baut zudem auf dem Leitbild selbstbestimmter Vertragsparteien auf.[4] Fremdbestimmung ist ausschließlich bei nicht bestehender bzw. beschränkter Geschäftsfähigkeit (§§ 104 ff. BGB) und im Rahmen der AGB-Kontrolle (§§ 305 ff. BGB) vorgesehen; die Vertragsanfechtung wird nur bei gravierenden Willensmängeln gestattet (§§ 119 ff. BGB). Nach der Vorstellung des historischen BGB-Gesetzgebers ist jede Vertragspartei selbst für die Wahrnehmung ihrer Interessen verantwortlich. Zivilrechtlich besteht daher ein erhöhter Begründungsaufwand, um Verträgen, die anders als die Geschäftsbesorgung nicht explizit zur Interessenwahrung verpflichten, fremdinteressenwahrenden Charakter zuschreiben zu können.

Mit der Integration des Verbraucherschutzrechts in das bürgerliche Recht wurde das Prinzip der Selbstbestimmung allerdings zunehmend verwässert:[5] Vorvertragliche Informationspflichten[6] und Widerrufsrechte[7], die eine Vertragslösung auch jenseits der hohen Anforderungen der §§ 104 ff. BGB bzw. §§ 119 ff. BGB gestatten, relativieren die vertragliche Interessen- und Entscheidungsverantwortlichkeit des Verbrauchers. Der für Austauschverträge charakteristische Interessenantagonismus als „verantwortungabschichtendes und damit pflichtenbegrenzendes Leitmotiv" hat hierdurch erheblich an „rechtsethischer Überzeugungskraft" verloren.[8]

Um das Leitmotiv der „fremdnützigen Interessenwahrung" als Rechtsprinzip anerkennen zu können, müsste es sich produkt- und vertragstypunabhängig für das PRIP-Rechtsregime nachweisen lassen. Dies wäre insbe-

3 Vgl. *Schwarze*, Vorvertragliche Verständigungspflichten, 2001, S. 21 ff.

4 Siehe S. 249 ff.

5 So *Leisch*, Informationspflichten nach § 31 WpHG, 2004, S. 111, unter Verweis auf *Wieacker*, Sozialmodell der klassischen Privatrechtsgesetzbücher, 1953, S. 8 ff.; *Canaris*, AcP 200 (2000), 273, 295 ff.; *Fleischer*, Informationsasymmetrie im Vertragsrecht, 2001, S. 80.

6 Z.B. §§ 312 c, 482, 491 a BGB.

7 Vgl. §§ 312, 312 d, 485, 495 BGB.

8 So *Leisch*, Informationspflichten nach § 31 WpHG, 2004, S. 114.

sondere dann der Fall, wenn die aufsichtsrechtliche Verpflichtung der Wertpapierdienstleister zur Wahrung der Kundeninteressen (§ 31 Abs. 1 Nr. 1 WpHG) auch zivilrechtliche Beachtung fände.

Eingebettet in diesen Kontext gilt es im Folgenden eine der zentralen Fragen des Anlegerschutzrechts zu untersuchen, nämlich ob und mit welcher Begründung die Wohlverhaltensregeln des Aufsichtsrechts für das Vertragsrecht beachtlich sind. Die zivilrechtliche Wirkung der Wohlverhaltensregeln wurde im Schrifttum kontrovers und ausgiebig diskutiert,[9] wobei insbesondere die Dissertationsschriften von *Franz-Clemens Leisch*[10] und zuletzt von *Julius Forschner*[11] zu nennen sind. *Leisch* vertritt die Ansicht, dass die §§ 31 ff. WpHG wegen ihrer „Doppelnatur" für das Zivilrecht beachtlich sind, *Forschner* lehnt ihre zivilrechtliche Beachtlichkeit ab. Jüngste Entwicklungen in der nationalen und europäischen Rechtsprechung machen eine Neubetrachtung an dieser Stelle erforderlich.

Diesem Untersuchungsschwerpunkt werden rechtsvergleichende Erkenntnisse aus dem US-amerikanischen Rechtskreis zum Rechtsprinzip der „fremdnützigen Interessenwahrung" vorangestellt.

A. Interessenwahrung im US-amerikanischen Anlegerschutzrecht

I. Vertragliche Treuepflichten (fiduciary duties)

Zur fremdnützigen Interessenwahrung verpflichten im US-amerikanischen Recht vertragliche Treuepflichten (*fiduciary duties*).

Unter der Bezeichnung *fiduciary duty* wird ganz allgemein die Pflicht verstanden, die Interessen eines anderen zu schützen.[12] Im Schrifttum

9 Für § 31 WpHG a.F. *Möllers*, in: Köln. Komm z. WpHG, 1. Aufl. 2007, § 31 WpHG Rdn. 6; *Benicke*, Wertpapiervermögensverwaltung, 2006, S. 467 ff., 486; *Leisch*, Informationspflichten nach § 31 WpHG, 2004, S. 44 ff., 68 ff.; *N. Lang*, ZBB 2004, 289 ff. Für die durch das FRUG novellierten §§ 31 ff. WpHG n.F. *Köndgen*, in: FS Canaris, 2007, Bd. II, S. 183, 205 f.; *Kumpan/Hellgardt*, DB 2006, 1714, 1715; *Veil*, WM 2007, 1821, 1825; *ders.*, ZBB 2008, 34, 40; *Weichert/Wenninger*, WM 2007, 627, 635; *Einsele*, JZ 2008, 477, 482 f.; *Nikolaus/d'Oleire*, WM 2007, 2129, 2130.

10 *Leisch*, Informationspflichten nach § 31 WpHG, 2004, passim.

11 *Forschner*, Wechselwirkungen von Aufsichtsrecht und Zivilrecht, 2013, passim.

12 *Black*, 13 University of Pennsylvania Journal of Business Law 59, 75 (2010-2011): „a strong ethical duty to be protective of another's interest".

herrscht Einigkeit darüber, dass sich *fiduciary duties* nicht als einheitliche Rechtspflichten begreifen lassen, sondern der kontext- und vertragsabhängigen Konkretisierung bedürfen.[13] Aus diesem Grund fehlt eine einfachgesetzliche Legaldefinition.[14] Vielzitiert[15] ist die Umschreibung des späteren U.S. Supreme Court-Richters *Benjamin N. Cardozo*:

> „Viele Verhaltensweisen, die im Arbeitsleben bei gleicher Verhandlungsstärke zulässig sind, sind denjenigen verboten, die durch Treuepflichten gebunden sind. Ein Treuhänder unterliegt mehr als nur den Gepflogenheiten des Geschäftslebens. Nicht Ehrlichkeit alleine, sondern die strikteste Beachtung einer höchst empfindlichen Ehre ist dann der maßgebliche Verhaltensstandard."[16][17]

Treuhandverhältnisse sind Rechtsverhältnisse, in denen der Treugeber (*beneficiary*) dem Treuhänder (*fiduciary*) die Rechtsmacht übertragen hat, um für sein Wohlergehen zu sorgen.[18] Dem Treuhänder wird diese Rechtsmacht nur zu dem Zweck übertragen, damit er die ihm aufgetragene Tätigkeit bestmöglich erfüllen kann.[19] Vertragliche Treuepflichten finden sich im US-amerikanischen Recht in den unterschiedlichsten Bereichen, insbesondere aber im Gesellschafts- und Kapitalmarktrecht.[20]

---

13 Vgl. *DeMott*, 37 Duke Law Journal 879 (1988).

14 *Easterbrook/Fischel*, 36 Journal of Law & Economics 425 (1993): „The many agency relations that fall under the ‚fiduciary' banner are so diverse that a single rule could not cover all without wreaking havoc.".

15 Siehe *Black*, 13 University of Pennsylvania Journal of Business Law 59, 75 (2010-2011).

16 Übersetzung d. d. Verf., vgl. *Cardozo* in Meinhard v. Salomon, 249 N.Y. (1928), 458, 464: „Many forms of conduct permissible in a workday world for those acting at arm's length, are forbidden to those bound by fiduciary ties. A trustee is held to something stricter than the morals of the market place. Not honesty alone, but the punctilio of an honor the most sensitive, is then the standard of behavior.".

17 Meinhard v. Salomon, 249 N.Y. 458, 464 (1928).

18 *Alces*, 35 Journal of Corporation Law 239, 240 (2009); *Frankel*, 71 California Law Review 795, 800 (1983).

19 *Frankel*, 71 California Law Review 795, 800, 809 (1983).

20 Siehe *Black*, 13 University of Pennsylvania Journal of Business Law 59, 75 (2010-2011).

II. Treuepflichten von investment advisers und broker-dealers

Das US-amerikanische Anlegerschutzrecht setzt seit jeher auf das Rechtsprinzip der Interessenwahrung. Vertragliche Treuepflichten gelten für alle Anlagegeschäfte, an denen Privatanleger beteiligt sind:

1. Terminologie

Grundlegend für das Verständnis der weiteren Ausführungen ist die dem US-Recht eigene Unterscheidung von Wertpapierdienstleistern in *investment advisers* und *broker-dealers*:

a) Investment advisers

Investment advisers werden durch den Investment Advisers Act 1940[21] reguliert. Dieser definiert sie als Personen, die geschäftlich und gegen Entgelt anderen, direkt oder indirekt, in Bezug auf Finanzinstrumente Empfehlungen abgeben oder Marktanalysen und Berichte erstellen.[22] Die Hauptaufgabe von *investment advisers* ist es, ihren Kunden unvoreingenommene und kontinuierliche Empfehlungen zur sinnvollen Verwaltung ihrer Vermögenswerte zu erteilen[23].

---

21 Kodifiziert in 15 U.S.C. §§ 80b-1-80b-21.

22 15 U.S.C. § 80b-2(a)(11): „any person who, for compensation, engages in the business of advising others, either directly or through publications or writings, as to the value of securities or as to the advisability of investing in, purchasing, or selling securities, or who, for compensation and as part of a regular business, issues or promulgates analyses or reports concerning securities“.

23 SEC v. Capital Gains Research Bureau, 375 U.S. 180, 187 (1963): „furnishing to clients on a personal basis competent, unbiased, and continuous advice regarding the sound management of their investments”. Bestätigt z.B. in Transamerica Mortgage Advisors, Inc. v. Lewis, 444 U.S. 11, 17-18 (1979).

b) Broker-dealers

Broker-dealers sind dem Securities Exchange Act 1934[24] unterstellt. Sie werden definiert als Personen, die für fremde Rechnung Transaktionen in Finanzinstrumenten ausführen (*broker*)[25] bzw. Finanzinstrumente für eigene Rechnung über einen *broker* oder anderweitig kaufen und verkaufen (*dealer*)[26]. Obwohl die amerikanische Marktaufsicht SEC dazu ermächtigt ist, bundeseinheitliche Verhaltensstandards und Sanktionsnormen zu erlassen,[27] werden *broker-dealers* in erster Linie durch die Financial Industry Regulatory Authority (FINRA)[28] reguliert. Die FINRA ist eine berufsständische und sich selbstverwaltende Körperschaft (*Self-Regulatory Organisation*)[29], die der Aufsicht durch die SEC untersteht.[30]

2. Herleitung und Inhalt der Treuepflichten

Weder der Investment Advisers Act noch der Securities Exchange Act verpflichten *investment advisers* bzw. *broker-dealers* ausdrücklich zur fremdnützigen Interessenwahrnehmung. Allerdings hat ihnen die Rechtsprechung in unterschiedlichem Umfang Treuepflichten gegenüber ihren Kunden auferlegt:[31]

---

24 15 U.S.C. §§ 78 a ff.

25 15 U.S.C. § 78b(a)(4)(A): „any person engaged in the business of effecting transactions in securities for the account of others".

26 15 U.S.C. § 78b(a)(5)(A): „any person engaged in the business of buying and selling securities (not including security-based swaps, other than security-based swaps with or for persons that are not eligible contract participants) for such person's own account through a broker or otherwise". Hierzu auch *Poser/Fanto*, Broker-Dealer Law and Regulation, 4. Aufl. 2010, Rdn. 4.01.

27 15 U.S.C. § 78o(b)(7), (c)(2)(D).

28 Hierzu www.finra.org/AboutFINRA (zuletzt abgerufen am 23.11.2014).

29 Hierzu 15 U.S.C. § 78c(a)(26).

30 15 U.S.C. § 78o-3.

31 *Black*, 13 University of Pennsylvania Journal of Business Law 59, 64 (2010-2011).

a) Treuepflichten von investment advisers

Die Rechtsbeziehung zwischen *investment adviser* und Kunde soll stets zur Wahrung der Kundeninteressen verpflichten. Zu diesem Ergebnis gelangte der U.S. Supreme Court obiter dictu in der Entscheidung *SEC v. Capital Gains Research Bureau*, wobei er sich der historischen Auslegungsmethode bedient: Aus den Gesetzesmaterialien des Investment Advisers Act ergebe sich, dass der Gesetzgeber der Rechtsbeziehung zwischen *investment adviser* und Kunde fiduziarischen Charakter beimisst.[32] Unter Einbeziehung einer Interessenwahrungspflicht, die sich aus dem im Investment Advisers Act niedergelegten Manipulationsverbot[33] ergibt, werden *investment advisers* als Treuhänder gesehen, die grundsätzlich keine falschen oder irreführenden Angaben machen dürfen.[34]

b) Treuepflichten von broker-dealers

Die FINRA-Regularien verpflichten *broker-dealers* nur vergleichsweise pauschal dazu, „hohe geschäftliche Verhaltensstandards und faire Handelsprinzipien“ [35] einzuhalten. Oftmals erbringen auch *broker-dealers* Anlageberatung.

Die strengeren (Treue-)Pflichten für *investment advisers* finden auf *broker-dealers* keine Anwendung, wenn sie (1.) nicht in erster Linie Anlageberatung erbringen und (2.) keine gesonderte Vergütung hierfür erhalten.[36] Beide Voraussetzungen sind kumulativ zu erfüllen.[37]

Nach der Rechtsprechung der US-Bundesgerichte sind *broker-dealers* nur dann zur Interessenwahrung verpflichtet, wenn ihnen die Rechtsmacht eingeräumt wird, auch ohne konkreten Kundenauftrag Transaktionen auf

32 SEC v. Capital Gains Research Bureau, 375 U.S. 180, 191 f., 194 (1963): „congressional recognition ‚of the delicate fiduciary duty of an investment advisory relationship.”.

33 15 U.S.C. § 80b-6.

34 SEC v. Capital Gains Research Bureau, 375 U.S. 180, 187 f. (1963).; siehe *Allen*, 5 Entrepreneurial Bus. Law Journal 1, 56 (2010).

35 FINRA Rule 2100: „observe high standards of commercial honor and just and equitable principles of trade“, abrufbar unter http://finra.complinet.com unter “FINRA Rules” (zuletzt abgerufen am 23.11.2014).

36 15 U.S.C.§ 80b-2(a)(11)(C).

37 Z.B. Thomas v. Metropolitan Life Insurance Co., 631 F.3 d 1153 (10th Cir. 2011).

Kundenrechnung zu tätigen.[38] Anderenfalls beschränkt sich die Interessenwahrungspflicht auf die Auftragsausführung.[39]

III. Qualifizierung als Rechtsprinzip

Gegen die Qualifizierung der „fremdnützigen Interessenwahrung" als Rechtsprinzip des US-amerikanischen Anlegerschutzrechts könnte der Umstand sprechen, dass nicht dieselben Interessenwahrungspflichten für *investment adviser* und *broker-dealer* gelten.

Unterschiede treten etwa bei der Geeignetheitsprüfung zutage, die vor Abgabe einer Anlageempfehlung durchzuführen ist: Die Produktempfehlung eines *investment adviser* muss dem „bestmöglichen" Kundeninteresse entsprechen, während für die Empfehlung eines *broker-dealer* der geringere Standard der „Geeignetheit" ausreicht.[40] Empfiehlt etwa ein *broker-dealer* seinem Kunden aus finanziellem Eigeninteresse einen hauseigenen Investmentfonds mit hohen Verwaltungsgebühren, ohne auf die Verfügbarkeit günstigerer Fonds anderer Anbieter hinzuweisen, hat er seiner Interessenwahrungspflicht Genüge getan.[41] Erteilt dieselbe Empfehlung ein *investment adviser*, wird sie dem höheren Standard des „bestmöglichen" Kundeninteresses nicht gerecht.[42]

Abgestufte Treuepflichten stehen der Annahme eines übergeordneten, einheitlichen Rechtsprinzips aber nicht entgegen. Schließlich zeichnen sich Rechtsprinzipien gerade dadurch aus, dass sie auf einfachgesetzlicher Ebene unterschiedlich ausgestaltet werden. Für die Annahme eines Rechtsprinzips reicht es daher, dass sowohl *investment advisers* als auch *broker-dealers* zur „fremdnützigen Interessenwahrung" verpflichtet sind, ohne dass es auf den Umfang der Interessenbindung ankommt.

---

38 SEC v. Zandford, 535 U.S. 813 (2002).

39 Press v. Chem. Inv. Servs. Corp., 166 F. 3 d 529, 536 (2 d Cir. 1999): „observe high standards of commercial honor and just and equitable principles of trade",.

40 Siehe FINRA-Rule 2111(a).

41 Sofern die Eignung in Bezug auf Risikoneigung und Anlageziele des Kunden gegeben ist.

42 *Serchuk*, Forbes Magazine Online v. 24.6.2009. Kritisch insoweit *Black,* 13 University of Pennsylvania Journal of Business Law 59, 87 f. (2010-2011).

Überdies ist auf die durch den Dodd-Frank Act[43] 2010 eingeleiteten Reformbestrebungen hinzuweisen.[44] Wegen ihrer großen Bedeutung für den Anlegerschutz wurden die Dodd-Frank-Reformen mit der Einführung des Securities Exchange Act 1934 als „Anlegergrundgesetz“[45] verglichen.[46] Insbesondere Verbraucher sollen besser vor missbräuchlichen Vertriebspraktiken der Wertpapierdienstleister geschützt werden.[47]

Auf Grundlage des Dodd-Frank-Acts wurde die SEC mit der Prüfung mandatiert, ob die unterschiedlichen Regelungsregime für *broker-dealer* und *investment adviser* der Harmonisierung bedürfen.[48] Die von der SEC im Januar 2011 vorgelegte Studie[49] sprach sich für eine Harmonisierung aus. Es wurde empfohlen, die strengere Treuepflicht für *investment advisers* auf *broker-dealers* auszuweiten.[50] Hiedurch soll sichergestellt werden, dass bei *jeder* Anlageberatung die Kundeninteressen bestmöglich gewahrt werden.[51] Im US-amerikanischen Schrifttum wurde dieser Harmonisierungsvorschlag kontrovers diskutiert.[52] Zuletzt initiierte die SEC ein

---

43 Dodd-Frank-Act 2010.

44 Hierzu *Koehler/Lambert*, 13 Duquesne Business Law Journal 29 (2011).

45 Siehe die Begründung des Repräsentantenhauses zum Securities Exchange Act 1934: „The purpose of the legislation... is to protect the public with the least possible intereference to honest business.“, vgl. H.R. Rep. No. 73-85 (2) (1933).

46 *Allen,* 5 Entrepreneurial Bus. Law Journal 1, 5(2010); ebenso *Brewer/Gough/Shah*, 9 DePaul Business and Commercial Law Journal 257 (2010-2011) „... these reforms will introduce some of the most significant changes to financial regulation since the Great Depression...“.

47 Vgl. die Präambel des Dodd-Frank Act 2010.

48 Sec. 903(b) Dodd-Frank-Act 2010. Hierzu *Stout*, UCLA School of Law Research Paper No. 09-15 v. 31.7.2009.

49 SEC, Study on Investment Advisers and Broker-Dealers, Januar 2011.

50 SEC, Study on Investment Advisers and Broker-Dealers, Januar 2011, S. (v) f.: „... the Staff recommends the consideration of rulemakings that would apply expressly and uniformly to both broker-dealers and investment advisers, when providing personalized investment advice about securities to retail customers, a fiduciary standard no less stringent than currently applied to investment advisers under Advisers Act Sections 206(1) and (2).“.

51 SEC, Study on Investment Advisers and Broker-Dealers, Januar 2011, S. (vi): „to act in the best interest of the customer without regard to the financial or other interest of the broker, dealer, or investment adviser“.

52 Für eine Harmonisierung *Hazen*, 15 North Carolina Banking Institute Journal 47, 56 f. (2011); **a.A.** *Black*, 13 University of Pennsylvania Journal of Business Law 59, 75 (2010-2011). Bereits zuvor waren die Vor- und Nachteile einer auf Rechtsprinzipien (principle-based) bzw. auf Rechtsregeln (rules-based) basierenden Ka-

öffentliches Konsultationsprogramm, um die Harmonisierung der Rechtsregime für *investment adviser* und *broker-deales* vorzubereiten.[53]

Setzt sich der Dodd-Frank-Harmonisierungsvorschlag endgültig durch, gilt in den USA für jede Anlageberatung derselbe Treuepflichten-Standard.

IV. Schlussfolgerungen

Aus dem Rechtsvergleich zum US-Recht lassen sich folgende Schlussfolgerungen ziehen: Um die Verpflichtung der Wertpapierdienstleister zur fremdnützigen Interessenwahrung als Rechtsprinzip anerkennen zu können, muss sie vertragstypübergreifend feststellbar sein; jeder Anlagevertrag und jede anlagebezogene Dienstleistung muss zur Wahrung der Anlegerinteressen verpflichten.

Für Anlagegeschäfte, die auf dem Grundtyp des Geschäftsbesorgungsvertrags beruhen, sind weitere Ausführungen zum Bestehen einer Interessenwahrungspflicht obsolet.[54]

Anders verhält es sich in Bezug auf Festpreisgeschäfte, die vertragstypologisch den Austauschverträgen zuzuordnen sind.[55] Um diesen eigennützigen Geschäften fremdnützigen Charakter zusprechen zu können, wird z.T. ergebnisorientiert[56] vorgeschlagen, die kaufvertragliche Grundlage durch geschäftsbesorgungsrechtliche Elemente „anzureichern". Der BGH verlangt jedoch, Festpreisgeschäfte von ggf. vorgeschalteten Anlageberatungsverträgen strikt zu trennen und ausschließlich nach Kaufrecht zu beurteilen.[57]

Der eigennützige Charakter von Festpreisgeschäften wird auch nicht dadurch aufgehoben, dass nach der hier vertretenen Ansicht die hypothetischen Parteiinteressen im Zuge der ergänzenden Vertragsauslegung des Anlageberatungsvertrags isoliert zu ermitteln sind. Hiernach muss zwar im

---

pitalmarktregulierung diskutiert worden, vgl. *Cunningham*, 60 Vanderbilt Law Review 1411 (2007).

53 Vgl. SEC, Duties of Brokers, Dealers, and Investment Advisers, Release No. 34-69013 v. 1.3.2013.

54 Siehe S. 139 ff.

55 Siehe S. 137.

56 Vgl. *Ekkenga*, in: Münch. Komm. z. HGB, 2. Aufl. 2009, Effektengeschäft Rdn. 107.

57 Siehe S. 180 f.

Rahmen des Beratungsvertrags über etwaige Interessenkonflikte des Beraters in Bezug auf ein empfohlenes Eigengeschäft aufgeklärt werden. Der eigennützige Charakter von Festpreisgeschäften bleibt hiervon aber unberührt. Nicht zwangsläufig wird bereits bei der Erteilung der Anlageempfehlung feststehen, dass das empfohlene Produkt über den Berater erworben wird; die Aufklärungspflicht über Interessenkonflikte kommt in diesem Fall nicht zum Tragen. Zudem kommt nicht bei jedem persönlichen Kontakt ein Anlageberatungsvertrag zustande, zumal nicht ausgeschlossen ist, dass die Wertpapierdienstleister die AGB-rechtlichen „Abwehrklauseln" auf alle potentiellen Beratungssituationen ausdehnen.

Festzustellen ist daher, dass die Wertpapierdienstleister bei Geschäften mit Privatanlegern nur dann zur fremdnützigen Anlegerberatung verpflichtet sind, wenn entweder aufsichtsrechtliche Interessenwahrungspflichten auch zivilrechtlich zu beachten sind, oder die Rechtsbeziehung zwischen Wertpapierdienstleister und Kunde Treuhandcharakter hat. Beide Ansätze gilt es im Nachfolgenden zu untersuchen.

B. Zivilrechtliche Beachtlichkeit der Wohlverhaltensregeln

Zunächst ist der Frage nachzugehen, ob die aufsichtsrechtliche Verpflichtung zur Wahrung der Kundeninteressen (§ 31 Abs. 1 Nr. 1 WpHG) von den Wertpapierdienstleistern auch auf zivilrechtlicher Ebene beachtet werden muss.

Es muss dabei zwischen einer „unmittelbaren" sowie einer „mittelbaren" Zivilrechtswirkung unterschieden werden: Unmittelbar ist die zivilrechtliche Wirkung, wenn sich die §§ 31 ff. WpHG als Normen mit aufsichts- und zivilrechtlichem Charakter qualifizieren lassen („Doppelnatur"-Lehre). Mittelbar beachtlich sind die Wohlverhaltensregeln, wenn die §§ 31 ff. WpHG eine zivilrechtliche „Ausstrahlungswirkung" haben oder bei richtlinienkonformer Auslegung des Zivilrechts unter Berücksichtigung der MiFID I-Wohlverhaltensregeln. Hätte § 31 Abs. 1 Nr. 1 WpHG solche zivilrechtlichen Rechtwirkungen, müssten die Wertpapierdienstleister ihr überlegenes Wissen stets zugunsten ihrer Kunden einsetzen.

Hierdurch würde auch dem eigennützigen Festpreisgeschäft fremdnütziger Charakter verliehen.[58]

I. Interessenwahrungspflichten im WpHG

1. Zentralnorm des § 31 Abs. 1 Nr. 1 WpHG

Es ist zu unterscheiden zwischen der allgemeinen Sorgfaltspflicht des § 31 Abs. 1 Nr. 2 WpHG („mit der erforderlichen Sachkenntnis, Sorgfalt und Gewissenhaftigkeit") und der Interessenwahrungspflicht gemäß § 31 Abs. 1 Nr. 1 WpHG („im Interesse seiner Kunden").[59] Letztere wird durch Pflichtenstellungen zur Vermeidung von Interessenkonflikten und zur Einrichtung organisatorischer Vorkehrungen verstärkt.[60] Sie ist die „Zentralnorm" der wertpapierhandelsrechtlichen Interessenswahrungspflichten,geht auf die WpDiRiL 93/22/EWG zurück[61] und blieb vom FRUG unberührt.[62] Mit der MiFID II wurde die Verpflichtung, „angemessene" Vorkehrungen zur Vermeidung von Interessenkonflikten zu treffen, verschärft,[63] indem nunmehr „geeignete" Vorkehrungen gefordert werden.[64]2. Auslegung

Aus dem Wortlaut von § 31 Abs. 1 Nr. 1 WpHG geht nicht hervor, ob die zu wahrenden Kundeninteressen objektiv oder subjektiv zu bestimmen sind.

---

58 So zur „Doppelnatur"-Lehre *Möllers*, in: Köln. Komm. z. WpHG, 2. Aufl. 2014, § 31 WpHG Rdn. 25; zuvor bereits *Leisch*, Informationspflichten nach § 31 WpHG, 2004, S. 114.

59 Siehe *Möllers*, in: Köln. Komm. z. WpHG, 2. Aufl. 2014, § 31 WpHG Rdn. 92 ff. Die Unterscheidung entspricht der Unterteilung im US-amerikanischen Recht in *duty of loyalty* und *duty of care*, *Grundmann,* in: Ebenroth/Boujong/Joost/Strohn, Handelsgesetzbuch, 2. Aufl. 2009, § 31 WpHG Rdn. VI 203 m.w.N. und SEC, Study on Investment Advisers and Broker-Dealers, Januar 2011, S. (vi).

60 §§ 31 Abs. 1 Nr. 2, 33 Abs. 1 Nr. 3 und 3 a, 33 a WpHG. Siehe *Möllers*, in: Köln. Komm. z. WpHG, 2. Aufl. 2014, § 31 WpHG Rdn. 128 ff.

61 Vgl. Art. 11 Abs. 1 Satz 4, 1. Spiegelstrich WpDiRiL 93/22/EWG.

62 Hierzu *Möllers*, in: Köln. Komm. z. WpHG, 2. Aufl. 2014, § 31 WpHG Rdn. 111 f.

63 Siehe *Buck-Heeb*, BKR 2014, 221, 225.

64 Art. 23 Abs. 1 MiFID II.

a) Objektive Auslegung

Wäre eine objektive Auslegung[65] geboten, käme es nicht auf die Interessen des konkreten Kunden an. Vielmehr müssten die Kundeninteressen anhand normativer Kriterien wie z.B. abstrakter Schutzbedürftigkeit oder in Bezug auf eine „sinnvolle“ Vermögensbildung bestimmt werden. Die objektive Auslegung von § 31 Abs. 1 Nr. 1 WpHG wurde aus diesem Grund als „Gefäß“ bezeichnet, „in das die jeweiligen rechtspolitischen Ordnungsvorstellungen gefüllt werden“.[66] Insbesondere eröffnet sie ein Einfallstor für paternalistische Regelungstendenzen.[67]

b) Subjektive Auslegung

Nach zutreffender Auffassung bestimmt sich das Kundeninteresse ausschließlich[68] subjektiv.[69] Auch im Zuge der MiFID I-Umsetzung durch das FRUG verpasste der deutsche Gesetzgeber die Klarstellung, dass es nach den europarechtlichen Vorgaben der MiFID I und der WpDiRiL 93/22/EWG auf die „bestmögliche“ Wahrung der Kundeninteressen ankommt[70]. Im deutschen Recht ist aber allgemein anerkannt, dass einer Interessenwahrungspflicht erst dann „voll entsprochen“ ist, wenn „von mehreren möglichen und zumutbaren Handlungsalternativen gerade die für den Geschäftsherrn vorzugswürdigste“ ausgewählt wird.[71] Die gesetz-

---

65 Vertreten u.a. von *Kümpel*, WM 1995, 689, 690; *Köndgen*, ZBB 1996, 361, 365; *Cahn*, ZHR 162 (1998), 1, 39 f.; vgl. *Leisch*, Informationspflichten nach § 31 WpHG, 2004, S. 119.

66 *Leisch*, Informationspflichten nach § 31 WpHG, 2004, S. 119.

67 Eine Anlegerbevormundung ablehnend *Bliesener*, Aufsichtsrechtliche Verhaltenspflichten beim Wertpapierhandel, 1998, S. 212 ff.; *Fuchs*, in: Fuchs (Hrsg.), WpHG, 2009 § 31 Rdn. 39; *Assmann*, in: Assmann/Schneider (Hrsg.), WpHG, 6. Aufl. 2012, § 31 WpHG Rdn. 17; *Möllers*, in: Köln. Komm. z. WpHG, 2. Aufl. 2014,, § 31 WpHG Rdn. 121.

68 *Schäfer*, in: Schäfer/Hamann (Hrsg.), Kapitalmarktgesetze, 2. Aufl. 2006, § 31 WpHG Rdn. 10: „grundsätzlich nicht teilbar“.

69 *Assmann*, in: Assmann/Schneider (Hrsg.), WpHG, 6. Aufl. 2012, § 31 WpHG Rdn. 17. Ausführlich *Leisch*, Informationspflichten nach § 31 WpHG, 2004, S. 119 f.

70 Vgl. Art. 19 Abs. 1 MiFID I. Mit identischem Wortlaut zuvor bereits Art. 11 Abs. 1, 1. Spiegelstrich WpDiRiL 93/22/EWG. Hierzu auch *Rothenhöfer*, in: Schwark/Zimmer (Hrsg.), KMRK, 4. Aufl. 2011, § 31 WpHG Rdn. 33 f.

71 *Möllers*, in: Köln. Komm. z. WpHG, 2. Aufl. 2014, § 31 WpHG Rdn. 114 m.w.N.

liche Konkretisierung, dass die Kundeninteressen „bestmöglich" zu wahren sind, war aus diesem Grund entbehrlich.

3. Rechtswirkungen

Inhaltlich stimmt § 31 Abs. 1 Nr. 1 WpHG mit den zivilrechtlichen Interessenwahrungspflichten des Geschäftsbesorgers (§ 675 BGB) und des Kommissionärs (§ 384 Abs. 1 HGB) überein.[72]

Im Anwendungsbereich des WpHG zeitigt die Norm jedoch Rechtswirkungen, die über die zivilrechtliche Interessenwahrungspflichten deutlich hinausreichen: Sie ist das Leitprinzip aller Wertpapierdienstleistungen und verpflichtet die Wertpapierdienstleister, stets im Kundeninteresse tätig zu werden.[73] Unabhängig von der Art der konkreten Wertpapierdienstleistung prägt sie dem aufsichtsrechtlichen Rechtsverhältnis von Wertpapierdienstleister und Kunde treuhänderischen Charakter auf. Es lässt sich daher von einer „fiduziarischen Ausstrahlungswirkung" sprechen.[74] Dem Wertpapierdienstleister ist es nicht gestattet, sich über Kundeninteressen hinwegzusetzen, mögen diese auch objektiv unvernünftig sein.[75] Es besteht gleichwohl keine Verpflichtung, den Kunden vor sich selbst zu schützen.[76]

Die treuhänderische Bindung gilt nur, „soweit und weil" der Kunde dem Wertpapierdienstleister eine Einflussposition übertragen hat. Eine solche Einflussposition ist überall dort eröffnet, wo der Wertpapierdienstleister auf die Geldanlage des Kunden Einfluss nehmen kann. Für das Gegenseitigkeitsverhältnis von erbrachter Wertpapierdienstleistung und geschuldeter Vergütung ist sie aber zu verneinen. Die Interessenwahrungspflicht bezweckt keine Kontrolle von Preis-Leistungs-Verhältnissen.[77]

---

72 *Koller*, in: Assmann/Schneider (Hrsg.), WpHG, 6. Aufl. 2012, § 31 WpHG Rdn. 18; ebenso *Seiler/Kniehase*, in: Schimansky/Bunte/Lwowski (Hrsg.), Bankrechts-Handbuch, 4. Aufl. 2011, § 104 Rdn. 206.

73 *Möllers*, in: Köln. Komm. z. WpHG, 2. Aufl. 2014, § 31 WpHG Rdn. 90.

74 Vgl. *Möllers*, in: Köln. Komm. z. WpHG, 2. Aufl. 2014, § 31 WpHG Rdn. 90.

75 *Rothenhöfer*, in: Schwark/Zimmer (Hrsg.), KMRK, 4. Aufl. 2010, § 31 WpHG Rdn. 35.

76 *Grundmann,* in: Ebenroth/Boujong/Joost/Strohn, Handelsgesetzbuch, 2. Aufl. 2009, § 31 WpHG Rdn. VI206 m.w.N.

77 *Grundmann,* in: Ebenroth/Boujong/Joost/Strohn, Handelsgesetzbuch, 2. Aufl. 2009, § 31 WpHG Rdn. VI214.

II. Unmittelbare zivilrechtliche Wirkung

1. Zur Rechtslage in anderen EU-Mitgliedsstaaten

Unmittelbare zivilrechtliche Wirkung haben die MiFID I-Wohlverhaltensregeln in Großbritannien.[78] Dort hat der Gesetzgeber Folgendes angeordnet:

> „Verstöße gegen die Wohlverhaltensregeln sind der privaten Rechtsverfolgung des hierdurch Geschädigten vorbehaltlich der Einwendungen und Einreden zugänglich, die gegenüber einem Anspruch wegen der Verletzung einer gesetzlichen Pflicht erhoben werden können."[79]

Anleger sind also berechtigt, für Schäden aus dem Verstoß eines Wertpapierdienstleisters gegen die Wohlverhaltensregeln (*Conduct of Business Rules*[80]) zivilrechtlichen Schadensersatz zu verlangen.[81] Die Anordnungsvorschrift blieb von den umfassenden Änderungen des FSMA 2000 durch den Financial Services Act 2012 unangetastet.[82]

2. Unmittelbare Wirkung der MiFID I-Wohlverhaltensregeln

Die ersten beiden „Lehman"-Entscheidungen des BGH setzten sich 2011 mit der Frage auseinander, ob die MiFID I-Wohlverhaltensregeln unmittelbar anwendbar sind.[83]

Es ist an dieser Stelle in Erinnerung zu rufen, dass Adressaten der EU-Richtlinien ausschließlich die Mitgliedsstaaten sind, die diese auf nationa-

---

78 *Russen*, Financial Services, 2006, S. 123.

79 Section 150(1) FSMA 2000: „A contravention by an authorised person of a rule is actionable at the suit of a private person who suffers loss as a result of the contravention, subject to the defences and other incidents applying to actions for breach of statutory duty."; abrufbar unter http://www.legislation.gov.uk (zuletzt abgerufen am 23.11.2014).

80 Siehe Conduct of Business Sourcebook (COBS), abrufbar unter http://fshandbook.info/FS/html/handbook/COBS (zuletzt abgerufen am 23.11.2014).

81 Hierzu bereits *Tison*, in: FS Hopt, 2010, Bd. II, S. 2621, 2631.

82 Vgl. Part 2 Nr. 24 „Rules and Guidance" Financial Services Act 2012, abrufbar unter http://www.legislation.gov.uk (zuletzt abgerufen am 23.11.2014).

83 BGH, Urt. v. 27.9.2011 (Az. XI ZR 178/10), NJW-RR 2012, 43, 47 f. Rdn. 49 f. – *Lehman I*; Urt. v. 27.9.2011 (Az. XI ZR 182/10), NJW 2012, 66, 71 Rdn. 46 f. – *Lehman II*.

ler Ebene umzusetzen haben (Art. 288 Abs. 3 AEUV).[84] Dies hat zur Folge, dass europäische Richtlinien für den einzelnen Unionsbürger grundsätzlich keine belastenden Wirkungen entfalten.[85]Sind die Voraussetzungen einer unmittelbaren Richtlinienwirkung[86] ausnahmsweise gegeben, erstrecken sich begünstigende Wirkungen nur auf das Vertikalverhältnis zwischen Unionsbürger und Mitgliedsstaat. Für das Horizontalverhältnis zwischen Unionsbürgern ist eine unmittelbare Richtlinienwirkung dagegen ausgeschlossen.[87] Das MiFID-Regime kann das nationale Zivilrecht der Mitgliedsstaaten nicht unmittelbar beeinflussen.[88] Anderes kommt nur in Betracht, wenn ein Wertpapierdienstleister der „öffentlichen Hand“ eines Mitgliedsstaats zurechenbar ist, z.B. die als Anstalten des öffentlichen Rechts organisierten Sparkassen.[89]

Der BGH verneinte eine unmittelbare Richtlinienwirkung; die Begründung, dass von den MiFID I-Bestimmungen[90] keine „unmittelbaren beratungsvertraglichen Rechtswirkungen zu Gunsten der Anleger im Verhältnis zur Bank“ ausgingen,[91] lässt jedoch erkennen, dass das Gericht offensichtlich diese Grundsätze unmittelbarer Richtlinienanwendung verkannte.

---

84 Siehe bspw. Art 73 MiFID I, Art. 55 MiFID I-DRL 2006/73/EG. Hierzu auch *Ruffert*, in: Calliess/Ruffert (Hrsg.), 4. Aufl. 2011, EUV/AEUV, Art. 288 AEUV Rdn. 47.

85 *Roth*, ZBB 2012, 429, 430.

86 Ablauf der Umsetzungsfrist, Unbedingtheit, hinreichende Bestimmtheit der Richtlinie und keine oder eine nur unzureichende nationale Umsetzung, siehe *Nettesheim*, in: Grabitz/Hilf/Nettesheim, Das Recht der Europäischen Union, 48. Erg.-Lfg. 2012, Art. 288 AEUV Rdn. 142 ff. m.w.N.

87 EuGH, Urt. v. 11.6.1987, Rs. 14/86, Slg. 1987, 2545 Tz. 19 – *Pretore di Salò*; *Ruffert*, in: Calliess/Ruffert (Hrsg.), EUV/AEUV, Art. 288 AEUV Rdn. 57 m.w.N.

88 BGH, Urt. v. 27.9.2011 (Az. XI ZR 178/10), NJW-RR 2012, 43, 47 f. Rdn. 50 – *Lehman I*; Urt. v. 27.9.2011 (Az. XI ZR 182/10), NJW 2012, 66, 71 Rdn. 47 – *Lehman II*,. Kritisch *Roth*, ZBB 2012, 429, 430 ff.; *Herresthal*, ZBB 2012, 89, 104.

89 *Roth*, ZBB 2012, 429, 431.

90 Art. 19 MiFID I bzw. Art. 26 MiFID I-DRL 2006/73/EG.

91 BGH, Urt. v. 27.9.2011 (Az. XI ZR 178/10), NJW-RR 2012, 43, 47 f. Rdn. 48.

3. Unmittelbare Wirkung als Normen mit „Doppelnatur"

Die §§ 31 ff. WpHG beanspruchen unmittelbare zivilrechtliche Geltung, wenn es sich um Normen mit öffentlich-rechtlicher und zivilrechtlicher „Doppelnatur" handelt.

a) Öffentlich-rechtlicher Normcharakter

Zunächst gilt es den öffentlich-rechtlichen Normcharakter der §§ 31 ff. WpHG zu ermitteln, denn anderenfalls würde sich jede weitere Ausführung zur „Doppelnatur" erübrigen.

Keinen Erkenntnisgewinn in Bezug auf den Normcharakter verheißen die zur Abgrenzung von öffentlichem Recht und Zivilrecht entwickelten Erklärungsansätze[92].[93] Interessen-, Subordinations- bzw. modifizierte Subjektstheorie entscheiden darüber, ob Streitigkeiten im Verhältnis Staat-Bürger öffentlich-rechtlicher Natur sind und damit über die Frage der Rechtswegeröffnung (vgl. § 40 VwGO, § 13 GVG). Völlig unstreitig ist, dass ein Rechtsstreit zwischen privaten Vertragsparteien (Anleger und Wertpapierdienstleister) der Zivilgerichtsbarkeit zuzuordnen ist.[94] Verfügungen der BaFin, die sich auf die §§ 31 ff. WpHG stützen, stellen wiederum öffentlich-rechtliches Verwaltungshandeln dar, denn Verwaltungsakte können nur auf dem Gebiet des öffentlichen Rechts erlassen werden (vgl. § 35 VwVfG)[95]. In Bezug auf den Rechtsweg bestehen daher keine Zweifel.

Der öffentlich-rechtliche Charakter der §§ 31 ff. WpHG lässt sich durch Gesetzesauslegung ermitteln. Hierfür ist zunächst das systematische Argument anzuführen, dass die öffentlich-rechtliche Aufsichtszuständigkeit der

---

92 Hierzu ausführlich m.w.N. *Ehlers*, in: Schoch/Schneider/Bier (Hrsg.), VwGO, 24. Erg.-Lfg. 2012, § 40 VwGO Rdn. 220 ff.

93 Ausführlich *Forschner*, Wechselwirkungen von Aufsichtsrecht und Zivilrecht, 2013, S. 73 ff., 80; *Benicke*, Wertpapiervermögensverwaltung, 2006, S. 460; **a.A.** *Fuchs*, in: Fuchs (Hrsg.), WpHG, 2009, Vor §§ 31 bis 37 a WpHG Rdn. 58 m.w.N.

94 Siehe *Benicke*, Wertpapiervermögensverwaltung, 2006, S. 461; ebenso *N. Lang*, ZBB 2004, 289, 294 f.

95 *Forschner*, Wechselwirkungen von Aufsichtsrecht und Zivilrecht, 2013, S. 64 m.w.N.

BaFin[96] sowie deren Anordnungs- und Eingriffsbefugnisse[97] die Wohlverhaltensregeln mitumfassen.[98] Des Weiteren sprechen die Ermächtigung der BaFin zum Erlass norminterpretierender Verwaltungsvorschriften (§ 35 Abs. 4 WpHG)[99] und die Hervorhebung öffentlicher Interessen in den WpHG-Materialien[100]für den öffentlich-rechtlichen Charakter der §§ 31 ff. WpHG.

Die h.M. geht davon aus, dass die Wohlverhaltensregeln öffentlich-rechtliche Normen sind.[101] Nur eine Mindermeinung begreift die §§ 31 ff. WpHG als zivilrechtliche Vorschriften, die von der BaFin als „zusätzlicher Kontrollinstanz" überwacht werden.[102]

b) Lehre von der „Doppelnatur"

Die Feststellung, dass es sich bei den §§ 31 ff. WpHG um öffentliches Recht handelt, rechtfertigt noch nicht die Schlussfolgerung, dass ihr Normcharakter ausschließlich öffentlich-rechtlicher Natur ist.[103] Bei-

---

96 § 4 Abs. 1 S. 1, Abs. 2 S. 1 WpHG.

97 §§ 4 Abs. 1 S. 3, Abs. 2 S. 2, 35 und 36 WpHG.

98 Bereits *Leisch*, Informationspflichten nach § 31 WpHG, 2004, S. 70; *Lange*, Informationspflichten von Finanzdienstleistern, 2000, S. 300 f.; *Brandt*, Aufklärungs- und Beratungspflichten, 2002, S. 182 f.; *Fuchs*, in Fuchs (Hrsg.), WpHG, 2009, Vor §§ 31 bis 37 a WpHG Rdn. 56; *Reich*, WM 1997, 1601, 1603; *Gaßner/Escher*, WM 1997, 93, 94; *N. Lang*, ZBB 2004, 289, 290 f.; Veil, ZBB 2008, 34, 36.

99 *Wieneke*, Discount-Broking und Anlegerschutz, 1999, S. 81; *Fuchs*, in Fuchs (Hrsg.), WpHG, Vor §§ 31 bis 37 a WpHG Rdn. 56.

100 Begr RegE v. 15.6.1994 z. 2. FFG, BT-Ds. 12/7918, S. 96 ff.

101 Zuletzt *Möllers*, in: Köln. Komm. z. WpHG, 2. Aufl. 2014, § 31 WpHG Rdn. 10; *Forschner*, Wechselwirkungen von Aufsichtsrecht und Zivilrecht, 2013, S. 95 f.; zuvor bereits *Brandt*, Aufklärungs- und Beratungspflichten, 2002, S. 183 f.; *Fuchs*, in Fuchs (Hrsg.), WpHG, 2009, Vor §§ 31 bis 37 a WpHG Rdn. 56; *Assmann*, in: FS Schneider, 2011, S. 37 f.

102 *Einsele*, JZ 2008, 477, 482 f.; *dies.*, Bank- und Kapitalmarktrecht, 2. Aufl. 2010, § 8 Rdn. 41; *Grundmann,* in: Ebenroth/Boujong/Joost/Strohn, Handelsgesetzbuch, 2. Aufl. 2009, § 31 WpHG Rdn. VI 270; vgl. *Forschner*, Wechselwirkungen von Aufsichtsrecht und Zivilrecht, 2013, S. 69.

103 Bereits für §§ 31 f. WpHG a.F. *Sethe*, Anlegerschutz im Recht der Vermögensverwaltung, 2005, S. 747 ff.; *Koller*, in: Assmann/Schneider (Hrsg.), WpHG, 4. Aufl. 2006, Vor § 31 WpHG Rdn. 16 f.; *Wieneke*, Discount-Broking und Anlegerschutz, 1999, S. 65 ff., 87; *Gaßner/Escher*, WM 1997, 93, 94; *V. Lang*, WM 2000, 450, 455; *Hopt*, ZGR 2004, 1, 22. Für die durch das FRUG novellierten

spielsweise finden sich in diversen öffentlich-rechtlichen Gesetzen Vorschriften, deren zivilrechtliche Natur unbestritten ist, z.B. im Grundgesetz (Art. 9 Abs. 3 S. 2 GG) sowie im Wirtschaftsverwaltungs- und Umweltrecht (§ 20 EnWG, § 14 BImSchG); umgekehrt ist § 22 BGB trotz seiner bürgerlich-rechtlichen Normierung eine Vorschrift des Öffentlichen Rechts.[104] Teile des Schrifttums sind daher der Ansicht, dass es sich bei den §§ 31 ff. WpHG um Normen mit aufsichts- und zivilrechtlicher „Doppelnatur" bzw. bivalentem Normcharakter handelt.[105]

An dieser Stelle soll nicht in Zweifel gezogen werden, ob derartige Doppelnormen rechtstheoretisch vorstellbar sind.[106] Diese Zweifelsfrage lässt sich nicht einheitlich beantworten:[107] Einerseits verlangen die Normen über die Rechtswegzuweisung eine eindeutige Zuweisung, andererseits kann jede öffentlich-rechtliche Norm grundsätzlich über § 823 Abs. 2 BGB oder § 134 BGB zivilrechtliche Wirkung entfalten. Dies macht sie nicht automatisch zu einer Norm mit bivalentem Charakter, spricht aber auch nicht gegen die Möglichkeit von Doppelnormen.[108]

---

§§ 31 ff. WpHG n.F. z.B. *Schwark*, in: Schwark/Zimmer (Hrsg.), KMRK, 4. Aufl. 2010, Vorbem. §§ 31 ff. WpHG Rdn. 15; *Koch*, in: Schwark/Zimmer (Hrsg.), KMRK, 4. Aufl. 2010, § 31 a WpHG Rdn. 59; *Fuchs*, in: Fuchs (Hrsg.), WpHG, 2009, Vor §§ 31 bis 37 a WpHG Rdn. 56 m.w.N.; *Koller*, in: Assmann/Schneider (Hrsg.), WpHG, 6. Aufl. 2012, Vor § 31 Rdn. 3; *Ekkenga*, in: Münch. Komm. z. HGB, 2. Aufl. 2009, Effektengeschäft Rdn. 72; besonders ausführlich und m.w.N. *Forschner*, Wechselwirkungen von Aufsichtsrecht und Zivilrecht, 2013, S. 80 ff., 97; *Schäfer*, WM 2012, 197, 200.

104 *Ehlers*, in: Erichsen/Ehlers (Hrsg.), Allgemeines Verwaltungsrecht, 14. Aufl. 2010, § 3 Rdn. 14.

105 *Leisch*, Informationspflichten nach § 31 WpHG, 2004, S. 68 ff.; *Benicke*, Wertpapiervermögensverwaltung, 2006, S. 473 ff.; *Möllers*, in: Köln. Komm. z. WpHG, 2. Aufl. 2014, § 31 WpHG Rdn. 13 ff., 24; *N. Lang*, ZBB 2004, 289, 294; *Veil*, ZBB 2008, 34, 40; *ders.*, WM 2007, 1821, 1825 f.; *Weichert/Wenninger*, WM 2007, 627, 635; *Nikolaus/d'Oleire*, WM 2007, 2129, 2134. *Mülbert*, ZHR 2008, 170, 176 ff.; *ders.* WM 2007, 1149, 1157, ist der Auffassung, dass kapitalmarktrechtlichen Normen als solche kein Zivilrecht sind, sie aber die Harmonisierung des Zivilrechts verlangen.

106 Bejahend *Bachof*, in: FG 25 Jahre BVerwG, 1978, S. 1, 11; *Leisch*, Informationspflichten nach § 31 WpHG, 2004, S. 48; *Benicke*, Wertpapiervermögensverwaltung, 2006, S. 461; *Forschner*, Wechselwirkungen von Aufsichtsrecht und Zivilrecht, 2013, S. 72; *Bettermann* NJW 1977, 513, 515. **A.A.** *Erichsen*, Jura 1982, 537, 541; *D. Schmidt*, Die Unterscheidung von öffentlichem und privatem Recht, 1985, S. 241.

107 *Forschner*, Wechselwirkungen von Aufsichtsrecht und Zivilrecht, 2013, S. 71.

108 *Forschner*, Wechselwirkungen von Aufsichtsrecht und Zivilrecht, 2013, S. 71 f.

Die Frage, ob mit der Statuierung der §§ 31 ff. WpHG als öffentlichrechtliche Normen auch zivilrechtliche Rechtsfolgen beabsichtigt waren, wurde zuletzt mit umfangreicher Begründung verneint.[109] Die nachfolgende Untersuchung beschränkt sich im Folgenden auf die Hinterfragung der Argumente, die von der Gegenansicht für eine Doppelnatur der Wohlverhaltensregeln angeführt werden.[110]

aa) Teleologische Argumente

(1) Steuerungswirkung der §§ 31 ff. WpHG

Es wird behauptet, dass die von den §§ 31 ff. WpHG ausgehende Steuerungswirkung für das Verhalten der Wertpapierdienstleister nur dann ausreichende Wirkung besitzt, wenn Verstöße gegen die Wohlverhaltensregeln nicht nur aufsichtsrechtlich sanktioniert werden.[111]

Würde sich die Wirkung der §§ 31 ff. WpHG auf das Aufsichtsrecht beschränken, erscheinen Zweifel an der ausreichenden Effektuierung des Regelungsregimes in der Tat begründet.[112] Hierfür spricht vor allem, dass die Effizienz der Aufsichtstätigkeit der BaFin durch die verfügbaren Ressourcen begrenzt wird.[113] Abgesehen von konkreten Verdachtsermittlungen beschränkt sich die Aufsichtstätigkeit im Regelfall auf Stichprobenkontrollen.[114] Es kommt hinzu, dass zivilrechtliche Schadensersatzansprüche im Vergleich zu öffentlich-rechtlichen Bußgeldern Fehlverhalten der Wertpapierdienstleister stärker sanktionieren: Im Gegensatz zum Bußgeldkatalog des WpHG[115] ist zivilrechtlicher Schadenersatz nicht von vorneherein betragsmäßig beschränkt.[116] Auch der Kapitalmarktgesetzgeber musste zuletzt eingestehen, dass ohne die Inanspruchnahme der Zivilge-

---

109 *Forschner*, Wechselwirkungen von Aufsichtsrecht und Zivilrecht, 2013, S. 80 ff., 97.
110 Vgl. *Leisch*, Informationspflichten nach § 31 WpHG, 2004, S. 68 ff. m.w.N.
111 Vgl. *Leisch*, Informationspflichten nach § 31 WpHG, 2004, S. 78 ff.
112 Vgl. *Fuchs*, in: Fuchs (Hrsg.), WpHG, 2009, Vor §§ 31 bis 37 a WpHG Rdn. 62; *Köndgen*, ZBB 1996, 361; *Brandt*, Aufklärungs- und Beratungspflichten, 2002, S. 185.
113 Begr RegE v. 20.2.2009 z. SchVGEG, BR-Ds. 180/09, S. 42.
114 *Köndgen*, ZBB 1996, 361.
115 Vgl. § 39 Abs. 4 WpHG.
116 Vgl. § 39 Abs. 4 WpHG.

richtsbarkeit kein ausreichender Anlegerschutz gewährleistet werden kann.[117]

Die verhaltenssteuernde Wirkung der §§ 31 ff. WpHG setzt aber nicht zwangsläufig deren bivalenten Normcharakter voraus. Anlegerschutz ist nicht erst dann in ausreichendem Maß gewährleistet, wenn die Zivilgerichte die §§ 31 ff. WpHG wegen ihrer „Doppelnatur" berücksichtigen *müssen*. Unabhängig von der Lehre der „Ausstrahlungswirkung" sind die Gerichte nicht daran gehindert, die Wohlverhaltensregeln auf fakultativer Basis ihrer Entscheidungsfindung zugrunde zu legen. Insbesondere hat die Rechtsprechung mit dem Modell konkludenter Anlageberatungsverträge ein eigenständiges Anlegerschutzkonzept entwickelt, das eine den §§ 31 ff. WpHG vergleichbare verhaltenssteuernde Wirkung entfaltet.[118]

Das Argument der Steuerungswirkung vermag die Notwendigkeit einer „Doppelnatur" der §§ 31 ff. WpHG nicht zu begründen.

(2) Einheit der Rechtsordnung

Angeführt wird des Weiteren, dass ohne eine „Doppelnatur" der §§ 31 ff. WpHG der Gleichlauf von aufsichts- und zivilrechtlichen Pflichten bedroht wird. Hierdurch soll das Ziel konterkariert werden, durch Harmonisierung der Kapitalmarktrechtsordnungen die Einheit der Rechtsordnung sicherzustellen.[119] Das Argument der Einheit der Rechtsordnung vermag nicht zu überzeugen: Dem deutschen Recht ist eine Bindung der Zivilgerichtsbarkeit an Beurteilungen der Aufsichtsbehörden (und umgekehrt) grundsätzlich fremd. Gemäß § 1 GVG sind die Zivilgerichte in ihrer Entscheidungsmacht frei und unabhängig von den Entscheidungen anderer Gerichtszweige bzw. Behörden.[120] Der Gleichlauf von Aufsichts- und Zivilrecht besteht damit auch in anderen Rechtsbereichen nicht zwangsläufig.

---

117 Begr RegE v. 20.2.2009 z. SchVGEG, BR-Ds. 180/09, S. 42.

118 Vgl. *Forschner*, Wechselwirkungen von Aufsichtsrecht und Zivilrecht, 2013, S. 117 f.

119 Hierzu *Leisch*, Informationspflichten nach § 31 WpHG, 2004, S. 77-81.

120 So bereits *Sethe*, Anlegerschutz im Recht der Vermögensverwaltung, 2005, S. 748.

bb) Systematische Argumente

(1) Normtechnische Trennung" von Pflichtenkanon und Haftung

Systematischer Natur ist das Argument, dass für Normen mit „Doppelnatur" die gesetzlichen Grundlagen von Pflichtenkanon und Haftungsvorschriften „auseinanderfallen".[121]

Nimmt man die Doppelnatur der §§ 31 ff. WpHG an, ergeben sich die schuldrechtlichen Pflichten unmittelbar aus den aufsichtsrechtlichen Wohlverhaltensregeln. Die maßgebliche Haftungsnorm statuiert dagegen in Gestalt von § 280 Abs. 1 BGB das bürgerliche Recht. Diese Regelungssystematik wird als „normtechnische" Trennung von Pflichtenkanon und Haftungsnorm bezeichnet. [122]

Mit Hinweis auf eine „normtechnische Trennung" im Prospektrecht wurde argumentiert, dass aus regelungssystematischen Gründen auf die Statuierung einer zivilrechtlichen Haftungsnorm in den §§ 31 ff. WpHG verzichtet wurde; der Rückgriff auf die Haftungsnormen des Schuldrechts soll insofern systemgerecht sein.[123]

Diese Argumentation ist aus folgenden Gründen überholt: In der Tat waren bis zum Inkrafttreten des WpPG[124] im Jahr 2005[125] die prospektrechtlichen Informationspflichten von der Informationshaftung „normtechnisch getrennt". Die in den §§ 13-47 BörsZulV a.F. niedergelegten materiellen Informationspflichten gaben den notwendigen Prospektinhalt vor, die zivilrechtliche Haftung für Pflichtverstöße ordneten die §§ 44-47 BörsG a.F. an. Diese Pflichten wurden jedoch durch das VermAnlG 2012 aufgehoben,[126] im Schrifttum war zuvor die normtechnische Trennung von Pflichtenkanon und Haftung als „künstlich"[127] kritisiert worden. Das heutige WpPG hat die Vorschriften über Informationspflichten und Informationshaftung konsolidiert (vgl. §§ 5, 7, 21 ff. WpPG).[128] Ausnahmen gelten nur noch für offene Investmentvermögen

---

121 Vgl. *Leisch*, Informationspflichten nach § 31 WpHG, 2004, S. 75.

122 Vgl. *Leisch*, Informationspflichten nach § 31 WpHG, 2004, S. 75.

123 So aber noch *Leisch*, Informationspflichten nach § 31 WpHG, 2004, S. 76 f.

124 Eingefügt durch Art. 1 Prospekt-RiL-UmsetzungsG.

125 Vgl. Art. 10 Prospekt-RiL-UmsetzungsG.

126 Aufgehoben durch Art. 7 VermAnlG m.W.v. 1.6.2012 (vgl. Art. 26 Abs. 3 VermAnlG).

127 So Begr RegE v. 6.6.2011 z. FinAnlV- und VermAnlG, BT-Ds. 17/6051, S. 46.

128 Siehe *Groß*, Kapitalmarktrecht, 5. Aufl. 2012, Vorbem. z. WpPG Rdn. 7.

(§ 1 Abs. 4 KAGB) und Vermögensanlagen (§ 1 Abs. 2 VermAnlG), wobei sich auch hier Pflichtenkanon und Haftung aus demselben Gesetz ergeben.[129]

Eine normtechnische Trennung von Pflichten und Haftung lässt sich für das Prospektrecht nicht mehr nachweisen und das hierauf aufbauende regelungssystematische Argument entfällt.

(2) WpHG-Normen mit Brückenfunktion

Als weiteres Argument für die „Doppelnatur" der §§ 31 ff. WpHG wird die normtypologische Unterscheidung von „Zuordnungsnormen" und „Ausfüllungsnormen" vorgebracht:[130] „Ausfüllungsnormen" bestimmen den materiell-rechtlichen Norminhalt und haben hiernach stets bivalenten Normcharakter. „Zuordnungsnormen" sind dagegen ausschließlich zivilrechtlicher bzw. öffentlich-rechtlicher Natur und weisen einen Sachverhalt einem der beiden Rechtsgebiete zu, z.B. die Normen über die Rechtswegzuweisung (§ 40 VwGO, § 13 GVG).

Normfunktional sollen einzelne Zuordnungsnormen über eine „Brückenfunktion" verfügen. Diese Brückenfunktion unterstellt einen Sachverhalt, der per se öffentlich-rechtlich geregelt ist, in Bezug auf die Rechtsfolgen dem Zivilrecht. Eines der stärksten Argumente für die „Doppelnatur" der Wohlverhaltensregeln wäre mithin die Nachweisbarkeit von „Zuordnungsnormen mit Brückenfunktion"[131] bzw. von „bivalenten Ausfüllungsnormen" in den §§ 31 ff. WpHG.

(a) § 37 a WpHG a.F.

Als Beispiel für eine „Zuordnungsnorm mit Brückenfunktion" wurde § 37 a WpHG a.F. genannt, der ehedem eine Sonderverjährungsfrist für zi-

---

129 Vgl. §§ 165, 173, 224, 228, 256, 269, 306 KAGB bzw. §§ 7, 20 f. VermAnlG.

130 *Leisch*, Informationspflichten nach § 31 WpHG, 2004, S. 53, 66 f.

131 *Leisch*, Informationspflichten nach § 31 WpHG, 2004, S. 14, 28, 73. Hierzu *Roth*, in: Assmann/Schütze (Hrsg.), Hdb KapitalanlageR, 3. Aufl. 2007, § 11 Rdn. 11, der aber im Ergebnis eine lediglich normkonkretisierende Ausstrahlungswirkung zu vertreten scheint; siehe auch *Sethe*, Anlegerschutz im Recht der Vermögensverwaltung, 2005, S. 752.

vilrechtliche Schadensersatzansprüche vorsah. Wortlaut[132] und Systematik der Norm ließen „keinen Zweifel“ daran, dass § 37a WpHG a.F. auf die zivilrechtliche Sanktionierung von Verstößen gegen das öffentlich-rechtliche Aufsichtsrecht abzielte[133] Die Brückenfunktion sollte sich daraus ergeben, dass die Norm den Anwendungsbereich der ipso iure bestehenden bürgerlich-rechtlichen Schadensersatzhaftung (§ 280 Abs. 1 BGB) auf Verstöße gegen die §§ 31 ff. WpHG erweiterte. Jeder Verstoß gegen die §§ 31 ff. WpHG verletzt hiernach (vor)vertragliche Pflichten.[134] Allerdings wurde § 37a WpHG a.F im Jahr 2009 ersatzlos gestrichen.[135] Die hierauf aufbauende Argumentation für die Doppelnatur der §§ 31 ff. WpHG ist damit hinfällig.[136]

Möglicherweise weisen WpHG-Normen jüngeren Datums aber eine § 37a WpHG a.F. vergleichbare „Brückenfunktion“ auf. Hierzu gilt es deren normtypologischen und normfunktionalen Charakter zu untersuchen.

(b) Pflicht zur Herausgabe des Beratungsprotokolls und Rücktrittsrecht

§ 34 Abs. 2b WpHG verpflichtet den Wertpapierdienstleister, ein Beratungsprotokoll an den Anleger herauszugeben. Normtypologisch handelt es sich um eine „Zuordnungsnorm“. Dies ergibt sich aus dem Wortlaut der zugrunde liegenden Gesetzesbegründung, wonach die Herausgabepflicht zivilrechtlicher Natur ist:

> „Zugleich wird dem Kunden ein *zivilrechtlicher* Herausgabeanspruch (...) eingeräumt (...) und der Anleger hat im Fall der Geltendmachung von Schadenersatzansprüchen wegen Falschberatung die erforderlichen Beweismittel zur Verfügung.“[137]

---

132 „Der Anspruch des Kunden gegen ein Wertpapierdienstleistungsunternehmen auf Schadensersatz... verjährt in drei Jahren...“.

133 So *Leisch*, Informationspflichten nach § 31 WpHG, 2004, S. 14 f.; **a.A.** *Forschner*, Wechselwirkungen von Aufsichtsrecht und Zivilrecht, 2013, S. 94.

134 *Leisch*, Informationspflichten nach § 31 WpHG, 2004, S. 15, 73.

135 Art. 4 Nr. 5 SchVGEG.

136 Ebenso *Koch*, in: Schwark/Zimmer (Hrsg.), KMRK, 4. Aufl. 2010, § 31a WpHG Rdn. 59; *Schwark*, in: *ebd.*, Vor §§ 31 ff. WpHG Rdn. 15.

137 Begr RegE v. 20.2.2009 z. SchVGEG, BT-Ds. 180/09, S. 20 (Hervorh. d. d. Verf.). Siehe auch *Fett*, in: Schwark/Zimmer (Hrsg.), KMRK, 4. Aufl. 2010, § 34 WpHG Rdn. 7; *Leuering/Zetsche*, NJW 2009, 2856, 2859.

§ 34 Abs. 2 a S. 4 WpHG sieht ein Rücktrittsrecht vor, wenn das nach fernmündlicher Anlageberatung übersendete Beratungsprotokoll fehlerhaft oder unvollständig ist. Auch § 34 Abs. 2 a S. 4 WpHG ist eine „Zuordnungsnorm“. Nach dem Gesetzeswortlaut muss der Wertpapierdienstleister das Rücktrittsrecht „einräumen“, es ist somit zivilvertraglicher und nicht gesetzlicher Natur.[138]

Herausgabepflicht und Rücktrittsrecht fehlt indes die normfunktionale „Brückenfunktion“, die öffentlich-rechtliche Pflichten mit zivilrechtlichen Sanktionsmechanismen verbindet. Das Rücktrittsrecht des § 34 Abs. 2 a WpHG resultiert unmittelbar aus einer privatautonomen Vereinbarung und bedarf insoweit nicht der „Ausfüllung“ durch § 34 Abs. 2 a WpHG. Ebenso wenig stellt die Pflicht zur Protokollherausgabe Konnexität zwischen bürgerlich-rechtlichen Sanktionsmechanismen und WpHG-Vorschriften her. Die Sanktionswirkung ergibt sich unmittelbar aus § 34 Abs. 2 b WpHG, ohne dass es eines Rückgriffs auf das BGB bedarf.

(c) Pflicht zur Informationsblattaushändigung

Wertpapierdienstleister die Anlageberatung gegenüber Privatkunden erbringen, sind seit 2011 dazu verpflichtet, ein „kurzes und leicht verständliches“ Informationsblatt auszuhändigen (§ 31 Abs. 3 a S. 1 WpHG)[139]. Möglicherweise lassen sich aus § 31 Abs. 3 a WpHG Argumente für die Doppelnatur der Wohlverhaltensregeln gewinnen.

Ausweislich der Gesetzesbegründung rechtfertigen Verstöße gegen die inhaltlichen „Minimalanforderungen“ an Informationsblätter[140] zivilrechtliche Schadenersatzansprüche aus § 823 Abs. 2 BGB.[141] „Zuordnungsnorm“ ist insofern allein § 823 Abs. 2 BGB. Die Pflichten des § 31 Abs. 3 a WpHG füllen jedoch die zivilrechtliche Schadensersatzhaftung aus.

---

138 *Koller*, in: Assmann/Schneider (Hrsg.), WpHG, 6. Aufl. 2012, § 34 WpHG Rdn. 38; *ders.*, in: FS Schneider, 2011, S. 661, 665; *Schäfer*, in: FS Hopt, 2010, Bd. II, S. 2427, 2440. **A.A.** *Lenenbach*, Kapitalmarktrecht, 2. Aufl. 2010, Rdn. 5.265.

139 Eingefügt durch Art. 1 Nr. 6 lit. b) AnsFuG.

140 § 31 Abs. 3 a S. 2 WpHG und § 5 a WpDVerOV.

141 So Begr RegE v. 8.11.2010 z. AnsFuG, BR-Ds. 17/3628, S. 21. Kritisch zur Schutzgesetzeigenschaft *Möllers*, in: Köln. Komm. z. WpHG, 2. Aufl. 2014, § 31 WpHG Rdn. 18 m.w.N.

Der Gesetzgeber relativierte vorsorglich Erwägungen, er habe § 31 Abs. 3 a WpHG als „auch-zivilrechtliche" Vorschrift erlassen wollen: „weitergehende Ansprüche aufgrund anderer Vorschriften" sollen von § 31 Abs. 3 a WpHG unberührt bleiben, im Hinblick auf den Beratungsvertrag bleiben die Wertpapierdienstleister „zivilrechtlich zu anleger- und anlagegerechter Beratung verpflichtet". Im Einzelfall müssen sie damit Informationen erteilen, die über die aufsichtsrechtlichen Mindestanforderungen hinausgehen.[142]

Allein die Schutzgesetzeigenschaft vermag einen bivalenten Normcharakter von § 31 Abs. 3 a WpHG nicht zu begründen, zumal „Gesetz" i.S.d. § 823 Abs. 2 BGB jede Rechtsnorm ist, unabhängig von ihrer öffentlichrechtlichen oder zivilrechtlichen Herkunft.[143]

(d) Dokumentationspflicht (§ 34 Abs. 2 S. 1 WpHG)

Die Dokumentationspflicht gemäß § 34 Abs. 2 S. 1 WpHG verpflichtet Wertpapierdienstleister dazu, Aufzeichnungen zu erstellen über „Vereinbarungen mit Kunden, die die Rechte und Pflichten der Vertragsparteien sowie die sonstigen Bedingungen festlegen".

Mit dem Verweis auf „Vereinbarungen" setzt die Dokumentationspflicht voraus, dass zwischen Wertpapierdienstleister und Kunde ein Vertragsverhältnis besteht. § 34 Abs. 2 S. 1 WpHG ist gleichwohl keine Zuordnungsnorm. Die Wertpapierdienstleister sind nicht dazu verpflichtet, das Kundenverhältnis in ein zivilrechtliches Rechtsverhältnis zu überführen. Die Gesetzesbegründung hebt ausdrücklich hervor, dass § 34 Abs. 2 S. 1 WpHG in Übereinstimmung mit Art. 19 Abs. 7 MiFID I nur Aufzeichnungspflichten regelt, nicht aber den Inhalt oder Abschluss eines Vertrags vorgibt.[144]

---

142 So Begr RegE v. 8.11.2010 z. AnsFuG, BR-Ds. 17/3628, S. 21.
143 Vgl. *Wagner*, in: Münch. Komm. z. BGB, 6. Aufl. 2013, § 823 BGB Rdn. 389 ff.
144 Vgl. Begr RegE v. 12.2007 z. FRUG, BT-Ds. 16/4028, S. 64.

(e) Honorarberatung

Auch die Vorschriften über die künftige Honoraranlageberatung (§§ 31 Abs. 4 b, 4 c und 4 d WpHG-neu[145]) lassen sich nicht als bivalente Normen begreifen:

§ 31 Abs. 4 b WpHG-neu setzt das Bestehen eines zivilrechtlichen Anlageberatungsvertrags voraus. Die Regelung, dass sich der Honorarberater seine Leistungen nur unmittelbar von seinem Kunden vergüten lassen darf (§ 31 Abs. 4 b S. 1 Nr. 3 WpHG-neu) verlangt nach einer zivilrechtlichen Vergütungsabrede. Eine zivilrechtliche „Abschlusspflicht" oder sonstige inhaltliche Anforderungen an das Vertragsverhältnis werden nicht formuliert.

§ 31 Abs. 4 d S. 2 WpHG-neu untersagt Honoraranlageberatern die Ausführung eines zuvor empfohlenen Festpreisgeschäfts, sofern es sich dabei nicht um ein eigenes Produkt handelt (§ 31 Abs. 4 d S. 3 WpHG-neu). Aus der Gesetzesbegründung ergibt sich, dass die Norm Wertpapierdienstleistern verbietet, „bei empfohlenen Geschäften selbst Vertragspartner des Kunden zu werden".[146] Das aufsichtsrechtliche Verbot wird zwar durch Rückgriff auf das Nichtigkeitsverdikt des § 134 BGB zivilrechtlich sanktioniert. Dies reicht allerdings nicht für die Annahme eines bivalenten Normcharakters aus, denn Verbotsgesetzcharakter i.S.d. § 134 BGB können auch ausschließlich aufsichtsrechtliche Normen haben.

Ergebnis der systematischen Auslegung

Im WpHG finden sich keine Zuordnungsnormen, die über eine dem § 37 a WpHG a.F. vergleichbare Brückenfunktion verfügen. Ebenso wenig lassen sich unzweideutige Ausfüllungsnormen mit bivalentem Normcharakter identifizieren. Für eines der zentralen Argumente der Lehre von der Doppelnatur fehlt damit gegenwärtig der gesetzliche Nachweis.

cc) Historische Auslegung

Gegen die „Doppelnatur" sprechen überdies Anhaltspunkte in den historischen Gesetzesmaterialien, die darauf schließen lassen, dass der Gesetzge-

---

145 I.d.F. gemäß Art. 1 Nr. 2 HonoraranlageberatungsG.

146 Vgl. Begr RegE v. 6.2.2013 z. HonoraranlageberatungsG, BT-Ds. 17/12295, S. 15.

ber die §§ 31 ff. WpHG ausschließlich als öffentliches Recht erlassen wollte:[147]

Der Finanzausschuss des Deutschen Bundestags und die Bundesregierung nahmen die Vorarbeiten zum FRUG zum Anlass für die Klarstellung, dass das WpHG nicht auf eine bivalente Rechtssetzung in Aufsichts- und Zivilrecht abzielt. Das WpHG normiert hiernach „ausschließlich aufsichtsrechtlich sanktionierte Pflichten der Wertpapierdienstleistungsunternehmen".[148] Vergleichbare Feststellungen finden sich in der Begründung des FRUG-Regierungsentwurfs in Bezug auf einzelne WpHG-Normen.[149] Auch mit der Neufassung der §§ 31 ff. WpHG sollte kein doppelfunktionales Pflichtenprogramm geschaffen, sondern lediglich an bestehende Rechtsprechungsgrundsätze aufsichtsrechtlich angeknüpft werden.[150]

4. Zwischenfazit

Die §§ 31 ff. WpHG sind für das Zivilrecht nicht unmittelbar beachtlich. Europarechtlich kommt eine unmittelbare Anwendbarkeit der MiFID I-Vorgaben nicht in Betracht. Für die „Doppelnatur" der Wohlverhaltensregeln fehlen im geltenden Rechtsrahmen die nötigen Anhaltspunkte: weder „Zuordnungsnormen mit Brückenfunktion" noch „bivalente Ausfüllungsnormen" lassen sich feststellen.

III. Mittelbare zivilrechtliche Wirkung

Eine mittelbare Wirkung der Wohlverhaltenspflichten für das Zivilrechtsverhältnis zwischen Wertpapierdienstleister und Anleger könnte sich aus

---

147 Hierzu auch *Forschner*, Wechselwirkungen von Aufsichtsrecht und Zivilrecht, 2013, S. 82 ff., 85.

148 Begr Bericht des Finanzausschusses v. 29.3.2007 z. FRUG, BT-Ds. 16/4899, S. 12. Ebenso Begr RegE v. 12.1.2007 z. FRUG, BT-Ds. 16/4028, S. 53: „Bei den von der Umsetzung (...) betroffenen Regelungen des Wertpapierhandelsgesetzes (...) handelt es sich um ein einheitliches System *aufsichtsrechtlicher* Regelungen" (Hervorh. jeweils d. d. Verf.).

149 Begr RegE v. 12.1.2007 z. FRUG, BT-Ds. 16/4028, S. 65 (zu § 31 Abs. 8 WpHG), S. 68 (zu § 31 e WpHG).

150 Vgl. *Gaßner/Escher*, WM 1997, 93, 94; *Horn*, ZBB 1997, 139, 150; *Fuchs*, in: Fuchs (Hrsg.), WpHG, 2009, Vor §§ 31 bis 37 a WpHG Rdn. 59.

einer „Ausstrahlungswirkung" der §§ 31 ff. WpHG oder aus richtlinienkonformer Auslegung des Zivilrechts ergeben.

1. Lehre von der „Ausstrahlungswirkung"

Nach der Lehre von der „Ausstrahlungswirkung" sind die §§ 31 ff. WpHG auf zivilrechtlicher Ebene mittelbar zu berücksichtigen.[151]

Die Ausstrahlungswirkung beruht auf der Erwägung, dass öffentlich-rechtliche Normen zivilrechtliche Pflichten konkretisieren können.[152] Allen voran die Grundrechte entfalten mittelbare Wirkung auf die Auslegung des Zivilrechts[153]. Die Kernaussage der Lehre von der Ausstrahlungswirkung lautet, dass die auf das Zivilrecht „ausstrahlenden" §§ 31 ff. WpHG Umfang und Inhalt vertraglicher Pflichten beeinflussen, ohne diese aber unmittelbar und abschließend festzulegen. Der Bindungsgrad der Ausstrahlungswirkung ist im Einzelnen umstritten; die im Schrifttum vertretenen Differenzierungen sind nicht bloß semantischer Natur.

Dies setzt die hierauf basierende Lehre dem Vorwurf der Unschärfe[154] aus. Das vertretene Meinungsspektrum lässt sich vergleichen mit der Unterscheidung im Verwaltungsrecht zwischen normkonkretisierenden und norminterpretierenden Verwaltungsvorschriften.

Die stärkste Bindungswirkung wird den Wohlverhaltensregeln von der wohl überwiegend vertretenen Ansicht beigemessen, der zufolge die

151 Hierfür *Koller*, in: Assmann/Schneider (Hrsg.), WpHG, 6. Aufl. 2012, Vor § 31 Rdn. 3; *Seyfried*, in: Kümpel/Wittig, Bank- und Kapitalmarktrecht, 4. Aufl. 2011, Rdn. 3.90; *Schwark*, in: Schwark/Zimmer (Hrsg.), KMRK, 4. Aufl. 2010, Vor §§ 31 ff. WpHG Rdn. 16; *Koch*, in: *ebd.*, § 31 a WpHG Rdn. 61; *Fuchs*, in Fuchs (Hrsg.), WpHG, 2009, Vor §§ 31 bis 37 a WpHG Rdn. 58 ff.; *Rothenhöfer*, in: Baum/Hellgardt/Fleckner/Roth (Hrsg.), Perspektiven des Wirtschaftsrechts, 2008, S. 7 ff.; *Ellenberger*, in: FS Nobbe, 2009, S. 523, 534 ff.; *Köndgen*, JZ 2012, 260, 261; *ders.*, ZBB 1996, 361; *Hopt*, ZGR 2004, 1, 22. Für das österreichische Recht *Brandl/Klausberger*, ZFR 2009, 131, 132.

152 So *Fuchs*, in: Fuchs (Hrsg.), WpHG, 2009, Vor §§ 31 bis 37 a WpHG Rdn. 58; *Herresthal*, ZBB 2009, 348, 350.

153 Siehe S. 255 ff.

154 *Roth*, in: Assmann/Schütze (Hrsg.), Hdb KapitalanlageR, 3. Aufl. 2007, § 11 Rdn. 10; *Forschner*, Wechselwirkungen von Aufsichtsrecht und Zivilrecht, 2013, S. 114.

§§ 31 ff. WpHG vertragliche Pflichten „konkretisieren“.[155] Konkretisierungsbedürftig sind hiernach der Rechtssatz „Treu und Glauben“ (§ 242 BGB), die kommissionsrechtliche Pflicht zur Interessenwahrung (§ 384 HGB) und vorvertragliche Pflichten (§ 311 Abs. 2 BGB).[156] Zurückhaltender sind die Meinungen, wonach sich die Ausstrahlungswirkung auf den unverbindlichen „Transfer eines Rechtsgedankens“ beschränkt[157] oder die Wohlverhaltensregeln dem Zivilrichter nur als fakultative Erkenntnisquelle dienen[158].

Rechtsvergleichende Ergebnisse aus anderen europäischen Mitgliedsstaaten bekräftigen die Lehre von der Ausstrahlungswirkung. Rechtskonzeptuell sind jedoch erhebliche Begründungsschwächen festzustellen.

a) Zur Rechtslage in anderen EU-Mitgliedstaaten

Die MiFID I-Wohlverhaltensregeln wurden in den EU-Mitgliedstaaten vornehmlich aufsichtsrechtlich umgesetzt.[159]

In Österreich normieren die §§ 36-51 Wertpapieraufsichtsgesetz (WAG 2007) die Wohlverhaltensregeln (Art. 19 MiFID I).[160] Die Rechtsnatur der WAG-Wohlverhaltensregeln ist dabei ebenso umstritten wie in

155 *Rothenhöfer*, in: Baum/Hellgardt/Fleckner (Hrsg.), Perspektiven des Wirtschaftsrechts, 2008, S. 57, 75, 83; für eine Konkretisierung ebenfalls und jeweils m.w.N. *Fuchs*, in: Fuchs (Hrsg.), WpHG, 2009, Vor §§ 31 bis 37 a WpHG Rdn. 59 f.; *Schwark*, in: Schwark/Zimmer (Hrsg.), KMRK, 4. Aufl. 2010, Vorbem. §§ 31 ff. WpHG Rdn. 16; *Ellenberger*, in: FS Nobbe, 2009, S. 523, 534 ff.

156 *Fuchs*, in: Fuchs (Hrsg.), WpHG, 2009, Vor §§ 31 bis 37 a WpHG Rdn. 60. Siehe auch *Koller*, in: Assmann/Schneider (Hrsg.), WpHG, 4. Aufl. 2006, Vor § 31 WpHG Rdn. 19.

157 *Koller*, in: Assmann/Schneider (Hrsg.), WpHG, 6. Aufl. 2012, Vor § 31 WpHG Rdn. 3 Fn. 6.

158 *Bliesener*, Aufsichtsrechtliche Verhaltenspflichten beim Wertpapierhandel, 1998, S. 160; *Fuchs*, in: Fuchs (Hrsg.), WpHG, 2009, Vor § 31 WpHG Rdn. 60; *Assmann*, in: FS Schneider, 2011, S. 37, 47.

159 *Wendehorst*, ÖBA 2010, 562, 564; *Veil/Walla*, Schwedisches Kapitalmarktrecht, 2010, S. 112; *Veil/Wundenberg*, Englisches Kapitalmarktrecht, 2010, S. 149; *Tison*, in: FS Hopt, 2010, Bd. II, S. 2621, 2630 ff. Siehe auch BGH, Urt. v. 17.9.2013 (Az. XI ZR 332/12), NZG 2013, 1226, 1230 Rnd. 30 – *Lehman IV*.

160 Bundesgesetz über die Beaufsichtigung von Wertpapierdienstleistungen (WAG 2007), öBGBl. I Nr. 60 v. 31.7.2007.

Deutschland.[161] Allerdings hat sich der Oberste Gerichtshof klar positioniert, indem er feststellte, dass die Wohlverhaltensregeln zivilrechtliche Wirkung haben. Eine dogmatische Begründung lieferte das Gericht nicht.[162]

In Italien konstatierte der Kassationshof als höchstes italienisches Zivilgericht, dass die im Aufsichtsrecht normierten Pflichten bei beratungsfreien Wertpapiergeschäften auch zivilrechtlich als Vertragspflichten zu berücksichtigen sind.[163]

b) Rechtskonzeptuelle Begründungsschwächen

Das gewichtigste Argument gegen die Lehre von der Ausstrahlungswirkung ist der ihr implizite Verstoß gegen das Prinzip der Gewaltenteilung (Art. 20 Abs. 3 GG).[164]

Billigte man den §§ 31 ff. WpHG eine das Zivilrecht „konkretisierende" Wirkung zu, könnte die BaFin aufgrund ihrer Kompetenz zum Erlass normkonkretisierender Richtlinien (§ 35 Abs. 4 WpHG) mittelbar auf die Auslegung des Zivilrechts Einfluss nehmen.[165] In der Folge würde das Aufsichtsrecht „zum Vehikel der Rechtsangleichung im Zivilrecht".[166] Es wird befürchtet, dass diese „Prärogative der aufsichtsrechtlichen Normgebung" methodologisch auf die „Selbstaufgabe des Zivilrechts" hinaus-

---

161 Zum Diskussionsstand *Graf*, in: Gruber/Raschauer (Hrsg.), Wertpapieraufsichtsgesetz, Bd. I, 2010, § 38 Rdn. 44 ff.; zitiert nach *Möllers*, in: Köln. Komm. z. WpHG, 2. Aufl. 2014, § 31 WpHG Rdn. 54.

162 Noch zur Rechtslage vor Umsetzung der MiFID I OGH, Urt. v. 20.1.2005 (Gz 2 Ob 236/04 a), ÖBA 2005, 635, 640: „Mit § 15 WAG wurde schließlich eine ausdrückliche Haftungsnorm geschaffen, die auch im Gesetz den zivilrechtlichen Charakter der Verhaltenspflichten eindeutig klarstellt"; ebenso Urt. v. 20.4.2005 (Gz. 7Ob64/04 v), ÖBA 2005, 721, 735. Nachweise bei *Möllers*, in: Köln. Komm. z. WpHG, 2. Aufl. 2014, § 31 WpHG Rdn. 55.

163 Corte di Cassazione, Sezione I Civile, Urt. 3773 v. 17.2.2009, Rdn. 2.1.

164 *Leisch*, Informationspflichten nach § 31 WpHG, 2004, S. 85; *Möllers*, in: Köln. Komm. z WpHG, 2. Aufl. 2014, § 31 WpHG Rdn. 14; *Assmann*, in: FS Schneider, 2011, S. 37, 47; *Ekkenga*, in: Münch. Komm. z. HGB, 2. Aufl. 2009, Effektengeschäft Rdn. 75.

165 So *Rothenhöfer*, in: Baum/Hellgardt/Fleckner (Hrsg.), Perspektiven des Wirtschaftsrechts, 2008, S. 57, 83.

166 *Assmann*, in: FS Schneider, 2011, S. 37, 47.

läuft.[167] Um einen Bruch mit Prinzipien von Verfassungsrang zu vermeiden, muss es der freien Entscheidung des Gerichts überlassen bleiben, inwieweit es sich vom Aufsichtsrecht zur Konkretisierung zivilrechtlicher Sorgfaltspflichten „inspirieren“ lässt.[168]

Ebensowenig vermag das Argument zu überzeugen, dass die Anerkennung der Ausstrahlungswirkung einer Verkehrssitte i.S.d. § 157 BGB entspricht.[169] Hierfür fehlt es sowohl an der für die Annahme einer einheitlichen Übung erforderlichen Zeitdauer als auch an der Freiwilligkeit, denn aufsichtsrechtlich sind die Wertpapierdienstleister zur Einhaltung der §§ 31 ff. WpHG verpflichtet.[170]

c) Zwischenfazit

Die Lehre von der Ausstrahlungswirkung hat einzig dann eigenständige Bedeutung, wenn die §§ 31 ff. WpHG dem Zivilrichter nicht nur als fakultative Erkenntnisquelle dienen, sondern ihn darüber hinaus binden. Problematisch ist neben der Bestimmung des maßgeblichen Bindungsgrads zudem der einer starken Bindungswirkung implizite Verstoß gegen Art. 20 Abs. 3 GG. Eine das Zivilrecht mittelbar prägende Ausstrahlungswirkung ist aus diesen Gründen abzulehnen. Allenfalls lässt sich eine „faktische“ Ausstrahlungswirkung annehmen: Es ist nicht ausgeschlossen, dass die §§ 31 ff. WpHG den objektiven Empfängerhorizont beeinflussen, den es bei Auslegung der (konkludenten) Willenserklärungen des Anlageberatungsvertrags zu berücksichtigen gilt.[171]

---

167 So *Ekkenga*, in: Münch. Komm. z. HGB, 2. Aufl. 2009, Effektengeschäft Rdn. 75 f.

168 *Assmann*, in: FS Schneider, 2011, S. 37, 47.

169 So aber *Bliesener*, Aufsichtsrechtliche Verhaltenspflichten beim Wertpapierhandel, 1998, S. 158; *Reich*, WM 1997, 1601, 1608; kritisch hierzu *Möllers/Ganten*, ZGR 1998, 773, 807.

170 Hierzu *Forschner*, Wechselwirkungen von Aufsichtsrecht und Zivilrecht, 2013, S. 118 f.

171 Hierzu *Forschner*, Wechselwirkungen von Aufsichtsrecht und Zivilrecht, 2013, S. 116, 122, 142 ff.

2. Richtlinienkonforme Auslegung der §§ 31 ff. WpHG

Eine mittelbare zivilrechtliche Beachtlichkeit der (MiFID I)-Wohlverhaltensregeln könnte sich aus dem Gebot richtlinienkonformer Auslegung ergeben.

Die richtlinienkonforme Auslegung zählt zu den Grundprinzipien des Europarechts.[172] Nach ständiger Rechtsprechung des EuGH[173] findet die richtlinienkonforme Auslegung im Regelungsbereich einer Richtlinie für das „gesamte mitgliedstaatliche Recht" Anwendung. Sie gilt somit nicht nur für den Regelungsbereich des mitgliedstaatlichen Umsetzungsrechts.[174] Voraussetzung ist, dass sich der Regelungsbereich der MiFID I-Richtlinien auf das Zivilrecht erstreckt[175] und der EU-Gesetzgeber mit der MiFID I-Gesetzgebung auch die nationalen Zivilrechtsordnungen der vollharmonisieren wollte.

Nachfolgend gilt es daher den Harmonisierungsgrad und den Harmonisierungsgegenstand der MiFID I-Gesetzgebung zu untersuchen.

a) Harmonisierungsgrad der MiFID I-Gesetzgebung

aa) Harmonisierungsgrade europäischer Richtlinien

Europäische Richtlinien können unterschiedliche Harmonisierungsgrade aufweisen: Von „Vollharmonisierung" wird gesprochen, wenn eine Richtlinie ohne nationale Abweichungen umgesetzt werden muss.[176] Die Ge-

---

172 Hierzu *Wolf*, in: Grabitz/Hilf, Das Recht der Europäischen Union, 40. Aufl. 2009, A1. Grundzüge Rdn. 29 f.; *Ruffert*, in: Calliess/Ruffert (Hrsg.), EUV/AEUV, 4. Aufl. 2011, Art. 288 AEUV Rdn. 77.

173 Bspw. EuGH, Urt. v. 5.10.2004, verbundene Rs. C-397/01-C-403/01, Slg. 2004, I-08835 Tz. 115. Umfangreiche Nachweise zur weiteren EuGH-Rspr. bei *Ruffert*, in: Calliess/Ruffert (Hrsg.), EUV/AEUV, 4. Aufl. 2011, Art. 288 AEUV Rdn. 77; *Nettesheim*, in: Grabitz/Hilf/Nettesheim, Das Recht der Europäischen Union, 48. Erg.-Lfg. 2012, Art. 288 AEUV Rdn. 133 ff.

174 So zutreffend *Herresthal*, ZBB 2012, 89, 102.

175 **A.A.** wohl *Herresthal*, ZBB 2012, 89, 103, demzufolge die Verpflichtung zur richtlinienkonformen Auslegung selbst dann gelten soll, wenn man keine Kompetenz des europäischen Gesetzgebers zur Harmonisierung des Vertragsrechts annehmen möchte.

176 Zur Vollharmonisierung *Möllers*, in: Gsell/Herresthal (Hrsg.), Vollharmonisierung im Privatrecht, 2009, S. 247 ff.; *ders.*, ZEuP 2008, 480 ff.

setzgeber der Mitgliedsstaaten dürfen keine strengeren nationalen Vorschriften erlassen; zugleich darf das Regelungsniveau der Richtlinie nicht unterschritten werden.[177] Die „Mindestharmonisierung“ setzt nur ein Mindestschutzlevel, das die Mitgliedstaaten durch nationale Regelungen jederzeit überschreiten dürfen.[178] Des Weiteren ist die „optionelle Harmonisierung“ zu nennen, bei der sich die Vollharmonisierung auf grenzüberschreitende Sachverhalte beschränkt. Den Mitgliedsstaaten wird hierdurch die Option eingeräumt, für Inlandssachverhalte von den europäischen Vorgaben abweichende Regelungen beizubehalten oder einzuführen.[179]

bb) Ermittlung des Harmonisierungsgrads

Wegen des Subsidiaritätsprinzips des europäischen Rechts (Art. 5 Abs. 3 EUV) müssen sich vollharmonisierende Regelungswirkungen unmittelbar aus der Richtliniengesetzgebung für die betroffenen Rechtsgebiete ergeben.[180] Beispielsweise benennen die RiL 2007/64/EG[181] und 2008/48/EG[182] explizit das Ziel der Vollharmonisierung für die regulierten Rechtsgebiete. Ordnet die Richtlinie keinen bestimmten Harmonisierungsgrad an, ist dieser anhand der Ermächtigungsgrundlage, der Regelungssystematik und des Gesamterscheinungsbilds der Richtlinie zu ermitteln.[183]

---

177 *Jäger*, Überschießende Richtlinienumsetzung im Privatrecht, 2006, S. 34; vgl. *Forschner*, Wechselwirkungen von Aufsichtsrecht und Zivilrecht, 2013, S. 49.

178 *Tietje*, in: Grabitz/Hilf/Nettesheim, Das Recht der Europäischen Union, 51. Erg.-Lfg. 2013, Art. 114 AEUV Rdn. 41.

179 *Tietje*, in: Grabitz/Hilf/Nettesheim, Das Recht der Europäischen Union, 51. Erg.-Lfg. 2013, Art. 114 AEUV Rdn. 41. Kritisch *Forschner*, Wechselwirkungen von Aufsichtsrecht und Zivilrecht, 2013, S. 51.

180 So *Ellenberger*, in: FS Nobbe, 2009, S. 523, 535 f.

181 Art. 86 Abs. 1 Zahlungsdienste-RiL 2007/64/EG.

182 Art. 22 Abs. 1 Verbraucherkredit-RiL 2008/48/EG.

183 Vgl. *Tietje*, in: Grabitz/Hilf/Nettesheim, Das Recht der Europäischen Union, 51. Erg.-Lfg. 2013, Art. 114 AEUV Rdn. 41; *Herresthal*, WM 2012, 2261, 2262.

cc) MiFID I-Gesetzgebung

Die MiFID I-Richtlinien treffen zum Harmonisierungsgrad keine Feststellungen. Die MiFID I bezieht sich in Erwägungsgrund 71 auf das europäische Subsidiaritätsprinzip.[184] Nach der Rechtsprechung des EuGH[185] sind derartige Bezugnahmen für die Bestimmung des Harmonisierungsgrads aber unbeachtlich. Nachfolgend gilt es daher das Harmonisierungskonzept der MiFID I-Gesetzgebung zu untersuchen, wobei nicht ausgeschlossen ist, dass sich für die Regelungsbereiche „Zulassungsvorschriften" und „Wohlverhaltensregeln" unterschiedliche Harmonisierungsgrade ermitteln lassen.

(1) Harmonisierungsgrad der MiFID I-Zulassungsvorschriften

(a) Zulassungsvorschriften der MIFID I

Die Tätigkeit von Wertpapierdienstleistern innerhalb der Europäischen Union bedarf grundsätzlich der Zulassung.[186] Dabei muss unterschieden werden zwischen der erstmaligen Zulassung in einem Mitgliedstaat und der Anerkennung der Zulassung, die von einem anderen Mitgliedstaat erteilt wurde.

Dem Binnenmarktprinzip ist es geschuldet, dass die von einem Mitgliedstaat erteilte Zulassung bei grenzüberschreitender Tätigkeit von einem anderen Mitgliedstaat anerkannt werden muss.[187] Nach den Artt. 31 Abs. 1 S. 3, 32 Abs. 1 S. 3 MiFID I darf das mitglieddstaatliche Recht für grenzüberschreitend tätige Wertpapierdienstleister aus anderen Mitgliedstaaten keine Anforderungen aufstellen, die strenger als die MiFID I-Vorgaben sind.

Erwägungsgrund 22 MiFID I („strengere Normen eines anderen Mitgliedsstaats") impliziert jedoch, dass die Zulassungsvorschriften der Mit-

184 *Ellenberger*, in: FS Nobbe, 2009, S. 523, 536.

185 EuGH, Urt. v. 4.6.2009, Rs. C-285/08, Slg. 2009, I-4733 Tz. 20 – *Moteurs Leroy Somer*; Urt. v. 10.1.2006, Rs. C. 402/03, Slg. 2006, I-199 Tz. 22 m.w.N. – *Skov*.

186 Art. 5 Abs. 1 MiFID I.

187 Art. 31 Abs. 1 S. 3 MiFID I.

gliedsstaaten divergieren können, z.B. in Bezug auf das erforderliche Mindestkapital (Art. 12 MiFID I).[188]

Der vermeintliche Widerspruch zu Artt. 31 Abs. 1 S. 3, 32 Abs. 1 S. 3 MiFID I lässt sich dadurch auflösen, dass der Gesetzgeber für innerstaatliche und grenzüberschreitende Sachverhalte unterschiedliche Harmonisierungskonzepte vorgesehen hat: Die erstmalige Zulassung eines Wertpapierdienstleisters hat ausschließlich innerstaatlichen Bezug und richtet sich daher nach den Vorgaben des Mitgliedsstaats, in dem die Zulassung begehrt wird. Den nationalen Rechtsordnungen ist es gestattet, unterschiedliche Zulassungsvoraussetzungen aufzustellen. Hat ein Wertpapierdienstleister in einem Mitgliedsstaat aber die Zulassung erlangt und möchte z.B. mit einer Zweigniederlassung in einem anderen Mitgliedsstaat grenzüberschreitend tätig werden, muss dieser „Aufnahmestaat" die Zulassung anerkennen, auch wenn sie nach den Vorgaben des Aufnahmestaats nicht erteilt worden wäre.

Für den Regelungsbereich der Zulassungsvorschriften ist ein optionelles Harmonisierungskonzept festzustellen: Nur die Zulassungsvoraussetzungen für grenzüberschreitend tätige Wertpapierdienstleister, die bereits in einem anderen Mitgliedstaat zugelassen wurden, unterliegen der Vollharmonisierung; für die Vorschriften über die erstmalige Zulassung gilt dagegen ein mindestharmonisierendes Regelungskonzept.[189]

(b) Zulassungsvorschriften der MIFID I-DRL 2006/73/EG

Dafür, dass der MiFID I-Gesetzgebung insgesamt ein optionelles Harmonisierungskonzept zugrunde zulegen sein könntet, spricht auch die Regelungssystematik der MiFID I-DRL 2006/73/EG.

Nach Erwägungsgrund 10 MiFID I-DRL 2006/73/EG soll „[b]ei jeder Entscheidung zur Beibehaltung zusätzlicher Anforderungen" der Zielsetzung Rechnung getragen werden, Hindernisse für grenzüberschreitende Tätigkeiten durch „Harmonisierung der Bedingungen für die Erstzulassung und für die Ausübung der Tätigkeit einer Wertpapierfirma" zu beseitigen. Gemäß Art. 4 Abs. 1 MiFID I-DRL sind mitgliedstaatliche Regelungen, die über die Richtlinien-Vorgaben hinausgehen, nur in dem Ausnah-

188 Vgl. *Roth*, ZBB 2012,429, 437.

189 Vgl. *Roth*, ZBB 2012, 429, 437 ff. Siehe auch *Forschner*, Wechselwirkungen von Aufsichtsrecht und Zivilrecht, 2013, S. 56 f.

mefall zulässig, dass Anlegerschutzrisiken „durch diese Richtlinie nicht angemessen abgedeckt" sind. Hierdurch wird der Gestaltungsspielraum der Mitgliedsstaaten de facto auf Null reduziert, denn der Nachweis, dass Anlegerschutzrisiken nicht bereits auf Richtlinien-Ebene angemessen begegnet wird, ist kaum zu erbringen.[190]

Strengere mitgliedstaatliche Anforderungen werden zwar auf Ausnahmefälle beschränkt, sind aber nicht per se unzulässig. Es stellt sich daher die Frage, wie sich Art. 4 Abs. 1 MiFID I-DRL zu Artt. 31 Abs. 1 S. 3, 32 Abs. 1 S. 3 MiFID I verhält, wonach strengere mitgliedstaatliche (Zulassungs-)Vorschriften für grenzüberschreitende Sachverhalte generell unzulässig sind. Das Verhältnis dieser auf den ersten Blick widerstreitenden Regelungen regelt Art. 4 Abs. 2 MiFID I-DRL. Hiernach betrifft Art. 4 Abs. 1 MiFID I-DRL nicht den Anwendungsbereich der Artt. 31 f. MiFID I. Der Anwendungsbereich von Art. 4 Abs. 1 MiFID I-DRL zielt somit nur auf Regelungsbereiche ab, die nicht von Artt. 31 f. MiFID I erfasst sind, z.B. die Wohlverhaltensregeln.[191]

(2) Harmonisierungsgrad der MiFID I-Wohlverhaltensregeln

Die überwiegende Meinung im Schrifttum nimmt für die MiFID I-Gesetzgebung einen vollharmonisierenden Harmonisierungsgrad an,[192] ohne zwischen Regelungsbereichen und innerstaatlichen bzw. grenzüberschreitenden Anwendungsbereichen zu differenzieren.

Die Untersuchung des Harmonisierungskonzepts für den Bereich der Zulassungsvorschriften hat indes ergeben, dass gemäß Artt. 4 Abs. 1 und 2 MiFID I-DRL 2006/3/EG strengere Wohlverhaltensregeln der Mitgliedstaaten ausnahmsweise zulässig sein können. Es stellt sich die Frage, ob auch für den Regelungsbereich der Wohlverhaltensre-

190 *Forschner*, Wechselwirkungen von Aufsichtsrecht und Zivilrecht, 2013, S. 58.

191 Ebenso *Forschner*, Wechselwirkungen von Aufsichtsrecht und Zivilrecht, 2013, S. 60.

192 Z.B. *Forschner*, Wechselwirkungen von Aufsichtsrecht und Zivilrecht, 2013, S. 60; zuvor bereits *Möllers*, in: Köln. Komm. z. WpHG, 2. Aufl. 2014, § 31 WpHG Rdn. 36; *ders.*, WM 2008, 93, 96; *Leuering/Zetsche*, NJW 2009, 2856, 2859; weitere Nachweise bei *Herresthal*, WM 2012, 2261 Fn. 2; ähnlich *Mülbert* ZHR 2008, 170, 179; „Maximalharmonisierung".

geln zwischen innerstaatlichen und grenzüberschreitenden Sachverhalten unterschieden werden muss.

Gemäß Art. 23 Abs. 6 dürfen die Mitgliedsstaaten an die Vermittler von Wertpapierdienstleistungen Anforderungen stellen, die über die Richtlinien-Vorgaben hinausgehen.[193] Die Vorschrift bezieht sich ausschließlich auf die im Hoheitsgebiet eines Mitgliedsstaat registrierten Vermittler; strengere Vorschriften sind damit ausschließlich für innerstaatliche Konstellationen zulässig. Für den Regelungsbereich der Wohlverhaltensregeln legt die Öffnungsklausel die Annahme eines mindestharmonisierenden Harmonisierungskonzepts für innerstaatliche Sachverhalte nahe.[194] Für grenzüberschreitende Tätigkeiten bleibt es bei der Maßgabe von Artt. 31 Abs. 1 S. 2, 32 Abs. 1 S. 2 MiFID I: Wohlverhaltensregeln des Aufnahmestaats, die über die MiFID I-Vorgaben hinausgehen, sind unzulässig.

Im Ergebnis ist auch für den Regelungsbereich der Wohlverhaltensregeln ein optioneller Harmonisierungsgrad festzustellen. Dieses Harmonisierungskonzept wird im Übrigen von der MiFID II beibehalten, die die Art. 31 f. MiFID I nahezu unverändert mit den Artt. 36 und 37 MiFID II-E übernimmt.

dd) Zwischenfazit

Das Beispiel der Zulassungsvorschriften verdeutlicht, dass den MiFID I-Richtlinien kein einheitliches Harmonisierungskonzept zugrunde gelegt werden kann. Dieses ist vielmehr regelungsbereichsspezifisch zu bestimmen.

Der Regelungsbereich der Wohlverhaltensregeln wurde durch die MiFID I-Gesetzgebung in Bezug auf grenzüberschreitende Tätigkeiten vollharmonisiert. Strengere mitgliedstaatliche Regelungen sind nur für rein innerstaatliche Sachverhalte zulässig. Für innerstaatliche Sachverhalte wirken die MiFID I-Vorgaben lediglich mindestharmonisierend.

Hieraus ergibt sich ein optionelles Harmonisierungskonzept für die Wohlverhaltensregeln. Das Harmonisierungsziel der Richtliniengesetzge-

193 Hierzu auch *Herresthal*, WM 2012, 2261, 2262.

194 *Roth*, ZBB 2012,429, 438; *Sethe*, Anlegerschutz im Recht der Vermögensverwaltung, 2005, S. 471, 486 ff. Ebenso *Forschner*, Wechselwirkungen von Aufsichtsrecht und Zivilrecht, 2013, S. 56 f.

bung, den Anlegerschutz zu verbessern, wird hierduch nicht unterlaufen,[195] denn die optionelle Harmonisierung verhindert ein „race to the bottom" zulasten der Anleger; strengeren Erstzulassungsvorschriften zugunsten der Anleger steht sie dagegen nicht im Weg.[196]

b) Harmonisierungsgegenstand

Aus dem festgestellten Harmonisierungsgrad lässt sich nicht auf den Harmonisierungsgegenstand schließen. Die Vorgaben von Artt. 31 Abs. 1 und 32 Abs. 1 MiFID I gelten nur für die „von der vorliegenden Richtlinie erfassten Bereiche". Weitergehend gilt es daher zu untersuchen, ob die optionelle Harmonisierung der Wohlverhaltensregeln auch das Zivilrecht der Mitgliedstaaten umfasst.

Im Schrifttum wird hierzu ein breites Meinungsspektrum vertreten: von einer das Zivilrecht der Mitgliedstaaten einschließenden Vollharmonisierung[197], über die Annahme einer nur partiellen Vollharmonisierung[198] bis hin zur Ablehnung jeglicher Harmonisierungswirkung für das Zivilrecht[199].

Um das Zivilrecht der Mitgliedstaaten als Harmonisierungsgegenstand der MiFID-Gesetzgebung qualifizieren zu können, müssen zwei Voraussetzungen nachgewiesen werden: eine Regelungskompetenz des europäischen Gesetzgebers zur Harmonisierung des Zivilrechts der Mitgliedsstaaten sowie der entsprechende Harmonisierungswille.

---

195 So aber *Herresthal*, WM 2012, 2261, 2262.

196 Vgl. *Sethe*, Anlegerschutz im Recht der Vermögensverwaltung, 2005, S. 471.

197 *Mülbert*, ZHR 172 (2008), 170, 183 ff.; *ders.*, WM 2007, 1149, 1157; *ders.* in: Ferrarini/Wymeersch (Hrsg.), Investor Protection in Europe, 2006, S. 299, 318 f.; *Enriques*, in: *ebd.*, S. 321, 323; *Herresthal*, ZBB 2009, 348, 352; *ders.*, ZBB 2012, 89, 102 f.; *Nikolaus/d'Oleire*, WM 2007, 2129, 2134; *Sethe*, in: FS Nobbe, 2009, S. 769, 786 f.

198 *Roth*, ZBB 2012, 429, 437 f.

199 Zuletzt *Forschner*, Wechselwirkungen von Aufsichtsrecht und Zivilrecht, 2013, S. 39 ff., 57. Zuvor bereits *Koller*, in: Assmann/Schneider (Hrsg.), WpHG, 6. Aufl. 2012, Vor § 31 WpHG Rdn. 5; *Schwark*, in: Schwark/Zimmer (Hrsg.), Vor §§ 31 ff. WpHG Rdn. 14; *Koch*, in: Schwark/Zimmer (Hrsg.), § 31 a WpHG Rdn. 60; *Ellenberger*, in: FS Nobbe, 2009, S. 523, 535 ff.; *Assmann*, in: FS Schneider, 2011, S. 37, 51 ff.; *ders.*, ZIP 2009, 2125, 2126; *Möllers*, in: FS Hopt, 2010, Bd. II, S. 2247, 2261; *Veil*, WM 2009, 1585, 1587; *Podewils/Reisch*, NJW 2009, 116, 120.

aa) Kompetenz zur Harmonisierung mitgliedstaatlichen Zivilrechts

Europarechtlich gilt das Prinzip der begrenzten Ermächtigung: Jeder europäische Rechtsakt bedarf einer ausdrücklichen oder impliziten Rechtsgrundlage im Primärrecht.[200]

Die Harmonisierung des Zivilrechts der Mitgliedstaaten durch die MiFID I-Gesetzegbung müsste sich daher auf eine entsprechende europarechtliche Kompetenzgrundlage zurückführen lassen. Auf nationaler Ebene wäre von einer Zivilrechtsangleichung das Recht der Geschäftsbesorgungs- und Kommissionsverträge betroffen.[201]

Der Bezugsvermerk der MiFID I benennt als Ermächtigungsgrundlage die Niederlassungsfreiheit.[202] Es wird bezweifelt, dass die Niederlassungsfreiheit zur Zivilrechtsharmonisierung berechtigt.[203] Für diese Ansicht spricht, dass andere Richtlinien mit Bezug zur Niederlassungsfreiheit und zivilrechtlicher Regelungswirkung zusätzlich auf die Kompetenzgrundlagen verweisen, die zur Schaffung eines gemeinsamen Binnenmarkts ermächtigen.[204] Die Kompetenzen zur Errichtung eines gemeinsamen Binnenmarktes und zur Vereinheitlichung des Verbraucherschutzes gestatten aufgrund ihrer breiteren Zielsetzung generell weitreichende Harmonisierungsmaßnahmen und damit potentiell die Angleichung mitgliedstaatlichen Zivilrechts.[205] Dagegen umfasst die Ermächtigungsgrundlage der Niederlassungsfreiheit nicht alle mitgliedstaatlichen Vorschriften, die sich potentiell auf grenzüberschreitende Tätigkeiten auswirken.[206] Sie muss vielmehr im Lichte von Art. 3 Abs. 1 lit. c) EGV ausgelegt werden; die

---

200 Vgl. Art. 5 EGV, Art. 5 EUV, Art. 7 AEUV. Hierzu *Nettesheim*, in: Grabitz/Hilf/Nettesheim, Das Recht der Europäischen Union, 48. Erg.-Lfg. 2012, Art. 1 AEUV Rdn. 9.

201 *Schwark*, in: Schwark/Zimmer (Hrsg.), KMRK, 4. Aufl. 2010, Vor §§ 31 ff. WpHG Rdn. 14.

202 Ex-Art. 47 Abs. 2 EG, jetzt: Art. 53 Abs. 1 AEUV.

203 *Forschner*, Wechselwirkungen von Aufsichtsrecht und Zivilrecht, 2013, S. 32 m.w.N., der zudem darauf verweist, dass sich die Abhandlungen zur Angleichung des Privatrechts in Europa mit der Niederlassungsfreiheit als möglicher Kompetenzgrundlage überhaupt nicht auseinandersetzen.

204 Z.B. Zahlungsdienste-RiL 2007/64/EG und Handelsvertreter-RiL 86/653/EWG.

205 So *Forschner*, Wechselwirkungen von Aufsichtsrecht und Zivilrecht, 2013, S. 33 m.w.N.

206 Zu ex-Art. 100 a EGV EuGH, Urt. v. 4.10.2000, Rs. C-376/98, Slg. 2000, I-8419 Tz. 83 – *Deutschland/Parlament und Rat*; siehe *Forschner*, Wechselwirkungen von Aufsichtsrecht und Zivilrecht, 2013, S. 36.

Gewährleistung der Niederlassungsfreiheit hat damit zugleich der Verwirklichung des Binnenmarktziels zu dienen.[207] Die Zivilrechtsordnungen der Mitgliedsstaaten sind für die Verwirklichung des Binnenmarktziels kein derart großes Hemmnis, dass sie auf dieser Kompetenzgrundlage angeglichen werden dürften.[208] Es ist nicht ersichtlich, dass sich die MiFID I-Rechtsakte ausdrücklich auf Kompetenzgrundlagen stützen, die zur Harmonisierung mitgliedstaatlichen Zivilrechts berechtigen.[209]

Möglicherweise kommen aber ungeschriebene Kompetenzgrundlagen in Betracht: Nach einer Ansicht ist eine „Kompetenz kraft Sachzusammenhang“ auf europäischer Ebene abzulehnen.[210] Andere halten es für möglich, dass sich die Kompetenz zur Angleichung des Zivilrechts aus den ex-Artt. 94, 95, 308 bzw. 153 EGV bzw. als Annex zur Verwirklichung der Grundfreiheiten ergeben könnte[211] bzw. aus den gegenüber ex-Art. 308 EGV vorrangigen impliziten Gesetzgebungskompetenzen („implied powers“ [212])[213].

Wenngleich die besseren Argument gegen eine zivilrechtliche Regelungskompetenz sprechen, lässt sie sich nicht vollständig ausschließen.

bb) Wille zur Harmonisierung mitgliedstaatlichen Zivilrechts

Im nächsten Schritt gilt es anhand der klassischen Auslegungskanones zu ermitteln, inwieweit dem europäischen Gesetzgeber der Wille nachgewiesen werden kann, mit der MiFID I-Gesetzgebung das Zivilrecht der Mitgliedsstaaten zu harmonisieren.

---

207 So *Forschner*, Wechselwirkungen von Aufsichtsrecht und Zivilrecht, 2013, S. 36 m.w.N.

208 *Forschner*, Wechselwirkungen von Aufsichtsrecht und Zivilrecht, 2013, S. 38.

209 Siehe *Spindler*, in: Langenbucher/Bliesener/Spindler (Hrsg.), Bankrechts-Kommentar, 2013, § 33 Rdn. 26. Zuvor bereits *Schwark*, in: Schwark/Zimmer (Hrsg.), KMRK, 4. Aufl. 2010, Vor §§ 31 ff. WpHG Rdn. 14; *Veil*, ZBB 2008, 34, 41; *Assmann*, ZBB 2008, 21, 30.

210 *Spindler*, in: Langenbucher/Bliesener/Spindler (Hrsg.), Bankrechts-Kommentar, 2013, § 33 Rdn. 27; *Assmann*, ZBB 2008, 21, 30.

211 *Veil*, ZBB 2008, 34, 41 Fn. 77 m.w.N.

212 Hierzu *Winkler*, in: Grabitz/Hilf (Hrsg.), Das Recht der Europäischen Union, 40. Aufl. 2009, Art. 308 EGV Rdn. 44 f. m.w.N.

213 A.A. *Brandl/Klausberger*, ZFR 2009, 131, 133; *Assmann*, in: FS Schneider, 2011, S. 37, 39.

(1) Grammatisch-historische Auslegung

Zur Ermittlung des Regelungswillens des historischen Gesetzgebers kommen sowohl die Materialien des Gesetzgebungsverfahrens als auch gesetzesimmanente Materialien in Betracht.

Europarechtlich bestehen gegenüber einer Berücksichtigung der Materialien des Gesetzgebungsverfahrens („externe Gesetzesmaterialien") zu Auslegungszwecken keine Bedenken.[214] Deren Analyse ist heute allgemein anerkannt.[215]

Von „gesetzesimmanenter" Auslegung lässt sich sprechen, wenn die den europäischen Rechtsakten vorangestellten Begründungserwägungen für Auslegungszwecke berücksichtigt werden.[216] Im Gegensatz zu den externen Gesetzesmaterialien indizieren die Begründungserwägungen nicht die subjektiven Vorstellungen des Gesetzgebers, sondern erläutern objektiv die Regelungsziele der Richtlinie.[217]

(a) Externe Gesetzgebungsmaterialien

Aus einer Stellungnahme des Ausschusses des EU-Parlaments für Wirtschaft und Währung[218], die im Verlauf des Gesetzgebungsverfahren zur WpDiRiL 93/22/EWG abgegeben wurde, soll sich ergeben, dass sich die

---

214 Gegen eine Berücksichtigung der externen Gesetzesmaterialien zum BGB z.B. *Kohler*, Lehrbuch des Bürgerlichen Rechts, Bd. I, 1906, S. 131; *Cosack*, Lehrbuch des Deutschen Bürgerlichen Rechts, 4. Aufl. 1903, S. 38: „als Auslegungsbehelf" ohne „den mindesten Nutzen". Siehe *Honsell*, Historische Argumente im Zivilrecht, 1982, S. 51.

215 Laut BGH sind alle „amtlichen Materialien im herkömmlichen Sinne heranzuziehen, siehe BGH, Urt. v. 21.10.1954 (Az. IV ZR 171/52), BGHZ 15, 87, 89; *Vogenauer*, Die Auslegung von Gesetzen in England und auf dem Kontinent, Bd. I, 2001, S. 31 f. Für das Europarecht *Lutter*, JZ 1992, 593, 600; *Anweiler*, Auslegungsmethoden des EuGH, 1997, S. 148; *Müller/Christensen*, Juristische Methodik, Bd. II, 2. Aufl. 2007, Rdn. 70 ff.

216 Jeweils mit Nachweisen zur EuGH-Rspr. *Leisner*, EuR 2007, 689, 703 m.w.N. zur EuGH-Rspr.; ebenso *Dederichs*, EuR 2004, 345, 358. Siehe auch *Müller/Christensen*, Juristische Methodik, Bd. II, 2. Aufl. 2007, S. 71.

217 *Borchardt*, in: Schulze/Zuleeg/Kadelbach (Hrsg.), Europarecht, 2. Aufl. 2010, § 15 Rdn. 44.

218 Vgl. Wirtschafts- und Sozialausschuss, Stellungnahme v. 27.9.1989 z. WpDiRiL 93/22/EWG, ABl. Nr. C 298 v. 27.11.1989.

hiermit bezweckte Harmonisierung nicht auf das Zivilrecht erstrecken sollte.[219] Tatsächlich heißt es dort, dass es „weder Ziel noch Folge der Richtlinie sein kann, diese einzelstaatlichen Rechtsvorschriften abzuändern“.[220]

Ein Änderungsantrag desselben Ausschusses zur MiFID I begründet die gegenteilige Vermutung, dass sich die intendierte Harmonisierung auch auf das Zivilrecht bezieht:

> „Dieser Änderungsantrag ist notwendig, um deutlich zu machen, dass der neue EU-weite Rahmen an die Stelle der bisher bestehenden... zivilrechtlichen Haftung tritt. Ohne eine solche Klarstellung könnten Wertpapierhäuser in Ländern wie Deutschland zwei Regelungsschichten unterliegen, wobei die alten... Regelungen die Unterscheidung unterminieren, die in der Wertpapierdienstleistungsrichtlinie zwischen professionellen Anlegern und Kleinanlegern getroffen wird“.[221]

Der Änderungsantrag fand im weiteren Gesetzgebungsverfahren keine Berücksichtigung, der eingeforderte Gleichlauf von Aufsichts- und Zivilrecht bezog sich zudem nur auf das Modell der Kundenkategorisierung.[222] Der gesetzgeberische Wille, das Zivilrecht der Mitgliedstaaten anzugleichen, lässt sich aus diesen Materialien nicht ableiten.

Mehr Schlagkraft für die Annahme einer auch das Zivilrecht umfassenden Harmonisierung könnte eine sogenannte Background-Note zur MiFID I-DRL 2006/73/EG haben: [223]

> „Soweit die Wahl des rechtlichen Instrumentariums betroffen ist, ist es notwendig, Bestimmungen zu den organisatorischen und operationellen Anforderungen in Form einer Richtlinie zu verabschieden... Beispielsweise die Wohlverhaltensregeln, die das Rechtsverhältnis zwischen Wertpapierdienstleistern und ihren Kunden regulieren, ein Bereich, der auch vom Zivilrecht der Mitgliedstaaten erfasst wird.“ [224]

---

219 So *Koller*, in: FS Huber, 2006, S. 821, 839; i.E. auch *Mülbert*, ZHR 172 (008), 170, 172.

220 Wirtschafts- und Sozialausschuss, Stellungnahme v. 27.9.1989 z. WpDiRiL 93/22/EWG, ABl. Nr. C 298 v. 27.11.1989.S. 7.

221 Ausschuss für Wirtschaft und Währung, Bericht v. 4.9.2003 z. MiFID I, A5-0287/2003, Änderungsantrag Nr. 23.

222 Vgl. Art. 4 Abs. 1 Nr. 10 MiFID I sowie *Koller*, in: FS Huber, 2006, S. 821, 839.

223 *Mülbert*, ZHR 172 (2008), 170, 185.

224 Übersetzung d.d. Verf., engl. Originalversion: „As far as the choice of the legal instrument is concerned, it is necessary to adopt the provisions in the area of organisational and operating requirements of investment firms in the form of a directive. (...) For example, the provisions dealing with the conduct of business reg-

Die Beweiskraft der Background-Note ist indes dadurch gemindert, dass sich die Kommission mit Background Notes für die Zukunft nicht binden möchte.[225] Auch die Existenz der Background Note vermag die Annahme eines zivilrechtlichen Regelungswillens nicht zu rechtfertigen.[226]

Für die MiFID II wurde die Statuierung einer zivilrechtlichen Haftung ausdrücklich in Erwägung gezogen:

> „Die Kommission erhält regelmäßig Beschwerden, insbesondere von Kleinanlegern, dass Firmen gegen die geschäftliche Verhaltensregeln verstoßen haben. Die Einführung eines zivilrechtlichen Haftungsprinzips für Wertpapierdienstleister könnte daher für die Sicherstellung eines gleichhohen Anlegerschutzniveaus in der EU von grundlegenden Bedeutung sein. Ein solches Prinzip könnte in der Rahmenrichtlinie festgeschrieben werden und würde Kunden die Möglichkeit eröffnen, bei Verletzung der Wohlverhaltensregeln von Wertpapierdienstleistern Schadensersatzansprüche geltend zu machen... “[227]

Dieser Vorschlag hat jedoch weder in den MiFID II-Entwurf der Kommission noch in die Änderungsvorschläge des EU-Parlaments Eingang gefunden. Derzeit muss davon ausgegangen werden, dass von dem Vorstoß einer zivilrechtlichen Haftungsregelung auf europäischer Ebene Abstand genommen wurde.

---

ulate the relationship between investment firms and their clients, an area that is also governed by Member States' civil law.“, siehe Kommission, c, S. 6.

225 So *Mülbert*, ZHR 172 (2008), 170, 185 Fn. 45, der diesbezüglich verweist auf den „Important Disclaimer“ zu Kommission, Background Note z. Prospekt-RiL 2003/71/EG, S. 1: „It is intended to assist interested parties in understanding and assessing the regulatory changes that would be brought about the draft amendment, if adopted. As such, it has no interpretative value and cannot be legally binding.“.

226 Ebenso *Schwark*, in: Schwark/Zimmer (Hrsg.), KMRK, 4. Aufl. 2010, Vor §§ 31 ff. WpHG Rdn. 14.

227 Übersetzung d.d. Verf.; engl. Originalversion siehe Kommission, Public Consultation v. 8.10.2010 z. MiFID II, Nr. 7.2.6 (S. 63): „The Commission services regularly receive complaints, especially from retail investors, claiming that firms have violated conduct of business obligations. Introducing a principle of civil liability of investment services providers would be essential for ensuring an equal level of investor protection in the EU. Such a principle, could be included in the framework directive and would enable clients to claim damages against investment firms infringing MiFID rules, particularly in areas concerning the relationship between firms and clients and where specific obligations towards the client are foreseen.“.

Die grammatisch-historische Auslegung hat kein eindeutiges Ergebnis. Viele Anzeichen sprechen jedoch für die Annahme, dass der Gesetzgeber die mit der MiFID I eingeleitete Harmonisierung nicht auf das mitgleidstaatliche Zivilrecht ausweiten wollte.

(b) Richtlinienimmanente Materialien

Für einen auch das Zivilrecht umfassenden Harmonisierungswillen könnte Erwägungsgrund 24 MiFID I sprechen. Dieser erteilt den Mitgliedsstaaten den Auftrag, „eine Harmonisierung in dem Umfang vorzunehmen, der notwendig ist, um Anlegern ein hohes Schutzniveau zu bieten (...)".

Zum Teil wird Erwägungsgrund 24 MiFID I dahingehend interpretiert, dass für die Zwecke des Anlegerschutzes „alle verfügbaren kompetenziellen Mittel" und damit auch eine Harmonisierung des Zivilrechts in Betracht zu ziehen sind.[228] Hiergegen spricht Erwägungsgrund 41 MiFID I-DRL 2006/73/EG, demzufolge die Richtlinie keine weiteren Pflichten in Bezug auf „die Form, den Inhalt und die Erfüllung von Verträgen über die Erbringung von Wertpapier- oder Nebendienstleistungen" festlegt.[229]

Dafür, dass sich der gesetzgeberische Wille auf die Harmonisierung des Aufsichtsrechts beschränkt, sprechen Erwägungsgrund 2 MiFID I („Herkunftsland*aufsicht*" [230]) sowie Erwägungsgrund 25 MiFID I („*Aufsichts*vorschriften" [231]). Die MiFID I-Bestimmungen sind folglich von den Aufsichtsbehörden zu überwachen und im nationalen Aufsichtsrecht umzusetzen.[232] Zivilrechtliche Vertragspflichten oder eine Schadensersatzhaftung erwähnen die MiFID-Richtlinien dagegen nicht..[233]

Die Auslegung der richtlinienimmanenten Materialien deutet somit auf einen Harmonisierungswillen hin, der sich ausschließlich auf das Aufsichtsrecht bezieht.

---

228 *Spindler*, in: Langenbucher/Bliesener/Spindler (Hrsg.), Bankrechts-Kommentar, 2013, § 33 Rdn. 27.

229 BGH, Urt. v. 17.9.2013 (Az. XI ZR 332/12), NZG 2013, 1226, 1229 Rdn. 27 – *Lehman IV*.

230 Hervorh. d. d. Verf.

231 Hervorh. d. d. Verf.

232 So zutreffend *Roth*, ZBB 2012, 429, 435.

233 *Forschner*, Wechselwirkungen von Aufsichtsrecht und Zivilrecht, 2013, S. 39.

(2) Systematische Auslegung

(a) Freie Rechtsformwahl bei der Richtlinienumsetzung

Dem Unionsrecht ist die für das deutsche Recht charakteristische Unterscheidung zwischen öffentlichem Recht und Zivilrecht fremd.[234]

Um derartigen Besonderheiten der nationalen Rechtsordnungen Rechnung zu tragen,[235] überlässt der europäische Gesetzgeber den Mitgliedsstaaten die Freiheit, Form und Mittel der Richtlinienumsetzung frei wählen zu können (Art. 288 Abs. 3 AEUV).[236] Diese Wahlfreiheit umfasst die Rechtsqualität der Richtlinienumsetzung.[237] Der Grundsatz der freien Rechtsformwahl wurde vom EuGH mehrfach bekräftigt.[238]

(b) Einschränkungen durch den effet utile-Grundsatz

Die freie Rechtsformwahl bei der Richtlinienumsetzung schränkt der Grundsatz der Effektivität bzw. praktischen Wirksamkeit des Unionsrechts (*effet utile*) ein.[239]

Vermehrt wird im Schrifttum mit dem *effet utile*-Grundsatz für einen Harmonisierungswillen argumentiert, der sich auch auf das mitgliedstaatliche Zivilrecht beziehen soll:[240] Der Schutz der Vermögensinteressen der

---

234 Zutreffend *Herresthal*, WM 2012, 2261, 2263 m.w.N.

235 *Nettesheim*, in: Grabitz/Hilf (Hrsg.), Das Recht der Europäischen Union, 40. Erg.-Lfg. 2009, Art. 249 EGV Rdn. 152; *Ruffert*, in: Calliess/Ruffert (Hrsg.), EUV/AEUV, 4. Aufl. 2011, Art. 288 AEUV Rdn. 23 m.w.N.

236 Bei der Verabschiedung der MiFID I galt noch der inhaltsgleiche ex-Art. 249 Abs. 3 EGV.

237 *Nettesheim*, in: Grabitz/Hilf/Nettesheim, Das Recht der Europäischen Union, 48. Erg.-Lfg. 2012, Art. 288 AEUV Rdn. 132.

238 Z.B. EuGH, Urt. v. 19.7.2012, Rs. C-591/10, BeckRS 2012, 81492 Tz. 27 – *Littlewoods*; Urt. v. 30.5.2013, Rs. C-604/11, NZG 2013, 786, 789 Tz. 57 – *Genil 48*.

239 EuGH, Urt. v. 8.4.1976, Rs. 48/75, Slg. 1976, 497, 517 – *Royer*; ebenso *Ruffert*, in: Calliess/Ruffert (Hrsg.), EUV/AEUV, 4. Aufl. 2011, Art. 288 AEUV Rdn. 26; *Roth*, ZBB 2012, 429, 435. **A.A.** *Nettesheim*, in: Grabitz/Hilf/Nettesheim, Das Recht der Europäischen Union, 48. Erg.-Lfg. 2012, Art. 288 AEUV Rdn. 132.

240 *Mülbert*, WM 2007, 1149, 1157; *ders.*, ZHR 172 (2008), 170, 183; *Nikolaus/d'Oleire*, WM 2007, 2129, 2134; *Roth*, ZBB 2012, 429, 436; *Weichert/Wenninger*, WM 2007, 627, 635.

Anleger laufe leer, wenn die Harmonisierung nicht auch die zivilrechtlichen Haftungsregeln der Mitgliedsstaaten erfasst[241].[242]

(i) Effektivitäts- und Äquivalenzprinzip

Nach der EuGH-Rechtsprechung ist die mitgliedstaatliche Umsetzung europäischer Richtlinien an den Prinzipien der Effektivität und Äquivalenz zu messen.[243]

Der Effektivitäts-Grundsatz verpflichtet dazu, wirksame, verhältnismäßige und abschreckende Sanktionen einzuführen, soweit diese zur effektiven Durchführung der Richtlinien erforderlich sind. Gibt die Richtlinie keine besonderen Sanktionen vor, sind alle geeigneten Maßnahmen zu treffen, um ihr Geltung und Wirksamkeit zu verleihen.[244] Der Äquivalenz-Grundsatz fordert die Mitgliedsstaaten auf, im Rahmen ihres Umsetzungsermessens darauf zu achten, dass Verstöße gegen das Gemeinschaftsrecht nach sachlichen und verfahrensrechtlichen Regeln geahndet werden. Die vorgesehenen Sanktionen müssen denjenigen Regelungen entsprechen, die das nationale Recht für vergleichbare Verstöße vorsieht.[245]

In den Fällen, in denen der EuGH explizit verlangt hat, Richtlinienbestimmungen durch zivilrechtliche Sanktionsvorschriften abzusichern,[246] statuierte bereits die jeweilige Richtlinie entsprechende Sanktionsnormen.[247] Die MiFID-Gesetzgebung sieht keine konkreten Sanktionen vor. Weder das Effektivitäts- noch das Äquivalenzprinzip machen daher eine Umsetzung der Wohlverhaltensregeln im Zivilrecht der Mitgliedsstaaten erforderlich.[248]

---

241 *Veil*, WM 2007, 1821, 1825.

242 So *Forschner*, Wechselwirkungen von Aufsichtsrecht und Zivilrecht, 2013, S. 39 f.

243 Statt aller: EuGH, Urt. v. 19.7.2012, Rs. C-591/10, BeckRS 2012, 81492 Tz. 27 – *Littlewoods*.

244 EuGH, Urt. v. 8.6.1994, Rs. C-382/92, Slg. 1994, I-2435 Tz. 55 – *Kommission/ Vereinigtes Königreich*.

245 EuGH, Urt. v. 20.9.2001, Rs. C-453/99, Slg. 2001, I-6297 Tz. 29 – *Courage*.

246 EuGH, Urt. v. 20.9.2001, Rs. C-453/99, Slg. 2001, I-6297 Tz. 26 ff. – *Courage*.; vgl. auch EuGH, Urt. v. 17.9.2002, Slg. 2002, Rs. C-253/00, I-7289 Tz. 30 f. – *Muñoz*.

247 BGH, Urt. v. 17.9.2013 (Az. XI ZR 332/12), NZG 2013, 1226, 1229 f. Rdn. 30 – *Lehman IV*; *Grigoleit*, ZHR 177 (2013), 264, 276.

248 So aber tendenziell *Roth*, ZBB 2012, 429, 436.

(ii) Zivilrechtsgestaltender Regelungsgehalt

Um Richtlinienbestimmungen einen zivilrechtsgestaltenden Regelungsgehalt zu verleihen, müssen sie dem einzelnen Unionsbürger materiell-subjektive Privatrechte einräumen.[249]

Zivilrechtsgestaltenden Regelungsgehalt könnte insofern Erwägungsgrund 33 MiFID I haben. Hiernach sind die Wertpapierdienstleister zur bestmöglichen Ausführung von Kundenaufträgen verpflichtet, sofern sie „dem Kunden gegenüber *vertraglich* oder im Rahmen eines Vermittlungsgeschäfts verpflichtet sind“[250]. Die Bezugnahme auf Vertragsverhältnisse legt die Schlussfolgerung nahe, dass die Pflicht zur bestmöglichen Ausführung (Art. 21 MiFID I) den Inhalt dieser Vertragsverhältnisse bestimmt.[251] Für den deutschen Gesetzgeber würde diese Leseart bedeuten, dass Art. 21 MiFID I auch zivilrechtlich umzusetzen gewesen wäre.

Eine zivilrechtliche Umsetzung von Art. 21 MiFID I war für das deutsche Recht aber aus folgendem Grund entbehrlich: Die nationale Umsetzungsnorm (§ 33 a WpHG) wurde als AGB in die Sonderbedingungen für Wertpapiere übernommen. Die Wertpapierdienstleister haften bei einem Verstoß daher auch ohne gesetzliche Sanktionsnorm zivilrechtlich, nämlich gemäß § 280 Abs. 1 BGB[252].

(iii) Divergierende Zivilrechtsvorschriften als effet utile-Gefährdung

Ohne die Harmonisierung des nationalen Zivilrechts sind die Wertpapierdienstleister in den Mitgliedsstaaten potentiell strengeren Sanktionen ausgesetzt, als sie die MiFID I-Gesetzgebung vorsieht.

Hierdurch wird der *effet utile*-Grundsatz aber nicht in einem Maße gefährdet, das zur Angleichung der mitgliedstaatlichen Zivilrechtsordnungen verpflichtet.[253] Denn mit den MiFID I-Richtlinien sollten vorrangig die aufsichtsrechtlichen Vorschriften über die Zulassung und Aufsicht von

249 So *Nettesheim*, in: Grabitz/Hilf/Nettesheim, Das Recht der Europäischen Union, 48. Erg.-Lfg. 2012, Art. 288 AEUV Rdn. 125.

250 Hervorh. d. d. Verf.

251 So *Roth*, ZBB, 2012, 429, 436; ebenso *Köndgen*, in: FS Canaris, 2007, Bd. II, S. 183, 205.

252 *Früh/Ebermann*, in: Köln. Komm. z. WpHG, 2. Aufl. 2014, § 33 a WpHG Rdn. 144, 147.

253 *Forschner*, Wechselwirkungen von Aufsichtsrecht und Zivilrecht, 2013, S. 39 ff.

Wertpapierdienstleistern vereinheitlicht werden; abweichendes Zivilrecht stellt diese Regelungen nicht in Frage.[254] Ebenso wenig begründen unterschiedliche Zivilrechtstandards ein Hemmnis für das Tätigwerden eines Wertpapierdienstleisters in einem anderen Mitgliedsstaat.[255] In anderen harmonisierten Rechtsbereichen wurde das Haftungsrecht der Mitliedstaaten als Hemmnis für grenzüberschreitende Tätigkeiten angesehen. In diesen Fällen zielten aber die Richtlinienbestimmungen ausdrücklich auf die Harmonisierung der zivilrechtlichen Haftungsvorschriften ab, etwa die Produkthaftungs-RiL 85/374/EWG[256].[257] Diese Zielsetzung lässt sich für die MiFID I-Gesetzgebung nicht feststellen.

(3) Teleologische Auslegung

Das Prinzip der freien Rechtsformwahl wird für die MiFID-Richtlinien dadurch eingeschränkt, dass das verfolgte Ziel der Herkunftslandsaufsicht nur durch eine Richtlinienumsetzung im öffentlichen Recht der Mitgliedsstaaten zu verwirklichen ist.[258] Das Prinzip der Herkunftslandsaufsicht basiert darauf, dass die Mitgliedsstaaten für die Durchsetzung der Wohlverhaltenspflichten „einstehen“. Diese Verpflichtung kann nur durch öffentlich-rechtliche Regelungen in ausreichendem Umfang gewährleistet werden.[259]

c) Zwischenfazit

An einer das Zivilrecht der Mitgliedstaaten umfassenden Regelungskompetenz des EU-Gesetzgebers bestehen erhebliche Zweifel. In Betracht kommen allenfalls ungeschriebene Ermächtigungsgrundlagen.

Insbesondere deuten aber die Ergebnisse der grammatisch-historischen, systematischen und teleologischen Auslegung darauf hin, dass der europäische Gesetzgeber mit der MiFID I-Gesetzgebung nur das Aufsichts-

254 *Forschner*, Wechselwirkungen von Aufsichtsrecht und Zivilrecht, 2013, S. 40.
255 *Forschner*, Wechselwirkungen von Aufsichtsrecht und Zivilrecht, 2013, S. 40.
256 ProdHaft-RiL 85/374/EWG.
257 *Forschner*, Wechselwirkungen von Aufsichtsrecht und Zivilrecht, 2013, S. 41.
258 *Forschner*, Wechselwirkungen von Aufsichtsrecht und Zivilrecht, 2013, S. 43.
259 *Forschner*, Wechselwirkungen von Aufsichtsrecht und Zivilrecht, 2013, S. 44.

recht der Mitgliedstaaten harmonisieren wollte. Für einen sich auf das Zivilrecht der Mitgliedsstaaten erstreckenden Harmonisierungswillen fehlt es an hinreichenden Anhaltspunkten. Zudem wäre es mit der Umsetzungsfreiheit gemäß Art. 288 Abs. 3 AEUV nicht vereinbar, dass eine Richtlinie die Art und Weise ihrer Umsetzung konkret vorgibt.[260]

Eine mittelbare zivilrechtliche Wirkung der MiFID I-Gesetzgebung lässt sich daher auch nicht im Wege der richtlinienkonformen Auslegung herleiten.

IV. Zivilrechtswirkungen der Wohlverhaltensregeln aus Sicht der Rechtsprechung

1. EuGH-Rechtsprechung: Urteil vom 30.05.2013 („Genil 48“)[261]

Der EuGH musste sich erstmals 2013 mit der Frage der zivilrechtlichen Beachtlichkeit der MiFID I-Wohlverhaltensregeln auseinandersetzen.

Eingeleitet wurde das Vorabentscheidungsverfahren durch mehrere Vorlagen aus der spanischen Zivilgerichtsbarkeit.[262] Der EuGH-Entscheidung lagen letztlich zwei unterschiedliche Rechtsstreitigkeiten zugrunde. Diese resultierten daraus, dass zwischen Kunde und Bank jeweils als „Swaps“ bezeichnete Tauschverträge abgeschlossen worden waren, um den Kunden vor Schwankungen der variablen Zinssätze von Finanzinstrumenten zu schützen. Die Tauschverträge kamen *nach* Ablauf der MiFID I-Umsetzungsfrist am 1.11.2007[263] zustande. Nach Ansicht der vorlegenden Gerichte hatten es die Banken unterlassen, die bei der Anlageberatung erforderliche Angemessenheits- bzw. Geeignetheitsprüfungen (Artt. 19 Abs. 4 bzw. 5 MiFID I) durchzuführen.

---

260 *Herresthal*, WM 2012, 2261, 2263. Siehe auch EuGH, Urt. v. 25.5.1982, Rs. 96/81, Slg. 1982, 1791 Tz. 10 ff. – *Kommission/Niederlande*.

261 EuGH, Urt. v. 30.5.2013, Rs. C-604/11, NZG 2013, 786 ff. – *Genil 48*, m. Anm. *Lieder*, LMK 2013, 349404.

262 Juzgado Mercantil de Barcelona v. 18.7.2011, Rs. C-381/11, ABl. 2011 Nr. C 290 v. 1.10.2011, S. 3; Juzgado de Primera Instancia no 12 de Madrid v. 28.11.2011, Rs. C-604/11, ABl. 2012 Nr. C 32 v. 4.2.2012, S. 15 f.; Juzgado Mercantil de Barcelona v. 30.12.2011, Rs. C-664/11, ABl. 2012 Nr. C 80 v. 17.3.2012, S. 11; Juzgado Mercantil de Barcelona v. 30.12.2011, Rs. C-665/11, ABl. 2012 Nr. C 80 v. 17.3.2012, S. 12. Hinweise hierzu bei *Grundmann*, WM 2012, 1745, 1752.

263 Art. 70 MiFID I i.V.m. Art. 53 Abs. 2 MiFID I-DRL 2006/73/EG.

Dem EuGH wurden u.a. die Vorlagefragen gestellt, ob die Nichtbeachtung dieser Pflichten die Nichtigkeit der Tauschverträge zur Folge hat.[264] Dies wurde vom EuGH im Ergebnis verneint. Das Gericht ist der Ansicht, dass die MiFID I den Mitgliedsstaaten nicht den Auftrag erteilt, die Wohlverhaltensregeln auch auf der Ebene des nationalen Zivilrechts umzusetzen:

> „... Art. 51 der ***[MiFID I] [sieht]*** zwar [vor], dass bei Verstößen gegen die gemäß dieser Richtlinie erlassenen Vorschriften gegen die verantwortlichen Personen Verwaltungsmaßnahmen ergriffen oder Verwaltungssanktionen verhängt werden können, die Richtlinie [bestimmt] jedoch weder..., dass die Mitgliedsstaaten vertragliche Folgen für den Abschluss von Verträgen vorsehen müssen, in denen die Verpflichtungen missachtet werden, die sich aus den Bestimmungen des nationalen Rechts zur Umsetzung von Art. 19 IV und V ***[MiFID I]*** ergeben, noch, welche Folgen in Betracht kommen."[265]

Vielmehr betonte der EuGH die Umsetzungsfreiheit der Mitgliedsstaaten[266], die allenfalls durch den *effet utile*-Grundsatz[267] beschränkt werden kann:

> „In Ermangelung einer Regelung der Union hierzu kommt es der innerstaatlichen Rechtsordnung der einzelnen Mitgliedstaaten zu, die vertraglichen Folgen eines Verstoßes gegen diese Verpflichtungen festzulegen, wobei die Grundsätze der Äquivalenz und der Effektivität beachtet werden müssen..."[268]

Die EuGH-Rechtsprechung befindet sich insofern auf einer Linie mit den vorausgegangenen Ausführungen, die im Ergebnis eine zivilrechtliche Wirkung der MiFID I-Wohlverhaltensregeln ablehnen.

2. BGH-Rechtsprechung

a) Entscheidungen zur Rechtslage vor dem FRUG

Im Jahr 1999 entschied der BGH, dass die Vorschrift des § 31 Abs. 2 Nr. 2 WpHG a.F. „in erster Linie aufsichtsrechtlicher Natur"

---

264 Jeweils Vorlagefragen 2 und 3.

265 EuGH, Urt. v. 30.5.2013, Rs. C-604/11, NZG 2013, 786, 789 Tz. 56 – *Genil 48*.

266 Siehe S. 301.

267 Siehe S. 332 ff.

268 EuGH, Urt. v. 30.5.2013, Rs. C-604/11, NZG 2013, 786, 789 Tz. 57 – *Genil 48*.

sei, „aber auch anlegerschützende Funktion und damit Bedeutung für Inhalt und Umfang (vor-) vertraglicher Aufklärungspflichten" habe.[269]

Hieraus lassen sich folgende Schlussfolgerungen ableiten: Das Gericht ging nicht von einer „Doppelnatur" des § 31 WpHG a.F. aus, anderenfalls hätte es nicht der ausdrücklichen Differenzierung zwischen Aufsichts- und Zivilrecht bedurft. Vielmehr deutet die Entscheidung darauf hin, dass der BGH der Lehre von der Ausstrahlungswirkung zugeneigt war, indem er das Aufsichtsrecht zur Bestimmung zivilrechtlicher Pflichten heranzieht. Diese Positionierung fand in weiteren Urteilen vor der FRUG-Novelle Bestätigung.[270] So entschied der BGH im Jahr 2006 Folgendes zu den §§ 31 f. WpHG a.F.:

> „Schutzgesetzcharakter i.S. des § 823 II BGB können die §§ 31 ff. WpHG nur haben, soweit sie nicht lediglich aufsichtsrechtlicher Natur sind, sondern ihnen auch anlegerschützende Funktion zukommt. Ist dies der Fall, so können sie zwar für Inhalt und Reichweite (vor-)vertraglicher Aufklärungs- und Beratungspflichten von Bedeutung sein. Ihr zivilrechtlicher Schutzbereich geht aber nicht über diese (vor-) vertraglichen Pflichten hinaus. Daraus folgt, dass ihnen keine eigenständige, über die zivilrechtlichen Aufklärungs- und Beratungspflichten hinausgehende schadensersatzrechtliche Bedeutung zukommt"[271]

Es bleibt zunächst unklar, was der BGH hiermit meinte, entschied er doch über die Schutzgesetzeigenschaft der §§ 31 ff. WpHG. Für deren Bestimmung ist die Frage der zivilrechtlichen Wirkung („nicht lediglich aufsichtsrechtlicher Natur") irrelevant. Durch die Bezugnahme auf die „anlegerschützende Funktion" wird deutlich, dass sich das Gericht allein zur Notwendigkeit eines deliktischen Schadenersatzanspruchs im Gesamthaftungssystem äußern wollte.[272] Auf § 823 Abs. 2 BGB i.V.m. §§ 31 ff. WpHG gestützte Ansprüche gehen grundsätzlich nicht über (vor-) vertragliche Haftungsansprüche hinaus, so dass erstere im Gesamthaftungssystem nicht zwingend erforderlich sind („keine eigenständi-

---

269 BGH, Urt. v. 5.10.1999 (Az. XI ZR 296/98), BGHZ 142, 345, 356.

270 Vgl. BGH, Urt. v. 8.5.2001 (Az. XI ZR 192/00), BGHZ 147, 343, 348; Urt. v. 28.6.2005(Az. XI ZR 363/04), BGHZ 163, 311, 321.

271 BGH, Urt. v. 19.12.2006 (Az. XI ZR 56/05), BGHZ 170, 226, 232 Rdn. 18.

272 Siehe S. 496 f.

ge... schadensersatzrechtliche Bedeutung“).[273] Diese Rechtsprechungslinie wurde in Folgeentscheidungen bestätigt.[274]

Die BGH-Rechtsprechung vor Umsetzung der MiFID I-Vorgaben durch das FRUG im Jahr 2007 lässt folglich erkennen, dass das Gericht einen mittelbaren Einfluss der Wohlverhaltensregeln auf das Zivilrecht i.S.d. Ausstrahlungswirkung für möglich hielt.

b) Entscheidungen zur Rechtslage nach dem FRUG

In den Entscheidungen nach Inkrafttreten des FRUG fand die Rechtsprechungslinie zur Ausstrahlungswirkung keine Fortsetzung.[275]

Vielmehr deutete eine Entscheidung des VI. Zivilsenats aus 2010 darauf hin, dass das Gericht nunmehr der Lehre von der Doppelnatur zugeneigt war:

> „Der Anlegerschutz wird indessen nicht nur durch die öffentlich-rechtliche Verpflichtung zur Befolgung dieser Vorschrift, durch die staatlichen Aufsichtspflichten und die Sanktionsmöglichkeit als Ordnungswidrigkeit gewährleistet, sondern *auch* dadurch, dass § 34 a WpHG Inhalt und Umfang der *vertraglichen* Verpflichtungen zwischen Anleger und Wertpapierdienstleistungsunternehmen *bestimmt* und mithin im Fall der Zuwiderhandlung vertragliche Schadensersatzansprüche auslösen kann.“[276]

Dem Wortlaut dieser Entscheidung folgend, „bestimmt“ das Aufsichtsrecht den Inhalt vertraglicher Pflichten; es ist nicht mehr nur von einer bloßen Heranziehung des Aufsichtsrechts die Rede.

Demgegenüber differenzierten die drei „Lehman“-Urteile des XI. Zivilsenats aus den Jahren 2011 und 2012 deutlich zwischen aufsichts- und zivilrechtlicher Ebene, was wiederum gegen die Anerkennung eines bivalenten Normcharakters spricht:

---

273 So *Koller*, in: Assmann/Schneider (Hrsg.), WpHG, 5. Aufl. 2009, Vor § 31 WpHG Rdn. 7; ebenso *Schäfer*, WM 2007, 1872, 1875; *Nikolaus/d'Oleire*, WM 2007, 2129, 2130.

274 Siehe BGH, Urt. v. 19.2.2008 (Az. XI ZR 170/07), BGHZ 175, 276, 280 Rdn. 14.

275 Ebenso *Grundmann*, WM 2012, 1745, 1751 ff.

276 BGH, Urt. v. 22.6.2010 (Az. VI ZR 212/09), BGHZ 186, 58, 69 (Hervorh. d. d. Verf.).

> „Der deutsche Gesetzgeber hat in Gestalt des Finanzmarktrichtlinie-Umsetzungsgesetzes (FRUG) (...) die Umsetzung nicht auf zivil-, sondern auf *aufsichtsrechtlicher* Ebene vorgenommen."[277]

Der in den Entscheidungen vor Inkrafttreten des FRUG vielfach wiederholte Passus, dass die §§ 31 ff. WpHG „für Inhalt und Reichweite (vor-) vertraglicher Aufklärungs- und Beratungspflichten von Bedeutung sein" können, wurde nicht mehr wiedergegeben.[278] Der Umstand, dass die drei Entscheidungen in den betreffenden Absätzen wortidentisch sind, deutet darauf hin, dass die früheren Ausführungen zur „Ausstrahlungswirkung" bewusst weggelassen wurden.[279] Zugleich nahm der Senat erstmals zur Frage der zivilrechtlichen Beachtlichkeit der MiFID I-Wohlverhaltensregeln Stellung, die er im Ergebnis verneinte.[280]

c) Urteil des XI. Zivilsenats v. 17.9.2013[281]

Eine Zäsur bewirkte die vierte Lehman-Entscheidung des XI. Zivilsenats vom September 2013, die sich zu sämtlichen Zweifelsfragen in Bezug auf die Beachtlichkeit der Wohlverhaltensregeln mit ausführlicher Begründung klar positionierte und für künftige Entscheidungen richtungsweisend ist.

Erneut ging es um Aufklärungspflichten einer Bank, die einem Kunden Zertifikate der später insolventen US-Bank Lehman Brothers verkauft hatte. Im Gegensatz zu den vorherigen „Lehman"-Entscheidungen des XI. Zivilsenats hatte sich der zugrundeliegende Sachverhalt im Dezember 2007, also nach Inkrafttreten der FRUG-Novelle bzw. nach Ablauf der MiFD I-

---

277 BGH, Urt. v. 27.9.2011 (Az. XI ZR 178/10), NJW-RR 2012, 43, 47 f. Rdn. 50 – *Lehman I*; Urt. v. 27.9.2011 (Az. XI ZR 182/10), NJW 2012, 66, 71 Rdn. 47 – *Lehman II*; Urt. v. 26.6.2012 (Az. XI ZR 316/11), NJW 2012, 2873, 2875 Rdn. 25 (Hervorh. d. d. Verf.).

278 BGH, Urt. v. 27.9.2011 (Az. XI ZR 182/10), NJW 2012, 66, 71 Rdn. 47; BGH, Urt. v. 26.6.2012 (XI ZR 316/11), NJW 2012, 2873, 2875 Rdn. 25.

279 So i.E. auch *Klöhn*, ZIP 2011, 2244, 2246.

280 BGH, Urt. v. 27.9.2011 (Az. XI ZR 178/10), NJW-RR 2012, 43, 47 f. Rdn. 48 ff. – *Lehman I*; Urt. v. 27.9.2011 (Az. XI ZR 182/10), NJW 2012, 66, 70 f. Rdn. 45 ff. – *Lehman II*; Urt. v. 27.9.2011 (Az. XI ZR 178/10), NJW-RR 2012, 43, 47 f. Rdn. 48 ff.; Urt. v. 26.6.2012 (XI ZR 316/11), NJW 2012, 2873, 2875 Rdn. 24 f.

281 BGH, Urt. v. 17.9.2013 (Az. XI ZR 332/12), NZG 2013, 1226 – *Lehman IV*.

Umsetzungsfrist, ereignet. Die Bank hatte die Zertifikate von der Emittentin gegen die Gewährung eines Nachlasses auf den Nominalwert erworben, an den Kunden wurden sie aber zum Nominalwert veräußert. Streitgegenständlich war die Frage, ob die Nachlassgewährung eine Zuwendung i.S.v. § 31 d Abs. 2 WpHG darstellt und ob die Bank den Kunden hierüber hätte aufklären müssen.[282]

Der Senat erteilte einer zivilrechtlichen Beachtlichkeit der §§ 31 ff. WpHG bzw. von § 31 d WpHG eine deutliche Absage:

> „aa)... Daher handelt es sich bei den §§ 31 ff. WpHG... um aufsichtsrechtliche Bestimmungen, die lediglich öffentlich-rechtliche Pflichten der Wertpapierdienstleistungsunternehmen und deren Aufsicht durch staatliche Behörden, nicht jedoch unmittelbare Rechte und Pflichten zwischen Wertpapierdienstleistungsunternehmen und deren Kunden zum Gegenstand haben...
> bb) Gegen einen (auch) zivilrechtlichen Charakter der §§ 31 ff. WpHG sprechen insbesondere die Gesetzesmaterialien. Nach der Begründung des [FRUG] waren aufsichtsrechtliche Regelungen beabsichtig... und zwar ausschließlich....
> cc) Der öffentlich-rechtliche Charakter der §§ 31 ff. WpHG wird ferner durch die Zuständigkeit der [***BaFin***], mittels hoheitlichen Zwangs Aufsicht auszuüben (vgl. §§ 4, 35 WpHG), belegt... Zudem bestimmt § 4 Abs. 4 FinDAG, dass die [***BaFin***] ihre Aufgaben ausschließlich im öffentlichen Interesse wahrnimmt...
> b) § 31 d WpHG kann auch nicht im Wege einer Ausstrahlungswirkung eine eigenständige schuldrechtliche Aufklärungspflicht der Beklagten über die von ihr aus einem Wertpapiergeschäft erzielte Gewinnmarge begründen. Die öffentlich-rechtlichen Wohlverhaltenspflichten der §§ 31 ff. WpHG können zwar, soweit ihnen eine anlegerschützende Funktion zukommt, für Inhalt und Reichweite (vor-)vertraglicher Aufklärungs- und Beratungspflichten von Bedeutung sein... Ihr zivilrechtlicher Schutzbereich geht aber nicht über diese (vor-)vertraglichen Pflichten hinaus. Daraus folgt, dass ihnen keine eigenständige, über die zivilrechtlichen Aufklärungs- und Beratungspflichten hinausgehende schadensersatzrechtliche Bedeutung zukommt... Die aufsichtsrechtlichen Wohlverhaltenspflichten bewirken daher als solche weder eine Begrenzung noch eine Erweiterung der zivilrechtlich zu beurteilenden Haftung des Anlageberaters....“[283]

In Anbetracht der ausführlichen Begründung ist davon auszugehen, dass diese Entscheidung nicht auf einen Einzelfall beschränkt bleiben soll, sondern vielmehr die Richtschnur für künftige Urteile vorgibt. Sie bestätigt

---

282 Vgl. BGH, Urt. v. 17.9.2013 (Az. XI ZR 332/12), NZG 2013, 1226 – *Lehman IV*.

283 BGH, Urt. v. 17.9.2013 (Az. XI ZR 332/12), NZG 2013, 1226, 1228 Rdn. 17-20 – *Lehman IV*.

zugleich die Untersuchungsergebnisse zur zivilrechtlichen Wirkung der Wohlverhaltensregeln. Die Passage zum „zivilrechtlichen Schutzbereich“ entspricht den Ausführungen des Urteils vom 19.12.2006[284] und bezieht sich allein auf die Notwendigkeit einer deliktischen Haftung im Gesamthaftungssystem.

Unter dem Eindruck der berechtigten Kritik an seinen vorherigen europarechtlichen Ausführungen nahm das Gericht erneut zur zivilrechtlichen Beachtlichkeit der MiFID I-Wohlverhaltensregeln umfassend Stellung und bezog sich konkret auf die „Genil 48“-Entscheidung des EuGH.[285]. Auch der BGH sieht die vom EuGH festgestellten Anforderungen in Bezug auf Effektivität und Äquivalenz gewahrt:

> „Nach diesen Maßgaben [der Effektivität] erfordern weder die [MiFID I] noch die [MiFID I-DRiL] die Statuierung zivilrechtlicher Sanktionen bei einem Verstoß gegen eine – unterstellte – Pflicht zur Aufklärung über Einkaufsrabatte...
> Nach diesen Maßgaben [...] erfordert der Äquivalenzgrundsatz nicht die Begründung einer schuldrechtlichen Schadensersatzpflicht der Bank im Falle einer unterbliebenen Aufklärung über die Gewährung eines Einkaufsrabatts seitens des Emittenten eines Zertifikats.“[286]

Eine zivilrechtliche Wirkung der Wohlverhaltensregeln zieht der BGH derzeit weder unmittelbar (Lehre von der Doppelnatur), noch mittelbar (Ausstrahlungswirkung und richtlinienkonforme Auslegung) in Betracht.

3. Fazit

Zusammenfassend lässt sich feststellen, dass weder die §§ 31 ff. WpHG noch die MiFID-Wohlverhaltensregeln zivilrechtliche Wirkung haben. Die MiFID I-Richtlinien zielen auf eine optionelle Harmonisierung ab, die nur das mitgliedstaatliche Aufsichtsrecht umfasst. Bestätigt wird die hier vertretene Ansicht durch die richtungsweisenden Entscheidungen von EuGH und BGH. Die zivilvertraglichen Pflichten sind daher unabhängig vom Pflichtenkanon der Wohlverhaltensregeln und damit autonom zu bestim-

---

284 BGH, Urt. v. 19.12.2006 (Az. XI ZR 56/05), BGHZ 170, 226, 232 Rdn. 18.

285 BGH, Urt. v. 17.9.2013 (Az. XI ZR 332/12), NZG 2013, 1226, 1228 Rdn. 27-34 – *Lehman IV*.

286 BGH, Urt. v. 17.9.2013 (Az. XI ZR 332/12), NZG 2013, 1226, 1228 Rdn. 30, 33 – *Lehman IV*.

men.[287] Dies schließt es selbstverständlich nicht aus, dass sich die Rechtsprechung im Einzelfall von den aufsichtsrechtlichen Vorgaben „inspirieren" lässt.[288]

Die Interessenwahrungspflicht des § 31 Abs. 1 Nr. 1 WpHG, die *allen* Wertpapierdienstleistungen fremdnützigen Charakter verleiht, hat somit *keine* zivilrechtliche Wirkung. Der eigennützige Charakter des Festpreisgeschäfts bleibt zivilrechtlich bestehen.

Zumindest auf der Grundlage von § 31 Abs. 1 Nr. 1 WpHG lässt sich das Rechtsprinzip einer „fremdnützigen Interessenwahrung" im Ergebnis nicht herleiten.

C. Die Kundenbeziehung als bankvertragliches Treuhandverhältnis

Die Verpflichtung zur „fremdnützigen Interessenwahrung" lässt sich nur dann als Rechtsprinzip des Privatanlegerschutzes begreifen, wenn sie der Rechtsbeziehung zwischen Wertpapierdienstleister und Kunde unabhängig von der konkreten Geschäftsart zugrunde gelegt werden kann.

Nachfolgend gilt es zu untersuchen, ob der fiduziarische Charakter der bankmäßigen Geschäftsverbindung die Eigennützigkeit von Festpreisgeschäften „überlagert". Zur Herleitung dieses Begründungsansatzes sind zunächst die Grundlagen des Treuhandrechts darzustellen, bevor der Treuhandcharakter der Bankverbindung untersucht wird.

I. Grundlagen des Treuhandrechts

1. Treugeber und Treuhänder

Treugeber und Treuhänder sind die Protagonisten des Treuhandverhältnisses. Deren Zusammenwirken wird von *Siebert* in seiner für das Treuhand-

---

287 Kritisch *Klöhn*, ZIP 2011, 2244, 2246; *Herresthal*, ZBB 2012, 89, 102 ff.

288 Vgl. BGH, Urt. v. 17.9.2013 (Az. XI ZR 332/12), NZG 2013, 1226, 1227 Rdn. 8 – *Lehman IV*; zuvor bereits *Sethe*, Anlegerschutz im Recht der Vermögensverwaltung, 2005, S. 749: „Das Aufsichtsrecht kann in das vertragsrechtliche Gefüge ausstrahlen, muss es aber nicht.".

recht richtungsweisenden[289] Habilitationsschrift aus dem Jahr 1933 wie folgt beschrieben:

> „Unter einem rechtsgeschäftlichen Treuhänder versteht man heute... ziemlich allgemein eine natürliche oder juristische Person, die von einem anderen (oder für einen anderen) Vermögensrechte zu eigenem Recht erworben hat, diese Rechte aber nicht, oder wenigstens nicht ausschließlich in eigenem Interesse ausüben soll."[290]

Dem Treuhänder sind folglich fremde Rechte anvertraut, die er nicht im eigenen Interesse, sondern nur im Interesse des Treugebers ausüben darf;[291] sein rechtliches Können im Außenverhältnis übersteigt das ihm im Innenverhältnis eingeräumte rechtliche Dürfen.[292]

2. Rechtskonzeptionelle Kategorisierung

Treuhandverhältnisse haben in der Rechtspraxis vielgestaltige Erscheinungsformen und dementsprechend unterschiedliche Merkmale.[293]

Grundlegend ist jedoch die Unterscheidung in juristische und wirtschaftliche Treuhandverhältnisse: Die juristische Treuhand berechtigt den Treuhänder dazu, über ein fremdes Vermögensrecht aufgrund eigener Rechtszuständigkeit, nicht aber im eigenen Interesse zu verfügen. Als wirtschaftliche Treuhand wird allgemein die fremde Wahrnehmung fremder Vermögensinteressen bezeichnet.[294]

Treuhandverhältnisse werden vor allem anhand der dem Treuhänder übertragenen Rechtsposition unterschieden. Wird der Treuhänder Vollrechtsinhaber des ihm übertragenen Treuguts, ist innerhalb dieser „Vollrechtstreuhand" weiter zwischen der fiduziarischen und der germanischen bzw. deutschrechtlichen Treuhand zu unterscheiden.[295] Charakteristisch für die „fiduziarische Treuhand" ist, dass dem Treuhänder das Treugut zu Eigentum übertragen wird und er nur aufgrund einer schuldrechtlichen

---

289 Vgl. *Löhnig*, Treuhand, 2006, S. 95 m.w.N.

290 *Siebert*, Das rechtsgeschäftliche Treuhandverhältnis, 1933, S. 1.

291 *Coing*, Treuhand, 1973, S. 1.

292 *Schramm*, in. Münch. Komm. z. BGB, 6. Aufl. 2012, Vor § 164 BGB Rdn. 28.

293 Z.B. *Röder*, Treuhand und Refinanzierungsregister, 2011, S. 43 ff; *Röchert*, Treuhand und neues Pfandbriefrecht, 2011, S. 28 ff.

294 Vgl. *Röchert*, Treuhand und neues Pfandbriefrecht, 2011, S. 28 f.

295 *Röchert*, Treuhand und neues Pfandbriefrecht, 2011, S. 29.

Abrede in seinem rechtlichen „Dürfen“ beschränkt ist; wegen § 137 BGB hat diese Beschränkung keine dingliche Wirkung.[296] Demgegenüber beschränkt das Modell der „deutschrechtlichen“ Treuhand auch die dingliche Rechtsstellung des Treugebers durch den Treuhandzweck. Die Vollrechtsübertragung erfolgt nur auflösend bedingt (§ 158 Abs. 2 BGB).[297] Keine Vollrechtsübertragung ist bei der „Ermächtigungstreuhand“ vorgesehen, die den Treuhänder lediglich dazu ermächtigt, über das Treugut zu verfügen (§ 185 BGB).[298] Anerkannt ist ferner die „Vollmachtstreuhand“, bei der der Treugeber Vollrechtsinhaber bleibt und dem Treuhänder nur die schuldrechtliche Vollmacht eingeräumt wird (§ 164 ff. BGB), Rechtsgeschäfte über das Treugut vornehmen zu dürfen.[299]

3. Treuhand als Interessenwahrnehmung kraft eigener Macht

Als Ausgangsbasis für die weitere Modellbildung dient ein weites Treuhandverständnis, das die Treuhand als „Interessenwahrnehmung kraft eigener Macht“[300] begreift. [301]

Ausgehend von den Vorarbeiten *Beyerles*[302] erschließt *Martin Löhnig* das Treuhandrecht aus dem Innenverhältnis heraus, indem er primär auf die schuldrechtliche Vereinbarung zwischen Treugeber und Treuhänder abstellt. Beziehungen der am Treuhandverhältnis Beteiligten zu Dritten spielen zunächst ebenso wenig eine Rolle wie die dingliche Zuordnung des Treuguts im Außenverhältnis.[303] Ebenso wie *Beyerle*[304] greift er auf die drei Vertragstypen als Grundformen schuldrechtlicher Verträge zurück und ordnet die Treuhand dem Interessenwahrungsverhältnis zu.

---

296 *Röder*, Treuhand und Refinanzierungsregister, 2011, S. 46.

297 *Röchert*, Treuhand und neues Pfandbriefrecht, 2011, S. 30.

298 *Schramm*, in. Münch. Komm. z. BGB, 6. Aufl. 2012, Vor § 164 BGB Rdn. 36.

299 BGH, Urt. v. 29.1.1964 (Az. Ib ZR 197/62), BGHZ 41, 98; *Schramm*, in. Münch. Komm. z. BGB, 6. Aufl. 2012, Vor § 164 BGB Rdn. 31, 37. Nach **a.A.** soll es sich nicht um ein juristisches Treuhandverhältnis handeln, da die treuhänderische Bindung nur das Innenverhältnis betrifft, vgl. *Leptien*, in: Soergel, BGB, 13. Aufl. 2013, § 164 BGB Rdn. 73; *Palm*, in: Erman, 13. Aufl. 2011, § 164 BGB Rdn. 16; *Röchert*, Treuhand und neues Pfandbriefrecht, 2011, S. 31.

300 Der Begriff geht zurück auf *Emmerich*, Sanierung, 1930, S. 144.

301 *Löhnig*, Treuhand, 2006, S. 115 ff.

302 *Beyerle*, Treuhand, 1932, S. 16 f.

303 *Löhnig*, Treuhand, 2006, S. 115.

304 *Beyerle*, Treuhand, 1932, S. 16.

Hiernach dient die Treuhand stets der fremdnützigen Interessenwahrnehmung[305] und wird wie folgt definiert: „Treuhand ist die durch ein vertragliches oder gesetzliches Schuldverhältnis vermittelte selbständige Wahrnehmung bestimmter Interessen durch eine andere Person (Treuhänder) als den Interessenträger (Treugeber).“[306] Die Interessenwahrnehmung wird dem Treuhänder durch die Einräumung von Machpositionen ermöglicht, die ihm den Zugriff auf den Interessenkreis des Treugebers eröffnen.[307]

Rechtskonzeptionell lässt sich dieses Treuhandmodell auf die Vollmachtstreuhand und den entgeltlichen Geschäftsbesorgungsvertrag zurückführen: „Die Treuhand lockert sich zur bloßen Geschäftsbesorgung auf, wo der Besitz entbehrlich ist; statt des kausalen Eigentums genügt dem Treuhänder im Regelfall Vertretungsmacht.“[308] § 675 Abs. 1 BGB ist damit „treuhandrechtliche Generalnorm“ für alle Vertragsverhältnisse, die nicht speziell[309] geregelt sind.[310] Die Konzeption der Treuhand als „Interessenwahrnehmung kraft eigener Macht“ kommt zudem in den Gesetzesmaterialien zu § 675 Abs. 1 BGB zum Ausdruck: Der historische BGB-Gesetzgeber begreift die entgeltliche Geschäftsbesorgung als „Thätigkeit, die innerhalb des Rechtsbereichs des Geschäftsherrn vorzunehmen sei“[311]. Die Einräumung der Machtposition, die zum Tätigwerden im Rechts- und Interessenbereich des Treugebers berechtigt, ist damit Wesensmerkmal von entgeltlicher Geschäftsbesorgung und Treuhand.[312]

II. Bankmäßige Geschäftsbeziehung als Treuhandverhältnis

1. Voraussetzungen

Um die bankmäßige Geschäftsverbindung als Treuhandverhältnis begreifen zu können, müssen folgende Voraussetzungen erfüllt sein: Die bank-

---

305 *Löhnig*, Treuhand, 2006, S. 116.

306 *Löhnig*, Treuhand, 2006, S. 117.

307 *Löhnig*, Treuhand, 2006, S. 117. Vgl. *Emmerich*, Sanierung, S. 144.

308 *Beyerle*, in: FS Schultze, 1938, S. 229, 239.

309 Kraft gerichtlicher Entscheidung (z.B. Vormundschaft und Betreuung) oder gesetzlich (z.B. elterliche Sorge und eheliche Schlüsselgewalt).

310 Ausführlich *Löhnig*, Treuhand, 2006, S. 136 ff.

311 Prot. II, S. 377. Der Hinweis findet sich bei *Löhnig*, Treuhand, 2006, S. 144.

312 *Löhnig*, Treuhand, 2006, S. 144.

mäßige Geschäftsverbindung muss aus einer Motivationslage heraus begründet werden, die anderen Treuhandverhältnissen vergleichbar ist, und der Bank muss eine Einflussnahmemöglichkeit eröffnet werden, die sich auf einen Geschäftsbesorgungsvertrag zurückführen lässt.

a) Vergleichbare Motivationslage

Treugeber nehmen typischerweise die Dienste von Treuhändern in Anspruch, um z.B. von deren fachlicher Kompetenz und Zugang zu bestimmten Märkten oder von den Vorteilen der Arbeitsteilung zu profitieren.[313]

In Anbetracht der festgestellten marktfunktionalen und intellektuellen bzw. informationellen Defizite der Privatanleger ist diese beispielhafte Aufzählung für deren Motivation, die Dienste einer Bank in Anspruch zu nehmen, geradezu paradigmatisch.

b) Geschäftsbesorgungsrechtliche Grundlage

Treuhandverhältnisse beruhen stets auf einer geschäftsbesorgungsrechtlichen Grundlage. Einzelne Bankgeschäfte wie das Festpreisgeschäft basieren dagegen auf einer kaufvertraglichen Grundlage, der die Verpflichtung zur Fremdinteressenwahrung fremd ist.

Die fiduziarische Natur der bankmäßigen Geschäftsverbindung ist allgemein anerkannt.[314] Es sei „unmittelbar einleuchtend", dass im Rahmen der Bankverbindung nicht die Interessen der Bank maßgeblich sind, sondern diejenigen des Kunden, welcher der Bank die Einwirkungsmacht auf seine Vermögenswerte einräumt.[315] Nach der hier vertretenen Ansicht ist die Existenz des allgemeinen Bankvertrags anzuerkennen, bei dem es sich

---

313 *Löhnig*, Treuhand, 2006, S. 116 f.

314 Bereits RG, Urt. v. 31.1.1891 (Az. I 254/90), RGZ 27, 118, 122. Siehe auch *Hadding/Häuser*, in: Münch. Komm. z. HGB, 2. Aufl. 2009, A. Giroverhältnis Rdn. A150; siehe auch *Hopt,* Der Kapitalanlegerschutz im Recht der Banken, 1975, S. 404 f.; *ders.*, in: Schimansky/Bunte/Lwowski (Hrsg.), Bankrechts-Handbuch, 4. Aufl. 2011, § 1 Rdn. 26, 42; *Häuser*, in: Derleder/Knops/Bamberger (Hrsg.), Bankrecht, 2. Aufl. 2009, § 2 Rdn. 15, 22.

315 *Grundmann*, in: Ebenroth/Boujong/Joost/Strohn, Handelsgesetzbuch, 2. Aufl. 2009, 2. Die Geschäftsverbindung zwischen der Bank und dem Kunden Rdn. I109.

um einen zur Fremdinteressenwahrung verpflichtenden Geschäftsbesorgungsvertrag handelt.[316]

Die bankmäßige Geschäftsverbindung lässt sich daher auf einen Geschäftsbesorgungsvertrag i.S.d. § 675 Abs. 1 BGB zurückführen.

c) Einflussnahmemöglichkeit

Für die Annahme einer „Interessenwahrnehmung kraft eigener Macht" kommt es nicht darauf an, dass der Bank als Treuhänderin eine dingliche Rechtsposition am Vermögen des Anlegers eingeräumt wird. Bereits die faktische Einflussnahmemöglichkeit des Treuhänders auf Vermögenspositionen des Treugebers reicht aus.[317]

Nach diesem weiten Verständnis können auch in Anlageberatungssituationen Treuhandverhältnisse begründet werden: Der Anleger als Treugeber trägt zwar die schuldrechtliche und dingliche Letztverantwortlichkeit für seine Anlageentscheidung; kraft ihrer Anlageempfehlungen und des entgegengebrachten Anlegervertrauens wird der Bank jedoch die Möglichkeit eröffnet, faktisch auf das Anlegervermögen einzuwirken.

2. Rechtswirkungen

a) Interessenwahrungspflicht des allgemeinen Bankvertrags

Der allgemeine Bankvertrag verpflichtet die Bank zur fremdnützigen Interessenwahrung. Da es sich um einen „Rahmenvertrag" handelt, lassen sich aus dem allgemeinen Bankvertrag keine unmittelbaren Pflichten und Rechtswirkungen ableiten. Ohne Rechtswirkungen für die einzelvertraglichen Anlagegeschäfte würde das Leitmotiv einer fremdnützigen Interessenwahrung allerdings leerlaufen.

Der Interessenwahrungspflicht ist dadurch Wirkung zu verleihen, dass sie mit dem Pflichtenprogramm der Einzelgeschäfte verwoben wird. Die anhand der vertragstypologischen Einstufung für das jeweilige Einzelge-

---

316 Siehe S. 163 f.

317 Siehe auch *Grundmann*, in: Ebenroth/Boujong/Joost/Strohn, Handelsgesetzbuch, 2. Aufl. 2009, 2. Die Geschäftsverbindung zwischen der Bank und dem Kunden Rdn. I109.

schäft ermittelte Interessenbindung ist insoweit unbeachtlich. Der fiduziarische Charakter des allgemeinen Bankvertrags verleiht *allen* Rechtsgeschäften, die im Rahmen der Bankverbindung vorgenommen werden, fremdnützigen Charakter und „überwölbt" dadurch die Eigennützigkeit von Festpreisgeschäften.[318]

Die zivilrechtliche Rechtswirkung der Interessenwahrungspflicht aus dem allgemeinen Bankvertrags entspricht somit § 31 Abs. 1 Nr. 1 WpHG, der auf aufsichtsrechtlicher Ebene allen Wertpapierdienstleistungen fremdnützigen Charakter verleiht.

b) Rechtsprinzip „fremdnützige Interessenwahrung"

Die Geldanlagen privater Anleger in Kapitalmarktinvestmentprodukte erfolgen überwiegend im Kontext bankmäßiger Geschäftsverbindungen. Aufgrund der Rechtswirkungen der Interessenwahrungspflicht aus dem allgemeinen Bankvertrag sind alle auf dieser Grundlage getätigten Anlagegeschäfte fremdnütziger Natur.

Aus diesem Grund lässt sich die „fremdnützige Interessenwahrung" insoweit als Rechtsprinzip des Privatanlegerschutzes qualifizieren. Für diese Annahme spricht auch, dass die bankmäßige Geschäftsbeziehung ein Dauerschuldverhältnis ist. Einschränkungen der treuhänderischen Bindung, wie sie für das kurzfristig angelegte Kommissionsgeschäft diskutiert werden,[319] lassen sich auf die Interessenbindungen aus dem allgemeinen Bankvertrag nicht übertragen.

Einschränkungen der „fremdnützigen Interessenwahrung"

Die von der Geschäftsart unabhängige Interessenbindung der Banken beeinträchtigt deren Recht, die Rechtsverhältnisse zu ihren Kunden privatautonom zu gestalten (Art. 2 Abs. 1 GG) und überdies die Berufsfreiheit (Art. 12 GG) und ggf. Eigentumsrechte (Art. 14 GG). Zugleich stärkt die Verpflichtung zur fremdnützigen Interessenwahrung die Privatautonomie

---

318 Siehe *Roth*, in: Assmann/Schütze (Hrsg.), Hdb KapitalanlageR, 3. Aufl. 2007, § 10 Rdn. 10, § 11 Rdn. 5, unklar bleibt die Relativierung in Rdn. 7. Für einen treuhänderischen Charakter des Festpreisgeschäfts auch *Hopt*, Kapitalanlegerschutz im Recht der Banken, 1975, S. 396, 399; *ders.*, ZGR 2004, 1, 18 ff.; zuvor bereits *Rumpf*, AcP 119 (1921), 1, 119 ff.

319 *Martinek*, in: Oetker (Hrsg.), Komm. z. HGB, 3. Aufl. 2013, § 383 HGB Rdn. 12 f., 14.

der Privatanleger. Aufgrund des verfassungsmäßigen Verhältnismäßigkeitsgrundsatzes sind diese widerstreitenden Grundrechtspositionen zu einem Ausgleich zu bringen.

Diesbezüglich gilt es zu beachten, dass die „fremdnützige Interessenwahrung" als Rechtsprinzip der einfachgesetzlichen Konkretisierung bedarf. Auf dieser Ebene sind die Rechtsfolgen von Verstößen gegen die Interessenwahrungspflichten festzulegen. Relevant für die Frage des Umfangs der Interessenwahrungspflichten und damit für die Frage der Verhältnismäßigkeit ist der Umstand, dass der allgemeine Bankvertrag als Geschäftsbesorgungsverhältnis dienstvertraglichen Charakter hat. Die Bank schuldet grundsätzlich keinen „Erfolg", sondern lediglich ein Tätigwerden, mithin das zielgerichtete und bestmögliche „Bemühen", den Anlegerinteressen Vorrang einzuräumen. Dieser Maßstab gilt insbesondere für die Anlageberatung als anlagebezogene Dienstleistung. Das „Erfolgsrisiko" der interessenwahrenden Tätigkeit der Bank verbleibt damit beim Anleger.

Demzufolge kann das Rechtsprinzip der fremdnützigen Interessenwahrung keine Haftung der Bank für den „Erfolg" der Interessenwahrung begründen. Insbesondere ist ihr nicht das allgemeine Kapitalmarktrisiko von Anlagegeschäften zu überantworten, die auf Anlageempfehlungen des Bankberaters beruhen.

3. Dogmatische Einordnung

Dogmatisch stellt sich abschließend die Frage, wie sich das Rechtsprinzip der fremdnützigen Interessenwahrung zu den Regelungszielen des Kapitalmarktrechts[320] und insbesondere zu den dogmatischen Begründungsansätzen des PRIP-Regelungsregimes[321] verhält:

Die aufsichtsrechtliche Interessenwahrungspflicht gemäß § 31 Abs. 1 Nr. 1 WpHG lässt sich als „Gegenpol" zum Primat des überindividuellen Anleger- bzw. Funktionenschutzes begreifen. Sie setzt die individuellen Anlegerinteressen nicht nur über die Interessen des Wertpapierdienstleisters, sondern auch über die institutionellen Interessen des Kapitalmarkts.[322] Diese Wirkung lässt sich mit folgendem Beispiel veranschaulichen: Gehen die Börsenkurse drastisch zurück, richtet sich das in-

---

320 Siehe S. 50 ff.

321 Siehe S. 227 ff., 278.

322 *Möllers*, in: Köln. Komm. WpHG, 1. Aufl. 2007, § 31 WpHG Rdn. 4, 133.

dividuelle Kundeninteresse vorrangig auf den Verkauf der im Wert fallenden Titel, um Verluste zu minimieren. Demgegenüber können es die überindividuellen Interessen des Kapitalmarkts gebieten, Kursrückgänge durch weitere Verkäufe zu verhindern. Da der Wertpapierdienstleister kraft § 31 Abs. 1 Nr. 1 WpHG ausschließlich dem Kundeninteresse verpflichtet ist, muss das institutionelle Interesse zurücktreten und die Verkaufsorder ausgeführt werden.[323]

Jenseits derartiger Konfliktfälle zwischen individuellem Anlegerschutz und Institutionenschutz dient auch das Rechtsprinzip der Fremdinteressenwahrung auf zivilvertraglicher Basis der Funktionsfähigkeit des Kapitalmarkts: Die Verpflichtung der Wertpapierdienstleister zur fremdnützigen Interessenwahrung untersagt ihnen die Realisierung verdeckter Gewinne und sonstiger Zuwendungen, sofern der Kunde hierüber nicht ordnungsgemäß aufgeklärt wird. Das Regel-Ausnahme-Verhältnis von Zuwendungsverbot und Offenlegungspflichten verbessert insofern die Transparenz von Preis-Leistungs-Verhältnissen und verringert dadurch die Gefahr der Fehlallokation von Anlegergeldern, was dem Anlegervertrauen und damit der Markteffizienz zugute kommt.[324]

Rechtskonzeptuell lässt sich die Interessenwahrungspflicht nicht aus grundgesetzlichen Schutzpflichten für die Privatautonomie der Anleger herleiten. Sie resultiert vielmehr aus einer Inanspruchnahme der Privatautonomie, nämlich dem konsensualen Abschluss eines allgemeinen Bankvertrags zwischen Bank und Kunde.

Das Rechtsprinzip der fremdnützigen Interessenwahrung geht im Ergebnis deutlich über verbraucherschutzrechtliche Ansätze hinaus, die lediglich auf die Kompensation situationsspezifischer Defizite abzielen.

D. Gesamtfazit

Im Kontext bankmäßiger Geschäftsbeziehungen ist die „fremdnützige Interessenwahrung“ ein Rechtsprinzip des PRIP-Privatanlegerschutzes.

Die hierfür notwendige Allgemeingültigkeit der Interessenbindung resultiert nicht aus der zivilrechtlichen Beachtlichkeit des aufsichtsrechtli-

---

323 *Möllers*, in: Köln. Komm. WpHG, 1. Aufl. 2007, § 31 WpHG Rdn. 133.

324 Vgl. *Grundmann*, in: Ebenroth/Boujong/Joost/Strohn, Handelsgesetzbuch, 2. Aufl. 2009, 2. Die Geschäftsverbindung zwischen der Bank und dem Kunden Rdn. I109.

chen Interessenwahrungsprinzips (§ 31 Abs. 1 Nr. 1 WpHG). Die §§ 31 ff. WpHG haben weder bivalenten Normcharakter noch eine Ausstrahlungswirkung auf das Zivilrecht. Ebenso wenig sind die MiFID I-Wohlverhaltensregeln aufgrund richtlinienkonformer Auslegung zivilrechtlich zu berücksichtigen.

Fiduziarischer Charakter wird jedoch allen Anlagegeschäften verliehen, die im Rechtsrahmen einer bankmäßigen Geschäftsverbindung vorgenommen werden. Der Rechtswirkung von § 31 Abs. 1 Nr. 1 WpHG für das Aufsichtsrecht vergleichbar, „überwölbt" die Pflicht zur Fremdinteressenwahrung aus dem allgemeinen Bankvertrag auch eigennützige Festpreisgeschäfte.

Die Konkretisierung dieses Rechtsprinzips ist auf einfachgesetzlicher Ebene durch Offenlegungspflichten für Interessenkonflikte und weitere Sanktionsinstrumente sicherzustellen, auf die an späterer Stelle (§§ 16-18) eingegangen wird.

§ 13 Umfassende Anlegerinformation

Die Rechtsordnung kennt keine allgemeine Pflicht, den Vertragspartner über den Vertragsgegenstand aufklären zu müssen. Vielmehr gilt das Prinzip der Eigenverantwortung: jede Vertragspartei muss sich die aus ihrer Sicht notwendigen Informationen selbst beschaffen.[1] Anders verhält es sich, wenn zwischen den Parteien Informationsasymmetrien bestehen und einer Vertragspartei dadurch die Bewertung des Vertragsgegenstands nicht möglich ist. Unter Durchbrechung des Grundsatzes der Eigenverantwortung sollen gesetzliche und vertragliche Informationspflichten diese Informationsungleichgewichte ausgleichen.[2]

Vorvertragliche Informationspflichten haben sich wegen des Informationsparadigmas[3] zum ubiquitären Regelungsinstrument des Kapitalmarktrechts entwickelt. Ebenso setzen bürgerliches Recht und Versicherungsvertragsrecht auf dieses Regelungsinstrument. Damit stellt sich die Frage, ob sich für den hier interessierenden Untersuchungsgegenstand, den Pri-

---

1 *Assmann*, Prospekthaftung, 1985, S. 21.

2 Diese Grundlagen vorvertraglicher Informationen wurden bereits eingehend untersucht. Grundlegend *Fleischer*, Informationsasymmetrie im Vertragsrecht, 2001, passim.

3 Siehe S. 220 ff.

vatanlegerschutz bei der Geldanlage in Kapitalmarktinvestmentprodukte, ein Rechtsprinzip der „umfassenden Anlegerinformation" herausarbeiten lässt.

Hierfür müssten sich für die aufsichts- und zivilrechtlichen Rechtsquellen „allgemeingültige" Informationspflichten feststellen lassen. Um rechtsübergreifende Regelungsgemeinsamkeiten aufzeigen zu können, liegt der Schwerpunkt dieses Untersuchungsteils auf der Ordnung und systematischen Bewertung der einfachgesetzlichen Informationspflichten.

Es stellt sich zunächst die Frage, wie der Begriff „Information" zu erfassen ist, denn auch jenseits der Rechtswissenschaften fehlt eine allgemeingültige Begriffsdefinition. [4] Funktionsorientiert lassen sich „Informationen" aber folgenden Kategorien zuordnen:[5] (1.) die „Auskunft" als schlichte Mitteilung bestimmter Tatsachen, (2.) die unaufgefordert erfolgende „Aufklärung" zur Information der anderen Vertragspartei über erkennbar entscheidungserhebliche Tatsachen und (3.) die „Beratung", die zusätzlich zum Tatsachenelement der Aufklärung Werturteile und Prognoseelemente umfasst. Die „Warnung" nimmt eine Zwischenrolle ein, da sie nicht nur Tatsachenmitteilungen, sondern auch Beratungselemente beinhaltet.[6]

Aufklärungs- bzw. Beratungspflichten sind stets retrospektiv zu bestimmen, da sie regelmäßig in Haftungssachverhalten virulent werden, wenn der hypothetischen Fragestellung nachzugehen ist, ob die geschädigte Vertragspartei bei Kenntnis der Information ihr damaliges Verhalten an diesem Sachstand ausgerichtet hätte.[7]

Von grundlegender Bedeutung ist die Unterscheidung zwischen markt- und anlegerbezogenen Informationen.[8] Kein Bestandteil des hier untersuchten Informationsregimes sind die Offenlegungspflichten für Interessenkonflikte. Denn diese zielen nicht auf die Vorbereitung einer infor-

---

4 *Kasten*, Neuregelung der Explorations- und Informationspflichten, 2009, S. 30 f. Zur Abgrenzung *Möllers*, in: Köln. Komm. z. WpHG, 2. Aufl. 2014, § 31 WpHG Rdn. 176 ff.; *Hannöver*, in: Schimansky/Bunte/Lwowski (Hrsg.), Bankrechts-Handbuch, 4. Aufl. 2011, § 110 Rdn. 25.

5 Hierzu *Kasten*, Neuregelung der Explorations- und Informationspflichten, 2009, S. 31, 317 f m.w.N.

6 *Kasten*, Neuregelung der Explorations- und Informationspflichten, 2009, S. 319 f.

7 *Olzen*, in: Staudinger, BGB, Neubearb. 2009, § 241 BGB Rdn. 429.

8 Erstmals mit diesem Begriff *Vogel*, Vom Anlegerschutz zum Verbraucherschutz, 2005, S. 22; aufgegriffen von *Lenenbach*, Kapitalmarktrecht, 2. Aufl. 2010, Rdn. 11.12; *Möllers/Poppele*, ZGR 2013, 437, 440.

mierten Anlageentscheidung ab, sondern sanktionieren das eigenständige Rechtsprinzip der „fremdnützigen Interessenwahrung".[9]

A. Marktbezogene Informationen

I. Unterteilung in marktbezogene Informationen i.e.S. und i.w.S.

Marktbezogene Informationen richten sich stets an das Marktpublikum. Sie lassen sich anhand der Merkmale „Freiwilligkeit der Informationserteilung" und „Zweckrichtung" in marktbezogene Informationen *i.e.S.* und marktbezogene Informationen *i.w.S.* unterteilen:

1. Marktbezogene Informationen i.e.S.

Die marktbezogenen Informationen i.e.S. dienen der Herstellung, Erhaltung und Verbesserung der Funktionsfähigkeit des Kapitalmarkts, indem sie das Vertrauen der Anleger in die Marktintegrität und ihre Gleichbehandlung sicherstellen.[10]

Marktbezogene Informationen sind keine freiwillige Serviceleistung der Anbieterseite, sondern beruhen auf gesetzlichen Informationsplichten. Die Pflichten zur Regelpublizität (§§ 37 v ff. WpHG bzw. §§ 298 ff. KAGB) sowie zur Ad hoc- (§ 15 WpHG), Directors' Dealings- (§ 15 a WpHG), Beteiligungs- (§§ 21 ff. WpHG) und Übernahmepublizität (§§ 10, 14, 23 WpÜG) stellen in erster Linie Informationen über den Produktemittenten zur Verfügung. Marktbezogene Informationen über Anlageprodukte werden über die Angebots- bzw. Prospektpublizität (§§ 3 ff. WpPG bzw. §§ 164 f. KAGB) bereitgestellt.

---

9 Hierzu S. 351 f.

10 Zuletzt *Möllers/Poppele*, ZGR 2013, 437, 440 f., 444 f. Zuvor *Seiler/Kniehase*, in: Schimansky/Bunte/Lwowski (Hrsg.), Bankrechts-Handbuch, 4. Aufl. 2011, Vor § 104 Rdn. 97; *Lenenbach*, Kapitalmarktrecht, 2. Aufl. 2010, Rdn. 11.14.

Abbildung 13.1: Anlegerinformationen

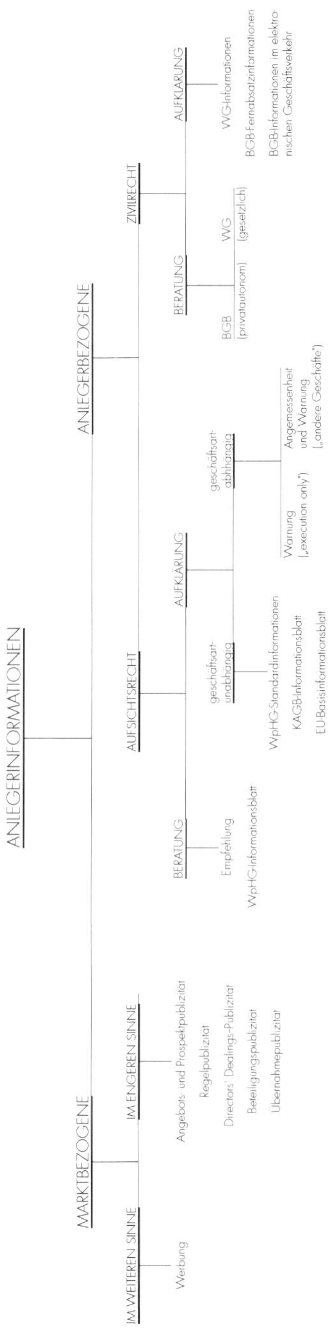

2. Marktbezogene Informationen i.w.S.

Marktbezogene Informationen i.w.S. sind die Werbeinformationen der Wertpapierdienstleister.

Das Kapitalmarktrecht verwendet den Begriff „Werbung" mehrfach.[11] Anhaltspunkte für eine Begriffsdefinition finden sich aber weder im Gesetz noch in den maßgeblichen Gesetzesmaterialien.[12] Insofern muss auf die Begriffsdefinition der europäischen Werbe-RiL 2006/114/EG[13] zurückgegriffen werden.[14] Hiernach ist unter dem Begriff Werbung jede Äußerung im Geschäftsverkehr zu verstehen, die darauf abzielt, den Absatz von Waren oder die Erbringung von Dienstleistungen zu fördern.[15] Als freiwillige Absatzinstrumente unterscheiden sich Werbeinformationen von der Pflichtpublizität der marktbezogenen Informationen i.e.S.

Zu den marktbezogenen Informationen i.w.S. zählen nur die Werbeinformationen, die sich an das Marktpublikum richten. Relevant ist diese Unterscheidung auf Regulierungsebene, denn Werbeinformationen können auch im Kontext einer konkreten Kundenbeziehung zur Verfügung gestellt werden. Für diese Werbemitteilungen ist § 31 Abs. 2 WpHG lex specialis, während die an das Publikum gerichteten Werbeinformationen von § 36 b WpHG bzw. § 302 KAGB und § 15 WpPG reguliert werden.[16]

II. Rezeption der marktbezogenen Informationen

Die Bedeutung der marktbezogenen Informationen für den Anlegerschutz bedingt sich durch das tatsächliche Informationsverhalten der Privatanleger. Dieses lässt sich anhand empirischer Studien erschließen.

---

11 Z.B. §§ 31 Abs. 2, 36 b WpHG, § 302 KAGB, § 15 WpPG.

12 *Möllers*, in: Köln. Komm. z. WpHG, 2. Aufl. 2014, § 36 b WpHG Rdn. 29.

13 Werbe-RiL 2006/114/EG.

14 *Möllers*, in: Köln. Komm. z. WpHG, 2. Aufl. 2014, § 36 b WpHG Rdn. 29.

15 Art. 2 lit. a) Werbe-RiL 2006/114/EG. Siehe auch *Ohly*, in: Piper/Ohly/Sosnitza, Komm. z. UWG, 5. Aufl. 2010, § 7 UWG Rdn. 35.

16 Hierzu *Möllers*, in: Köln. Komm. z. WpHG, 2. Aufl. 2014, § 36 b WpHG Rdn. 22, 30; *Fett*, in: Schwark/Zimmer (Hrsg.), KMRK, 4. Aufl. 2010, § 36 b WpHG Rdn. 6; *Schlette/Bouchon*, in: Fuchs (Hrsg.), WpHG, 2009, § 36 b WpHG Rdn. 6. Zu § 23 KWG *Fischer*, in: Boos/Fischer/Schulte-Mattler (Hrsg.), Komm. z. KWG, 4. Aufl. 2012, § 23 KWG Rdn. 6.

1. Tatsächliches Informationsverhalten

Erste Anhaltspunkte für das tatsächliche Informationsverhalten liefert die bereits erwähnte[17] BME-Studie[18], die von der EU-Kommission zur Vorbereitung der MiFID II-Reform in Auftrag gegeben wurde und die u.a. das Informationsverhalten der europäischen Privatanleger untersuchte. Hiernach ist für 25 % der Privatanleger in erster Linie das Informationsangebot ihrer Hausbank von Bedeutung, nur für 16 % sind unabhängige Anlageberater die erste Anlaufstelle.[19] Im Untersuchungsjahr 2007 war für nahezu ein Drittel der befragten Privatanleger das Internet die wichtigste primäre Informationsquelle.[20] Inzwischen dürfte die Bedeutung des Internets als Informationsquelle aufgrund der stetig fortschreitenden Technisierung deutlich gestiegen sein. Keine Entscheidungsrelevanz sollen demgegenüber die Marktinformationen i.w.S. haben, da der Großteil der Privatanleger Werbeinformationen keine Bedeutung als Entscheidungsgrundlage beimisst.[21]

Aussagekräftiger sind im Vergleich die Ergebnisse der ebenfalls von der Kommission in Auftrag gegebenen „Consumer Decision-Making in Retail-Investment Services"-Studie aus dem Jahr 2010[22]. Sie kommt zu dem Ergebnis, dass 80 % der Anlageentscheidungen nach einem persönlichen Gespräch zwischen Anlageberater und Kunde getroffen werden. 58 % der Anleger richten ihre Anlageentscheidung ausschließlich an der Empfehlung ihres Anlageberaters aus und in 25 % der Fälle wurde die Kaufentscheidung durch den Anlageberater initiiert.[23]

Im Schrifttum wird daher angenommen, dass der Großteil der Privatanleger die marktbezogenen Informationen nicht zur Kenntnis nimmt, ge-

---

17 Siehe S. 77.

18 Berücksichtigt werden sowohl absolute Zahlen als auch die Ergebnisse einer Verbraucherbefragung, vgl. BME, The EU Market For Consumer Longterm Retail Savings Vehicles, November 2007, passim.

19 Lediglich in Großbritannien ist deren Bedeutung höher (24 %), vgl. BME, The EU Market For Consumer Longterm Retail Savings Vehicles, November 2007, S. 174 f.

20 Vgl. BME, The EU Market For Consumer Longterm Retail Savings Vehicles, November 2007, S. 174 f.

21 BME, The EU Market For Consumer Longterm Retail Savings Vehicles, November 2007, S. 175.

22 *Chater/Huck/Inderst*, Consumer Decision-Making, November 2010, passim.

23 *Chater/Huck/Inderst*, Consumer Decision-Making, November 2010, S. 2.

schweige denn selbst auswertet.[24] Stattdessen vertrauen die Privatanleger überwiegend auf die vorgeschaltete Informationsrezeption durch professionelle Informationsintermediäre. Studienergebnissen zufolge werden die über die Prospektpublizität bereitgestellten Wertpapierprospekte[25], die Finanzberichterstattung[26], die Regelpublizität[27] sowie die Geschäftsberichte[28] der Emittenten von Privatanlegern im Regelfall nicht zur Kenntnis genommen. Bemerkenswert ist, dass gerade mit Anlagegeschäften unerfahrene Anleger diese Informationen ignorieren bzw. sie für wenig verständlich und unbedeutend halten.[29]

Die marktbezogenen Informationen werden überwiegend von institutionellen Anlegern und Finanzintermediären genutzt.[30] Privatanleger greifen zur Vorbereitung ihrer Anlageentscheidungen auf diese Informationsmedien nur vereinzelt zurück.

2. Bedeutung der Risikoaversität

Empirisch wurde des Weiteren festgestellt, dass die Risikoaversität das Informationsverhalten der Anleger bestimmt.[31] Dem Informationsverhalten lassen sich folgende Anlegercharaktere zuordnen:[32]

---

24 *Roth*, in: Assmann/Schütze (Hrsg.), Hdb KapitalanlageR, 3. Aufl. 2007, § 11 Rdn. 76; *Möllers*, in: FS Hopt, 2010, Bd. II, S. 2247.

25 Zu Emissionsprospekten siehe *Roth*, in: Assmann/Schütze (Hrsg.), Hdb KapitalanlageR, 3. Aufl. 2007, § 11 Rdn. 76 f.

26 Vgl. *Ernst/Gassen/Pellens*, Verhalten und Präferenzen deutscher Aktionäre, DAI-Studie Nr. 42, 2009, S. 11, 29.

27 Vgl. *Ernst/Gassen/Pellens*, Verhalten und Präferenzen deutscher Aktionäre, DAI-Studie Nr. 42, 2009, S. 11, 29.

28 Für Großbritannien *Bartlett/Chandler*, 29 British Accounting Review 245 ff. (1997) m.w.N.

29 So wird die Bedeutung des Geschäftsberichts nur von 44% der privaten Anleger als hoch bis sehr hoch eingeschätzt, während es bei Medien 75% sind, vgl. *Ernst/Gassen/Pellens*, Verhalten und Präferenzen deutscher Aktionäre, DAI-Studie Nr. 42, 2009, S. 29 und speziell S. 52 zum Jahresabschluss.

30 *Ernst/Gassen/Pellens*, Verhalten und Präferenzen deutscher Aktionäre, DAI-Studie Nr. 42, 2009, S. 13, 19, 46 ff.

31 Kommission/OPTEM, Pre-Contractual Information for Financial Service, Januar 2008, S. 88 ff.

32 Kommission/OPTEM, Pre-Contractual Information for Financial Service, Januar 2008, S. 88 ff.

Die „Sparer“ tendieren dazu, „eindeutige“ Ratschläge von Finanzintermediären einzuholen und ihnen die Entscheidung über die Anlage ihrer Ersparnisse zu überlassen. Sie agieren eher passiv und sind in erster Linie an Produkten mit fester Verzinsung interessiert. Dagegen gehen die „Zocker“ davon aus, dass wegen der Komplexität des Finanzsektors Finanzintermediäre nicht notwendigerweise die besseren Entscheidungen treffen. Im Gegensatz zu den Sparern sind sie in größerem Maße dazu bereit, riskante Anlagen zu tätigen und benötigen weniger Hilfestellung. Sparer und Zocker legen im Vorfeld einer Anlageentscheidung auf folgende Informationen Wert: Gewinn- und Zinsprognosen, Produktkosten (Erwerbs- und Verwaltungsgebühren), Anlagedauer und Risikolevel.[33]

III. Zwischenfazit

Die Konzeption der marktbezogenen Informationspflichten ist nicht auf Privatanlegerschutz ausgerichtet. Diese richten sich nicht an ein bestimmtes Anlegerpublikum und können unterschiedliche Verständnishorizonte der Informationsadressaten nicht berücksichtigen.[34] Treffen Privatanleger ihre Anlageentscheidungen allein auf Grundlage der verfügbaren Marktinformationen, setzt der Gesetzgeber voraus, dass sie alle Informationen vollumfänglich zur Kenntnis nehmen und in den Grundzügen auch verstehen.[35]

Der Kenntnisnahme und zutreffenden Bewertung der marktbezogenen Informationen i.e.S. stehen die intellektuellen Fähigkeiten, das geringe Fachwissen und die unzureichenden praktischen Anlageerfahrungen des typischen Privatanlegers entgegen.[36] Scheinbar hat der Gesetzgeber zwischenzeitlich realisiert, dass die marktbezogenen Informationen i.e.S. als Entscheidungshilfe für Privatanleger nur geringe Relevanz besitzen, denn der zur Information über Investmentfondsanteile zu erstellende Verkaufs-

---

33 Kommission/OPTEM, Pre-Contractual Information for Financial Service, Januar 2008, S. 89.

34 So bereits *Möllers/Kernchen*, ZGR 2011, 1, 13, 16. Siehe *Fleischer*, Gutachten F z. 64. DJT 2002, 2002, S. 21. Auch der EU-Gesetzgeber bezieht sich regelmäßig auf das Anlegerpublikum, vgl. Art. 8 Abs. 4 Börsenzulassungs-RiL 2001/34/EG.

35 So *Möllers/Poppele*, ZGR 2013, 437, 447.

36 Vgl. Begr RegE v. 27.1.1994 z. 2. FFG, BT-Ds. 12/6679, S. 95; *Beck*, in: FS Schneider, 2011, S. 89, 94; eingehend *Möllers/Poppele*, ZGR 2013, 437, 446 f.

prospekt ist nur noch auf Verlangen zur Verfügung zu stellen (vgl. § 297 Abs. 1 S. 2 KAGB).

B. Anlegerbezogene Informationen

Im Gegensatz zu den marktbezogenen Informationen richten sich die anlegerbezogenen Informationen an den konkreten Kunden.

Aufsichtsrechtliche Pflichten zur Kundeninformation statuieren die §§ 31 ff. WpHG und § 297 KAGB. Zivilrechtlich können sich Informationspflichten aus Vertrag und Gesetz (VVG) ergeben. Da die Wohlverhaltensregeln nach der hier vertretenen Ansicht keine zivilrechtliche Wirkung entfalten[37], sind aufsichts- und zivilrechtliches Pflichtenprogramm voneinander unabhängig.

Nachfolgend sollen überblicksartig die Informationsinstrumente des Aufsichts- und Zivilrechts dargestellt werden und im Anschluss miteinander verglichen werden. Hieraus lassen sich Rückschlüsse über gemeinsame Regelungsprinzipien ziehen, die ggf. in einem übergeordneten Rechtsprinzip zusammengefasst werden können.

I. Aufsichtsrechtliche Informationsinstrumente

Das Aufsichtsrecht verpflichtet die Wertpapierdienstleister umfassend zur Information ihrer Kunden. Dabei richtet sich der Umfang der Informationspflichten nach der jeweiligen Kunden- (§§ 31 a Abs. 1-3 WpHG) bzw. Anlegerkategorie (§ 1 Abs. 19 Nr. 31-33 WpHG) und ist für Privatkunden bzw. Privatanleger am größten. Die Informationspflichten lassen sich wie folgt unterteilen: Das Aufsichtsrecht sieht einerseits *produktbezogene* Aufklärungspflichten vor, die unabhängig von der Geschäftsart für alle Wertpapierdienstleistungen gelten, andererseits gilt ein Pflichtenteil, der sich in Abhängigkeit von der zugrunde liegenden Geschäftsart bestimmt. Des Weiteren bestehen *anlegerbezogene* Beratungspflichten.

37 Siehe S. 342.

1. Produktbezogene Aufklärungspflichten

a) Unabhängig von der Geschäftsart

Unabhängig von der Geschäftsart sind vor allen WpHG-Anlagegeschäften sogenannte Standardinformationen (§ 31 Abs. 3 WpHG) zur Verfügung zu stellen. Werden Anlageprodukte an Privatanleger vertrieben, müssen zudem Produktinformationsblätter verfügbar gemacht werden.

aa) Standardinformationen

Die Wertpapierdienstleister haben ihren (potentiellen) Kunden die Standardinformationen gemäß § 31 Abs. 3 WpHG unaufgefordert und unabhängig von der jeweiligen Geschäftsart zur Verfügung zu stellen.[38]

Diese müssen über den Wertpapierdienstleister, dessen Dienstleistungsangebot und über die verschiedenen Arten von Finanzinstrumenten informieren. Des Weiteren sind Informationen über die vorgeschlagenen Anlagestrategien, deren Risiken, die Ausführungsplätze und die Kosten und Nebenkosten anzugeben.[39] Nach der Vorstellung des Gesetzgebers sollen die Standardinformationen die Kunden in die Lage versetzen, informierte Anlageentscheidungen treffen zu können.[40]

§ 31 Abs. 3 WpHG verpflichtet nur zur Information über Produkte, die der Kunde nachgefragt hat bzw. die ihm angeboten wurden.[41] Die Standardinformationen setzen den informationellen Mindeststandard[42] und gelten als „Kernstück" der informationellen Wohlverhaltensregeln.[43]

bb) Wesentliche Anlegerinformationen und KAGB-Informationsblätter

Seit 2009 müssen die Verwalter offener (OGAW-)Investmentvermögen „wesentliche Anlegerinformationen"[44] zur Verfügung stellen. Hierbei han-

---

38 *Möllers/Poppele*, ZGR 2013, 437, 449.
39 § 31 Abs. 3 S. 3 Nr. 1-3 WpHG.
40 Vgl. § 31 Abs. 3 S. 1 WpHG.
41 *Möllers*, in: Köln. Komm. z. WpHG, 2. Aufl. 2014, § 31 WpHG Rdn. 234.
42 *Koller*, in: Assmann/Schneider (Hrsg.), 6. Aufl. 2012, § 31 WpHG Rdn. 92.
43 *Ekkenga*, in: Münch. Komm. z. HGB, 2. Aufl. 2009, Effektengeschäft Rdn. 298.
44 Art. 78 OGAW IV-RiL 2009/65/EG.

delt es sich um kurz gehaltene Produktinformationsblätter, die vergleichbar dem Beipackzettel für Arzneimittel[45] über die wesentlichen Chancen und Risiken eines Anlageprodukts informieren.[46] Zunächst im InvG a.F. umgesetzt[47], findet sich die Informationspflicht inzwischen in § 166 KAGB. [48]

§ 166 KAGB findet auf offene Publikumsvermögen unmittelbare Anwendung. Auf geschlossene Publikums-AIF[49] sowie EU- und ausländische AIF[50] ist § 166 KAGB kraft Verweisung anwendbar. Für andere Fondskategorien sind im Übrigen speziellere Vorschriften vorgesehen: für inländische OGAW gelten die standardisierten Vorgaben der Prospekt-VO (EU) Nr. 583/2010 direkt[51], für AIF-Publikumsinvestmentvermögen analog[52]. Auf europäische OGAW finden wiederum die Vorgaben der OGAW IV-RiL 2009/65/EG unmittelbare Anwendung[53].

cc) EU-Basisinformationsblätter (PRIP)

Zur Vereinheitlichung der Informationspflichten, die vor dem Erwerb von Kapitalmarktinvestmentprodukten erfüllt werden müssen, legte der europäische Gesetzgeber 2012 den VO-E Basisinformationsblätter vor.[54] Unabhängig von der jeweiligen Geschäftsart sollen den Kunden vor Produkterwerb sogenannte Basisinformationsblätter zur Verfügung gestellt werden (Art. 12 Abs. 1). Für deren Format, Sprache und Inhalt gelten gemäß Artt. 6-8 VO-E Basisinformationsblätter einheitliche Vorgaben.

---

45 § 11 AMG. Hierzu *Nink/Schröder*, PharmR 2006, 118.

46 *Möllers/Poppele*, ZGR 2013, 437, 450. Zu § 31 Abs. 3 a WpHG *Möllers/Wenninger*, NJW 2011, 1697 f.

47 § 42 Abs. 2 InvG a.F., eingefügt durch Art. 1 Nr. 36 OGAW-IV-UmsG.

48 Siehe Begr RegE v. 6.2.2013 z. KAGB, BT-Ds. 17/12294, S. 257.

49 § 270 Abs. 1 KAGB.

50 § 318 Abs. 5 S. 2 KAGB.

51 § 166 Abs. 4 S. 1 KAGB.

52 § 166 Abs. 4 S. 2 KAGB.

53 § 298 Abs. 1 S. 2 KAGB.

54 Hierzu etwa *Möllers/Poppele*, ZGR 2013, 437, 450 f., 459 f.

b) Von der Geschäftsart abhängige Aufklärung

aa) Beratungsfreie Geschäfte (§ 31 Abs. 7 WpHG)

Entsprechend der gebräuchlichen englischsprachigen Bezeichnung *execution only*[55] führt der Wertpapierdienstleister im beratungsfreien Geschäft lediglich den Kundenauftrag für ein bestimmtes Anlageprodukte aus, ohne dass dabei Anlageberatung erbracht wird. Beratungsfreie Geschäfte sind aufsichtsrechtlich nur für bestimmte Wertpapierdienstleistungen und Anlageprodukte zugelassen:

(1) Zulässige Anlageprodukte

(a) Nach geltendem Recht

Der EU-Gesetzgeber hat mit der MiFID I die Entscheidung getroffen[56], für das beratungsfreie Geschäft nur ein enumerativ festgelegtes Spektrum von Anlageprodukten und Wertpapierdienstleistungen freizugeben.[57]

Im beratungsfreien Geschäft dürfen nur „nicht-komplexe“ Anlageprodukte im Wege des Finanzkommissionsgeschäfts, des Eigenhandels und der Abschluss- und Anlagevermittlung erworben werden. Als „nicht-komplex“ stuft der Gesetzgeber neben kotierten Aktien lediglich Geldmarktinstrumente, Schuldverschreibungen, sonstige verbriefte Schuldtitel (sofern nicht in ein Derivat eingebettet) und Anteile an OGAW-konformen Investmentfonds ein.

Nicht alle Kapitalmarktinvestmentprodukte sind somit im beratungsfreien Geschäft erhältlich. Das beratungsfreie Geschäft ist auch für „nicht-komplexe“ Produkte gesperrt, wenn diese vom Wertpapierdienstleister selbst emittiert werden (Eigenemission) oder der Wertpapierdienstleister diese Produkte ohne vorherigen Kundenauftrag für seinen Eigenbestand erworben hat (Eigengeschäft). Beide Geschäftsarten werden von § 31 Abs. 7 Nr. 1 WpHG nicht genannt.

---

55 Siehe *Fuchs*, in: Fuchs (Hrsg.), WpHG, 2009, § 31 WpHG Rdn. 292.

56 Vgl. Art. 19 Abs. 6, 1. Spiegelstrich MiFID I, Art. 38 MiFID I-DRL 2006/73/EG.

57 Cgl. § 31 Abs. 7 Nr. 1 WpHG i.V.m. § 7 WpDVerOV. Zur Zulässigkeitsbeurteilung des beratungsfreien Geschäfts zuvor *Möllers/Poppele*, ZGR 2013, 437, 451 m. Fn. 93 m.w.N.

(b) Nach künftigem Recht

Im Zuge der MiFID II-Reform wurde der Anwendungsbereich des beratungsfreien Geschäfts auf eigenemittierte Produkte ausgeweitet.[58] Der Kreis der „komplexen" Produkte soll um nahezu alle Finanzinstrumente mit derivativen Komponenten[59] und um strukturierte OGAW[60] erweitert werden. Strukturierte OGAW sind Investmentfonds, die zu vorher festgelegten Terminen nach Algorithmen berechnete Erträge ausschütten, die wiederum an bestimmte Referenzwerte gebunden sind.[61] Ferner soll die ESMA ermächtigt werden, konkretisierende Leitlinien für die Einstufung „komplexer" bzw. „nicht-komplexer" Produkte aufzustellen und diese regelmäßig zu aktualisieren.[62]

Diese Maßnahmen zielen darauf ab, dass im beratungsfreien Geschäft künftig keine Produkte mehr erhältlich sind, deren Struktur den Kunden die Nachvollziehung der Produktrisiken erheblich erschwert.[63]

Kapitalmarktinvestmentprodukte, die über eine derivative Komponente verfügen, als Termingeschäfte [64] ausgestaltet sind oder bei denen es sich um nicht-OGAW konforme Investmentfonds handelt, sind in der Folge nur noch mit Anlageberatung oder über den Weg der „anderen Wertpapiergeschäfte" (§ 31 Abs. 5 WpHG) erhältlich.[65]

---

58 Siehe S. 147.

59 Vgl. Art. 25 Abs. 4 lit. a) i)-iii). Der MiFID II-Entwurf des EU-Parlaments sah noch eine Ausnahme vor für Derivate, die das Risiko des Anlegers nicht erhöhen, Art. 25 Abs. 3 lit. a) i)-iii) MiFID II-E (EUP).

60 Vgl. Art. 25 Abs. 5 lit. a) iv) MiFID II.

61 Vgl. Art. 25 Abs. 4 lit. a) iv) MiFID II i.V.m. Art. 36 Abs. 1 Unterabs. 2 VO (EU) Nr. 583/2010.

62 Art. 25 Abs. 8 MiFID II.

63 Art. 25 Abs. 4 lit. a) ii),iii) und v) MiFID II.

64 § 31 Abs. 7 Nr. 1 WpHG i.V.m. § 7 Nr. 1 WpDVerOV; Art. 38 lit. a) MiFID I-DRL 2006/3/EG i.V.m. Art. 4 Abs. 1 Nr. 18 lit. c), Anhang I, Abschn. C Nr. 4-10 MiFID I.

65 Vgl. *Assmann*, in: Assmann/Schneider (Hrsg.), WpHG, 6. Aufl. 2012, § 31 WpHG Rdn. 181.

(2) Geschuldete Informationen

Neben der Bereitstellung der Standardinformationen[66] erschöpfen sich die dem Kunden im beratungsfreien Geschäft mitzuteilenden Informationen in der Warnung, dass die „Angemessenheit"[67] des Produkts nicht überprüft wird (§ 31 Abs. 7 Nr. 2 S. 1 WpHG).

Aufgrund der niedrigen Voraussetzungen, die die Rechtsprechung an den konkludenten Abschluss von Aufklärungs- und Beratungsverträgen stellt,[68] bleibt es bei diesen Minimalinformationen nur in Ausnahmefällen.[69]

bb) Andere Geschäfte

„Andere Geschäfte" i.S.v. § 31 Abs. 5 WpHG sind eine gegenüber *execution only* subsidiäre Geschäftsart.[70] Sie hat praktische Bedeutung, wenn Anleger „komplexe" Produkte ohne Anlageberatung erwerben möchten.

§ 31 Abs. 5 S. 2 WpHG verpflichtet die Wertpapierdienstleister zur Durchführung einer sogenannten Angemessenheitsprüfung: Der Kunden muss zu seinen Kenntnissen und Erfahrungen in Bezug auf das zu erwerbende Finanzinstrument befragt werden.[71] Geprüft wird ausschließlich, ob er in Anbetracht seiner konkreten Kenntnisse und Erfahrungen abstrakt dazu in der Lage ist, die mit dem geplanten Geschäft verbundenen Risiken zu überblicken.[72] Die Angemessenheitsprüfung zielt damit nur auf Aufklärung und nicht auf Beratung ab.[73]

Bewertet der Wertpapierdienstleister das beabsichtigte Anlagegeschäft als „unangemessen" oder scheitert die Prüfung daran, dass sich der Kunde

---

66 Auch für § 31 Abs. 7 WpHG geschuldet, siehe *Weichert/Wenninger*, WM 2007, 627, 633; ebenso *Koller*, in: Assmann/Schneider (Hrsg.), 6. Aufl. 2012, § 31 WpHG Rdn. 92.

67 Vgl. § 31 Abs. 5 WpHG.

68 Siehe S. 171.

69 Siehe S. 176.

70 *Koller*, in: Assmann/Schneider (Hrsg.), 6. Aufl. 2012, § 31 WpHG Rdn. 181.

71 § 31 Abs. 5 S. 1 WpHG, § 6 Abs. 2 S. 1 WpDverOV. Hierzu *Koller*, in: Assmann/Schneider (Hrsg.), 6. Aufl. 2012, § 31 WpHG Rdn. 175.

72 *Fuchs*, in: Fuchs (Hrsg.), WpHG, 2009, § 31 WpHG Rdn. 280; *Koller*, in: Assmann/Schneider (Hrsg.), 6. Aufl. 2012, § 31 WpHG Rdn. 177.

73 *Lenenbach*, Kapitalmarktrecht, 2. Aufl. 2010, Rdn. 11.144.

weigert, die erforderlichen Angaben zu machen, muss der Wertpapierdienstleister nur eine Warnmitteilung abgeben[74].

2. Anlegerbezogene Beratung

Anlageberatung erbringt ein Wertpapierdienstleister gemäß der Legaldefinition (§ 2 Abs. 3 S. 1 Nr. 9 WpHG), wenn er Anlageprodukte nicht nur vermittelt bzw. verkauft, sondern dem Kunden persönliche Anlageempfehlungen unter Berücksichtigung dessen individueller Verhältnisse erteilt. Die im Rahmen der Anlageberatung zu erteilenden Informationen untergliedern sich in produktbezogene Informationsblätter und die eigentliche Anlageempfehlung.

a) Produktbezogene Informationsblätter

Seit 2011 sind Wertpapierdienstleister dazu verpflichtet, bei der Anlageberatung Privatkunden[75] vor Abschluss eines Geschäfts sogenannte Produktinformationsblätter (§ 31 Abs. 3 a WpHG[76]) zur Verfügung zu stellen. Der Inhalt der Produktinformationsblätter wird durch § 5 a WpDVerOV und das BaFin-Rundschreiben vom September 2013[77] konkretisiert.

Für die Anlageberatung über Anteile an KAGB-Investmentvermögen sind Sonderregelungen vorgesehen, welche das „KAGB-Informationsblatt"[78] an die Stelle des WpHG-Produktinformationsblatts treten lassen.[79]

b) Anlageempfehlung

Die eigentliche Anlageempfehlung ist der ausdrückliche oder konkludente Ratschlag, wie sich der Wertpapierdienstleister selbst verhalten würde, wenn er sich anstelle des Kunden für ein Anlageprodukt entscheiden

74 § 31 Abs. 5 S. 3 und 4 WpHG.
75 Gegenüber professionellen Kunden besteht diese Pflicht nicht, § 31 Abs. 9 S. 2 WpHG.
76 Eingefügt durch Art. 1 Nr. 6 AnsFuG.
77 BaFin, Rundschreiben 4/2013 (WA), Stand: 26.9.2013.
78 Siehe S. 361.
79 § 31 Abs. 3 a S. 3 Nr. 1-4 WpHG.

müsste.[80] Infolge der Abgabe einer persönlichen Wertung handelt es sich nicht um eine Information über Tatsachen.

Die Anlageberatung kann den Erwerb, die Veräußerung oder das „Halten" eines Finanzinstruments empfehlen.[81] § 31 Abs. 4 WpHG legt die Anforderungen an die Anlageberatung fest, ohne den Wertpapierdienstleister zur Anlageberatung zu verpflichten.[82] Geregelt wird allein, dass vor der Erteilung einer Anlageempfehlung von einem (potentiellen) Kunden bestimmte Informationen einzuholen sind (vgl. § 6 WpDVerOV).[83]

Es lassen sich daher zwei Phasen der Anlageberatung unterscheiden: (1.) die Einholung der entscheidungsrelevanten Information (Exploration) und (2.) die eigentliche Aufklärung und Beratung.[84]

aa) Explorationsphase

In der Explorationsphase muss der Wertpapierdienstleister entsprechend dem anglo-amerikanischen Grundsatz *know your customer*[85] konkrete Informationen über die Kenntnisse und Erfahrungen seines Kunden mit bestimmten Finanzinstrumenten und über dessen Anlageziele, Risikobereitschaft und Vermögensverhältnisse einholen.[86]

Diese Informationen sind in dem Umfang zu ermitteln, der erforderlich ist, um auf dieser Grundlage ein geeignetes Finanzinstrument empfehlen zu können (§ 6 Abs. 1 WpDVerOV). Gemäß dem Grundsatz *know your product*, der sich aus der allgemeinen Sorgfaltspflicht (§ 31 Abs. 1 Nr. 2 WpHG) herleiten lässt, müssen die Anlageberater über die nötigen Kenntnisse verfügen, um ein Anlageprodukt unter Berücksich-

---

80 *Koller*, in: FS Schneider, 2011, S. 651 f.; *Balzer*, ZBB 2007, 333, 335; *Veil*, ZBB 2008, 34, 36.

81 So *Fuchs*, in: Fuchs (Hrsg.), WpHG, 2009, § 31 WpHG Rdn. 242; siehe auch *Veil*, WM 2007, 1821, 1822; *Mülbert*, ZHR 172 (2008), 170, 189.

82 *Koller*, in: Assmann/Schneider (Hrsg.), 6. Aufl. 2012, § 31 WpHG Rdn. 131; *Mülbert*, WM 2007, 1149, 1155.

83 *Möllers*, in: Köln. Komm. z. WpHG, 2. Aufl. 2014, § 31 WpHG Rdn. 328.

84 Vgl. *Grundmann*, in: Ebenroth/Boujong/Strohn/Joost, Handelsgesetzbuch, 2. Aufl. 2009, § 31 WpHG Rdn. VI239, siehe auch *Kumpan/Hellgardt*, DB 2006, 1714, 1714; *Weichert/Wenninger*, WM 2007, 627, 629, 631.

85 *Grundmann*, in: Ebenroth/Boujong/Strohn/Joost, Handelsgesetzbuch, 2. Aufl. 2009, § 31 WpHG Rdn. VI 252.

86 § 31 Abs. 4 S. 1 WpHG i.V.m. §§ 6 Abs. 1 Nr. 1 und 2, Abs. 2 WpDverOV.

tigung der aktuellen Marktgegebenheiten sachgemäß zu beurteilen. Nötigenfalls müssen sie sich diese Kenntnisse zuvor aneignen.[87]

bb) Beratungsphase

In der an die Exploration anschließenden Phase muss der Wertpapierdienstleister eine Geeignetheitsprüfung durchführen.

Hierdurch soll sichergestellt werden, dass das vorgeschlagene Anlageprodukt und die Anlagestrategie den Anlagezielen des Kunden entsprechen, dass die Produktrisiken für ihn tragbar sind und er diese verstehen kann (§ 31 Abs. 4 S. 2 WpHG).[88] Sind die mitgeteilten Informationen nicht ausreichend oder verweigert der Kunde die Informationsmitteilung, darf keine Empfehlung abgegeben werden.[89]

Bei professionellen Kunden darf der Wertpapierdienstleister kraft Gesetzes (§ 31 Abs. 9 S. 1 WpHG) davon ausgehen, dass sie über die erforderlichen Kenntnisse und Erfahrungen und das geplante Geschäft für sie finanziell tragbar ist.

II. Zivilrechtliche Informationsinstrumente

Die zivilrechtlichen Aufklärungs- und Beratungspflichten sind dem aufsichtsrechtlichen Informationsregime vergleichbar. Neben den Informationspflichten der bürgerlich-rechtlichen Vertragsmodelle sieht das spezialgesetzliche VVG vorvertragliche Aufklärungs- und Beratungspflichten vor. Besondere bürgerlich-rechtliche Informationspflichten gelten zudem für Fernabsatz-Verbraucherverträge und im elektronischen Geschäftsverkehr. Auch zivilrechtlich lässt sich nach produktbezogenen Aufklärungspflichten und anlegerbezogenen Beratungspflichten unterteilen.

---

87 *Möllers*, in: Köln. Komm. z. WpHG, 2. Aufl. 2014, § 31 WpHG Rdn. 361; *Rothenhöfer*, in: Schwark/Zimmer (Hrsg.), KMRK, 4. Aufl. 2010, § 31 WpHG Rdn. 20.

88 Hierzu im Einzelnen z.B. *Rothenhöfer*, in: Schwark/Zimmer (Hrsg.), KMRK, 4. Aufl. 2010, § 31 WpHG Rdn. 269 ff.

89 § 31 Abs. 4 S. 3 WpHG. Hierzu *Grundmann*, in: Ebenroth/Boujong/Strohn/Joost, Handelsgesetzbuch, 2. Aufl. 2009, § 31 WpHG Rdn. VI241.

1. Produktbezogene Aufklärungspflichten

a) Bürgerliches Recht

aa) Schuldrechtliche Herleitung

Aufklärungs- und Auskunftspflichten resultieren insbesondere aus eigenständigen Verträgen, die ausdrücklich oder konkludent abgeschlossenen werden können. Alternativ kommt eine Herleitung aus dem allgemeinen Bankvertrag, dem eigentlichen Anlagegeschäft oder dem gesetzlichen Schuldverhältnis der c.i.c. (§ 311 Abs. 2 BGB) in Betracht.[90] In den beiden letztgenannten Konstellationen sind Aufklärungs- und Auskunftspflichten leistungsbezogene Nebenpflichten i.S.v. § 241 Abs. 1 BGB;[91] im Übrigen lassen sie sich aus der schuldrechtlichen Rücksichtnahmepflicht (§ 241 Abs. 2 BGB) bzw. dem Charakter des Schuldverhältnisses (§ 242 BGB) ableiten.[92]

Die Voraussetzungen für die Annahme einer Aufklärungspflicht sind jeweils identisch: (1.) Zwischen den Vertragsparteien besteht ein Informationsgefälle; dieses kann auf der besonderen Sachkunde einer Partei, auf der schichtenspezifischen Unerfahrenheit der anderen Vertragspartei, auf ihrer Rechts- und Sprachunkenntnis oder auf sonstiger struktureller Unterlegenheit beruhen. (2.) Das Informationsgefälle ist für die überlegene Vertragspartei erkennbar. (3.) Die Aufklärung ist entscheidungserheblich. (4.) Die unterlegene Partei ist schutzwürdig.[93]

Diese Kriterien sind in eine Abwägung einzustellen:[94] Abzuwägen ist das Prinzip der Eigenverantwortung der „unterlegenen" Vertragspartei[95] mit der Zumutbarkeit einer Haftung der „überlegenen" Vertragspartei bei

90 *V. Heymann/Edelmann*, in: Assmann/Schütze (Hrsg.), Hdb KapitalanlageR, 3. Aufl. 2007, § 11 Rdn. 13; *Olzen*, in: Staudinger, BGB, Neubearb. 2009, § 241 Rdn. 436.

91 *Olzen*, in: Staudinger, BGB, Neubearb. 2009, § 241 Rdn. 167 ff.

92 Vgl. *Olzen*, in: Staudinger, BGB, Neubearb. 2009, § 241 Rdn. 429 f., 167 ff.

93 Ausführlich und m.w.N. *Olzen*, in: Staudinger, BGB, Neubearb. 2009, § 241 Rdn. 437 ff.; *Bachmann/Roth*, in: Münch. Komm. z. BGB, 6. Aufl. 2012, § 241 Rdn. 40 ff.

94 Bereits BGH, Urt. v. 15.10.1980 (Az. VIII ZR 231/79), MDR 1981, 134. Hierzu *Grigoleit*, Vorvertragliche Informationshaftung, 1997, S. 6 f.

95 Siehe S. 249.

Verletzung der Informationspflicht.[96] Nach der Rechtsprechung fällt die Abwägung zugunsten der unterlegenen Partei aus, wenn sie „nach Treu und Glauben unter Berücksichtigung der Verkehrsanschauung redlicherweise die Mitteilung von Tatsachen erwarten durfte, die für die Willensbildung... offensichtlich von ausschlaggebender Bedeutung sind".[97] Die Ausnutzung des Informationsvorsprungs durch die überlegene Vertragspartei muss dabei als Verstoß gegen die Fairness am Markt erscheinen.[98]

bb) Auskunfts- und Aufklärungspflichten bei der Geldanlage

Bürgerlich-rechtliche Auskunftspflichten bestehen regelmäßig zwischen einem Anlagevermittler und seinem Kunden.[99] Sie verpflichten den Anlagevermittler zu sachlichen Auskünften über das konkrete Anlageprodukt.[100] Der Umfang der geschuldeten Informationen hängt im Übrigen von der „Aufklärungs- und Schutzbedürftigkeit" des Kunden und der Parteivereinbarung ab.

Handelt es sich bei der Auskunftspflicht dogmatisch um eine schuldrechtliche Nebenpflicht, genügt regelmäßig die Aushändigung des Emissionsprospekts.[101] Ist die Auskunft dagegen Hauptpflicht des Anlagevermittlungsvertrags, muss vollständig über die Eigenschaften und Risiken der vermittelten Anlage aufgeklärt werden.[102] Auskünfte im Rahmen einer Anlagevermittlung dürfen werbenden bzw. anpreisenden Charakter ha-

---

96 *Olzen*, in: Staudinger, BGB, Neubearb. 2009, § 241 Rdn. 444 m.w.N.

97 Etwa BGH, Urt. v. 11.8.2010 (Az. XII ZR 192/08), NJW 2010, 3362 Rdn. 22. Siehe bereits RG, Urt. v. 7.7.1925 (Az. II 494/24), RGZ 111, 233, 234.

98 BGH, Urt. v. 20.2.1967 (Az. III ZR 134/65), BGHZ 47, 207, 211; *Bachmann/Roth*, in: Münch. Komm. z. BGB, 6. Aufl. 2012, § 241 Rdn. 142.

99 BGH, Urt. v. 13.5.1993 (Az. III ZR 25/92), NJW-RR 1993, 1114 f.

100 *Möllers*, in: Köln. Komm. z. WpHG, 2. Aufl. 2014, § 31 WpHG Rdn. 108. Zum Pflichtenumfang überblicksartig *Siol*, in: Schimansky/Bunte/Lwowski (Hrsg.), Bankrechts-Handbuch, 4. Aufl. 2011, § 45 Rdn. 9 ff.

101 *Spindler*, in: Langenbucher/Bliesener/Spindler (Hrsg.), Bankrechts-Kommentar, 2013, § 33 Rdn. 61.

102 *Spindler*, in: Langenbucher/Bliesener/Spindle (Hrsg.), Bankrechts-Kommentar, 2013, § 33 Rdn. 60; *Hannöver*, in: Schimansky/Bunte/Lwowski (Hrsg.), Bankrechts-Handbuch, 4. Aufl. 2011, § 110 Rdn. 25.

ben,[103] sofern die Informationen im Übrigen wahrheitsgemäß und vollständig sind.[104]

Bürgerlich-rechtliche Aufklärungspflichten sind vor allem für das Einlagengeschäft relevant. Die Bank ist z.B. dazu verpflichtet, ihren Kunden auf einen Zinsverlust bei vorzeitiger Kündigung von Spareinlagen aufmerksam zu machen.[105] Im Übrigen haben Aufklärungspflichten im Kontext der Geldanlage nur geringe Bedeutung, da regelmäßig ein konkludenter Anlageberatungsvertrag vorliegt.

cc) Fernabsatzrechtliche Aufklärungspflichten

Die Umsetzung der Vorgaben der Verbraucherrechte-RiL 2011/83/EU mit Wirkung zum 13.6.2014[106] betrifft auch die Informationspflichten bei Fernabsatzgeschäften, denn die Richtlinie konsolidiert die Informationspflichten bei Verbrauchergeschäften vertragsformübergreifend (Art. 5 Abs. 1).

Der deutsche Gesetzgeber setzte diese Richtlinienvorgaben mit einer allgemeinen Informationspflicht um, die vor dem Abschluss von Verbraucherverträgen erfüllt werden muss (§ 312 a Abs. 2 BGBi.V.m. Art. 246 EGBGB). Der Anwendungsbereich erstreckt sich auf alle Situationen, in denen Verbraucherverträge weder außerhalb der Geschäftsräume des Unternehmers noch als Fernabsatzverträge abgeschlossen werden (vgl. § 312 a Abs. 2 S. 3 BGB). Sie gilt damit vor allem für Abschlüsse in „Ladengeschäften“[107].

Auf Finanzdienstleistungen findet die Verbraucherrechte-RiL explizit keine Anwendung (Art. 3 Abs. 3 lit. d)). Die Statuierung allgemeiner Informationspflichten machte zugleich die Neufassung des Informationsregimes für Fernabsatzverträge über Finanzdienstleistungen notwendig.

103 *Spindler*, in: Langenbucher/Bliesener/Spindler (Hrsg.), Bankrechts-Kommentar, 2013, § 33 Rdn. 45, 48; *v. Heymann/Edelmann*, in: Assmann/Schütze (Hrsg.), Hdb KapitalanlageR, 3. Aufl. 2007, § 4 Rdn. 4; BGH, Urt. v. 13.5.1993 (Az. III ZR 25/92), NJW-RR 1993, 1114, 1115.

104 *Spindler*, in: Langenbucher/Bliesener/Spindler (Hrsg.), Bankrechts-Kommentar, 2013, § 33 Rdn. 61 m.w.N.

105 *Olzen*, in: Staudinger, BGB, Neubearb. 2009, § 241 BGB Rdn. 470 m.w.N.

106 Art. 15 Verbraucherrechte-RiL-UmsG.

107 *Schwab/Giesemann*, EuZW 2012, 253, 254.

Weitgehend inhaltsgleich zu den bisherigen Regelungen[108] finden sich spezielle Informationspflichten nunmehr in § 312 d Abs. 2 BGB i.V.m. Art. 246 b EGBGB.

dd) Informationspflichten im elektronischen Geschäftsverkehr

Besondere vorvertragliche Informationspflichten gelten im elektronischen Geschäftsverkehr wenn Verträge beispielsweise per E-Mail oder über eine Website abgeschlossen werden.[109]

Verträge im elektronischen Geschäftsverkehr sind in ihrer Grundform keine Verbraucherverträge, da nicht der Verbraucher-, sondern der Kundenbegriff Anknüpfungspunkt ist. Die Informationspflichten im elektronischen Geschäftsverkehr sind nicht anwendbar, wenn der Vertrag durch individuelle Kommunikation zustande kommt.[110]Für Anlagegeschäfte spielen diese besonderen Informationspflichten vor allem dann eine Rolle, wenn eine Bankverbindung im „Electronic Banking" begründet wird: die Bank stellt die Antragsformulare für die Kontoeröffnung online zur Verfügung, der Kunde füllt sie aus und schickt sie per Email an die Bank zurück und gibt dadurch ein Angebot zum Abschluss eines Rahmenvertrags ab.[111]

Auch die Informationspflichten im elektronischen Geschäftsverkehr sind von der Umsetzung der Verbraucherrechte-RiL 2011/83/EU betroffen.

Unter weitgehender inhaltlicher Übereinstimmung wurde die bisherige Regelung des § 312 g BGB auf zwei Paragraphen aufgeteilt, §§ 312 i und 312 j BGB:[112] § 312 i BGB sieht allgemeine Pflichten im elektronischen Geschäftsverkehr vor, § 312 j BGB statuiert Sonderpflichten gegenüber Verbrauchern, die aber auf Finanzdienstleistungsgeschäfte nicht anwendbar sind (§ 312 j Abs. 5 S. 2 BGB).

---

108 § 312 c BGB i.V.m. Art. 246 § 1 Abs. 1 EGBGB.

109 *Schmidt-Räntsch*, in: Beck. Komm. z. BGB, Edit. 30 (Stand: 1.8.2012), § 312 g Rdn. 10.

110 § 312 g Abs. 5 S. 1 BGB.

111 *Ekkenga*, in: Münch. Komm. z. HGB, 2. Aufl. 2009, Effektengeschäft., Rdn. 171.

112 Siehe Begr RegE v. 6.3.2013 z. Verbraucherrechte-RiL-UmsG, BT-Ds. 17/12637, S. 58.

b) VVG-Informationsblätter

Die vorvertragliche Information des Versicherungsnehmers regelt § 7 VVG. Sie ist vom Typ des zu schließenden Versicherungsvertrags unabhängig und trifft ausschließlich den Versicherer, nicht aber den in aller Regel zwischengeschalteten Versicherungsvermittler.[113] Regelmäßig wird der Versicherer aber den beauftragten Vermittler vertraglich dazu verpflichten, die Informationspflicht für ihn zu erfüllen.[114] Konkret sind dem Versicherungsnehmer vor Vertragsschluss die Vertragsbestimmungen einschließlich AVB, sowie „weitere zu übermittelnde Informationen" in Textform mitzuteilen (§ 7 Abs. 1 S. 1 VVG).

Bei diesen „weiteren zu übermittelnden Informationen" handelt es sich um die Informationsblätter gemäß § 4 VVG-InfoV. § 4 VVG-InfoV beruht auf der Ermächtigung des Bundesministeriums der Justiz, die Informationsverpflichtung des § 7 Abs. 1 VVG näher auszugestalten.[115]

2. Anlegerbezogene Beratung

a) BGB-Grundmodell

Die bürgerlich-rechtliche Pflicht zur anlegerbezogenen Beratung beruht auf dem von der Rechtsprechung entwickelten Modell konkludenter Anlageberatungsverträge, an dem nach der hier vertretenen Ansicht festzuhalten ist.[116] Nur vereinzelt wird vertreten, dass Beratungspflichten auf vorvertraglichen Schutzpflichten[117] beruhen.[118]

Inhaltlich wurden die Beratungspflichten primär durch die „Bond"-Rechtsprechung des BGH konturiert. Hiernach hat

> „[e]ine Bank bei der Anlageberatung den – gegebenenfalls zu erfragenden – Wissensstand des Kunden über Anlagegeschäfte der vorgesehenen Art und dessen Risikobereitschaft zu berücksichtigen („anlegergerechte" Beratung);

---

113 Begr RegE v. 20.12.2006 z. VVG-ReformG, BT-Ds. 16/3945, S. 59.

114 *Armbrüster*, in: Münch. Komm. z. VVG, 2010, § 7 VVG Rdn. 10.

115 Vgl. § 7 Abs. 2 S. 1 Nr. 5 VVG. *Armbrüster*, in: Münch. Komm. z. VVG, 2010, § 7 VVG Rdn. 24.

116 Siehe S. 182.

117 §§ 241 Abs. 2, 311 Abs. 2 und 3 BGB.

118 Hierzu *Grigoleit*, in: Habersack/Mülbert/Nobbe (Hrsg.), Bankrechtstag 2012, 2013, S. 25, 31 ff.

> das von ihr danach empfohlene Anlageobjekt muß diesen Kriterien Rechnung tragen („objektgerechte Beratung").“[119]

Auf Grundlage des Postulats „anleger- und objektgerechter Beratung“ hat sich eine umfangreiche Kasuistik entwickelt, die vom Einzelfall bestimmt wird und an dieser Stelle nicht genauer nachvollzogen werden kann.[120] Zu den Faktoren, die den Umfang der Beratungspflicht vorgeben, zählen insbesondere die Risiken des Anlagegeschäfts und der Beratungsbedarf des jeweiligen Kunden.[121]

Von bürgerlich-rechtlichen Auskunfts- und Aufklärungsverträgen kann der Anlageberatungsvertrag anhand des Merkmals der Anlageempfehlung abgegrenzt werden, die nur bei der Anlageberatung geschuldet ist.[122] In der praktischen Handhabung der Rechtsprechung sind die Grenzen zwischen bloßer Auskunftserteilung bei der Anlagevermittlung und Anlageberatung oftmals fließend,[123] so dass eine Abgrenzung nur einzelfallabhängig möglich ist.[124]

b) BGH-Urteil vom 11.3.2011 („Zins-Swap“)

Im Schrifttum wird nach wie vor rege diskutiert, inwieweit die „Bond“-Beratungspflichten durch die „Zins-Swap“-Entscheidung des BGH vom März 2011[125] verschärft wurden.[126]

---

119 BGH, Urt. v. 6.7.1993 (Az. XI ZR 12/93), BGHZ 123, 126 (Leitsatz) – *Bond.*

120 Siehe bspw. *Fuchs*, in: Fuchs (Hrsg.), WpHG, 2009, § 31 WpHG Rdn. 247 ff.; *Spindler*, in: Langenbucher/Bliesener/Spindler (Hrsg.), Bankrechts-Kommentar, 2013, § 33 Rdn. 56 ff..

121 *Emmerich*, in: Münch. Komm. z. BGB, 6. Aufl. 2012, § 311 BGB Rdn. 117.

122 *Hannöver*, in: Schimansky/Bunte/Lwowski (Hrsg.), Bankrechts-Handbuch, 4. Aufl. 2011, § 110 Rdn. 26; *Spindler*, in: Langenbucher/Bliesener/Spindler (Hrsg.), Bankrechts-Kommentar, 2013, § 33 Rdn. 48.

123 BGH, Urt. v. 13.5.1993 (Az. III ZR 25/92), NJW-RR 1993, 1114 m.w.N. Hierzu auch *Fuchs*, in: Fuchs (Hrsg.), WpHG, 2009, § 31 WpHG Rdn. 243; *Möllers/Ganten*, ZGR 1998, 773, 789 ff.

124 *Siol*, in: Schimansky/Bunte/Lwowski (Hrsg.), Bankrechts-Handbuch, 4. Aufl. 2011, § 45 Rdn. 9.

125 BGH, Urt. v. 22.3.2011 (Az. XI ZR 33/10), BGHZ 189, 13.

126 Zuletzt etwa *Möllers/Poppele*, ZGR 2013, 437, 469 f., 473 f.; *Grigoleit*, ZHR 177 (2013), 264, 283 f. Davor bereits *Köndgen*, BKR 2011, 283 ff.; *Koch*, BKR 2012, 485 ff.

Nach Ansicht des XI. Zivilsenats war zwischen der Deutschen Bank und einem mittelständischen Unternehmen ein Anlageberatungsvertrag zustande gekommen. Im Anschluss an die Anlageberatung wurde sodann ein *CMS (Constant Maturity Swap) Spread-Ladder-Swap* abgeschlossen, also eine „Zinswette", bei der ein fester gegen einen variablen Zins „getauscht" wird.

Nach Ansicht des Gerichts wäre die beratende Bank dazu verpflichtet gewesen, den Anleger *produktbezogen*[127] auf den „gleichen Wissens- und Kenntnisstand" zu bringen, den sie selbst besitzt.[128] Ergänzt wurde diese Forderung durch die *anlegerbezogene*[129] Pflicht, dass sich der Berater „noch vor der Anlageentscheidung seines Kunden die Gewissheit verschafft, dass dieser die von ihm geschilderten Risiken des Finanzprodukts in jeder Hinsicht verstanden hat."[130]

Legte man diese Maßstäbe allen Anlageberatungsverträgen zugrunde, würde das informationelle Verständnisrisiko des Kunden auf die Bank verlagert. Aus ihrer Verantwortung kraft Informationsüberlegenheit wäre die Bank nur entlassen, wenn sie durch ihre Beratung einen „Verständniserfolg" des Kunden erzielt.[131]

c) VVG-Beratungspflichten

aa) Beratungspflichten des Versicherungsvermittlers

Eigenständige Beratungspflichten sieht das VVG für Versicherungsvermittler vor. Erstmals statuierte § 42 c VVG a.F.[132] Beratungspflichten für Versicherungsvermittler zur Umsetzung entsprechender europäischer Vor-

127 *Grigoleit*, ZHR 177 (2013), 264, 283.
128 BGH, Urt. v. 22.3.2011, BGHZ 189, 13, 25 f. Rdn. 29 – *Zins-Swap*.
129 *Grigoleit*, ZHR 177 (2013), 264, 283.
130 BGH, Urt. v. 22.3.2011, BGHZ 189, 13, 25 f. Rdn. 24 – *Zins-Swap*.
131 *Koch*, BKR 2012, 485, 488.
132 Eingefügt durch Art. 2 Nr. 1 VersVermG m.W.v. 22.5.2007 gemäß Art. 4 VersVermG.

gaben[133].[134] Seit der Neufassung des VVG im Jahr 2008 gilt § 42 c VVG a.F. inhaltsgleich als § 61 VVG[135] fort. Für Versicherungsmakler besteht unabhängig von § 61 VVG eine Beratungspflicht als Hauptpflicht aus dem Maklervertrag.[136]

Der Explorationsphase bei der Anlageberatung vergleichbar, muss ein Versicherungsvermittler zunächst die Wünsche und den Bedarf seines Kunden ermitteln (§ 61 Abs. 1 S. 1 Hs. 1 VVG).[137] Der Anlass für eine (Nach-)Fragepflicht muss für den Versicherungsvermittler erkennbar sein.[138] Bei fondsbasierten Lebensversicherungen wird sich der Anlass regelmäßig aus der Schwierigkeit für den Versicherungsnehmer ergeben, die angebotene Versicherung zu beurteilen.[139]

Auf dieser Grundlage ist sodann eine angemessene Beratung durchzuführen, die in die Empfehlung eines bestimmten Versicherungsprodukts mündet.[140] Ebenso wie die Anlageberatung verpflichtet § 61 Abs. 1 S. 1 Hs. 2 VVG zur „anleger- und objektgerechten Beratung“: Die Aufklärungs- und Beratungspflicht hat Art, Umfang und Komplexität des konkreten Produkts sowie die Person und Situation des Versicherungsnehmers zu berücksichtigen.[141]

Hat der Versicherungsnehmer Schwierigkeiten, seinen Versicherungsbedarf in versicherungsrechtliche Kategorien zu übersetzen, muss ihn der Vermittler dabei unterstützen.[142] Bei klarem Wunsch des potentiellen Ver-

133 Art. 12 Abs. 3 Versicherungsvermittlungs-RiL 2002/92/EG. Streitig ist, ob die RiL nur eine Dokumentationspflicht oder auch eine Beratungspflicht vorsieht, hierzu *Armbrüster*, in: Münch. Komm. z. VVG, 2010, Vor §§ 6, 7 VVG Rdn. 32 ff. m.w.N. zum Dikussionsstand.

134 Vgl. Begr RegE v. 23.6.2006 z. VersVermG, BT-Ds. 16/1935, S. 24.

135 Eingefügt durch Art. 1 VVG-ReformG.

136 BGH, Urt. v. 20.1.2005 (Az. III ZR 251/04), BGHZ 162, 67; *Dörner*, in: Prölss/Martin, Komm. z. VVG, 28. Aufl. 2010,§ 61 VVG Rdn. 8.

137 § 61 Abs. 1 S. 1 Hs. 1 VVG.

138 Zu § 42 c VVG a.F. Begr RegE v. 23.6.2006 z. VersVermG, BT-Ds. 16/1935, S. 24.

139 *Reiff*, in: Münch. Komm. z. VVG, 2010, § 61 VVG Rdn. 8.

140 Vgl. § 61 Abs. 1 S. 1 Hs. 2 VVG. Hierzu *Dörner*, in: Prölss/Martin, Komm. z. VVG, 28. Aufl. 2010,§ 61 VVG Rdn. 1.

141 *Dörner*, in: Prölss/Martin, Komm. z. VVG, 28. Aufl. 2010,§ 61 VVG Rdn. 18.

142 OLG Stuttgart, Urt. v. 18.4.1986 (Az. 2 U 93/85), NJW-RR 1986, 904, 905; *Dörner*, in: Prölss/Martin, Komm. z. VVG, 28. Aufl. 2010,§ 61 VVG Rdn. 16.

sicherungsnehmers kann sich die Beratung dagegen auf ein Minimum beschränken.[143]

bb) Beratungspflichten des Versicherers

§ 6 VVG weitet die Beratungspflichten der Versicherungsvermittler auf die Versicherer aus. Europarechtlich besteht hierfür keine Veranlassung; der deutsche Gesetzgeber hat die Vorgaben der Versicherungsvermittlungs-RiL 2002/92/EG insoweit richtlinienüberschießend umgesetzt.[144]

Die Beratungspflicht der Versicherer besteht neben den Beratungspflichten der Versicherungsvermittler, sie entfällt aber bei der Beratung durch einen Versicherungsmakler[145]. Zur Erfüllung seiner Beratungspflichten wird sich der Versicherer regelmäßig eines Versicherungsvertreters bedienen, dessen Verschulden sich der Versicherer gemäß § 278 BGB zurechnen lassen muss.[146] Die Beratungspflicht ist insgesamt aber nur einmal zu erfüllen.[147] Versicherungsvermittler und Versicherer haften insoweit als Gesamtschuldner.[148]

III. Bestandsaufnahme und Bewertung

Nach diesem ersten Überblick gilt es in einem zweiten Schritt die verschiedenen Informationen des Aufsichts- und Zivilrechts unter systematischen Gesichtspunkten zu bewerten, wobei wie zuvor in produktbezogene Aufklärungspflichten und anlegerbezogene Beratungspflichten unterteilt wird.

---

143 *Reiff*, in: Münch. Komm. z. VVG, 2010, § 61 VVG Rdn. 6.
144 *Prölss*, in: Prölss/Martin, Komm. z. VVG, 28. Aufl. 2010, § 6 VVG Rdn. 1.
145 § 6 Abs. 5 VVG.
146 *Prölss*, in: Prölss/Martin, Komm. z. VVG, 28. Aufl. 2010, § 6 VVG Rdn. 58.
147 Begr RegE v. 20.12.2006 z. VVG-ReformG, BT-Ds. 16/3945, S. 58.
148 *Münkel*, in: Rüffer/Halbach/Schimikowski (Hrsg.), HK-VVG, 2. Aufl. 2011, § 6 Rdn. 3.

1. Produktbezogene Aufklärungspflichten

a) Bestandsaufnahme

Die Aufklärungspflichten lassen sich anhand formeller (Anwendungsbereich, äußere Gestaltung) und materieller Untersuchungsmerkmale (Art der geschuldeten Informationen, Informationsspektrum, Risikoaufklärung, Disponibilität und Prüfungspflichten) unterscheiden.

Die WpHG-Informationsblätter sind nach geltendem Recht ausschließlich im Zuge einer Anlageberatung zur Verfügung zu stellen. Aufgrund ihrer Vergleichbarkeit mit den Informationsblättern von KAGB und VVG-InfoV werden sie aber an dieser Stelle in die Analyse miteinbezogen.

aa) Formelle Vorgaben

(1) Situativer Anwendungsbereich

Die Anwendungsbereiche der WpHG-Standardinformationen und der KAGB- bzw. VVG-Informationsblätter knüpfen nicht an eine bestimmte Situation an. Ebenso sieht der VO-E Basisinformationsblätter vor, dass unabhängig von der Situation des Vertragsschlusses und der Geschäftsart produktbezogen aufzuklären ist. Anderes gilt für die Aufklärungspflichten im Fernabsatzgeschäft und das nur im Rahmen einer Anlageberatung zur Verfügung zu stellende WpHG-Informationsblatt. Nicht nachvollziehbar ist, dass nach der WpHG-Konzeption Informationsblätter nur anlässlich der Anlageberatung bereitzustellen sind. Schließlich verpflichtet die Anlageberatung den Berater ohnehin zur produktbezogenen („objektgerechten“) Aufklärung.

(2) Produktbezogener Anwendungsbereich

Der produktbezogene Anwendungsbereich der Aufklärungspflichten beschränkt sich *de lege lata* auf den vertikalen Anwendungsbereich des jeweiligen Gesetzes.

Demgegenüber folgt der VO-E Basisinformationsblätter dem horizontalen und damit produktformübergreifenden PRIP-Regelungsansatz, so dass die Vorschläge auf alle Kapitalmarktinvestmentprodukte Anwendung finden sollen.

(3) Informationsadressaten

Informationsadressaten der WpHG-Standardinformationen sind die Kunden der Wertpapierdienstleister (§ 31 Abs. 3 WpHG[149]). Die WpHG- und KAGB-Informationsblätter richten sich dagegen ausschließlich an Privatkunden bzw. Privatanleger.[150] Informationsadressaten der Fernabsatzinformationen sind die Verbraucher; ebenso ist das VVG-Informationsblatt nur Versicherungsnehmern zur Verfügung zu stellen, die zugleich Verbraucher sind. Das PRIP-Basisinformationsblatt soll für „Kleinanleger"[151] bereitgestellt werden und umfasst damit Anleger, Verbraucher und Versicherungsnehmer gleichermaßen.

(4) Informationsverpflichteter

In Bezug auf den Informationsverpflichteten ist zwischen der Pflicht zur Erstellung der Informationen („Herstellung") und der eigentlichen Informationsbereitstellung zu differenzieren.

Die Pflicht zur Erstellung und Bereitstellung der WpHG-Standardinformationen trifft allein den Wertpapierdienstleister, über den das konkrete Anlagegeschäft abgewickelt wird.

Dieser konkrete Wertpapierdienstleister ist auch zur Erstellung und Bereitstellung des WpHG-Informationsblatts verpflichtet. Damit müssen Produktemittenten, die nicht zugleich als Wertpapierdienstleister agieren, keine Informationsblätter erstellen.[152] Die WpHG-Vorschriften sind allerdings anwendbar auf Informationsblätter, die von einem Drittunternehmen erstellt und der tatsächlichen Verkaufsstelle als Vertriebsmaterialien zur Verfügung gestellt werden.[153]

149 Zusätzliche Informationen für Privatkunden sieht § 5 Abs. 2 WpDVerOV vor.
150 Vgl. § 31 Abs. 9 S. 2 WpHG, §§ 297, 308 KAGB.
151 Hierzu bereits S. 120.
152 *Preuße/M. Schmidt*, BKR 2011, 265, 266.
153 BaFin, Rundschreiben 4/2010 (WA) – MaComp, Stand: 7.1.2014, BT 3.2.2.

Die Pflicht zur Erstellung und Übergabe der KAGB-Informationsblätter ist an den Fondsemittenten gerichtet. Es ist umstritten, ob auch Finanzintermediäre, die Investmentfondsanteile gewerblich vertreiben, zur Bereitstellung der Informationsblätter verpflichtet sind.[154] Praxisrelevant ist diese Frage vor dem Hintergrund, dass Investmentfondanteile in aller Regel über Kreditinstitute vertrieben werden, die mit der Verwaltungsgesellschaft verbunden sind.[155] Die überwiegende Meinung in Schrifttum und Rechtsprechung tendiert dazu, den Anwendungsbereich der Informationspflicht weit zu definieren und auch die Kreditinstitute der Informationsverpflichtung zu unterwerfen.[156] Zu §§ 121 Abs. 1-3 InvG a.F. vertrat auch die BaFin die Ansicht, dass die Informationspflicht auch für Wertpapierdienstleister, Kredit- und Finanzdienstleistungsinstitute sowie Versicherungsunternehmen gilt, die Investmentfondsanteile vertreiben.[157] Das dieser Ansicht zugrunde liegende Konsultationspapier wurde nur als Entwurf veröffentlicht; in Anbetracht der unveränderten Übernahme von § 121 Abs. 1 InvG a.F. im KAGB ist vom Fortbestand dieser Beurteilung auszugehen.

Bedeutung hat die eigenständige Informationsverpflichtung der Verkaufsstelle vor allem, wenn der WpHG-Anwendungsbereich nicht eröffnet ist und die an die Erbringung von Anlageberatung anknüpfende Bereitstellungspflicht für KAGB-Informationsblätter (§ 31 Abs. 3 a S. 3 WpHG) nicht zum Tragen kommt. Praxisrelevante Beispiele hierfür sind der nicht dem WpHG unterfallende Vertrieb von Investmentfondsanteilen durch „Fondsboutiquen“ (§ 2 a Abs. 1 Nr. WpHG)[158] oder der Verkauf eigenemittierter Produkte[159].

Von der tatsächlichen Verkaufsstelle müssen auch die Fernabsatz-Informationen erstellt und dem Kunden ausgehändigt werden.

Demgegenüber trifft die Pflicht zur Erstellung und Bereitstellung der VVG-Informationsblätter ausschließlich den Versicherer, nicht aber den Versicherungsvermittler als letztes Glied der Absatzkette.

---

154 *Müchler*, in: Emde/Dornseifer/Dreibus (Hrsg.), Komm. z. InvG, 2013, § 121 InvG Rdn. 6 ff.

155 Siehe S. 237.

156 M.w.N. zu Literatur und Rechtsprechung *Müchler*, in: Emde/Dornseifer/Dreibus (Hrsg.), Komm. z. InvG, 2013, § 121 InvG Rdn. 7.

157 BaFin, Konsultation 20/2011: Entwurf des Rundschreibens zum Anwendungsbereich des § 121 Abs. 1 bis 3 InvG v. 20.12.2013, S. 2 ff.

158 Siehe S. 168.

159 Siehe S. 146 ff.

Die Pflicht zur Erstellung und Internet-Veröffentlichung der Basisinformationsblätter gilt nur für den Produktemittenten (Art. 5); zur Übergabe an den eigentlichen Kunden wird dagegen die tatsächliche Vertriebsstelle verpflichtet (Art. 12 Abs. 1 VO-E Basisinformationsblätter).

(5) Zeitpunkt der Informationserteilung

Spätestmöglicher Zeitpunkt für die „rechtzeitige" Erteilung der WpHG-Standardinformationen ist der Moment vor der Auftragsausführung (§ 5 Abs. 3 S. 1 WpDVerOV).[160] Nur die „geschäftsbezogenen Aufklärungsdaten"[161] müssen dem Kunden bereits vor Auftragserteilung zugeleitet werden. [162]

Für das WpHG-Informationsblatt reicht es aus, wenn es „rechtzeitig" zur Verfügung gestellt wird (§ 31 Abs. 3 a S. 1 WpHG). Gleiches gilt für die KAGB-Informationsblätter (§ 297 Abs. 1 S. 1 KAGB). Insofern stellt sich die Frage, wie der Begriff „rechtzeitig" zu definieren ist: Aus teleologischen Gründen reicht die Bereitstellung unmittelbar vor Abschluss des jeweiligen Geschäfts nicht aus, schließlich soll der Kunde anhand dieser Informationen die Art und Risiken der nachgefragten Produkte verstehen und sodann auf dieser Grundlage seine Anlageentscheidungen treffen. Nicht zuletzt wegen seiner kognitiven Beschränkungen wird man ihm eine angemessene Mindestzeit zur Aufnahme und Verarbeitung der Informationen einräumen müssen.

Die Fernabsatz-Informationen müssen vor Abgabe der Vertragserklärung des Verbrauchers und damit regelmäßig bereits zum Zeitpunkt der Kontaktaufnahme zwischen Unternehmer und Verbraucher erteilt werden.[163] Dies gilt gleichermaßen für das VVG-Informationsblatt.[164]

Die zeitliche Anknüpfung der PRIP-Basisinformationsblätter „vor dem Abschluss einer Transaktion" (Art. 12 Abs. 1) ist klärungsbedürftig. Aus den Erwägungsgründen ergibt sich, dass nicht der Moment der Auftrags-

---

160 *Ekkenga*, in: Münch. Komm. z. HGB, 2. Aufl. 2009, Effektengeschäft Rdn. 309.

161 § 5 Abs. 2 S. 2 Nr. 1 lit. a) –h) WpDVerOV.

162 *Ekkenga*, in: Münch. Komm. z. HGB, 2. Aufl. 2009, Effektengeschäft Rdn. 309.

163 *Wendehorst*, in: Münch. Komm. z. BGB, 6. Aufl. 2012, § 312 c BGB Rdn. 77; *Ekkenga*, in: Münch. Komm. z. HGB, 2. Aufl. 2009, Effektengeschäft Rdn. 386 a, 387.

164 Vgl. Begr RegE v. 20.12.2006 z. VVG-ReformG, BT-Ds. 16/3945, S. 48 f.

ausführung gemeint ist. Vielmehr muss das Basisinformationsblatt dem Anleger bereits vor Vertragsschluss so zur Verfügung stehen, dass er eine fundierte Anlageentscheidung treffen kann.[165] Die teleologische Auslegung deutet auch hier darauf hin, dass dem Kunden vor Vertragsschluss ein angemessener Zeitraum zur Informationsaufnahme und -verarbeitung eingeräumt werden muss.

(6) Informationsgestaltung

Das WpHG-Informationsblatt soll für komplexe Finanzinstrumente einen Umfang von drei DIN-A4-Seiten nicht überschreiten, für nicht-komplexe Finanzinstrumente liegt die Begrenzung bei zwei DIN-A4-Seiten[166]. Vorgaben an die Reihenfolge der Informationsdarstellung fehlen, in Bezug auf das Format sind sie wenig aussagekräftig[167]. Detaillierte Anforderungen an die sprachliche und inhaltliche Transparenz der WpHG-Informationsblätter stellt § 4 Abs. 1 WpDVerOV auf: Die Informationen müssen „in einer Art und Weise dargestellt sein, dass sie für den angesprochenen Kundenkreis verständlich sind". Für die WpHG-Standardinformationen besteht nur die abstrakte Vorgabe einer „verständlichen Form" (§ 31 Abs. 3 S. 1 WpHG).

Die umfangreichsten Anforderungen an die Gestaltung von Informationsblättern stellt *de lege lata* die auf Grundlage der OGAW IV-RiL erlassene VO (EU) Nr. 583/2010 auf, die für inländische und europäische OGAW unmittelbar gilt[168]. Sie beinhaltet u.a. Vorgaben an den Umfang (Art. 6: nicht mehr als zwei DIN-A4-Seiten), die Reihenfolge (Art. 4 Abs. 2-13) und das Format der Informationen (Artt. 5 Abs. 1 lit. a): Schriftgröße, Abs. 2 und 3: grafische Gestaltung). Aufgrund des Konkretisierungsgrads der Anforderungen an Inhalt und Darstellung in den Anhängen I-III kommt das Regelungskonzept einer Muster-Vorlage nahe.

Für die übrigen KAGB-Informationsblätter fehlt es an vergleichbaren Vorgaben bezüglich Umfang[169], Format[170] und Reihenfolge der Informati-

---

165 Erwägungsgrund 19 VO-E Basisinformationsblätter.
166 Vgl. § 5 a Abs. 1 S. 1 WpDVerOV.
167 Vgl. § 5 a Abs. 1 S. 2 WpDVerOV: „wesentliche Information", „übersichtlich".
168 Vgl. §§ 166 Abs. 4 S. 1, 298 Abs. 1 S. 2 KAGB.
169 § 166 Abs. 3 S. 4 KAGB: „kurz".
170 § 166 Abs. 3 S. 5 KAGB: „einheitlich".

onsdarstellung. § 166 Abs. 3 S. 5 KAGB sieht vor, dass die Informationsblätter in einem „einheitlichen Format“ erstellt werden sollen; bislang fehlt es aber an einer gesetzlichen Muster-Vorlage. Gemäß § 166 Abs. 3 S. 1-4 KAGB soll der Anleger das KAGB-Informationsblatt verstehen können, „ohne dass hierfür zusätzliche Dokumente herangezogen werden müssen“; zudem muss es mit den „einschlägigen Teilen des Verkaufsprospekts“ übereinstimmen, sowie „kurz“ und „in allgemein verständlicher Sprache“ abgefasst sein.

Die Vorgaben an die äußere Gestaltung der PRIP-Basisinformationsblätter orientieren sich an den OGAW-Informationsblättern (vgl. Art. 6), in Bezug auf die Darstellung und Reihenfolge der Informationen werden dagegen eigenständige Anforderungen aufgestellt (Art. 8 Abs. 2). Der Kommission soll die Befugnis übertragen werden, die Anforderungen an Darstellung und Format weiter zu konkretisieren (Art. 8 Abs. 5). Hierdurch könnte standardisierten Muster-Vorlagen der Weg bereitet werden. Besonders detaillierte Vorgaben werden in Bezug auf die inhaltliche und sprachliche Verständlichkeit aufgestellt: Die Informationen müssen „präzise, redlich und klar sein“ und dürfen „nicht irreführend sein“ (Art. 6 Abs. 1). Zudem sind sie in einer klaren, präzisen und verständlichen Sprache zu verfassen, „die dem Kleinanleger das Verständnis der mitgeteilten Informationen erleichtert“; Jargon und Fachtermini sind zu vermeiden, „wenn stattdessen eine allgemein verständliche Sprache verwendet werden kann“ (vgl. Art. 6 Abs. 3 lit. b) VO-E Basisinformationsblätter).

Druckbild, Aufbau und Umfang der Fernabsatz-Informationen müssen so gestaltet sein, dass der Verbraucher die für ihn relevanten Informationen ohne gezielte Suche finden kann.[171] Ein besonderes Format bzw. eine Muster-Vorlage sieht Art. 246 EGBGB nicht vor.[172] Für die Fernabsatz-Informationen gilt neben dem AGB-rechtlichen Transparenzgebot (§ 307 Abs. 1 S. 2 BGB) das spezialgesetzliche Fernabsatz-Transparenzgebot[173], aus dem sich weitergehende Anforderungen ergeben können.[174]

---

171 *Wendehorst*, in: Münch. Komm. z. BGB, 6. Aufl. 2012, § 312 c BGB Rdn. 85.

172 *Stadler*, in: Jauernig, Komm. z. BGB, 15. Aufl. 2014, § 312 c BGB Rdn. 4.

173 Art. 246 § 1 Abs. 1 EGBGB: „klar und verständlich“.

174 Begr RegE v. 9.2.2000 eines Gesetzes über Fernabsatzverträge und andere Fragen des Verbraucherrechts sowie zur Umstellung von Vorschriften auf Euro, BT-Ds. 14/2658, S. 38.

Für die VVG-Informationsblätter ist nur die Reihenfolge der Informationsdarstellung[175] und das Format[176] festgelegt. Die Anforderungen bleiben insofern hinter den detaillierten Vorgaben für OGAW-Informationsblätter zurück. Die VVG-Informationsblätter sind in übersichtlicher und „verständlicher Form" zu gestalten und der Versicherungsnehmer muss darauf hingewiesen werden, dass die Informationen nicht abschließend sind[177]. Der Verständlichkeit dient die Vorgabe, dass die konkreten Regelungen anzugeben sind, soweit auf die Bestimmungen des Versicherungsvertrags oder die AVB Bezug genommen wird.[178]

bb) Materielle Vorgaben

(1) Zulässigkeit der Informationsstandardisierung

Die produktbezogene Aufklärung kann durch einzelfallabhängige („konkret-individuell") oder durch standardisierte, einzelfallunabhängige Informationsleistungen erfolgen („abstrakt-generell"). Das abstrakt-generelle Informationsmodell liegt den WpHG-Standardinformationen[179] sowie den für *execution only* und „andere Geschäfte" vorgesehenen Warn- und Hinweispflichten[180] zugrunde. Abstrakt-generelle Informationen werden auch in Gestalt der (KAGB-/WpHG-/VVG-)Informationsblätter und der Fernabsatz-Informationen für den Bedarfsfall bereitgehalten.

Vor Inkrafttreten des FRUG war im deutschen Recht umstritten, ob die abstrakte, standardisierte Informationserteilung der (aufsichtsrechtlich) geschuldeten Aufklärungspflicht[181] genügt.[182] Diese Zweifel hat

175 § 4 Abs. 5 S. 3 VVG-InfoV.
176 § 4 Abs. 5 S. 1 und 2 VVG-InfoV.
177 § 4 Abs. 5 S. 2 VVG-InfoV.
178 § 4 Abs. 5 S. 3 VVG-InfoV.
179 §§ 31 Abs. 3 S. 2 WpHG.
180 §§ 31 Abs. 5 S. 5, Abs. 7 Nr. 2 S. 2 WpHG.
181 § 31 Abs. 2 Nr. 2 WpHG a.F.
182 Für die Zulässigkeit der standardisierten Informationserteilung bereits BaFin, Richtlinie zur Konkretisierung der §§ 31 und 32 WpHG v. 23.8.2001, BAnz. Nr. 165 v. 4.9.2001, S. 19 217, Nr. B.2.2; ebenso *Bliesener*, Aufsichtsrechtliche Pflichten beim Wertpapierhandel, 1998, S. 297 ff.; **a.A.** *Koller*, in: Assmann/Schneider (Hrsg.), WpHG, 3. Aufl. 2003, § 31 WpHG Rdn. 96 a, 104; *ders.*, in: Assmann/Schneider (Hrsg.), WpHG, 4. Aufl. 2006, § 31 WpHG Rdn. 132;

§ 31 Abs. 3 S. 2 WpHG ausgeräumt. Auch mit dem Grundmodell des zivilrechtlichen Aufklärungsvertrags ist die abstrakte Informationserteilung vereinbar, unterliegt dessen inhaltliche Ausgestaltung doch vollumfänglich der Privatautonomie der Vertragsparteien.[183] Konkret-individuelle Informationen werden damit nur im Falle der Anlageberatung geschuldet.[184]

(2) Informationsspektrum

Das Informationsspektrum der vorvertraglichen Aufklärungspflichten ist mehrheitlich auf ein konkretes Anlageprodukt fokussiert.

Nur die WpHG-Standardinformationen sollen die Kunden abstrakt über die „angebotenen oder von ihnen nachgefragten Arten von Finanzinstrumenten oder Wertpapierdienstleistungen“[185] und konkret über den Wertpapierdienstleister und seine Dienstleistungen informieren.[186] Zulässig ist es, die Informationen unabhängig vom jeweiligen Produkt und den Umständen des konkreten Einzelfalls zu erteilen, auch wenn § 5 Abs. 2 WpDVerOV („soweit relevant“) auf den Kenntnisstand des jeweiligen Kunden abstellt.[187] Mit den 168 Seiten starken „Basisinformationen über Wertpapiere und weitere Kapitalanlagen“[188] haben sich die Wertpapierdienstleister für das Prinzip Maximalaufklärung entschieden: Sie versorgen den Anleger mit „maximalen“ Informationen und bringen damit die Annahme

---

Leisch, Informationspflichten nach § 31 WpHG, 2004, S. 133 f.; *Möllers/Ganten*, ZGR 1998, 773, 785 ff. Vgl. *Möllers/Poppele*, ZGR 2013, 437, 457 f. m.w.N.

183 Vgl. *Bachmann/Roth*, in: Münch. Komm. z. BGB, 6. Aufl. 2012, § 241 BGB Rdn. 50.

184 *Möllers/Poppele*, ZGR 2013, 437, 449.

185 Hervorh. d.d. Verf. Siehe auch *Möllers*, in: Köln. Komm. z. WpHG, 2. Aufl. 2014, § 31 WpHG Rdn. 234. Kritisch *Ekkenga*, in: Münch. Komm. z. HGB, 2. Aufl. 2009, Effektengeschäft Rdn. 299.

186 Vgl. § 31 Abs. 3 S. 3 WpHG i.V.m. §§ 5 Abs. 1 und 2 WpDVerOV. Hierzu *Möllers/Poppele*, ZGR 2013, 437, 449.

187 *Möllers*, in: Köln. Komm. z. WpHG, 2. Aufl. 2014, § 31 WpHG Rdn. 233. Für eine weitergehende Unterteilung innerhalb der Kundenkategorien nach „typischen Informationslücken“ dagegen *Koller*, in: Assmann/Schneider (Hrsg.), 6. Aufl. 2012, § 31 WpHG Rdn. 93 b.

188 Basisinformationen über Wertpapiere und weitere Kapitalanlagen, Stand: Juni 2012, zu beziehen über den Bank-Verlag Köln unter www.bank-verlag-shop.de (zuletzt abgerufen am 23.11.2014).

zum Ausdruck, dass alle Kunden unzureichende Kenntnisse in Bezug auf die Funktionen und Risiken von Finanzinstrumenten haben.[189]

(3) Risikoaufklärung

Das breite Informationsspektrum der WpHG-Standardinformationen setzt sich bei der geschuldeten Risikoaufklärung fort. Die WpHG-Standardinformationen überschneiden sich mit den Fernabsatz-Informationspflichten in weiten Teilen[190], divergieren aber in einem wesentlichen Punkt: Nach Maßgabe des WpHG reicht es aus, den Kunden über die *abstrakten* Risiken der „Arten“ von Finanzinstrumenten zu informieren (§ 31 Abs. 3 S. 1 WpHG, § 5 Abs. 1 S. 2 Nr. 2 WpDVerOV).

Das Fernabsatzrecht sieht dagegen vor, dass über die „speziellen Risiken“ des Finanzinstruments aufgeklärt wird (Art. 246 EGBGB § 1 Abs. 2 Nr. 2).[191] Über die konkreten Produktrisiken informieren naturgemäß auch die WpHG-/KAGB-/VVG-Informationsblätter und die Basisinformationsblätter (siehe Art. 8 Abs. 2 lit. d) und e) VO-E Basisinformationsblätter).

(4) Disponibilität

Die Informationspflichten des § 31 WpHG haben keine zivilrechtliche Wirkung. Wegen ihres öffentlich-rechtlichen Charakters lassen sie sich nicht privatautonom abbedingen.[192] Aus demselben Grund ist ein Verzicht auf die KAGB-Informationspflichten und PRIP-Basisinformationsblätter unzulässig. Der Disponibilität der Fernabsatz-Informationspflichten steht § 312 i S. 1 BGB entgegen.

Allein die Pflicht zur Bereitstellung der VVG-Informationsblätter ist disponibel ausgestaltet (§ 7 Abs. 1 S. 3 Hs. 2 VVG). Anders als der Wort-

---

189 *Möllers/Poppele*, ZGR 2013, 437, 458.

190 Vgl. etwa § 5 Abs. 2 Nr. 1 lit a) und b) und WpDVerOV und Art. 246 EGBGB § 1 Abs. 1 Nr. 1-3, Abs. 2 Nr. 1, 6. Zu Abweichungen (noch zur alten Rechtslage gemäß § 1 BGB-InfoV) *Ekkenga*, in: Münch. Komm. z. HGB, 2. Aufl. 2009, Effektengeschäft Rdn. 386 a.

191 Noch zu § 1 BGB-InfoV a.F. *Ekkenga*, in: Münch. Komm. z. HGB, 2. Aufl. 2009, Effektengeschäft Rdn. 386.

192 *Möllers*, in: Köln. Komm. z. WpHG, 2. Aufl. 2014, § 31 WpHG Rdn. 27.

laut suggeriert, ist der Verzicht auch außerhalb fernmündlicher Vertragsschlüsse zulässig. Nach Auffassung des Gesetzgebers soll der „mündige Verbraucher... die Möglichkeit behalten, sich für den Abschluss des gewünschten Versicherungsvertrags schon vor der Überlassung sämtlicher Informationsunterlagen des Versicherers zu entscheiden".[193] Soll eine Verzichtserklärung abgegeben werden, muss diese gesondert und in Textform vorliegen (§§ 126, 126 a BGB).[194] Umstritten ist, ob die Verzichtserklärung in AGB vorformuliert oder nur individuell vereinbart werden kann.[195]

(5) Inhaltsprüfung

Nur zum Teil ist eine Pflicht zur inhaltlichen Überprüfung der Informationen durch den Informationsverpflichteten oder die Marktaufsicht vorgesehen:

Die WpHG-Kundeninformationen müssen vor ihrer Verwendung nicht von der Marktaufsicht überprüft werden. Allenfalls ex post kommt eine Überprüfung der gesetzlichen Vorgaben im Rahmen des anlassunabhängigen Sonderprüfungsrechts der BaFin (§§ 35, 36 Abs. 4 WpHG) und der obligatorischen Jahresprüfung durch private Prüfer (§ 36 WpHG) in Betracht.[196] Die interne Compliance-Funktion der Wertpapierdienstleister (§ 33 Abs. 1 S. 2 WpHG) ist bereits an der Konzipierung der Kundeninformationen zu beteiligen;[197] werden Informationsblätter verwendet, die von einem dritten Produktanbieter zur Verfügung gestellt werden, erstreckt sich diese interne ex ante-Kontrollpflicht auch hierauf.[198]

---

193 So Begr RegE v. 20.12.2006 z. VVG-ReformG, BT-Ds. 16/3945, S. 60. Siehe auch *Prölss*, in: Prölss/Martin, Komm. z. VVG, 28. Aufl. 2010, § 7 VVG Rdn. 16.

194 Begr RegE v. 20.12.2006 z. VVG-ReformG, BT-Ds. 16/3945, S. 60. Siehe auch *Prölss*, in: Prölss/Martin, Komm. z. VVG, 28. Aufl. 2010, § 7 VVG Rdn. 17.

195 Nur individualvertraglicher Verzicht: *Prölss*, in: Prölss/Martin, Komm. z. VVG, 28. Aufl. 2010, § 7 VVG Rdn. 17 m.wN. **A.A.** AGB-Verzicht zulässig: *Armbrüster*, in: Münch. Komm. z. VVG, 2010, § 7 VVG Rdn. 81 m.w.N.

196 *Möllers/Poppele*, ZGR 2013, 437, 453.

197 *Möllers/Poppele*, ZGR 2013, 437, 452.

198 BaFin, Rundschreiben 4/2010 (WA) v. 7.1.2014, Mindestanforderungen an die Compliance-Funktion und die weiteren Verhaltens-, Organisations- und Transparenzpflichten nach §§ 31 ff. WpHG für Wertpapierdienstleistungsunternehmen (MaComp), BT 3.2.2.

Die OGAW-Informationsblätter müssen von der Verwaltungs- oder Investmentgesellschaft mindestens alle zwölf Monate überprüft werden.[199] Die übrigen KAGB-Informationsblätter sind gemäß § 164 Abs. 3 KAGB auf dem neuesten Stand zu halten. Änderungen der wesentlichen Anlegerinformationen hat die OGAW-Kapitalverwaltungsgesellschaft bzw. die EU-OGAW-Verwaltungsgesellschaft der BaFin unverzüglich mitzuteilen (§ 164 Abs. 5 KAGB). Eine ex ante-Prüfungspflicht der BaFin für die KAGB-Informationsblätter besteht jedoch nicht.

Ebenso wenig ist für die VVG-Informationsblätter eine Überprüfung durch die BaFin vorgeschrieben. Denkbar ist allerdings, dass die BaFin bei wiederholten Verstößen gegen die Informationspflichten die für den Geschäftsbetrieb notwendige Erlaubnis entzieht[200] oder sonstige Missstands-Sanktionen verhängt.[201]

Art. 10 Abs. 1 VO-E Basisinformationsblätter verpflichtet den Produktanbieter zur regelmäßigen Überprüfung und Aktualisierung der Basisinformationsblätter. Zudem ist vorgesehen, der EU-Kommission die Befugnis zu übertragen, die näheren Einzelheiten dieser Prüfungspflicht durch delegierte Rechtsakte festzulegen[202].

(6) Informationsbereitstellung

Die WpHG-Standardinformationen sind auf einem „dauerhaften Datenträger" zur Verfügung zu stellen, z.B. in Papierform oder in digitaler Form auf einer CD-ROM (§ 5 Abs. 5 S. 1 WpDVerOV). Insbesondere für online erbrachte Vertriebs-Dienstleistungen bietet sich die unter den Voraussetzungen des § 3 Abs. 3 WpDVerOV zulässige Internet-Veröffentlichung an.

Es ist zulässig, die WpHG-Informationsblätter und die KAGB-Informationsblätter als elektronische Dokumente bereitzustellen (§ 5 a Abs. 2 WpDVerOV; § 297 Abs. 5 S. 1 KAGB); auf Verlangen müs-

199 Art. 22 Abs. 1 VO (EU) Nr. 583/2010.

200 § 39 Abs. 3 Nr. 5 KAGB bzw. § 87 Abs. 1 VAG, § 4 Abs. 2 WpHG.

201 Z.B. §§ 81 Abs. 2 S. 1 i.V.m. Abs. 1 S. 4 VAG. Verstöße gegen die Informationspflichten können ungeachtet ihrer Verlagerung vom VAG ins VVG weiterhin einen Missstand darstellen, vgl. *Armbrüster*, in: Münch. Komm. z. VVG, 2010, § 7 VVG Rdn. 148 m.w.N.

202 Art. 10 Abs. 2 VO- E Basisinformationsblätter.

sen die KAGB-Informationsblätter aber in Papierform zur Verfügung gestellt werden (§ 297 Abs. 5 KAGB). Dieselbe Regelung wurde für die Basisinformationsblätter getroffen (Art. 13 Abs. 2 und 3 VO-E Basisinformationsblätter). Die Fernabsatz-Informationen sowie die VVG-Informationsblätter müssen in „einer dem eingesetzten Kommunikationsmittel entsprechenden Weise“ übermittelt werden.[203] Die Veröffentlichung der VVG-Informationsblätter auf Internetseiten des Versicherers reicht nur dann aus, wenn der Versicherungsnehmer die Informationen tatsächlich herunterlädt.[204]

b) Zwischenergebnisse

Gesetzes- und produktformübergreifend lässt sich die Pflicht der Verkaufsstellen zur produktbezogenen Kundenaufklärung feststellen.

Der Gesetzgeber setzt hierzu auf Produktinformationsblätter, die stets generell-abstrakte Informationen zur Verfügung stellen. Informationsverpflichtet ist die jeweilige Verkaufsstelle, teilweise werden auch die Emittenten zur produktbezogenen Information verpflichtet.

Es fehlt an der Vereinheitlichung der äußeren Erscheinungsbilder und der Informationsinhalte. Konkretere Vorgaben an die äußere Gestaltung sind nur für OGAW-Informationsblätter vorgesehen. Ohne gesetzliche Muster-Vorlagen bleibt der Produktvergleich im Übrigen aber erschwert.

Während die aufsichtsrechtlichen Informationspflichten nicht abbedungen werden können, sind die zivilrechtlichen Pflichten mit Ausnahme der verbraucherschutzrechtlichen Pflichten disponibel. Eine inhaltliche Überprüfung der produktbezogenen Informationen vor Veröffentlichung ist nicht vorgesehen. Die für die Informationserteilung relevanten Zeitpunkte stimmen nicht überein. Am gegensätzlichsten sind die Informationszeitpunkte von WpHG und Fernabsatzrecht.

203 Art. 246 § 1 Abs. 1 EGBGB bzw. § 7 Abs. 1 S. 2 VVG.
204 *Langheid*, in: Römer/Langheid (Hrsg.), VVG, 4. Aufl. 2014, § 7 VVG Rdn. 26.

2. Anlegerbezogene Beratung

a) Bestandsaufnahme

Auch die anlegerbezogenen Beratungspflichten lassen sich anhand formeller (Beratungspflicht, Beratungsverpflichteter, Dokumentation) und materieller Untersuchungsmerkmale (Beratungsziele, Vergütung und Aufwand, Geeignetheit, Disponibilität und Kontinuität) unterscheiden.

aa) Formelle Vorgaben

(1) Beratungsverpflichtung

Weder die MiFID I-Rechtsakte noch das WpHG verpflichten zur Erbringung von Anlageberatung. Die eigentliche Beratungspflicht resultiert aus einem regelmäßig konkludent geschlossenen bürgerlich-rechtlichen Anlageberatungsvertrag, der den jeweiligen Wertpapierdienstleister als Vertragspartner in die Pflicht nimmt.[205] Demgegenüber verpflichtet das VVG zivilgesetzlich zur Kundenberatung. Beratungsverpflichtet sind neben den Versicherungsvermittlern (§ 61 VVG) auch die Versicherer (§ 6 VVG).

(2) Dokumentationspflicht

Das Aufsichtsrecht verpflichtet die Wertpapierdienstleister zur Aufzeichnung erbrachter Wertpapierdienstleistungen und abgeschlossener Kundenvereinbarungen (§§ 34 Abs. 1 und 2 WpHG).[206] Die Anlageberatung von Privatkunden ist durch Beratungsprotokolle gesondert zu dokumentieren (§ 34 Abs. 2 a WpHG).

Mit Einführung dieser Protokollpflicht, die auf einem Alleingang des deutschen Gesetzgebers beruht[207], wurden zwei Zielsetzungen verfolgt:[208] Zum einen sollte der BaFin die Aufsicht über die Wertpapierfirmen erleichtert werden, zum anderen sollte die Beweissituation der Kunden ver-

205 Siehe S. 169 ff.
206 Vgl. *Buck-Heeb*, ZHR 177 (2013), 310, 318.
207 § 34 d Abs. 2 a WpHG, eingefügt durch Art. 4 Nr. 4 SchVG.
208 Siehe *Möllers/Poppele*, ZGR 2013, 437, 470.

bessert werden, um ggf. zivilrechtliche Ansprüche leichter durchsetzen zu können.[209]

Ein vergleichbares Instrument sieht nunmehr die MiFID II vor:[210] Anlageberater werden zur Erstellung von Berichten verpflichtet, die den Anleger darüber informieren sollen, nach welchen Kriterien die Beratung auf seine persönlichen Merkmale abgestimmt wurde (Art. 25 Abs. 6 Unterabs. 2 MiFID II). Das EU-Parlament wollte diese Dokumentationspflicht noch auf die Beratung von Klein- bzw. Privatanlegern beschränken.[211] Diese Einschränkung erscheint sinnvoll, denn richtigerweise benötigen professionelle Anleger keine derartige Hilfestellung.[212]

Zivilrechtlich besteht keine allgemeine Aufzeichnungspflicht.[213] Lediglich das VVG verpflichtet die Versicherer (§§ 6 Abs. 1 S. 2, Abs. 2 VVG) und Versicherungsvermittler (§ 61 Abs. 1 S. 2 VVG) dem WpHG-Beratungsprotokoll vergleichbar zur Dokumentation der Beratung.[214] Die Dokumentationspflicht der Versicherer reicht dabei weiter als die der Versicherungsvermittler; der Versicherungsnehmer muss schriftlich über die Gründe für die Empfehlung eines bestimmten Versicherungsprodukts informiert werden. Ihm ist darzulegen, inwieweit das Produkt auf seine individuellen Bedürfnisse abgestimmt ist und welche Gründe gegen Alternativprodukte gesprochen haben (§ 6 Abs. 2 S. 1 VVG).[215]

bb) Materielle Vorgaben

(1) Geeignetheitsprüfung

Die Konzeption der aufsichtsrechtlichen Anlageberatung verpflichtet den Wertpapierdienstleister dazu, seinem Kunden auf Basis der durch vorherige Exploration gewonnen Erkenntnisse mitzuteilen, welches Anlagepro-

---

209 RegE v. 29.4.2009 z. SchVG, BT-Ds. 16/12814, S. 14, 27 f.; *Franck*, BKR 2012, 1, 2.

210 Zuvor bereits Art. 25 Abs. 5 Unterabs. 3 MiFID II-E, Siehe auch *Möllers/Poppele*, ZGR 2013, 437, 470.

211 Art. 25 Abs. 5 S. 1, 3 MiFID II-E (EUP).

212 *Möllers/Poppele*, ZGR 2013, 437, 470.

213 BGH, Urt. v. 24.1.2006 (Az. XI ZR 320/04), BGHZ 166, 56, 61 f.; siehe auch *Einsele*, JZ 2006, 1082, 1084.

214 Vgl. *Armbrüster*, in: Münch. Komm. z. VVG, 2010, § 6 VVG Rdn. 122.

215 *Armbrüster*, in: Münch. Komm. z. VVG, 2010, § 6 VVG Rdn. 129.

dukt für ihn konkret geeignet ist (§ 31 Abs. 4 S. 1 WpHG).[216] Geeignet ist ein Anlageprodukt, wenn folgende drei Voraussetzungen erfüllt sind: (1.) Die konkrete Wertpapierdienstleistung stimmt mit den Anlagezielen des Kunden überein, (2.) die Anlagerisiken sind für den Kunden tragbar und (3.) unter Berücksichtigung seiner Kenntnisse und Erfahrungen ist davon auszugehen, dass er die Produktrisiken nachvollziehen kann.[217]

War die Empfehlung aus ex post-Sicht nicht richtig, muss sie aus ex ante-Sicht zumindest vertretbar gewesen sein.[218] Strengere Pflichten gelten, wenn mehrere Produkte gleichermaßen geeignet sind: In diesem Fall ist dasjenige Produkt zu empfehlen, das am besten die erkennbaren Kundeninteressen wahrt.[219] § 31 Abs. 4 S. 1 WpHG verpflichtet die Wertpapierdienstleister dazu, ausschließlich geeignete Produkte zu empfehlen; § 31 Abs. 4 a WpHG weist noch einmal explizit auf diese Verpflichtung hin.[220] Begründet wird diese Doppelung damit, dass § 31 Abs. 4 a WpHG ein konkretes Handlungsgebot statuiert, um Verstöße als Ordnungswidrigkeiten ahnden zu können.[221]

Die MiFID II hat in Gestalt von Art. 25 Abs. 2 Unterabs. 2 MiFID II den Vorschlag des EU-Parlaments aufgenommen, dass die aufsichtsrechtliche Geeignetheitsprüfung dahin gehend zu erweitern, dass bei Empfehlung eines Produktpakets sowohl die einzelnen Bestandteile als auch das Paket für den Kunden geeignet ist[222].[223]

Das Modell der bürgerlich-rechtlichen Anlageberatung verpflichtet ebenfalls zur Vornahme einer Geeignetheitsprüfung. Eine detaillierte Darstellung kann an dieser Stelle unterbleiben, da die bereits dargestellte aufsichtsrechtliche Geeignetheitsprüfung (§ 31 Abs. 4 WpHG) die zivilrecht-

---

216 Eingeführt durch Art. 19 Abs. 4 MiFID I.

217 Bereits *Brinckmann*, BKR 2010, 45, 47; *Teuber*, BKR 2006, 429, 431; vgl. im Einzelnen *Rothenhöfer*, in: Assmann/Schütze (Hrsg.), KMRK, 4. Aufl. 2010, § 31 WpHG Rdn. 269, 275 ff.

218 *Rothenhöfer*, in: Assmann/Schütze (Hrsg.), KMRK, 4. Aufl. 2010, § 31 WpHG Rdn. 271.

219 *Koller*, in: Assmann/Schneider (Hrsg.), § 31 WpHG Rdn. 151, 17; vgl. *Möllers/Poppele*, ZGR 2013, 437, 467.

220 Kritisch *Möllers*, in: Köln. Komm. z. WpHG, 2. Aufl. 2014, § 31 WpHG Rdn. 364.

221 Begr RegE v. 8.11.2010 z. AnsFuG, BT-Ds. 17/3628, S. 21.

222 Bereits Art. 25 Abs. 1 S. 2, Abs. 2 S. 2 MiFID II-E (EUP).

223 Vgl. *Möllers/Poppele*, ZGR 2013, 437, 467.

lichen Grundsätze einer anleger- und objektgerechten Beratung im Wesentlichen rezipiert.[224]

Die zivilrechtliche und die aufsichtsrechtliche Geeignetheitsprüfung unterscheiden sich dadurch, dass nach dem „Bond"-Beratungskonzept das empfohlene Anlageprodukt den Kenntnissen des Kunden über Anlageprodukte der „vorgesehenen Art"[225] entsprechen muss, so dass diese Kenntnisse ggf. dem Kunden zuvor vermittelt werden müssen.[226] Für § 31 Abs. 4 WpHG kommt es dagegen darauf an, ob das empfohlene Produkt mit dem Anlageziel des Kunden übereinstimmt;[227] geeignet sind nur solche Empfehlungen, die der Verwirklichung des Anlageziels dienen.[228]

Welche Anforderungen an die Geeignetheit empfohlener Versicherungsprodukte zu stellen sind, richtet sich danach, ob die Beratung von einem Versicherungsmakler oder einem Versicherungsvertreter durchgeführt wird: Der Versicherungsmakler muss ein konkretes Produkt empfehlen (vgl. § 60 Abs. 1 S. 1 VVG).[229] Er hat das zu versichernde Risiko zu untersuchen und muss prüfen, ob das Produkt, das Anlagerisiko und die Finanzstärke des Versicherers dem ermittelten Absicherungsbedarf des Versicherungsnehmers gerecht werden.[230] Das empfohlene Produkt muss nach vorausgegangener Marktanalyse aus ex ante-Sicht geeignet sein.[231] Die Geeignetheitsprüfung ist „versicherungsnehmer- und marktbezogen".[232]

---

224 *Möllers*, in: Köln. Komm. z. WpHG, 2. Aufl. 2014, § 31 WpHG Rdn. 361 f.

225 Vgl. BGH, Urt. v. 6.7.1993 (Az. XI ZR 12/93), BGHZ 123, 126 (Ls.) – *Bond*.

226 *Schwintowski*, Bankrecht, 3. Aufl. 2011, § 16 Rdn. 16.

227 Vgl. *Fuchs*, in: Fuchs (Hrsg.), WpHG, 2009, § 31 Rdn. 255 ff.

228 *Schwintowski*, Bankrecht, 3. Aufl. 2011, § 16 Rdn. 14; vgl *Möllers*, in: Köln. Komm. z. WpHG, 2. Aufl. 2014, § 31 WpHG Rdn. 362.

229 *Münkel*, in: Rüffer/Halbach/Schimikowski (Hrsg.), HK-VVG, 2. Aufl. 2011, § 61 VVG Rdn. 5.

230 *Rixecker*, in: Römer/Langheid/Rixecker (Hrsg.), VVG, 4. Aufl. 2014, § 61 VVG Rdn. 10.

231 Vgl. *Münkel*, in: Rüffer/Halbach/Schimikowski (Hrsg.), HK-VVG, 2. Aufl. 2011, § 61 VVG Rdn. 5, wonach der Versicherungsmakler nur zur Beschaffung eines *passenden* Versicherungsschutzes („suitable advice") verpflichtet ist. **A.A.** *Reiff*, in: Münch. Komm. z. VVG, 2010, § 61 VVG Rdn. 20, der fordert, dass die Empfehlung dem *am besten* geeigneten Produkt am Markt entsprechen muss.

232 *Reiff*, in: Münch. Komm. z. VVG, 2010, § 61 VVG Rdn. 20.

Die Beratungspflichten von Versicherungsvertreter und Versicherer[233] sind im Vergleich deutlich weniger umfangreich: Kommen mehrere Versicherungsprodukte in Betracht und lässt sich die „günstigste Alternative" nicht rational bestimmen, soll der Versicherungsvertreter seiner Beratungspflicht bereits dadurch genügen, dass er die Unterschiede und die jeweiligen Vor- und Nachteile erläutert.[234] Er ist nicht dazu verpflichtet, auf Angebote anderer Versicherer aufmerksam zu machen, sofern das von ihm repräsentierte Versicherungsunternehmen diese nicht im Angebot hat.[235]

Im Übrigen richtet sich die Beratungspflicht nach der Bindung des Vertreters: Ist er Ausschließlichkeitsvertreter, muss er seiner Auswahl nur die ermittelten Bedürfnisse des Versicherungsnehmers zugrunde legen.[236] Da er keine Auswahlentscheidung trifft, beschränkt sich seine Begründungspflicht darauf, weshalb er die Risikoabsicherung mit einem bestimmten Produkt empfiehlt.[237] Wird er dagegen als sogenannter Mehrfachvertreter für verschiedene Versicherungsunternehmen tätig, muss er eine konkrete Auswahlentscheidung für seinen Kunden treffen.[238] Die Begründung hat sich daher auch darauf zu erstrecken, warum er aus dem Produktangebot der von ihm repräsentierten Versicherer das konkrete Produkt ausgewählt hat.[239]

(2) Kontinuierliche Beratung

Es stellt sich die Frage, ob die Pflicht zur Anlageberatung nur im Vorfeld einer Anlageentscheidung besteht, oder ob Beratung auch nach getätigter Investition geschuldet bleibt. Nur bei der Portfolioverwaltung[240] nimmt der beauftragte Vermögensverwalter dem Anleger die einzelnen Anlageentscheidungen ab. Bei der Anlageberatung beschränkt sich die Dienstleistung darauf, eine „hinreichend informierte Entscheidung" vorzuberei-

---

233 Zur weitgehenden Übereinstimmung *Münkel*, in: Rüffer/Halbach/Schimikowski (Hrsg.), HK-VVG, 2. Aufl. 2011, § 61 VVG Rdn. 5.

234 *Münkel*, in: Rüffer/Halbach/Schimikowski (Hrsg.), HK-VVG, 2. Aufl. 2011, § 61 VVG Rdn. 5.

235 *Dörner*, in: Prölss/Martin, Komm. z. VVG, 28. Aufl. 2010,§ 61 VVG Rdn. 23.

236 *Reiff*, in: Münch. Komm. z. VVG, 2010, § 61 VVG Rdn. 17.

237 *Reiff*, in: Münch. Komm. z. VVG, 2010, § 61 VVG Rdn. 22.

238 *Reiff*, in: Münch. Komm. z. VVG, 2010, § 61 VVG Rdn. 19.

239 *Reiff*, in: Münch. Komm. z. VVG, 2010, § 61 VVG Rdn. 23.

240 §§ 2 Abs. 3 S. 1 Nr. 7, 31 Abs. 4 S. 1 Alt. 2 WpHG.

ten.[241] Die konkrete Anlageentscheidung trifft der Anleger eigenverantwortlich.[242] Eine kontinuierliche Beratungspflicht, die über die Durchführung des Anlagegeschäfts hinausreicht, ist weder aufsichtsrechtlich noch bürgerlich-rechtlich vorgesehen.[243]

Hieran hat auch die MiFID II-Reform nichts geändert: Zwar haben die Standardinformationen künftig darüber zu informieren, inwieweit der Wertpapierdienstleister seinem Kunden regelmäßig mitteilt, ob die empfohlenen Produkte nach wie vor für ihn geeignet sind.[244] Eine materielle und über den Zeitpunkt der erteilten Anlageempfehlung hinausgehende Beratungspflicht ergibt sich hieraus allerdings nicht. Eine Informationspflicht kommt nur dann zum Tragen, wenn eine kontinuierliche Beratungspflicht zivilvertraglich vereinbart wurde.

Versicherungsunternehmen trifft indes gemäß § 6 Abs. 4 S. 1 VVG eine über die vorvertragliche Beratungspflicht hinausgehende, kontinuierliche Beratungspflicht, die für die Dauer des Versicherungsverhältnisses zur Beratung verpflichtet. Der Versicherer muss nach Vertragsschluss allerdings nur dann beratend tätig werden, wenn hierzu „Anlass" besteht. Ohne solchen Anlass ist er nicht zur Überprüfung verpflichtet, ob der Versicherungsnehmer nach wie vor bedarfsgerecht versichert ist.[245] Der Versicherungsnehmer muss den Versicherer selbständig auf Änderungen vertragsrelevanter Umstände aufmerksam machen. Allenfalls bei Änderungen der AVB oder der Rechtslage wird eine von der Veranlassung durch den Versicherungsnehmer unabhängige Beratungspflicht des Versicherers angenommen.[246]

Für Versicherungsvermittler ist gesetzlich keine vergleichbare Beratungspflicht vorgesehen. Für den Versicherungsmakler gibt der Gesetzeswortlaut (§ 61 Abs. 1 VVG) die Beratungspflichten aber nur unvollständig wieder: Der Maklervertrag ist ein Dauerschuldverhältnis; als „treuhänderi-

---

241 *Grundmann*, in: Ebenroth/Boujong/Joost/Strohn, Handelsgesetzbuch, 2. Aufl. 2009, § WpHG Rdn. VI253.

242 *Möllers/Poppele*, ZGR 2013, 437, 476, 479.

243 BGH, Urt. v. 8.3.2005 (Az. XI ZR 170/04), BGHZ 162, 306, 311; siehe *Bachmann/Roth*, in: Münch. Komm. z. BGB, 6. Aufl. 2012, § 241 BGB Rdn. 181.

244 Art. 24 Abs. 4 lit. a) iv) MiFID II. Zuvor bereits Art. 24 Abs. 3 a lit. d) MiFID II-E (EUP).

245 *Rixecker*, in: Römer/Langheid/Rixecker (Hrsg.), VVG, 4. Aufl. 2014, § 6 VVG Rdn. 26.

246 Vgl. *Armbrüster*, in: Münch. Komm. z. VVG, 2010, § 6 VVG Rdn. 221 f., im Einzelnen Rdn. 223 ff.

scher Sachwalter"[247] bleibt der Versicherungsmakler seinem Kunden auch nach Abschluss des Versicherungsvertrages zur ständigen Überprüfung und Verwaltung des laufenden Vertrags verpflichtet.[248] Nach Vertragsschluss kann sich Anpassungsbedarf für die bestehenden Verträge durch Wert- und Risikoerhöhungen des versicherten Risikos oder aus „wesentlichen Änderungen" der Rechtslage oder der AVB ergeben.[249] Der Versicherungsmakler muss diese Einflussfaktoren beobachten und den vermittelten Vertrag mit Alternativen am Markt vergleichen.[250]

(3) Disponibilität

Nicht alle Beratungspflichten können privatautonom abbedungen werden: Für die WpHG-Beratungspflichten ergibt sich dies aus ihrem zwingenden öffentlich-rechtlichen Charakter.[251] Der konkludente Abschluss eines bürgerlich-rechtlichen Anlageberatungsvertrags lässt sich durch vertragliche oder technische Vorkehrungen verhindern.[252]

Ein privatautonomer Verzicht auf die VVG-Beratungspflichten ist dagegen möglich. Hierzu muss der Versicherungsnehmer mittels einer „gesonderten schriftlichen Erklärung" seinen Verzicht erklären und vom Versicherungsvermittler ausdrücklich darauf hingewiesen werden, „dass sich ein Verzicht nachteilig auf die Möglichkeit... auswirken kann, gegen den Versicherungsvermittler einen Schadensersatzanspruch [nach § 63 VVG] geltend zu machen" (§ 61 Abs. 2 VVG). Auch die vorvertragliche bzw. kontinuierliche Beratungspflicht des Versicherers ist disponibel (§§ 6 Abs. 3 und 4 S. 2 VVG).

Bei Vertragsschlüssen über das Internet ist die Beratungspflicht des Versicherers gemäß § 6 Abs. 6 Alt. 3 VVG ausgeschlossen. Für die Bera-

---

247 BGH, Urt. v. 22.5.1985 (Az. IV a ZR 190/83), BGHZ 94, 356; *Trinkhaus*, Hdb Versicherungsvermittlung, 1955, S. 132.

248 *Rixecker*, in: Römer/Langheid/Rixecker (Hrsg.), VVG, 4. Aufl. 2014, § 61 VVG Rdn. 13; *Münkel*, in: Rüffer/Halbach/Schimikowski (Hrsg.), HK-VVG, 2. Aufl. 2011, § 61 VVG Rdn. 7.

249 *Münkel*, in: Rüffer/Halbach/Schimikowski (Hrsg.), HK-VVG, 2. Aufl. 2011, § 61 VVG Rdn. 8.

250 *Münkel*, in: Rüffer/Halbach/Schimikowski (Hrsg.), HK-VVG, 2. Aufl. 2011, § 61 VVG Rdn. 8.

251 Siehe S. 303.

252 Siehe S. 176.

tungspflichten der Versicherungsvermittler fehlt für das Online-Geschäft eine vergleichbare Regelung. Der nach § 61 Abs. 2 VVG zulässige Beratungsverzicht erfordert Schriftform (§ 126 BGB) und damit die handschriftliche Unterschrift des Versicherungsnehmers. Eine Substitution durch die elektronische Signatur (§ 126 Abs. 3 BGB i.V.m. § 126 b BGB) wird für Privatanleger bzw. Verbraucher an deren geringer Verbreitung scheitern.[253] Online-Versicherungsabschlüsse ohne Beratungspflichten wären hiernach nur dann zulässig, wenn dem Versicherungsvermittler zuvor per Post ein unterschriebener Beratungsverzicht des Kunden zugeht. Um diese planwidrige Regelungslücke zu schließen, wird die analoge Anwendung von § 6 Abs. 6 VGG vorgeschlagen.[254] Hiernach ist auch der „Internetvermittler" von seiner Beratungspflicht befreit.

cc) Bewegliche Regelungssystematik

Die Beratungspflichten von WpHG, bürgerlich-rechtlichem Anlageberatungsvertrag und VVG beruhen auf unterschiedlichen rechtsmethodologischen Konstruktionen:

Die Beratungspflichten der Versicherungsvermittler entsprechen einem beweglichen System. Bewegliche Systeme lassen sich als das „Zusammenspiel aufeinander bezogener Regelungselemente" begreifen.[255] Dieses Zusammenspiel kann eine bestimmte Rechtsfolge herbeiführen, ohne dass zwingend alle Regelungselemente vorliegen müssen.[256] Charakteristisch ist, dass die im Einzelfall geringe oder fehlende Ausprägung des einen Regelungselements „durch ein verstärktes Auftreten eines oder mehrerer anderer Elemente kompensiert" wird.[257]

Die VVG-Beratungspflicht verdeutlich ihre „Beweglichkeit" dadurch, dass sie sich nach folgenden Parametern bemisst: (1.) die individuellen Kenntnisse des Versicherungsnehmers, (2.) die Komplexität des Versiche-

253 *Reiff*, in: Münch. Komm. z. VVG, 2010, § 61 VVG Rdn. 36.

254 *Reiff*, in: Münch. Komm. z. VVG, 2010, § 61 VVG Rdn. 38.

255 Allgemein zu beweglichen Systemen *Wilburg*, Entwicklung eines beweglichen Systems, 1950, passim.; *Canaris*, Systemdenken und Systembegriff, 2. Aufl. 1983, S. 74 ff.; *Bydlinski*, in: *Bydlinksi/Krejci/Schilcher* (Hrsg.), Das Bewegliche System im geltenden und künftigen Recht, 1986, S. 21 ff.; *Larenz*, Methodenlehre der Rechtswissenschaft, 6. Aufl. 1991, S. 469 ff., 478.

256 *Dörner*, in: Prölss/Martin, Komm. z. VVG, 28. Aufl. 2010,§ 61 VVG Rdn. 19.

257 *Dörner*, in: Prölss/Martin, Komm. z. VVG, 28. Aufl. 2010,§ 61 VVG Rdn. 19.

rungsvertrags und (3.) die Prämienhöhe. Eine Beratungspflicht besteht nicht nur dann, wenn ein komplizierter Versicherungsvertrag mit hohen Prämien abgeschlossen werden soll, sondern auch bei vergleichsweise einfach strukturierten Verträgen mit niedriger Prämie, soweit der Versicherungsnehmers in erhöhtem Maße beratungsbedürftig ist.[258]

Auch das bürgerlich-rechtliche Beratungsmodell der „Bond"-Rechtsprechung entspricht rechtskonzeptuell einem beweglichen System.[259] Dieses zeichnet sich durch die drei folgenden Regelungselemente aus:[260] (1.) Die „Wesentlichkeit" der Information für den Informationsadressaten (nur vertragswesentliche Informationen können eine Aufklärungspflicht des Wertpapierdienstleisters auslösen), (2.) der „relative Informationszugang", der für den aufklärungspflichtigen Wertpapierdienstleister erheblich einfacher sein muss als für den Anleger und (3.) die Zumutbarkeit der Aufklärung, die sich nach der Vertrauensprägung der Geschäftsbeziehung beurteilt.

Vor der FRUG-Novelle wurde auch die aufsichtsrechtliche Beratungspflicht gemäß § 31 WpHG a.F. als bewegliches System begriffen.[261] Anders ist die geltende Fassung von § 31 WpHG zu bewerten: Die Angemessenheit der Kundenaufklärung bestimmt sich nicht mehr nach der „Erforderlichkeit" (§ 31 Abs. 2 S. 1 WpHG a.F.) und damit nach dem jeweiligen Einzelfall, sondern primär nach einer typisierenden Kundenkategorisierung (§ 5 Abs. 1 S. 1 WpDVerOV).[262] Gegen die Annahme eines beweglichen Systems sprechen zudem die Zulässigkeit der standardisierten Kundenaufklärung und die Detailliertheit der nach § 5 WpDVerOV mitzuteilenden Informationen.[263] Ebenso wenig lässt sich der Befund eines beweglichen Systems für die Explorationspflichten aufrechterhalten: die umfas-

---

258 Begr RegE v. 23.6.2006 z. VersVermG, BT-Ds. 16/1935, S. 24; *Dörner*, in: Prölss/Martin, Komm. z. VVG, 28. Aufl. 2010,§ 61 VVG Rdn. 19.

259 Bereits *Hopt*, Kapitalanlegerschutz im Recht der Banken, 1975, S. 414 ff.; *Schumacher*, Vertragsaufhebung wegen fahrlässiger Irreführung, 1979, S. 98 ff.; *Breidenbach*, Voraussetzungen von Informationspflichten, 1989, S. 61 ff.

260 *Grigoleit*, in: Habersack/Mülbert/Nobbe (Hrsg.), Bankrechtstag 2012, 2013, S. 25, 34 f.

261 So zu § 31 WpHG a.F. *Schwark*, in: Habersack (Hrsg.), Bankrechtstag 1995, 1996, S. 109, 111; *Leisch* Informationspflichten nach § 31 WpHG, 2004, S. 123.

262 *Möllers*, in: Köln. Komm. z. WpHG, 2. Aufl. 2014, § 31 WpHG Rdn. 246 ff.

263 *Möllers*, in: Köln. Komm. z. WpHG, 2. Aufl. 2014, § 31 WpHG Rdn. 246, 251. Siehe auch *Veil*, WM 2007, 1821, 1824; *Weichert/Wenninger* WM 2007, 627, 636.

senden Vorgaben von § 6 WpDVerOV lassen für die Berücksichtigung individueller Anlegersituationen nur sehr geringen Spielraum.[264]

b) Zwischenergebnisse

Bei der Geldanlage in Kapitalmarktinvestmentprodukte gelten einheitliche Beratungspflichten i.S.e. „umfassenden Anlegerberatung", die in ihrem Kern zur Kundenexploration und Durchführung einer Geeignetheitsprüfung verpflichtet. Auf dieser Grundlage ist sodann die Empfehlung für ein konkretes Anlageprodukt auszusprechen.

Weitergehende Beratungsverpflichtungen sieht das VVG vor, dass neben den Versicherungsvermittlern auch die Versicherer zur Beratung verpflichtet; letztere müssen auch nach Abschluss eines Anlagegeschäfts ihrer Kunden kontinuierlich beraten, ebenso wie die Versicherungsmakler.

Kein Anleger muss sich jedoch eine Beratung aufdrängen lassen: Die aufsichtsrechtlichen Pflichten sind zwar nicht disponibel, verpflichten aber auch nicht zur Beratung, sondern regeln nur deren Modalitäten. Die VVG-Beratungspflichten können wirksam abbedungen werden.

Rechtskonzeptuell lassen sich die Beratungspflichten für Versicherungsvermittler und für konkludente Anlageberatungsverträge auf bewegliche Systeme zurückführen.

IV. Das Rechtsprinzip der „umfassenden Anlegerinformation"

1. Herleitung

Verpflichtungen zur Produktinformation sowie zur Anlegerberatung lassen sich gesetzes- und produktformübergreifend feststellen. Die Pflichtenstellungen divergieren im Einzelnen; die bestehenden Gemeinsamkeiten rechtfertigen es gleichwohl, die beiden Pflichtenbereiche „produktbezogene Aufklärung" und „anlegerbezogene Beratung" in dem übergeordneten Rechtsprinzip der „umfassenden Anlegerinformation" zusammenzuführen.

Aufsichts- und Zivilrecht verpflichten die Anbieterseite gesetzes- und produktformübergreifend dazu, Privatanlegern vor Vertragsschluss Infor-

264 *Möllers*, in: Köln. Komm. z. WpHG, 2. Aufl. 2014, § 31 WpHG Rdn. 339. Zuvor bereits *Veil*, WM 2007, 1821, 1823.

mationen über Kapitalmarktinvestmentprodukte zur Verfügung zu stellen. Gesetzlich wird die Anbieterseite durch das VVG zur Anlageberatung verpflichtet. Aufgrund der niedrigen Abschlussvoraussetzungen besteht aber faktisch auch eine bürgerlich-rechtliche Beratungspflicht. Diese entfällt nur dann, wenn der Wertpapierdienstleister besondere (vertragliche oder technische) Vorkehrungen trifft, die den Abschluss eines konkludenten Beratungsvertrags verhindern oder der Anleger in einem Vertriebskanal Geschäfte tätigt, der Beratungsleistungen ausschließt.

Regelungsbereichsübergreifend gilt der Grundsatz, dass der Umfang der geschuldeten Beratungsleistung mit der Produktkomplexität zunimmt. Ein privatautonomer Verzicht auf Beratungsleistungen ist stets möglich.

Im Vergleich zur produktbezogenen Aufklärung hat das Regelungselement der anlegerbezogenen Beratung den höheren Stellenwert. Dies liegt nicht zuletzt daran, dass die Effektivität der Produktaufklärung aufgrund der kognitiven Beschränkungen der Anleger limitiert ist. Studienergebnissen zufolge neigen selbst gut informierte und in Finanzfragen vorgebildete Verbraucher zu irrationalem Anlageverhalten;[265] auch bei einfachen Anlageentscheidungen entscheidet sich kaum mehr als die Hälfte der Anleger für eine objektiv sinnvolle Anlage.[266] Unerfahrene Privatanleger treffen bessere Anlageentscheidungen, wenn sie auf Informationen zurückgreifen, die von Anlageberatern „vorgefiltert" wurden.[267] Privatanleger sind somit auf professionelle Hilfestellung im Vorfeld von Anlageentscheidungen angewiesen.

Der regulatorische Fokus sollte sich daher auf die anlegerbezogene Beratung richten.[268] Es kann jedoch nicht darum gehen, eine „objektiv bestmögliche" Entscheidung des Anlegers zu erzwingen. Die Beratung kann nicht mehr leisten, als die individuellen Anlageziele zu ermitteln, dem Anleger die diesbezügliche Eignung bzw. Nicht-Eignung des konkreten Anlageprodukts zu veranschaulichen und ihm frei von Interessenkonflikten eine Anlageempfehlung zu erteilen.[269]

265 *Chater/Huck/Inderst*, Consumer Decision-Making, Oktober 2010, S. 2.

266 *Chater/Huck/Inderst*, Consumer Decision-Making, Oktober 2010, S. 8.

267 *Elliott/Hodge/Jackson*, University of Illinois at Urbana-Champaign, Working Paper, 2006. Vgl. *Ernst/Gassen/Pellens*, Verhalten und Präferenzen deutscher Aktionäre, 2009, S. 19.

268 *Grigoleit*, ZHR 177 (2013), 264, 284 f.

269 *Grigoleit*, ZHR 177 (2013), 264, 285.

2. Rechtspolitische Reformvorschläge

Rechtsprinzipien zeichnen sich dadurch aus, dass sie weder Tatbestand noch Rechtsfolge statuieren. Materiell-rechtliche Unterschiede der einzelnen Aufklärungs- und Beratungspflichten stehen daher der Feststellung des Rechtsprinzips „umfassende Anlegerinformation" nicht entgegen. Allerdings würde eine stärkere Vereinheitlichung der Informationen auf einfachgesetzlicher Pflichtenebene dem übergeordneten Rechtsprinzip eindeutigere Konturen verleihen würde, so dass es als Leitlinie künftiger Reformvorhaben besser nutzbar gemacht werden könnte. Aus diesem Grund gilt es den Reformbedarf des Informationsregimes an dieser Stelle zu untersuchen.

a) Streichung der WpHG-Informationsblätter

Die rechtsdogmatische Anerkennung des Rechtsprinzips „umfassende Anlegerinformation" ist zugleich ein Bekenntnis zu der Regelungseinheitlichkeit und Systemkohärenz, die von der horizontalen PRIP-Initiative propagiert wird. Systematische Brüche gilt es *de lege ferenda* zu glätten und Überschneidungen von Informationspflichten auszuräumen.

Reformbedürftig ist insbesondere das Regelungskonzept der WpHG-Informationsblätter: Der weite Anwendungsbereich erstreckt sich auf alle Finanzinstrumente i.S.v. § 2 Abs. 2 b WpHG. Die Informationsblätter sind damit auch für Aktien und Anleihen ohne derivative Elemente zu erstellen. Die Produktstruktur und Funktionsweise von klassischen Anleihen und Aktien ist im Vergleich zu Kapitalmarktinvestmentprodukten aber deutlich transparenter bzw. weniger komplex. Das Risiko einer Fehlentscheidung ist aufgrund der geringeren Produktkomplexität somit erheblich geringer. Insofern bestehen Zweifel an der Notwendigkeit von Informationsblättern für diese Produkte.

Zu kritisieren ist des Weiteren, dass nach der WpHG-Konzeption nur die Wertpapierdienstleister zur Erstellung und Aushändigung der Informationsblätter verpflichtet sind. Kein Wertpapierdienstleister wird die Kapazitäten aufwenden, für sämtliche an organisierten Märkten gehandelte Finanzinstrumente Informationsblätter zu erstellen.[270] Empirische Studien

270 Vgl. *Möllers*, in: Köln. Komm. z. WpHG, 2. Aufl. 2014, § 31 WpHG Rdn. 318.

legen nahe, dass Aktienanlagen seit Einführung der WpHG-Informationsblätter deutlich seltener getätigt werden. Als Grund wird die geringe Verbreitung von Aktien-Informationsblättern genannt.[271] Es liegt in der Tat nahe, dass die Wertpapierdienstleister nur solche Produkte empfehlen, für die sich die Erstellung eines Informationsblatts lohnt, also eigenemittierte Produkte und die Produkte von Konzernunternehmen. Die Verpflichtung zur Informationsblatterstellung beschneidet in der Folge die Produktauswahl zulasten der Anleger und begünstigt den oftmals nicht anlegerinteressengerechten Vertrieb eigener Produkte.

Ferner wurde festgestellt, dass die Beschränkung der Pflicht zur Informationsblatt-Aushändigung auf Anlageberatungssituationen nicht sachgerecht und im Vergleich zu den Regelungsansätzen von KAGB, VVG und des VO-E Basisinformationsblätter zudem unsystematisch ist.

Aus diesen Gründen sollte das Modell der WpHG-Informationsblätter in seiner gegenwärtigen Form gestrichen werden. Besser geeignet erscheint das Regelungskonzept des VO-E Basisinformationsblätter. Auch im WpHG sollte *de lege ferenda* die Pflicht zur Informationsblattaushändigung geschäftsformunabhängig gelten und sich dabei auf Kapitalmarktinvestmentprodukte beschränken. Die Pflicht zur Informationsblatterstellung sollte primär die Emittenten treffen, denn diese „Hersteller" haben regelmäßig bessere Kenntnis von den Produktmerkmalen und -risiken als die tatsächliche Verkaufsstelle.

b) Standardisierung der Informationserteilung

Die produktbezogene Aufklärung in standardisierter Form wird berechtigterweise kritisiert.[272] Insofern war der Vorstoß des EU-Parlaments[273] zu begrüßen, die Zulässigkeit standardisierter Produktinformationen wieder der Einschätzungsprärogative der Mitgliedsstaaten überantworten, vom EU-Gesetzgeber umgesetzt in Gestalt von Art. 24 Abs. 5 S. 2 MiFID II.Anstelle vorschneller Reformpostulate zur Streichung jeglicher Standardisierung sollte zunächst untersucht werden, in welchen Situationen die Standardisierung zweckmäßig ist und wo sie besser durch individuelle Informationen zu ersetzen ist:

---

271 *Kuhn*, Produktinformationsblatt, DAI-Kurzstudie 4/2012, S. 2 f.
272 *Möllers/Poppele*, ZGR 2013, 437, 459.
273 Art. 24 Abs. 3 a S. 3 MiFID II-E (EUP).

Würde der Gesetzgeber etwa die Erteilung der WpHG-Basisinformationen (§ 31 Abs. 3 S. 1 WpHG) in standardisierter Form für unzulässig erklären, müssten die Wertpapierdienstleister ihre Kunden stets individuell über sämtliche Arten von Finanzinstrumenten und deren Risiken aufklären. Der hierdurch ausgelöste Aufklärungsbedarf würde nicht nur die Grenze zur Anlageberatung verwischen, sondern kostengünstige Vertriebsformen wie *execution only* vom Markt verdrängen. In diesem Bereich sollte die Standardisierung weiter vorangetrieben werden, indem die bislang zu abstrakten Vorgaben von § 5 WpDVerOV durch eine gesetzliche Muster-Vorlage konkretisiert und präzisiert werden.

Die Fernabsatz-Informationspflichten sollten, soweit es europarechtlich zulässig ist, an die WpHG-Standardinformationen angeglichen werden, um Informationsdoppelungen zu vermeiden. Eine gesetzliche Muster-Vorlage, die im geltenden Recht nur für Widerrufs- und Rückgabebelehrungen[274] und die vorvertragliche Aufklärung bei Verbraucherkreditverträgen[275] vorgesehen ist,[276] wäre auch für die fernabsatzrechtlichen Informationen über Finanzprodukte zweckmäßig.

Die Zulässigkeit der Standardisierung ist ist allein dort zu streichen, wo standardisierte Informationen das einzige Instrument des Anlegerschutzes darstellen. Dies ist der Fall bei „anderen Geschäften“, die nur Warnhinweise bei Produktunangemessenheit (§ 31 Abs. 5 S. 3 WpHG) oder Unmöglichkeit der Angemessenheitsprüfung (§ 31 Abs. 5 S. 4 WpHG) vorsehen; gleiches gilt für den Hinweis bei *execution only*, dass eine Angemessenheitsprüfung grundsätzlich nicht erfolgt (§ 31 Abs. 7 Nr. 2 WpHG). Hier ist zu befürchten, dass die Warn- und Übereilungsfunktion standardisierter Informationen im Vergleich zur individuellen Informationserteilung zu gering ist. Zweckmäßiger wäre stattdessen ein individualisierter Warnhinweis, der zudem textlich hervorgehoben ist.

---

274 Vgl. Anlage 1 (zu Art. 246 § 2 Abs. 3 S. 1 EGBGB), Anlage 2 (zu Art. 246 § 2 Abs. 3 S. 1 EGBGB) Anlage 6 (zu Art. 247 § 6 Abs. 2, § 12 Abs. 1 EGBGB).

275 Siehe Anlage 3 (zu Art. 247 § 2 EGBGB) und Anlage 4 (zu Art. 247 § 2 EGBGB).

276 Vgl. *Stadler*, in: Jauernig, Komm. z. BGB, 15. Aufl. 2014, § 312 c BGB Rdn. 4.

3. Dogmatische Einordnung

Abschließend stellt sich die Frage der dogmatischen Einordnung des Rechtsprinzips der „umfassenden Anlegerinformation". Anhaltspunkte ergeben sich aus der Rechtfertigung gesetzlicher Informationspflichten und der Ausgestaltung von Beratungspflichten.

a) Rechtfertigung der produktbezogenen Aufklärung

Zur Rechtfertigung gesetzlicher Informationspflichten kommen sowohl marktkomplementäre als auch marktkompensatorische Ansätze in Betracht.

Dem marktkomplementären Ansatz liegt als Rechtfertigungsgrund das Regelungsziel der Markteffizienz zugrunde: Informationspflichten sollen auf überindividueller, institutioneller Ebene die Funktionsfähigkeit von Märkten sicherstellen.[277] Schädlich für die Markteffizienz sind die kollektiven Effekte von Fehlallokationen. Produktbezogene Aufklärungspflichten zielen nach diesem Verständnis darauf ab, Fehlallokationen zu vermeiden, indem sie die Kunden über die Chancen und Risiken eines Produkts informieren und dadurch das Risiko von Fehlentscheidungen verringern.

Marktkompensatorischer Natur ist demgegenüber der Ansatz, die Notwendigkeit vorvertraglicher Aufklärung mit informationellen Defiziten des Einzelnen begründen. Diese Defizite können „technisch-struktureller" Art sein oder auf der Unterlegenheit des Verbrauchers gegenüber der Unternehmer-Vertragspartei beruhen.[278] Nach letztgenannter Ansicht sind vorvertragliche Informationspflichten entbehrlich, wenn der Informationsadressat typischerweise über die Geschäftskompetenz eines „Nichtverbrauchers" verfügt und bei normativer Betrachtung Beeinträchtigungen seiner Entscheidungsfreiheit selbst bewältigt.[279]

---

277 Siehe S. 247.

278 Vgl. *Pfeiffer*, in: Schulte-Nölke/Schulze (Hrsg.), Europäische Rechtsangleichung, 1999, S. 21, 30; *Drexl*, JZ 1998, 1046, 1051; *ders.*, Die wirtschaftliche Selbstbestimmung des Verbrauchers, 1998, S. 206 f.; in diese Richtung zuvor bereits *T. Schneider*, BB 1974, 764; *Medicus*, in: FS Kitagawa, 1992, S. 471, 481 f. Kritisch hierzu wiederum *Micklitz*, in: Münch. Komm. z. BGB, 6. Aufl. 2012, Vor §§ 13 f. BGB Rdn. 72.

279 *Micklitz*, in: Münch. Komm. z. BGB, 6. Aufl. 2012, Vor §§ 13 f. BGB Rdn. 71.

Die vorvertraglichen Aufklärungspflichten, die bei der Geldanlage in Kapitalmarktinvestmentprodukte zur Anwendung kommen, lassen sich sowohl marktkomplementärer als auch marktkompensatorischer Dogmatik zuordnen: Eindeutig marktkompensatorischen Ursprungs sind die Informationspflichten des VVG und des Fernabsatzrechts. Letztere verhindern zugleich „marktschädliche Fehlallokationen“[280] und sichern damit die Markteffizienz ab, schließlich erhöht die Schnelligkeit moderner Kommunikationsmittel das Risiko unbedachter Anlageentscheidungen, wenn nicht zuvor obligatorisch und umfangreich über den Vertragsgegenstand informiert werden muss. „Doppelfunktional“, da auf Marktkompensation und Marktkomplementarität gerichtet, sind auch die vorvertraglichen Aufklärungspflichten von WpHG, KAGB und des VO-E Basisinformationsblätter. Sie sollen die Kapitalmarkteffizienz sicherstellen und die Kunden der Wertpapierdienstleister zugleich vor den individuellen Folgen ihrer „geschäftlichen Unerfahrenheit und fachlich-intellektuellen Unterlegenheit“ schützen.[281]

Die Rechtfertigungsansätze der produktbezogenen Aufklärung gestatten sowohl eine Zuordnung zum Informationsparadigma der klassischen Kapitalmarktrechtsdogmatik als auch zu den Ansätzen der Verbraucherschutzdogmatik.

b) Ausgestaltung der Beratungspflichten

Rückschlüsse auf die zugrunde liegende Dogmatik könnten sich auch aus der Ausgestaltung gesetzlicher Beratungspflichten ziehen lassen:

Gegen die Hypothese, dass den WpHG-Beratungspflichten eine paternalistische und damit marktkompensatorische Regelungstendenz zugrunde liegt, spricht der Umstand, dass Wertpapierdienstleister selbst dann nicht zur Nachprüfung der Anlegerangaben über Anlageerfahrungen verpflichtet sind, wenn diese mutmaßlich falsch bzw. unvollständig sind.[282] Das aus der Privatautonomie abzuleitende Recht, objektiv unvernünftige Anlageentscheidungen treffen zu dürfen, wird damit höher gewichtet als ein etwaiges paternalistisches Regelungsziel, objektiv sinnvolle Anlageentscheidungen zu bewirken.

---

280 *Ekkenga*, in: Münch. Komm. z. HGB, 2. Aufl. 2009, Effektengeschäft Rdn. 259.
281 *Ekkenga*, in: Münch. Komm. z. HGB, 2. Aufl. 2009, Effektengeschäft Rdn. 258.
282 *Fuchs*, in: Fuchs (Hrsg.), WpHG, 2009, § 31 WpHG Rdn. 282.

Paternalistischen Einschlag hat dagegen die Ausgestaltung von Aufklärungs- und Beratungspflichten als zwingendes Recht. Die Pflicht zur Anlageberatung unterliegt stets der Parteidisposition. Durch obligatorische Angemessenheitsprüfungen und Warnhinweise wird den Kunden der Wertpapierdienstleister jedoch eine „Beratung light" aufoktroyiert, die als öffentliches Recht nicht abbedungen werden kann. Dieses Regelungskonzept stellt in Abrede, dass Kunden ohne diese Hilfestellungen zu eigenverantwortlichen Anlageentscheidungen in der Lage sind. Das VVG-Regelungskonzept hat trotz seines verbraucherschutzrechtlichen Ursprungs weniger hart-paternalistische Züge: Beratungspflichten werden zwar als gesetzliches Regelungsmodell vorgegeben, es besteht aber die Möglichkeit zum privatautonomen „Opt-out". Disponibel ausgestaltet ist auch die kontinuierliche Beratungspflicht für Versicherer nach Vertragsschluss.[283]

Auch die Ausgestaltung der Beratungspflichten gestattet keinen eindeutigen Rückschluss, ob marktkomplementäre oder marktkompensatorische Dogmatik dem Rechtsprinzip der „umfassenden Anlegerinformation" zugrunde zulegen ist.

C. Fazit

Umfangreiche produktbezogene Aufklärungspflichten und anlegerbezogene Beratungspflichten begleiten gesetzes- und produkttypübergreifend die private Geldanlage in Kapitalmarktinvestmentprodukte. Sie resultieren aus einer Vielzahl aufsichts- und zivilrechtlicher Rechtsquellen, die nicht notwendigerweise aufeinander abgestimmt sind. Der VO-E Basisinformationsblätter könnte zur Vereinheitlichung der vorvertraglichen Aufklärungspflichten beitragen, dennoch besteht weiterhin Reformbedarf.

Das einfachgesetzliche Pflichtenregime lässt sich aufgrund seiner Gemeinsamkeiten in dem übergeordneten Rechtsprinzip der „umfassenden Anlegerinformation" zusammenfassen. Dieses zielt darauf ab, Anlegern eine informationelle Entscheidungsgrundlage zur Verfügung zu stellen,

283 Siehe § 6 Abs. 4 S. 2 VVG in Bezug auf die Versicherer.

damit sie eigenverantwortliche, aber nicht notwendigerweise „objektiv interessengerechte“[284] Anlageentscheidungen treffen können.[285]

Teilweise lassen sich paternalistische Regelungstendenzen feststellen. Auch verbraucherschützende Informationspflichten dienen zugleich dem Regelungsziel der Markteffizienz. Das Informationsregime lässt sich daher sowohl marktkomplementärer Anlegerschutz- als auch marktkompensatorischer Verbraucherschutzdogmatik zuordnen.

§ 14 Zwischenergebnisse zum 4. Teil

A. Zusammenfassende Thesen

1. Rechtsprinzipien dienen dem Gesetzgeber als programmatische Leitlinien und ermöglichen eine kohärente und widerspruchsfreie Gesetzgebung. Die Identifikation von Rechtsprinzipien erleichtert daher die Fortführung des gesetzes- und produktformübergreifenden Regelungsansatzes der PRIP-Initiative.
2. Die Herausbildung von Rechtsprinzipien aus der bestehenden Rechtsordnung setzt voraus, dass sich auf einfachgesetzlicher Ebene „allgemeingültige Maximen“ von großer Allgemeinheit feststellen lassen.
3. Den Gegenpart zum prävalenten Interessenkonflikt der Prinzipal-Agenten-Beziehung zwischen Kunde und Wertpapierdienstleister bildet das Rechtsprinzip der „fremdnützigen Interessenwahrung“. Hiernach sind Wertpapierdienstleister auch bei Austauschgeschäften zur Wahrung der Kundeninteressen verpflichtet.
4. Das Rechtsprinzip der „fremdnützigen Interessenwahrung“ lässt sich nicht aus der Vorschrift des § 31 Abs. 1 Nr. 1 WpHG herleiten, die aufsichtsrechtlich allen Wertpapierdienstleistungen fiduziarischen Charakter verleiht. Denn weder die MiFID-Wohlverhaltensregeln noch deren Pendant in Gestalt der §§ 31 ff. WpHG sind zivilrechtlich beachtlich. Die Lehren von „Doppelnatur“ und „Ausstrahlungswirkung“ der Wohlverhaltensregeln vermögen nicht zu überzeugen.

---

284 *Grigoleit*, ZHR 177 (2013), 264.

285 Vgl. etwa §§ 31 Abs. 3 S. 1 WpHG, § 166 Abs. 1 KAGB; für Versicherer Begr RegE v. 20.12.2006 z. VVG-ReformG, BT-Ds. 16/3945, S. 47 f.; für Versicherungsvermittler Begr RegE v. 23.6.2006 z. VersVermG, BT-Ds. 16/1935, S. 25.

5. Soweit sich die Geldanlage in Kapitalmarktinvestmentprodukte im Rahmen einer bankmäßigen Geschäftsverbindung vollzieht, liegt ihr ein allgemeiner Bankvertrag zugrunde. Dessen fiduziarischer Charakter „überwölbt" auch die Eigennützigkeit des Festpreisgeschäfts und unterstellt alle Anlagegeschäfte dem Leitmotiv der Fremdnützigkeit.
6. Als weiteres Rechtsprinzip, das sich den aufsichts- und zivilrechtlichen Rechtsquellen der PRIP-Regulierung entnehmen lässt, ist die „umfassende Anlegerinformation" zu nennen. Dieses Rechtsprinzip setzt sich aus den Elementen „produktbezogene Aufklärung" und „anlegerbezogene Beratung" zusammen. Die produktbezogene Aufklärung ist „abstrakt-generell", während die anlegerbezogene Beratung stets „konkret-individuell" die Geeignetheit eines Produktes unter Berücksichtigung der konkreten Anlageziele und der Produktrisiken überprüft.
7. Die Ausgestaltung des Rechtsprinzips der „umfassenden Anlegerinformation" auf einfachgesetzlicher Ebene trägt teilweise paternalistische Züge und zielt dogmatisch auf Marktkompensation ab. Zugleich verfolgt das Informationsregime einen marktkomplementären Ansatz, indem es die institutionelle Markteffizienz absichert.

B. Ausblick auf den weiteren Gang der Untersuchung

Es ist charakteristisch für Rechtsprinzipien, dass sie für Verstöße keine Rechtsfolgen anordnen. Die Sanktionierung von Verstößen ist vielmehr eine rechtspolitische Aufgabe, zu deren Umsetzung ein Sanktionsinstrumentarium auf einfachgesetzlicher Ebene vorzusehen ist.

Im nachfolgenden *Teil 5* gilt es daher die Sanktionsinstrumente systematisierend zu ordnen, die den Rechtsprinzipien „fremdnützige Interessenwahrung" und „umfassende Anlegerinformation" praktische Wirksamkeit verleihen.

Teil 5: Sanktionsinstrumentarium

§ 15 Sanktionierung von Rechtsprinzipien

A. Sanktionierung ex ante und ex post

Die Rechtsprinzipien „fremdnützige Interessenwahrung" und „umfassende Anlegerinformation" bedürfen der Sanktionierung durch ein einfachgesetzliches Sanktionsinstrumentarium. Die Sanktionierung kann sowohl vor („ex ante") als auch nach Abschluss eines Anlagegeschäfts („ex post") erfolgen. An dieser Unterteilung orientiert sich die Darstellung des Sanktionsinstrumentariums im Folgenden, das die die Regulierung einzelner Kapitalmarktprodukte, der Anbieterseite (Emittenten und Finanzintermediäre) oder der Vertriebskanäle von Kapitalmarktprodukten zum Gegenstand haben kann.

B. Aufsichts- und zivilrechtliche Reformpostulate

Der horizontale Regelungsansatz der PRIP-Initiative zielt auf ein kohärentes Regelungsregime für Kapitalmarktinvestmentprodukte ab. Im Folgenden sind an einzelnen Stellen Reformpostulate zu formulieren, die auf die Vereinheitlichung des aufsichts- und zivilrechtlichen Sanktionsinstrumentariums abzielen. Es stellt sich dabei u.a. die Frage, inwieweit Reforminitiativen der Mitgliedstaaten europarechtlich zulässig sind. Diesbezüglich kommt es allgemein darauf an, ob sich die Reformpostulate auf das Aufsichts- oder auf das Zivilrecht der Mitgliedstaaten beziehen.

I. Aufsichtsrechtliche Reformvorschläge

Es wurde bereits festgestellt, dass die optionelle Harmonisierung mitgliedstaatlichen Rechts durch die Wohlverhaltensregeln nur grenzüberschreitende Sachverhalte betrifft.[1] Aufsichtsrechtliche Pflichten der Mitglied-

---

1 Siehe S. 323 f.

staaten dürfen demzufolge das Regulierungsmaß der MiFID-Wohlverhaltensregeln nur dann übersteigen, wenn der regulierte Sachverhalt keinen grenzüberschreitenden Bezug aufweist. Von dieser begrenzten Rechtsetzungskompetenz hat der Gesetzgeber in Großbritannien Gebrauch gemacht: Bestimmte Pflichten zur Offenlegung und Herausgabe von Anreizzahlungen Dritter[2] finden nur auf „innerbritische" Sachverhalte Anwendung.

Für grenzüberschreitende Tätigkeiten verfügt demgegenüber allein der europäische Gesetzgeber über die nötige Gesetzgebungskompetenz. Die aufsichtsrechtlichen Reformvorschläge sind daher als Anregungen für den europäischen Kapitalmarkgesetzgeber zu verstehen.

II. Zivilrechtliche Reformvorschläge

Die MiFID-Wohlverhaltensregeln bezwecken nicht eine Harmonisierung mitgliedstaatlichen Zivilrechts. Zivilgesetzliche Verschärfungen der aufsichtsrechtlichen Vorgaben sind daher ohne Weiteres zulässig. Auf die von Teilen des Schrifttums vorgenommene Differenzierung, ob strengere zivilrechtliche Anforderungen auf richterlicher Rechtsfortbildung oder parteiautonomer Vereinbarung beruhen, kommt es mithin nicht an.[3] Die Verschärfung aufsichtsrechtlicher Pflichten durch derogierende Parteivereinbarungen wird im Übrigen auch von denjenigen für zulässig erachtet, die den Wohlverhaltensregeln zivilrechtliche Wirkung zusprechen.[4] Begründet wird dies damit, dass auch das europäische Recht die Privatautonomie anerkennt.[5]

Die im Folgenden formulierten zivilrechtlichen Reformvorschläge richten sich daher ausdrücklich auch an den nationalen Gesetzgeber, dessen zivilrechtliche Rechtsetzungskompetenz durch die MiFID-Gesetzgebung nicht beschnitten ist.

---

2 Siehe COBS 1.1.2R, 1 Annex 1 Part2 und 3, COBS 6.4.2G.

3 Etwa *Roth*, ZBB 2012, 429, 439; *Herresthal*, ZBB 2012, 89, 104; *ders.*, WM 2012, 2261, 2265. Siehe auch *Veil*, ZBB 2008, 34, 41; *Koller*, in: Assmann/Schneider (Hrsg.), WpHG, 6. Aufl. 2012, Vor § 31 WpHG Rdn. 6.

4 Z.B. *Möllers*, in: Köln. Komm. z. WpHG, 2. Aufl. 2014, § 31 WpHG Rdn. 29 f.

5 *Herresthal*, WM 2012, 2261, 2265 m.w.N. Siehe auch *Nettesheim*, in: Grabitz/Hilf/Nettesheim, Das Recht der Europäische Union, 48. Erg.-Lfg. 2012, Art. 288 AEUV Rdn. 160.

§ 16 Vorvertragliche Sanktionsinstrumente

Die Sanktionsinstrumente, die in der Phase vor dem Abschluss eines Anlageschäfts zur Verfügung stehen, lassen sich den Kategorien „Produktregulierung“ und „Interessenkonfliktregulierung“ zuweisen.

A. Produktregulierung

Adressaten der Kapitalmarktgesetzgebung waren nach bisherigem Regulierungsverständnis vor allem die Emittenten und Wertpapierdienstleister. Die MiFID II-Reform erweitert den regulatorischen Schwerpunkt erstmals auf Finanzprodukte.[1] Im Nachfolgenden sind daher die neuen Regelungsinstrumente „Qualitätskontrollen“, „Produktverbote“, „Vertriebsbeschränkungen“, „Mindestkaufpreise und Mindeststückelungen“ genauer zu betrachten.

Diese stehen zueinander in einem Stufenverhältnis, das sich nach ihrer Eingriffsintensität richtet. Am stärksten greifen sogenannte Qualitätskontrollen in die grundrechtliche Vertrags- und Berufsfreiheit der Produktanbieter ein, deren Durchführung entweder den Produktemittenten oder den jeweiligen Marktaufsichtsbehörden obliegt. Nötigenfalls sollen Produktverbote sicherstellen, dass „nachteilige“ Anlageprodukte nicht in den Vertrieb gelangen. Geringere Eingriffstiefe haben demgegenüber Vertriebsbeschränkungen, da sie der Markteinführung von Anlageprodukten nicht grundsätzlich entgegenstehen, sondern nur den Vertrieb in Bezug auf bestimmte Käufer- bzw. Produktgruppen einschränken. Gleiches gilt für Mindestkaufpreis- und Mindeststückelungsregelungen, welche nur die faktische Verfügbarkeit von Kapitalmarktinvestmentprodukten betreffen.

Zur Bewertung der Regelungsinstrumente bietet sich ein rechtsvergleichender Untersuchungsansatz an. Denn als Vorbilder für die Produktregulierung auf europäischer Ebene lassen sich neben mitgliedstaatlichen Regelungen insbesondere auch solche des US-amerikanischen Kapitalmarktrechts begreifen, wo Produktregulierungsvorschriften seit jeher zum „Kerninstrumentarium“ zählen.

---

1 Vgl. *Cahn/Müchler*, BKR 2013, 45 ff.; *Grigoleit*, ZHR 177 (2013), 264, 305 f.; *Möllers/Poppele*, ZGR 2013, 437, 463.

I. Qualitätskontrollen

Die Finanzmarktkrise hat verdeutlicht, dass an einzelne Anlegergruppen gezielt Produkte vermarktet wurden, die für deren Anlageziele ungeeignet waren. Beispielhaft sind die Investitionen vorwiegend älterer Anleger in „Lehman"-Zertifikate[2]. Das Risiko der letztlich eingetretenen Emittenteninsolvenz war dem Anlageziel einer „sicheren" Geldanlage diametral entgegengesetzt. Rechtspolitisch lässt sich solchen Fehlentwicklungen nicht allein durch eine Verschärfung der Beraterhaftung begegnen. Stattdessen gilt es Maßnahmen zur Qualitätsverbesserung der an Privatanleger vertriebenen Kapitalmarktinvestmentprodukte zu ergreifen.

1. Qualitative Anforderungen

a) Produktentwicklungsstadium

Das geltende Recht adressiert die Entwicklung von Finanzprodukten nicht. Die MiFID II verlangt nunmehr, dass künftig die Anlegerinteressen bereits bei der Entwicklung von Finanzprodukten Berücksichtigung finden.[3]

Konkret werden die Produktemittenten von Art. 16 Abs. 3 MiFID II dazu verpflichtet werden, Anlageprodukte so zu konzipieren, dass sie den „Bedürfnissen eines bestimmten Zielmarkts von Endkunden innerhalb der jeweiligen Kundengattung entsprechen". [4] Diese Zielsetzung soll folgender Prüfungskanon sicherstellen: (1.) Der eigentlichen Produktentwicklung vorgeschaltet, müssen die Emittenten die Käuferzielgruppe und deren Anlageziele und Bedürfnisse identifizieren (Art. 16 Abs. 3 Unterabs. 3 MiFID II). (2.) Neu entwickelte Anlageprodukte sind vor ihrer Markteinführung einem anbieterinternen Genehmigungsverfahren zu unterziehen (Art. 16 Abs. 3 Unterabs. 2 MiFID II). (3.) Produkte dürfen nur dann in Verkehr gebracht oder vertrieben werden, wenn dies im Interesse der jeweiligen Kundenzielgruppe liegt (Art. 16 Abs. 3 Unterabs. 3 MiFID II). (4.) Auch nach Markteinführung muss die „Interessenkonformität" regelmäßig kontrolliert werden (Art. 16 Abs. 3 Unterabs. 4 MiFID II).

---

2 Hierzu *Späth*, VuR 2010, 451.

3 Hierzu bereits *Möllers/Poppele*, ZGR 2013, 437, 453.

4 Erwägungsgrund 71 MiFID II. Zuvor bereits Erwägungsgrund 51 a MiFID II-E (EUP)..

Ein vergleichbares Regelungsmodell ist in den Niederlanden seit 2013 in Kraft. Dort wurden die Produktemittenten dazu verpflichtet, bei der Produktentwicklung auch die Interessen der Käuferzielgruppe gebührend zu berücksichtigen[5].[6]

b) Qualitative Mindestanforderungen vor Markteinführung

Die Tätigkeit als Wertpapierdienstleister, Anlageberater oder Versicherungsberater bzw. Versicherungsvermittler unterliegt staatlicher Aufsicht und ist zum Teil genehmigungsbedürftig.[7] Kapitalmarktinvestmentprodukte werden dagegen vor ihrem Vertrieb nicht von staatlicher Seite überprüft. Einen qualitativen Mindeststandard stellen derzeit lediglich gesetzliche Anlagebeschränkungen sowie die Inhaltskontrollen der Vertragsbedingungen bestimmter Kapitalmarktinvestmentprodukte sicher.

aa) Anlagebeschränkungen

Anlagebeschränkungen gelten für bestimmte KAGB-Investmentfonds und fondsbasierte Lebensversicherungen. Sie verpflichten die Produktemittenten zur Risikodiversifizierung des eingesammelten Anlegerkapitals. Durch die Streuung des Anlagekapitals wird das Risiko eines Totalverlusts idealiter minimiert.

Beispielsweise darf das Fondsvermögen von OGAW-konformen Investmentfonds (§§ 192 ff. KAGB) nur in die enumerativ aufgezählten Vermögensgegenstände investiert werden.[8] Für die Vermögensanlage der Versicherer bildet § 54 VAG die Grundnorm,[9] mit der für das sogenannte gebundene Vermögen (§ 54 Abs. 1 VAG) Anlagebeschränkungen aufge-

---

5 Vgl. Art. 32 Wijzigingsbesluit financiële markten 2013 v. 21.12.2012, abrufbar unter https://zoek.officielebekendmakingen.nl/stb-2012-695.html (zuletzt abgerufen am 23.11.2014).

6 Siehe bereits *Möllers/Poppele*, ZGR 2013, 437, 453 f.

7 Vgl. § 32 Abs. 1 KWG, § 34 d WpHG, §§ 34d-f GewO.

8 Vergleichbare Regelungen gelten für gemischte und sonstige Investmentvermögen (§§ 219 bzw. 221 KAGB), Immobilien-Sondervermögen (§ 231, 233 KAGB) sowie geschlossene inländische Publikums-AIF (§ 261 KAGB.).

9 Mit Sitz im Inland (§ 1 Abs. 2 VAG) oder mit Sitz in einem anderen EG- oder EWR-Staat, die in Deutschland über eine Niederlassung tätig sind (§ 110 a VAG).

stellt werden.[10] Auf den Anlagestock[11] fondsbasierter Lebensversicherungen finden diese Anlagebeschränkungen allerdings nur ausnahmsweise Anwendung, wenn eine Mindestversicherungsleistung garantiert wird (§ 54 b Abs. 3 VAG).

bb) Inhaltskontrolle der Vertragsbedingungen

Für bestimmte Kapitalmarktinvestmentprodukte werden qualitative Mindeststandards durch Vorgaben an die Vertragsbedingungen gesetzt. Neben Inhaltskontrollen bedürfen die Vertragsbedingungen vor ihrer Verwendung teils auch der Genehmigung der BaFin.

Mindestanforderungen sah z.B. das InvG a.F.[12] für die Anlagebedingungen investmentrechtlicher „Sondervermögen"[13] vor, die von der BaFin zu genehmigen waren.[14] An diesem Regelungskonzept hält das KAGB im Wesentlichen fest. Inhaltliche Mindestanforderungen statuiert nunmehr § 162 Abs. 2 KAGB; eine Genehmigungspflicht besteht nach § 163 Abs. 1 KAGB indes nur für die Anlagebedingungen von offenen Publikumsinvestmentvermögen und übersteigt dabei die europäischen Vorgaben[15].[16]

Ehedem mussten auch die AVB vom damaligen Bundesaufsichtsamt für das Versicherungswesen (seit 1.1.2002: BaFin[17]) genehmigt werden. Diese staatliche Inhaltskontrolle ist im Zuge der europäischen Deregulie-

10 Vgl. § 54 Abs. 2 VAG i.V.m. der auf Grundlage von § 54 Abs. 3 VAG erlassenen Verordnung über die Anlage des gebundenen Vermögens von Versicherungsunternehmen (Anlageverordnung – AnlV) v. 20.12.2001, BGBl. I Nr. 73 v. 24.12.2001, S. 3913, zuletzt geändert durch Artikel 1 der 4. Verordnung zur Änderung der Anlageverordnung v. 11.2.2011, BGBl. I Nr. 7 v. 25.2.2011, S. 250.

11 Siehe S. 110.

12 § 43 Abs. 4 InvG a.F.

13 Investmentvermögen in Vertragsform, § 2 Abs. 2 InVG a.F.

14 § 43 Abs. 2 InvG a.F.

15 Art. 7 Abs. 3 lit. c) AIFM-RiL 2011/61/EU.

16 Vgl. Begr RegE v. 6.2.2013 z. AIFM-UmsG, BT-Ds. 17/12294, S. 254.

17 Vgl. § 1 Abs. 1 FinDAG.

rung des Versicherungsrechts[18] weggefallen.[19] Lediglich § 10 Abs. 1 VAG formuliert Mindestanforderungen an den AVB-Inhalt.

2. Produktverbote

a) Produktverbote vor Markteinführung

Das geltende Aufsichtsrecht hält für das Verbot von Kapitalmarktinvestmentprodukten vor Markteinführung („ex ante“) keine Ermächtigungsgrundlage bereit. Die neue europäische Finanzmarktverordnung MiFIR sieht dagegen derartige Eingriffsrechte vor:[20]

Sowurden primär die Marktaufsichtsbehörden der Mitgliedstaaten, sekundär auch die ESMA,[21] dazu ermächtigt, „aus eigener Initiative“ neue Anlageprodukte oder Finanzinstrumente zu analysieren, bevor sie in der Union vermarktet, vertrieben oder verkauft werden.[22] Auf Grundlage dieser Bewertung kann sodann deren Vermarktung, Vertrieb oder Verkauf beschränkt oder verboten werden.[23] Jedenfalls nach dem Regelungsvorschlag des EU-Parlaments sollte die Eingruiffsbefugnis auch „Anlageprodukte“ und damit strukturierte Einlagen sowie fondsbasierte Lebensversicherungen umfassen,[24] aufgrund der „in letzter Minute“ vorgenommenen Ausklammerung von Lebensversicherungsprodukten aus dem MiFID II-Anwendungsbereich bliebt es jedoch bei dem ursprünglichen Vorschlag

---

18 Art. 6 Dritte RiL-SchadenVers 92/49/EWG und Art. 6 Abs. 5 Lebensversicherungs-RiL 2002/83/EG.

19 Eine Einreichungspflicht besteht gemäß § 5 Abs. 5 Nr. 1 VAG nur für die Vertragsbedingungen der substitutiven Krankenversicherung und von Pflichtversicherungen. Hierzu *Diller*, Komm. z. AVB-RSW, 2009, Einleitung Rdn. 44.

20 Zu den Entwürfen bereits *Grigoleit*, ZHR 177 (2013) 264, 305; *Cahn/Müchler*, BKR 2013, 45 ff.; *Möllers/Poppele*, ZGR 2013, 437, 455.

21 Zur Reihenfolge der Eingriffsbefugnisse *Cahn/Müchler*, BKR 2013, 45, 47 f.; vgl. *Grigoleit*, ZHR 177 (2013) 264, 305.

22 Artt. 41 Abs. 2 Unterabs. 2, 42 Abs. 2 Unterabs. 2 MiFIR, zuvor bereits Art. 31 Abs. 1, 32 Abs. 1 S. 1 MiFIR-E (EUP).

23 Artt. 41 Abs. 1 Unterabs. 1 lit. a), 42 Abs. 1 lit. a) MiFIR, zuvor bereits Artt. 31 Abs. 2 S. 1 lit. a), Abs. 3 S. 2, 32 Abs. 2 lit.), Abs. 3 S. 2 MiFIR-E (EUP).

24 Vgl. Art. 4 Abs. 2 Nr. 33 a, Anhang I Abschnitt C Nr. 6 a MiFID II-E (EUP).

der EU-Kommission.[25] Die Eingrffsbefugnis besteht somit nur für MiFID II-Finanzinstrumente.[26]

Auch für dieses neue Regelungsinstrument lässt sich rechtsvergleichend ein Vorbild finden: In Großbritannien verleiht bereits der Financial Services Act 2012 der Financial Conduct Authority (FCA) als Marktaufsicht ähnliche Interventionsrechte[27].[28]

aa) Allgemeine Voraussetzungen

Die Verhängung eines aufsichtsrechtlichen Produktverbots vor Markteinführung soll künftig unter folgenden Voraussetzungen zulässig sein: (1.) Die Überschreitung einer „Erheblichkeitsschwelle“: Das Finanzinstrument muss „erhebliche Bedenken“ auf werfen bzw. eine „wesentliche“ oder „ernsthafte“ Gefahr für den Anlegerschutz, die ordnungsgemäße Funktionsweise und Integrität der Finanzmärkte oder für die Stabilität des gesamten oder eines Teils des Finanzsystems begründen.[29] Gefahren für den Anlegerschutz können sich z.B. aus großen Verlustrisiken oder aus der Komplexität eines Anlageprodukts ergeben, die es den Anlegern erschwert, dessen Funktionsweise nachzuvollziehen.[30] Eine Gefahr ist auch dann anzunehmen, wenn die Wohlverhaltensregeln die Anleger vor den Risiken des konkreten Produkts nicht oder nur unzureichend schützen.[31] (2.) „Subsidiarität“: Es muss wahrscheinlich sein, dass diese Risiken durch anderweitige Vorschriften nicht abgewendet werden.[32] Die ESMA-Zuständigkeit kommt nur dann zum Tragen, wenn die Aufsichtsbehörden der Mitgliedstaaten keine oder nur unzureichende Maßnahmen getroffen ha-

25 Vgl. Artt. 31 Abs. 1 S. 1 lit. a), 32 Abs. 1 lit. a) MiFIR-E.
26 Vgl. Artt. 41 Abs. 1, 42 Abs. 1 MiFIR.
27 Vgl. Art. 137D Financial Services Act 2012: „The power of the FCA to make general rules includes power to make... product intervention rules“. Siehe auch FCA, Approach to Regulation, Juni 2011, Rdn. 5.26 und 5.30.
28 Bereits *Möllers/Poppele*, ZGR 2013, 437, 455.
29 Artt, 41 Abs. 2 Unterabs. 1 lit. a), 42 Abs. 2 Unterabs. 1 lit. a) i) MiFID II, zuvor bereits Art. 31 Abs. 3 S. 1 lit. a), 32 Abs. 3 lit. a) MiFIR-E (EUP).
30 *Cahn/Müchler*, BKR 2013, 45, 48 f.
31 *Cahn/Müchler*, BKR 2013, 45, 49.
32 Artt. 41 Abs. 2 Unterabs. 1 lit. b), 42 Abs. 2 Unterabs. 1 lit. b) MiFIR, zuvor bereits Art. 31 Abs. 3 S. 1 lit. b), 32 Abs. 3 lit. b) MiFIR-E (EUP).

ben.[33] (3.) Die „Verhältnismäßigkeit“, das Produktverbot die negativen Auswirkungen eines Produktverbots auf die Effizenz der Finanzmärkte und auf die Anleger dürfen nicht unverhältnismäßig gegenüber dessen voraussichtlichen Vorteilen sein.[34]

Im Einzelnen sollen diese Eingriffsvoraussetzungen durch delegierte Rechtsakte der Kommission konkretisiert werden, die derzeit noch ausstehen.[35] Zu beachten ist, dass Produktverbote der ESMA außer Kraft treten, wenn sie nicht nach Ablauf einer dreimonatigen Überprüfungsfrist verlängert werden.[36] Eilmaßnahmen der Aufsichtsbhehärden der Mitgliedsstaaten dürfen grundsätzlich nicht für länger als drei Monate verhängt werden.[37] Bei wiederholter Verlängerung soll die ESMA eine dauerhafte Maßnahme bei der Kommission anregen.[38]

bb) Besonderheiten bei Produktverboten der nationalen Marktaufsicht

Wird das Produktverbot von einer nationalen Aufsichtsbehörde ausgesprochen, gelten zusätzliche Anforderungen, insbesondere in Bezug auf die Anhörung und Information der ESMA sowie der Aufsichtsbehörden anderer Mitgliedsstaaten.[39] Die Behörde hat das Produktverbot zu widerrufen, wenn dessen Voraussetzungen nicht mehr vorliegen.[40]

---

33 Art. 41 Abs. 2 Unterabs. 2 lit. c) MiFIR, zuvor bereits Art. 31 Abs. 3 S. 1 lit. c) MiFIR-E (EUP).

34 Artt. 41 Abs. 3 Unterabs. 1 lit. a), 42 Abs. 1 Unterabs. 2 lit. c) MiFIR, zuvor bereits Artt. 31 Abs. 5 a, 32 Abs. 3 a MiFIR-E (EUP).

35 Artt. 41 Abs. 8, 42 Abs. 7 MiFIR, zuvor bereits Artt. 31 Abs. 8, 31 Abs. 7 MiFIR-E (EUP).

36 Art. 41 Abs. 6 S. 2 MiFIR, zuvor bereits Art. 31 Abs. 7 MiFIR-E (EUP).

37 Art. 42 Abs. 4 S. 2 MiFIR.

38 *Cahn/Müchler*, BKR 2013, 45, 50.

39 Artt. 32 Abs. 3 S. 1 lit. c) – e), Abs. 4 MiFIR-E (EUP).

40 Art. 42 Abs. 6 MiFIR, vgl. zuvor bereits Art. 32 Abs. 6 MiFIR-E (EUP). Kritisch hierzu*Cahn/Müchler*, BKR 2013, 45, 50, die auf die Höchstfrist für Produktverbote der BaFin nach Markteinführung von einem Jahr hinweisen, vgl. § 4 a Abs. 4 WpHG.

b) Produktverbote nach Markteinführung

aa) Verbot von Finanzinstrumenten

Bereits das geltende Recht ermächtigt die ESMA[41] und die nationalen Aufsichtsbehörden[42], den Vertrieb und Verkauf von Finanzinstrumenten[43] nach deren Markeinführung („ex post") zu untersagen.

Zur Verhängung von ex post-Produktverboten kommen allgemeine Eingriffsbefugnisse des WpHG[44] und, speziell für Finanztermingeschäfte, eine entsprechende Verordnungsermächtigung in Betracht[45]. Bislang wurde hiervon auf nationaler Ebene kein Gebrauch gemacht.[46] Praktisch bedeutsam waren in der Vergangenheit die Verbote von Credit Default Swaps (CDS) auf Staatsanleihen und von ungedeckten Leerverkäufen.[47] Diese Verbote wurden jedoch nicht durch die BaFin, sondern kraft gesetzlicher Anordnung verfügt[48] und wegen der auf europäischer Ebene statuierten Beschränkungen und Verbotstatbestände der Leerverkaufs-VO (EU) Nr. 236/2012[49] letztendlich wieder aufgehoben[50].

---

41 Artt. 9 Abs. 2, Abs. 5 ESMA-VO (EU) Nr. 1095/2010.

42 Die Aussetzung des Handels mit Finanzprodukten oder Verbot, soweit dies zur Durchsetzung der Vorschriften über die Tätigkeit der Wertpapierdienstleister geboten ist, vgl. Art. 50 Abs. 2 lit. j) und k) MiFID I; Art. 24 Abs. lit. d) und e) Transparenz-RiL 2004/109/EG.

43 § 2 Abs. 2 b WpHG.

44 §§ 4 Abs. 2 S. 2, 4 a Abs. 1 S. 2 Nr. 1 WpHG.

45 § 37 g WpHG.

46 Für § 37 g WpHG *Mülbert/Assmann*, in: Assmann/Schneider (Hrsg.), WpHG, 6. Aufl. 2012, § 37 g WpHG Rdn 1. Nicht gegen ein einzelnes Produkt, sondern gegen einen den gesamten Kapitalmarkt betreffenden Missstand war das Verbot ungedeckter Leerverkäufe gerichtet, dass von der BaFin im Verlauf der Finanzmarktkrise ausgesprochen wurde, siehe *Möllers/Poppele*, ZGR 2013, 437, 455 m. Fn. 119; *Grigoleit*, ZHR 177 (2013), 264, 305.

47 *Cahn/Müchler*, BKR 2013, 45, 46 m.w.N.

48 Vgl. §§ 30 h, 30 i WpHG a.F., eingefügt durch Art. 1 Nr. 5 des Gesetzes zur Vorbeugung gegen missbräuchliche Wertpapier- und Derivategeschäft v. 21.7.2010, BGBl. I Nr. 38 v. 26.7.2010, S. 945.

49 Z.B. Art. 17 Abs. 7, 20 Abs. 2, 21, 28 Abs. 2 Leerverkaufs-VO (EU) Nr. 236/2012. Hierzu *Mülbert/Sajnovits*, ZBB 2012, 266 ff.

50 Art. 1 Nr. 5 und 6 des Gesetzes zur Ausführung der VO (EU) Nr. 236/2012 des Europäischen Parlaments und des Rates vom 14.3.2012 über Leerverkäufe und bestimmte Aspekte von Credit Default Swaps v. 6.11.2012, BGBl. I Nr. 53 v. 15.11.2012, S. 2286.

bb) Verbot von Versicherungsprodukten

Die WpHG-Ermächtigungsgrundlagen berechtigen derzeit die BaFin nicht, den Vertrieb von Versicherungsprodukten zu untersagen.

Allerdings ermächtigt § 81 Abs. 2 VAG die BaFin dazu, einzelfallbezogen die AVB von Versicherungsprodukten nach Markteinführung zu kontrollieren und zu untersagen.[51] Als Prüfungsmaßstab sind dabei auch die AGB-rechtlichen Vorgaben (§§ 307 ff. BGB) zu berücksichtigen.[52] Da Versicherungsprodukte vom Anwendungsbereich der MiFIR – entgegen dem Vorschlag des EU-Parlaments[53] – nicht erfasst werden, richtet sich deren Verbot zunächst weiterhin nach § 81 Abs. 2 VAG einen weiteren Anwendungsbereich.

II. Vertriebsbeschränkungen

Im Gegensatz zu Produktverboten untersagen Vertriebsbeschränkungen den Vertrieb eines Anlageprodukts nur relativ, nämlich in Bezug auf einzelne Käuferzielgruppen und Vertriebskanäle (personen- und produktbezogen) bzw. faktisch durch obligatorische Mindestkaufpreise oder Mindeststückelungen.

1. Personenbezogene Vertriebsbeschränkungen

a) Termingeschäftsfähigkeit

Bis zu seiner Aufhebung durch das FRUG im Jahr 2007[54] regelte § 37 d WpHG a.F. die personellen Voraussetzungen der Termingeschäftsfähigkeit. Zuvor waren die Vorschriften über Börsentermingeschäfte mehrfach geändert worden:

---

51 So *Reiff*, in: Münch. Komm. z. VVG, 2010, AVB Rdn. 118; *Schimikowski*, Versicherungsvertragsrecht, 5. Aufl. 2014, Rdn. 20; einschränkend dagegen etwa *Winter*, VersR 2000, 1453, 1463.

52 Z.B. *Bruns*, in: Münch. Komm. z. VVG, 2010, Vor §§ 307 ff. BGB Rdn. 83, § 307 BGB Rdn. 128 m.w.N.

53 Art. 32 Abs. 1 und 2 MiFIR-E (EUP) i.V.m. 4 Abs. 2 Nr. 33 b MiFID II-E (EUP).

54 Art. 1 Nr. 30 FRUG.

Bis zur Novellierung des Börsengesetzes 1989[55] konnten Börsentermingeschäfte grundsätzlich nur unter Kaufleuten verbindlich abgeschlossen werden, für Privatleute waren sie stets unverbindlich.[56] Um den Terminmarkt zu stärken, wurde schließlich die sogenannte Termingeschäftsfähigkeit auf Personen ausgeweitet, die vorvertraglich und in Textform über die Risiken des Termingeschäfts aufgeklärt worden waren.[57] Diese Risikoaufklärung musste in regelmäßigen Abständen wiederholt[58] werden und war vom Kunden zu unterschreiben.[59] Bei Nichteinhaltung der Informationspflichten entfiel die Termingeschäftsfähigkeit und das Geschäft blieb rechtlich unverbindlich.[60]

Mit dem 4. FFG wurden 2002 die Vorschriften über die Börsentermingeschäftsfähigkeit (§§ 50-70 BörsG a.F.) gestrichen und durch § 37 d WpHG a.F. ersetzt. Hiernach war es Verbrauchern nur dann gestattet, Termingeschäfte abzuschließen, wenn sie zuvor über deren Risiken aufgeklärt worden waren. Diese Risikoaufklärung musste gemäß § 37 d Abs. 1 S. 3 WpHG a.F. durch Unterschrift des Verbrauchers bestätigt werden.[61]

Wegen der Anknüpfung an die Verbrauchereigenschaft (§ 13 BGB) lässt sich § 37 d WpHG a.F. als „personenbezogenes Vertriebsverbot mit Erlaubnisvorbehalt" begreifen.

b) Erwerb von Spezial-AIF

Anteile an sogenannten Spezial-AIF, wozu insbesondere Hedgefonds (§ 283 KAGB) zählen, dürfen gemäß § 1 Abs. 6 KAGB nur von professio-

---

55 Gesetz zur Änderung des Börsengesetzes v. 11.7.1989, BGBl. I, S. 1412.

56 Privatanleger unter Berufung auf den Termin- und Differenzeinwand die Unverbindlichkeit des Börsentermingeschäfts herbeiführen, vgl. § 53 Abs. 1 BörsG 1908 a.F. (RGBl. 1908, S. 183). Vor 1908 konnte die Börsentermingeschäftsfähigkeit durch Selbstqualifikation aufgrund Eintragung in ein Börsenregister erlangt werden, hierzu umfangreich *Roth*, in: Köln. Komm. z. WpHG, 2. Aufl. 2014, § 37 d WpHG Rdn. 3.

57 § 53 Abs. 2 S. 1 BörsG 1998.

58 § 53 Abs. 2 S. 4 BörsG 1998.

59 § 53 Abs. 2 S. 2 BörsG 1998.

60 BGH, Urt. 11.10.1988 (Az. XI ZR 67/88), BGHZ 105, 263; *Häuser/Welter*, in: Assmann/Schütze (Hrsg.), Hdb KapitalanlageR, 2. Aufl. 1997, § 16 Rdn. 316 f.

61 Zur Kritik im damaligen Schrifttum etwa *Assmann*, in: Assmann/Schneider (Hrsg.), WpHG, 4. Aufl. 2006, § 37 d WpHG Rdn. 39.

nellen bzw. semiprofessionellen Anlegern gehalten werden (vgl. § 295 Abs. 3 KGAB). Ein Vertrieb an Privatanleger ist damit unzulässig.

Diese personenbezogenen Vertriebsbeschränkungen lassen sich nur durch Anlegerhochstufung zum semi-professionellen oder professionellen Anleger umgehen.

c) Freiwillige Vertriebsbeschränkungen

Ohne dass es gesetzlicher Vertriebsbeschränkungen bedarf, könnten die Banken den Verkauf komplexer Kapitalmarktinvestmentprodukte an Privatanleger künftig aus eigenem Interesse verstärkt einschränken. Denn spätestens seit der „Zins-Swap"-Entscheidung des BGH gelten für den Vertrieb komplexer Produkte erhöhte Haftungsrisiken, die das unternehmerische Risiko der Banken vergrößern. Weitere regulatorische Damoklesschwerter wie Produktverbote und Qualitätskontrollen könnten den Vertrieb risikobehafteter Produkte an Privatanleger in Anbetracht der Compliance-Kosten vollends unrentabel machen.

In diesem Lichte ist die Entwicklung zu sehen, dass eine Großbank wie die DiBa öffentlichkeitswirksam erklärt hat, die für Privatanleger verfügbare Produktpalette auf weniger komplexe Produkte zu beschränken.[62]

2. Produktbezogene Vertriebsbeschränkungen

a) Aufsichtsrechtliche Ebene

Es wurde dargestellt, dass im Wege von *execution only* nur „nicht-komplexe" Anlageprodukte erhältlich sind.[63] Es handelt sich insofern um eine produktbezogene Vertriebsbeschränkung, da § 31 Abs. 7 WpHG an bestimmte Produktklassen anknüpft.

Weitere Vertriebsbeschränkungen ergeben sich aus dem für die MiFID II vorgeschlagenen anbieterinternen Genehmigungsverfahren:[64] Ne-

---

62 So reduzierte die ING DiBa als größte deutsche Direktbank das für Privatanleger verfügbare Produktangebote um die Hälfte, siehe *Mußler*, FAZ Nr. 279 v. 29.11.2012, S. 20. Bereits *Möllers/Poppele*, ZGR 2013, 437, 463 m. Fn. 185.

63 Siehe S. 108 ff., 363 ff.

64 Art. 16 Abs. 3 MiFID IIund oben S. 412.

ben den Produktemittenten als „Hersteller“ werden auch die Wertpapierdienstleister als „Verkaufsstellen“ dazu verpflichtet, dass Anlageprodukte nur innerhalb der Kundenzielgruppe vertrieben werden, für die sie spezifisch entwickelt wurden.[65]

b) Zivilrechtliche Ebene („Zins-Swap-Urteil“)

Das Zivilrecht entfaltet grundsätzlich nur Wirkung inter partes. Produktverbote mit Wirkung inter omnes können damit nur über das Aufsichtsrecht ausgesprochen werden.

Nimmt man jedoch an, dass die „Zins-Swap“-Rechtsprechung[66] obiter dictu und damit über den konkret entschiedenen Fall hinaus Maßgeblichkeit besitzt[67], bewirken deren Leitlinien ein faktisches Vertriebsverbot für bestimmte Produkte: [68] Betroffen sind Anlageprodukte, deren Merkmale derart komplex sind, dass Anleger auch durch produktbezogene Beratung nicht auf den „gleichen Wissens- und Kenntnisstand“ gebracht werden können, wie ihn „die Bank“ besitzt[69]. Dieses hochgesteckte Ziel ist in der Beratungspraxis bereits nicht erfüllbar, wenn man nur auf den Wissensstand des jeweiligen Anlageberaters abstellt; es ist utopisch, wenn als Maßstab das Wissen der gesamten Bank unter Einbeziehung der an der Produktentwicklung beteiligten Finanzmathematiker bestimmt wird.[70]

3. Mindestkaufpreise, -anlagesummen und Mindeststückelungen

Eine faktische Erscheinungsform produktbezogener Vertriebsbeschränkungen sind die gesetzlichen Regelungen über Mindestkaufpreise und

---

65 Art. 24 Abs. 2 MiFID II, zuvor bereits Art. 24 Abs. 1 a S. 2 MiFID II-E (EUP).

66 BGH, Urt. v. 22.3.2011, BGHZ 189, 13, 25 f. Rdn. 24 – *Zins-Swap*.

67 Kritisch *Grigoleit*, in: Habersack/Mülbert/Nobbe (Hrsg.), Bankrechtstag 2012, 2013, S. 25, 57.

68 Siehe *Klöhn*, ZIP 2011, 762, 763; *Buck-Heeb*, ZHR 176 (2012), 66, 93; *Grundmann*, WM 2012, 1745, 1747; *Spindler*, NJW 2011, 1920, 1922; *Wiechers*, WM 2012, 477, 480; *Koch*, BKR 2012, 485, 488, 490; *Grigoleit*, in: Habersack/Mülbert/Nobbe (Hrsg.), Bankrechtstag 2012, 2013, S. 25, 56 f.

69 BGH, Urt. v. 22.3.2011, BGHZ 189, 13, 25 f. Rdn. 24 – *Zins-Swap*.

70 *Grundmann*, WM 2012, 1745, 1747; *Schmitt*, BB 2011, 2824, 2826; *Köndgen*, BKR 2011, 283.

Mindeststückelungen für bestimmte Anlageprodukte. Hohe Mindestkaufpreise oder geringe Stückelungen machen den Anteilserwerb für bestimme Anlegergruppen zu kostspielig und schränken damit den Vertrieb der hierdurch regulierten Produkte ein.

Als Beispiel hierfür sind die Regelungen des Prospektrechts zu nennen. So entfällt die Prospektverpflichtung der Emittenten nach § 3 Abs. 1 WpPG, wenn die zu emittierenden Wertpapiere zu Mindestkaufpreisen bzw. in Mindeststückelungen von 100.000 Euro angeboten werden.[71] Im Vergleich zur Mindeststückelung ist die Wahl eines Mindestkaufpreises flexibler: Es ist zulässig, die Wertpapiere in Einheiten zu geringeren Nominalwerten zu stückeln, solange der Gegenwert der einem Anleger zugeteilten Wertpapiere mindestens 100.000 Euro beträgt.[72]

Eine *Mindestanlagesumme* von 200.000 Euro ist zudem für die Hochstufung vom KAGB-Privatanleger zum semi-professionellen Anleger erforderlich.[73]

Diese „Mindestregelungen" sind als personen- *und* produktbezogene Vertriebsbeschränkungen begreifen: Unmittelbar produktbezogen wirken sie, da aufgrund des Wegfalls der zeit- und vor allem kostenträchtigen Prospektpflicht ein Anreiz besteht, die Produktgestaltung an diesen Mindestregelungen auszurichten. Zugleich handelt es sich um mittelbar personenbezogene Vertriebsbeschränkungen, weil nur ein sehr geringer Prozentsatz der (Privat-)Anleger dazu in der Lage ist, Investitionen in dieser Höhe zu tätigen. Die Ratio dieser auf europäischen Vorgaben beruhenden[74] Ausnahmeregelungen ist, dass die Investitionshöhe ausreichende Kenntnisse des Anlegers verbürgen soll, so dass eine zusätzliche Prospektaufklärung entbehrlich sei.[75]

Da sie nur relativ bzw. faktisch wirken, sind „Mindestregelungen" im Vergleich zu Produktverboten die deutlich milderen Mittel.[76]

---

71 Vgl. § 3 Abs. 2 S. 1 Nr. 3 und 4 WpPG.

72 *Schnorbus*, in: Berrar/Meyer/Müller (Hrsg.), Frankf. Komm. z. WpPG, 2011, § 3 WpPG Rdn. 36; *Groß*, Kapitalmarktrecht, 5. Aufl. 2002, § 3 WpPG Rdn. 8.

73 § 1 Abs. 19 Nr. 33 lit. a) aa) KAGB.

74 Art. 3 Abs. 2 S. 1 lit. c) und d) Prospekt-RiL 2003/71/EG.

75 *Groß*, Kapitalmarktrecht, 5. Aufl. 2002, § 3 WpPG Rdn. 8.

76 *Köndgen*, in: FS Hopt, 2010, Bd. II, S. 2113, 2138 f.

III. Bewertung

Die Qualitätskontrolle von Anlageprodukten und insbesondere deren Verbot schließen im Idealfall aus, dass Anleger ungeeignete Produkte überhaupt erwerben können. Derartige Regelungsinstrumente entsprechen den im Zuge der Finanzmarktkrise erhobenen Rufen nach einem paternalistischen Staat.[77] Gegenüber staatlichen Eingriffen in das Marktangebot bestehen grundsätzliche Vorbehalte, zu denen nachfolgend Stellung bezogen wird.

1. Qualitätskontrollen als unzulässige Markteingriffe

An Markteingriffen durch Qualitätskontrollen wird kritisiert, dass sie die Bandbreite potentieller Anlagemöglichkeiten reduzieren. In der Folge reduzierten sie die Gewinnerzielungschancen[78] der Anleger sowie die Vermarktung künftiger Finanzinnovationen[79].

Diese Kritik würde auf eine Qualitätskontrolle zutreffen, die Anlageprodukte einer generellen staatlichen Genehmigungspflicht unterwirft („Finanz-TÜV"). Im US-amerikanischen Kapitalmarktrecht ist die Qualitätskontrolle von Finanzprodukten fester Bestandteil des Anlegerschutzprogramms und soll daher zur Veranschaulichung herangezogen werden. Weder diese *merit-based regulation* noch der MiFIR-Ansatz sind mit dem insoweit kritisierten „Finanz-TÜV" indes vergleichbar.

a) Merit-based Regulation im US-amerikanischen Kapitalmarktrecht

Die Ursprünge der *merit-based regulation* gehen auf den Börsencrash von 1929 und die hierauf folgende Weltwirtschaftskrise zurück, welche die Notwendigkeit einer strikteren Kapitalmarktregulierung verdeutlicht hatte. Diese Pionieraufgabe übernahm der 32. Präsident der Vereinigten Staaten, *Franklin D. Roosevelt*, dem von seinen Beratern zwei regulierungstheore-

---

77 *Pennekamp*, Handelsblatt Online v. 23.1.2012.

78 *Grigoleit*, ZHR 177 (2013), 264 303; *Köndgen*, in: FS Hopt, 2010, Bd. II, S. 2113, 2138 f.

79 *Spindler*, 34 Journal of Consumer Policy 315, 327 (2011); *Köndgen*, BKR 2011, 283, 286.

tische Konzepte vorgelegt wurden: das Informationsparadigma (*disclosure*) sowie eine „staatliche Emittenten- und Qualitätskontrolle“ (*merit-based regulation*).[80]

Auf der Ebene des US-amerikanischen Bundesrechts wurde dem Informationsparadigma letztlich der Vorzug gegeben, während das Konzept der *merit-based regulation* auf bundesstaatlicher Ebene in Gestalt der sogenannten *blue sky laws*[81] beibehalten wurde.[82] Trotz ihrer von Bundesstaat zu Bundesstaat abweichenden Ausgestaltung weisen die *blue sky laws* Gemeinsamkeiten auf, denn sie beruhen mehrheitlich auf der Modellgesetzgebung des Uniform Securities Act[83]. Dessen Fassungen wurden von einzelnen Bundesstaaten adaptiert.[84]

Der Uniform Securities Act verpflichtet Emittenten dazu, Finanzinstrumente vor Emission und Vertrieb bei den Aufsichtsbehörden zu registrieren.[85] Hierfür sind verschiedene Verfahrenswege mit unterschiedlichen Voraussetzungen eröffnet[86].

Die formelle Registrierung hat eine automatische Vertriebsfreigabe zur Folge, sofern die Aufsichtsbehörden nicht vor Markteinführung einschreiten, danach kann die Registrierung zu jeder Zeit widerrufen werden (*stop order*)[87]. Die Behörden sind berechtigt, das Angebot eines Anlageprodukts im öffentlichen Interesse zu untersagen[88], wenn (1.) Anzeichen für einen intendierten Anlegerbetrug bestehen[89], (2.) die Beteiligten auf An-

---

80 *Klöhn*, ZHR 177 (2013), 349, 351.

81 Die Ursprünge dieser Bezeichnung gehen u.a. zurück auf U.S. Supreme Court, *Hall v. Geiger Jones Co.*, 242 U.S. 539, 550 (1917); vgl. *Klöhn*, ZHR 177 (2013), 349, 351.

82 *Klöhn*, ZHR 177 (2013), 349, 351. Zu den Blue Sky Laws der Bundesstaaten auch *Macey/Miller*, 70 Texas Law Review 347 ff. (1991); *Sargent*, 62 University of Cincinatti Law Review 471 (1993).

83 Ein Modellgesetz der National Conference of Commissioners on Uniform State Laws (NCCUSL). Die erste Fassung wurde bereits 1930 veröffentlicht, eine zweite folgte 1956, weitere Novellen wurden in den Jahren 1985, 2002 und zuletzt 2005 vorgelegt, vgl. Uniform Law Commission, Securities Act Summary, abrufbar unter http://www.uniformlaws.org (zuletzt abgerufen am 23.11.2014).

84 Vgl. Uniform Law Commission, Enactment Map, abrufbar unter http://uniformlaws.org/Act.aspx?title=Securities%20Act (zuletzt abgerufen am 23.11.2014).

85 Section 301 Uniform Securities Act 2005.

86 Section 302-304 Uniform Securities Act 2005.

87 Section 306 Uniform Securities Act 2005.

88 Section 306(a)(7) Uniform Securities Act 2005.

89 „... will work or tend to work a fraud upon purchasers or would so operate“, Section 306(a)(7)(A) Uniform Securities Act 2005.

bieterseite unverhältnismäßige Provisionen oder sonstige Vergütungen erhalten[90], oder (3.) die Produktbedingungen sittenwidrig sind[91].

b) MiFIR-Vorschläge

Auf europäischer Ebene ist das öffentliche Angebot von Finanzprodukten mit Ausnahme der formellen Prospektprüfung nicht genehmigungsbedürftig. Im Vorfeld der MiFID II-Reform erteilte die Kommission dem Regelungskonzept einer generellen Genehmigungspflicht für Finanzprodukte eine deutliche Absage[92].[93]

Auch die MiFIR-Vorschläge statuieren kein generelles Verbot mit etwaigem Erlaubnisvorbehalt. Dem Konzept der *merit-based regulation* ansatzweise vergleichbar, eröffnen sie den europäischen Aufsichtsbehörden lediglich „Notfallkompetenzen" zur qualitativen Überprüfung von Finanzprodukten. Sie sollen verhindern, dass der Vertrieb risikoreicher oder komplexer Finanzprodukte die Funktionsfähigkeit des Kapitalmarkts gefährdet.[94]

Die MiFIR-Vorschläge lassen somit die gegen staatliche Qualitätskontrollen pauschal vorgebrachte Kritik der Angebotsverringerung sowie der Verhinderung von Finanzinnovationen nicht befürchten.

2. Maßstabsdilemma

Der Begriff „Maßstabsdilemma" umschreibt die Schwierigkeit, Kriterien zu finden, die das Verbot eines „nachteiligen" Finanzprodukts rechtfertigen.

---

90 „... has been or would be made with unreasonable amounts of underwriters' and sellers' discounts, commissions, or other compensation, or promoters' profits or participations, or unreasonable amounts or kinds of options", Section 306(a)(7)(B) Uniform Securities Act 2005.

91 „... is being made on terms that are unfair, unjust, or inequitable", Section 306(a)(7)(C) Uniform Securities Act 2005.

92 Kommission, Impact Assessment MiFID II, Working Paper v. 20.10.2011, SEC (2011) 1226, S. 45: „full ex ante authorisation regime". Ablehnend auch *Spindler,* 34 Journal of Consumer Policy 315, 327 f. (2011).

93 *Möllers/Poppele*, ZGR 2013, 437, 463 f.

94 Zum MiFIR-E bereits *Möllers/Poppele*, ZGR 2013, 437, 464.

Das Maßstabsdilemma hat zwei Dimensionen: eine „quantitative", nämlich mit welcher Häufung Nachteile auftreten müssen, um ein Produktverbot zu rechtfertigen, und eine „qualitative", die sich darauf bezieht, wie „nachteilig" das Produkt für die Anleger ist.

Befürchtet wird, dass eine Ermächtigung der Aufsichtsbehörden, bereits vor Markteinführung Produktverbote aussprechen zu dürfen, ein zu weites Kontrollermessen einräumt. Eine Kollision mit den die deutsche Rechtsordnung tragenden Verfassungsprinzipien der Rechtsstaatlichkeit und gesetzesmäßigen Bestimmtheit wäre wahrscheinlich.[95] In der Tat lassen die MiFIR-Entwürfe offen, wann „Nachteiligkeit", „wesentliche Gefahr" bzw. „erhebliche Bedenken" die Tatbestandsmäßigkeit der Eingriffsvoraussetzungen erfüllen.

a) Quantitative Maßstäblichkeit

Auf der Ebene der nationalen Missstandsaufsicht reicht in quantitativer Hinsicht das Fehlverhalten eines einzelnen Instituts aus, um ein (ex post-)Eingreifen der BaFin zu rechtfertigen.[96]

Die Tatbestandsmerkmale der MiFIR-Produktverbote, die eine „ernsthafte Gefahr" für die „ordnungsgemäße Funktionsweise und die Integrität der Finanzmärkte" bzw. die „Stabilität des gesamten oder eines Teils des Finanzsystems" verlangen, suggerieren dagegen eine höhere Eingriffsschwelle.[97]

Hierfür spricht, dass die Funktionen des Kapitalmarkts nur dann gefährdet sind, wenn Finanzprodukte systemische Effekte zeitigen, die über Einzelfälle hinausgehen. Um ein Produktverbot zu rechtfertigen, muss die „Gefahr für den Anlegerschutz" daher das Anlegerkollektiv betreffen, also die institutionelle Dimension des Anlegerschutzes.[98] Besteht die Gefahr zunächst nur für die Kunden einer Bank, müssen Anhaltspunkte vorliegen, dass sich die Gefahr auf breitere Anlegergruppen ausdehnen und das

---

95 Vgl. *Grigoleit*, ZHR 177 (2013), 264, 305.

96 Zu § 4 Abs. 1 S. 3 WpHG *Schlette/Bouchon*, in: Fuchs (Hrsg.), WpHG 2009, § 4 WpHG Rdn. 19 WpHG; zur Parallelvorschrift des § 6 Abs. 3 KWG *Schäfer*, in: Boos/Fischer/Schulte-Mattler (Hrsg.), KWG, 4. Aufl. 2012, § 6 Rdn. 32 f. Vgl. *Cahn/Müchler*, BKR 2013, 45, 49 m. Fn. 49.

97 Artt. 41 Abs. 2 Unterabs 1 lit. a), 42 Abs. 2 Unterabs. 1 lit. a) i) MiFIR, zuvor bereits Artt. 31 Abs. 2 lit. a, 32 Abs. 2 lit. a MiFIR-E.

98 Vgl. *Cahn/Müchler*, BKR 2013, 45, 49.

Funktionieren des Finanzmarkts in seiner Gesamtheit bedrohen könnte.[99] Die Gefahr muss sich aber noch nicht konkretisiert haben, eine drohende Gefahr noch vor Markteinführung reicht aus.[100]

Die hierdurch definierte Maßstäblichkeit fügt sich systematisch in das zentrale Regelungsziel der Kapitalmarktregulierung ein, stellt so die Funktionsfähigkeit der Finanzmärkte sicher und entschärft den quantitativen Aspekt des Maßstabsdilemmas.

b) Qualitative Maßstäblichkeit

Vor allem intransparente Produktgestaltungen sind Zeichen schlechter Produktqualität. Sie verdecken die mitunter einseitige Ausrichtung an den finanziellen Interessen der Anbieterseite und erschweren es Privatanlegern, die Funktionsweise des Produkts zu durchdringen.[101] Das qualitative Maßstabsdilemma macht sich dadurch bemerkbar, dass es „kaum rechtssicher möglich“ ist, den Komplexitätsgrad „zum Gegenstand unterscheidungskräftiger und sinnvoller Kriterien einer Verbotsdefinition“ zu erheben.[102]

Die qualitative Maßstäblichkeit ist letztlich eine Frage der Risikobewertung, die der Einschätzungsprärogative des Gesetzgebers unterliegt. Beispielsweise sind die Vertriebsbeschränkungen von *execution only* das Ergebnis von Risikoeinschätzungen des europäischen Gesetzgebers, da sie den Vertrieb „komplexer“ Produkte an bestimmte Anlegergruppen bzw. in bestimmten Vertriebskanälen untersagen. Auch einzelne Mitgliedstaaten haben den Versuch unternommen, Finanzprodukte qualitativ zu bewerten: In Großbritannien und Frankreich warnten die Aufsichtsbehörden angesichts der zunehmenden Beliebtheit von Exchange Traded Funds (ETF), dass Kleinanleger mit ETF-Anlagen wegen deren Komplexität hohe Risiken eingehen.[103] Ein weiteres Beispiel sind die von der italienischen Marktaufsicht CONSOB im August 2011 präsentierten Vorschläge, den

99 *Cahn/Müchler*, BKR 2013, 45, 49.

100 *Cahn/Müchler*, BKR 2013, 45, 49.

101 *Grigoleit*, ZHR 177 (2013), 264, 302 ff; siehe auch *Moloney*, 13 EBOR 169, 191 (2012).

102 So *Grigoleit*, ZHR 177 (2013), 264, 304 f.

103 FCA, Retail Conduct Risk Outlook, 2012, S. 72; Autorité des marchés financiers (AMF), Risk and Trend Mapping No. 12, 2012, S. 71 ff., 74.

Kreditinstituten die Fremdkapitalaufnahme zu erleichtern, sofern sie „einfache“ Bankanleihen mit geringer Komplexität emittieren.[104] Trotz der Schwierigkeiten, qualitative Maßstäbe zu bilden, scheuen die Gesetzgeber somit nicht davor zurück, anhand qualitativer Kriterien den Vertrieb von Kapitalmarktinvestmentprodukten zu regulieren.

Im Hinblick auf die MiFIR-Vorschläge gilt es die konkrete Festlegung der Eingriffsvoraussetzungen durch die Kommissionsrechtsakte abzuwarten. Erst dann lässt sich das Problem der qualitativen Maßstäblichkeit abschließend bewerten. Dabei wird es entscheidend auf die Verhältnismäßigkeit der Entscheidungsparameter ankommen.

Mit der Frage der Verhältnismäßigkeit von Produktverboten musste sich der Gesetzgeber bereits anlässlich der Regulierung von Konsumgütern durch das Produktsicherheits- und das Produkthaftungsgesetz (ProdSG und ProdHaftG) auseinandersetzen. Die Regulierung von Konsumgütern zielt darauf ab, Schädigungen der Konsumenten durch „gefährliche“ Produkte vorzubeugen und Verstöße nötigenfalls verschuldensunabhängig durch das Haftungsrecht zu sanktionieren.[105] Das ProdSG ist öffentlich-rechtliches Warenvertriebsrecht.[106] So dürfen Sachgüter dürfen nur auf den Markt gebracht werden, wenn sie die Personensicherheit und Gesundheit nicht gefährden.[107] Die diesbezüglichen Bewertungsmaßstäbe richten sich nach technischen Kriterien.[108] Sind diese nicht erfüllt, ist die Aufsichtsbehörde zu Maßnahmen der Produktintervention berechtigt.[109] Der Überregulierung beugt das ProdSG durch die von § 3 Abs. 3 S. 3 ProdSG definierte Obergrenze vor: „Die Möglichkeit, einen höheren Sicherheitsgrad zu erreichen, oder die Verfügbarkeit anderer Produkte, die ein geringeres Risiko darstellen, ist kein ausreichender Grund, ein Produkt als gefährlich anzusehen.“ Damit wird nicht Sicherheit

---

104 Commissione Nazionale per le Società e la Borsa (CONSOB), Newsletter Nr. 29 v. 18. Juli 2011. Siehe *Moloney*, 13 EBOR (2012), 169, 191.

105 Vgl. *Drexl*, Die wirtschaftliche Selbstbestimmung des Verbrauchers, 1998, S. 364 ff.

106 *Klindt*, Komm. z. GPSG, 2007, Einf. Rdn. 40.

107 § 3 Abs. 2 ProdSG bzw. die ggf. spezielleren Anforderungen des § 3 Abs. 1 i.V.m. § 8 Abs. 1 ProdSG.

108 Vgl. etwa die Zusammenstellung der einschlägigen Richtlinien und Verordnungen der Bundesanstalt für Arbeitsschutz und Arbeitsmedizin unter http://www.baua.de/de/Produktsicherheit/Rechtstexte/Rechtstexte.html (zuletzt abgerufen am 23.11.2014).

109 § 26 Abs. 2 Nr. 4, 6-9 ProdSG i.V.m. § 3 ProdSG.

um jeden Preis, sondern nur im Rahmen des Möglichen und Sinnvollen gefordert.

Es bietet sich an, diese qualitative Maßstäblichkeit für die Kapitalmarktaufsicht zu übernehmen. Für die Vergleichbarkeit der Ansätze zur Produktregulierung des Produktsicherheits- und des Kapitalmarktrechts[110] spricht, dass jeweils an das Inverkehrbringen bzw. den Produktvertrieb angeknüpft wird.[111] Überträgt man diese Maßstäbe auf den Anwendungsbereich der MiFIR, ist es Aufgabe des europäischen Gesetzgebers, die qualitativen Eingriffskriterien so zu definieren, dass nicht ganze Produktgattungen wegen der drohenden Gefahr behördlicher Intervention vom Markt verschwinden.

B. Interessenkonfliktregulierung

Die Verpflichtung der Wertpapierdienstleister zur fremdnützigen Interessenwahrung wird oftmals durch die finanzielle Anreizwirkung provisionsbasierter Vergütungssysteme beeinträchtigt. Vorschriften zur Regulierung der Beratervergütung und Hinweispflichten in Interessenkonfliktsituationen könnten der Gefährdung der Anlegerinteressen entgegenwirken.

I. Regulierung der Beratervergütung

Die Bereitstellung von Informationen verursacht Kosten; bei der Anlageberatung sind die Informationskosten wegen des individuellen Beratungsbedarfs und des personellen Zeitaufwands besonders hoch.

Marktdominierend[112] ist in Deutschland das Modell der Provisionsberatung: Zahlungen „Dritter" entschädigen den Beratungsaufwand des Wertpapierdienstleisters. „Dritter" ist jeder, der nicht zugleich Empfänger der

---

110 Bereits *Spindler*, 34 Journal of Consumer Psychology 315, 328 (2011).

111 § 1 Abs. 1 ProdSG, 1 Abs. 1, 2 ProdHaftG. So zum ProdHaftG *Wagner*, in: Münch. Komm. z. BGB, 5. Aufl. 2009, § 1 ProdHaftG Rdn. 13; zum GPSG als Vorgänger des ProdSG *Klindt*, Komm. z. GPSG, 2007, § 1 Rdn. 2 ff. Siehe auch *Möllers*, Rechtsgüterschutz im Umwelt- und Haftungsrecht, 1996, passim.

112 Nur 16-18 % der Kunden nehmen in Europa die Dienste von Honorarberatern in Anspruch, vgl. Kommission, Impact Assessment MiFID II, Working Paper v. 20.10.2011, SEC(2011) 1226, S. 190 m.w.N. Siehe *Möllers/Poppele*, ZGR 2013, 437, 474.

Beratungsdienstleistung ist.[113] Die Gewährung von Drittvergütungen lässt befürchten, dass sich die Berater bei der Erteilung von Anlageempfehlungen weniger von den konkreten Bedürfnissen ihrer Kunden als von finanziellen Eigeninteressen leiten lassen. Aus diesem Grund sind Drittvergütungen nur ausnahmsweise zulässig. Es gilt ein relatives Drittvergütungsverbot.

Bislang wird nur im angloamerikanischen Rechtskreis zwischen provisionsbasierter Anlageberatung und Honorarberatung differenziert, z.B. in Großbritannien ist die Honorarberatung gesetzlich geregelt.[114] Provisionszahlungen Dritter sind bei der Honorarberatung generell unzulässig, denn der Kunde übernimmt die Beratungskosten kraft ausdrücklicher Vereinbarung mit dem Wertpapierdienstleister. Die Honorarberatung statuiert insofern ein absolutes Drittvergütungsverbot.

Im Nachfolgenden sollen Modelle zur Regulierung der Beratervergütung anhand der Unterteilung in relative und absolute Drittvergütungsverbote untersucht werden.

1. Relative Drittvergütungsverbote

Relative Zuwendungsverbote gestatten Wertpapierdienstleistern nur in bestimmten Ausnahmefällen die Entgegennahme von Drittvergütungen. Es handelt sich um Regel-Ausnahme-Verhältnisse[115]. Sie finden sich auf aufsichts- und zivilrechtlicher Regelungsebene:

a) Aufsichtsrechtliche Konzeption

Im Aufsichtsrecht statuiert § 31 d WpHG ein relatives Drittvergütungsverbot für Zuwendungen. Die Tatbestandsalternative des § 31 d Abs. 1 S. 1 WpHG der „Entgegennahme" soll vor Interessenkonflikten des Wertpapierdienstleisters schützen. Das „Gewährungsverbot" an Dritte zielt dagegen darauf ab, Interessenkonflikte der Vermögensverwal-

113 Vgl. § 31 d Abs. 1 S. 1 WpHG.

114 Rules 6.2A.3, 6.2A.4A COBS, abrufbar unter http://fsahandbook.info/FSA/html/handbook/COBS/6/2A (zuletzt abgerufen am 23.11.2014).

115 So für § 31 d WpHG *Gundermann*, BKR 2013, 406, 411.

ter zu verhindern.[116] Nicht Dritter ist, wer im Auftrag und für Rechnung des Kunden einem Wertpapierdienstleister Zuwendungen gewährt bzw. von diesem solche entgegennimmt (§ 31 d Abs. 1 S. 2 WpHG).

aa) Zuwendungsbegriff

Zuwendungen sind gemäß § 31 d Abs. 2 WpHG Provisionen, Gebühren und sonstige Geldleistungen bzw. geldwerte Vorteile. Diese nicht-enumerative Aufzählung indiziert die tatbestandliche Weite des Zuwendungsbegriffs.

Es stellt sich insofern die Frage, ob auch die Gewinnmargen von Festpreisgeschäften als Zuwendungen offenlegungspflichtig sind. Ausweislich der Gesetzesbegründung zu § 31 d WpHG ist die „Reduzierung von Gebühren und anderen Kosten" als geldwerter Vorteil anzusehen, wenn der Wertpapierdienstleister diese Positionen seinem Kunden in vollem Umfang in Rechnung stellt.[117] Teile des Schrifttums sind der Ansicht, dass eine Zuwendung i.S.v. § 31 d Abs. 2 WpHG auch dann vorliegt, wenn Produktemittenten per Festpreisgeschäft zwischengeschalteten Finanzintermediären einen „Einkaufsrabatt" auf den Emissionskurs gewähren und ihnen dadurch die Realisierung eines Gewinns ermöglichen.[118]

Die Rechtsprechung will Gewinnmargen hingegen nicht unter den Zuwendungsbegriff subsumieren.[119] Zuletzt vermied der BGH eine Positionierung, indem er die zivilrechtliche Beachtlichkeit der §§ 31 ff. WpHG und damit von § 31 d WpHG verneinte.[120]

bb) Ausnahmsweise Zulässigkeit von Drittzuwendungen

Ausnahmsweise sind Zuwendungen gemäß § 31 d Abs. 1 S. 1 Nrn. 1 und 2 WpHG unter folgenden Voraussetzungen

---

116 *Möllers/Wenninger*, in: Köln. Komm. z. WpHG, 2. Aufl. 2014, § 31 d WpHG Rdn. 25 m.w.N.

117 Begr RegE v. 12.1.2007 z. FRUG, BT-Ds. 16/4028, S. 42.

118 *Ellenberger*, in: Habersack/Mülbert/Nobbe (Hrsg.), Bankrechtstag 2010, 2011, S. 37, 39. Zum Meinungsstand *Koller*, in: Assmann/Schneider (Hrsg.), WpHG, 6. Aufl. 2012, § 31 d WpHG Rdn. 8; *Herresthal*, ZBB 2012, 89, 99.

119 OLG Karlsruhe, Urt. v. 17.7.2012 (Az. 17 U 148/11), BeckRS 2012, 16638.

120 BGH, Urt. v. 17.9.2013 (Az. XI ZR 332/12), NZG 2013, 1226, 1227 Rdn. 15.

zulässig: (1.) Die Zuwendung muss darauf ausgelegt sein, die Qualität der Kundendienstleistung zu verbessern. (2.) Sie darf dem Interessenwahrungsgrundsatz des § 31 Abs. 1 Nr. 1 WpHG nicht entgegenstehen. (3.) „Existenz, Art und Umfang" der Zuwendung müssen dem Kunden gegenüber offengelegt werden.[121] Die Offenlegung soll den Kunden in die Lage versetzen, die Leistung des Anlageberaters zutreffend zu bewerten.[122]

b) Zivilrechtliche Konzeption

aa) Bürgerlich-rechtliche Offenlegungspflichten

Anlagegeschäften geht regelmäßig der (konkludente) Abschluss eines Anlageberatungsvertrags voraus. Nach Ansicht der Rechtsprechung ist die Offenlegung von Drittvergütungen Nebenpflicht[123] des Anlageberatungsvertrags. Ein Verstoß gegen Offenlegungspflichten berechtigt auch dann zu Schadensersatz, wenn die Beratungsleistung im Übrigen einwandfrei erbracht wurde.[124] Im Einzelnen unterscheidet die Rechtsprechung zwischen der Offenlegung verdeckter Innenprovisionen, von Vertriebsprovisionen, Rückvergütungen und Gewinnmargen.

(1) Offenlegung von verdeckten Innenprovisionen

Verdeckte Innenprovisionen sind nicht offengelegte Zahlungen des Produktemittenten an den Anlageberater, die direkt aus dem Anlagekapital bedient werden.[125]

Die Offenlegung verdeckter Innenprovisionen soll Fehlvorstellungen des Anlegers über die Werthaltigkeit einer Anlage verhindern.[126] Werden z.B. aus einer Anlagesumme von 20.000 Euro 20 % als verdeckte Innenprovisionen an den Berater gezahlt, können lediglich 16.000 Euro effektiv

---

121 Zu diesen Voraussetzungen im Einzelnen *Möllers/Wenninger*, in: Köln. Komm. z. WpHG, 2. Aufl. 2014, § 31 d WpHG Rdn. 37 ff.

122 *Voigt*, NZG 2010, 1217.

123 *Voigt*, NZG 2010, 1217, 1218.

124 *Voigt*, NZG 2010, 1217 f.

125 BGH, Beschl. v. 9.3.2011 (Az. XI ZR 191/10), NJW 2011, 3227 Rdn. 22.

126 BGH, Urt. v. 12.2.2004 (Az. III ZR 359/02), BGHZ 158, 110, 118.

angelegt werden. Die aufklärungsrelevante Grenze für verdeckte Innenprovisionen hatte der BGH zunächst auf 15 % des Anlagekapitals festgelegt.[127] Mit Urteil vom 3.6.2014 entschied der BGH jedoch obiter dictu, dass ab dem 1.8.2014 über über den Empfang versteckter Innenprovisionen von Seiten Dritter unabhängig von deren Höhe aufgeklärt werden muss.[128]

(2) Offenlegung von Vertriebsprovisionen

Vertriebsprovisionen müssen nach Ansicht des BGH nicht offengelegt werden, wenn bei einem Kommissionsgeschäft die Provision nicht aus einer offen ausgewiesenen „Weichkostenposition" (Agio, Ausgabeaufschlag) kommt, sondern direkt vom Emittenten an den anlageberatenden Kommissionär gezahlt wird und dabei die 15 %-Schwelle für verdeckte Innenprovisionen nicht überschreitet[129].[130]

(3) Offenlegung von Rückvergütungen

Eine aufklärungspflichtige Rückvergütung liegt vor, wenn der vom Kunden an den Produktemittenten gezahlte und diesem offengelegte Ausgabeaufschlag (Agio) ganz oder teilweise „hinter seinem Rücken" und umsatzabhängig an den Anlageberater zurückfließt.[131] Für den Kunden ist das besondere Interesse des Anlageberaters an der Empfehlung dieses Produkts regelmäßig nicht erkennbar.[132]

---

127 BGH, Urt. v. 12.2.2004 (Az. III ZR 359/02), BGHZ 158, 110, 118.

128 BGH, Urt. V. 3.6.2014 (AZ XI ZR 147/12), WM 2014, 1382 m. Anm. *Buck-Heeb*, WM 2014, 1601 ff.

129 Insbesondere BGH, Urt. v. 26.6.2012 (Az. XI ZR 259/11), BeckRS 2012, 16899 Rdn. 41 ff.; siehe auch BGH, Urt. v. 26.6.2012, (Az. XI ZR 316/11), BKR 2012, 421, 425 Rdn. 37; (Az. XI ZR 355/11), BKR 2013, 17, 22 Rdn. 42; (Az. XI ZR 356/11), BeckRS 2012, 16985 Rdn. 41.

130 Siehe *Jäger/Meuschke/Hartlieb*, BKR 2013, 456, 459.

131 Statt aller: BGH, Urt. v. 19.12.2006 (Az. XI ZR 56/05), BGHZ 170, 226 Rdn. 22 f.

132 Z.B. BGH, Urt. v. 27.9.2011 (Az. XI ZR 182/10), BGHZ 191, 119, 132 Rdn. 40.

(4) Offenlegung von Gewinnmargen

Für Gewinnmargen besteht nach der Rechtsprechung keine Offenlegungspflicht, unabhängig davon, ob es sich um eigenemittierte Anlageprodukte[133] oder um fremde Anlageprodukte handelt, die im Wege des Eigengeschäfts veräußert werden[134].

Begründet wird dies damit, dass das Gewinnerzielungsinteresse des Verkäufers, der in aller Regel in einer Doppelrolle als Anlageberater und Verkäufer agiert, „offensichtlich" sei.[135] Lediglich in seiner „Zins-Swap"-Entscheidung bejahte der XI. Zivilsenat eine Aufklärungspflicht über die Gewinnmarge, da die in einer „Doppelrolle" als Berater und Verkäufer agierende Bank die Risikostruktur des verkauften Produkts bewusst zu Lasten des Anlegers gestaltet hatte.[136] Der kaufvertragliche Charakter des Festpreisgeschäfts sei infolgedessen nicht „offenkundig" gewesen.[137]

(5) Offenlegungspflichten freier Anlageberater

Freie Anlageberater sind bankungebunden tätig. Der BGH zählte hierzu auch die 100 %-ige Tochtergesellschaft einer Sparkasse, denn es handelte sich um eine eigenständige juristische Person.[138] Für Drittvergütungen, die freien Anlageberatern gewährt werden, soll keine Offenlegungspflicht bestehen.

Zur Begründung rekurriert die Rechtsprechung ebenfalls auf das „Offenkundigkeits"-Argument: Zahlt der Kunde einem freien Berater kein Entgelt für die Beratungsleistung, ist dessen Gewinnerzielungsinteresse offenkundig, denn der Berater muss mit der Beratung sein Geld verdie-

---

133 BGH, Urt. v. 22.3.2011 (Az. XI ZR 33/10), BGHZ 189, 13 – *Zins-Swap*.

134 BGH, Urt. v. 27.9.2011 (Az. XI ZR 178/10), NJW-RR 2012, 43, 46 Rdn. 40 – *Lehman I*.

135 Bereits S. 180 sowie BGH, Urt. v. 22.3.2011 (Az. XI ZR 33/10), BGHZ 189, 13 (Leitsatz) – *Zins-Swap*; Urt. v. 27.9.2011 (Az. XI ZR 178/10), NJW-RR 2012, 43, 46 Rdn. 40 –*Lehman I*.

136 BGH, Urt. v. 22.3.2011 (Az. XI ZR 33/10), BGHZ 189, 13 (Leitsatz Nr. 4) – *Zins-Swap*.

137 *Buck-Heeb*, WM 2012, 625, 633.

138 BGH, Urt. v. 19. 7. 2012 (Az. III ZR 308/11), NJW 2012, 2952, 2954 Rdn. 14.

nen.[139] Hinzu kommt, dass der Beratungsvertrag mit einem freien Berater nicht in eine dauerhafte Geschäftsbeziehung eingebettet ist, „auf Grund derer der Anlageberater Gebühren oder Provisionen vom Kunden erhält". Nach Ansicht der Rechtsprechung liegt es für den Kunden „auf der Hand", dass der Anlageberater sein Provisionsinteresse nur durch Zahlungen des Produktemittenten befriedigen kann.[140] Die Offenlegungspflicht kommt zum Tragen, wenn die Drittvergütung eine 15 %-Schwelle überschreitet, und zwar unabhängig davon, ob es sich um verdeckte Innenprovisionen oder Rückvergütungen handelt.[141]

bb) Kommissionsrechtliche Offenlegungspflichten

Das Kommissionsrecht verpflichtet den Kommissionär zur Herausgabe des aus dem Kommissionsgeschäft „Erlangten" (§ 667 BGB, § 384 Abs. 2 Hs. 2 HGB).[142]

Der Herausgabeanspruch bliebe wirkungslos, wenn nicht zugleich eine Offenlegungspflicht für das „Erlangte" bestünde.[143] Der Kommissionär ist daher dazu verpflichtet, dem Kommittenten alle Umstände mitzuteilen, die der Durchführung des Kommissionsauftrags auch nur potentiell entgegenstehen könnten.[144] Besteht kein gesonderter Beratungsvertrag, ergeben sich Offenlegungspflichten aus der bankmäßigen Geschäftsverbindung.[145]

Es ist umstritten, ob sich die kommissionsrechtliche Herausgabepflicht auch auf Drittvergütungen bezieht. Die Rechtsprechung bejaht ganz überwiegend eine Herausgabepflicht für Drittvergütungen.[146] Im Schrifttum wird sie dagegen zum Teil mit dem Argument verneint, dass der Finanzintermediär die Zahlungen nicht „aus", sondern nur „anlässlich" der Kom-

---

139 Statt aller: BGH, Urt. v. 10.11.2011 (Az. III ZR 245/10), NZG 2012, 79, 80 Rdn. 11.

140 BGH, Urt. v. 15.4.2010 (Az. III ZR 196/09), NJW-RR 2010, 1064, 1065 Rdn. 13.

141 BGH, Urt. v. 3.3.2011 (Az. III ZR 170/10), BeckRS 2011, 06089 Rdn. 22.

142 *Voigt*, NZG 2010, 1217.

143 Vgl. *Sethe*, in: FS Nobbe, 2009, S. 769, 783.

144 *Häuser*, in: Münch. Komm. z. HGB, 3. Aufl. 2013, § 384 HGB Rdn. 19.

145 *Ekkenga*, in: Münch. Komm. z. HGB, 2. Aufl. 2009, Effektengeschäft Rdn. 273.

146 Siehe BGH, Urt. v. 28.2.1989 (Az. XI ZR 70/88), ZIP 1989, 830 ff.; Urt. v. 6.2.1990 (Az. XI ZR 184/88), NJW-RR 1990, 604, 605; zuletzt Beschl. v. 29.6.2010 (Az. XI ZR 308/09), NJW 2010, 2339, 2340 Rdn. 5; OLG Stuttgart, Urt. v. 16.3.2011 (Az. 9 U 129/10), BKR 2011, 250, 251 Rdn. 18.

mission erhält. Mithin fehle es an einer Willensbeeinflussung des Kommissionärs durch den Produktemittenten, da der Kommissionsvertrag den Kommissionär nicht dazu verpflichtet, ein für den Kommittenten geeignetes Produkt auszuwählen.[147] Gegen die letztgenannte Sichtweise spricht, dass § 387 Abs. 1 HGB den Kommissionär zur Auskehrung von „Sondervorteilen" verpflichtet, selbst wenn das Ausführungsgeschäft weisungsgemäß durchgeführt wurde.[148]

Eine Offenlegungspflicht der dem Kommissionär gewährten Drittvergütungen besteht insbesondere, wenn der Kunde seinerseits dem Kommissionär eine Provision zahlt. In diesem Fall dürfe er davon ausgehen, dass er bereits mit seiner Provisionszahlung das „offenkundige (vgl. §§ 354, 396 HGB)... Gewinnerzielungsinteresse" des Kommissionärs befriedigt habe.[149]

cc) Versicherungsvertragsrechtliche Offenlegungspflichten

(1) Nach geltendem Recht

Vor dem Abschluss einer (fondsbasierten) Lebensversicherung müssen dem Versicherungsnehmer die sogenannten Abschlusskosten mitgeteilt werden (§ 2 Abs. 1 Nr. 1 VVG-InfoV). Diese sind darüber hinaus im VVG-InfoV-Produktinformationsblatt anzugeben.[150] Die hieraus resultierende Informationsdoppelung wurde vom Gesetzgeber bewusst in Kauf genommen.[151]

Zu den Abschlusskosten zählen alle einmalig zu Vertragsbeginn anfallenden Kosten inklusive etwaiger Vermittlungsgebühren und Provisionen.[152] Sie sind als Gesamtbetrag anzugeben; nur die rechnungsmäßig angesetzten Kosten müssen offengelegt werden, nicht aber der tatsächliche

---

147 *Mülbert*, ZHR 172 (2008), 170, 199.
148 *Häuser*, in: Münch. Komm. z. HGB, 3. Aufl. 2013, § 384 HGB Rdn. 73 a.
149 BGH, Urt. v. 24.9.2013 (Az. XI ZR 204/12), BKR 2014, 23, 25 Rdn. 22 ff., 25.
150 § 4 Abs. 4 VVG-InfoV i.V.m. § 2 Abs. 1 Nr. 1 VVG-InfoV.
151 *Armbrüster*, in: Münch. Komm. z. VVG, 2010, § 4 VVG-InfoV Rdn. 25 m.w.N.
152 Anhaltspunkte finden sich in § 43 Abs. 2 Nr. 1 der Verordnung über die Rechnungslegung von Versicherungsunternehmen (Versicherungsunternehmens-Rechnungslegungsverordnung – RechVersV) v. 8.11.1994, BGBl. I Nr. 80 v. 18.11.2011, S. 3378; vgl. *Armbrüster*, in: Münch. Komm. z. VVG, 2010, § 2 VVG-InfoV Rdn. 10.

Aufwand. Der Versicherungsnehmer erfährt somit nicht, in welcher Höhe Provisionszahlungen an den Versicherungsvermittler fließen.[153]

(2) Nach künftigem Recht

(a) Europäisches Recht

Künftig könnten Provisionszahlungen umfassender als bisher offenzulegen sein. Grund hierfür ist der im Juli 2012 verabschiedete Kommissionsvorschlag zur Neufassung der Versicherungsvermittler-RiL 2002/92/EG[154]. Dieser zielt darauf ab, den Verbraucherschutz in der Versicherungsbranche durch die Einführung gemeinsamer Vertriebsstandards zu verbessern.[155] Der europäische Gesetzgeber berücksichtigt dabei ausdrücklich, dass (fondsgebundene) Versicherungsprodukte häufig als Alternative zu anderen Kapitalmarktinvestmentprodukten angeboten werden. Um einen „kohärenten Anlegerschutz zu gewährleisten und das Risiko von Aufsichtsarbitrage zu vermeiden" sollen diese Anlageprodukte künftig denselben Standards unterliegen.[156]

Die explizit als „Wohlverhaltensregeln" bezeichneten Bestimmungen des Richtlinienvorschlags sollen Versicherungsvermittler künftig zur Mitteilung verpflichten, ob sie eine Beratung zu den angebotenen Versicherungsprodukten anbieten[157] und ob sie für den Kunden tätig werden oder auf Rechnung und im Namen eines Versicherers handeln.[158] Darüber hinaus sollen die Versicherungsvermittler die „im Zusammenhang mit dem Versicherungsvertrag erhaltenen Vergütungen" offen legen und angeben, ob der Kunde für ihre Dienstleistung direkt zahlt, oder ob der Aufwand durch eine in der Versicherungsprämie enthaltene Provision vergütet wird.[159] Erhält der Vermittler eine Gebühr oder Provision, soll er künftig deren vollständigen Betrag bzw. die Berechnungsgrundlage offenlegen müssen.[160]

153 *Armbrüster*, in: Münch. Komm. z. VVG, 2010, § 2 VVG-InfoV Rdn. 11 m.w.N.
154 Versicherungsvermittlungs-RiL II-E.
155 Versicherungsvermittlungs-RiL II-E, KOM(2012) 360 endg., S. 2.
156 Erwägungsgrund 42 Versicherungsvermittlungs-RiL II-E.
157 Art. 16 lit. a) ii) Versicherungsvermittlungs-RiL II-E.
158 Art. 16 lit. a) v) Versicherungsvermittlungs-RiL II-E.
159 Art. 16 lit. d) und e) Versicherungsvermittlungs-RiL II-E.
160 Art. 16 lit. f) Versicherungsvermittlungs-RiL II-E.

(b) Rechtsprechung

Die geplanten Offenlegungspflichten könnten an den Widerständen der Versicherungswirtschaft scheitern.

Allerdings ist die Rechtsprechung geneigt, die Versicherungsvermittler hiervon unabhängig zur Aufklärung über Provisionszahlungen zu verpflichten: Nach Ansicht des OLG Frankfurt/Main finden die Rechtsprechungsgrundsätze zur Aufklärung bei Anlagegeschäften auf kapitalbildende Lebensversicherungen Anwendung, sofern sich der Abschluss des Versicherungsvertrags bei wirtschaftlicher Betrachtung als Anlagegeschäft darstellt. In derartigen Fällen muss der Kunde bereits anlässlich der Vertragsverhandlungen „über alle Umstände verständlich und vollständig" informiert werden, „die für seinen Anlageentschluss von besonderer Bedeutung sind".[161] Das Gericht bezog diese vorvertragliche Aufklärungspflicht nur auf die mit der angebotenen Beteiligungsform verbundenen Nachteile und Risiken. Aufgrund der Feststellung, dass die von der Rechtsprechung für Anlageprodukte entwickelten Offenlegungspflichten auch auf Lebensversicherungsprodukte anzuwenden sind, erscheint es aber nicht unwahrscheinlich, dass die Rechtsprechung die Versicherungsvermittler künftig über die VVG-Vorgaben hinaus zur Offenlegung von Provisionen verpflichten könnte.

2. Absolute Drittvergütungsverbote

Interessenkonflikte der Finanzintermediäre werden am wirkungsvollsten dadurch unterbunden, dass jegliche Form der Drittvergütung verboten wird.

Insofern stellt sich die Frage, wer in diesem Fall die Kosten von Aufklärung und Beratung übernimmt. Vor dem Hintergrund, dass absolute Drittvergütungsverbote in die Grundrechte der Finanzintermediäre eingreifen (Privatautonomie, Berufsfreiheit, ggf. Eigentumsrechte) und damit deren wirtschaftliche Existenz bedrohen, sind aus Verhältnismäßigkeitsgründen gesetzliche Vorschriften zur Kostentragung erforderlich.

---

161 OLG Frankfurt, Urt. v. 5.7.2013 (Az. 24 U 131/11), BeckRS 2013, 15216.

a) Regelung der Kostentragung im geltenden Recht

Das geltende Recht regelt nur vereinzelt, wer die Kosten von Aufklärung und Beratung zu tragen hat. Beispielsweise sind die KAGB-Informationsblätter den Kunden kostenlos zur Verfügung zu stellen (§ 297 Abs. 1 S. 1 KAGB). Gleiches soll für PRIP-Basisinformationsblätter gelten.[162]

Wenngleich keine Kostenregelung im eigentlichen Sinne, stellt das VVG Konnexität zwischen der Provisionszahlung und dem Umfang der geschuldeten Beratungsleistung her: Die Fragepflicht im Vorfeld eines Vertragsabschlusses ist „produktpreisabhängig" ausgestaltet (§ 61 Abs. 1 S. 1 Hs. 1 VVG). Dies bedeutet, dass sich der Umfang der Beratungspflicht nach einem angemessenen Verhältnis zwischen dem Beratungsaufwand und der zu zahlenden Prämie zu richten hat.[163] Es handelt sich hierbei nicht um ein absolutes Kriterium,[164] denn ausweislich der Gesetzesbegründung kann auch bei Produkten mit niedriger Prämie ein erhöhter Beratungsaufwand im Einzelfall geboten sein.[165]

Für die besonders kostenintensive Anlageberatung statuieren weder Aufsichts- noch Zivilrecht Kostentragungsregeln, zumal Vergütungsvereinbarungen für das Zustandekommen eines Anlageberatungsvertrags nicht konstitutiv sind.[166]

b) Honoraranlageberatungs-Modelle

Das Problem der Kostentragung wird vom geltenden Recht nur vereinzelt adressiert. Vertriebsgesteuerten Interessenkonflikten könnte künftig das Modell der Honoraranlageberatung entgegenwirken.

---

162 Art. 13 Abs. 1 VO-E Basisinformationsblätter.

163 *Reiff*, in: Münch. Komm. z. VVG, 2010, § 61 VVG Rdn. 12.

164 *Reiff*, in: Münch. Komm. z. VVG, 2010, § 61 VVG Rdn. 12.

165 So zu § 42 c VVG a.F. Begr RegE v. 23.6.2006 z. VersVermG, BT-Ds. 16/1395, S. 24; ebenso *Reiff*, in: Münch. Komm. z. VVG, 2010, § 61 VVG Rdn. 12.

166 BGH, Urt. v. 4.3.1987 (Az. IV a ZR 122/85), BGHZ 100, 117, 119, OLG Frankfurt, Urt. v. 25.3.1993 (Az. 16 U 200/92), WM 1993, 1030, 1031; *Hannöver*, in: Schimansky/Bunte/Lwowski (Hrsg.), Bankrechts-Handbuch, 4. Aufl. 2011, § 110 Rdn. 23.

aa) Honoraranlageberatungs-Modell der MiFID II

Bereits der Kommissionsentwurf zur MiFID II sah vor, dass Anlageberater ihre Kunden künftig darüber informieren sollten, ob die angebotene Beratung „abhängig" oder „unabhängig" erfolgt[167]. Hiernach sind Provisionszahlungen an unabhängige Anlageberater unzulässig.[168] Diese „unabhängige Beratung" verpflichtet zudem zu einer umfassenden Marktanalyse vor Erteilung einer Anlageempfehlung; es dürfen also nicht nur Produkte berücksichtigt werden, die von dem beratenden Wertpapierdienstleister bzw. von diesem nahestehenden Emittenten angeboten werden.[169]

Anstelle des mit Signalwirkung versehenen Prädikats[170] „unabhängige Beratung" favorisierte der EU-Parlamentsentwurf ein Regelungskonzept, das sich aus verschiedenen Einzelinformationen zusammensetzt.[171] Anhand dieser Einzelinformationen sollte sich beurteilen lassen, ob der Anlageberater unabhängig tätig wird. Beibehalten wurde die Pflicht zur umfassenden Marktanalyse[172] und das Drittvergütungsverbot für unabhängige Berater.[173] Zudem sollte den Mitgliedsstaaten der Gestaltungsspielraum eröffnet werden, Drittvergütungen nur noch dann zu gestatten, wenn diese an die Kunden weitergegeben werden.[174] Das Modell der provisionsbasierten Beratung würde hierdurch faktisch zum Erliegen gebracht.

Letztlich folgte der Gesetzgeber dem ursprünglichen Regelungskonzept der Kommission: So ist ausdrücklich darauf hinzuweisen, ob die Beratung unabhängig erbracht wird oder nicht (Art. 24 Abs. 4 S. 2 lit. a) ii) MiFID II). Im Falle unabhängiger Beratung ist eine umfassende Marktanalyse geschuldet (Art. 24 Abs. 7 lit. a) MiFID II) und die Annahme von Drittvergütungen grundsätzlich untersagt (Art. 24 Abs. 7 lit. b) MiFID II). Die vom

167 Art. 24 Abs. 3, 1. Spiegelstrich MiFID II-E. Hierzu bereits *Möllers/Poppele*, ZGR 2013, 437, 471 f.; *Grigoleit*, ZHR 177 (2013), 264, 296 ff.

168 Art. 24 Abs. 5 lit. ii) MiFID II-E.

169 Art 24 Abs. 5 lit. i) MiFID II-E.

170 *Grigoleit*, ZHR 177 (2013), 264, 296.

171 Der Umfang der zugrunde liegenden Angebotspalette, ob eine Beratungsgebühr erhoben wird, inwieweit Drittvergütungen entgegengenommen werden und ob dem Kunden eine kontinuierliche Beratung angeboten werden soll, Art. 24 Abs. 3 a MiFID II-E (EUP).

172 Art. 24 Abs. 5 a S. 1 MiFID II-E (EUP).

173 Art. 24 Abs. 5 S. 2 MiFID II-E (EUP).

174 Artt. 24 Abs. 1 c S. 2 MiFID II-E (EUP). Hierzu bereits *Möllers/Poppele*, ZGR 2013, 437, 472.

EU-Parlament vorgeschlagene Gestaltungsoption, es den Mitgliedsstaaten zu ermöglichen, Drittvergütungen auch jenseits der unabhängigen Beratung zu verbieten, wurde indes nicht umgesetzt.

bb) Honoraranlageberatungs-Modell des WpHG

In bewusster Antizipation des MiFID II-Regelungsmodells hat die Honoraranlageberatung noch vor Umsetzung der europäischen Vorgaben im WpHG Einzug gehalten. Dasim Juli 2013 verabschiedete Honoraranlageberatungsgesetz zielt darauf ab, Kunden die bewusste Entscheidung zwischen provisionsbasierter Beratung und Honoraranlageberatung zu ermöglichen.[175]

Gemäß § 31 Abs. 4 b S. 1 WpHG müssen Anlageberater nunmehr potentielle Kunden vor Abschluss eines Beratungsvertrags bzw. Erbringung der Beratungsleistung darüber informieren, ob die Anlageberatung als Honorar-Anlageberatung erbracht wird oder nicht. Wird die Anlageberatung nicht als Honorarberatung durchgeführt, hat der Berater etwaige Drittvergütungen offenzulegen (§ 31 Abs. 4 b S. 2 WpHG).

Der Anlageempfehlung eines Honorarberaters muss eine Produktpalette zugrunde liegen, die sich (1.) aus einer „hinreichenden Anzahl von auf dem Markt angebotenen Finanzinstrumenten" zusammensetzt, (2.) eine „hinreichende Streuung" aufweist und (3.) nicht allein Produkte berücksichtigt, die von dem beratenden Wertpapierdienstleister oder diesem nahestehenden Emittenten stammen (§ 31 Abs. 4 c S. 1 Nr. 1 WpHG).

Der Honorarberater darf sich seine Tätigkeiten ausschließlich von seinem Kunden vergüten lassen (§ 31 Abs. 4 c S. 1 Nr. 2 S. 1 WpHG). Drittvergütungen sind nur zulässig, wenn das empfohlene Anlageprodukt ohne Zuwendung nicht erhältlich ist und diese unverzüglich an den Kunden weitergegeben wird (§ 31 Abs. 4 c S. 1 Nr. 2 S. 2 WpHG). Eine Sonderregelung gilt für Festpreisgeschäfte, denen eine Honorarberatung vorausgegangen ist: Diese sind nur zulässig, wenn der Honorarberater zugleich Emittent des empfohlenen Produkts ist (§ 31 Abs. 4 d S. 2 und 3 WpHG).

---

175 So Begr RegE v. 6.2.2013 z. HonoraranlageberatungsG, BT-Ds. 17/12295, S. 1. Hierzu auch *Möllers/Poppele*, ZGR 2013, 437, 472.

3. Vergütungs-Regulierung

Der Prinzipal-Agenten-Konflikt zwischen Berater- und Anlagerinteressen wird durch provisionsbasierte Vergütungssysteme im Massengeschäft der Privatanleger verstärkt.[176] Auch Vergütungssysteme können die Berater dazu verleiten, ihren Kunden nicht das konkret geeignete Produkt, sondern das mit der höchsten Vertriebsprovision zu empfehlen.[177]

a) Vergütungsregelungen des WpHG

Mit dem AnsFuG wurde 2011 gesetzlich festgelegt, dass Vertriebsvorgaben so auszugestalten, umzusetzen und zu überwachen sind, dass Kundeninteressen nicht beeinträchtigt werden (§ 33 Abs. 1 S. 2 Nr. 3 a WpHG)[178]. Der Tatbestand ist bereits erfüllt, wenn Vertriebsvorgaben Kundeninteressen lediglich „gefährden"[179].[180] Die Vorschrift verlangt Vorkehrungen, die einen mit § 33 Abs. 1 S. 2 Nr. 3 a WpHG unvereinbaren Vertriebsdruck verhindern und die Berücksichtigung der Kundeninteressen gewährleisten.[181]

b) Vergütungsregelungen der MiFID II

Aufgrund der MiFID II gilt künftig auch auf europäischer Ebene die Vorgabe, dass Vergütungssysteme die Pflicht der Wertpapierdienstleister, im besten Kundeninteresse zu handeln, nicht gefährden dürfen.[182]

---

176 Begr RegE v. 8.11.2010 z. AnsFuG, BT-Ds. 17/3628, S. 22.
177 Bereits *Möllers/Poppele*, ZGR 2013, 437, 472.
178 Eingefügt durch Art. 1 Nr. 8 AnsFuG.
179 Siehe Begr RegE v. 8.11.2010 z. AnsFuG, BT-Ds. 17/3628, S. 22.
180 Hierzu auch *Koller*, in: Assmann/Schneider (Hrsg.), WpHG, 6. Aufl. 2012, § 33 WpHG Rdn. 79.
181 *Koller*, in: Assmann/Schneider (Hrsg.), WpHG, 6. Aufl. 2012, § 33 WpHG Rdn. 80.
182 Art. 24 Abs. 10 S. 1 MiFID II, zuvor bereits Art. 24 Abs. 1 b S. 1 MiFID II-E (EUP).

So darf bei der Privatkundenberatung die Leistungsbeurteilung des Beraters keinen Anreiz zur Empfehlung bestimmter Produkte setzen, wenn objektiv andere Produkte den Anlegerinteressen besser gerecht würden.[183]

II. Hinweispflichten bei beschränkter Produktpalette

Die Gefahr von Interessenkonflikten ist besonders hoch, wenn sich die der Anlageberatung zugrunde gelegte Produktpalette ausschließlich aus eigenemittierten Produkten des beratenden Wertpapierdienstleisters bzw. Produkten verbundener Emittenten zusammensetzt. Aufsichts- und zivilrechtlich sind daher Pflichten vorgesehen, auf Beschränkungen der maßgeblichen Produktpalette hinzuweisen:

1. Aufsichtsrechtliche Hinweispflichten

Im Zuge des AnsFuG wurden die Wertpapierdienstleister dazu verpflichtet, Anlageberatungskunden darüber aufzuklären, falls haus- und konzerneigene Finanzprodukte bevorzugt empfohlen werden (§ 5 Abs. 2 Nr. 2 a WpDVerOV)[184].[185]

Auch europarechtlich muss künftig über die maßgebliche Produktpalette aufgeklärt werden: In Umsetzung des MiFID II-Entwurfs des EU-Parlaments müssen die Standardinformationen künftig um obligatorische Angaben zur Produktpalette und um etwaige Verbindungen zwischen Produktemittenten und Wertpapierdienstleistern erweitert werden.[186]

---

183 Art. 24 Abs. 10 S. 2 MiFID II, zuvor bereits Art. 24 Abs. 1 b S. 3 lit. b) MiFID II-E (EUP).

184 Eingefügt durch Art. 5 Nr. 1 AnsFuG.

185 Hierzu *Möllers/Wenninger*, NJW 2011, 1697, 1699. Zuvor bereits *Möllers*, in: FS Hopt, 2010, Bd. II, S. 2247, 2253.

186 Art. 24 Abs. 4 S. 2 lit. b) ii) MiFID II, zuvor bereits Art. 24 Abs. 3 Satz 1, 1. Spiegelstrich Hs. 2 und Abs. 3 a lit. a) MiFID II (EUP). Hierzu bereits *Möllers/Poppele*, ZGR 2013, 437, 449.

2. Zivilrechtliche Hinweispflichten

a) Bürgerlich-rechtliche Hinweise

Nach Auffassung des BGH verpflichtet der Anlageberatungsvertrag nicht zu dem Hinweis, dass sich die Produktpalette ausschließlich aus haus- bzw. konzerneigenen Produkten zusammensetzt.[187] Ohne gesonderte Vereinbarung sind Gegenstand des Beratungsvertrags nur die Produkte, die in das Anlageprogramm aufgenommen wurden.[188]

Unter Rückgriff auf das bereits im Kontext der Aufklärung über Gewinnmargen bemühte Argument der „Offensichtlichkeit"[189] geht die Rechtsprechung davon aus, dass der Anlageinteressent „vernünftigerweise" nicht erwarten könne, „dass die Bank ihm von sich aus Produkte konkurrierender Banken oder Institutsgruppen empfiehlt".[190]

b) Versicherungsvertragsrechtliche Hinweise

Das VVG stellt im Vergleich zur bürgerlich-rechtlichen Rechtsprechung deutlich strengere Vorgaben auf: Gemäß § 60 VVG muss explizit auf die der Beratung zugrunde liegende Produktpalette hingewiesen werden. Im Einzelnen ist zwischen Versicherungsvertretern und Versicherungsmaklern zu unterscheiden:

Der Schwerpunkt der Beratung durch Versicherungsmakler liegt per se auf einem freien Produktvergleich,[191] was sich zwanglos aus § 60 Abs. 1 S. 1 VVG ergibt.[192] Hiernach ist der Makler verpflichtet, seiner Empfehlung eine „hinreichende Zahl von auf dem Markt angebotenen Versicherungsverträgen und von Versicherern zu Grunde zu legen". Anderes gilt nur, wenn der Versicherungsnehmer ausdrücklich auf eine eingeschränkte Versicherer- und Vertragsauswahl hingewiesen wird (§ § 60 Abs. 1 S. 2 VVG).

---

187 BGH, Urt. v. 19.12.2006 (Az. XI ZR 56/05), BGHZ 170, 226, 233 Rdn. 21 m. Anm. *Möllers/Wenninger*, LMK 2007, 220857.

188 Bereits BGH, Urt. v. 6.7.1993 (Az. XI ZR 12/93), BGHZ 123, 126, 129– *Bond*. Siehe auch *Schäfer/Schäfer*, BKR 2007, 163, 164.

189 Siehe S. 180.

190 BGH, Urt. v. 19.12.2006 (Az. XI ZR 56/05), BGHZ 170, 226, 233 Rdn. 21.

191 *Dörner*, in: Prölss/Martin, Komm. z. VVG, 28. Aufl. 2010,§ 61 VVG Rdn. 22.

192 *Reiff*, in: Münch. Komm. z. VVG, 2010, § 61 VVG Rdn. 20.

Der Versicherungsvertreter darf seine Beratung ohne entsprechenden Hinweis auf bestimmte Produkte einschränken. Schließlich ist er bereits gewerberechtlich (§ 34 d GewO) verpflichtet, über etwaige Bindungen zu Versicherungsunternehmen zu informieren.[193] Potentiellen Versicherungsnehmern werde hierdurch bewusst, dass sie nur eine Empfehlung auf Grundlage einer eingeschränkten Produktpalette erwarten können.[194] Überdies verpflichtet § 60 Abs. 2 S. 2 VVG den Versicherungsvertreter zur Information über seine Gebundenheit und hieraus ggf. resultierende Einschränkungen der Beratungsgrundlage.

III. Bewertung

1. Offenlegung von Interessenkonflikten

Empirisch[195] wurde nachgewiesen, dass etwa 80 % der Privatanleger der Auffassung sind, dass ihr Anlageberater in seinen Empfehlungen von Interessenkonflikten nicht oder nur gering beeinflusst wird. Über 40 % der Anleger ist noch nicht einmal bewusst, dass finanzielle Anreize ihren Berater zur Empfehlung bestimmter Produkte verleitet können.

Bemerkenswert ist daher die BGH-Ansicht, dass Bankkunden typischerweise Kenntnis vom finanziellen Eigeninteresse des Bankberaters beim Verkauf eigener Produkte haben sollen. Diese Sichtweise entbehrt jeglicher empirischen Grundlage, denn Studienergebnissen zufolge ist die Unkenntnis von Bankkunden über Interessenkonflikte ihres Beraters sogar besonders hoch.[196] Der sich aus § 354 HGB ergebende Grundsatz, dass unternehmerische Leistungen typischerweise entgeltlich sind, ist Privatanlegern im Kontext der Anlageberatung oftmals nicht bekannt.[197] Vor diesem Hintergrund sind Pflichten zur Offenlegung von Interessenkonflikten dringend geboten.

---

193 § 11 Abs. 1 Nr. 3 lit. b) VersVermV.

194 *Dörner*, in: Prölss/Martin, Komm. z. VVG, 28. Aufl. 2010,§ 60 VVG Rdn. 13, § 61 VVG Rdn. 23.

195 *Chater/Huck/Inderst*, Consumer Decision-Making, Oktober 2010, S. 386 (Nr. 588).

196 *Chater/Huck/Inderst*, Consumer Decision-Making, Oktober 2010, S. 386 (Nr. 588).

197 Anders aber *Grigoleit*, ZHR 177 (2013), 264, 291 f.

Deren Regelungswirkung darf jedoch nicht überbewertet werden, denn die Aufklärung über Interessenkonflikte kann auch gegenläufige Effekte zeitigen: Es wird gemutmaßt, dass die Offenlegung finanzieller Eigeninteressen häufig den Effekt hat, dass das Vertrauen des Kunden in die vermeintliche Neutralität seines Beraters gestärkt und nicht etwa in Frage gestellt wird.[198] Ferner wurde festgestellt, dass die Effizienz von Offenlegungspflichten kontextabhängig ist und Online-Kunden hierauf am wenigsten reagieren.[199] Hinzukommt, dass sich Kunden nach Offenlegung des Interessenkonflikts mitunter für ein anderes Produkt als das ihnen empfohlene entscheiden, auch wenn dieses ihren Bedürfnissen am besten entsprochen hätte.

Die Kunden treffen dadurch im Ergebnis häufig objektiv schlechtere Anlageentscheidungen; Offenlegungspflichten könnten sich auf den bezweckten Anlegerschutz sogar negativ auswirken.[200]

2. Regulierung der Beratervergütung

Drittvergütungsverbote sind im Vergleich zu Offenlegungspflichten grundsätzlich das wirksamere Regelungsinstrument, um Interessenkonflikte der Anlageberater zu unterbinden.[201]

Europäischer und nationaler Gesetzgeber beschreiten regulatorisch den richtigen Weg, indem sie die Rahmenbedingungen für Honorarberatungs-Modelle schaffen.[202] Die begrenzte Rationalität der Anleger setzt der Wirksamkeit dieses Regelungsinstruments allerdings Grenzen: Empirisch wurde nachgewiesen, dass für knapp ein Drittel der befragten Anleger eine Honorar-Beratung wegen deren Kosten nicht infrage kommt.[203] Zudem ist die Honorarberatung für die Berater mit zusätzlichen Pflichten verbunden,

198 *Spindler,* NJW 2011, 1920, 1923.

199 *Chater/Huck/Inderst,* Consumer Decision-Making, Oktober 2010, S. 391 f. (Nr. 599).

200 *Chater/Huck/Inderst,* Consumer Decision-Making, Oktober 2010, S. 392 f. (Nr. 602) m.w.N.

201 *Chater/Huck/Inderst,* Consumer Decision-Making, Oktober 2010, S. 391 (Nr. 599).

202 *Möllers/Poppele,* ZGR 2013, 437, 474 f.

203 *Chater/Huck/Inderst,* Consumer Decision-Making, Oktober 2010, S. 393 (Nr. 603).

so dass am praktischen Erfolg dieses Beratungsmodells Zweifel bestehen.[204]

C. Rechtspolitische Reformvorschläge

I. Personenbezogene Vertriebsbeschränkungen

Personenbezogene Vertriebsbeschränkungen knüpfen u.a. an die finanzielle Leistungsfähigkeit des Anlegers an: Je höher das Anlegervermögen ist, desto höher könnte auch die Risikotragfähigkeit des Anlegers sein („vermögensbezogenes" Kriterium). Auch liegt die Vermutung nahe, dass mit steigendem Vermögen typischerweise das Finanzfachwissen zunimmt („wissensbezogenes" Kriterium).

Das US-amerikanische Recht knüpft die personenbezogene Verfügbarkeit von Finanzprodukten seit geraumer Zeit an vermögens- und wissensbezogene Kriterien.[205] Die rechtvergleichende Analyse könnte daher aufschlussreich sein für die im Folgenden zu untersuchende Frage, ob die finanziellen Schwellenwerte des geltenden Rechts der Rejustierung bedürfen, um sie als Anknüpfungspunkte personenbezogener Vertriebsbeschränkungen besser nutzen zu können.

---

204 *Grigoleit*, ZHR 177 (2013), 264, 297.

205 Zur Entwicklung unterschiedlicher Schutzlevel für „sophisticated investors" in Gesetzgebung und Rechtsprechung umfassend *Fletcher*, 6 Duke Law Journal 1081 ff. (1988).

1. Personenbezogene Kriterien im US-amerikanischen Recht

a) Accredited Investors

Accredited investors sind u.a. natürliche Personen, deren Nettovermögen sich auf mindestens 1 Mio. USD beläuft[206] oder deren Jahreseinkommen in den letzten zwei Jahren mindestens 200.000 USD betrug[207].

Nach der als „Rule 505“ bezeichneten Ausnahmeregelung[208] sind Emittenten im Anwendungsbereich des Securities Act 1933 von den Zulassungsvorschriften für Wertpapieremissionen befreit[209], wenn Wertpapiere (1.) ausschließlich an sogenannte *accredited investors* und an nicht mehr als 35 „sonstige Anleger“ verkauft werden und (2.) der Gesamtbetrag der Emission 5 Mio. USD im 12-Monats-Zeitraum nicht überschreitet.

Die Befreiung von den Zulassungsvorschriften für Wertpapieremissionen wird mit dem Vermögen bzw. Jahreseinkommen des zeichnungsberechtigen Anlegerpublikum als vermögensbezogenen Kriterien verknüpft.

b) Sophisticated Investors

Sophisticated investor ist, wer aufgrund seiner „Erfahrungen, Kenntnisse und seines Sachverstandes“ die Risiken seiner Anlageentscheidungen überschauen kann.[210] Eine weitergehende Konkretisierung dieser subjektiven Wissensanforderungen hat der Gesetzgeber nicht vorgenommen. Um

---

206 Ohne Berücksichtigung selbstgenutzten Wohneigentums, vgl. § 17 C.F.R. § 230.501(a)(5): „a natural person who has individual net worth, or joint net worth with the person's spouse, that exceeds $1 million at the time of the purchase, excluding the value of the primary residence of such person“.

207 Aller Voraussicht nach wird der Schwellenwert im laufenden Jahr nicht unterschritten; für Ehepaare gilt ein Schwellenwert von 300.000 USD, vgl. § 17 C.F.R. § 230.501(a)(6): „a natural person with income exceeding $200,000 in each of the two most recent years or joint income with a spouse exceeding $300,000 for those years and a reasonable expectation of the same income level in the current year“. Siehe auch § 17 C.F.R. § 230.215(e).

208 § 17 C.F.R. § 230.505.

209 Section 4(a)(2) Securities Act 1933.

210 Vgl. § 17 C.F.R. § 230.506(2)(ii): „Each purchaser who is not an accredited investor either alone or with his purchaser representative(s) has such knowledge and experience in financial and business matters that he is capable of evaluating the merits and risks of the prospective investment, or the issuer reasonably be-

die nötige „sophistication“ sicherzustellen, verwenden die Emittenten Fragebögen, die sich auf die Ausbildung, die Erfahrung mit Finanzanlagen und die Risikogeneigtheit beziehen.[211]

Für eine weitere Ausnahme von den Zulassungsvorschriften stellt der US-Gesetzgeber insofern auf wissensbezogene Kriterien ab: Die Ausnahmeregelung „Rule 506“ [212] ermöglicht Wertpapieremissionen in unbegrenzter Höhe, wenn die Wertpapiere ausschließlich an *sophisticated investors* oder *accredited investors* verkauft werden.

c) Qualified Purchasers

Qualified purchasers sind u.a. Privatpersonen, die über in Wertpapieren angelegte Vermögenswerte i.H.v. mindestens 5 Mio. USD verfügen[213]. Bestimmte Hedgefondsbeteiligungen dürfen nur von *qualified purchasers* erworben werden.[214]

Auch hier wird die personenbezogenen Verfügbarkeit von vermögensbezogenen Kriterien abhängig gemacht.

2. Bewertung der finanziellen Bezugsgrößen

Um einen etwaigen Reformbedarf der für das geltende Recht gewählten finanziellen Schwellenwerte zu ermitteln, soll nachfolgend untersucht werden, inwieweit die vorgesehenen finanziellen Bezugsgrößen sachgerecht gewählt sind. Als Anknüpfungskriterien dienen die konkrete Investitionssumme sowie das Gesamtvermögen.

---

lieves immediately prior to making any sale that such purchaser comes within this description.“ Siehe auch § 17 C.F.R. § 230.215(f).

211 *Methven*, The California Securities Attorneys, „Sophisticated Investors“ – how to determine v. 3.7.2012.

212 § 17 C.F.R. § 230.506.

213 Section 2(51)(A)(i) 1940 Investment Company Act.

214 Vgl. Section 3(c)(7) 1940 Investment Company Act. Hierzu auch *Schmies*, Die Regulierung von Hedgefonds, 2010, S. 207.

a) Konkrete Investitionssumme

An die konkrete Investitionssumme knüpfen die Kriterien Mindestkaufpreis und Mindeststückelung (WpPG) sowie Mindestanlagesumme (KAGB) an.

Die Mindestbeträge von 100.000 Euro (WpPG) bzw. 200.000 Euro (KAGB) müssen auf eine einzige Anlage entfallen und erscheinen unter Berücksichtigung der Vermögensrealitäten der deutschen Privathaushalte klug gewählt: 2010 betrug das Nettovermögen der deutschen Privathaushalte durchschnittlich 195.200 Euro.[215] Der aussagekräftigere Medianwert, also der Wert, der die reichere Hälfte von der ärmeren Hälfte der Haushalte trennt,[216] lag mit 51.400 Euro für das Nettovermögen[217] deutlich darunter. Nur der kleinste Teil der deutschen Privatanleger ist überhaupt in der Lage, mindestens 100.000 Euro in eine einzige Anlage zu investieren.

Berücksichtigt man, dass eine derartige Anlagestrategie aufgrund der nicht vorhandenen Risikodiversifizierung wenig sinnhaft erscheint, dürften Investoren, die Anlagen in dieser Höhe vornehmen, realiter über erheblich höhere Depotvermögen verfügen. Für den größten Teil der deutschen Privatanleger sind die unter diesen Ausnahmeregelungen emittierten Produkte somit nicht erhältlich, Reformbedarf besteht insoweit nicht.

Die Anknüpfung an die konkrete Investitionssumme vermag jedoch nur Schutz zu bieten, wenn es sich um Kassageschäfte handelt, das Anlagegeschäft also durch Lieferung, Abnahme und Bezahlung unmittelbar nach Abschluss durch Aufwendung des Anlagekapitals erfüllt wird. Problematisch ist diese Bezugsgröße bei gehebelten Produkten sowie anderen Derivat- und Termingeschäften, bei denen die „Erfüllung" erst zu einem vereinbarten Zeitpunkt in der Zukunft stattfindet. Gerade bei Produkten mit Hebelwirkung kann das potentielle Verlustrisiko die zu hinterlegenden Sicherheiten (die Anlagesumme) erheblich übersteigen und ist theoretisch unbegrenzt.[218]

---

215 Deutsche Bundesbank, Private Haushalte und ihre Finanzen, Tabellenanhang zur Pressenotiz v. 21.3.2013, Tabelle 1_A_1.

216 Vgl. Deutsche Bundesbank, Pressenotiz v. 21.3.2013: „Private Haushalte und ihre Finanzen".

217 Deutsche Bundesbank, Private Haushalte und ihre Finanzen, Tabellenanhang zur Pressenotiz v. 21.3.2013, Tabelle 1_A_1.

218 Hierzu auch *Eck*, in: Zerey (Hrsg.), Finanzderivate, 3. Aufl. 2013, § 5 Rdn. 2.

Somit ist festzuhalten, dass die Anknüpfung an die konkrete Investitionssumme nur vor solchen Produkten ausreichenden Schutz verspricht, bei denen die Anlagesumme dem tatsächlichen Investitionsrisiko entspricht. Anderenfalls ist die Investitionssumme als alleiniger Anknüpfungspunkt vermögensbezogener Kriterien ungeeignet.

b) Gesamtvermögen

Finanzielle Schwellenwerte, die auf das Gesamtvermögen Bezug nehmen, lassen sich damit rechtfertigen, dass die abstrakte Risikotragfähigkeit mit steigendem Vermögen zunimmt und Totalverluste besser verkraften lässt.

So mag es aus Sicht des US-amerikanischen Gesetzgebers plausibel erscheinen, auf besonders hohe Schwellenwerte zu setzen (bis zu 5 Mio. USD). Allerdings können selbst hohe Schwellenwerte Anleger nicht hinreichend vor möglicherweise ruinösen Fehlentscheidungen schützen, was wiederum das Beispiel der Termin- und Derivatgeschäfte verdeutlicht. Anders als im US-amerikanischen Recht ist bei der WpHG-Hochstufung das liquide Gesamtvermögen (über 500.000 Euro[219]) in Form von Bankeinlagen und Wertpapierdepot Indikator der individuellen Risikotragfähigkeit.

In Anbetracht der Tatsache, dass der Medianwert von Finanzanlagen (Bankeinlagen, Investmentfonds, Anleihen, börsengehandelte Aktien, Forderungen, Pensions- und Lebensversicherungsansprüche) der europäischen Privathaushalte bei durchschnittlich 11.400 Euro liegt,[220] dürfte die Kombination aus Bezugsgröße (liquides Gesamtvermögen) und Schwellenwert für den überwiegenden Teil der europäischen Privathaushalte eine ausreichend hohe Hürde darstellen.

3. Zwischenfazit

Nur der geringste Teil der Privatanleger ist zu Investitionen in Höhe der *de lege lata* gewählten Schwellenwerte überhaupt in der Lage. Aufgrund ihrer deutlich höheren finanziellen Risikotragfähigkeit sind diese Anleger im Vergleich zu den durchschnittlichen Privatanlegern weniger schutzbe-

219 § 31 a Abs. 7 S. 3 Nr. 2 WpHG.

220 Siehe Europäische Zentralbank, ECB Statistics Paper No. 2, April 2013, S. 39.

dürftig. Im Ergebnis ist eine Rejustierung der Bezugsgrößen und Schwellenwerte daher nicht angezeigt.

II. Erweiterung der WpHG-Hochstufungskriterien

Wie festgestellt wurde, sind die finanziellen Schwellenwerte im geltenden Recht so gewählt, dass sie für den durchschnittlichen Privatanleger eine ausreichend große Hürde darstellen.

Problematisch ist allerdings die für das WpHG-Hochstufungsverfahren gewählte Regelungssystematik: [221] Für die Hochstufung zum professionellen Kunden wird neben dem liquiden Gesamtvermögen auf zwei wissensbezogene Kriterien Bezug genommen. Von diesen drei Kriterien müssen nur zwei im konkreten Fall erfüllt sein. Eine Hochstufung ist somit auch dann zulässig, wenn lediglich die beiden wissensbezogenen Kriterien[222] erfüllt sind.

Fachwissen allein schützt den Anleger aber nicht vor den finanziellen Folgen einer Anlagefehlentscheidung. Dies gilt insbesondere dann, wenn das Fachwissen typisierend angenommen wird. Gerade die Finanzkrise hat hinreichend deutlich gemacht, dass selbst professionelle Anleger mit höchstmöglichem Fachwissen nicht vor gravierenden Fehlentscheidungen gefeit waren.[223] Mit dem Zuwachs an finanzieller Leistungsfähigkeit geht nicht zwangsläufig ein höheres Finanzwissen einher. Hierzu müssen nicht die Beispiele des Lottogewinners oder des Erben bemühen werden: etwa ein Drittel der am grauen Kapitalmarkt geschädigten Anleger sollen im Median gut verdienende Mediziner sein[224].

Modellcharakter hat im Vergleich das KAGB-Hochstufungsverfahren, da vermögens- und wissensbezogene Kriterien nicht alternativ, sondern kumulativ erfüllt sein müssen. [225] Das KAGB-Regelungsmodell sollte da-

---

221 Bereits oben S. 130 f.

222 § 31 a Abs. 7 S. 3 Nr. 1 und 3 WpHG.

223 Siehe *Schwarcz*, 87 Washington University Law Review (2009), 211, 222: "[C]omplexities of modern investment securities can lead to a failure of investing standards and financial-market practices".

224 So *Nieding*, Ärzte-Zeitung Nr. 205 v. 15.11.2005, S. 22.

225 Auch das US-amerikanische Kapitalmarktrecht sieht grundsätzlich die Möglichkeit vor, dass wissens- und vermögensbezogene Kriterien miteinander kombiniert werden, vgl. Section 205(e) Investment Advisers Act 1940. Die normkonkretisierende SEC hat sich jedoch dafür entschieden, die Klassifizierung als accredited

her *de lege ferenda* für das WpHG übernommen werden, indem das liquide Gesamtvermögen als Bezugsgröße der Kundenhochstufung ebenso zwingend (kumulativ) ausgestaltet wird wie die KAGB-Bezugsgröße der Mindestanlagesumme[226]. Am Einfachsten wäre es, zu diesem Zweck die Wörter „mindestens zwei der drei“ (folgenden Kriterien)[227] im Gesetzestext zu streichen.

III. Einführung eines Übereilungsschutzes

Informationspflichten sind ein wichtiger Bestandteil des vorvertraglichen Anlegerschutzes. Empirische Studien legen nahe, dass die Informationseffizienz davon abhängt, wie viel Bedenkzeit zwischen Information und Geschäftsvornahme besteht.[228]

Regelmäßig erhält der Kunde produktbezogene Informationen erst unmittelbar vor Vertragsschluss. Die Wahrscheinlichkeit, dass der Kunde diese Informationen auch tatsächlich aufnimmt und verarbeitet, wird dadurch deutlich verringert.[229] Wartefristen („cooling off“-Perioden) zwischen dem Zeitpunkt der Informationserteilung und dem eigentlichen Vertragsschluss können die Informationseffizienz und damit die Wahrscheinlichkeit einer tatsächlich „informierten Anlageentscheidung“ erhöhen.

Wartefristen sind aus Sicht des Gesetzgebers gleichwohl kein geeignetes Regelungsinstrument. In Bezug auf die vorvertraglichen Informationspflichten im Versicherungsrecht stellte er fest, dass es der Entscheidung jedes Verbrauchers überlassen bleiben muss, ob er die bereitgestellten Informationen zur Kenntnis nimmt; „eine gesetzliche Regelung, nach der ein Verbraucher einen Vertrag erst schließen darf, wenn eine bestimmte Frist zwischen Informationserteilung und Vertragserklärung verstrichen ist“, komme nicht in Betracht. Eine Überlegungsfrist würde eine „Entmündi-

investor bzw. qualified purchaser ausschließlich von vermögensbezogenen Kriterien abhängig zu machen, während es für die Einstufung als sophisticated investor wiederum nur auf wissensbezogene Voraussetzungen ankommt.

226 Siehe S. 131.

227 § 31 Abs. 7 S. 3 WpHG bzw. Anhang II.1 Abs. 5 MiFID II-E.

228 *Chater/Huck/Inderst*, Consumer Decision-Making, Oktober 2010, S. 337 (Nr. 517).

229 *Koller*, ZBB 2011, 361, 368; *Koch*, BKR 2012, 485, 486.

gung des Verbrauchers bedeuten und dem Ziel, den Verbraucher in seiner Eigenverantwortung zu stärken, widersprechen".[230]

Hinzukommt, dass wegen der Dynamik der Kapitalmärkte die zur Verfügung gestellten Produktinformationen bereits innerhalb einer kurzen Wartefrist von nur wenigen Tagen ihre Aktualität verlieren können und demzufolge vor Vertragsschluss aktualisiert werden müssten, was den intendierten Regelungseffekt der Wartefrist ad absurdum führt.

Schutz vor übereilten Anlageentscheidungen bieten nach Vertragsschluss gesetzliche Widerrufsrechte.[231] Vor Vertragsschluss können Schriftformerfordernisse (§ 126 BGB) das Risiko von Fehlentscheidungen verringern. [232] Letztere setzen voraus, dass die Kundenunterschrift im Beratungsgespräch nicht zur „bloßen Formsache" nivelliert wird. Sollen elektronische Geschäftsabschlüsse zulässig bleiben, muss es Sache der Wertpapierdienstleister sein, ihren Kunden die zur wirksamen Ordererteilung notwendigen elektronischen Signaturen (§ 126a BGB) zur Verfügung zu stellen, da diese als Schriftformsubstitut unter Privaten nur wenig verbreitet sind. Alternativ wäre ein technischer Übereilungsschutz in Erwägung zu ziehen, etwa als „Opt-in"-Lösung, die das Anklicken einer textlich deutlich hervorgehobenen Einverständniserklärung verlangt.

IV. Standardisierung der Offenlegungspflichten

Zur regulatorischen Remedur der festgestellten Defizite des Offenlegungsansatzes werden „red-flag"-Hinweise empfohlen, die besonders deutlich auf Interessenkonflikte hinweisen.[233]

Im geltenden Recht fehlen einheitliche Vorgaben für die Offenlegung der Beratervergütung und der zugrunde liegenden Produktpalette. Im WpHG-Anwendungsbereich müssen etwaige Provisionszahlung separat angegeben werden, eine einheitliche textliche Darstellung ist nicht vorgesehen.[234]Äußerst allgemein bleibt die Vorgabe, dass Informationen über

---

230 Siehe Begr RefE v. 13.3.2006 z. VVG-ReformG, S. 6, abrufbar unter: http://www.gesmat.bundesgerichtshof.de (zuletzt abgerufen am 23.11.2014).

231 Siehe S. 457 ff.

232 Bereits *Möllers/Poppele*, ZGR 2013, 437, 462 f.

233 *Chater/Huck/Inderst*, Consumer Decision-Making, Oktober 2010, S. 392 f. (Nr. 602.).

234 Vgl. § 5 Abs. 2 Nr. 5 lit. a) S. 1 Hs. 2 WpDVerOV.

Interessenkonflikte Kunden eine „Entscheidung... auf informierter Grundlage" ermöglichen sollen.[235]

Noch weitaus geringer sind die Anforderungen im Versicherungsrecht, da hier bereits die Angabe pauschaler „Abschlusskosten" ausreicht.[236] *De lege ferenda* sollten daher einheitliche Vorgaben festgesetzt werden. Anhaltspunkte für eine künftige Gestaltung ergeben sich neben dem Kommissionsvorschlag zur Neufassung der Versicherungsvermittler-RiL 2002/92/EG auch aus der Rechtsvergleichung: Mit dem „Services and Costs Disclosure Document" hat der britische Gesetzgeber 2013 detaillierte Anforderungen an den Inhalt und die formelle Gestaltung von Offenlegungspflichten aufgestellt.[237]

D. Fazit

Die MiFIR-Vorschläge zur Produktregulierung, die sich in den endgültigen Richtlinien- und Verordnungstexten wiederfinden, ermöglichen das Verbot von Kapitalmarktinvestmentprodukten noch vor deren Markteinführung. Hiermit beschreitet der europäische Kapitalmarktgesetzgeber einen Regulierungsansatz, der ehemals dem klassischen Verbraucherschutzrecht in Gestalt von Produktsicherheits- und Produkthaftungsrecht (ProdSG- und ProdHaftG) vorbehalten war. Bedenken gegenüber Markteingriffen lassen sich dadurch entkräften, dass die vorgesehenen Interventionsrechte lediglich Notfallkompetenzen begründen. Auch künftig wird das öffentliche Angebot von Finanzprodukten nicht von einer staatlichen Genehmigungspflicht abhängig gemacht.

Vertriebsbeschränkungen sollten aus Gründen der Rechtssicherheit stets an eindeutige Kriterien anknüpfen. Gesetzlichen Regelungen ist dabei Vorzug gegenüber den vom BGH in Aussicht gestellten faktischen Vertriebsbeschränkungen einzuräumen. Letztere knüpfen an die abstrakte Erfüllbarkeit der Aufklärungs- und Beratungspflichten an.

Am wirksamsten werden Interessenkonflikte durch das Verbot von Drittvergütungen unterbunden. Absolute Drittvergütungsverbote setzen zwingend voraus, dass über die Verteilung der Informationskosten eine gesetzliche Regelung getroffen wird. Honorarberatungs-Modelle auf na-

235 § 13 Abs. 4 S. 1 WpDVerOV.
236 § 2 Abs. 1 Nr. 1 VVG-InfoV.
237 Siehe COBS 6.3.7 G, 6 Annex 1G.

tionaler und europäischer Ebene sind insofern zu begrüßen. Der Erfolg dieses Regelungsansatzes hängt jedoch von der Bereitschaft der Anleger ab, für Beratungsleistungen selbst aufzukommen. Ein milderes Mittel sind im Vergleich Pflichten zur Offenlegung von Interessenkonflikten.

De lege ferenda sollte für alle Kapitalmarktinvestmentprodukte ein Übereilungsschutz eingeführt werden: nach Vertragsschluss in Gestalt von Widerrufsrechten, vor Vertragsschluss als Schriftformerfordernis für die Ordererteilung bzw. als technisches Äquivalent im Online-Geschäft. Die Pflichten zur Offenlegung der Beratervergütung gilt es in Zukunft zu vereinheitlichen.

§ 17 Sanktionsinstrumente nach Vertragsschluss

Verstöße gegen die Rechtsprinzipien der „fremdnützigen Interessenwahrung“ sowie der „umfassenden Anlegerinformation“ lassen sich auch nach Vertragsschluss sanktionieren. Hierzu stehen auf einfachgesetzlicher Ebene als Sanktionsinstrumente Mechanismen zur Vertragsrückabwicklung sowie Haftungsnormen und zivilprozessuale Instrumente zur Verfügung.

A. Rückabwicklungsmechanismen

Die Rückabwicklung von Anlagegeschäften kann sich sowohl schuldrechtlich als auch bereicherungsrechtlich vollziehen. Schuldrechtlich lassen sich Verträge durch Widerruf der auf den Vertragsschluss gerichteten Willenserklärung (§ 355 Abs. 1 S. 1 BGB) oder durch Rücktritt vom Vertrag (§ 346 Abs. 1 BGB) rückabwickeln. Die bereicherungsrechtliche Rückabwicklung auf Grundlage der §§ 812 ff. BGB setzt die Nichtigkeit des zugrunde liegenden Vertrags voraus.

I. Schuldrechtliche Rückabwicklung

1. Widerrufsrechte

Gesetzliche Widerrufsrechte eröffnen einer Vertragspartei die Option, ihre zum Abschluss eines Vertrags abgegebene Willenserklärung nachträglich zu widerrufen. Die Ausübung des Widerrufsrechts beseitigt den Vertrag nicht *ex tunc*, sondern wandelt das bisherige Austauschverhältnis *ex nunc* in ein Rückgewährschuldverhältnis um[1].

a) Bürgerlich-rechtliche Widerrufsrechte

Im Zuge der Umsetzung der Verbraucherrechte-RiL 2011/83/EU durch das Verbraucherrechte-RiL-UmsG[2] wurden die Widerrufsrechte für Verbraucherverträge für „außerhalb von Geschäftsräumen geschlossene Verträge" und Fernabsatzgeschäfte in einer zentralen Norm zusammengefasst (§ 312 g Abs. 1 BGB). Materiell-rechtliche Änderungen gingen hiermit indes nicht einher.

aa) Unterscheidung von Widerruf und Rücktritt

Die Rechtsfolgen des Widerrufs bestimmen sich nach den Vorschriften über den Rücktritt vom Vertrag (vgl. § 357 Abs. 1 S. 1 BGB): empfangene Leistungen sind zurück zu gewähren und Nutzungen herauszugeben (§ 346 Abs. 1 BGB). Trotz identischer Rechtsfolgen unterscheiden sich Widerruf und Rücktritt grundlegend.

Widerrufsrechte sieht das BGB nur für Verbraucherverträge[3] vor; der personelle Anwendungsbereich ist somit nur für Verbraucher eröffnet[4]. In sachlicher Hinsicht beschränkt der BGB-Gesetzgeber Widerrufsrechte auf bestimmte Vertragstypen.[5] Das Widerrufsrecht muss binnen 14 Tagen nach Vertragsschluss ausgeübt werden, sofern der Verbraucher ordnungsgemäß über sein Widerrufsrecht belehrt wurde[6]. Es ist tatbestandlich voraussetzungsfrei und muss zur wirksamen Ausübung nicht begründet werden (§ 355 Abs. 1 S. 2 Hs. 1 BGB).

---

1 *Kaiser*, in: Staudinger, BGB, Neubearb. 2012, § 355 BGB Rdn. 69.

2 Siehe bereits S. 66.

3 Vgl. § 310 Abs. 3 BGB.

4 Vgl. § 355 Abs. 1 S. 1 BGB.

5 Haustürgeschäfte (§ 312 Abs. 1 S. 1 BGB), Fernabsatzgeschäfte (§ 312 d Abs. 1 S. 1 BGB), Time-Sharing-Verträge (§ 485 Abs. 1 BGB), Verbraucherdarlehensverträge (§ 495 Abs. 1 BGB) und Ratenlieferungsverträge (§ 510 Abs. 1 S. 1 BGB). Ohne Anknüpfung an den Verbraucherbegriff auch § 4 Abs. 1 S. 1 FernUSG.

6 § 355 Abs. 2 S. 1 BGB.

Rücktrittsrechte stehen demgegenüber allen Vertragsparteien offen, sie sind nicht von der Art und Weise des Vertragsschlusses bzw. dem Vertragstyp abhängig und werden allein durch die Regelverjährung zeitlich begrenzt[7]. Materiell-rechtlich setzt das Rücktrittsrecht indes eine Pflichtverletzung voraus.[8]

bb) Dogmatische Rechtfertigung von Widerrufsrechten

Nicht zuletzt wegen der Anknüpfung an den formellen Verbraucherbegriff (§ 13 BGB) zählen Widerrufsrechte zu den „klassischen" Instrumenten des Verbraucherschutzrechts.[9] Sie ermöglichen einer Partei die einseitige Vertragslösung und bedürfen wegen des Eingriffs in die Privatautonomie einer Rechtfertigung, die über abstrakte Verbraucherschutzerwägungen hinausgeht.

Widerrufsrechte werden insbesondere mit situationsspezifischen Gegebenheiten gerechtfertigt:[10] So wird zur Begründung des Widerrufsrechts bei Haustürgeschäften angeführt, dass es die „Überrumpelungssituation" kompensieren soll, in der sich Verbraucher wiederfinden, wenn sie unvorbereitet an ihrer Haustür Geschäfte abschließen.[11] Dem Widerrufsrecht bei Fernabsatzgeschäften liegt wiederum die Erwägung zugrunde, dass Verbraucher im Verhältnis zur Unternehmer-Vertragspartei informationell benachteiligt sind. Infolge der Fernabsatzsituation können sie den Vertragsgegenstand vor Vertragsschluss nicht in Augenschein nehmen und müssen somit allein auf der Grundlage von Informationen entscheiden, die von dem Unternehmer stammen und möglicherweise den Vertragsgegenstand nicht wahrheitsgemäß beschreiben.[12]

---

7 Vgl. auch § 350 BGB.

8 Siehe §§ 323 Abs. 1, 324, 326 Abs. 1 BGB.

9 *Kemper*, Verbraucherschutzinstrumente, 1994, S. 207 ff., 227 ff.

10 Vgl. *Schirmbacher*, in: Tamm/Tonner (Hrsg.), Verbraucherrecht, 2012, § 17 Rdn. 1, 6.

11 Siehe *Masuch*, in: Münch. Komm. z. BGB, 6. Aufl. 2012, § 312 BGB Rdn. 1.

12 *Schmidt-Räntsch*, in: BeckOK BGB, Edit. 30 (Stand: 1.11.2011), § 312 d BGB Rdn. 1.

b) Der Widerruf von Anlagegeschäften

Widerrufsrechte finden sich im bürgerlichen Recht sowie in Spezialgesetzen wie WpPG, KAGB und VVG. Nachfolgend gilt es die Regelungskonzeptionen miteinander zu vergleichen, wobei zunächst die Frage zu untersuchen ist, ob das bürgerlich-rechtliche Widerrufsrecht auf Geschäfte über Kapitalmarktinvestmentprodukte überhaupt anwendbar ist:

aa) Anwendbarkeit bürgerlich-rechtlicher Widerrufsrechte auf Anlagegeschäfte

(1) Widerrufsrechte bei Fernabsatzgeschäften

Fernabsatzgeschäfte sind grundsätzlich gemäß § 312 d Abs. 1 S. 1 BGB widerruflich. Fernabsatzgeschäfte, die Finanzdienstleistungen zum Gegenstand haben, welche Preisschwankungen an den Finanzmärkten unterliegen, sind jedoch wegen des Ausschlusstatbestands § 312 d Abs. 4 Nr. 6 BGB gerade nicht widerruflich. Regelbeispiele hierfür sind Geschäfte über Aktien, Anteile an offenen KAGB-Investmentvermögen, andere handelbare Wertpapiere, Devisen, Derivate und Geldmarktinstrumente, wobei es sich um eine nicht-enumerative Aufzählung handelt.[13]

Der sachliche Anwendungsbereich von § 312 d Abs. 4 Nr. 6 BGB ist in der Rechtsprechung umstritten.[14] Erstinstanzlich wurde die Anwendbarkeit des Ausschlusstatbestands verneint auf Geschäfte über „Lehman"-Zertifikate, die im Wege des Festpreisgeschäfts aus dem Eigenbestand einer Bank veräußert wurden.[15] Zur Begründung rekurrierte das Gericht darauf, dass die Zertifikate erst ein halbes Jahr später in den Börsenhandel einbezogen wurden; zum Erwerbszeitpunkt seien sie daher nicht „Bestandteil des Finanzmarkthandels" gewesen. Folglich unterlagen die Preise dieser Zertifikate zum Erwerbszeitpunkt auch keinen Marktschwankungen.[16] Eine andere Beurteilung war nach Ansicht des Gerichts auch nicht

13 *Wendehorst*, in: Münch. Komm. z. BGB, 6. Aufl. 2012, § 312 d BGB Rdn. 46.

14 Vgl. *Thüsing*, in: Staudinger, BGB, Neubearb. 2013, § 312 d BGB Rdn. 76 m.w.N.

15 LG Krefeld, Urt. v. 14.10.2010 (Az. 3 O 49/10), BKR 2011, 32; wohl ebenso LG Mönchengladbach, Urt. v. 1.6.2010 (Az. 3 O 328/09), n.v., Hinweis bei OLG Düsseldorf, Urt. v. 22.7.2011 (Az. 17 U 117/10), BeckRS 2011, 22351.

16 LG Krefeld, Urt. v. 14.10.2010 (Az. 3 O 49/10), BKR 2011, 32, 35.

dadurch geboten, dass die Festpreise der Zertifikate unter Bezugnahme auf den Kursstand der Basiswerte ständig neu festgelegt wurden; diese Preisbildung war allenfalls mittelbar von den Finanzmärkten abhängig.[17]

Ende 2012 bestätigte der BGH die von den Berufungsinstanzen[18] und der Mehrheit im Schrifttum[19] vertretene Gegenauffassung: Der (Fest-)Preis eines Finanzprodukts kann bereits vor dessen eigentlicher Börsennotierung Preisschwankungen unterliegen. Der Preisbegriff des § 312 d Abs. 4 Nr. 6 BGB umfasst hiernach „nicht nur das Entgelt für ein Finanzprodukt, sondern auch ein wertbestimmendes Underlying" und muss weit ausgelegt werden.[20] Nach dieser Ansicht ist § 312 d Abs. 4 Nr. 6 BGB auf im Fernabsatz vertriebene Zertifikate anwendbar und das Widerrufsrecht damit ausgeschlossen.

Für die letztgenannte Auffassung spricht, dass der spekulative (aleatorische) Charakter von Zertifikaten aufgrund ihrer Abhängigkeit von der Wertentwicklung eines Basiswerts besonders stark ausgeprägt ist.[21] Die Gewährung des Widerrufrechts hätte Anlegern die Möglichkeit eröffnet, auf Kosten des Wertpapierdienstleisters und damit ohne eigenes Risiko zu spekulieren, indem sie im Falle günstiger Entwicklungen den Gewinn einstreichen, bei ungünstiger Entwicklung dagegen von ihrem einseitigen Reuerecht Gebrauch machen und das Zertifikat „zurückgeben" könnten.[22] Sinn und Zweck des Widerrufsrechts bei Fernabsatzgeschäften ist es aber

---

17 LG Krefeld, Urt. v. 14.10.2010 (Az. 3 O 49/10), BKR 2011, 32, 35 f; zuvor bereits *Winneke*, BKR 2010, 321, 326.

18 OLG Düsseldorf, Urt. v. 22.7.2011 (Az. 17 U 117/10), BeckRS 2011, 22351; OLG Karlsruhe, BeckRS 2011, 24447; OLG Frankfurt/Main, BeckRS 2011, 23704; Beschl. v. 26.5.2011 (Az. 19 U 51/10), BeckRS 2011, 21888; OLG Hamburg, Urt. v. 15.2.2012 (Az. 13 U 124/11, BeckRS 2013, 04439; OLG Schleswig, Beschl. v. 27.1.2012 (Az. 5 U 70/11), BeckRS 2012, 09657; offen gelassen bei OLG Hamm, BeckRS 2011, 19564.

19 *Roth*, in: Assmann/Schütze (Hrsg.), Hdb KapitalanlageR, 3. Aufl. 2007, § 10 Rdn. 83; *Grüneberg*, in: Palandt, 73. Aufl. 2014, § 312 g BGB n.F. Rdn. 11; *Thüsing*, in: Staudinger, BGB, Neubearb. 2013, § 312 d BGB Rdn. 76; **a.A.** *Schick*, AG 2011, R 73 f.; *Winneke*, BKR 2010, 321, 325 ff.

20 BGH, Urt. v. 27.11.2012 (Az. XI ZR 384/11), NJW 2012, 1223, 1224 Rdn. 12, 13 ff. m.w.N.; Urt. v. 27.11.2012 (Az. XI ZR 439/11), BGHZ 195, 375, 380 Rdn. 21 ff.

21 BGH, Urt. v. 27.11.2012 (Az. XI ZR 384/11), NJW 2012, 1223, 1224 Rdn. 16.

22 So *Wendehorst*, in: Münch. Komm z. BGB, 6. Aufl. 2012, § 312 d BGB Rdn. 45; *Schmidt-Räntsch*, in: BeckOK BGB, Edit. 30 (Stand: 1.11.2011), § 312 d BGB Rdn. 57.

nicht, das allgemeine *Finanzmarktrisiko* einseitig auf die Verkäuferseite abwälzen.[23]

Auch im Zuge der Neufassung der §§ 312 ff. BGB blieb der Ausschlusstatbestand in Gestalt des § 312 g Abs. 2 Nr. 8 BGB bestehen. Das Widerrufsrecht bleibt damit weiterhin für Geschäfte über Kapitalmarktinvestmentprodukte ausgeschlossen.

(2) Widerrufsrecht bei Haustürgeschäften

Haustürgeschäfte lassen sich gemäß § 312 Abs. 1 S. 1 BGB widerrufen. Das Widerrufsrecht bei Haustürgeschäften kommt nicht zur Anwendung, wenn der Geschäftsabschluss auf mündlichen Verhandlungen beruht, die auf vorherige Bestellung des Verbrauchers zurückgehen (§ 312 Abs. 3 Nr. 1 BGB),[24] oder wenn dem Verbraucher bereits auf anderer gesetzlicher Grundlage ein Widerrufsrecht zusteht (§ 312 a BGB).

Ein „anderes Widerrufsrecht" ist das investmentrechtliche Widerrufsrecht (§ 305 KAGB). § 305 KAGB enthält einen § 312 Abs. 3 Nr. 1 BGB vergleichbaren Ausschlusstatbestand: Gemäß § 305 Abs. 3 Nr. 2 KAGB besteht das Widerrufsrecht nicht, wenn der Verkäufer nachweisen kann, dass er den Käufer „zu den Verhandlungen, die zum Verkauf der Anteile oder Aktien geführt haben, auf Grund vorhergehender Bestellung..." aufgesucht hat.

Ein § 312 d Abs. 4 Nr. 6 BGB vergleichbarer Ausschlusstatbestand fehlt für das Haustür-Widerrufsrecht. Dies wird im Schrifttum als Regelungslücke kritisiert.[25]

---

23 *Schmidt-Räntsch*, in: BeckOK BGB, Edit. 30 (Stand: 1.11.2011),, 312 d BGB Rdn. 55.

24 Zu diesem Ausschlusstatbestand im Einzelnen *Thüsing*, in: Staudinger, BGB, Neubearb. 2013, § 312 BGB Rdn. 151 ff.

25 M.w.N. zum Meinungsstand und dem Vorschlag einer analogen Anwendung von § 126 Abs. 4 InvG a.F. *Ekkenga*, in: Münch. Komm. z. HGB, 2. Aufl. 2009, Effektengeschäft Rdn. 221 ff., 224.

bb) Spezialgesetzliche Widerrufsrechte

(1) Prospektrechtliche Widerrufsrechte

Das Prospektrecht gewährt Widerrufsrechte an verschiedener Stelle: § 8 Abs. 1 S. 3 WpPG ermöglicht es einem potentiellen Erwerber von Wertpapieren, sich von einem Bezugsvertrag wieder zu lösen, falls sich dessen Parameter nach Vertragsschluss maßgeblich ändern. Dies setzt voraus, dass der Ausgabepreis (Emissionspreis) und die Gesamtzahl der öffentlich angebotenen Wertpapiere (Emissionsvolumen) nicht bereits im Prospekt genannt und auch keine Näherungswerte (bzw. Höchstpreise) angegeben wurden.[26]

Ebenso ist der Widerruf von Bezugsverträgen gemäß § 16 Abs. 3 S. 1 WpPG zulässig, sofern es sich um öffentlich angebotene Wertpapiere handelt und ein Prospektnachtrag vorgelegt wird. Ein solcher Prospektnachtrag ist erforderlich, wenn sich nach der (formellen) Prospektbilligung durch die BaFin neue Umstände bzw. wesentliche Unrichtigkeiten ergeben, die die Beurteilung der Wertpapiere „beeinflussen könnten“[27].

(2) Investmentrechtliches Widerrufsrecht

§ 126 Abs. 1 S. 1 InvG a.F.[28] statuierte ein Widerrufsrecht für Investmentgeschäfte, die außerhalb der ständigen Geschäftsräume des Verkäufers bzw. Vermittlers abgeschlossen wurden. Dieses Widerrufsrecht war ausgeschlossen für Fernabsatzgeschäfte (§ 126 Abs. 1 S. 2 InvG a.F.)[29], Anteilserwerbe im Rahmen eines Gewerbebetriebes (§ 126 Abs. 3 Nr. 1 InvG a.F.) und wenn der Kontakt zwischen Verkäufer und Anleger auf vorheriger Bestellung des Anlegers beruhte (§ 126 Abs. 3 Nr. 2 InvG a.F).

Die Nachfolgevorschrift des § 305 KAGB hat die Ausschlusstatbestände der ersten beiden Absätze von § 126 InvG a.F. nahezu wortgleich über-

26 § 8 Abs. 1 S. 1 und 2 WpPG.

27 (§ 16 Abs. 1 S. 1 WpPG.

28 Zuvor bereits § 23 KAGG a.F. und § 11 AuslInvestmG a.F., vgl. Begr RegE v. 19.9.2003 z. InvestmentmodernisierungsG, BT-Ds. 15/1553, S. 114.

29 I.V.m. § 312 d Abs. 4 Nr. 6 BGB.

nommen. Einzig der Ausschlusstatbestand des § 126 Abs. 3 Nr. 1 InvG a.F. wurde nicht übernommen. Stattdessen entfällt das Widerrufsrecht, wenn der Verkäufer nachweist, dass der Käufer kein Verbraucher ist (§ 305 Abs. 3 Nr. 1 KAGB). Mit der Bezugnahme auf den Verbraucher-Begriff wollte der Gesetzgeber eine „stärkere Anpassung" an das Recht der Haustürgeschäfte erreichen.[30] § 305 Abs. 4 KAGB beschränkt den nach Widerruf geschuldeten Rückzahlungsbetrag der Höhe nach auf den Anteilswert am Tag nach Eingang der Widerrufserklärung.

(3) Versicherungsvertragliche Widerrufsrechte

(a) Grundlagen

Die Widerrufsrechte des VVG sind von den bürgerlich-rechtlichen Vorschriften unabhängig.

Um den europarechtlichen Vorgaben[31] für Fernabsatzgeschäfte gerecht zu werden,[32] statuierte zunächst § 48 c VVG a.F.[33] ein Widerrufsrecht für Fernabsatz-Versicherungsverträge. Im Zuge der VVG-Reform 2008 wurde die Vorschrift durch § 8 VVG ersetzt und in ihrem Anwendungsbereich erweitert.[34] Während § 48 c VVG a.F. das Widerrufsrecht auf Fernabsatz-Verbraucherverträge[35] beschränkte, wurde der Anwendungsbereich von § 8 VVG richtlinienüberschießend über den Kreis der Verbraucher hinaus auf alle Versicherungsnehmer ausgeweitet. Auf welchem Wege der Vertragsschluss zustande kommt, ist unerheblich.[36] Im Übrigen stimmt § 8 VVG mit § 48 c VVG a.F. weitgehend überein.[37]

Sonderregeln gelten für den Widerruf von Lebensversicherungsverträgen: Die Widerrufsfrist beträgt gemäß § 152 Abs. 1 VVG abweichend von der 14-Tage-Frist des § 8 Abs. 1 S. 1 VVG 30 Tage. Zudem bestimmen

---

30 Begr RegE v. 21.12.2012 z. KAGB, BR-Ds. 791/12, S. 516.
31 Art. 6 FinFA-RiL 2002/65/EG.
32 Vgl. Begr RegE v. 22.4.2004 z. FinFA-ÄnderungsG, BT-Ds. 15/2946, S. 30.
33 Eingefügt durch Art. 6 FinFA-ÄnderungsG.
34 Siehe Art. 1 VVG.
35 § 48 a Abs. 1 VVG a.F.
36 *Langheid*, NJW 2007, 3665, 3666.
37 Begr RegE v. 20.12.2006 z. VVG-ReformG, BT-Ds. 16/3945, S. 61.

sich die Rechtsfolgen des Widerrufs nicht nach § 9 VVG, sondern nach §§ 152 Abs. 2 und 3 VVG als spezielleren Vorschriften[38].

Das VVG-Widerrufsrecht ist in den Fällen des § 8 Abs. 3 S. 1 Nr. 1-4 VVG ausgeschlossen. Es erlischt zudem, falls der Versicherungsvertrag vor Ausübung des Widerrufsrechts auf ausdrücklichen Wunsch des Versicherungsnehmers von beiden Vertragsparteien mit allen Haupt- und Nebenleistungspflichten[39] vollständig erfüllt wird.[40] Dies setzt voraus, dass der Versicherungsnehmer von seinem Widerrufsrecht bereits Kenntnis hatte, als er dem Versicherer seinen Wunsch auf vollständige Vertragserfüllung mitteilte.[41] Der Wegfall des Widerrufsrechts lässt sich damit begründen, dass ein Versicherungsnehmer, der in Kenntnis seiner eigenen Leistungspflicht und seines Widerrufsrechts den Versicherer zur vollständigen Leistungserbringung veranlasst, widersprüchlich handelt, wenn er nachträglich den bereits vollzogenen Leistungsaustausch durch Widerruf rückabwickeln will.[42]

(b) Rechtswirkungen

(i) Berechnung des Rückzahlungsbetrags

Die versicherungsvertraglichen Vorschriften sind gegenüber den bürgerlich-rechtlichen Rückabwicklungsvorschriften[43] vorrangig.[44] Auf die BGB-Vorschriften ist nur dann analog[45] zurückzugreifen, wenn sich aus den VVG-Vorschriften kein Regelungsvorschlag ergibt.[46] Begründet wird

---

38 Begr RegE v. 20.12.2006 z. VVG-ReformG, BT-Ds. 16/3945 S. 61; *Armbrüster*, r+s 2008, 493, 503.

39 *Eberhardt*, in: Münch. Komm. z. VVG, 2010, § 8 VVG Rdn. 42.

40 § 8 Abs. 3 S. 2 VVG.

41 *Prölss*, in: Prölss/Martin, Komm. z. VVG, 28. Aufl. 2010, § 8 VVG Rdn. 47.

42 *Prölss*, in: Prölss/Martin, Komm. z. VVG, 28. Aufl. 2010, § 8 VVG Rdn. 43; zuvor bereits *Armbrüster*, r+s 2008, 499, 500.

43 §§ 357 Abs. 1 S. 1, 346 ff. BGB.

44 *Prölss*, in: Prölss/Martin, Komm. z. VVG, 28. Aufl. 2010, § 9 VVG Rdn. 16.

45 Da § 9 VVG im Gegensatz zu § 355 BGB nicht lediglich auf Verbraucher anwendbar ist, *Prölss*, in: Prölss/Martin, Komm. z. VVG, 28. Aufl. 2010, § 9 VVG Rdn. 16.

46 *Eberhardt*, in: Münch. Komm. z. VVG, § 9 VVG Rdn. 3 m.w.N. Siehe auch Begr RegE v. 21.1.2009 z. Verbraucherkredit-RiL-UmsetzungsG, BT-Ds. 16/1164, S. 150; *Armbrüster*, r+s 2008, 493, 501.

das VVG-Sonderregime damit, dass es bei Versicherungsverträgen nicht um einen „einfachen Leistungsaustausch" wie bei einem Kaufvertrag gehe, sondern um ein „Dauerschuldverhältnis mit komplizierten Pflichten der Vertragspartner".[47]

Die Rückabwicklung eines Lebensversicherungsvertrags vollzieht sich wie folgt: Wurde entsprechend der Parteivereinbarung Versicherungsschutz bereits vor Ablauf der Widerrufsfrist gewährt, muss neben den Prämien, die nach Eingang des Widerrufs noch gezahlt wurden, auch der Rückkaufswert erstattet werden (§ 152 Abs. 2 VVG). Der Rückkaufswert ergibt sich aus § 169 VVG. Für fondsgebundene Lebensversicherungen stellt § 169 Abs. 4 VVG die Sondervorschrift auf, dass der Rückkaufswert anhand der „anerkannten Regeln der Versicherungsmathematik" als Zeitwert der Versicherung zu berechnen ist[48] und sich nach dem Börsenkurs der Finanzinstrumente bestimmt.[49]

Damit bleibt es – ebenso wie im Fall des KAGB-Widerrufs – bei der ursprünglichen vertraglichen Risikoverteilung, der Anleger (Versicherungsnehmer) trägt die „Chancen und Risiken" der fondsbasierten Anlage.[50] Durchbrochen wird diese interessengerechte Risikoverteilung nur, wenn der Versicherer eine vertragliche Mindestleistung garantiert hat.[51] In diesem Sonderfall bestimmt sich der Rückkaufswert nach der Höhe des Deckungskapitals.[52]

---

47 Kommission zur Reform des Versicherungsvertragsrechts, Abschlussbericht v. 19.4.2004, S. 25.

48 § 169 Abs. 4 S. 1 Hs. 1 VVG.

49 *Prölss*, in: Prölss/Martin, Komm. z. VVG, 28. Aufl. 2010, § 152 VVG Rdn. 54 m.w.N. Die konkrete Berechnungsgrundlage ist anzugeben (§ 169 Abs. 4 S. 2 VVG), z.B. der maßgebliche Börsenhandelsplatz.

50 Vgl. *Schneider*, in: Prölss/Martin, Komm. z. VVG, 28. Aufl. 2010, § 152 VVG Rdn. 54.

51 Die Mindestleistung kann sowohl an die Summe der gezahlten Beiträge als auch an einen anfangs zu bestimmenden Betrag anknüpfen, siehe *Mönnich*, in: Münch. Komm. z. VVG, 2010, § 169 VVG Rdn. 112.

52 § 169 Abs. 4 S. 1 Hs. 2 VVG. Hierzu *Schneider*, in: Prölss/Martin, Komm. z. VVG, 28. Aufl. 2010, § 152 VVG Rdn. 55.

(ii) Vertriebskostenabzug

Typischerweise werden dem Versicherungsnehmer die Kosten für Abschluss und Vertrieb einer Lebensversicherung und die gezahlten Vermittlerprovisionen nicht gesondert in Rechnung gestellt. Diese Vertriebskosten sollen stattdessen anteilig durch die Prämienzahlungen abgegolten werden.

Ehedem war es zulässig, die Prämienzahlungen in den ersten Beitragsjahren in voller Höhe auf die Vertriebskosten anzurechnen (sogenannte Zillmerung). Wegen dieser Anrechnungsmethode konnte vielfach kein positiver Rückkaufswert berechnet werden, denn in den ersten Versicherungsjahren überstiegen die Vertriebskosten regelmäßig die Prämienzahlungen.[53] Diese Entwertung des Rückzahlungsanspruchs wird nunmehr durch Sondervorschriften gemildert:[54] Gemäß § 169 Abs. 3 S. 1 Hs. 2 VVG sind die Abschluss- und Vertriebskosten unter Ansatz des gesetzlichen Höchstzillmersatzes von 4 %[55] gleichmäßig auf die ersten fünf Vertragsjahre zu verteilen. Der Zeitwertberechnung kann folglich ein höheres Fondsvermögen zugrunde gelegt werden, der Rückzahlungsanspruch erhöht sich entsprechend.[56]

(iii) „Doppelwirkung" des Widerrufs bei Nettopolicen

Die Verrechnung der Vertriebskosten mit den Prämienzahlungen des Versicherungsnehmers ist bei sogenannten Nettopolicen grundsätzlich unzulässig. Eine Nettopolice liegt vor, wenn Versicherer und Versicherungsnehmer ausdrücklich vereinbaren, dass der Versicherungsnehmer die Vertriebs- und Abschlusskosten nicht mit seinen Prämienzahlungen, sondern separat bezahlt.[57] Es werden zwei Verträge abgeschlossen: der eigentliche Versicherungsvertrag und die Vergütungsabrede für die Beratungsleistungen. Wird der Versicherungsvertrag widerrufen, stellt sich die Frage, ob

---

53 Vgl. *Schneider*, in: Prölss/Martin, Komm. z. VVG, 28. Aufl. 2010, § 152 VVG Rdn. 33.

54 § 169 Abs. 4 S. 1 Hs. 3 VVG: „im Übrigen".

55 Siehe § 4 Abs. 1 S. 2 DeckRV.

56 *Schneider*, in: Prölss/Martin, Komm. z. VVG, 28. Aufl. 2010, § 152 VVG Rdn. 56.

57 Vgl. *Mönnich*, in: Münch. Komm. z. VVG, 2010, § 169 VVG Rdn. 90. Hierzu ausführlich *Reiff*, r+s 2013, 525 ff., 538.

der Versicherungsvermittler seinen Anspruch aus der Vergütungsabrede behält.

Für die *Kündigung* des Versicherungsvertrags hat der BGH entschieden, dass Provisionsansprüche aus einem separaten Maklervertrag bestehen bleiben.[58] Gleiches soll für den aus einem Versicherungsvertretervertrag abgeleiteten Vergütungsanspruch gelten.[59] Die Kündigung des Versicherungsvertrags berührt die Fortgeltung des Vergütungsanspruchs damit nicht.

Für den *Widerruf* des Versicherungsvertrags könnte dagegen eine andere rechtliche Beurteilung geboten sein. Hierfür spricht der 2013 neu eingefügte § 9 Abs. 2 VVG[60], wonach der Widerruf den Versicherungsnehmer zugleich von einem „zusammenhängenden Vertrag" befreit.[61] Gegenstand dieses „zusammenhängenden Vertrags" ist nach der Legaldefinition[62] eine Dienstleistung des Versicherers bzw. eines Dritten mit Bezug zum widerrufenen Vertrag. Diese „Doppelwirkung" des Widerrufs soll es den Versicherungsnehmern ermöglichen, von Verträgen Abstand zu nehmen, die sie nur anlässlich des Versicherungsvertrags eingegangen sind.[63] Der geforderte Bezug zum Versicherungsvertrag besteht insbesondere bei Zusatz- oder Nebenleistungen, die mit dem Versicherungsvertrag „sachlich verbunden oder verknüpft" sind.[64] Wurden die Leistungen von einem Dritten erbracht, besteht die notwendige Verknüpfung nur, wenn der Dritte aufgrund einer Vereinbarung mit dem Versicherer tätig wurde.[65] Anderenfalls kommt eine „Doppelwirkung" nicht in Betracht.

Damit ist wie folgt zu differenzieren: Zwischen Versicherungsverträgen und Maklerverträgen fehlt die nötige Konnexität, da Versicherungsmakler regelmäßig selbstständig tätig sind. Der Widerruf des Versicherungsvertrags entfaltet für den Maklervertrag keine „Doppelwirkung".[66] Wurde da-

---

58 BGH, Urt. v. 20.1.2005 (Az. III ZR 251/04), BGHZ 162, 67.
59 *Rixecker*, in: Römer/Langheid (Hrsg.), VVG, 4. Aufl. 2014, § 9 VVG Rdn. 27.
60 Art. 1 Nr. 1 lit. b) VersÄndG.
61 § 9 Abs. 2 S. 1 VVG.
62 § 9 Abs. 2 S. 2 VVG.
63 *Rixecker*, in: Römer/Langheid (Hrsg.), VVG, 4. Aufl. 2014, § 9 VVG Rdn. 25.
64 *Rixecker*, in: Römer/Langheid (Hrsg.), VVG, 4. Aufl. 2014, § 9 VVG Rdn. 25.
65 *Rixecker*, in: Römer/Langheid (Hrsg.), VVG, 4. Aufl. 2014, § 9 VVG Rdn. 25.
66 *Rixecker*, in: Römer/Langheid (Hrsg.), VVG, 4. Aufl. 2014, § 9 VVG Rdn. 28, der darauf hinweist, dass sich ein Widerrufsrecht für den Maklervertrags aufgrund des regelmäßig gewährten Zahlungsaufschubs aus §§ 506, 358, 495 BGB ergeben kann; ebenso *Reiff*, r+s 2013, 525, 538.

gegen mit einem Versicherungsvermittler bzw. mit dem Versicherer eine separate Vergütungsvereinbarung abgeschlossen, besteht der für die Anwendung von § 9 Abs. 2 VVG nötige Vertragsbezug; mit Widerruf des Versicherungsvertrags wird zugleich die Vergütungsvereinbarung widerrufen.[67]

Ist die Vergütungsvereinbarung widerrufen, schuldet der Versicherungsnehmer Wertersatz[68] für die erbrachte Beratungsleistung. Der „Wert" der Beratungsleistung bestimmt sich nach der für die Vermittlung des Versicherungsvertrags marktüblichen Provision, soweit sie das vertraglich vereinbarte Entgelt nicht übersteigt.[69] Es kommt nicht darauf an, ob der empfohlene Versicherungsvertrag den Bedürfnissen des Versicherungsnehmers entsprochen hat, denn die Kompensation etwaiger Fehlberatungen ist allein Sache des Haftungsrechts; Schadensersatzansprüche können dem Wertersatzanspruch aber entgegengehalten werden.[70]

2. Rücktritts- und Kündigungsrechte

a) Bürgerlich-rechtliche Rücktrittsrechte

Der Rücktritt vom Vertrag setzt nach der Konzeption des BGB ein gesetzliches oder vertragliches Rücktrittsrecht (§ 346 Abs. 1 BGB) sowie die Abgabe einer Rücktrittserklärung (§ 349 BGB) innerhalb der Verjährungsfrist voraus. Der Vertragsgläubiger ist zum Rücktritt berechtigt, wenn der Vertragsschuldner Leistungspflichten[71] bzw. Schutz- und Rücksichtnahmepflichten[72] verletzt hat oder wenn er wegen Unmöglichkeit nicht leisten kann[73].

67 *Rixecker*, in: Römer/Langheid (Hrsg.), VVG, 4. Aufl. 2014, § 9 VVG Rdn. 29.
68 Dieser bemisst sich nach den §§ 506 Abs. 1, 3, 495, 355, 357 Abs. 1, 346 Abs. 2 S. 2 BGB, vgl. *Reiff*, r+s 2013, 525, 535, 538.
69 *Reiff*, r+s 2013, 525, 530.
70 *Reiff*, r+s 2013, 525, 530 m.w.N.
71 §§ 323 Abs. 1, 437 Nr. 2 BGB.
72 Vgl. § 324 BGB i.V.m. § 241 Abs. 2 BGB.
73 § 326 Abs. 5 BGB i.V.m. §§ 275 Abs. 1 bis 3 BGB.

aa) Rücktritt vom Anlagegeschäft wegen Schlechtleistung

Ist das Anlagegeschäft ein Festpreisgeschäft und liegt ein Kaufvertrag zugrunde, handelt es sich um einen Rechtskauf i.S.d. § 453 Abs. 1 BGB. Unter den Voraussetzungen der §§ 434 ff. BGB kommt das kaufrechtliche Mangelgewährleistungsrecht zur Anwendung, das nach „Gefahrübergang“ die Rücktrittsrechte des allgemeinen Schuldrechts verdrängt.

Es stellt sich die Frage, inwieweit bei Anlagegeschäften ein Rücktritt wegen Schlechtleistung (§ 437 Nr. 2 BGB) in Betracht kommt, falls die Anlageerwartungen nicht erfüllt werden. Der Rücktritt wegen Schlechtleistung setzt voraus, dass der Vertragsgegenstand „mangelhaft“ ist i.S.d. § 434 BGB.

Für Rechtskäufe gelten Besonderheiten: Grundsätzlich haftet der Verkäufer nicht für die „Einbringlichkeit und Durchsetzbarkeit des Rechts gegenüber dem Verpflichteten“; die Leistungsfähigkeit des Produktemittenten zählt damit nicht zur „gewöhnlichen Beschaffenheit" von Kapitalmarktinvestmentprodukten.[74] Eine Haftung besteht nur, wenn der Verkäufer eine entsprechende Garantie (§ 444 BGB) übernommen hat. Keinesfalls haftet der Verkäufer für die Werthaltigkeit des Rechts.[75] Die produktbezogenen Angaben in Wertpapierprospekten und Informationsblättern bestimmen zwar die „Beschaffenheit“[76] des Finanzprodukts (§ 434 Abs. 1 BGB), allerdings wird an gleicher Stelle bereits aus Haftungsgründen regelmäßig darauf hingewiesen, dass die Investition dem allgemeinen Kapitalmarktrisiko unterliegt und die Möglichkeit eines Totalverlusts besteht. Ein Rücktritt wegen Nichteinhaltung der vereinbarten Beschaffenheit kommt damit nicht in Betracht.

Aus diesen Gründen spielen kaufvertragliche Rücktrittsrechte für die Rückabwicklung von Anlagegeschäften keine praktische Rolle.

bb) Rücktritt vom Anlageberatungsvertrag

Neben dem Rücktritt vom eigentlichen Anlagegeschäft kommt auch der Rücktritt vom Anlageberatungsvertrag in Betracht.

---

74 *Westermann*, in: Münch. Komm. z. BGB, 6. Aufl. 2012, § 453 BGB Rdn. 11.
75 *Berger*, in: Jauernig, BGB, 15. Aufl. 2014, § 453 BGB Rdn. 2-10.
76 § 434 Abs. 1 S. 1 und 3 BGB.

Hauptleistungspflicht des Anlageberatungsvertrags ist die Empfehlung eines geeigneten Anlageprodukts. Kommt es zu einem Beratungsfehler, etwa infolge Empfehlung eines ungeeigneten Produkts, ist der Anleger gemäß § 323 Abs. 1 BGB rücktrittsberechtigt. Der Berater muss sodann nach den allgemeinen Grundsätzen (§§ 346 ff. BGB) die vom Anleger empfangenen Leistungen zurückgewähren. Im Regelfall der provisionsbasierten Beratung zahlt der Anleger für die Beratungsdienstleistung nicht selbst. Auf das Beratungshonorar gerichtete Rückgewähransprüche kommen nur für die Honorarberatung in Betracht.

Der Rücktritt vom Beratungsvertrag hat anders als der Widerruf des Versicherungsvertrags keine „Doppelwirkung. Er ermöglicht insofern nicht die Rückabwicklung des Anlagegeschäfts, das auf Grundlage der Produktempfehlung vorgenommen wurde.

b) Spezialgesetzliche Rücktritts- und Kündigungsrechte

aa) Wertpapierhandelsrechtliches Rücktrittsrecht

§ 34 Abs. 2 a S. 4 WpHG statuiert kein Widerrufs-, sondern ein vertragliches Rücktrittsrecht.[77] Nach dieser Vorschrift ist der Kunde zum Rücktritt berechtigt, wenn das Beratungsprotokoll unrichtig oder unvollständig ist und dem Kunden erst nach Abschluss des Anlagegeschäfts zugesendet wird. Der Anwendungsbereich des WpHG-Rücktrittsrechts ist vor allem dann eröffnet, wenn ein Kunde (unmittelbar) im Anschluss an eine fernmündliche Anlageberatung eine Order erteilt und er nicht die Gelegenheit hatte, zuvor das Beratungsprotokoll einzusehen.

bb) Versicherungsvertragliches Kündigungsrecht

Lebensversicherungen mit laufender Prämienpflicht sind Dauerschuldverhältnisse und können nur durch einvernehmliche Aufhebung, Zeitablauf oder Kündigung (nicht aber: Rücktritt) beendet werden.[78] Die Kündigung richtet sich nach § 168 Abs. 1 VVG. Ist bei Kapitallebensversicherungen

---

77 Es handelt sich nicht um ein Widerrufsrecht i.S.d. BGB, siehe *Koller*, in: Assmann/Schneider (Hrsg.), WpHG, 6. Aufl. 2012, § 34 WpHG Fn. 1.

78 *Looschelders*, in: Münch. Komm. z. VVG, 2010, § 1 VVG Rdn. 75.

anstelle einer fortlaufenden Prämienpflicht eine Einmalzahlung vorgesehen, gilt § 169 Abs. 2 VVG.[79] Die Rückabwicklung erfolgt nach denselben Regeln, die bereits für die Ausübung des Widerrufsrechts dargestellt wurden.[80]

3. Bewertung

a) Bürgerlich-rechtliche Widerrufsrechte

Der BGB-Gesetzgeber gewährt Verbrauchern Widerrufsrechte in unterschiedlichsten Vertragskonstellationen. Entsprechend divergieren die zugrunde liegenden Schutzerwägungen. Dennoch war der Gesetzgeber bemüht, mit den §§ 355-360 BGB ein einheitliches Grundkonzept aufzustellen; den Besonderheiten der einzelnen Vertragstypen wird dabei am jeweiligen Regelungsstandort Rechnung getragen.[81]

b) Spezialgesetzliche Widerrufsrechte

Im Gegensatz zu den bürgerlich-rechtlichen Widerrufsrechten fehlt für die spezialgesetzlichen Widerrufsrechte ein kohärenter Regelungsansatz.

Schutzerwägungen spielen für die WpPG-Widerrufsrechte keine Rolle. Die Rechtfertigung der prospektrechtlichen Widerrufsrechte ist vielmehr vertragsrechtlicher Natur: Aufgrund des besonderen Ablaufs von Wertpapieremissionen stehen bei Vertragsschluss oftmals nicht alle *essentialia negotii* fest (§ 8 Abs. 1 S. 3 WpPG) oder sie ändern sich nach Zeichnung der Wertpapiere (§ 16 Abs. 3 S. 1 WpPG). Das WpPG-Widerrufsrecht soll hierfür einen vertragsrechtlichen Ausgleich schaffen.

Für die von KAGB und VVG vorgesehenen Widerrufsrechte fehlt es an einem Verweis auf § 355 BGB[82] und damit an einer einheitlichen Rechtsfolgengrundlage.

---

79 *Langheid*, in: Römer/Langheid (Hrsg.), VVG, 4. Aufl. 2014, § 168 VVG Rdn. 7.

80 Siehe S. 465 ff.

81 Hierzu und zu den Durchbrechungen dieses Regelungsprinzips *Schirmbacher*, in: Tamm/Tonner (Hrsg.), Verbraucherrecht, 2012, § 17 Rdn. 6 ff.

82 Siehe *Kaiser*, in: Staudinger, Neubearb. 2012, § 355 BGB Rdn. 6.

Konzeptuell entspricht § 305 KAGB dem Haustür-Widerrufsrecht. Die zugrunde liegenden Schutzerwägungen sind identisch, Anknüpfungsmerkmal ist der Verbraucherbegriff und das Widerrufsrecht ist unter denselben Voraussetzungen ausgeschlossen.[83]

Das VVG-Widerrufsrecht weicht dagegen von der BGB-Konzeption in grundlegenden Punkten ab und stellt ein „Novum“[84] im deutschen Vertragsrecht dar. Dogmatisch liegt der Hauptunterschied darin, dass gerade nicht an eine besondere Risikosituation angeknüpft wird;[85] der VVG-Reformgesetzgeber wollte sich nicht darauf beschränken, nur in Übereilungs- bzw. Überrumpelungssituationen Schutz zu bieten.[86] Es handelt sich damit um ein (weitgehend) voraussetzungsloses Widerrufsrecht.[87] Mit Inkrafttreten von § 8 VVG verabschiedete sich der Gesetzgeber von dem historischen Leitmotiv, die Möglichkeiten einer Vertragslösung restriktiv zu handhaben, denn ursprünglich sollten die Versicherer nicht einer „unbegründeten Vertragsreue“ ihrer Kunden ausgesetzt werden.[88] Begründet wurde der regulatorische Richtungswechsel damit, dass eine Beschränkung des VVG-Widerrufsrechts auf Fernabsatzgeschäfte „weder im Hinblick auf den geschützten Personenkreis noch auf die Art des Zustandekommens des Vertrags sachlich gerechtfertigt sei“.[89]

4. Rechtspolitische Reformvorschläge

Den bürgerlich-rechtlichen Widerrufsrechten liegen typisierte Schutzbedürftigkeitserwägungen zugrunde.[90] § 8VVG verdeutlicht, dass der Gesetzgeber bereit ist, das Recht zur Vertragslösung weitgehend vorausset-

---

83 Vgl. § 126 Abs. 3 Nr. 2 InvG und § 312 Abs. 3 Nr. 1 BGB.

84 *Armbrüster*, r+s 2008, 499, 503.

85 *Eberhardt*, in: Münch. Komm. z. VVG, 2010, § 8 VVG Rdn. 1.

86 Siehe *Eberhardt*, in: Münch. Komm. z. VVG, 2010, § 8 VVG Rdn. 3; *Lorenz*, in: FS Helten, 2004, S. 331, 335, 342; **a.A.** *Knops*, in: Großkomm. z. VVG, 9. Aufl. 2008, § 8 VVG Rdn. 3, der auf die strukturelle Unterlegenheit des Versicherungskunden abstellt.

87 *Prölss*, in: Prölss/Martin, Komm. z. VVG, 28. Aufl. 2010, § 8 VVG Rdn. 1.

88 So *Eberhardt*, in: Münch. Komm. z. VVG, 2010, § 8 VVG Rdn. 3 unter Verweis auf die Motive zum VVG (1908), Neudruck 1963, S. 78 zu § 5.

89 Begr RegE v. 20.12.2006 z. VVG-ReformG, BT-Ds. 16/3945, S. 61; *Schneider*, in: Prölss/Martin, Komm. z. VVG, 28. Aufl. 2010, § 152 VVG Rdn. 4.

90 Siehe S. 459.

zungslos zu gewähren. Damit stellt sich die Frage, ob *de lege ferenda* ein einheitliches, produktbezogenes Widerrufsrecht für Verträge über Kapitalmarktinvestmentprodukte eingeführt werden sollte.

a) Produktbezogener Regelungsansatz

Ein produktbezogener Regelungsansatz für Widerrufsrechte könnte seine Stütze auch in der Rechtfertigung des Widerrufsrechts für Verbraucherkreditverträge (§ 495 Abs. 1 i.V.m. § 355 BGB) finden:

Nicht situative Schutzbedürftigkeitserwägungen, sondern produktbezogene Risiken rechtfertigen hier das Recht zur Vertragslösung; sind doch Verbraucherkreditverträge aus Sicht des durchschnittlichen Verbrauchers äußerst komplex und intransparent.[91]

Mindestens ebenso undurchsichtig wie die Vertragsbedingungen von Kreditverträgen sind in der Regel die vertraglichen Ausgestaltungen von Kapitalmarktinvestmentprodukten. Nur für (komplexe) Versicherungsprodukte ist indes *de lege lata* ein Widerrufsrecht vorgesehen. Mit der für Kapitalmarktinvestmentprodukte typischen Komplexität ließe es sich rechtfertigen, Widerrufsrechte auch für Produkte zu gewähren, für die der Widerruf derzeit nach § 312 d Abs. 4 Nr. 6 BGB ausgeschlossen ist.[92]

b) Unterbindung von Spekulationsgeschäften

Die Einführung eines einheitlichen Widerrufsrechts für Kapitalmarktinvestmentprodukte würde die Frage aufwerfen, ob hierdurch Spekulationsgeschäfte zulasten der Anbieter ermöglicht würden.

Gegen die Einführung eines einheitlichen Widerrufsrechts spricht, dass der Ausschluss des Widerrufsrechts für Fernabsatzgeschäfte gemäß § 312 d Abs. 4 Nr. 6 BGB mit dem aleatorischen Charakter von kapitalmarktbezogenen Geschäften gerechtfertigt wird. Für den Widerruf von Anlagegeschäften über Investmentfondsanteilen gilt § 312 d Abs. 4 Nr. 6 BGB entsprechend (§ 305 Abs. 1 S. 2 KAGB).

---

91 *Schürnbrand,* in: Münch. Komm. z. BGB, 6. Aufl. 2012, § 495 BGB Rdn. 1 m.w.N.

92 Vgl. *Spindler*, 34 Journal of Consumer Policy 315, 328 (2011.).

In ständiger Rechtsprechung geht zudem der BGH davon aus, dass nach Vertragsschluss der Anleger das Kapitalmarktrisiko seiner Anlage alleine trägt.[93]

Diese Wertung liegt auch der Regelung des § 359 a Abs. 3 BGB zugrunde: Grundsätzlich erstreckt sich das Widerrufsrecht für Verbraucherkreditverträge auf den hiermit „verbundenen" Kaufvertrag[94]. Dieser bildet mit dem Kreditgeschäft eine „wirtschaftliche Einheit" (§ 358 Abs. 3 BGB). Die „Doppelwirkung" von § 358 Abs. 3 BGB ist ausgeschlossen, wenn mit dem Darlehen der Erwerb von Finanzinstrumenten finanziert wird (§ 359 a Abs. 3 BGB). Der Ausschlusstatbestand soll ebenso wie § 312 d Abs. 4 Nr. 6 BGB verhindern, dass Verbraucher das Spekulationsrisiko von Kapitalmarktanlagen durch Widerruf des Finanzierungsdarlehens auf den Darlehensgeber abwälzen.[95]

Demgegenüber sind Anlagegeschäfte über fondsbasierte Lebensversicherungen frei widerruflich, denn der Gesetzgeber hat für den VVG-Widerruf keine Ausschlusstatbestände vorgesehen, die den §§ 312 d Abs. 4 Nr. 6, 359 a Abs. 3 BGB vergleichbar sind. Allerdings beschränkt § 169 Abs. 4 VVG die Höhe des geschuldeten Rückzahlungsbetrags auf den Wert der Anlage zum Zeitpunkt des Widerrufs. Spekulationsgeschäfte zulasten der Lebensversicherer werden hierdurch wirkungsvoll unterbunden. Eine vergleichbare Regelung sieht auch § 305 Abs. 4 KAGB vor.

Der aleatorische Charakter von kapitalmarktbezogenen Anlagegeschäften spricht somit nicht grundsätzlich gegen die gesetzliche Einräumung von Widerrufsrechten. Spekulationsgeschäfte werden durch eine Begrenzung des Rückgewähranspruchs auf den Zeitwert wirksam beschränkt. Insofern ist es nicht nachvollziehbar, dass das BGB den Widerruf kapitalmarktbezogener Anlagegeschäfte generell ausschließt. In Anbetracht der funktionellen Austauschbarkeit von fondsbasierten Lebensversicherungen im Vergleich zu anderen Kapitalmarktinvestmentprodukten liegt eine Ungleichbehandlung gleicher Sachverhalte vor.

Der horizontale Regelungsansatz der PRIP-Initiative gebietet es, die Regelungsregime einander anzupassen. Hierzu müsste § 312 d Abs. 4 Nr. 6 BGB gestrichen werden, im Gegenzug wären die ge-

---

93 Bereits S. 259.

94 Siehe § 358 Abs. 2 S. 1, Abs. 4 S. 1 i.V.m. § 357 BGB.

95 Hierzu *Habersack*, in: Münch. Komm. z. BGB, 6. Aufl. 2012, § 359 a BGB Rdn. 17.

setzlichen Rückkaufswertbeschränkungen gemäß § 169 Abs. 4 VVG, § 305 Abs. 4 KAGB für das BGB zu übernehmen. Diese Reformpostulate richten sich insoweit an den EU-Gesetzgeber, da § 312 d Abs. 4 Nr. 6 BGB auf europäischem Recht beruht[96]. Überdies sollte die von § 9 Abs. 2 VVG vorgesehene „Doppelwirkung" des Widerrufs auch bürgerlich-rechtlich zugelassen werden, indem in § 358 BGB ein weiterer Absatz eingefügt wird, der die von § 358 Abs. 1 S. 1 BGB vorgesehene „Doppelwirkung" auf „verbundene" Beratungsverträge erweitert.

II. Bereicherungsrechtliche Rückabwicklung

Gravierende Pflichtverstöße eines Wertpapierdienstleisters bei Anlagegeschäften mit Privatanlegern können die Nichtigkeit der Verträge zur Folge haben. Das Anlagegeschäft ist sodann nach Maßgabe der §§ 812 ff. BGB rückabzuwickeln. Als potentielle Nichtigkeitsgründe kommen der Verstoß gegen ein gesetzliches Verbot (§ 134 BGB), Sittenwidrigkeit (§ 138 BGB) und die Unwirksamkeit von Vertragsklauseln (§§ 307 ff. BGB) in Betracht. Der Geltendmachung bereicherungsrechtlicher Ansprüche könnte also der Spiel- und Wetteinwand des § 762 BGB entgegenstehen; auf diesen soll daher als erstes eingegangen werden:

1. Glücksspieleinwand (§ 762 BGB)

Spiel- und Wettvereinbarungen sind gemäß § 762 Abs. 1 S. 1 BGB rechtlich unverbindlich; der bereicherungsrechtlichen Rückforderung des Spieleinsatzes steht allerdings der „Glücksspieleinwand" gemäß § 762 Abs. 1 S. 2 BGB entgegen. Eine Rückabwicklung von „Glücksspielgeschäften" nach den §§ 812 ff. BGB kommt nur in Betracht, wenn sich die Vertragsnichtigkeit auch anderweitig (z.B. nach §§ 138, 134 BGB) begründen lässt.[97]

Es stellt sich die Frage, inwieweit der Glücksspieleinwand auf Geschäfte über Kapitalmarktinvestmentprodukte anwendbar ist. Ob und welche derivativen Bestandteile Kapitalmarktinvestmentprodukten „Glücksspielcharakter" verleihen, kann jedoch offen bleiben, da § 37 e S. 1 WpHG die

---

96 Vgl. Art. 6 Abs. 2 FinFA-RiL 2002/65/EG.

97 *Habersack*, in: Münch. Komm. z. BGB, 6. Aufl. 2013, § 762 BGB Rdn. 24.

Anwendbarkeit des Spiel- und Wetteinwands auf Anlagegeschäfte unter folgenden Voraussetzungen ausschließt: (1.) Vertragsgegenstand ist ein Finanztermingeschäft[98]. (2.) Mindestens ein Vertragsteil ist ein Unternehmen, das regelmäßig Finanztermingeschäfte abschließt bzw. deren Abschluss vermittelt. So verleiht § 37 e S. 1 WpHG dem Derivategeschäft der Banken zivilrechtliche Verbindlichkeit und öffentlich-rechtliche sowie strafrechtliche Unbedenklichkeit.[99] § 37 e S. 1 WpHG schließt die Anwendbarkeit des Glücksspieleinwands nicht nur für Finanztermingeschäfte aus, *a maiore ad minus* steht § 762 BGB auch der Verbindlichkeit von Geschäften nicht entgegen, die lediglich derivative Elemente aufweisen.

Der Glücksspieleinwand ist daher auf die bereicherungsrechtliche Rückabwicklung von Geschäften über Kapitalmarktinvestmentprodukte nicht anwendbar.

2. Nichtigkeitsgründe

a) Verstoß gegen gesetzliches Verbot (§ 134 BGB)

Nichtig sind Rechtsgeschäfte gemäß § 134 BGB, wenn sie gegen ein gesetzliches Verbot verstoßen. Dabei ist § 134 BGB subsidiär gegenüber solchen Normen, die als lex perfecta die privatrechtlichen Folgen ihrer Verletzung selbst regeln.[100]

aa) Allgemeine Voraussetzungen

Der Verstoß gegen Vorschriften des Kapitalmarktaufsichtsrechts hat nur dann die Nichtigkeit des zugrunde liegenden Vertrags zur Folge, wenn es sich um ein Verbotsgesetz i.S.d. § 134 BGB handelt. Infrage kommen alle

---

98 Finanztermingeschäfte sind gemäß § 37 e S. 2 WpHG Derivate (§ 2 Abs. 2 WpHG) sowie Optionsscheine als „sonstige Wertpapiere" (§ 2 Abs. 1 S. 1 Nr. 3 lit. b) WpHG), hierzu *Mülbert/Assmann*, in: Assmann/Schneider (Hrsg.), 6. Aufl. 2012, § 37 e WpHG Rdn. 12..

99 § 37 e entfaltet Sperrwirkungen gegenüber landesrechtlichen Regelungen des öffentlichen Rechts, die sich gegen Finanztermingeschäfte richten und wirkt im Rahmen des § 284 StGB als tatbestandsausschließendes Einverständnis.

100 BGH, Urt. v. 17.10.2003 (Az. V ZR 429/02), NJW 2003, 3692 f.; *Armbrüster*, in: Münch. Komm. z. BGB, 6. Aufl. 2012, § 134 BGB Rdn. 3 m.w.N.

Rechtsnormen gemäß Art. 2 EGBGB,[101] die ein Verbot statuieren. Diesbezüglich gilt es folgende Voraussetzungen zu erfüllen:

(1) Verbotsgesetzcharakter

Verbotsgesetzcharakter hat eine Norm, wenn sie ein Rechtsgeschäft, das von der Rechtsordnung grundsätzlich gebilligt wird, wegen seines Inhalts oder der Umstände seines Zustandekommens untersagt.[102] Keine Verbotsgesetze sind Beschränkungen der rechtsgeschäftlichen Gestaltungs- oder Verfügungsmacht, denn sie stehen bereits der Vornahme des Rechtsgeschäfts entgegen.[103] Ebensowenig können dispositive Vorschriften Verbotsgesetze sein.[104]

Nichtig ist ein Rechtsgeschäft nach dem Wortlaut von § 134 BGB nur, „wenn sich nicht aus dem Gesetz ein anderes ergibt“. Bestimmt das Verbotsgesetz die Folgen eines Verstoßes ausdrücklich, indem es das Rechtsgeschäft als „nichtig“, „unwirksam“ oder „anfechtbar“ bezeichnet, bedarf es keiner weiteren Auslegung zur Feststellung des Verbotsgesetzcharakters.[105] Im Übrigen ist auf die bekannten Auslegungskanones zurückzugreifen. Die Formulierungen „kann nicht“ oder „ist unzulässig“ sollen z.B. auf Beschränkungen der rechtsgeschäftlichen Gestaltungs- oder Verfügungsmacht hindeuten; „darf nicht“ soll für eine Auslegung unergiebig sein und „soll“-Formulierungen indizieren hiernach bloße Ordnungsvorschriften.[106]

Regelmäßig wird man den Verbotscharakter aber aus dem Telos der Norm ableiten müssen.[107] Hierfür spielt es kein Rolle, ob sich die Verbotsnorm nur an eine oder an beide Vertragsparteien richtet: Einerseits kann bereits für einen einseitigen Verstoß die Nichtigkeitssanktion zu fordern sein, andererseits kann der Verbotsgesetzcharakter auch dann fehlen,

101 *Ellenberger*, in: Palandt, BGB, 73. Aufl. 2014, § 134 BGB Rdn. 2.
102 OLG Hamburg, Urt. v. 11.12.1992 (Az. 11 U 154/92), NJW 1993, 1335; *Ellenberger*, in: Palandt, BGB, 73. Aufl. 2014, § 134 BGB Rdn. 5.
103 *Sack/Seibl*, in: Staudinger, BGB, Neubearb. 2011, § 134 BGB Rdn. 33.
104 *Armbrüster*, in: Münch. Komm. z. BGB, 6. Aufl. 2012, § 134 BGB Rdn. 46; *Sack/Seibl*, in: Staudinger, BGB, Neubearb. 2011, § 134 BGB Rdn. 32.
105 *Ellenberger*, in: Palandt, BGB, 73. Aufl. 2014, § 134 BGB Rdn. 6.
106 *Ellenberger*, in: Palandt, BGB, 73. Aufl. 2014, § 134 BGB Rdn. 6 a.
107 Vgl. BGHZ 51, 255, 262.

wenn sich die Norm an beide Vertragsparteien richtet.[108] Der BGH vertritt die Ansicht, dass im Regelfall nur ein beiderseitiger Verstoß die Nichtigkeitssanktion rechtfertigt.[109]

(2) Nichtigkeitssanktion

Aus dem Verbotsgesetzcharakter folgt nicht zwangsläufig die Nichtigkeit des verbotswidrigen Rechtsgeschäfts.[110] „Wenn sich aus dem Gesetz nichts anderes ergibt", kann in diesem Kontext bedeuten, dass aus teleologischen Gründen eine andere Rechtsfolge als die Nichtigkeit vorzugswürdig ist.[111] Lässt sich aber aus dem Normzweck nichts Gegenteiliges ermitteln, stellt § 134 BGB die Vermutensregel auf, dass der Gesetzesverstoß zur Nichtigkeit des Rechtsgeschäfts führt.[112]

bb) Kapitalmarktrechtliche Normen als Verbotsgesetze

Für den Verbotsgesetzcharakter kapitalmarktrechtlicher Normen spricht zunächst, dass sie als öffentlich-rechtliche Normen nicht der Disposition von Wertpapierdienstleister und Kunde unterstehen.[113]

Nicht jede Vorschrift zwingender Natur ist zwangsläufig ein Verbotsgesetz i.S.d. § 134 BGB;[114] der Verbotsgesetzcharakter ist stets einzeln zu ermitteln.[115] So statuiert Art. 11 Abs. 1 VO-Basisinformationsblätter eine zivilrechtliche Haftung für Verstöße des Wertpapierdienstleisters gegen

---

108 *Armbrüster*, in: Münch. Komm. z. BGB, 6. Aufl. 2013, § 134 BGB Rdn. 48.

109 Vgl. BGH, Urt. v. 19.1.1984 (Az. VII ZR 121/83), BGHZ 89, 369, 373. Siehe *Armbrüster*, in: Münch. Komm. z. BGB, 6. Aufl. 2013, § 134 BGB Rdn. 48.

110 BGH NJW 2013, 1742, 1743; *Armbrüster*, in: Münch. Komm. z. BGB, 6. Aufl. 2013, § 134 BGB Rdn. 103.

111 Etwa die Aufrechterhaltung der fehlerhaften Gesellschaft, siehe *Armbrüster*, in: Münch. Komm. z. BGB, 6. Aufl. 2013, § 134 BGB Rdn. 103 f.

112 *Canaris*, Gesetzliches Verbot und Rechtsgeschäft, 1983, S. 15; *Ellenberger*, in: Palandt, BGB, 73. Aufl. 2014, § 134 BGB Rdn. 7.

113 Bereits S. 303.

114 *Mayer-Maly*, in: FS Hefermehl, 1976, S. 103, 111; *Sack/Seibl*, in: Staudinger, BGB, Neubearb. 2011, § 134 BGB Rdn. 31; **a.A.** *Coing*, in: Staudinger, BGB, 11. Aufl. 1957, § 134 BGB Rdn. 2.

115 *Schwark/Zimmer*, in: Schwark/Zimmer (Hrsg.), KMRK, 4. Aufl. 2010, Vor §§ 12 ff. WpHG Rdn. 14.

Informationspflichten. Die zivilrechtliche Rechtsfolgenanordnung spricht hier gegen das Vorliegen einer lex imperfecta[116] und damit gegen den Verbotsgesetzcharakter der Norm.[117]

Im Folgenden ist der Verbotsgesetzcharakter weiterer Vorschriften zu untersuchen, die der Sanktionierung der Rechtsprinzipien „fremdnützige Interessenwahrung" bzw. „umfassende Anlegerinformation" dienen.

(1) Verstoß gegen die Explorationspflicht

Gemäß § 31 Abs. 4 S. 3 WpHG darf ein Wertpapierdienstleister im Rahmen einer Anlageberatung keine Empfehlung abgeben, wenn ihm die für die Geeignetheitsprüfung erforderlichen Kundenangaben fehlen. Hierdurch soll verhindert werden, dass Anleger Empfehlungen erhalten, die nicht ihren individuellen Bedürfnissen und Anlagezielen entsprechen. Die Norm verwirklicht damit das Rechtsprinzip der „umfassenden Anlegerinformation".

Der Verstoß gegen die Explorationspflicht führt jedoch nicht zur Nichtigkeit des zivilrechtlichen Anlageberatungsvertrags. Nach zutreffender Ansicht handelt es sich nicht um ein Verbotsgesetz i.S.v. § 134 BGB.[118] Hierfür spricht, dass sich das Verbot nicht gegen den Vertragsschluss an sich richtet, sondern gegen ein bestimmtes Verhalten des Wertpapierdienstleisters. Überdies würde die Nichtigkeit dem Kunden seinen Erfüllungsanspruch und damit die schuldrechtliche Grundlage eines auf § 280 BGB gestützten Schadensersatzverlangens nehmen.[119]

---

116 *Armbrüster*, in: Münch. Komm. z. BGB, 6. Aufl. 2013, § 134 BGB Rdn. 103.

117 So bereits für die Prospektpflicht (§ 3 WpPG) im Hinblick auf die gesetzliche Haftung bei fehlendem oder unvollständigem Prospekt (§ 24 WpPG) *Groß*, Kapitalmarktrecht, 5. Aufl. 2012, § 3 WpPG Rdn. 13 f.

118 *Rothenhöfer*, in: Schwark/Zimmer (Hrsg.), KMRK, 4. Aufl. 2010, § 31 WpHG Rdn. 291; *Fuchs*, in: Fuchs (Hrsg.), WpHG, § 31 WpHG Rdn. 207; *Koller*, in: Assmann/Schneider (Hrsg.), WpHG, 6. Aufl. 2012, § 31 WpHG Rdn. 149; zuvor bereits *Veil*, WM 2007, 1821, 1826; *Mülbert*, Auswirkungen der Art. 19 ff. MiFID auf das Zivilrecht, JGU Mainz, Arbeitspapiere 2008, S. 5.

119 *Mülbert*, Auswirkungen der Art. 19 ff. MiFID auf das Zivilrecht, JGU Mainz, Arbeitspapiere 2008, S. 5.

(2) Interessenwahrungsvorschriften

Dem Rechtsprinzip der „fremdnützigen Interessenwahrung" verleiht § 31 d WpHG auf aufsichtsrechtlicher Ebene praktische Wirkung, indem Wertpapierdienstleistern die Entgegennahme von Zuwendungen untersagt wird.

Auch hier stellt sich die Frage, ob ein Verstoß gegen das aufsichtsrechtliche Zuwendungsverbot die Nichtigkeit des zivilrechtlichen Beratungsvertrags nach sich zieht. Zum Teil wird der Verbotsgesetzcharakter von § 31 d WpHG mit dem Argument verneint, dass sich das Verbot ausschließlich an den Wertpapierdienstleister richtet und die Nichtigkeitsrechtsfolge allenfalls das „Zuwendungsgeschäft" zwischen Wertpapierdienstleister und Dritten betrifft.[120] Dieser Ansicht wird entgegengehalten, dass bereits die Nichtigkeitsandrohung unerwünschte Geschäfte verhindern und hierdurch zum Kundenschutz beitragen kann.[121] Zweifelsohne ist die Präventionswirkung der Nichtigkeitsrechtfolge gegenüber dem nachgelagerten haftungsrechtlichen Anlegerschutz vorzugswürdig. Dennoch ist der Nichtigkeitssanktion die Gefolgschaft zu verweigern.[122] Dies liegt daran, dass die Unzulässigkeit einer Zuwendung nicht a priori feststeht, sondern sich vielfach erst aus der tatsächlichen und sukzessiven Mittelverwendung ergibt.[123]

Es handelt sich bei § 31 d WpHG insofern um ein „sich fließend verdichtendes Verbot" bzw. einen „gestreckten Verbotstatbestand". Gegen die Nichtigkeitsrechtsfolge spricht insofern das verfassungsrechtliche Ar-

---

120 *Fuchs*, in: Fuchs (Hrsg.), WpHG, 2009, § 31 d WpHG Rdn. 58 m. Fn 133; vgl. *Koch*, in: Schwark/Zimmer (Hrsg.), KMRK, 4. Aufl. 2010, § 31 d WpHG Rdn. 114.

121 *Mülbert*, ZHR 172 (2008), 170, 201 m. Fn. 102; *ders.*, WM 2009, 481, 486; *ders.*, Auswirkungen der Art. 19 ff. MiFID auf das Zivilrecht, JGU Mainz, Arbeitspapiere 2008, S. 5; *Koch*, in: Schwark/Zimmer (Hrsg.), KMRK, 4. Aufl. 2010, § 31 d WpHG Rdn. 114.

122 Siehe *Koch*, in: Schwark/Zimmer (Hrsg.), KMRK, 4. Aufl. 2010, § 31 d WpHG Rdn. 115.

123 Bereits CESR, Public Consultation: Inducements under MiFID, Dezember 2006, CESR/06-687, Ziff. 23: „This "a priori" assessment of payments for distribution does not necessarily mean that all these payments could not become contrary to the MiFID if an improper use is made of them so that the firm effectively acts contrary to the best interest of its clients or delivers biaised advice. Firms should be aware of the fact that Article 26 conditions are as much related to the design and objectives of the payment as to the use that effectively is made of them.".

gument der fehlenden Rechtssicherheit, unter welchen Voraussetzungen der Verbotsgesetzcharakter zum Tragen kommt.[124]

(3) Produktregulierungsvorschriften

MiFID II und MiFIR rücken die Produktregulierung stärker als bisher in den Fokus der Gesetzgebung: Neben Vertriebsbeschränkungen soll zunehmend die Qualitätskontrolle von Anlageprodukten eine Rolle spielen. Die Produktregulierungsvorschläge könnten insofern Verbotsgesetze i.S.d. § 134 BGB darstellen. Nachfolgend gilt es den Verbotsgesetzcharakter von Produktverboten und Vertriebsbeschränkung zu untersuchen.

(a) Verbotsgesetzcharakter von Produktverboten

Lassen sich Produktverbote der Aufsichtsbehörden vor oder nach Markteinführung als Verbotsgesetze qualifizieren und werden die betroffenen Produkte trotz des Verbots an Anleger verkauft, müssen bereits geleistete Anlagesummen wegen der Nichtigkeit der Anlageverträge rückerstattet werden.

Zu etwaigen zivilrechtlichen Rechtsfolgen von Produkten nehmen weder die MiFIR noch die ihr zugrunde liegenden Entwürfe der Kommission und des EU-Parlaments Stellung.[125] Grundsätzlich gilt, dass aufsichtsrechtliche Verbote die Wirksamkeit von Verträgen unberührt lassen.[126] Gegen die Nichtigkeit von Anlagegeschäften, die trotz Verhängung eines Produktverbots vorgenommen werden, sprechen zudem teleologische Erwägungen: Produktverbote sollen die Funktionsfähigkeit des Kapitalmarkts absichern. Es ist nicht ersichtlich, dass dieser Telos die Nichtigkeit von Anlageverträgen gebietet, die einem Produktverbot zuwiderlaufen. Die Nichtigkeitsrechtsfolge würde das Regelungsziel der Kapitalmarktfunktionsfähigkeit vielmehr konterkarieren, wenn Anlegern die Vorteile aus Anlagegeschäften infolge der Nichtigkeit wieder genommen würden.

124 *Koch*, in: Schwark/Zimmer (Hrsg.), KMRK, 4. Aufl. 2010, § 31 d WpHG Rdn. 115.

125 Vgl. *Cahn/Müchler*, BKR 2013, 45, 54.

126 *Schäfer*, in: Boos/Fischer/Schulte-Mattler (Hrsg.), Komm. z. KWG, 4. Aufl. 2012, § 6 KWG Rdn. 31; *Cahn/Müchler*, BKR 2013, 45, 54.

Die hiermit verbundenen Unwägbarkeiten würden sich nachteilig auf das kollektive Marktvertrauen auswirken.[127] Mit ähnlicher Begründung wurde im Übrigen die Qualifizierung des Verbots ungedeckter Leerverkäufe als Verbotsgesetz abgelehnt.[128]

Damit ist festzustellen, dass aufsichtsrechtliche Produktverbote keine Verbotsgesetze i.S.v. § 134 BGB darstellen.

(b) Verbotsgesetzcharakter von Vertriebsbeschränkungen

Der Verbotsgesetzcharakter fehlt auch produktbezogenen Vertriebsbeschränkungen, die verhindern sollen, dass Anlageprodukte außerhalb der identifizierten Kundenzielgruppe vertrieben werden.[129] Hierfür spricht, dass sich die Vertriebsbeschränkungen einseitig an den produktvertreibenden Wertpapierdienstleister richten. Sie sollen vermeiden, dass Anlegern ungeeignete Produkte verkauft werden und durch Fehlallokationen die Funktionsfähigkeit des Kapitalmarkts gefährdet wird. Mit denselben Argumenten, die bereits für Produktverbote vorgebracht wurden, ist für Verstöße gegen produktbezogene Vertriebsbeschränkungen die Nichtigkeitsrechtsfolge abzulehnen; für die übrigen Vertriebsbeschränkungen kann nichts anderes gelten.

b) AGB-Kontrolle (§§ 305 ff. BGB)

Anlageprodukte sind stets Rechtsprodukte, Vertragsbedingungen bestimmen ihre Eigenschaften und Funktionsweisen. Während eine behördliche Kontrolle der Vertragsbedingungen von Anlageprodukten vor ihrer Verwendung nicht vorgesehen ist[130], ist deren gerichtliche Kontrolle ex post nicht von vornherein ausgeschlossen.

---

127 *Cahn/Müchler*, BKR 2013, 45, 54.

128 Siehe Begr Gesetzentwurf der Fraktionen der CDU/CSU und FDP eines eines Gesetzes zur Vorbeugung gegen missbräuchliche Wertpapier- und Derivategeschäfte, BT-Ds. 17/1952, S. 9: „Zum Schutz des Rechtsverkehrs soll ein Verstoß gegen das Verbot nicht zur Nichtigkeit des Geschäfts führen.“; *Mülbert*, in: Assmann/Schneider (Hrsg.), WpHG, 6. Aufl. 2012, § 31 WpHG Rdn. 41; *Cahn/Müchler*, BKR 2013, 45, 55.

129 Art. 24 Abs. 1 a S. 2 MiFID II-E (EUP) und oben S. 412.

130 Siehe S. 414.

aa) Allgemeine Voraussetzungen der AGB-Kontrolle

AGB sind nach der Legaldefinition des § 305 Abs. 1 S. 1 BGB „für eine Vielzahl von Verträgen vorformulierte Vertragsbedingungen“, die einseitig von einer Vertragspartei bei Abschluss des Vertrages gestellt werden. Keine AGB liegen vor, wenn die Vertragsbedingungen zwischen den Vertragsparteien individuell ausgehandelt werden, § 305 Abs. 1 S. 3 BGB. Die Einbeziehung von AGB richtet sich nach § 305 Abs. 2 BGB. Einbezogene AGB werden sodann einer Inhaltskontrolle nach den §§ 307 ff. BGB unterzogen. Gelangt das erkennende Gericht dabei zu der Überzeugung, dass die geprüfte Klausel mit den gesetzlichen Vorgaben nicht vereinbar ist, muss es die Regelung für unwirksam erklären.

bb) Anwendbarkeit auf Finanzprodukte

Die Vertragsbedingungen von Finanzprodukten werden durch den jeweiligen Produktemittenten gestellt und sind beim Vertrieb an Privatanleger für eine „Vielzahl von Fällen“ vorformuliert. Der einzelne Privatanleger hat keine Möglichkeit, ihren Inhalt zu beeinflussen. Insofern handelt es sich um AGB.[131]

Bislang untersuchte die Rechtsprechung anlässlich der AGB-Kontrolle von Finanzprodukten Verstöße gegen das Transparenzgebot (§ 307 Abs. 1 S. 2 BGB). Diese Schwerpunktsetzung resultiert daraus, dass die AGB-Kontrolle ebenso wie die Frage der Sittenwidrigkeit in Fällen virulent wurde, in denen auf Anlegerseite kommunale Träger als juristische Personen des öffentlichen Rechts standen. Die Frage einer Klauselunwirksamkeit auf Grundlage der §§ 308, 309 BGB stellte sich bereits tatbestandlich nicht, denn eine AGB-Kontrolle anhand dieser Prüfungsmaßstäbe ist für Verträge zwischen Unternehmern und (anderen) juristischen Personen kraft Gesetzes ausgeschlossen, siehe § 310 Abs. 1 S. 1 BGB.

---

131 Für Aktienanleihen BGH, Urt. v. 28.6.2005 (Az. XI ZR 363/0), BGHZ 163, 311, 313 ff.; für die Zinsberechnungsformel eines Spread-Ladder-Swaps LG Frankfurt, WM 2008, 1061, 1062 ff.; für die Bedingungen von Zertifikaten OLG Düsseldorf, Urt. v. 26.1.2007 (Az. I-16 U 78/06) – zitiert nach juris –; *Lenenbach*, Kapitalmarktrecht, 2. Aufl. 2010, Rdn. 9.309.

cc) Verstoß gegen das AGB-rechtliche Transparenzgebot

Das Transparenzgebot des § 307 Abs. 1 S. 2 BGB besagt, dass eine „unangemessene Benachteiligung“ i.S.d. § 307 Abs. 1 S. 1 BGB auch aus der fehlenden Klarheit und Verständlichkeit einer Vertragsklausel resultieren kann.

Bereits vor der Kodifikation des Transparenzgebots im Zuge der Schuldrechtsmodernisierung begründete die Rechtsprechung die Notwendigkeit transparenter Vertragsbedingungen damit, dass sich die Rechte und Pflichten der Vertragsparteien eindeutig den Vertragsbedingungen entnehmen lassen müssen.[132] Dieser Transparenzgedanke geht formell in der Einbeziehungsklausel des § 305 Abs. 2 BGB auf, wonach auf AGB deutlich hingewiesen werden muss. „Komplettiert“ wird die Transparenzkontrolle durch die materielle Regelung des § 307 Abs. 1 S. 2 BGB, demzufolge intransparente Klauseln unwirksam sind.[133]

Eine Klausel ist intransparent, wenn der Verwender die vertraglichen Rechte und Pflichten seines Vertragspartners in den AGB nicht klar, einfach und präzise darstellt.[134] Die von der Rechtsprechung hierfür aufgestellten Anforderungen lassen sich den Fallgruppen „äußere Gestaltung“, „Bestimmtheit“ sowie „irreführende Gestaltungen und Verschleierung der Rechtslage“ zuweisen;[135] der maßgebliche Adressatenhorizont bestimmt sich dabei nach einem durchschnittlichen Vertreter der angesprochenen Kundenkreise.[136] Handelt es sich um einen Verbraucher, darf ein „normales Sprach-, Logik-, Fach- und Rechenverständnis“ erwartet werden, nicht aber „darüber hinausgehende Fähigkeiten“.[137] Gleichwohl sind die Trans-

132 Statt aller: BGH, Urt. v. 12.6.2001 (Az. XI ZR 274/00), BGHZ 148, 74, 79. Hierzu *H. Schmidt*, in: BeckOK BGB, Edit. 29 (Stand: 1.11.2013), § 307 BGB Rdn. 40.

133 *H. Schmidt*, in: BeckOK BGB, Edit. 29 (Stand: 1.11.2013), § 307 BGB Rdn. 42.

134 BGH, Urt. v. 7.12.2010 (Az. XI ZR 3/10), NJW 2011, 1801; *Grüneberg*, in: Palandt, BGB, 73. Aufl. 2014, § 307 BGB Rdn. 21.

135 Hierzu m.w.N. *Wurmnest*, in: Münch. Komm. z. BGB, 6. Aufl. 2012, § 307 BGB Rdn. 57 ff.

136 BGH NJW-RR 2011, 1144, 1145; *Wurmnest*, in: Münch. Komm. z. BGB, 6. Aufl. 2012, § 307 BGB Rdn. 62.

137 So *Pfeiffer*, NJW 2011, 1, 7; *Wurmnest*, in: Münch. Komm. z. BGB, 6. Aufl. 2012, § 307 BGB Rdn. 62.

parenzanforderungen nicht zu überspannen:[138] Die Transparenzpflicht besteht nur „im Rahmen des Möglichen".[139]

Je komplexer ein Finanzprodukt ist, desto schwieriger wird es für den Produktemittenten, den Transparenzanforderungen gerecht zu werden. Gefordert wird eine „kapitalmarktrechtliche Korrektur" des Transparenzgebots, denn anderenfalls würden komplexe, derivative Produkte stets gegen das Transparenzgebot verstoßen.[140] Die Rechtsprechung hat Verstöße von Anlagebedingungen gegen das Transparenzgebot bislang mehrheitlich verneint, wenngleich mit unterschiedlicher Argumentation: So wurde z.B. darauf abgestellt, dass „eine wesentlich einfachere Darstellung des an sich... komplizierten Modells" nicht ersichtlich gewesen sei.[141] Für eine CMS Spread-Ladder-Swap-Klausel wurde die Intransparenz mit dem Hinweis abgelehnt, dass sich die Formel „auf die vier Grundrechenarten" beschränke und daher „völlig unkomplex" sei.[142] Teilweise wurde gegen die Annahme eines Transparenzvestoßes der (mutmaßliche) finanzielle Sachverstand des Kunden angeführt, der dessen Schutzbedürftigkeit herabsetze.[143]

Anderer Ansicht war nur das LG Frankfurt/Main, das in einem Fall einen Verstoß gegen das Transparenzgebot bejahte, weil die beklagte Emittentin mit der konkreten Formel nicht diejenige Fassung gewählt habe, die die kundenbelastende Wirkung hinreichend verdeutlicht hätte. Um dem Transparenzgebot Genüge zu tun, hätte die belastende Wirkung so einfach verständlich formuliert werden müssen, dass sie „unschwer mit möglichst wenigen Zwischenschritten mit hinreichender Präzision" zu erfassen gewesen wäre.[144]

Das AGB-rechtliche Transparenzgebot stößt im Ergebnis umso schneller an seine Grenzen, je komplexer das Finanzprodukt ist. Für die Über-

---

138 *Grüneberg*, in: Palandt, BGB, 73. Aufl. 2014, § 307 BGB Rdn. 22.

139 BGH, Urt. v. 3.6.1998 (Az. VIII ZR 317/97), NJW 1998, 3114, 3116; *Grüneberg*, in: Palandt, BGB, 73. Aufl. 2014, § 307 BGB Rdn. 22.

140 So für Derivate *Lenenbach*, Kapitalmarktrecht, 2. Aufl. 2010, Rdn. 9.310.

141 OLG Frankfurt, Urt. v. 30.12.2009 (Az. 23 U 175/08), BeckRS 2010 11197; ebenso OLG Hamm, Urt. v. 10.11.2010 (Az. 31 U 121/08), BeckRS 2011, 04197.

142 LG Essen, Urt. v. 3.9.2008 (Az. 42 O 16/08), BeckRS 2008 21701; ähnlich LG Wuppertal, Urt. v. 16.7.2008 (Az. 3 O 33/08), BeckRS 2008, 14152; OLG Bamberg, Urt. v. 11.5.2009 (Az. 4 U 92/08), BeckRS 2009, 12427.

143 OLG Frankfurt, Urt. v. 30.12.2009 (Az. 23 U 175/08), BeckRS 2010 11197; ebenso OLG Hamm, Urt. v. 10.11.2010 (Az. 31 U 121/08), BeckRS 2011, 04197.

144 LG Frankfurt, Urt. v. 10.3.2008 (Az. 2-4 O 388/06), BeckRS 01261.

prüfung der Anlagebedingungen von Kapitalmarktinvestmentprodukten ist es daher in aller Regel ungeeignet.

c) Sittenwidrigkeit (§ 138 BGB)

Sittenwidrige Rechtsgeschäfte sind gemäß § 138 BGB nichtig. Der Sittenwidrigkeitstatbestand ist gegenüber der Vertragsnichtigkeit gemäß § 134 BGB und der AGB-rechtlichen Unwirksamkeit subsidiär.[145]

aa) Allgemeine Voraussetzungen

Die von § 138 BGB angeordnete Nichtigkeitsfolge durchbricht die Privatautonomie, um Rechtsgeschäfte zu „eliminieren“, die für die Rechtsgemeinschaft wegen ihrer Abweichung von ethischen Grundprinzipien als unerträglich empfunden werden.[146]

In diesem Kontext muss erneut betont werden, dass die Rechtsordnung die Privatautonomie auf höchster, nämlich verfassungsrechtlicher Ebene absichert.[147] Somit kann mit dem Argument der Sittenwidrigkeit nicht jedem als „ungerecht“ empfundenen Rechtsgeschäft die Geltung versagt werden. Eingriffe in die Privatautonomie unterliegen einer hohen Rechtfertigungsschwelle.[148] Nach ständiger Rechtsprechung vermag nicht bereits ein „auffälliges Missverhältnis“ vertraglich vereinbarter Leistungen das Sittenwidrigkeitsverdikt auszulösen. „Wucher“ und „wucherähnliches Geschäft“ verlangen vielmehr das Vorliegen weiterer Umstände, etwa die von § 138 Abs. 2 BGB aufgezählten Tatbestandsmerkmale bzw. ein subjektives Moment i.S.e. einer verwerflichen Gesinnung.[149]

---

145 *Wendtland*, in: BeckOK BGB, Edit. 29 (Stand: 1.11.2013), § 138 BGB Rdn. 6, 10.

146 *Armbrüster*, in: Münch. Komm. z. BGB, 6. Aufl. 2012, § 138 BGB Rdn. 1.

147 Oben S. 249 ff.

148 Siehe *Canaris*, AcP 184 (1984), 201, 236; *Coester-Waltjen*, AcP 190 (1990), 1, 15, 31; *Mayer-Maly*, AcP 194 (1994), 105, 159; **a.A.** *Damm*, JZ 1986, 913, 918; *Sack/Fischinger*, in: Staudinger, BGB, Neubearb. 2011, § 138 BGB Rdn. 48 f. Vgl. *Armbrüster*, in: Münch. Komm. z. BGB, 6. Aufl. 2012, § 138 BGB Rdn. 13.

149 *Armbrüster*, in: Münch. Komm. z. BGB, 6. Aufl. 2012, § 138 BGB Rdn. 112 m.w.N.

bb) Anwendbarkeit des Sittenwidrigkeitsverdikts auf Anlageprodukte

Der BGH hat bis dato nicht dazu Stellung genommen, unter welchen Voraussetzungen die vertragliche Ausgestaltung eines Anlageprodukts das Sittenwidrigkeitsverdikt des § 138 BGB begründet.

In seiner „Zins-Wette"-Entscheidung wich der XI. Zivilsenat einer Stellungnahme zu den Feststellungen der Berufungsinstanz aus, die die Sittenwidrigkeit verneint hatte.[150] Der Senat rekurrierte stattdessen direkt auf die im Ergebnis bejahten Verstöße gegen Offenlegungs- und Beratungspflichten.[151]

Im Zuge der Aufarbeitung der Finanzkrise 2007/08 musste sich jedoch die Instanzgerichtsbarkeit mit einer Vielzahl von Fällen[152] auseinandersetzen, in denen kommunale Träger komplexe Zins-Swap-Geschäfte abgeschlossen und erhebliche Verluste erlitten hatten. Die Sittenwidrigkeit der Anlageverträge wurde überwiegend mit folgenden Argumenten abgelehnt:[153]

(1) Objektives Leistungsmissverhältnis

Ein Missverhältnis von Leistung und Gegenleistung wurde für Zins-Swap-Geschäfte mit Hinweis auf das wechselseitige Verhältnis von Chancen und Risiken verneint.[154]

---

150 Zu § 138 BGB stellte das Gericht fest, dass die Privatautonomie den Abschluss risikoreiche Geschäfte auch dann gestatte, wenn ein Gewinn nur unter günstigen Umständen zu erzielen gewesen wäre, OLG Frankfurt, Urt. v. 30.12.2009, ZIP 2010, 921, 922.

151 BGH, Urt. v. 22.3.2011, (Az. XI ZR 33/10), BGHZ 189, 13 Rdn. 17 f.

152 LG Wuppertal, Urt. v. 16.7.2008 (Az. 3 O 33/08) – zitiert nach juris –; OLG Bamberg, Urt. v. 11.5.2009 (Az. 4 U 92/08) – zitiert nach juris –; OLG Frankfurt, Urt. v. 30.12.2009 (Az. 23 U 175/08), BeckRS 2010 11197; Urt. v. 9.1.2012 (Az. 16 U 126/11), BeckRS 2012, 08817; OLG Hamm, Urt. v. 10.11.2010 (Az. 31 U 121/08), BeckRS 2011, 04197; LG Düsseldorf, Urt. v. 11.5.2012 (Az. 8 O 77/11), BeckRS 2012, 11081.

153 Z.B. LG Wuppertal, Urt. v. 16.7.2008 (Az. 3 O 33/08) – zitiert nach juris – Rdn. 73. Ebenso OLG Bamberg, Urt. v. 11.5.2009 (Az. 4 U 92/08) – zitiert nach juris – Rdn. 109; OLG Frankfurt, Urt. v. 30.12.2009 (Az. 23 U 175/08) – zitiert nach juris – Rdn. 37.

154 Das Vorliegen eines Missverhältnisses letztlich verneinend LG Wuppertal, Urt. v. 16.7.2008 (Az. 3 O 33/08) – zitiert nach juris – Rdn. 73. Ebenso OLG Bam-

Bei derartigen Geschäften besteht regelmäßig ein theoretisch unbegrenztes Verlustrisiko. Einschränkend wurde gefordert, der Bestimmung des Anlagerisikos „realistische Umstände" zugrunde zulegen.[155] Während in den ersten Entscheidungen das Bestehen eines Ungleichgewichts noch in Erwägung gezogen wurde,[156] beschränkte sich die Argumentation in den folgenden Entscheidungen darauf, den Leitsatz der „Ehegattenbürgschaft"-Entscheidung aus dem Jahr 1989 auf Swap-Geschäfte zu übertragen[157]. Hiernach muss es die Vertragsfreiheit als Teil der Privatautonomie zulassen, „auch risikoreiche Geschäfte abzuschließen und sich zu Leistungen zu verpflichten, die nur unter besonders günstigen Bedingungen erbracht werden können"[158]. Zwar stellen sich Zins-Swap-Geschäfte als „spekulative Wetten" dar, zumindest theoretisch sollten sie jedoch dazu geeignet sein, einen Ertrag zugunsten des Anlegers zu erwirtschaften.

Damit fehlen die Voraussetzungen für die Annahme eines auffälligen Missverhältnisses.[159]

(2) Subjektive Voraussetzungen

In den entschiedenen Fällen konnte die für den Wuchertatbestand geforderte subjektive Komponente i.S.e. Ausnutzung der Unerfahrenheit oder

---

berg, Urt. v. 11.5.2009 (Az. 4 U 92/08) – zitiert nach juris – Rdn. 109; OLG Frankfurt, Urt. v. 30.12.2009 (Az. 23 U 175/08) – zitiert nach juris – Rdn. 37; *Lehmann*, BKR 2008, 488, 490; *Roller/Elster/Knapp*, ZBB 2007, 345, 361 f. **A.A.** *Lenenbach*, Kapitalmarktrecht, 2. Aufl. 2010, Rdn. 9.292, der auf das Verhältnis der von beiden Seiten erbrachten Leistungen zu ihrem jeweiligen objektiven Verkehrswert abstellt; allgemein *Wendtland*, in: BeckOK BGB, Edit. 29 (Stand: 1.11.2013), § 138 BGB Rdn. 44 m.w.N.

155 LG Wuppertal, Urt. v. 16.7.2008 (Az. 3 O 33/08) – zitiert nach juris – Rdn. 78; OLG Frankfurt, Urt. v. 30.12.2009 (Az. 23 U 175/08) – zitiert nach juris – Rdn. 36.

156 LG Wuppertal, Urt. v. 16.7.2008 (Az. 3 O 33/08) – zitiert nach juris – Rdn. 73 ff.; OLG Bamberg, Urt. v. 11.5.2009 (Az. 4 U 92/08) – zitiert nach juris – Rdn. 109 ff.

157 OLG Frankfurt, Urt. v. 30.12.2009 (Az. 23 U 175/08) – zitiert nach juris – Rdn. 37.

158 BGH, Urt. v. 28.2.1989 (Az. IX ZR 130/88), BGHZ 107, 92 (Leitsatz) – *Ehegattenbürgschaft*.

159 Etwa LG Düsseldorf, Urt. v. 11.5.2012 (Az. 8 O 77/11), BeckRS 2012, 11801.

eines Mangels an Urteilsvermögen der benachteiligten Vertragspartei nicht festgestellt werden.[160]

Auf Klägerseite standen mehrheitlich Anleger, die nach geltendem Recht als geeignete Gegenparteien i.S.d. § 31 a Abs. 4 WpHG mit gesetzlich vermutetem Sachverstand zu qualifizieren sind.[161] Selbst unter der Annahme, dass der Kunde Fehlvorstellungen über das Chancen-Risiko-Verhältnis und die Interessenlage der Bank unterlegen war, bestanden aus richterlicher Perspektive keine Zweifel, dass er die grundsätzliche Funktionsweise eines Swaps und dessen Risiken durchdrungen hatte.[162]

3. Bewertung

a) Sittenwidrigkeitsverdikt

Die Nichtigkeitsrechtsfolge zählt zu den schärfsten Schwertern des zivilrechtlichen Regelungsinstrumentariums.

Insbesondere das Nichtigkeitsverdikt des § 138 BGB muss mit Bedacht und Zurückhaltung eingesetzt werden.[163] Wegen des erheblichen Eingriffs in die Privatautonomie vermag nicht jedes objektiv „ungünstige" Austauschverhältnis ein Eingreifen des Gesetzgebers zu rechtfertigen. Die Rechtsprechung ist bislang gut beraten gewesen, der vertraglichen Ausgestaltung von Finanzinstrumenten die Nichtigkeit zu versagen. Bei hochspekulativen Geschäften stellt sich die Frage, ob überhaupt das für die Annahme eines Leistungsmissverhältnisses notwendige Austauschverhältnis vorliegt.[164] In Bezug auf Kapitalmarktinvestmentprodukte lässt sich jedoch regelmäßig ein Austauschverhältnis annehmen. Dies gilt umso mehr, wenn Anlegergelder „aktiv" im Rahmen einer kollektiven Vermögensverwaltung verwaltet werden (fondsbasierte Lebensversicherungen und Investmentfonds).

---

160 Siehe *Lehmann*, BKR 2008, 488, 490.

161 Etwa OLG Bamberg, Urt. v. 11.5.2009 (Az. 4 U 92/08) – zitiert nach juris – Rdn. 119; OLG Frankfurt, Urt. v. 30.12.2009 (Az. 23 U 175/08) – zitiert nach juris – Rdn. 37.

162 LG Düsseldorf, Urt. v. 11.5.2012 (Az. 8 O 77/11), BeckRS 2012, 11801.

163 Vgl. *Kemper*, Verbraucherschutzinstrumente, 1994, S. 307: „nur zur Korrektur von Extremfällen".

164 Siehe *Armbrüster*, in: Münch. Komm. z. BGB, 6. Aufl. 2012, § 138 BGB Rdn. 143.

Mit der Privatautonomie ist es nicht vereinbar, § 138 BGB über die Schwelle des auffälligen Missverhältnisses hinaus zur generellen Prävention vor überhöhten Preisen zu verwenden.[165] Hiervor schützen bereits Informationspflichten und das Wettbewerbsrecht.[166] Die fachliche und intellektuelle Überforderung privater Anleger lässt sich durch Beratungsleistungen der Wertpapierdienstleister kompensieren, sofern dabei die Anlegerinteressen entsprechend gewahrt bleiben. Unterhalb der Eingriffsschwelle des § 138 Abs. 1 BGB muss der Schwerpunkt marktkompensatorischer Aktivitäten darauf liegen, dem Rechtsprinzip der fremdnützigen Interessenwahrung bestmögliche Geltung zu verleihen.

b) Gesetzliche Verbote

Das Nichtigkeitsverdikt des § 134 BGB ist nur bedingt geeignet, den Privatanlegerschutz zu verbessern. Nimmt man zivilrechtlichen Vereinbarungen, die gegen das Aufsichtsrecht verstoßen, ihre Wirksamkeit, verlieren Anleger die Grundlage schuldrechtlicher Schadensersatzansprüche. Der hiermit einhergehende kollektive Vertrauensverlust würde in der Folge die Funktionsfähigkeit des Kapitalmarkts gefährden.

Zu bedenken ist ferner, dass der Produktanbieter die alleinige Verantwortung für die Vermarktung von Anlageprodukten an die hierfür identifizierte Zielgruppe trägt, denn eine materielle Produktprüfung durch die Aufsichtsbehörden vor Markteinführung findet nicht statt. Insofern besteht für die Anbieterseite die Unsicherheit, dass ein Richter nach Markteinführung in Bezug auf die Kundengeeignetheit zu einer Einschätzung gelangt, die mit derjenigen des Anbieters vor Markteinführung nicht übereinstimmt. In diesem Fall müssten alle Geschäfte, in denen Produkte an die „falsche“ Zielgruppe veräußert wurden, öffentlichkeitswirksam und äußerst kostenintensiv rückabgewickelt werden. Nachteilige Marktentwicklungen würden die Gefahr von Rückschaufehlern des Richters zusätzlich begünstigen.

In Anbetracht dieser Unwägbarkeiten wäre das Rückabwicklungsrisiko aus Anbieterperspektive unkalkulierbar und könnte zu einem Marktrückzug führen.

---

165 Vgl. *Kemper*, Verbraucherschutzinstrumente, 1994, S. 308.

166 *Kemper*, Verbraucherschutzinstrumente, 1994, S. 308.

c) AGB-Kontrolle

Aus dem AGB-rechtlichen Instrumentarium kommt insbesondere die Überprüfung der Anlagebedingungen anhand des Transparenzgebots in Betracht. Allerdings stößt die Transparenzkontrolle schnell an ihre Grenzen: Der Richter steht bei komplexen Finanzprodukten vor der Herausforderung, den Nachweis erbringen zu müssen, dass sich Funktionsweise und Risiken vollumfänglich in einer leichter verständlichen Sprachfassung beschreiben lassen. Diese Vorgabe kann aufgrund ihrer Komplexität in der Gerichtspraxis aller Voraussicht nach nicht erfüllt werden. Die AGB-Kontrolle ist als Instrument des Anlegerschutzes insofern wenig geeignet.[167]

B. Haftungsvorschriften

In der Rechtsrealität werden vertragliche und gesetzliche Pflichten nicht um ihrer selbst eingehalten. Nötig sind Sanktionsmechanismen, die Pflichtverletzungen mit finanziellen Sanktionen ahnden. Relevant sind neben den hier nicht untersuchten aufsichtsrechtlichen Sanktionen (v.a. Bußgeldern und Tätigkeitsverbote) die allgemeinen bürgerlich-rechtlichen sowie spezialgesetzlichen Haftungsnormen.

I. Spezialgesetzliche Haftungsansprüche

1. Aufsichtsrechtliche Haftungsansprüche

Das kapitalmarktrechtliche Regelungskonzept baute bislang allein auf dem Informationsparadigma auf; Schadensersatzansprüche sind im geltenden Aufsichtsrecht nur für Verstöße gegen Informationspflichten vorgesehen.[168]

Für den Privatanlegerschutz sind diese Haftungsnormen aus zweierlei Gründen weniger wichtig: Die bereitgestellten Prospekt-, Insider- und Übernahmeangebotsinformationen richten sich nicht an individuelle Anle-

167 Ebenso *Fritzsche*, Anlegerschutz bei Zertifikaten, 2012, S. 145 ff., 155 f.

168 Vgl. §§ 21 ff. WpPG, §§ 20 ff. VermAnlG, § 306 KAGB, §§ 37 b, 37 c WpHG sowie § 12 WpÜG.

ger, sondern an das Anlegerpublikum.[169] Informationsadressat ist damit ein rationaler, „verständiger“ Anleger[170], nicht aber der typische Privatanleger mit nur geringen Fähigkeiten zur Aufnahme und Verarbeitung komplexer Finanzinformationen. Insbesondere nehmen Privatanleger diese Finanzinformationen regelmäßig nicht selbst zur Kenntnis, so dass es an der Grundvoraussetzung für eine Haftung des zur Information verpflichteten Anbieters fehlt.[171]

Für die vorvertraglichen Aufklärungs- und Beratungspflichten der §§ 31 ff. WpHG sind im geltenden Aufsichtsrecht keine zivilrechtlichen Haftungssanktionen vorgesehen. Allein der mit seiner Vorgängervorschrift (§ 127 Abs. 2 InvG a.F.)[172] weitgehend inhaltsgleiche[173] § 306 Abs. 2 KAGB statuiert eine vorvertragliche Informationshaftung für „irreführende, unrichtige oder nicht mit den einschlägigen Teilen des Verkaufsprospekts vereinbare“ Angaben in den wesentlichen Anlegerinformationen.

2. Versicherungsvertragliche Haftungsansprüche

Im Gegensatz zum WpHG hält das VVG mit den §§ 6 Abs. 5 S. 1, 63 S. 1 VVG eigenständige Haftungsnormen für den Fall bereit, dass Versicherer bzw. Versicherungsvermittler gegen die ihnen obliegenden Aufklärungs- und Beratungspflichten verstoßen.

a) Haftung des Versicherers

Die Beratungspflicht des Versicherers besteht vor und nach Vertragsschluss.[174] In seiner vorvertraglichen Dimension lässt sich § 6 Abs. 5 S. 1 VVG als spezialgesetzliche Ausprägung der c.i.c.-Haf-

---

169 *Möllers/Poppele*, ZGR 2013, 437, 447. .

170 *Möllers/Poppele*, ZGR 2013, 437, 446 f.

171 BGH, Urt. v. 31.3.1992 (Az. XI ZR 70/91), NJW-RR 1992, 879, 881.

172 § 127 Abs. 2 InvG a.F. setzte die europäischen Vorgaben des Art. 79 Abs. 2 OGAW-IV-RiL 2009/65/EG um, vgl. Art. 1 Nr. 73 OGAW-IV-UmsG. Zu § 127 Abs. 2 InvG a.F. etwa *Heisterhagen*, in: Emde/Dornseifer/Dreibus (Hrsg.), Komm. z. InvG, 2013, § 127 InvG Rdn. 30 ff.

173 Vgl. Begr RegE v. 6.2.2013 z. KAGB, BT-Ds. 17/12294, S. 283.

174 Siehe § 6 Abs. 4 VVG.

tung[175] begreifen; während der Vertragslaufzeit konkretisiert die Norm die Haftung für Verstöße gegen vertragliche Nebenpflichten[176].[177]

Haftungsbegründend ist der Verstoß des Versicherers gegen seine Pflicht zur Ermittlung des Versicherungsbedarfs des potentiellen Versicherungsnehmers (§ 6 Abs. 1 S. 1 Alt. 1 VVG). Diese Pflicht ist nicht auf die Herbeiführung eines bestimmten Erfolgs gerichtet; sie kann bereits verletzt sein, wenn der Versicherer die erforderlichen Bemühungen unterlässt und das Ergebnis der durchgeführten Bedarfsermittlung nicht mit demjenigen übereinstimmt, das sich bei Anwendung der verkehrsüblichen Sorgfalt ergeben hätte. Die Haftung entfällt jedoch, wenn trotz unzureichender Bedarfsermittlung der richtige Rat erteilt wurde.[178] Die erfolgsbezogene Pflicht zur Erteilung des „richtigen" Rats (§ 6 Abs. 1 S. 1 Alt. 2 VVG) spielt somit nur eine Rolle, wenn lediglich die vorausgehende Bedarfsermittlung, nicht aber der erteilte Rat zutreffend war.[179]

Der Versicherer haftet gemäß § 278 BGB für die von ihm zur Erfüllung seiner Aufklärungs- und Beratungspflichten eingesetzten Erfüllungsgehilfen, und zwar unabhängig davon, ob es sich um Außen- (Vertreter) oder Innendienstmitarbeiter (Call-Center-Agenten) handelt.[180]

b) Haftung des Versicherungsvermittlers

Die von § 63 S. 1 VVG statuierte Haftung des Versicherungsvermittlers bezieht sich sowohl auf Verstöße gegen die Beratungspflicht aus § 61 Abs. 1 VVG als auch auf Verstöße gegen § 60 VVG. Letztere Vorschrift bezweckt die Offenlegung von Interessenkonflikten. Diese können sich daraus ergeben, dass der Beratung nur eine beschränkte Produktpalette zugrunde lag [181] oder dass der Versicherungsvertreter ausschließlich für einen Versicherer tätig ist[182]. Anders als das kapitalmarktrechtliche Aufsichtsrecht sieht das Versicherungsvertragsrecht somit eine Haftung für

175 §§ 280 Abs. 1, 311 Abs. 2, 241 Abs. 2 BGB.
176 §§ 280 Abs. 1, 241 Abs. 2 BGB.
177 *Armbrüster*, in: Münch. Komm. z. BGB, 6. Aufl. 2012, § 6 VVG Rdn. 298.
178 So *Prölss*, in: Prölss/Martin, Komm. z. VVG, 28. Aufl. 2010, § 6 VVG Rdn. 54.
179 *Prölss*, in: Prölss/Martin, Komm. z. VVG, 28. Aufl. 2010, § 6 VVG Rdn. 55.
180 *Armbrüster*, in: Münch. Komm. z. VVG, 2010, § 6 VVG Rdn. 302.
181 §§ 60 Abs. 1 S. 2, Abs. 2 S. 1 VVG.
182 § 60 Abs. 2 S. 2 VVG.

Verstöße gegen das Rechtsprinzip der „fremdnützigen Interessenwahrung“ vor.

Als spezialgesetzliche Haftungsnorm verdrängt § 63 VVG weitestgehend die alternative c.i.c.-Haftung des Versicherungsvertreters; diese ist nur in Betracht zu ziehen, wenn der Vermittler gegen andere als die von den §§ 60, 61 VVG sanktionierten Pflichten verstößt.[183]

Wegen der Parallelität der Beratungspflichten haften Versicherer und Versicherungsvertreter gesamtschuldnerisch.[184] Anders verhält es sich für den Versicherungsmakler, der dem Versicherungsnehmer bereits aus dem Maklervertrag und damit unabhängig von den §§ 60, 61 VVG verpflichtet ist. Nur so weit § 63 VVG reicht, verdrängt diese lex specialis die allgemeinere Haftung des Maklers aus § 280 Abs. 1 BGB i.V.m. dem Maklervertrag.[185] Letztere kommt für die während der Laufzeit des Versicherungsvertrags einschlägigen Beratungspflichten zum Tragen, die § 63 S. 1 VVG anders als § 6 Abs. 5 S. 1 VVG nicht sanktioniert.[186]

3. Bürgerlich-rechtliche Haftungsansprüche

Die bürgerlich-rechtlichen Haftungsansprüche lassen sich dem Haftungsgrund nach in schuldrechtliche und deliktische Schadensersatzansprüche unterteilen:

a) Schuldrechtliche Schadensersatzansprüche

Der Schadensersatzanspruch aus § 280 Abs. 1 BGB setzt ein bestehendes Schuldverhältnis voraus, gegen dessen Pflichten der auf Haftung in Anspruch Genommene verstoßen haben muss. Regelmäßig wird es sich um ein vertragliches Schuldverhältnis handeln, da nach der hier vertretenen Ansicht am Modell konkludenter Beratungsverträge festzuhalten ist.[187]

---

183 *Münkel*, in: Rüffer/Halbach/Schimikowski (Hrsg.), HK-VVG, 2. Aufl. 2011, § 63 VVG Rdn. 3.

184 Eine Ausnahme besteht für den sogenannten Mehrfachvertreter, hierzu ausführlich *Reiff*, in: Münch. Komm. z. VVG, 2010, § 63 VVG Rdn. 25 f. und 28.

185 *Reiff*, in: Münch. Komm. z. VVG, 2010, § 63 VVG Rdn. 35.

186 *Reiff*, in: Münch. Komm. z. VVG, 2010, § 63 VVG Rdn. 36.

187 Siehe S. 157.

b) Deliktische Schadensersatzansprüche

aa) § 823 Abs. 2 BGB

Den von § 823 Abs. 1 BGB nicht umfassten Ersatz primärer Vermögensschäden gewährt § 823 Abs. 2 BGB.[188] Voraussetzung eines hierauf gestützten Schadensersatzanspruchs ist, dass der Schädiger ein Schutzgesetz verletzt hat, das zugleich Individualschutz gewährt.[189]

Das von § 823 Abs. 2 BGB geforderte Schutzgesetz muss nicht notwendigerweise zivilrechtlicher Natur sein. Insofern fungiert § 823 Abs. 2 BGB als „Transmissionsriemen" für die in anderen Rechtsgebieten getroffenen Wertungen in das Deliktsrecht.[190] Auch Vorschriften des Kapitalmarktaufsichtsrechts können prinzipiell über § 823 Abs. 2 BGB sanktioniert werden, sofern sie Schutzgesetzcharakter haben. Darüber hinaus muss die Gewährung individuellen Schadensersatzes „sinnvoll und im Lichte des haftpflichtrechtlichen Gesamtsystems tragbar" sein.[191] Dieses ungeschriebene Tatbestandsmerkmal wird von der Rechtsprechung damit begründet, dass sich der Gesetzgeber gegen eine allgemeine Haftung für Vermögensschäden entschieden hat.[192]

Die Schutzgesetzeigenschaft kann niemals abstrakt für ein gesamtes Rechtsregime wie das WpHG ermittelt werden, sondern muss stets für die konkrete Norm untersucht werden.[193] Für den WpHG-Regelungsbereich kommt erschwerend hinzu, dass der Gesetzgeber in den seltensten Fällen explizit verlautbart, ob eine Norm auch dem individuellen Anleger Rechte verschaffen soll.[194] Stellt man darauf ab, dass das eigentliche Regelungs-

---

188 *Hager*, in: Staudinger, BGB, Neubearb. 2009, § 823 BGB Rdn. G 4.

189 Vgl. § 823 Abs. 2 S. 1 BGB; „... gegen ein den Schutz eines anderen bezweckendes Gesetz verstößt".

190 *Wagner*, in: Münch. Komm. z. BGB, 6. Aufl. 2012, § 823 BGB Rdn. 384 m.w.N.

191 So grundlegend BGH, Urt. v. 8.6.1976 (Az. VI ZR 50/75), NJW 1976, 1740. Weiterführend *Wagner*, in: Münch. Komm. z. BGB, 6. Aufl. 2012, § 823 BGB Rdn. 409 ff. m.w.N.

192 M.w.N. *Hager*, in: Staudinger, BGB, Neubearb. 2010, § 823 BGB Rdn. G 4.

193 I.d.S. *Kümpel*, Bank- und Kapitalmarktrecht, 3. Aufl. 2004, Rdn. 8.243. Siehe auch *Hopt*, ZHR 159 (1995), 135, 160; *K. Schmidt*, in: FS Schwark, 2009, S. 753, 757 ff.; *Spindler*, in: Langenbucher/Bliesener/Spindler, Bankrechts-Kommentar, 2013, § 33 Rdn. 12.

194 Vgl. *Micklitz/Träger*, in: Keßler/Micklitz (Hrsg.), Anlegerschutz in Deutschland, Schweiz, Großbritannien, USA und der Europäischen Gemeinschaft, 2004, S. 53, 69.

ziel kapitalmarktrechtlicher Vorschriften die Sicherstellung des institutionellen Anlegerschutzes ist, stellt der individuelle Anlegerschutz nicht mehr als einen Rechtsreflex dar, der für die Beurteilung der Schutzgesetzeigenschaft unbeachtlich ist.[195] Im Einzelnen ist höchst umstritten, welche WpHG-Vorschriften Schutzgesetzcharakter besitzen.[196]

Gewichtige Argumente gegen die Schutzgesetzeigenschaft der Wohlverhaltensregeln wurden zuletzt von *Forschner*[197] vorgebracht: Neben der fehlenden Erforderlichkeit einer Haftung nach § 823 Abs. 2 BGB im haftungsrechtlichen Gesamtsystem wurde auf die „Haftungsschranke" des § 311 Abs. 3 BGB hingewiesen. Eine persönliche Haftung des einzelnen Anlageberaters ist hiernach ausgeschlossen. Ebenso wenig kommt die Haftung des Wertpapierdienstleisters als juristische Person in Betracht, da für die Zurechnung eines deliktischen Handelns des Anlageberaters eine § 278 BGB vergleichbare Zurechnungsnorm fehlt. Eine Haftung gemäß § 831 BGB scheitert in aller Regel am fehlenden Auswahl- bzw. Überwachungsverschulden.

Bedeutung hat die Schadensersatzhaftung gemäß § 823 Abs. 2 BGB für Ansprüche gegen Versicherungsvermittler, soweit es um Verstöße gegen die von § 63 S. 1 VVG nicht sanktionierten vorvertaglichen Aufklärungspflichten geht[198].[199]

bb) § 826 BGB

Die Schadensersatzhaftung gemäß § 826 BGB setzt eine vorsätzliche Schadenszufügung „in einer gegen die guten Sitten verstoßenden Weise" voraus.

---

195 Vgl. *Micklitz/Träger*, in: Keßler/Micklitz (Hrsg.), Anlegerschutz in Deutschland, Schweiz, Großbritannien, USA und der Europäischen Gemeinschaft, 2004, S. 53, 68.

196 Hierzu *Koller*, in: Assmann/Schneider (Hrsg.), 6. Aufl. 2012, Vor § 31 WpHG Rdn. 7 m.w.N.

197 *Forschner*, Wechselwirkungen von Aufsichts- und Zivilrecht, 2013, S. 146 ff., 151.

198 § 11 VersVermV.

199 Vgl. bereits *Münkel*, in: Rüffer/Halbach/Schimikowski (Hrsg.), HK-VVG, 2. Aufl. 2011, § 63 VVG Rdn. 3.

Die Entscheidungen zur Nichtigkeit von Anlagebedingungen verneinten das Sittenwidrigkeitsverdikt des § 138 BGB durchweg.[200] Nach zutreffender Auffassung stimmt der von § 138 Abs. 1 BGB geforderte Sittenverstoß mit dem Tatbestandsmerkmal der Sittenwidrigkeit i.S.d. § 826 BGB nicht überein.[201] Für die Frage, ob eine sittenwidrige Schädigung gemäß § 826 BGB vorliegt, verbietet sich daher ein Rückgriff auf die zu § 138 BGB skizzierten Nichtigkeitsgrundsätze.

Ein gegen den Produktemittenten gemäß § 826 BGB gerichtetes Schadensersatzverlangen wegen einer für den Anleger ungünstigen Produktausgestaltung oder wegen nicht anleger- und produktgerechter Anlageberatung wird regelmäßig daran scheitern, dass die Deliktshaftung nicht den Zweck hat, Risikozuweisungen des Vertragsrechts zu unterlaufen.[202] Das Anlagerisiko der Geldanlage in Kapitalmarktinvestmentprodukte ist stets dem Anleger zugewiesen. Es muss mit der Rechtsprechung von der Prämisse ausgegangen werden, dass selbst die vorsätzliche Verletzung vertraglicher Leistungspflichten „per se keine sittenwidrige Schädigung darstellt“.[203]

Amtshaftungsansprüche aus Art. 34 GG i.V.m. 839 BGB

Nicht in Betracht kommen Amtshaftungsansprüche gegen die BaFin wegen Aufsichtspflichtverletzungen aus Art. 34 GG i.V.m. § 839 BGB, da sie ihre Aufsichtstätigkeit gemäß § 4 Abs. 4 FinDAG nur im öffentlichen Interesse ausübt.[204]

3. Zwischenfazit

Die Haftungsnormen des Aufsichtsrechts sanktionieren primär die Informationsversorgung des Anlegerpublikums und das Gebot der Anlegergleichbehandlung.[205] Vorrangiges Regelungsziel ist der kapitalmarktrechtliche Funktionenschutz, nicht aber der Schutz des einzelnen Anlegers, ge-

---

200 Siehe S. 488 ff.

201 Bereits BGH, Urt. v. 9.7.1953 (Az. IV ZR 242/52), BGHZ 10, 228, 232; jeweils m.w.N. *Wagner*, in: Münch. Komm. z. BGB, 6. Aufl. 2012, § 826 BGB Rdn. 10; **a.A.** *Spindler*, in: BeckOK BGB, Edit. 29 (Stand: 1.11.2013), § 826 BGB Rdn. 3.

202 *Wagner*, in: Münch. Komm. z. BGB, 6. Aufl. 2012, § 826 BGB Rdn. 15.

203 *Wagner*, in: Münch. Komm. z. BGB, 6. Aufl. 2012, § 826 BGB Rdn. 15, 58 m.w.N. zur Rechtsprechung.

204 Siehe S. 71.

205 Hierzu m.w.N. *Möllers/Poppele*, ZGR 2013, 437, 439 ff.

schweige denn der Privatanleger.[206] Lediglich die Haftung bei Verstößen gegen die an die Privatanlegerschaft adressierten KAGB-Anlegerinformationen soll den einzelnen Anleger direkt schützen. Deliktische Ansprüche auf Grundlage von § 823 Abs. 2 BGB stehen unter dem Vorbehalt der Schutzgesetzeigenschaft der zu sanktionierenden Vorschrift. Zumeist bleibt es damit bei der Schadensersatzhaftung gemäß § 280 Abs. 1 BGB i.V.m. dem Anlageberatungsvertrag.

Allein das VVG sieht für Verstöße gegen Aufklärungs- und Beratungspflichten eine gesetzliche Haftung vor und nimmt neben den Versicherungsvermittlern als „Intermediären" auch die Versicherer als „Emittenten" in die Pflicht.

4. Rechtspolitischer Reformvorschlag

Vor dem Hintergrund, dass die §§ 31 ff. WpHG nach der hier vertretenen Ansicht auf zivilrechtlicher Ebene unbeachtlich sind, fondsbasierte Lebensversicherungen aber künftig dem WpHG-Regime vergleichbaren Regelungen unterstellt werden sollen, ist ein systemkohärentes Haftungsrecht erforderlich. Nur so lassen sich Pflichtendoppelungen und Wertungswidersprüche verhindern.

Neben einer Bereichsausnahme, die Verträge über fondsbasierte Lebensversicherungen künftig von den VVG-Pflichten befreit, sollte *de lege ferenda* die zivilrechtliche Bindungswirkung der §§ 31 ff. WpHG angeordnet werden, wie es im Schrifttum in Bezug auf die Interessenwahrungs-[207] und Beratungspflichten[208] des Aufsichtsrechts bereits vereinzelt als Reformpostulat formuliert wurde. Hierdurch würde der Gleichlauf von Aufsichts- und Zivilrecht sichergestellt und der Bedarf für ein auf konkludenten Anlageberatungsverträgen basierendes Anlegerschutzmodell verringert. Zugleich würde sich die Frage nach der Schutzgesetzeigenschaft der §§ 31 ff. WpHG erübrigen.

---

206 Vgl. *Kasten*, Neuregelung der Explorations- und Informationspflichten, 2009, S. 38 m. Fn. 63, sowie *Benicke*, Wertpapiervermögensverwaltung, 2006, S. 399, 806.

207 *Möllers*, in: FS Hopt, 2010, Bd. II, S. 2247, 2250: „zivilrechtliche Sanktionierung" von Verstößen gegen die Interessenwahrungspflicht.

208 In Bezug auf die Angemessenheits- und Geeignetheitsprüfung *Brinckmann*, BKR 2012, 45, 51 f.

Dem verfassungsmäßigen Stellenwert der Privatautonomie trägt eine dispositive Regelung ausreichend Rechnung: Der aufsichts- und zivilrechtliche „Opt-out" sollte zulässig bleiben, denn mündige Anleger bzw. Verbraucher müssen sich keine Beratung aufdrängen lassen.[209] Empirische Erkenntnisse aus dem Versicherungsrecht widerlegen die zu befürchtende Missbrauchsgefahr, dass die Vertriebsstellen regelmäßig auf den „Opt-out" der zivilgesetzlichen Beratungspflichten drängen könnten: 63 % der Versicherungsvermittler machen von der Verzichtsmöglichkeit generell keinen Gebrauch, 25 % verwenden sie nur „selten" und nur in 3 % kommt es „häufig" zum „Opt-out".[210]

Zusammenfassend ist daher das Reformpostulat zu formulieren, die zivilrechtliche Bindungswirkung der §§ 31 ff. WpHG anzuordnen.

C. Zivilprozessuale Instrumente

Zivilprozessuale Instrumente erleichtern den Anlegern die Durchsetzung von Schadensersatzansprüchen. Sie lassen sich in Instrumente des kollektiven Rechtsschutzes und in Beweiserleichterungen unterteilen.

I. Instrumente des kollektiven Rechtsschutzes

Die mit der Statuierung von Haftungsnormen erhoffte Präventions- und Kompensationswirkung[211] wird in Bezug auf Schadensersatzklagen der Privatanleger dadurch gemindert, dass diese häufig von einer Klageerhebung absehen werden. Ohne Kostenübernahme durch eine Rechtsschutzversicherung schrecken viele Privatanleger vor dem Prozesskostenrisiko einer Klageerhebung zurück.[212] Sind die Schäden gering, erscheint der Klageverzicht dem Einzelnen insofern als „rationale Apathie"[213].[214]

---

209 Vgl. *Reiff*, in: Münch. Komm. z. VVG, 2010, § 61 VVG Rdn. 35.

210 *Beenken*, VW 2009, 132, 133 m. Fn. 6; siehe *Reiff*, in: Münch. Komm. z. VVG, 2010, § 61 VVG Rdn. 35.

211 Hierzu *Coester-Waltjen*, in: FS Fikentscher, 1998, S. 249 ff.

212 *Fleischer*, Gutachten F z. 64. DJT 2002, 2002, S. 115 f.; *Rotter*, in Möllers/Rotter (Hrsg.), Ad-hoc-Publizität, 2003, § 18 Rdn. 6 ff.

213 *Kalss*, Anlegerinteressen, 2001, S. 279.

214 *Wolf/Lange*, in: Vorwerk/Wolf (Hrsg.), Komm. z. KapMuG, 2007, Einl. Rdn. 2.

Für Verbraucher stellt die Inanspruchnahme der Institutionen der Rechtspflege eine „Hemmschwelle" dar, insbesondere bei Klagen gegen „routinierte Unternehmen".[215] Diese „Hemmschwellentheorie" lässt sich auch auf Klagen von Privatanlegern gegen Wertpapierdienstleister übertragen. Letztere werden nicht zuletzt zur Verhinderung von Präzedenzurteilen dazu bereit sein, „alles aufzubieten, was zur Rechtsverteidigung zur Verfügung steht"[216].[217] Hinzu kommt, dass die Ressourcen der BaFin nur stichprobenartige Überprüfungen gestatten.

Das Risiko, aufsichtsrechtlichen Sanktionen oder einem zivilrechtlichen Schadenersatzprozess ausgesetzt zu werden, ist für Wertpapierdienstleister folglich sehr gering und mindert die verhaltenssteuernde Wirkung des Haftungsrechts. Aus rechtsökonomischer Perspektive ist dieses Rechtsdurchsetzungsdefizit hochgradig bedenklich: Da das Sanktionsrisiko deutlich unter dem Gewinnpotential aus gesetzeswidrigem Verhaltens liegt,[218] bestehen für Finanzintermediäre nur geringe externe Anreize, gesetzeswidrige Praktiken wirksam zu unterbinden.[219]

Diese Effizienzdefizite des Haftungsrechts sollen Instrumente des kollektiven Rechtsschutzes überwinden. Neben kollektiven Klagerechten sind Verfahren zur Prozessbündelung zu nennen:

1. Kollektive Klagerechte

Kollektive Klagerechte räumen Institutionen ohne eigenes rechtliches Interesse, z.B. Verbraucherschutzverbänden, Anspruchs- und Klagezuständigkeiten ein.[220]

---

215 *Lakkis*, Kollektiver Rechtsschutz der Verbraucher in der EU, 1997, S. 12; *Micklitz/Rott*, in: Dauses (Hrsg.), EU-Wirtschaftsrecht, 34. Erg.-Lfg. 2013, H. V. Verbraucherschutz Rdn. 687.

216 *Wolf/Lange*, in: Vorwerk/Wolf (Hrsg.), Komm. z. KapMuG, 2007, Einl. Rdn. 2.

217 Siehe auch *Coester-Waltjen*, in FS Fikentscher, 1998, S. 249, 252.

218 *Baums*, Gutachten F z. 63. DJT 2000, 2000, S. 24 f.; *Fleischer*, Gutachten F 64. DJT 2002, 2002, S. 115 f.; *Wolf/Lange*, in: Vorwerk/Wolf (Hrsg.), Komm. z. KapMuG, 2007, Einl. Rdn. 2.

219 Vgl. allgemein *Micklitz/Rott*, in: Dauses (Hrsg.), EU-Wirtschaftsrecht, 34. Erg.-Lfg. 2013, H. V. Verbraucherschutz Rdn. 687.

220 *Micklitz/Rott*, in: Dauses (Hrsg.), EU-Wirtschaftsrecht, 34. Erg.-Lfg. 2013, H. V. Verbraucherschutz Rdn. 688.

Sie sind ein typisches Instrument des Verbraucherschutzes: Den Unternehmen wird eine „Gegenmacht“ entgegengestellt, die den materiellrechtlichen Verbraucherschutzvorschriften klageweise praktische Effizienz verleiht.[221] Des Weiteren sollen sie die Prozessökonomie steigern und durch ein erhöhtes Klageaufkommen auf notwendige Rechtsfortbildung hinwirken.[222] Wegen ihres Beitrags zur Sicherstellung eines effektiven Rechtsschutzes werden sie auch als „wirtschaftliches und soziales Grundrecht“ bezeichnet[223].[224]

Kollektive Klagerechte sind *de lege lata* für Unterlassungsansprüche und womöglich zukünftig auch für Schadenersatzansprüche vorgesehen:

a) Kollektive Unterlassungsklagen

Das im Zuge der Schuldrechtsmodernisierung 2002 in Kraft getretene Unterlassungsklagengesetz[225] ermöglicht es, Verstöße gegen Verbrauchergesetze mittels kollektiver Unterlassungsklagen zu verfolgen.

Der Anwendungsbereich des UKlaG umfasst nicht nur Unterlassungsansprüche, die sich gegen die Verwendung unwirksamer AGB richten, § 2 Abs. 1 UKlaG erlaubt die Geltendmachung von Unterlassungsansprüchen auch dann, wenn Verbraucherschutzgesetze verletzt werden. Zu den unterlassungsklagefähigen Verbraucherschutzgesetzen zählt gemäß § 2 Abs. 2 Nr. 7 UKlaG der 6. Abschnitt des WpHG, also die §§ 31 ff. WpHG.

„Anspruchsberechtigte Stellen“ i.S.d. § 3 UKlaG sind u.a. die „qualifizierten Einrichtungen“, die auf einer vom Bundesamt für Justiz (BfJ) jährlich veröffentlichten Liste[226] aufgeführt werden.[227] Zur kollektiven Durchsetzung von Unterlassungsansprüchen privater Anleger kommen insbeson-

---

221 *H. Koch*, ZZP 113 (2000), 413, 416 f.; *Micklitz/Rott*, in: Dauses (Hrsg.), EU-Wirtschaftsrecht, 34. Erg.-Lfg. 2013, H. V. Verbraucherschutz Rdn. 689.

222 *Baetge*, ZZP 112 (1999), 329.

223 *Lakkis*, Kollektiver Rechtsschutz der Verbraucher in der EU, 1997, S. 13.

224 *Micklitz/Rott*, in: Dauses (Hrsg.), EU-Wirtschaftsrecht, 34. Erg.-Lfg. 2013, H. V. Verbraucherschutz Rdn. 690.

225 Vgl. Artt. 3, 9 Abs. 1 S. 2 SchuldrechtsmodernisierungsG v. 26.11.2001, BGBl. I Nr. 61 v. 29.11.2001, S. 3138.

226 Bundesjustizamt, Liste qualifizierter Einrichtungen gemäß § 4 UKlaG, Stand: 6.1.2014.

227 Vgl. §§ 3 Abs. 1 Nr. 1, 4 Abs. 1 UKlaG.

dere die Schutzvereinigung für Anleger e.V., der Bund der Versicherten e.V. sowie allgemein der Verbraucherzentrale Bundesverband e.V. in Betracht.

b) Kollektive Schadensersatzklagen

Das geltende Zivilprozessrecht sieht die Erhebung kollektiver Schadensersatzklagen nicht vor.

Derzeit befindet sich der Kommissionsvorschlag einer Richtlinie für Schadensersatzklagen bei Wettbewerbsverstößen[228] im europäischen Gesetzgebungsverfahren. Hier hat der EU-Gesetzgeber bewusst davon abgesehen, für das Wettbewerbsrecht ein eigenständiges System des kollektiven Rechtsschutzes zu entwerfen.[229] Hierzu zeitgleich stellte die Kommission für sämtliche Politikbereiche, in denen auf eine Vielzahl von Geschädigten verteilte Schäden („Massenschadensereignisse“[230]) wahrscheinlich sind, einen horizontalen Regelungsansatz vor.[231] So sollen Verbraucherschutzinstitutionen i.S.d. UKlaG Befugnisse zur klageweisen Geltendmachung kollektiver Schadensersatzansprüche eingeräumt werden.[232] Der Anwendungsbereich umfasst neben Verbraucherschutzgesetzen insbesondere Finanzdienstleistungen und den Anlegerschutz.[233]

Soweit das Unionsrecht materielle Schadensersatzansprüche gewährt, z.B. in Gestalt von Art. 11 Abs. 1 VO-E Basisinformationsblätter, könnten diese künftig von Anleger- und Verbraucherschutzorganisationen kollektiv geltend gemacht werden. Die erhöhte Sanktionswahrscheinlichkeit von

228 Kommission, RiL-E Wettbwb-Schadensersatz, COM(2013) 401 endg.

229 Kommission, RiL-E Wettbwb-Schadensersatz, S. 8.

230 Vgl. Kommission, Grundsätze kollektiven Rechtsschutzes v. 11.6.2013, ABl. Nr. L 201 v. 26.7.2013, S. 60-65, Nr. 1, 3. lit. b).

231 Kommission, Mitteilung kollektiver Rechtsschutz, KOM(2013) 401 endg. sowie Kommission, Grundsätze kollektiven Rechtsschutzes v. 11.6.2013, ABl. Nr. L 201 v. 26.7.2013, S. 60-65. Zuvor bereits Kommission, Kollektiver Rechtsschutz: Hin zu einem kohärenten europäischen Ansatz, Öffentliche Konsultation v. 4.2.2011, SEK(2011) 0173 endg., S. 5.

232 Kommission, Grundsätze kollektiven Rechtsschutzes v. 11.6.2013, Nr. 4, ABl. Nr. L 201 v. 26.7.2013, S. 60-65.

233 Kommission, Grundsätze kollektiven Rechtsschutzes v. 11.6.2013, Erwägungsgrund 7, ABl. Nr. L 201 v. 26.7.2013, S. 60-65.

Pflichtverstößen würde zugleich die Präventionswirkung des bestehenden Pflichtenregimes steigern.

2. Kapitalanleger-Musterverfahren

Kein kollektives Klagerecht, sondern eine Möglichkeit der zivilprozessualen Interessenbündelung sieht das 2005 erstmals in Kraft getretene Kapitalanleger-Musterverfahrensgesetz (KapMuG)[234] vor, das 2012 reformiert und neugefasst wurde[235]. Der Anwendungsbereich des KapMuG ist eröffnet, wenn Erfüllungsansprüche aus einem Wertpapierübernahmeangebot[236] kollektiv geltend gemacht werden sollen, oder im Falle falscher, irreführender oder unterlassener öffentlicher Kapitalmarktinformationen.[237]

Seit der Neufassung des KapMuG zählen zu den öffentlichen Kapitalmarktinformationen nicht mehr nur die marktbezogenen Informationen.[238] Der Anwendungsbereich wurde auf die WpHG- und KAGB-Informationsblätter erweitert (§ 1 Abs. 2 Nr. 1, 2 KapMuG), die sich in erster Linie an Privatanleger richten[239]. Damit kommen Musterverfahren auch als Sanktionsinstrument des Privatanlegerschutzes in Betracht.[240]

II. Beweiserleichterungen

Abschließend stellt sich die Frage, welche Beweise ein Anleger in einem Schadensersatzprozess gegen einen Wertpapierdienstleister vorbringen muss, um seine Klage ausreichend zu substantiieren. Eine erhebliche Erleichterung der Rechtsdurchsetzungschancen versprechen Regelungen zur Beweislastumkehr, die dem Schadensersatzschuldner die Darlegungslast auferlegen.

---

234 Art. 1 des Gesetzes zur Einführung von Kapitalanleger-Musterverfahren v. 16.8.2005, BGBl. I Nr. 50 v. 19.8.2005, S. 2437.

235 Art. 1 KapMuG-ReformG v. 19.10.2012, BGBl. I Nr. 50 v. 25.10.2012, S. 2182.

236 § 1 Abs. 1 Nr. 3 KapMuG.

237 Siehe § 1 Abs. 1 Nr. 1 KapMuG, im Falle der Verwendung oder unterlassenen Aufklärung § 1 Abs. 1 Nr. 2 KapMuG.

238 Vgl. § 1 Abs. 1 S. 4 Nr. 1-5 KapMuG a.F.

239 Vgl. § 31 Abs. 9 S. 2 WpHG, § 307 KAGB.

240 Hierzu *Wiewel*, VuR 2013, 173 ff.

1. Vertretenmüssen

Allgemein bekannt ist die Beweislastumkehr für den Verschuldensnachweis der Pflichtverletzung: Nach § 280 Abs. 1 S. 2 BGB wird das Vertretenmüssen des Schuldners und seiner Erfüllungsgehilfen gesetzlich vermutet, d.h. er kann sich nur durch Vorlage entsprechender Gegenbeweise exkulpieren.[241] Identische Beweislastumkehrregelungen sieht das VVG-Haftungsrecht vor (vgl. §§ 6 Abs. 5 S. 2, 63 S. 2 VVG).

2. Kausalitätsnachweis

Zivilrechtlich gilt der Grundsatz, dass jede Partei die für sie günstigen Umstände beweisen muss.[242] Für den Nachweis von Pflichtverletzung, Schaden und Kausalität ist nach der bürgerlich-rechtlichen Grundkonzeption der Schadensersatzgläubiger beweisbelastet.[243] In Anlageberatungsfällen ist der Kausalitätsnachweis regelmäßig problematisch, muss der Anleger doch nachweisen, dass er bei pflichtgemäßer Aufklärung und Beratung die konkrete Anlageentscheidung nicht getroffen hätte.

Zur Beweiserleichterung hatte zunächst der VII. Zivilsenat 1973 in einer Auskunftssituation eine Beweislastumkehr zulasten des Aufklärungspflichtigen angenommen.[244] Der IX. Zivilsenat entschied sich 1993 hingegen für eine Anscheinsbeweislösung[245] und formulierte hierfür folgende Voraussetzungen: (1.) Nach der Lebenserfahrung muss typischerweise zu erwarten sein, dass sich der Beratene dem erteilten Rat entsprechend verhalten hätte. (2.) Nur eine Entscheidung ist in der konkreten Situation möglich bzw. sinnvoll gewesen, es bestand kein Entscheidungskonflikt.[246] Der Anwendungsbereich der Anscheinsbeweislösung wurde

241 Hierzu *Grüneberg*, in: Palandt, BGB, 73. Aufl. 2014, § 280 BGB Rdn. 40.

242 So *Möllers*, in: Habersack/Mülbert/Nobbe/u.a. (Hrsg.), Bankrechtstag 2012, 2013, S. 81, 82 unter Verweis auf die Entwurf eines bürgerlichen Gesetzbuchs für das Deutsche Reich aus dem Jahr 1888.

243 *Grüneberg*, in: Palandt, BGB, 73. Aufl. 2014, § 280 BGB Rdn. 34.

244 BGH, Urt. v. 5.7.1973 (Az. VII ZR 12/73), BGHZ 61, 118, 122 – *Bastelwettbewerb*.

245 BGH, Urt. v. 30.9.1993 (Az. IX ZR 73/93), BGHZ 123, 311, 313 – *Beweislast für beratungsgemäßes Handeln*.

246 Zusammenfassend *Möllers*, in: Habersack/Mülbert/Nobbe/u.a. (Hrsg.), Bankrechtstag 2012, 2013, S. 81, 82 f.

somit auf Situationen beschränkt, in denen auch bei pflichtgemäßer Beratung kein Entscheidungskonflikt bestanden hätte. In einer späteren Entscheidung schloss sich der XI. Zivilsenat der vom VII. Zivilsenat vertretenen Beweislastumkehr-Lösung an, schränkte sie allerdings i.S.d. IX. Zivilsenats auf Beratungssituationen ohne Entscheidungskonflikt ein[247].[248]

Mit Urteil v. 8.5.2012 änderte der XI. Zivilsenat seine vorherige Rechtsprechung: Die ursprünglich für die zivilrechtliche Arzthaftung[249] entwickelte Rechtsfigur der „Vermutung aufklärungsrichtigen Verhaltens“[250] wurde auf Anlageberatungsfälle übertragen.[251] Hiernach ist derjenige, der vorvertragliche oder vertragliche Aufklärungspflichten verletzt hat, dafür beweispflichtig, dass der Schaden auch bei pflichtgemäßem Verhalten eingetreten wäre,[252] wobei der XI. Zivilsenat auf das Bestehen einer entscheidungskonfliktfreien Situation verzichtete[253].

Ohne diese Beweislastumkehr ist es für Anleger kaum möglich, Schadensersatzansprüche tatsächlich durchzusetzen.[254] Die vom Schrifttum begrüßte[255] Rechtsprechungsänderung wurde 2013 bestätigt. Dabei wurde erneut betont, dass es nicht auf eine entscheidungskonfliktfreie Beratungssituation ankommt.[256] Die Rechtsfigur der „Vermutung aufklärungsrichtigen Verhaltens“ ist nicht nur auf die Anlageberatung,[257] sondern ebenso auf die Beratung von Versicherern und Versicherungsvermittlern anwendbar[258].

---

247 BGH, Urt. v. 16.11.1993 (Az. XI ZR 214/92), BGHZ 124, 151, 161 – *Terminoptionsgeschäfte*.

248 Bereits *Möllers*, in: Habersack/Mülbert/Nobbe/u.a. (Hrsg.), Bankrechtstag 2012, 2013, S. 81, 83.

249 BGH, Urt. v. 22.11.1983 (Az. VI ZR 85/82), BGHZ 89, 95, 103 f.

250 Umfassend *Schwab*, NJW 2012, 3274 ff.

251 BGH, Urt. v. 8.5.2012 (Az. XI ZR 262/10), BGHZ 193, 159, 170 Rdn. 33 ff.

252 *Möllers*, NZG 2012, 1019, 1020.

253 BGH, Urt. v. 8.5.2012 (Az. XI ZR 262/10), BGHZ 193, 159, 171, Rdn. 35.

254 BGH, Urt. v. 8.5.2012 (Az. XI ZR 262/10), BGHZ 193, 159, 171 f. Rdn. 36.

255 *Möllers*, NZG 2012, 1019, 1020 f.; *ders.*, in: Habersack/Mülbert/Nobbe/u.a. (Hrsg.), Bankrechtstag 2012, 2013, S. 81, 105 f.; *Schwab*, NJW 2012, 3274, 3277.

256 BGH, Urt. v. 15.10.2013 (Az. XI ZR 51/11), BeckRS 2013, 19537 Rdn. 25.

257 Vgl. BGH, Urt. v. 8.5.2012 (Az. XI ZR 262/10), BGHZ 193, 159, 168 Rdn. 29; bestätigt von Urt. v. 15.10.2013 (Az. XI ZR 51/11), BeckRS 2013, 19537 Rdn. 24.

258 So ausdrücklich OLG Stuttgart, Urt. v. 29.10.2012 (Az. 7 U 201/11), NJOZ 2013, 681, 685.

III. Bewertung

Das KapMuG ermöglicht es, Schadensersatzansprüche bei Verstößen gegen die §§ 31 ff. WpHG gebündelt geltend zu machen. Dies setzt voraus, dass die betroffenen Anleger zur nötigen Selbstorganisation in der Lage sind und entsprechende Initiative ergreifen. Im Hinblick auf private Anleger mit geringen Anlagesummen bestehen diesbezüglich Zweifel.[259]

Zielführender erscheint der Ansatz, private Verbraucherschutzorganisationen bzw. die staatliche Marktaufsicht zu ermächtigen, Schadensersatzansprüche kollektiv geltend zu machen.[260] § 2 Abs. 2 Nr. 7 UKlaG statuiert bereits ein solches Verbandsklagerecht für Unterlassungsklagen. Auch der Koalitionsvertrag der amtierenden Regierung sieht vor, bestehende Verbraucherorganisationen mit einer speziellen „Marktwächterfunktion" für den Finanzmarkt zu beauftragen.[261]

In Anbetracht der sich abzeichnenden Entwicklung, dass den Marktaufsichtsbehörden zunehmend verbraucherschützende Aufgaben übertragen werden,[262] sollten diese *de lege ferenda* auch zur Geltendmachung kollektiver Schadensersatzansprüche berechtigt werden. Hierdurch würden die bestehenden Rechtsdurchsetzungsdefizite des zivilrechtlichen Haftungsregimes in Bezug auf Privatanleger wirkungsvoll beseitigt.

D. Fazit

Zur Sanktionierung von Verstößen gegen die Rechtsprinzipien „fremdnützige Interessenwahrung" und „umfassende Anlegerinformation" kommen nach Vertragsschluss Widerrufsrechte, Haftungsnormen, Kollektivklagerechte und Beweiserleichterungen in Betracht. Dieses Regelungsinstrumentarium ist mit den Instrumenten des klassischen Verbraucherschutzrechts in weiten Teilen deckungsgleich. Es zielt darauf ab, die strukturelle Unterlegenheit von Anlegern bzw. Verbrauchern durch den Aufbau einer „Gegenmacht" zur Anbieterseite zu kompensieren.

---

259 Vgl. *Micklitz*, NJW 2012, 77, 81.

260 *Micklitz*, NJW 2012, 77, 81.

261 Regierungskoalition CDU/CSU/SPD, Koalitionsvertrag 18. Legislaturperiode S. 87.

262 Siehe S. 71.

Das Fernabsatzrecht schließt den Widerruf von Geschäften über Finanzdienstleistungen aus. Allerdings lassen sich Verträge, die ein Kapitalmarktinvestmentprodukt zum Gegenstand haben, nach Maßgabe der im Versicherungsvertrags- und Haustürgeschäftsrecht vorgesehen Widerrufsrechte rückabwickeln. Der Ausschlusstatbestand des Fernabsatzrechts ist daher nicht systemgerecht. Spekulationsgeschäften zulasten der Anbieterseite beugen Regelungen vor, die den Rückzahlungsbetrag auf den Zeitwert der Anlage beschränken. Der horizontale Regelungsansatz der PRIP-Initiative erfordert *de lege ferenda* die Einführung eines produktbezogenen Widerrufsrechts das unabhängig vom Vertragstyp und der Art und Weise des Vertragsschlusses ist. Es sollte mit einer § 9 Abs. 2 VVG vergleichbaren „Doppelwirkung" ausgestattet werden, die anlagebezogene Dienstleistungen wie den Anlageberatungsvertrag miterfasst.

Bereicherungsrechtliche Rückabwicklungsmechanismen kommen als Sanktionsmechanismen nicht in Betracht. Es gilt zu bedenken, dass das Nichtigkeitsverdikt am stärksten in die Privatautonomie der Vertragsparteien eingreift. Problematisch ist insbesondere, dass die Vertragsnichtigkeit die schuldrechtliche Grundlage etwaiger Schadensersatzansprüche ersatzlos entfallen lässt.

Aufgrund der Schwierigkeiten, die mit der Feststellung des für eine deliktische Haftung notwendigen Schutzgesetzcharakters verbunden sind, ist § 280 Abs. 1 BGB Grundnorm der zivilrechtlichen Schadensersatzhaftung. Modellcharakter hat die VVG-Konzeption, die in das sanktionierte Pflichtenregime die Interessenwahrungspflichten der Anbieterseite einbezieht. Sie zeichnet sich dadurch aus, dass sie Pflichtenkanon und Haftungsnorm miteinander verknüpft. Aus Gründen der Systemkohärenz sollte *de lege ferenda* die zivilrechtliche Bindungswirkung der §§ 31 ff. WpHG angeordnet werden.

Der haftungsrechtlichen Sanktionierung von Pflichtverstößen stehen oftmals finanzielle und psychologische „Hemmschwellen" entgegen, die Privatanleger von der Klageerhebung gegen Wertpapierdienstleister abhalten. Dieses Rechtsdurchsetzungsdefizit könnte durch die Statuierung von kollektiven Schadenersatzklagerechten für Anleger- und Verbraucherschutzinstitutionen und die Aufsichtsbehörden kompensiert werden.

§ 18 Verbraucherschützender Regelungscharakter

Offen ist die Frage der dogmatischen Rückbindung des PRIP-Privatanlegerschutzes. Aufgrund des fehlenden unmittelbaren Marktbezugs sind marktkomplementäre Anlegerschutztheorien ohne Relevanz.[1]

Regelungsinstrumente wie Produktverbote, Widerrufsrechte, vereinfachte Informationspflichten, kollektive Rechtsschutzmechanismen und Beweiserleichterungen deuten auf eine marktkompensatorische, verbraucherschutzrechtliche Dogmatik hin. Grundlage aller marktkompensatorischen Theorien ist der staatliche Schutzauftrag für die Privatautonomie. Bereits im Vorfeld können marktkomplementäre und rollensoziologische Verbraucherschutztheorien ausgeschlossen werden. Dogmatisch kommen damit Schutzabstufungen auf Grundlage eines beweglichen Systems sowie die Maximen eines asymmetrischen Paternalismus in Betracht.[2]

Anhand eines induktiven Untersuchungsansatzes gilt es nachfolgend den Regelungscharakter des Sanktionsinstrumentariums festzustellen. Um die bereits dargestellten Sanktionsinstrumente als verbraucherschützende Normen qualifizieren zu können, müssen weitergehende Kriterien[3] erfüllt sein, die über den vereinzelten Nachweis einer verbraucherschützenden Regelungstendenz hinausgehen:

A. Kompensation struktureller Ungleichgewichte als Normzweck

Typischerweise sind Verbraucher der Anbieterseite intellektuell oder wirtschaftlich unterlegen. Marktkompensatorische Regelungsinstrumente zielen insofern darauf ab, die „Verhandlungs- und Vertragsparität" der Verbraucher herzustellen und ihnen zu „wirtschaftlicher Selbstbestimmung" zu verhelfen.[4] Sie unterscheiden sich hierdurch von marktkomplementären Regelungen, die der Sicherstellung der Markteffizienz Vorzug gegenüber dem Individualschutz einräumen.[5] Charakteristisch für verbraucherschüt-

---

1 Siehe S. 227.
2 Siehe S. 278.
3 Ein allgemeiner Kriterienkatalog für die Qualifikationskriterien verbraucherschützender Normen wurde aufgestellt von *Neumann*, Bedenkzeit vor und nach Vertragsschluss, 2005, S. 23 ff. Hieran orientieren sich die nachfolgenden Überlegungen.
4 *Neumann*, Bedenkzeit vor und nach Vertragsschluss, 2005, S. 23 m.w.N.
5 Vgl. *Neumann*, Bedenkzeit vor und nach Vertragsschluss, 2005, S. 23.

zende Normen ist, dass sie auf die Kompensation struktureller Ungleichgewichtslagen abzielen.

Zu erörtern ist, wie Normen zu bewerten sind, die sowohl institutionellen Marktschutz als marktkompensatorischen Individualschutz bezwecken. Für das Informationsregime von Kapitalmarktinvestmentprodukten wurde eine solche „Doppelfunktionalität“ festgestellt, denn Aufklärungs- und Beratungspflichten ermöglichen informierte Anlageentscheidungen und befördern zugleich die Allokationseffizienz des Kapitalmarkts.[6]

Einem kapitalmarktrechtlichen Regulierungsverständnis folgend, sind Markt- und Individualschutz nur dann „zwei Seiten derselben Medaille“, wenn die Gewährung von Individualschutz zugleich die Markteffizienz befördert.[7] Im verbraucherschutzrechtlichen Schrifttum wird die Ansicht vertreten, dass „doppelfunktionalen“ Normen, die sowohl Individual- als auch Institutionenschutz bezwecken, keine verbraucherschützende Regelungstendenz zuzusprechen ist, denn Marktkompensation und Marktkomplementarität schließen sich aus.[8]

Soweit marktkompensatorische Zielsetzungen vorrangig sind, steht ein „auch-marktkomplementärer“ Normzweck der Annahme eines verbraucherschützenden Regelungscharakters nicht entgegen. Der zugleich bewirkte Funktionenschutz ist sodann nicht mehr als ein Schutzreflex.

Das einfachgesetzliche Sanktionsinstrumentarium zielt primär auf Marktkompensation ab. Insbesondere die Verpflichtung zur „fremdnützigen Interessenwahrung“ verlangt von den Wertpapierdienstleistern, den individuellen Interessen ihrer Kunden stets Vorrang vor den institutionellen Marktinteressen einzuräumen.[9]

Auf marktkompensatorische Zielsetzungen deuten überdies die einfachgesetzlichen Konkretisierungen des Rechtsprinzips der „umfassenden Anlegerinformation“ hin. Nur ein „eingeschränkt-rationales“ Privatanlegerpublikum ist beispielsweise auf informationelle Vereinfachungen durch Produktinformationsblätter angewiesen. Die marktbezogenen Informationspflichten haben demgegenüber das alter ego eines rationalen Informationsadressaten vor Augen, der sich anhand komplexer Informationen über die Chancen und Risiken einer Anlage informieren kann.[10]

---

6 Siehe S. 404 ff.
7 Siehe S. 227 f.
8 *Neumann*, Bedenkzeit vor und nach Vertragsschluss, 2005, S. 23.
9 Siehe S. 350.
10 *Möllers/Poppele*, ZGR 2013, 437, 446 f.

Ebenso wenig sind streng-rational agierende Anleger angewiesen auf die obligatorische Offenlegung von Interessenkonflikten, Widerrufsrechte zur ex post-Korrektur von Anlageentscheidungen, kollektive Rechtsschutzmechanismen zur Überwindung von „Klage-Hemmschwellen" oder Vertriebssanktionen für komplexe oder einseitig interessenorientierte Anlageprodukte durch die paternalistische Hand des Staates.

Das Sanktionsinstrumentarium ist damit Ausdruck eines verbraucherschutzrechtlich determinierten Regelungsansatzes, primärer Normzweck ist die Kompensation der strukturellen Unterlegenheit der Privatanleger.

B. Typisierbare Schutzbedürftigkeit

Charakteristisch für verbraucherschützende Normen ist die Anknüpfung der Schutzgewähr an typisierbare Schutzbedürftigkeiten. Die Schutzgewähr ist somit nicht einzelfallabhängig, sondern das Ergebnis einer abstrakt-generellen Abwägungsentscheidung.[11] Regelungsinstrumente, denen typisierbare Schutzbedürftigkeitserwägungen zugrunde liegen, beziehen sich auf abstrakt-generelle Gefährdungslagen.

Auf den Nachweis der konkreten Schutzbedürftigkeit verzichten die Regelungsinstrumente Widerrufsrechte, vorvertragliche Aufklärungs- und Offenlegungspflichten, Vertriebsbeschränkungen und Qualitätskontrollen.

Auf einer Prüfung der Umstände des jeweiligen Einzelfalls beruht dagegen das Nichtigkeitsverdikt der §§ 134, 138 BGB[12]. Diese Sanktionsinstrumente sind für den Anlegerschutz aber weitgehend ungeeignet.

Auch der Verhängung von Produktverboten soll eine Einzelfallprüfung vorausgehen. Allerdings ist vorstellbar, dass der Gesetzgeber mit den noch ausstehenden Durchführungsrechtsakten abstrakt-generelle Eingriffskriterien aufstellt, die Einzelfallprüfungen obsolet machen.

Den für den Privatanlegerschutz relevanten Sanktionsinstrumenten liegen somit typisierbare Schutzbedürftigkeitserwägungen zugrunde.

---

11 *Neumann*, Bedenkzeit vor und nach Vertragsschluss, 2005, S. 23.
12 *Neumann*, Bedenkzeit vor und nach Vertragsschluss, 2005, S. 24 f.

C. Abgrenzbarer personeller Schutzbereich

Schließlich bezieht sich der Schutzbereich verbraucherschützender Normen auf einen als besonders schutzwürdig erachteten und insoweit abgrenzbaren Personenkreis.[13] Verbraucherschützende Normen grenzen ihren personellen Schutzbereich typischerweise dadurch ab, dass sie normtechnisch an den formellen Verbraucherbegriff anknüpfen, denn der Anwendungsbereich von § 13 BGB ist nur für natürliche Personen eröffnet, die zu nicht-gewerblichen Zwecken handeln.

Die Abgrenzbarkeit des personellen Schutzbereichs wird die Annahme eines verbraucherschützenden Regelungscharakters allerdings nur indizieren können.[14] Schließlich konnte für WpHG, BGB und VVG ein „materieller" Verbraucherbegriff identifiziert werden, der verbraucherschützende Vorschriften auch ohne formellen Anknüpfung an § 13 BGB zur Anwendung bringt.

Das Leitbild eines stets schutzbedürftigen Verbrauchers liegt lediglich den rollensoziologischen Verbraucherschutzansätzen zugrunde. Für die aus Gründen der Verhältnismäßigkeit vorzugswürdigen situativen Verbraucherschutzansätze kommt es indes darauf an, dass in bestimmten Vertragssituationen ein anhand objektiver Kriterien zu bestimmbarer Personenkreis typischerweise schutzbedürftig ist.[15] Für die Annahme eines verbraucherschützenden Regelungscharakters muss es daher ausreichen, dass der gewährte Verbraucherschutz strukturell unterlegenen Regelungsadressaten zugute kommt.

Der durch das PRIP-Regelungsregime geschützte Personenkreis lässt sich aufgrund der Definition von Privatanlegern als natürliche Personen, die Geldvermögen vorrangig zum Zweck der privaten Altersvorsorge in Kapitalmarktinvestmentprodukte anlegen, mithin hinreichend von anderen Anlegergruppen abgrenzen.

D. Fazit

Das einfachgesetzliche Sanktionsinstrumentarium hat einen überwiegend verbraucherschutzrechtlichen Regelungscharakter. Sanktionsinstrumente

13 *Neumann*, Bedenkzeit vor und nach Vertragsschluss, 2005, S. 25.
14 *Neumann*, Bedenkzeit vor und nach Vertragsschluss, 2005, S. 25.
15 *Neumann*, Bedenkzeit vor und nach Vertragsschluss, 2005, S. 26.

wie Produktverbote, Widerrufsrechte, kollektive Klagerechte und Beweiserleichterungen beruhen auch in ihrer kapitalmarktrechtlichen Einkleidung auf marktkompensatorischer Dogmatik.

Zusammenführung

§ 19 Zusammenführung der Untersuchungsergebnisse

Metaziel dieser Untersuchung ist eine Stellungnahme, inwieweit durch die PRIP-Initiative eine Konvergenzbewegung von Anleger- und Verbraucherschutzrecht eingeleitet wird. Abschließend gilt es die wesentlichen Ergebnisse dieser Untersuchung zusammenzuführen.

A. Verbraucherschutz als Aufgabe der Kapitalmarktaufsicht

Anerkannte Regelungsziele der Kapitalmarktaufsicht sind der Funktionen- und der Anlegerschutz. Auf der Ebene der europäischen Kapitalmarktaufsicht zählt der Verbraucherschutz bereits zum behördlichen Aufgabenkatalog. Es ist davon auszugehen, dass auch das FinDAG um die Aufsichtsaufgabe „Verbraucherschutz" erweitert wird.

B. Kapitalmarktinvestmentprodukte als rechtsgebietsübergreifende Regelungsgegenstände

Die privaten Haushalte legen ihr Geldvermögen in erster Linie in den unter den Oberbegriffen Packaged Retail Investment Products („PRIP") bzw. „Kapitalmarktinvestmentprodukte" zusammengefassten Finanzprodukten an. Es handelt sich um indirekte Anlageformen („Verpackung"), bei denen weder die Rückzahlung des eingesetzten Kapitals noch die Verzinsung garantiert sind („indirektes Anlagerisiko").

Hierzu zählen neben Investmentfondsanteilen und Derivaten mit „Anlagefunktion" auch fondsbasierte Lebensversicherungen und strukturierte Bankeinlagen. Keine Kapitalmarktinvestmentprodukte sind Lebensversicherungen mit garantiertem Rückkaufswert, Schutzversicherungen, einfache Bankeinlagen, Aktien, Anleihen, geschlossene Fonds ohne Risikomischung und Derivate, denen das ungeschriebene Tatbestandsmerkmal der „Anlagefunktion" fehlt.

Aus Anlegersicht sind Kapitalmarktinvestmentprodukte funktional austauschbar. Folgerichtig hat der EU-Gesetzgeber mit der PRIP-Initiative einen rechtsgebietsübergreifenden, horizontalen Regulierungsansatz gewählt, der in Gestalt der Wohlverhaltensregeln materielles Anlegerschutzrecht auf klassische Verbraucherprodukte zur Anwendung bringen soll.

Hierdurch soll ein einheitliches Schutzniveau für die private Geldanlage am Kapitalmarkt geschaffen werden, unabhängig von der konkreten Produktkategorie. Diese Gleichbehandlung deutet darauf hin, dass der Gesetzgeber eine regelungssystematische Trennung von Anleger- und Verbraucherschutzrecht nicht für geboten erachtet.

C. Regelungsadressaten der PRIP-Initiative

Das „regulatorische alter ego" der Privathaushalte sind die gesetzlichen Kategorien „Kleinanleger" (MiFID I, PRIP-Initiative), „Privatanleger" (KAGB), „Privatkunde" (WpHG) und „Versicherungsnehmer" (VVG).

„Privatanleger", definiert als natürliche Personen, die Kapitalvermögen vorrangig zum Zweck der privaten Altersvorsorge anlegen, lassen sich zudem unter den formellen Verbraucherbegriff des § 13 BGB subsumieren. Eine teleologische Reduktion bzw. richtlinienkonforme Auslegung des § 13 BGB zum Ausschluss privater Geldanlage-Geschäfte ist nicht angezeigt.

Im Übrigen lässt sich ein materieller Verbraucherbegriff identifizieren, der verbraucherschützende Vorschriften auf Nicht-Verbraucher zur Anwendung bringt. Somit ergibt sich ein vierstufiges Kategorisierungssystem, da zwischen „Unternehmer"- und „Verbraucher"-Privatanlegern unterschieden werden muss.

Zur trennscharfen Abgrenzung von Anleger- und Verbraucherschutzrecht sind die gesetzlichen Begriffskategorien ungeeignet. Die Anwendbarkeit des Verbrauchbegriffs auf Anlagegeschäfte deutet vielmehr darauf hin, dass nicht strikt zwischen „Anlegern" und „Verbrauchern" zu trennen ist. Allerdings unterliegt der Verbraucherbegriff nicht der Parteidisposition und kann daher aus regelungssystematischen Gründen die Anleger- und Kundenbegriffe nicht ersetzen.

D. Trichotomie und Disparität der Rechtsquellen

Aufgrund der Vielgestaltigkeit von Kapitalmarktinvestmentprodukten sind die Rechtsquellen der PRIP-Initiative trichotom: neben dem Aufsichts- und (Versicherungs-)Vertragsrecht zählt hierzu auch das Verbrauchervertragsrecht.

Zivilrechtlich können sich Anlagegeschäfte im Zwei- oder Dreipersonenverhältnis vollziehen: Festpreisgeschäfte (Eigenemission, Eigengeschäft und Eigenhandel) sind stets Zweipersonenverhältnisse, das Kommissionsgeschäft ist ein Dreipersonenverhältnis. Nach der hier vertretenen Ansicht ist an der dogmatischen Herleitung von allgemeinem Bankvertrag und konkludentem Anlageberatungsvertrag festzuhalten.

Aufsichtsrechtlich findet nicht jede zivilrechtliche Geschäftsart ihre Entsprechung im Katalog der WpHG-Wertpapierdienstleistungen.

Verbrauchervertragsrecht kommt potentiell in Gestalt der Fernabsatzvorschriften auf die Anlagegeschäfte von Privatanlegern zur Anwendung.

Anlage- und Konsumentscheidungen beruhen in der Regel auf zwei divergierenden Entscheidungsparametern, nämlich auf „Exspektanzen" und auf „Beschaffenheiten". Dennoch handelt es sich bei Anleger- und Verbraucherschutzrecht nicht um disparate Regelungsregime.

E. Rechtsprinzipien des PRIP-Rechtsregimes

Die Herausbildung von Rechtsprinzipien dient insbesondere künftigen Gesetzgebungsvorhaben als normative Leitlinie. Sie setzt voraus, dass sich der einfachgesetzlichen Rechtsordnung für einen abgrenzbaren Regelungsbereich Wertentscheidungen von allgemeiner Gültigkeit entnehmen lassen. Für das von der PRIP-Initiative umfasste Rechtsregime sind dies die Rechtsprinzipien „fremdnützige Interessenwahrnehmung" und „umfassende Anlegerinformation", die wiederum durch einfachgesetzliche Sanktionsinstrumente konkretisiert werden.

Auf aufsichtsrechtlicher Ebene verleiht die Interessenwahrungspflicht gemäß § 31 Abs. 1 Nr. 1 WpHG allen Wertpapierdienstleistungen fiduziarischen Charakter. Die Wohlverhaltensregeln – und damit § 31 Abs. 1 Nr. 1 WpHG – sind nach der hier vertretenen Ansicht zivilrechtlich unbeachtlich: die Lehren von einer „Doppelnatur" bzw. „Ausstrahlungswirkung" der §§ 31 ff. WpHG lassen sich für den geltenden Rechtsrahmen nicht belegen.

Ebenso wenig kommen die MiFID-Wohlverhaltensregeln im Wege richtlinienkonformer Auslegung zur Anwendung, denn es fehlt der Nachweis, dass der europäische Gesetzgeber mit der MiFID-Gesetzgebung zugleich das mitgliedstaatliche Zivilrecht harmonisieren wollte. Zu diesen Auslegungsergebnissen gelangten zuletzt auch EuGH und BGH.

Die zivilrechtliche Verpflichtung zur fremdnützigen Interessenwahrung lässt sich allerdings aus dem allgemeinen Bankvertrag herleiten. Schließlich vollzieht sich die Geldanlage in Kapitalmarktinvestmentprodukte empirisch zumeist im Rahmen bankmäßiger Geschäftsverbindungen. Die aus dem allgemeinen Bankvertrag als Geschäftsbesorgungsvertrag abzuleitende Interessenwahrungspflicht umfasst alle auf dieser Grundlage vorzunehmenden Einzelgeschäfte und vermag die Eigennützigkeit von Festpreisgeschäften zu „überwölben".

Somit ist die zivilrechtliche Rechtsbeziehung zwischen Bank und Kunde stets fiduziarischer Natur, unabhängig von der konkreten Geschäftsart. Dies rechtfertigt es, die Verpflichtung zur „fremdnützigen Interessenwahrung" als Rechtsprinzip des PRIP-Rechtsregimes einzustufen.

Auf einfachgesetzlicher Sanktionsebene wird das Rechtsprinzip durch die Regelungsinstrumente Qualitätskontrolle von Anlageprodukten, Vertriebsbeschränkungen, Offenlegungspflichten für Interessenkonflikte, Regulierung der Beratervergütung und (VVG-)Schadensersatzansprüche bei anlegerinteressenwidrigem Verhalten sanktioniert.

Privatanleger sind gegenüber den Wertpapierdienstleistern und Produktemittenten informationell benachteiligt: Nicht nur Informationsasymmetrien, sondern auch das problematische Zusammenspiel von Informationsüberlastung und beschränkter Rationalität beeinträchtigen die Informationsversorgung und die Informationseffizienz. Aus Gründen der Markteffizienz und des Anlegerschutzes sind die Wertpapierdienstleister aufsichts- und zivilrechtlich zur produktbezogenen Aufklärung und anlegerbezogenen Beratung verpflichtet.

Anlegerbezogene Informationspflichten sind rechtsgebietsübergreifend in unterschiedlicher Ausprägung vorgesehen. Der hierdurch auf einfachgesetzlicher Ebene gesetzte Mindeststandard rechtfertigt die Zusammenführung der Pflichtenkanones im Rechtsprinzip der „umfassenden Anlegerinformation".

Die Leistungsfähigkeit der anlegerbezogenen Informationspflichten steht unter dem Vorbehalt des Möglichen und stößt bei „komplexen" Kapitalmarktinvestmentprodukten schnell an Grenzen. Der von der BGH-

„Zins-Swap“-Entscheidung geforderte „Informationserfolg“ ist in der Beratungspraxis rechtssicher nicht zu erzielen.

Besseren Schutz vor dem Informationsrisiko intransparenter Produktgestaltungen versprechen Vertriebsbeschränkungen und -verbote, die an die Komplexität von Anlageprodukten anknüpfen.

F. Sanktionsinstrumentarium

Das Regelungsinstrumentarium, das die Rechtsprinzipien des Privatanlegerschutzes auf einfachgesetzlicher Normebene sanktioniert, weist einen verbraucherschutzrechtlichen Charakter auf: Sanktionsinstrumente wie Produktverbote, Vertriebsbeschränkungen, Widerrufsrechte und kollektive Rechtsschutzmechanismen zielen vorrangig auf die Kompensation struktureller Ungleichgewichtslagen ab.

G. Rechtspolitischer Reformbedarf

(1.) Gegenwärtig bestehen Regelungslücken bei Eigenemissionen und Eigengeschäften, denn beide Festpreis-Geschäftsarten zählen nicht zum Katalog der WpHG-Wertpapierdienstleistungen. Im Zuge der MiFID II-Reform wurde der Vertrieb *eigenemittierter* Produkte den Wohlverhaltensregeln unterstellt. *De lege ferenda* sollten die §§ 31 ff. WpHG jedoch auch auf *Eigengeschäfte* der Wertpapierdienstleister ausgeweitet werden.

(2.) Künftig sollte für alle Kapitalmarktprodukte ein produktbezogenes Widerrufsrecht eingeführt werden, das sich an den VVG-Widerrufsrechten und deren „Doppelwirkung“ anlehnt (§§ 8, 9 VVG). Spekulationen der Anleger zulasten der Anbieterseite beugen Regelungen vor, die § 169 Abs. 4 VVG vergleichbar, den Rückzahlungsbetrag auf den Zeitwert beschränken.

(3.) Das Konzept der WpHG-Produktinformationsblätter ist im Falle der Einführung der geplanten EU-Basisinformationsblätter aufzugeben. Stattdessen sollten auf europäischer Ebene möglichst detaillierte und einheitliche Vorgaben an die Informationsdarstellung aufgestellt werden.

(4.) Die Pflichten zur Offenlegung der Beratervergütung sollten vereinheitlicht werden.

(5.) Die Fernabsatz-Informationspflichten sind, soweit europarechtlich zulässig, an die WpHG-Standardinformationen anzugleichen, um Informationsdoppelungen zu vermeiden.

(6.) Eine gesetzliche Muster-Vorlage, die im geltenden Recht nur für Widerrufs- und Rückgabebelehrungen und die vorvertragliche Aufklärung bei Verbraucherkreditverträgen vorgesehen ist, wäre auch für die standardisierte vorvertragliche Produktaufklärung für Kapitalmarktinvestmentprodukte zweckmäßig.

(7.) Die standardisierte Informationserteilung sollte in den Fällen der „anderen Geschäfte" und von *execution only* zugunsten individualisierter Warnhinweise gestrichen werden.

(8.) Abhängig von der Produktkomplexität sollte ein Übereilungsschutz in Gestalt von Schriftformerfordernissen bzw. technischer Lösungen für das Online-Geschäft eingeführt werden.

(9.) Um den Gleichlauf von aufsichts- und zivilrechtlichem Pflichtenkanon sicherzustellen, ist die zivilrechtliche Bindungswirkung der §§ 31 ff. WpHG anzuordnen.

(10.) Institutionellen „Marktwächtern" sind kollektive Schadensersatzklagerechte einzuräumen, um prozessuale Hemmschwellen abzubauen und dadurch das zivilrechtliche Haftungsregime zu effektuieren.

H. Schlussbetrachtung

Der individuelle Privatanlegerschutz dient der Kompensation struktureller Defizite und entspricht damit verbraucherschutzrechtlichen Zielsetzungen. Mit der PRIP-Initiative hat sich der europäische Gesetzgeber dazu entschlossen, Anleger- und Verbraucherschutzrecht für den Regelungsbereich der Kapitalmarktinvestmentprodukte zusammenzuführen.

Aus behördlichen Aufsichtsaufgaben, terminologischen Schnittmengen, gemeinsamen vertragsrechtlichen Grundlagen und Rechtsprinzipien sowie marktkompensatorischer Regelungsdogmatik ergibt sich bei weiterer Angleichung des Sanktionsinstrumentariums *de lege ferenda* ein kohärentes Regelungssystem für den Verbraucherschutz bei mittelbaren Kapitalmarktanlagen.

Regelungsermächtigung und Grenzen dieses horizontalen Ansatzes ergeben sich gleichermaßen aus der Verfassung: Die Grundrechte verpflichten den Gesetzgeber, selbstbestimmte und eigenverantwortliche Anlageentscheidungen umfassend sicherzustellen. Hinsichtlich der Geldanlage in Kapitalmarktinvestmentprodukte gilt es vor allem die Gefahren einzudämmen, die aus überkomplexen Produkten und den Eigeninteressen der Anbieterseite resultieren. Künftige Rechtsetzungsakte auf Grundlage der PRIP-Initiative müssen sich an den Rechtsprinzipien „fremdnützige Interessenwahrung" und „umfassende Anlegerinformation" orientieren.

Trotz ihres verbraucherschutzrechtlichen Zuschnitts erfordert die Regulierung von Kapitalmarktinvestmentprodukten zugleich Zugeständnisse, die den Besonderheiten der Geldanlage am Kapitalmarkt Rechnung tragen. Der Verhältnismäßigkeitsgrundsatz setzt dabei einem überbordenden Paternalismus Grenzen: Weder müssen Entscheidungen zur privaten Geldanlage objektiv sinnvoll sein, noch dürfen Privatanleger vom Risiko der Kapitalmarktanlage zulasten der Anbieterseite befreit werden. Das Kapitalmarktrisiko ist nach Vertragsschluss vollständig dem Anleger zugewiesen. Sanktionsinstrumente wie z.B. Widerrufsrechte dürfen diese Risikoverteilung nicht unterlaufen.

Der durch das PRIP-Regime geschützte Privatanleger ist nicht mit einem „bequemen Verbraucher" gleichzusetzen, der für sein Handeln nur eingeschränkt Verantwortung übernimmt[1]. Verbraucherschützende Zielsetzungen müssen sich darauf beschränken, im Sinne „normativer Effizienz" die Entscheidungszuständigkeit der Privatanleger in wirtschaftlichen Belangen abzusichern. Der Maxime eines asymmetrischen Paternalismus folgend, haben sich kompensatorische Markteingriffe darauf zu beschränken, die strukturelle Unterlegenheit eingeschränkt-rationaler Privatanleger zu kompensieren, ohne dabei die Kapitalmarktfunktionalität zu beeinträchtigen.

Die festgestellte Konvergenz von Anleger- und Verbraucherschutzrecht im Bereich der Kapitalmarktinvestmentprodukte entlässt den Privatanleger nicht aus seiner Eigenverantwortung. Die regulatorischen Prämissen des Privatanlegerschutzes bei Kapitalmarktinvestmentprodukten lassen sich mit folgendem Zitat der BaFin-Präsidentin *Elke König* abschließend zusammenfassen:

> „1. Es gibt einen Zusammenhang zwischen versprochener Rendite und Risiko.
> 2. Die Anbieter an den Finanzmärkten – egal ob beaufsichtigt oder nicht – sind keine Wohltäter und müssen es auch nicht sein.

---

1 Hierzu *Drexl*, Die wirtschaftliche Selbstbestimmung des Verbrauchers, 1998, S. 418 f. m.w.N.

3. Man sollte nur in Produkte investieren, die man versteht, und eine gesunde Skepsis an den Tag legen.
4. In Anlageentscheidungen sollte man mindestens so viel Zeit investieren wie in die Anschaffung eines Smartphones.“[2]

2 So die Präsidentin der BaFin *König*, Rede anlässlich des Neujahrspresseempfangs der BaFin 2014 am 16.1.2014 in Frankfurt/Main.

Literaturverzeichnis

Akerlof, George G., The Market for „Lemons“: Quality Uncertainty and the Market Mechanism, 84 Quarterly Journal of Economics 488-500 (1970)
zitiert: *Akerlof,* 84 Quarterly Journal of Economics 488 (1970)

Alces, Kelli A., Debunking the Corporate Fiduciary Myth, 35 Journal of Corporation Law 239-282 (2009)
zitiert: *Alces,* 35 Journal of Corporation Law 239 (2009)

Alexy, Robert, Zum Begriff des Rechtsprinzips, in: Krawietz, Werner / Opalek, Kazimierz / Peczenik, Aleksander/ et al. (Hrsg.), Argumentation und Hermeneutik in der Jurisprudenz, Berlin, 1979
zitiert: *Alexy,* in: Krawietz/Opalek/Peczenik (Hrsg.), Argumentation und Hermeneutik in der Jurisprudenz, 1979

– Theorie der Grundrechte, Baden-Baden,1985 (zugl.: Göttingen, Univ., Habil., 1984)
zitiert: *Alexy*, Theorie der Grundrechte, 1985

– Zur Struktur der Rechtsprinzipien, in: Regeln, Prinzipien und Elemente im System des Rechts, Schilcher, Bernd/ Koller, Peter / Funk, Bernd-Christian (Hrsg.), Wien, 2000, S. 31-52
zitiert: *Alexy*, in: Schilcher/Koller/Funk (Hrsg.), Regeln, Prinzipien und Elemente im System des Rechts, 2000

Allen, Matthew P., A Lesson from History, Roosevelt to Obama- The Evolution of Broker-Dealer Regulation: From Self-Regulation, Arbitration, and Suitability to Federal Regulation, Litigation, and Fiduciary Duty, 5 Entrepreneurial Business Law Journal 1-96 (2010)
zitiert: *Allen*, 5 Entrepreneurial Business Law Journal 1 (2010)

Anweiler, Jochen, Die Auslegungsmethoden des Gerichtshof der Europäischen Gemeinschaften, Frankfurt, 1997 (zugl.: Göttingen, Univ., Diss., 1996)
zitiert: *Anweiler*, Auslegungsmethoden des EuGH, 1997

Armbrüster, Christian, Kapitalanleger als Verbraucher? Zur Reichweite des europäischen Verbraucherschutzrechts, ZIP 2006, 406-415
zitiert: *Armbrüster,* ZIP 2006, 406

– Das allgemeine Widerrufsrecht im neuen VVG, r+s 2008, 493-504
zitiert: *Armbrüster*, r+s 2008, 493

Assmann, Heinz-Dieter, Prospekthaftung als Haftung für die Verletzung kapitalmarktbezogener Informationsverkehrspflichten nach deutschem und US-amerikanischem Recht, Köln/Berlin/Bonn/u.a., 1985
zitiert: *Assmann*, Prospekthaftung, 1985

– Konzeptionelle Grundlagen des Anlegerschutzes, ZBB 1989, 49-63
zitiert: *Assmann*, ZBB 1989, 49

– Die Regelung der Primärmärkte für Kapitalanlagen mittels Publizität im Recht der Europäischen Gemeinschaft, AG 1993, 549-563

zitiert: *Assmann,* AG 1993, 549
– Interessenkonflikte aufgrund von Zuwendungen, ZBB 2008, 21-32
zitiert: *Assmann*, ZBB 2008, 21
– Die Pflicht von Anlageberatern und -vermittlern zur Offenlegung von Innenprovisionen, ZIP 2009, 2125-2136
zitiert: *Assmann*, ZIP 2009, 2125
– Das Verhältnis von Aufsichtsrecht und Zivilrecht im Kapitalmarktrecht, in: Festschrift für Uwe H. Schneider zum 70. Geburtstag, Burgard, Ulrich / Hadding, Walter / Mülbert, Peter O. / et al., Köln, 2011, S. 37-55
zitiert: *Assmann*, in: FS Schneider, 2011

Bachof, Otto, Über öffentliches Recht, in: Verwaltungsrecht zwischen Freiheit, Teilhabe und Bindung: Festgabe aus Anlaß des 25jährigen Bestehens des Bundesverwaltungsgerichts, Bachof, Otto / Heigl, Ludwig / Redeker, Konrad (Hrsg.), München, 1978, S. 1-21
zitiert: *Bachof*, in: FG 25 BVerwG, 1978

Badura, Peter, Staatsrecht: systematische Erläuterung des Grundgesetzes für die Bundesrepublik Deutschland, München, 5. Aufl. 2012
zitiert: *Badura,* Staatsrecht, 5. Aufl. 2012

Baetge, Dietmar, Das Recht der Verbandsklage auf neuen Wegen, ZZP 112 (1999), 329-351
zitiert: *Baetge*, ZZP 112 (1999), 329

Bainbridge, Stephen M., Mandatory Disclosure: A Behavioral Analysis, 68 University of Cincinatti Law Review 1023-1060 (2000)
zitiert: *Bainbridge,* 68 University of Cincinatti Law Review 1023 (2000)

Balzer, Peter, Anmerkung zu BGH: Kein eigenständiger allgemeiner Bankvertrag nur aufgrund längerer Geschäftsverbindung im Zusammenhang mit Giro- oder Darlehensvertrag (BKR 2002, 1089 ff.), BKR 2002, 1092-1094
zitiert: *Balzer,* BKR 2002, 1092
– Bankpflichten bei der Durchführung von Wertpapieraufträgen – systematischer Überblick, in: Bankrecht 2002: Tagungsband zum RWS-Forum am 14. und 15. März 2002 in Berlin, Köln, 2003, S. 365-417
zitiert: *Balzer*, in: Bankrecht 2002, 2003
– Umsetzung der MiFID: Ein neuer Rechtsrahmen für die Anlageberatung, ZBB 2007, 333-345
zitiert: *Balzer*, ZBB 2007, 333

Bankrecht, Schwintowski, Hans Peter / Schäfer, Frank A. (Hrsg.), Köln, 2. Aufl. 2004
zitiert: *Bearbeiter*, in: Schwintowski/Schäfer (Hrsg.), Bankrecht, 2. Aufl. 2004

Bankrecht – Grundlagen der Rechtspraxis, Fischer, Reinfrid / Klanten, Thomas (Hrsg.), Köln, 4. Aufl. 2010
zitiert: *Bearbeiter*, in: Fischer/Klanten (Hrsg.), 4. Aufl. 2010

Bankrechts-Handbuch, Schimansky, Herbert/Bunte, Hermann-Josef / Lwowski, Hans-Jürgen (Hrsg.), München, 4. Aufl. 2011
zitiert: *Bearbeiter*, in: Schimansky/Bunte/Lwowski (Hrsg.), Bankrechts-Handbuch, 4. Aufl. 2011

Bankrechts-Kommentar, Langenbucher, Katja / Bliesener, Dirk H./ Spindler, Gerald (Hrsg.), München, 2013
zitiert: *Bearbeiter*, in: Langenbucher/Bliesener/Spindler (Hrsg.), Bankrechts-Kommentar, 2013

Bartl, Harald, Verbraucherschutz im Durchbruch, ZRP 1976, 13-18
zitiert: *Bartl*, ZRP 1976, 13

Bartlett, Susan A. / Chandler, Roy A., The Corporate Report and The Private Shareholder: Lee and Tweedie Twenty Years On, 29 British Accounting Review 245-264 (1997)
zitiert: *Bartlett/Chandler*, 29 British Accounting Review 245 (1997)

Bartsch, Hans-Jürgen, Privatrechtlicher Schutz des Verbrauchers bei Haustürgeschäften – vergleichende Betrachtung neuer Schutzbestimmungen, ZRP 1973, 219-224
zitiert: *Bartsch*, ZRP 1973, 219

Bartsch, Meinhard, Effektives Kapitalmarktrecht: zur Rechtsfolgenseite der Richtlinien im europäischen Kapitalmarktrecht, online: http://d-nb.info/975223097/34 (zugl.: Augsburg, Univ., Diss., 2005)
zitiert: *Bartsch*, Effektives Kapitalmarktrecht, 2005

Basedow, Jürgen, Das BGB im künftigen europäischen Privatrecht: Der hybride Kodex – Systemsuche zwischen nationaler Kodifikation und Rechtsangleichung, AcP 200 (2000), 445-492
zitiert: *Basedow,* AcP 200 (2000), 445

Bauer, Raymond A., Consumer Behavior as Risk Taking, in: Issues in Marketing, Karp, Robert E. (Hrsg.), New York, 1974, S. 46-52
zitiert: *Bauer*, in: Karp (Hrsg.), Issues in Marketing, 1974

Baumbach/Hopt: Handelsgesetzbuch, Hopt, Klaus J. / Merkt, Hanno / Roth, Markus (Hrsg.), München, 35. Aufl. 2012
zitiert: *Bearbeiter*, in: Baumbach/Hopt, Handelsgesetzbuch, 35. Aufl. 2012

Baums, Theodor, Empfiehlt sich eine Neuregelung des aktienrechtlichen Anfechtungs- und Organhaftungsrechts, insbesondere der Klagemöglichkeiten von Aktionären?, Verhandlungen des 63. DJT in Leipzig 2000, Bd. I: Gutachten F
zitiert: *Baums*, Gutachten F z. 63. DJT 2000, 2000

– Haftung wegen Falschinformation des Sekundärmarktes, ZHR 167 (2003), 139-192
zitiert: *Baums*, ZHR 167 (2003), 139-192

Bausch, Stephan, Beratung und Beratungshaftung von Banken im Lichte der Pilotentscheidungen zu Lehman-Zertifikaten, NJW 2012, 354-358
zitiert: *Bausch,* NJW 2012, 354

Beales, Howard / Craswell, Richard / Salop, Steven C., The Efficient Regulation of Consumer Information, 24 Journal of Law and Economics 491-539 (1981)
zitiert: *Beales/Craswell/Salop*, 24 Journal of Law and Economics 491 (1981)

Beck, Heiko, Das Chamäleon Anlegerschutz oder „Worüber reden wir eigentlich?“, in: Festschrift für Uwe H. Schneider zum 70. Geburtstag, Burgard, Ulrich / Hadding, Walter / Mülbert, Peter O. / et al. (Hrsg.), Köln, 2011, S. 37-55
zitiert: *Beck*, in: FS Schneider, 2011

Beck'scher Online-Kommentar BGB, Bamberger, Heinz Georg / Roth, Herbert (Hrsg.), München, Edit. 26.-30. Edit. (Stand: 1.2.2014)
zitiert: *Bearbeiter* in: Beck. Komm. z. BGB

Beckert, Jens, Die Finanzkrise ist auch eine Vertrauenskrise, in: Jahresbericht 2009 der Max-Planck-Gesellschaft zur Förderung der Wissenschaften e.V., München, 2010, S. 14-23
zitiert: *Beckert*, in: Jahresbericht MPG 2009, 2010

Beenken, Matthias, Pauschalkritik oder gute Ansätze? Zur Studie des Verbraucherministeriums „Anforderungen an Finanzvermittler – mehr Qualität, bessere Entscheidungen", VW 2009, 132-135
zitiert: *Beenken,* VW 2009, 132

Behrens, Gerold, Konsumentenverhalten: Entwicklung, Abhängigkeiten, Möglichkeiten, Heidelberg, 2. Aufl. 1991
zitiert: *Behrens*, Konsumentenverhalten, 2. Aufl. 1991

Belsky, Garry / Gilovich, ThomasDas Lemmingprinzip, München, 2007
zitiert: *Belsky/Gilovich*, Das Lemmingprinzip, 2007

Benicke, Christoph, Wertpapiervermögensverwaltung, Tübingen, 2006 (zugl.: Heidelberg, Univ., Habil., 2002)
zitiert: *Benicke*, Wertpapiervermögensverwaltung, 2006

Benöhr, Hans-Peter, Konsumentenschutz vor 80 Jahren. Zur Entstehung des Abzahlungsgesetzes vom 16. Mai 1894, ZHR 138 (1974), 492-503
zitiert: *Benöhr,* ZHR 138 (1974), 492

Berger, Christian, Der Beschaffenheitsbegriff des § 434 Abs. 1 BGB, JZ 2004, 276-283
zitiert: *Berger,* JZ 2004, 276

Berger, Klaus Peter, Haftung für unrichtige Bankauskunft: Abschied vom stillschweigend abgeschlossenen Auskunftsvertrag, ZBB 2001, 238-251
zitiert: *Berger*, ZBB 2001, 238

Berndt, Hermann, Konsumentscheidung und Informationsüberlastung: der Einfluss von Quantität und Qualität der Werbeinformation auf das Konsumentenverhalten: eine empirische Untersuchung, München, 1983 (zugl.: München, Univ., Diss., 1983)
zitiert: *Berndt*, Konsumentscheidung und Informationsüberlastung, 1983

Bernstein, Otto, Die Geschäftsbedingungen der Bankiers und ihre rechtliche Behandlung, Bank-Archiv 3 (1903/04), 166-171
zitiert: *Bernstein,* Bank-Archiv 3 (1903/04), 166

Beyerle, Franz, Die Treuhand im Grundriß des deutschen Privatrechts, Weimar, 1932
zitiert: *Beyerle*, Treuhand, 1932

– Der Entwicklungsgedanke im Recht, in: Festschrift der Leipziger Juristenfakultät für Dr. Alfred Schultze zum 19. März 1936, Siber, Heinrich / Schmidt, Eberhard / Richter, Lutz (Hrsg.), Leipzig, 1938, S. 229-249
zitiert: *Beyerle*, in: FS Schultze, 1938

Black, Barbara, How to Improve Retail Investor Protection After the Dodd-Frank Wall Street Reform and Consumer Protection Act, 13 University of Pennsylvania Journal of Business Law 59-106 (2010-2011)
zitiert: *Black*, 13 University of Pennsylvania Journal of Business Law 59 (2010-2011)

Bliesener, Dirk H., Aufsichtsrechtliche Pflichten beim Wertpapierhandel, Berlin, 1998 (zugl.: Hamburg, Univ., Diss., 1997/98)
zitiert: *Bliesener*, Aufsichtsrechtliche Pflichten beim Wertpapierhandel, 1998

Börsch-Supan, Axel, The German Retirement Insurance System, in: Pension Reform in Six Countries. What Can We Learn From Each Other?, Börsch-Supan, Axel / Miegel, Meinhard (Hrsg.), Berlin/Heidelberg/New York, 2010, S. 13-38
zitiert: *Börsch-Supan*, in: Börsch-Supan/Miegel (Hrsg.), Pension Reform in Six Countries, 2010

ders. / Wilke, Christina, The German Public Pension System: How it Was, How it Will Be,
zitiert: *Börsch-Supan/Wilke*, NBER Working Paper No. 10525 (Mai 2004)

Böttger, Günter, Der Einlagensicherungsfonds des Bundesverbands deutscher Banken – Zum vertraglichen Anspruch der Einleger auf Entschädigung, BKR 2011, 485-496
zitiert: *Böttger*, BKR 2011, 485

Brandeis, Louis D., Other People's Money: And How the Bankers Use It, New York, 1914
zitiert: *Brandeis*, Other People's Money, 1914

Brandl, Ernst / Klausberger, Philipp, „Ausstrahlungstheorie“ – Zum Verhältnis zwischen Aufsichtsrecht und Zivilrecht nach MiFID und WAG, ZFR 2009, 131-136
zitiert: *Brandl/Klausberger*, ZFR 2009, 131

Brandt, Markus, Aufklärungs- und Beratungspflichten der Kreditinstitute bei der Kapitalanlage, Baden-Baden, 2002 (zugl.: Göttingen, Univ., Diss., 2001)
zitiert: *Brandt*, Aufklärungs- und Beratungspflichten, 2002

Breidenbach, Stephan, Die Voraussetzungen von Informationspflichten beim Vertragsschluss, München, 1989 (zugl.: München, Univ., Diss., 1988)
zitiert: *Breidenbach*, Voraussetzungen von Informationspflichten, 1989

Brewer, Mark K. / Gough, Orla / Shah, Neeta S., Reconsidering Disclosure and Liability in the Transatlantic Capital Markets, 9 DePaul Business and Commercial Law Journal 257-292 (2010-2011)
zitiert: *Brewer/Gough/Shah*, 9 DePaul Business and Commercial Law Journal 257 (2010-2011)

Brinckmann, Hendrik, Lehman-Zertifikate und die Neuregelungen bei der Anlageberatung anlässlich der Reform des SchVG – Lässt sich eine vorsichtigere Beratungspraxis etablieren?, BKR 2010, 45-52
zitiert: *Brinckmann*, BKR 2010, 45

Brohm, Winfried, Soziale Grundrechte und Staatszielbestimmungen in der Verfassung, JZ 1994, 213-220
zitiert: *Brohm*, JZ 1994, 213

Brown, Robert A., Financial Reform and the Subsidization of Sophisticated Investors' Ignorance in Securitization Markets, 7 New York University Journal of Law and Business 105-174 (2010)
zitiert: *Brown*, 7 New York University Journal of Law and Business 105 (2010)

Brox/Walker: Allgemeiner Teil des BGB, Brox, Hans (Begr.) / Walker, Wolf-Dietrich (fortgef.), München, 36. Aufl. 2012
zitiert: *Brox/Walker*, BGB AT, 36. Aufl. 2012

Buck-Heeb, Petra, Aufklärungspflicht der Bank über Gewinnmarge und negativen Marktwert -Anmerkung zu OLG Celle 3. Zivilsenat, Urteil vom 30. September 2009, 3 U 45/09, jurisPR-BKR 5/2010, Anm. 6
zitiert: *Buck-Heeb,* jurisPR-BKR 5/2010, Anm. 6

– Zur Aufklärungspflicht von Banken bezüglich Gewinnmargen, BKR 2010, 1-8
zitiert: *Buck-Heeb,* BKR 2010, 1

– Der Anlageberatungsvertrag – Die Doppelrolle der Bank zwischen Fremd- und Eigeninteresse, WM 2012, 625-635
zitiert: *Buck-Heeb,* WM 2012, 625

– Vom Kapitalanleger- zum Verbraucherschutz, ZHR 176 (2012), 66-95
zitiert: *Buck-Heeb,* ZHR 176 (2012), 66

– Verhaltenspflichten beim Vertrieb – Zwischen Paternalismus und Schutzlosigkeit der Anleger, ZHR 177 (2013), 310-343
zitiert: *Buck-Heeb,* ZHR 177 (2013), 310

– Kapitalmarktrecht, Heidelberg, 6. Aufl. 2013
zitiert: *Buck-Heeb*, Kapitalmarktrecht, 6. Aufl. 2013

– Anlageberatung nach der MiFID II, BKR 2014, 221-232,
zitiert: *Buck-Heeb*, BKR 2014, 221

– Aufklärung über Innenprovisionen, unvermeidbarer Rechtsirrtum und die Überlagerung durch Aufsichtsrecht – Zugleich Besprechung von BGH vom 3.6.2014 = WM 2014, 1382 –, WM 2014, 1601-1605,
zitiert: *Buck-Heeb*, WM 2014, 1601

Bülow, Peter, Verbraucher, Konsument und Kleinanleger (Privatkunde),
in: Entwicklungslinien im Bank und Kapitalmarktrecht – Festschrift für Gerd Nobbe, Habersack, Mathias / Joeres, Hans-Ulrich / Krämer, Achim (Hrsg.), Köln, 2009, S. 495-505
zitiert: *Bülow*, in: FS Nobbe, 2009

Bumke, Christian, Regulierung am Beispiel der Kapitalmärkte, in: Kapitalmarktgesetzgebung im Europäischen Binnenmarkt, Hopt, Klaus J. / Veil, Rüdiger / Kämmerer, Jörn Axel (Hrsg.), Tübingen, 2008, S. 107-141
zitiert: *Bumke*, in: Hopt/Veil/Kämmerer (Hrsg.), Kapitalmarktgesetzgebung im EU-Binnenmarkt, 2008

Bunte, Hermann-Joseph, Bücherschau: Besprechung von Claus-Wilhelm Canaris: Bankvertragsrecht, 2. vollständig neu bearbeitete und erweiterte Auflage (Sonderauflage von Band III/3. Teil aus: Handelsgesetzbuch, Großkommentar, 3. Aufl.), WM 1983, 430-432
zitiert: *Bunte,* WM 1983, 430

Bydlinski, Franz, Privatautonomie und objektive Grundlagen des verpflichtenden Rechtsgeschäftes, Wien, 1967
zitiert: *Bydlinski*, Privatautonomie, 1967
– Bewegliches System und juristische Methodenlehre, in: Das Bewegliche System im geltenden und künftigen Recht, Bydlinski, Franz / Krejci, Heinz / Schilcher, Bernd / et al. (Hrsg.), Wien, 1986, S. 21-42
zitiert: *Bydlinski*, in: Bydlinksi/Krejci/Schilcher (Hrsg.), Das Bewegliche System im geltenden und künftigen Recht, 1986
– Erklärungsbewußtsein und Rechtsgeschäft, JZ 1975, 1-6
zitiert: *Bydlinski*, JZ 1975, 1
– Fundamentale Rechtsgrundsätze: zur rechtsethischen Verfassung d. Sozietät, Wien, 1988
zitiert: *Bydlinski*, Fundamentale Rechtsgrundsätze, 1988
– System und Prinzipien des Privatrechts, Wien/New York, 1996
zitiert: *Bydlinski*, System und Prinzipien des Privatrechts, 1996

Cahn, Andreas, Grenzen des Markt- und Anlegerschutzes durch das WpHG, ZHR 162 (1998), 1-50
zitiert: *Cahn,* ZHR 162 (1998), 1

ders. / Müchler, Henny, Produktinterventionen nach MiFID II Eingriffsvoraussetzungen und Auswirkungen auf die Pflichten des Vorstands von Wertpapierdienstleistungsunternehmen, BKR 2013, 45-55
zitiert: *Cahn/Müchler*, BKR 2013, 45

Camerer, Colin / Issacharof, Samuel / Loewenstein, George / O'Donoghue, Ted / Rabin, Matthew, Regulation for Conservatives: Behavioral Economics and the Case for "Asymmetric Paternalism", 151 University of Pennyslvania Law Review 1211-1254 (2003)
zitiert: *Camerer/Issacharof/Loewenstein/O'Donoghue/Rabin*, 151 University of Pennyslvania Law Review 1211 (2003)

Canaris, Claus-Wilhelm, -, Bankvertragsrecht, Berlin, 2. Aufl. 1981 und 3. Aufl. 1988
zitiert: *Canaris*, Bankvertragsrecht
– Die Feststellung von Lücken im Gesetz: eine methodologische Studie über Voraussetzungen und Grenzen der richterlichen Rechtsfortbildung praeter legem, Berlin, 2. Aufl. 1983 (zugl.: München, Univ., Diss., 1965)
zitiert: *Canaris*, Die Feststellung von Lücken im Gesetz, 2. Aufl. 1983
– Gesetzliches Verbot und Rechtsgeschäft: Vortrag vom 22. März 1983, Heidelberg, 1983
zitiert: *Canaris*, Gesetzliches Verbot und Rechtsgeschäft, 1983
– Systemdenken und Systembegriff in der Jurisprudenz: entwickelt am Beispiel des deutschen Privatrechts, Berlin, 2. Aufl. 1983
zitiert: *Canaris*, Systemdenken und Systembegriff, 2. Aufl.1983
– Grundrechte und Privatrecht, AcP 184 (1984), 201-246
zitiert: *Canaris*, AcP 184 (1984), 201
– Verstöße gegen das verfassungsrechtliche Übermaßverbot im Recht der Geschäftsfähigkeit und im Schadensersatzrecht, JZ 1987, 993-1004
zitiert: *Canaris*, JZ 1987, 993

– Die Schadensersatzpflicht der Kreditinstitute für eine unrichtige Finanzierungsbestätigung als Fall der Vertrauenshaftung, in: Bankrecht – Schwerpunkte und Perspektiven: Festschrift für Herbert Schimansky, Horn, Norbert / Lwowski, Jürgen / Gerd, Nobbe (Hrsg.), Köln, 1999, S. 43-66
zitiert: *Canaris*, in: FS Schimansky, 1999

– Wandlungen des Schuldvertragsrechts. Tendenzen zu seiner „Materialisierung“, AcP 200 (2000), 273-364
zitiert: *Canaris*, AcP 200 (2000), 273

Caplin, Andrew / Leahy, John, Behavioral Policy, in: The Psychology of Economic Decisions, Brocas, Isabelle / Carrillo, Juan D. (Hrsg.), Oxford/New York, 2003, Vol. I, S. 73-88
zitiert: *Caplin/Leahy*, in: Brocas/Carillo (Hrsg.), Behavioral Policy, 2003, Vol. I

Chase, William G. / Simon, Herbert A., Perception in Chess, 4 Cognitive Psychology 55-81 (1973)
zitiert: *Chase/Simon*, 4 Cognitive Psychology 55 (1973), 55

Choi, Stephen / Pritchard, Adam, Behavioral Economics and the SEC, 56 Stanford Law Review 1-73 (2003)
zitiert: *Choi/Pritchard*, 56 Stanford Law Review 1 (2003)

Clouth, Peter, Anlegerschutz – Grundlagen aus Sicht der Praxis, ZHR 177 (2013), 212-263
zitiert: *Clouth*, ZHR 177 (2013), 212

Coase, Ronald H., The Problem of Social Cost, 3 Journal of Law and Economics 1-44 (1960)
zitiert: *Coase*, 3 Journal of Law and Economics 1 (1960)

Cocca, Teodoro D. / Schubert, Roland, Veränderte Muster im Private Banking, Die Bank 2010, 38-41
zitiert: *Cocca/Schubert*, Die Bank 2010, 38

Coester-Waltjen, Dagmar, Die Inhaltskontrolle von Verträgen, außerhalb des AGBG, AcP 190 (1990), 1-33
zitiert: Coester-Waltjen, AcP 190 (1990), 1

– Massenschäden: die Geltendmachung von Schadensersatzansprüchen: ein Blick ins englische Recht, in: Festschrift für Wolfgang Fikentscher zum 70. Geburtstag, Großfeld, Bernhard / Rolf Sack / Möllers, Thomas M.J. (Hrsg.), München, 1998, S. 249-264
zitiert: *Coester-Waltjen*, in: FS Fikentscher, 1998

Coffee, John, Reforming the Securities Class Action: An Essay on Deterrence and its Implementation, 106 Columbia Law Review 1534-1561 (2006)
zitiert: *Coffee*, 106 Columbia Law Review 1534 (2006)

Coing, Helmut, Die Treuhand kraft privaten Rechtsgeschäfts, München, 1973
zitiert: *Coing*, Treuhand, 1973

Cosack, Konrad, Lehrbuch des Deutschen bürgerlichen Rechts auf der Grundlage des Bürgerlichen Gesetzbuchs für das Deutsche Reich, Jena, 4. Aufl. 1903
zitiert: *Cosack*, Lehrbuch des Deutschen bürgerlichen Rechts, 4. Aufl. 1903

Cunningham, Lawrence A., A Prescription to Retire the Rhetoric of "Principles- Based Systems" in Corporate Law, Securities Regulation and Accounting, 60 Vanderbilt Law Review 1411-1493 (2007)
zitiert: *Cunningham,* 60 Vanderbilt Law Review 1411 (2007)

Cziupka, Johannes, Die ergänzende Vertragsauslegung, JuS 2009, 103-106
zitiert: *Cziupka*, JuS 2009, 103

Damm, Reinhard, Kontrolle von Vertragsgerechtigkeit durch Rechtsfolgenbestimmung, JZ 1986, 913-926,
zitiert: *Damm*, JZ 1986, 913

Damrau, Jan, Selbstregulierung im Kapitalmarktrecht: eine rechtsökonomische Analyse der Normsetzung der deutschen Börsen und ihrer Träger, Berlin, 2003 (zugl.: Göttingen, Univ., Diss., 2003)
zitiert: *Damrau*, Selbstregulierung im Kapitalmarktrecht, 2003

Das Recht der Europäischen Union, Grabitz, Eberhard / Hilf, Meinhard (Hrsg.), München, 40. Erg.-Lfg. 2009
zitiert: *Bearbeiter*, in: Grabitz/Hilf (Hrsg.), Das Recht der Europäischen Union, 40. Erg.-Lfg. 2009

Dauner-Lieb, Barbara, Verbraucherschutz durch Ausbildung eines Sonderprivatrechts für Verbraucher: systemkonforme Weiterentwicklung oder Schrittmacher der Systemveränderung?, Berlin, 1983 (zugl.: Tübingen, Univ., Diss., 1982/83)
zitiert: *Dauner-Lieb*, Sonderprivatrecht für Verbraucher, 1983

– Die Verbrauchermodell, ZKredW 1984, 941-943
zitiert: *Dauner-Lieb*, ZKredW 1984, 941

dies. / Dötsch, Wolfgang, Ein „Kaufmann" als „Verbraucher"? – Zur Verbrauchereigenschaft des Personengesellschafters, DB 2003, 1666-1669
zitiert: *Dauner-Lieb/Dötsch*, DB 2003, 1666

de Graaf, Frank Jan / Williams, Cynthia A., The Intellectual Foundations of the Global Financial Crisis: Analysis and Proposals for Reform, 32 University of New South Wales Law Journal 390-415 (2009)
zitiert: *de Graaf/Williams,* 32 University of New South Wales Law Journal 390 (2009)

Dederichs, Mariele, Die Methodik des Gerichtshof der Europäischen Gemeinschaften, EuR 2004, 345-359
zitiert: *Dederichs,* EuR 2004, 345

DeMott, Deborah A., Beyond Metaphor: An Analysis of Fiduciary Obligations, 37 Duke Law Journal 879-924 (1988)
zitiert: *DeMott*, 37 Duke Law Journal 879 (1988)

Diamond, Douglas, Financial Intermediation and Delegated Monitoring, 51 Review of Economic Studies 393-414 (1984)
zitiert: *Diamond*, 51 Review of Economic Studies 393-414 (1984)

Dick, Hans, Das Verbraucherleitbild der Rechtsprechung: der Einfluß von Verbraucherschutzkonzeptionen auf die Gerichtsbarkeit am Beispiel der Rechtsprechung zur Verbraucherverschuldung und zur Verbraucherinformation, München, 1995 (zugl.: Regensburg, Univ., Diss., 1995)
zitiert: *Dick*, Verbraucherleitbild der Rechtsprechung, 1995

Dreher, Meinrad, Der Verbraucher – Das Phantom in den opera des europäischen und deutschen Rechts?, JZ 1997, 167-178
zitiert: *Dreher*, JZ 1997, 167

Drexl, Josef, Die wirtschaftliche Selbstbestimmung des Verbrauchers: eine Studie zum Privat- und Wirtschaftsrecht unter Berücksichtigung gemeinschaftsrechtlicher Bezüge, Tübingen, 1998 (zugl.: München, Univ., Habil., 1996)
zitiert: *Drexl*, Die wirtschaftliche Selbstbestimmung des Verbrauchers, 1998

– Der Bürge als deutscher und europäischer Verbraucher, JZ 1998, 1046-1051
zitiert: *Drexl*, JZ 1998, 1046

Dreyling, Georg, Die Umsetzung der Marktmissbrauchs-Richtlinie über Insider-Geschäfte und Marktmanipulation, Der Konzern 2005, 1-5
zitiert: *Dreyling*, Der Konzern 2005, 1

du Boisson, Joachim, Die Reichweite der Erlaubnistatbestände Emissionsgeschäft und Eigenhandel für andere in § 1 Kreditwesengesetz (KWG), WM 2003, 1401-1412
zitiert: *du Boisson,* WM 2003, 1401

Dworkin, Gerald, Paternalism. Some Second Thoughts, in: Paternalism, Sartorius, Rolf (Hrsg.), Minneapolis, 1983, S. 105-111
zitiert: *Dworkin*, in: Sartorius (Hrsg.), Paternalism, 1983

Dworkin, Ronald, Law's Empire, Oxford, 1986
zitiert: *Dworkin*, Law's Empire, 1986

Easterbrook, Frank H. / Fischel, Daniel R., -, Mandatory Disclosure and the Protection of Investors, 70 Virginia Law Review 669-715 (1984)
zitiert: *Easterbrook/Fischel*, 70 Virginia Law Review 669 (1984)

– Contract and Fiduciary Duty, 36 Journal of Law & Economics 425-446 (1993)
zitiert: *Easterbrook/Fischel*, 36 Journal of Law & Economics 425 (1993)

Ebenroth/Boujong/Joost/Strohn: Handelsgesetzbuch Kommentar, Band 2: §§ 343-475 h, Transportrecht, Bank- und Börsenrecht, Joost, Detlev / Strohn, Lutz (Hrsg.), München, 2. Aufl. 2009
zitiert: *Bearbeiter*, in: Ebenroth/Boujong/Joost/Strohn, Handelsgesetzbuch, 2. Aufl. 2009

Eidenmüller, Horst, Effizienz als Rechtsprinzip: Möglichkeiten und Grenzen der ökonomischen Analyse des Rechts, Tübingen, 2. Aufl. 1998 (zugl.: München, Univ., Diss., 1994)
zitiert: *Eidenmüller*, Effizienz als Rechtsprinzip, 2. Aufl. 1998

– Liberaler Paternalismus, JZ 2011, 814-821
zitiert: *Eidenmüller*, JZ 2011, 814

Einsele, Dorothee, Anmerkung zu BGH 24.1.2006 (JZ 2006, 1080-1082: Zur Beweislast bei Erfüllung von Beratungspflichten der Bank), JZ 2006, 1082-1084
zitiert: *Einsele,* JZ 2006, 1082

– Anlegerschutz durch Information und Beratung, JZ 2008, 477-490
zitiert: *Einsele,* JZ 2008, 477

– Bank- und Kapitalmarktrecht, Tübingen, 2. Aufl. 2010
zitiert: *Einsele*, Bank- und Kapitalmarktrecht, 2. Aufl. 2010

Ellenberger, Jürgen, MiFID FRUG: Was wird aus Bond?, in: Entwicklungslinien im Bank und Kapitalmarktrecht, Festschrift für Gerd Nobbe, Habersack, Mathias / Joeres, Hans-Ulrich / Krämer, Achim (Hrsg.), Köln, 2009, S. 523-538
zitiert: *Ellenberger*, in: FS Nobbe, 2009

– Neue Rechtsprechung zur zivilrechtlichen Haftung beim Vertrieb von Kapitalanlagen, in: Anlegerschutz im Wertpapiergeschäft/AGB in der Kreditwirtschaft (Bankrechtstag 2010), Habersack, Mathias / Mülbert, Peter O. / Nobbe, Gerd / et al. (Hrsg.), Berlin, 2011, S. 37-52
zitiert: *Ellenberger*, in: Habersack/Mülbert/Nobbe (Hrsg.), Bankrechtstag 2010, 2011

Elliott, W. Brooke / Hodge, Frank / Jackson, Kevin, The Association between Nonprofessional Investors' Information Choices and Their Portfolio Returns: The Importance of Investing Experience, University of Illinois at Urbana-Champaign, Working Paper, 2006,
abrufbar unter: http://www.usc.edu/schools/business/FBE/ seminars/papers/ARF_11-10-06_ELLIOTT-paper.pdf
zitiert: *Elliott/Hodge/Jackson,* University of Illinois at Urbana-Champaign, Working Paper, 2006

Emmerich, Hugo, Die Sanierung: Der Begriff der Sanierung, der außergerichtliche Vergleich, die Sanierungstreuhand, Mannheim, 1930
zitiert: *Emmerich*, Sanierung, 1930

Enderlein, Wolfgang, Rechtspaternalismus und Vertragsrecht, München, 1996 (zugl.: Saarbrücken, Univ., Habil., 1994)
zitiert: *Enderlein*, Rechtspaternalismus und Vertragsrecht, 1996

Engel, Christoph, Verhaltenswissenschaftliche Analyse: eine Gebrauchsanweisung für Juristen, in: Recht und Verhalten: Beiträge zu behavorial law and economics, Engel, Christoph / Englerth, Markus / Lüdemann, Jörn (Hrsg.), Tübingen, 2007, S. 363-405
zitiert: *Engel*, in: Engel/Englerth/Lüdemann (Hrsg.), Recht und Verhalten, 2007

Englerth, Markus, Vom Wert des Rauchens und der Rückkehr der Idioten – Paternalismus statt beschränkter Rationalität?, in: Recht und Verhalten: Beiträge zu behavorial law and economics, Engel, Christoph / Englerth, Markus / Lüdemann, Jörn / et al. (Hrsg.), Tübingen, 2007, S. 231-258
zitiert: *Englerth*, in: Engel/Englerth/Lüdemann (Hrsg.), Recht und Verhalten, 2007

– Verhaltensökonomie, in: Ökonomische Methoden im Recht, Towfigh, Emanuel V. / Petersen, Niels (Hrsg.), Tübingen, 2010, S. 165-199
zitiert: *Englerth*, in: Towfigh/Petersen (Hrsg.), Ökonomische Methoden im Recht, 2010

Enriques, Luca, Conflicts of Interest in Investment Services: The Price and Uncertain Impact of MiFID's Regulatory Framework, in: Investor Protection in Europe: Corporate Law Making, The MiFID and Beyond, Ferrarini, Guido / Wymeersch, Eddy (Hrsg.), Oxford/New York, 2006, S. 321-338
zitiert: *Enriques*, in: Ferrarini/Wymeersch (Hrsg.), Investor Protection in Europe, 2006

Epping, Volker, Grundrechte, Berlin, 5. Aufl. 2012
zitiert: *Epping*, Grundrechte, 5. Aufl. 2012

Erichsen, Hans-Uwe, Öffentliches und privates Recht, Jura 1982, 537-545
zitiert: *Erichsen*, Jura 1982, 537

ders. / Ehlers, Dirk, Allgemeines Verwaltungsrecht, Berlin/New York, 14. Aufl. 2010
zitiert: *Bearbeiter*, in: Erichsen/Ehlers (Hrsg.), Allgemeines Verwaltungsrecht, 14. Aufl. 2010

Erman: BGB, Grunewald, Barbara / Maier-Reimer, Georg / Westermann, Harm-Peter (Hrsg.),

Köln, 13. Aufl. 2011
zitiert: *Bearbeiter*, in: Erman, BGB, 13. Aufl. 2011

Esser, Josef, Besprechung von: Walter Wilburg, Entwicklung eines beweglichen Systems im Bürgerlichen Recht, RabelsZ 18 (1953), 165
zitiert: *Esser*, RabelsZ 18 (1953), 165

– Grundsatz und Norm in der richterlichen Fortbildung des Privatrechts: rechtsvergleichende Beiträge zur Rechtsquellen- und Interpretationslehre, Tübingen, 4. Aufl. 1990
zitiert: *Esser*, Grundsatz und Norm, 1990

Eucken, Walter, Das ordnungspolitische Problem, ORDO 1 (1948), 56-90
zitiert: *Eucken*, ORDO 1 (1948), 56

– Die Wettbewerbsordnung und ihre Verwirklichung, ORDO 2 (1949), 1-99
zitiert: *Eucken*, ORDO 2 (1949), 1

– Grundsätze der Wirtschaftspolitik, Bern, 1952
zitiert: *Eucken*, Grundsätze der Wirtschaftspolitik, 1952

Europäisches Unternehmens- und Kapitalmarktrecht, Lutter, Marcus / Bayer, Walter / Schmidt, Jessica (Hrsg.), Berlin /Boston, 5. Aufl. 2011
zitiert: *Bearbeiter*, in: Lutter/Bayer/Schmidt (Hrsg.), Europäisches Unternehmens- und Kapitalmarktrecht, 5. Aufl. 2011

Europarecht – Handbuch für die deutsche Rechtspraxis, Schulze, Reiner / Zuleeg, Manfred / Kadelbach, Stefan (Hrsg.), Baden-Baden, 2. Aufl. 2010
zitiert: *Bearbeiter*, in: Schulze/Zuleeg/Kadelbach (Hrsg.), Europarecht, 2. Aufl. 2010

Faber, Wolfgang, Elemente verschiedener Verbraucherbegriffe in EG-Richtlinien, zwischenstaatlichen Übereinkommen und nationalem Zivil- und Kollisionsrecht, ZEuP 1998, 854-892
zitiert: *Faber*, ZEuP 1998, 854

Fama, Eugene, Efficient Capital Markets: A Review of Theory and Theoretical Work, 25 The Journal of Finance 383-417 (1970)
zitiert: *Fama*, 25 The Journal of Finance 383 (1970)

– Efficient Capital Markets II, 46 The Journal of Finance 1575-1617 (1991)
zitiert: *Fama*, 46 The Journal of Finance 1575 (1991)

FAZ.NET-Börsenlexikon, abrufbar unter: http://boersenlexikon.faz.net/

Festinger, Leon, A Theory of Cognitive Dissonance, Stanford, Neuaufl. 1952
zitiert: *Festinger*, Theory of Cognitive Dissonance, Neuaufl. 1952

Finanzderivate Rechtshandbuch, Zerey, Jean-Claude (Hrsg.), Baden-Baden, 3. Aufl. 2013
zitiert: *Bearbeiter*, in: Zerey (Hrsg.), Finanzderivate, 3. Aufl. 2013

Fleischer, Holger, Vertragsschlussbezogene Informationspflichten im Gemeinschaftsprivatrecht, ZEuP 2000, 772-788
zitiert: *Fleischer,* ZEuP 2000, 772
– Informationsasymmetrie im Vertragsrecht: eine rechtsvergleichende und interdisziplinäre Abhandlung zu Reichweite und Grenzen vertragsschlußbezogener Aufklärungspflichten, München, 2001 (zugl.: Köln, Univ., Habil., 1998/99)
zitiert: *Fleischer*, Informationsasymmetrie im Vertragsrecht, 2001
– Empfiehlt es sich, im Interesse des Anlegerschutzes und zur Förderung des Finanzplatzes Deutschland das Kapitalmarkt- und Börsenrecht neu zu regeln? Verhandlungen des 64. Deutschen Juristentages in Berlin 2002, Band I: Gutachten F, München, 2002
zitiert: *Fleischer*, Gutachten F z. 64. DJT 2002, 2002
– Das Aktiengesetz von 1965 und das neue Kapitalmarktrecht, ZIP 2006, 451-459
zitiert: *Fleischer,* ZIP 2006, 451
– Die Richtlinie über Märkte für Finanzinstrumente und das Finanzmarkt-Richtlinie-Umsetzungsgesetz – Entstehung, Grundkonzeption, Regelungsschwerpunkte, BKR 2006, 389-396
zitiert: *Fleischer,*BKR 2006, 389

Fletcher, C. Edward, Sophisticated Investors under the Federal Securities Laws, 6 Duke Law Journal 1081-1154 (1988)
zitiert: *Fletcher*, 6 Duke Law Journal 1081 (1988)

Föhlisch, Carsten, Das Widerrufsrecht im Online-Handel, München, 2009 (zugl.: Münster, Univ., Diss., 2009)
zitiert: *Föhlisch*, Das Widerrufsrecht im Online-Handel, 2009

ders. / Dyakova, Tanya, Fernabsatzrecht und Informationspflichten im Onlinehandel – Anwendungsbereich nach dem Referentenentwurf zur Umsetzung der Verbraucherrechterichtlinie, MMR 2013, 3-9
zitiert: *Föhlisch/Dyakova*, MMR 2013, 3

Forschner, Julius, Wechselwirkungen von Aufsichtsrecht und Zivilrecht: eine Untersuchung zum Verhältnis der 31ff. WpHG und zivilrechtlichem Beratungsvertrag, Tübingen, 2013 (zugl.: Tübingen, Univ., Diss., 2012/2013)
zitiert: *Forschner*, Wechselwirkungen von Aufsichtsrecht und Zivilrecht, 2013

Franck, Jens-Uwe, Unionsrechtliche Regulierung des Wertpapierhandels und mitgliedstaatliche Gestaltungsspielräume: Dokumentation der Anlageberatung als Paradigma, BKR 2012, 1-8
zitiert: *Franck,* BKR 2012, 1

Frankel, Tamar, Fiduciary Law, 71 California Law Review 795-836 (1983)
zitiert: *Frankel*, 71 California Law Review 795 (1983)

Frankfurter Kommentar zum WpPG und zur EU-ProspektVO, Berrar, Carsten / Meyer, Andreas / Müller, Cordula / et al. (Hrsg.), Frankfurt, 2011
zitiert: *Bearbeiter,* in: Berrar/Meyer/Müller (Hrsg.), Frankf. Komm. z. WpPG, 2011

Fritzsche, Alexander, Anlegerschutz bei Zertifikaten – Der Rechtsrahmen bei Emission, Vertrieb und Handel von Zertifikaten im Spiegel anlegergerechter Regulierung, Frankfurt, 2012 (zugl.: Göttingen, Univ., Diss., 2011)
zitiert: *Fritzsche*, Anlegerschutz bei Zertifikaten, 2012

Früh, Andreas, Zur Bankenhaftung bei Immobilien-Kapitalanlagen, ZIP 1999, 701-705
zitiert: *Früh*, ZIP 1999, 701

Fuchs, Andreas, Zur Disponibilität gesetzlicher Widerrufsrechte im Privatrecht, AcP 196 (1996), 313
zitiert: *Fuchs*, AcP 196 (1996), 313

Fuchs, Hans-Ulrich, Zur Lehre vom allgemeinen Bankvertrag, Frankfurt/Bern, 1982 (zugl.: Göttingen, Univ., Diss., 1981)
zitiert: *Fuchs*, Zur Lehre vom allgemeinen Bankvertrag, 1982

Gabler Wirtschaftslexikon online, abrufbar unter: http://wirtschaftslexikon.gabler.de/

zitiert als *Bearbeiter*, in: Gabler Wirtschaftslexikon online

Gaßner, Otto / Escher, Markus, Bankpflichten bei der Vermögensverwaltung nach Wertpapierhandelsgesetz und BGH-Rechtsprechung, WM 1997, 93-104
zitiert: *Gaßner/Escher*, WM 1997, 93

Gemünden, Hans Georg, Perceived Risk and Information Search. A Systematic Meta-Analysis of the Empirical Evidence, 2 International Journal of Research in Marketing 79-100 (1985)
zitiert: *Gemünden,* 2 International Journal of Research in Marketing 79 (1985)

Gernhuber, Joachim, Ruinöse Bürgschaften als Folge familiärer Verbundenheit, JZ 1995, 1086-1096
zitiert: *Gernhuber,* JZ 1995, 1086

Gilson, Ronald J. / Kraakman, Reinier H., The Mechanisms of Market Efficiency, 70 Virginia Law Review 549-644 (1984)
zitiert: *Gilson/Kraakman*, 70 Virginia Law Review 549 (1984)

Goldberg, Joachim / Nitzsch, Rüdiger von, Behavioral Finance – Gewinne mit Kompetenz, München, 1999
zitiert: *Goldberg/Nitzsche*, Behavioral Finance, 1999

Grabitz/Hilf/Nettesheim, Das Recht der Europäischen Union, Nettesheim, Martin (Hrsg.), München, 48.-51. Erg.-Lfg. 2012/13
zitiert: *Bearbeiter*, in: Grabitz/Hilf/Nettesheim, Das Recht der Europäischen Union

Griffith, William B. / Goldfarb, Robert S., Amending the Economist's "Rational Egoist" Model to Include Moral Values and Norms, Part 1: The Problem, in: Social Norms and Economic Institutions, Koford, Kenneth J. / Miller, Jeffrey B. (Hrsg.), Ann Arbor, 1991, S. 39-58
zitiert: *Griffith/Goldfarb*, in: Koford/Miller (Hrsg.), Social Norms and Economic Institutions, 1991

Grigoleit, Hans-Christoph, Vorvertragliche Informationshaftung: Vorsatzdogma, Rechtsfolgen, Schranken, München, 1997 (zugl.: München, Univ., Diss., 1996)
zitiert: *Grigoleit*, Vorvertragliche Informationshaftung, 1997

– Grenzen des Informationsmodells – Das Spread-Ladder-Swap-Urteil des BGH im System der zivilrechtlichen Informationshaftung, in: Anlegerschutz im Wertpapiergeschäft – Verantwortlichkeit der Organmitglieder von Kreditinstituten (Bankrechtstag 2012), Habersack, Mathias / Mülbert, Peter O. / Nobbe, Gerd / u.a. (Hrsg.), Berlin/Boston, 2013, S. 25-64
zitiert: *Grigoleit*, in: Habersack/Mülbert/Nobbe (Hrsg.), Bankrechtstag 2012, 2013

– Anlegerschutz – Produktinformationen und Produktverbote, ZHR 177 (2013), 264-309
zitiert: *Grigoleit,* ZHR 177 (2013), 264

Groß, Wolfgang, Kapitalmarktrecht: Kommentar zum Börsengesetz, zur Börsenzulassungs-Verordnung, zum Wertpapierverkaufsprospekt und zum Verkaufsprospektgesetz, München, 5. Aufl. 2012
zitiert: *Groß*, Kapitalmarktrecht, 5. Aufl. 2012

Großkommentar Aktiengesetz, Band 1: Einleitung; §§ 1-53, Hopt, Klaus J./ Wiedemann, Herbert (Hrsg.), Berlin, 4. Aufl. 2004
zitiert: *Bearbeiter*, in: Assmann/Hopt (Hrsg.), Großkomm. z. AktG, 4. Aufl. 2004

Großkommentar zum VVG, Band 1: Einführung §§ 1-32, Beckmann, Roland Michael / Bruck, Ernst / Möller, Hans / et al. (Hrsg.), Berlin, 9. Aufl. 2008
zitiert: *Bearbeiter*, in: Großkomm. z. VVG, 9. Aufl. 2008

Grundmann, Stefan, Wohlverhaltenspflichten, interessenkonfliktfreie Aufklärung und MIFID II – Jüngere höchstrichterliche Rechtsprechung und Reformschritte in Europa, WM 2012, 1745-1755
zitiert: *Grundmann,* WM 2012, 1745

Gundermann, Peter, Zu den Anforderungen der Bankberatung bei strukturierten Finanzprodukten, BKR 2013, 406-413
zitiert: *Gundermann,* BKR 2013, 406

Gurley, John G. / Shaw, Edward S., Money in a Theory of Finance, Washington, 2. Aufl. 1962
zitiert: *Gurley/Shaw*, Money in a Theory of Finance, 2. Aufl. 1962

Gurlit, Elke, Grundrechtsbindung von Unternehmen, NZG 2012, 249-255
zitiert: *Gurlit*, NZG 2012, 249

Haas, Matthias, Anmerkung zu BGH: Aufklärungspflichten bei Spread Ladder Swaps, LMK 2011, 318031
zitiert: *Haas,* LMK 2011, 318031

Hagemann, Hans Werner, Wahrgenommene Informationsbelastung des Verbrauchers: eine empirische Untersuchung zum Zusammenhang von Bildung, Produktwissen und wahrgenommener Informationsbelastung bei Vorgabe komplexer Verbraucherinformationen, München, 1988 (zugl.: München, Univ., Diss., 1988)
zitiert: *Hagemann*, Wahrgenommene Informationsbelastung, 1988

Handbuch Corporate Governance von Banken, Hopt, Klaus J. / Wohlmannstetter, Gottfried (Hrsg.), München, 2011
zitiert: *Bearbeiter*, in: Hopt/Wohlmannstetter (Hrsg.), Hdb Corporate Governance, 2011

Handbuch des EU-Wirtschaftsrechts, Dauses, Manfred A. (Hrsg.), München, 34. Erg.-Lfg. 2013
zitiert: *Bearbeiter*, in: Dauses (Hrsg.), EU-Wirtschaftsrecht, 34. Erg.-Lfg. 2013

Handbuch des Kapitalanlagerechts, Assmann, Heinz-Dieter / Schütze, Rolf A. (Hrsg.), München, 2. Aufl. 1997 und 3. Aufl. 2007
zitiert: *Bearbeiter*, in: Assmann/Schütze (Hrsg.), Hdb KapitalanlageR

Handbuch zum deutschen und europäischen Bankrecht, Derleder, Peter / Knops, Kai-Oliver / Bamberger, Heinz Georg (Hrsg.), Berlin/Heidelberg, 2. Aufl. 2009
zitiert: *Derleder/Knops/Bamberger*, Bankrecht, 2. Aufl. 2009

Handkommentar Versicherungsvertragsgesetz, Rüffer, Wilfried / Halbach, Dirk / Schimikowski, Peter (Hrsg.), Baden-Baden, 2. Aufl. 2011
zitiert: *Bearbeiter*, in: Rüffer/Halbach/Schimikowski (Hrsg.), HK-VVG, 2. Aufl. 2011

Hanke, Stefan, Der offenkundige Interessenkonflikt in der Anlageberatung, BKR 2012, 493-499
zitiert: *Hanke,* BKR 2012, 493

Hansen, Ursula /Stauss, Bernd, Marketing und Verbraucherpolitik — Ein Überblick, in: Marketing und Verbraucherpolitik, Hansen, Ursula /Stauss, Bernd /Riemer, Martin (Hrsg.), Stuttgart, 1980, S. 2-20
zitiert: *Hansen/Stauss*, in: Hansen/Stauss/Riemer (Hrsg.), Marketing und Verbraucherpolitik, 1980

Hart, Dieter / Joerges, Christian, Verbraucherrecht und Marktökonomik: Eine Kritik ordnungstheoretischer Eingrenzung der Verbraucherpolitik, in: Wirtschaftsrecht als Kritik des Privatrechts, Assmann, Heinz-Dieter / Brüggemeier, Gert / Hart, Dieter /et al. (Hrsg.), Königstein/Ts., 1980, S. 83-238
zitiert: *Hart/Joerges*, in: Assmann/Brüggemeier/Hart (Hrsg.), Wirtschaftsrecht als Kritik des Privatrechts, 1980

Hart, Dieter / Köck, Wolfgang, Zum Stand der Verbraucherrechtsentwicklung, ZRP 1991, 61-67
zitiert: *Hart/Köck*, ZRP 1991, 61

Hartmann-Wendels, Thomas / Pfingsten, Andreas / Weber, Martin, Bankbetriebslehre, Berlin/Heidelberg, 2010
zitiert: *Hartmann-Wendels/Pfingsten/Weber*, Bankbetriebslehre, 2010

Hartwich, Hans-Hermann, Sozialstaatspostulat und gesellschaftlicher status quo, Köln/ Opladen, 1970 (zugl.: Habil., FU Berlin, 1970)
zitiert: *Hartwich*, Sozialstaatspostulat, 1970

Haug, Wolfgang Fritz, Kritik der Warenästhetik, Frankfurt/Main, 1971
zitiert: *Haug*, Kritik der Warenästhetik, 1971

Haupt, Günter, Die Allgemeinen Geschäftsbedingungen der deutschen Banken, Leipzig, 1937 (zugl.: Königsberg, Univ., Habil., 1935)
zitiert: *Haupt*, Allgemeine Geschäftsbedingungen der deutschen Banken, 1937

Hazen, Thomas Lee, Stock Broker Fiduciary Duties and the Impact of the Dodd-Frank Act, 15 North Carolina Banking Institute Journal 47-68 (2011)
zitiert: *Hazen*, 15 North Carolina Banking Institute Journal 47 (2011)

Heck, Philipp, Gesetzesauslegung und Interessenjurisprudenz, AcP 112 (1914), 1-65
zitiert: *Heck,* AcP 112 (1914), 1

– Begriffsbildung und Interessenjurisprudenz
zitiert: *Heck,* Begriffsbildung und Interessenjurisprudenz, 1932

Heinsius, Theodor, Anlageberatung durch Kreditinstitute, ZHR 145 (1981), 177-203
zitiert: *Heinsius*, ZHR 145 (1981), 177

– Anlageberatung durch Kreditinstitute – ein Thema ohne Ende, ZBB 1994, 47-57
zitiert: *Heinsius*, ZBB 1994, 47

Hellwig, Martin / Höfling, Wolfram/ Zimmer, Daniel, Finanzmarktregulierung – Welche Regelungen empfehlen sich für den deutschen und europäischen Finanzsektor?, Verhandlungen des 68. Deutschen Juristentags Berlin 2010, Bd. I: Gutachten E/G
zitiert: *Hellwig/Höfling/Zimmer*, Gutachten E/G z. 68. DJT 2010, 2010

Helmschrott, Harald / Waßmer, Martin, Aufklärungs-, Beratungs- und Verhaltenspflichten von Wertpapierdienstleistern nach §§ 31, 32 WpHG bei der Anlage in Aktien des Neuen Marktes, WM 1999, 1853-1863
zitiert: *Helmschrott/Waßner*,WM 1999, 1853

Herresthal, Carsten, -, Scheinunternehmer und Scheinverbraucher im BGB, JZ 2006, 695-706
zitiert: *Herresthal*, JZ 2006, 695

– Die Pflicht zur Aufklärung über Rückvergütungen und die Folgen ihrer Verletzung, ZBB 2009, 348-361
zitiert: *Herresthal*, ZBB 2009, 348

– Die Grundlage und Reichweite von Aufklärungspflichten beim Eigenhandel mit Zertifikaten – zugleich eine Besprechung von BVerfG 1 BvR 2514/11 (ZBB 2012, 134 – in diesem Heft), BGH XI ZR 182/10 und BGH XI ZR 178/10, ZBB 2012, 89-106
zitiert: *Herresthal*, ZBB 2012, 89

– Die Rechtsprechung zu Aufklärungspflichten bei Rückvergütungen auf dem Prüfstand des Europarechts, WM 2012, 2261-2267
zitiert: *Herresthal*, WM 2012, 2261

Heß, Burkhard, Die begrenzte Freizügigkeit einstweiliger Maßnahmen im Binnenmarkt II – Besprechung von EuGH, 27.4.1999, Rs. C-99/96, IPrax 2000, 370-375
zitiert: *Heß*, IPrax 2000, 370

Hesse, Konrad, Grundzüge des Verfassungsrechts, Heidelberg, 20. Aufl. 1995
zitiert: *Hesse*, Grundzüge des Verfassungsrechts, 20. Aufl. 1995

Historisch-kritischer Kommentar zum BGB, Band I: Allgemeiner Teil §§ 1-240, Schmoeckel, Mathias / Rückert, Joachim / Zimmermann, Reinhard (Hrsg.), Tübingen, 2003
zitiert: *Bearbeiter*, in: Schmoeckel/Rückert/Zimmermann (Hrsg.), Hist.-krit. Komm. z. BGB, 2003

Hommelhoff, Peter, Börsenhandel von GmbH- und KG-Anteilen? Zu den Vorschlägen der Kommission „Zweiter Börsenmarkt", ZHR 153 (1989), 181-215
zitiert: *Hommelhoff*, ZHR 153 (1989), 181

Honsell, Thomas, Historische Argumente im Zivilrecht: ihr Gebrauch und ihre Wertschätzung im Wandel unseres Jahrhunderts, Ebelsbach, 1982 (zugl.: München, Univ., Habil., 1981)
zitiert: *Honsell*, Historische Argumente im Zivilrecht, 1982

Hoppmann, Erich, Kulturelle Evolution und ökonomische Effizienz,in: Festschrift für Ernst-Joachim Mestmäcker zum siebzigsten Geburtstag, Immenga, Ulrich / Möschel, Wernhard / Reuter, Dieter (Hrsg.), Baden-Baden, 1996, S. 177-189
zitiert: *Hoppmann*, in: FS Mestmäcker, 1996

Hopt, Klaus J., Der Kapitalanlegerschutz im Recht der Banken, München, 1975 (zugl.: München, Univ., Habil., 1973)
zitiert: *Hopt*, Kapitalanlegerschutz im Recht der Banken, 1975

– Inwieweit empfiehlt sich eine allgemeine gesetzliche Regelung des Anlegerschutzes?, Verhandlungen des 51. Deutschen Juristentags in Stuttgart 1976, Band I: Gutachten G, München, 1976
zitiert: *Hopt*, Gutachten G z. 51. DJT 1976, 1976

– Ideelle und wirtschaftliche Grundlagen der Aktien-, Bank- und Börsenrechtsentwicklung im 19. Jahrhundert, in: Wissenschaft und Kodifikation des Privatrechts im 19. Jahrhundert, Coing, Helmut / Wilhelm, Walter (Hrsg.), Frankfurt/Main, 1980, Bd. V, S. 128-168
zitiert: *Hopt*, in: Coing/Wilhelm (Hrsg.), Wissenschaft und Kodifikation des Privatrechts im 19. Jahrhundert, Bd. V, 1980

– Aktuelle Rechtsfragen der Haftung für Anlage- und Vermögensberatung einschließlich Prospekthaftung, Köln, 1985
zitiert: *Hopt*, Haftung für Anlage- und Vermögensberatung, 1985

– Risikokapital, Nebenbörsen und Anlegerschutz, WM 1985, 793-805
zitiert: *Hopt*, WM 1985, 793

– Grundsatz- und Praxisprobleme nach dem Wertpapierhandelsgesetz – insbesondere Insidergeschäfte und Adhoc-Publizität -, ZHR 159 (1995), 135-160
zitiert: *Hopt*, ZHR 159 (1995), 135

– Interessenwahrung und Interessenkonflikte im Aktien-, Bank- und Berufsrecht- Zur Dogmatik des modernen Geschäftsbesorgungsrechts, ZGR 2004, 1-52
zitiert: *Hopt*, ZGR 2004, 1

Horn, Norbert, Die Aufklärungs- und Beratungspflichten der Banken, ZBB 1997, 139-152
zitiert: *Horn*, ZBB 1997, 139

Hulverscheidt, Claus, Bundesregierung will riskante Finanzprodukte verbieten, SZ-online v. 23.1.2014, abrufbar unter: www.sueddeutsche.de
zitiert: *Hulverscheidt*, SZ-online v. 23.1.2014

Hunt, Emery K / Sherman, Howard J., Volkswirtschaftslehre: Einführung aus traditioneller und kritischer Sicht, Band I: Mikroökonomie, Frankfurt/Main/New York, 1993
zitiert: *Hunt/Emery*, Volkswirtschaftslehre, Bd. I, 1993

Immenga, Ulrich, Buchbesprechung Canaris, ZBB 1990, 44-47
zitiert: *Immenga*, ZBB 1990, 44

Investmentbanking, Hockmann, Heinz-Josef / Thießen, Friedrich (Hrsg.), Stuttgart, 2. Aufl. 2007
zitiert: *Bearbeiter*, in: Hockmann/Thießen (Hrsg.), Investmentbanking, 2. Aufl. 2007

Isele, Hellmut Georg, Geschäftsbesorgung: Umrisse eines Systems, Marburg, 1935
zitiert: *Isele*, Geschäftsbesorgung, 1935

J. von Staudingers Kommentar zum Bürgerlichen Gesetzbuch mit Einführungsgesetz und Nebengesetzen, -, Buch 1: Allgemeiner Teil, §§ 1-14; VerschG (Einleitung zum BGB und Allgemeiner Teil 1), Habermann, Norbert / Honsell, Heinreich / Kannowski, Bernd (Hrsg.), Berlin, Neubearb. 2013

– Buch 1: Allgemeiner Teil, §§ 90-124; 130-133 (Allgemeiner Teil 3), Jickeli, Joachim / Knothe, Hans-Georg / Singer, Reinhard / et al. (Neubearb.), Berlin, Neubearb. 2012

– Band 1: Allgemeiner Teil, Brändl, Franz / Coing, Helmut (Hrsg.), Berlin, 11. Aufl. 1957

– Buch 1: Allgemeiner Teil: §§ 134-138; Anh zu § 138: ProstG (Allgemeiner Teil 4 a), Fischinger, Philipp S. / Kohler, Jürgen / Seibl, Maximilian (Neubearb.), Berlin, Neubearb. 2011

– Buch 1: Allgemeiner Teil, §§ 139 – 163 (Allgemeiner Teil 4 b), Bork, Reinhard / Roth, Herbert (Neubearb.), Berlin, Neubearb. 2010

– Buch 2: Recht der Schuldverhältnisse: Einleitung zum Schuldrecht, §§ 241-243 (Treu und Glauben), Looschelders, Dirk / Olzen, Dirk / Schiemann, Gottfried (Neubearb.), Berlin, Neubearb. 2009

– Buch 2: Recht der Schuldverhältnisse: §§ 311, 311 a, 312, 312a-i (Vertragsschluss), Feldmann, Cornelia / Löwisch, Manfred / Thüsing, Gregor (Neubearb.), Berlin, Neubearb. 2013

– Buch 2: Recht der Schuldverhältnisse: Einleitung zum Schuldrecht, §§ 346-261 (Rücktritt und Widerruf), Kaiser, Dagmar; Kessal-Wulf, Sibylle (Neubearb.), Berlin, Neubearb. 2012

– Buch 2: Recht der Schuldverhältnisse, §§ 491-512 (Verbraucherdarlehen), Kessal-Wulf, Sibylle (Neubearb.), Berlin, Neubearb. 2012

– Buch 2: Recht der Schuldverhältnisse, §§ 657-704 (Geschäftsbesorgung), Bergmann, Andreas / Martinek, Michael / Reuter, Dieter / et al. (Neubearb.), Berlin, Neubearb. 2006

– Buch 2: Recht der Schuldverhältnisse, §§ 823 E-I, 824, 825 (Unerlaubte Handlungen 1 – Teilband 2), Hager, Johannes (Neubearb.), Berlin, Neubearb. 2011
zitiert: ***Bearbeiter***, in: Staudinger, BGB

Jacoby, Jacob, Is it rational to assume consumer rationality? Some consumer psychological perspectives on rational choice theory, 6 Roger Williams University Law Review 81-161 (2000-2001)
zitiert: *Jacoby*, 6 Roger Williams University Law Review 81 (2000-2001)

Jacoby, Jacob / Speller, Donald E. / Kohn-Berning, Carol, Brand Choice Behavior as a Function of Information Load: Replication and Extension, 1 Journal of Consumer Research 33-42 (1974)
zitiert: *Jacoby/Speller/Kohn-Berning*, 1 Journal of Consumer Research 33 (1974)

Jacoby, Jacob / Speller, Donald E. / Kohn, Carol A., Brand Choice Behavior as a Function of Information Load, 11 Journal of Marketing Research 63 (1974)
zitiert: *Jacoby/Speller/Kohn*, 11 Journal of Marketing Research 63-69 (1974)

Jäger, Torsten, Überschießende Richtlinienumsetzung im Privatrecht: zugleich ein Beitrag zur Dogmatik der Mindestharmonisierung, der richtlinienorientierten Auslegung und des Vorabentscheidungsverfahrens, Baden-Baden, 2006 (zugl.: Augsburg, Univ., Diss., 2005)
zitiert: *Jäger*, Überschießende Richtlinienumsetzung im Privatrecht, 2006

Jauernig: Bürgerliches Gesetzbuch mit allgemeinem Gleichbehandlungsgesetz (Auszug), Stürner, Rolf (Hrsg.), München, 15. Aufl. 2014
zitiert: *Bearbeiter*, in: Jauernig, BGB, 15. Aufl. 2014

Jensen, Michael C. / Meckling, William H., Theory of the Firm: Managerial Behavior, Agency Costs and Ownership Structure, 3 Journal of Financial Economics 305-360 (1976)
zitiert: *Jensen/Meckling*, 3 Journal of Financial Economics 305 (1976)

Johnson, D. Bruce, Myths About Mutual Fund Fees: Economic Insights on Jones v. Harris, 45 Journal of Corporate Law 561-614 (2010)
zitiert: *Johnson*, 45 Journal of Corporate Law 561 (2010), 561

Jolls, Christine / Sunstein, Cass R. / Thaler, Richard H., -, A Behavioral Approach to Law and Economics, 50 Stanford Law Review 1471-1550 (1998)
zitiert: *Jolls/Sunstein/Thaler*, 50 Stanford Law Review 1471 (1998)

– Theories and Tropes: A Reply to Posner and Kelman, 50 Stanford Law Review 1593-1608 (1998)
zitiert: *Jolls/Sunstein/Thaler*, 50 Stanford Law Review 1593 (1998)

Kahneman, Daniel, A Perspective on Judgment and Choice, 58 American Psychologist 697-720 (2003)
zitiert: *Kahneman*, 58 American Psychologist 697 (2003)

Kahneman, Daniel / Tversky, Amos, -, Availability: A heuristic for Judging Frequency and Probability, *Kahneman*, 5 Cognitive Psychology 207-232 (1973)
zitiert: *Kahneman/Tversky*, 5 Cognitive Psychology 207 (1973)

– Prospect Theory: An Analysis of Decision under Risk, 47 Econometrica 263-292 (1979)
zitiert: 47 Econometrica 263 (1979)

– The Framing of Decisions and the Psychology of Choice, 211 Science 453-458 (1981)
zitiert: *Kahneman/Tversky*, 211 Science 453 (1981)

– Rational Choice and the Framing of Decisions, *Kahneman*, 9 Journal of Business 251-278 (1986)
zitiert: *Kahneman/Tversky*, 9 Journal of Business 251 (1986)

Kalss, Susanne, Anlegerinteressen: der Anleger im Handlungsdreieck von Vertrag, Verband und Markt, Wien/New York, 2001 (zugl.: Wien, Wirtschaftsuniv., Habil., 2000)
zitiert: *Kalss*, Anlegerinteressen, 2001

dies. / Oppitz, Martin / Zollner, Johannes, Kapitalmarktrecht, Band 1: System, Wien, 2005
zitiert: *Kalss/Oppitz/Zollner*, Kapitalmarktrecht, 2005, Bd. I

Kapitalmarktgesetze, Schäfer, Frank A. / Hamann, Uwe (Hrsg.), Stuttgart, 2. Aufl. 2006
zitiert: *Bearbeiter*, in: Schäfer/Hamann (Hrsg.), Kapitalmarktgesetze, 2. Aufl. 2006

Kappus, Andreas, Verbraucherschutz am Nadelöhr?, NJW 1997, 2653-2654
zitiert: *Kappus*, NJW 1997, 2653

Kasten, Roman Alexander, Das neue Kundenbild des § 31 a WpHG – Umsetzungsprobleme nach MiFID & FRUG, KR 2007, 261-266
zitiert: *Kasten*, BKR 2007, 261

Die Neuregelung der Explorations- und Informationspflichten von Wertpapierdienstleistern im Wertpapierhandelsgesetz, Berlin, 2009 (zugl.: Göttingen, Univ., Diss., 2008)
zitiert: *Kasten*, Neuregelung der Explorations- und Informationspflichten, 2009

Kelle, Udo, Empirisch begründete Theoriebildung: zur Logik und Methodologie interpretativer Sozialforschung, Weinheim, 1994
zitiert: *Kelle*, Empirisch begründete Theoriebildung, 1994

Kemper, Rainer, Verbraucherschutzinstrumente, Baden-Baden, 1994 (zugl.: Münster, Univ., Diss., 1993)
zitiert: *Kemper*, Verbraucherschutzinstrumente, 1994

Kennedy, John. F., Special Message to the Congress on Protecting Consumer Interest v. 15.3.1962, abrufbar unter: http://www.presidency.ucsb.edu/ws/?pid=9108
zitiert: *Kennedy*, Special Message to the Congress on Protecting Consumer Interest v. 15.3.1962

Keßler, Jürgen, Anlegerschutz und Kapitalmarkteffizienz – eine ökonomische Analyse,

in: Anlegerschutz in Deutschland, Schweiz, Großbritannien, USA und der Europäischen Gemeinschaft, Keßler, Jürgen / Micklitz, Hans-Werner (Hrsg.), Baden-Baden, 2004, S. 11-52
zitiert: *Keßler*, in: Keßler/Micklitz (Hrsg.), Anlegerschutz in Deutschland, Schweiz, Großbritannien, USA und der EG, 2004

Kiehling, Hartmut, Börsenpsychologie und behavioral finance: Wahrnehmung und Verhalten am Aktienmarkt, München, 2001
zitiert: *Kiehling*, Börsenpsychologie und behavioral finance, 2001

Kilgus, Stefan, Giro-/Darlehensvertrag: Langjährige Geschäftsverbindung einer Bank mit ihrem Kunden begründet keinen eigenständigen allgemeinen Bankvertrag, BB 2002, 2573-2576
zitiert: *Kilgus*, BB 2002, 2573

Kind, Sandra, Die Grenzen des Verbraucherschutzes durch Information – aufgezeigt am Teilzeitwohnrechtegesetz, Berlin, 1998 (zugl.: Mainz, Univ., Diss., 1997)
zitiert: *Kind*, Die Grenzen des Verbraucherschutzes durch Information, 1998

Kingsford-Smith, Dimity, Financial Services Regulation and the Investor as Consumer, in: Handbook of Research on International Consumer Law,Howells, Geraint / Ramsay, Iain / Wihelmsson, Thomas / et al. (Hrsg.), Cheltenham/ Northampton, 2010, S. 431-481
zitiert: *Kingsford-Smith*, Howells/Ramsay/Wilhelmsson (Hrsg.), Handbook of Research on International Consumer Law, 2010

Kirchgässner, Gebhard, Homo oeconomicus: das ökonomische Modell individuellen Verhaltens und seine Anwendung in den Wirtschafts- und Sozialwissenschaften, Tübingen, 2. Aufl. 2000
zitiert: *Kirchgässner*, Homo oeconomicus, 2. Aufl. 2000

Kirchner, Christian, Ökonomische Theorie des Rechts: Vortrag gehalten vor der Juristischen Gesellschaft zu Berlin am 16. Oktober 1996, Berlin/New York, 1997
zitiert: *Kirchner*, Ökonomische Theorie des Rechts, 1997

Klöhn, Lars, Kapitalmarkt, Spekulation, und Behavioral Finance: eine interdisziplinäre und vergleichende Analyse zum Fluch und Segen der Spekulation und ihrer Regulierung durch Recht und Markt, Berlin, 2006 (zugl.: Göttingen, Univ., Diss., 2005)
zitiert: *Klöhn*, Kapitalmarkt, Spekulation, und Behavioral Finance, 2006

– Anmerkung zu BGH, Urt. v. 27.9.2011 – XI ZR 182/10, ZIP 2011, 2237 ff., ZIP 2011, 2244-2246
zitiert: *Klöhn*, ZIP 2011, 2244

– BGH, Urt. v. 22.3.2011 – XI ZR 33/10 (Ille Papier/Deutsche Bank, Schadensersatz wegen unzureichender Aufklärung über ein Zinsswap-Geschäft), ZIP 2011, 762-764
zitiert: *Klöhn*, ZIP 2011, 762

– Der Beitrag der Verhaltensökonomik zum Kapitalmarktrecht, in: Beitrag der Verhaltensökonomie (Behavioral Economics) zum Handels- und Wirtschaftsrecht, Fleischer, Holger / Zimmer, Daniel (Hrsg.), Frankfurt/Main, 2011, S. 83-99
zitiert: *Klöhn*, in: Fleischer/Zimmer (Hrsg.), Beitrag der Verhaltensökonomie, 2011

– Die Haftung wegen fehlerhafter Ad-hoc-Publizität gem. §§ 37 b, 37 c WpHG nach dem IKB-Urteil des BGH, AG 2012, 345-358
zitiert: *Klöhn*, AG 2012, 345

– Wertpapierhandelsrecht diesseits und jenseits des Informationsparadigmas – Am Beispiel des „verständigen Anlegers“ im Sinne des deutschen und europäischen Insiderrechts -, ZHR 177 (2013), 349-387
zitiert: *Klöhn*, ZHR 177 (2013), 349

Knop, Carsten, Die Kapitulation eines Bankberaters, FAZ v. 20.8.2013, Nr. 192, S. 15
zitiert: *Knop*, FAZ v. 20.8.2013, Nr. 192, S. 15

Koch, Hans-Dieter / Schmidt, Reinhard H., Ziele und Instrumente des Anlegerschutzes, BFuP 1981, 231-250
zitiert: *Koch/Schmidt*, BFuP 1981, 231

Koch, Harald, Die Verbandsklage in Europa -Rechtsvergleichende, europa- und kollisionsrechtliche Grundlagen, ZZP 113 (2000), 413-441
zitiert: *H. Koch*, ZZP 113 (2000), 413

Koch, Jens, Grenzen des informationsbasierten Anlegerschutzes – Die Gratwanderung zwischen angemessener Aufklärung und information overload, BKR 2012, 485-493
zitiert: *Koch*, BKR 2012, 485

Kocher, Eva, Funktionen der Rechtsprechung: Konfliktlösung im deutschen und englischen Verbraucherprozessrecht, Tübingen, 2007 (zugl.: Hamburg, Univ., Habil., 2004)
zitiert: *Kocher*, Funktionen der Rechtsprechung, 2007

Koehler, James F. / Lambert, P. Wesley, Impact of the Dodd-Frank and Registration Acts of 2010 on Investment Advisers, 13 Duquesne Business Law Journal 29-42 (2011)
zitiert: *Koehler/Lambert*, 13 Duquesne Business Law Journal 29 (2011)

König, Elke, Es gilt das gesprochene Wort, Rede anlässlich des Neujahrspresseempfangs der BaFin 2014 am 16.1.2014 in Frankfurt/Main, abrufbar unter: http://www.bafin.de
zitiert: *König*, Rede anlässlich des Neujahrspresseempfangs der BaFin 2014 am 16.1.2014 in Frankfurt/Main

Kohl, Helmut / Kübler, Friedrich / Walz, W. Rainer / Wüstrich, Wolfgang, Abschreibungsgesellschaften, Kapitalmarkteffizienz und Publizitätszwang – Plädoyer für ein Vermögensanlagegesetz, ZHR 138 (1974), 1-49
zitiert: *Kohl/Kübler/Walz/Wüstrich*, ZHR 138 (1974), 1

Kohler, Josef, Lehrbuch des Bürgerlichen Rechts, Bd. I: Allgemeiner Teil

Berlin, 1906
zitiert: *Kohler*, Lehrbuch des Bürgerlichen Rechts, 1906

Koller, Ingo, Interessenkonflikte bei der Ausführung von Geschäftsbesorgungsaufträgen, in: Festschrift für Henning Piper zum 65. Geburtstag, Erdmann, Willi / Gloy, Wolfgang / Herber, Rolf (Hrsg.), München, 1996, S. 899-921
zitiert: *Koller*, in: FS Piper, 1996

– Die Abdingbarkeit des Anlegerschutzes durch Information im europäischen Kapitalmarktrecht, in: Festschrift für Ulrich Huber zum siebzigsten Geburtstag, Baums, Theodor / Wertenbruch. Johannes / Lutter, Marcus / et al. (Hrsg.), Tübingen, 2006, S. 821-840
zitiert: *Koller*, in: FS Huber, 2006

– Beratung und Dokumentation nach dem § 34 Abs. 2 a WpHG, Festschrift für Uwe H. Schneider zum 70. Geburtstag, Burgard, Ulrich / Hadding, Walter / Mülbert, Peter O. / et al. (Hrsg.), Köln, 2011, S. 651-667
zitiert: *Koller*, in: FS Schneider, 2011

– Wertpapierberatung und Verkauf im Licht des WpHG, ZBB 2011, 361-373
zitiert: *Koller*, ZBB 2011, 361

Kölner Kommentar zum WpHG, Hirte, Heribert / Möllers, Thomas M.J. (Hrsg.), Köln/Berlin/München, 1. Aufl. 2007 und 2. Aufl. 2014

zitiert als: *Bearbeiter*, in: Köln. Komm. z. WpHG

Kommentar AGB-Banken und Sonderbedingungen, Bunte, Hermann-Josef (Hrsg.), München, 3. Aufl. 2011
zitiert: *Bunte*, Komm. z. AGB-Banken, 3. Aufl. 2011

Kommentar AVB-RSW, Diller, Martin (Hrsg.), München, 2009,
zitiert: *Diller*, Komm. z. AVB-RSW, 2009

Kommentar EUV/AEUV, Das Verfassungsrecht der Europäischen Union mit Europäischer Grundrechtecharta, Calliess, Christian / Ruffert, Matthias (Hrsg.), München, 4. Aufl., 2011
zitiert: *Bearbeiter*, in: Calliess/Ruffert, EUV/AEUV, 4. Aufl. 2011

Kommentar FinDAG, Laars, Reinhard (Hrsg.), Baden-Baden, 2012
zitiert: *Laars*, Komm. z. FinDAG, 2012

Kommentar GPSG, Klindt, Thomas (Hrsg.), München, 2007
zitiert: *Klindt*, Komm. z. GPSG, 2007

Kommentar Investmentgesetz, Emde, Ernst Thomas / Dornseifer, Frank / Dreibus, Alexandra / et al. (Hrsg.), München, 2013
zitiert: *Bearbeiter*, in: Emde/Dornseifer/Dreibus (Hrsg.), Komm. z. InvG, 2013

Kommentar Investmentgesetze, Baur, Jürgen (Hrsg.), Berlin, 2. Aufl. 1997
zitiert: *Bearbeiter*, in: Baur (Hrsg.), Investmentgesetze, 2. Aufl. 1997

Kommentar KAGG, AuslInvG, Brinkhaus, Josef (Hrsg.), München, 2003
zitiert: *Bearbeiter*, in: Brinkhau (Hrsg.), Komm. z. KAGG/AuslInvestmG, 2003

Kommentar Kapitalanleger-Musterverfahrensgesetz, Vorwerk, Volkert / Wolf, Christian (Hrsg.), München, 2007
zitiert: *Bearbeiter*, in: Vorwerk/Wolf, Komm. z. KapMuG, 2007

Kommentar VVG mit VVG-InfoV, Römer, Wolfgang / Langheid, Theo / Rixecker, Roland (Hrsg.), München, 4. Aufl. 2014
zitiert: *Bearbeiter,* in: Römer/Langheid (Hrsg.), VVG, 4. Aufl. 2014

Kommentar VwGO, Schoch, Friedrich / Schneider, Jens-Peter / Bier, Wolfgang (Hrsg.), München, 24. Erg.-Lfg., 2012
zitiert: *Bearbeiter*, in: Schoch/Schneider/Bier (Hrsg.), VwGO, 24. Erg.-Lfg. 2012

Kommentar Wertpapieraufsichtsgesetz (WAG), Gruber, Michael / Raschauer, Nicholas (Hrsg.), Wien, 2010,
zitiert: *Bearbeiter*, in: Gruber/Raschauer (Hrsg.), Wertpapieraufsichtsgesetz, 2010

Kommentar Wertpapierhandelsgesetz (WpHG), Assmann, Heinz-Dieter / Schneider, Uwe H. (Hrsg.), Köln, 3. Aufl. 2003, 4. Aufl. 2006, 5. Aufl. 2009, 6. Aufl., 2012
zitiert: *Bearbeiter*, in: Assmann/Schneider (Hrsg.), WpHG

Kommentar zu KWG und Ausführungsvorschriften, Boos, Karl-Heinz / Fischer, Reinfrid / Schulter-Mattler, Hermann (Hrsg.), München, 4. Aufl. 2012
zitiert: *Bearbeiter*, in: Boos/Fischer/Schulte-Mattler (Hrsg.), Komm. z. KWG, 4. Aufl. 2012

Kommentar zum Börsengesetz, Schwark, Eberhard (Hrsg.), München, 1976
zitiert: *Bearbeiter*, in: Schwark (Hrsg.), Komm. z. BörsG, 1976

Kommentar zum Handelsgesetzbuch, Oetker, Hartmut (Hrsg.), München, 3. Aufl. 2013
zitiert: *Bearbeiter*, in: Oetker (Hrsg.), Komm. z. HGB, 3. Aufl. 2013

Köndgen, Johannes, Die Entwicklung des privaten Bankrechts in den Jahren 1990/91, NJW 1992, 2263-2273
zitiert: *Köndgen*, NJW 1992, 2263

– Wieviel Aufklärung braucht ein Wertpapierkunde? Bemerkungen zum Richtlinienentwurf für den Wertpapierhandel zu § 35 Abs. 2 WpHG, ZBB 1996, 361-365
zitiert: *Köndgen*, ZBB 1996, 361

– Die Ad-hoc-Publizität als Prüfstein informationsrechtlicher Prinzipien, in: Festschrift für Jean Nicolas Druey zum 65. Geburtstag, Schweizer, Rainer J. / Burkert, Herbert / Gasser, Urs (Hrsg.), Zürich, 2002, S. 791-815
zitiert: *Köndgen*, in: FS Druey, 2002

– Die Entwicklung des privaten Bankrechts in den Jahren 1999-2003, NJW 2004, 1288-1301

zitiert: *Köndgen*, NJW 2004, 1288
- Preis und Vergütungsgestaltung im Wertpapierhandel – Zur Obsoleszenz des Kommissionsrechts -, in: Festschrift für Claus-Wilhelm Canaris zum 70. Geburtstag, Heldrich, Andreas / Prölss, Jürgen / Koller, Ingo / et. al (Hrsg.), München, 2007, Bd. II, S. 183-207
zitiert: *Köndgen*, in: FS Canaris, 2007, Bd. II
- Structured Products from the Perspective of Investor Protection: Can the Courts Police the Markets or Do We Need More Regulation?, in: Festschrift für Klaus Hopt zum 70. Geburtstag am 24. August 2010: Unternehmen, Markt und Verantwortung, Grundmann, Stefan / Haar, Brigitte / Merkt, Hanno / et al. (Hrsg.), Berlin/New York, 2010, Bd. II, S. 2113-2141
zitiert: *Köndgen*, in: FS Hopt, 2010, Bd. II
- Grenzen des informationsbasierten Anlegerschutzes – zugleich Anmerkung zu BGH Urt. v. 22.3.2011 – XI ZR 33/10, BKR 2011, 283-286
zitiert: *Köndgen*, BKR 2011, 283
- Anmerkung zu BGH, Urteil v. 27. 9. 2011 – XI ZR 182/10 (JZ 2012, 255-260), JZ 2012, 260-263
zitiert: *Köndgen*, JZ 2012, 260

Konrad, Karlheinz, Umweltlenkungsabgaben und abfallrechtliches Kooperationsprinzip, DÖV 1999, 12-20
zitiert: *Konrad*, DÖV 1999, 12

Kort, Michael, Der allgemeine Bankvertrag als Rahmenvertrag, EWiR 2003, 151-152
zitiert: *Kort*, EWiR 2003, 151

Kötz, Hein, Welche gesetzgeberischen Aktivitäten empfehlen sich zum Schutz des Endverbrauchers gegenüber Allgemeinen Geschäftsbedingungen und Formularverträgen (dargestellt an Beispielen aus dem Kauf- und Werkvertrags- sowie dem Maklerrecht)?, Verhandlungen des 50. Deutschen Juristentags München 1974, Bd. I: Gutachten A
zitiert: *Kötz*, Gutachten A z. 50. DJT 1974, 1974

Kramer, Ernst A., Grundfragen der vertraglichen Einigung: Konsens, Dissens und Erklärungsirrtum als dogmatische Probleme des österreichischen, schweizerischen und deutschen Vertragsrechts, München, 1972 (zugl.: Salzburg, Univ., Habil.,1971)
zitiert: *Kramer*, Grundfragen der vertraglichen Einigung, 1972

Krawietz, Werner, Recht als Regelsystem, Wiesbaden, 1984
zitiert: *Krawietz*, Recht als Regelsystem, 1984

Kroeber-Riel, Werner / Weinberg, Peter, Konsumentenverhalten: Entwicklung, Abhängigkeiten, Möglichkeiten, München, 8. Aufl. 2003
zitiert: *Kroeber-Riel/Weinberg*, Konsumentenverhalten, 8. Aufl. 2003

Kropf, Christian, Beratung durch Banken bei Abschluss von Swap-Geschäften, ZIP 2013, 401-406
zitiert: *Kropf*, ZIP 2013, 401

Krüsselberg, Hans Günter, Zur Interdependenz von Wirtschaftsordnung und Gesellschaftsordnung: Euckens Plädoyer für ein umfassendes Denken in Ordnungen, ORDO 40 (1989), 223-242
zitiert: *Krüsselberg*, ORDO 40 (1989), 223

Kübler, Friedrich, Transparenz am Kapitalmarkt, AG 1977, 85-92
zitiert: *Kübler*, AG 1977, 85

Kuhlmann, Eberhard, Verbraucherpolitik: Grundzüge ihrer Theorie und Praxis, München, 1990
zitiert: *Kuhlmann*, Verbraucherpolitik, 1990

Kuhn, Norbert, Produktinformationsblatt: Finanz-Beipackzettel beeinträchtigt die Aktienberatung, DAI-Kurzstudie 4/2012, abrufbar unter: http://www.dai.de
zitiert: *Kuhn*, Produktinformationsblatt, DAI-Kurzstudie 4/2012

Kuhnle, Oliver P.J., Overconfidence und Overoptimism in der finanzwirtschaftlichen Entscheidungsfindung, München, 2009 (zugl.: Stuttgart, Univ., Diss., 2009)
zitiert: *Kuhnle*, Overconfidence und Overoptimism, 2009

Kumpan, Christoph / Hellgardt, Alexander, Haftung der Wertpapierdienstleistungsunternehmen nach Umsetzung der EU-Richtlinie über Märkte über Finanzinstrumente, DB 2006, 1714-1720
zitiert: *Kumpan/Hellgardt*, DB 2006, 1714

Kümpel, Siegfried, Die allgemeinen Verhaltensregeln des Wertpapierhandelsgesetzes, WM 1995, 689-694
zitiert: *Kümpel*, WM 1995, 689

– Bank- und Kapitalmarktrecht, Köln, 3. Aufl. 2004
zitiert: *Kümpel*, Bank- und Kapitalmarktrecht, 3. Aufl. 2004

– Verbraucherschutz im Bank- und Kapitalmarktrecht, WM 2005, 1-8
zitiert: *Kümpel*, WM 2005, 1-8

Kümpel/Wittig: Bank- und Kapitalmarktrecht, Wittig, Arne (Hrsg.), Bank- und Kapitalmarktrect, Köln, 4. Aufl. 2011
zitiert: *Bearbeiter*, in: Kümpel/Wittig, Bank- und Kapitalmarktrecht, 4. Aufl. 2011

Kunz, Volker,, Rational Choice, Frankfurt, 2004
zitiert: *Kunz*, Rational Choice, 2004

Lakkis, Panajotta, Der kollektive Rechtsschutz der Verbraucher in der Europäischen Union: dargestellt an der Verbandsklage der Verbraucherverbände nach dem AGBG, dem UWG und dem griechischen Verbraucherschutzgesetz, Bielefeld, 1997 (zugl.: Bonn, Univ., Diss., 1996)
zitiert: *Lakkis*, Kollektiver Rechtsschutz der Verbraucher in der EU, 1997

Lang, Norbert, Das neue Investmentgesetz und das fehlende Anlegerleitbild des Gesetzgebers, VuR 2004, 201-207
zitiert: *N. Lang*, VuR 2004, 201

– Doppelnormen im Recht der Finanzdienstleistungen, ZBB 2004, 289-295
zitiert: *N. Lang*, ZBB 2004, 289

Lang, Volker, Die Beweislastverteilung im Falle der Verletzung von Aufklärungs- und Beratungspflichten bei Wertpapierdienstleistungen, WM 2000, 450-467
zitiert: *V. Lang*, WM 2000, 450

– Aus für die Lehre vom „allgemeinen Bankvertrag"? – Zugleich eine Kommentierung des Urteils des BGH, BKR 2002, 1089, m. Anm. Balzer, BKR 2003, 227-234
zitiert: *V. Lang*, BKR 2003, 227

– Informationspflichten bei Wertpapierdienstleistungen, München, 2003 (zugl.: Leipzig, Univ., Diss., 2002) zitiert: *V. Lang*, Informationspflichten bei Wertpapierdienstleistungen, 2003

ders. / Balzer, Peter, Die Rechtsprechung des XI. Zivilsenats zum Wertpapierhandelsrecht seit der Bond-Entscheidung. Eine Analyse der Folgerechtsprechung zu BGH, Urteil vom 6. Juli 1993 – XI ZR 12/93, in: Entwicklungslinien im Bank und Kapitalmarktrecht – Festschrift für Gerd Nobbe, Habersack, Mathias / Joeres, Hans-Ulrich / Krämer, Achim (Hrsg.), Köln, 2009, S. 639-680
zitiert: *V. Lang/Balzer*, in: FS Nobbe, 2009

ders. / Kühne, Otto, Anlegerschutz und Finanzkrise – noch mehr Regeln?, WM 2009, 1301-1308
zitiert: *V. Lang/Kühne*, WM 2009, 1301

Lange, Markus, Informationspflichten von Finanzdienstleistern, Berlin, 2000 (zugl.: Potsdam, Univ., Diss., 1999)
zitiert: *Lange*, Informationspflichten von Finanzdienstleistern, 2000

Langevoort, Donald D., Selling Hope, Selling Risk: Some Lessons for law from Behavioral Economics about Stockbrokers and Sophisticated Customers, 84 California Law Review 627-702 (1996)
zitiert: *Langevoort*, 84 California Law Review 627 (1996)

Langheid, Theo, Die Reform des Versicherungsvertragsgesetzes – 1. Teil: Allgemeine Vorschriften, NJW 2007, 3665-3672
zitiert: *Langheid*, NJW 2007, 3665

Larenz, Karl, Lehrbuch des Schuldrechts, Bd. II: Besonderer Teil, Halbband 1, München, 13. Aufl. 1986
zitiert: *Larenz*, Lehrbuch des Schuldrechts, Bd.II/1, 13.Aufl. 1986

– Methodenlehre der Rechtswissenschaft, Berlin/New York, 6. Aufl. 1991
zitiert: *Larenz*, Methodenlehre der Rechtswissenschaft, 6. Aufl. 1991

ders. / Wolf, Manfred, Allgemeiner Teil des Bürgerlichen Rechts, München, 9. Aufl. 2004
zitiert: *Larenz/Wolf*, BGB AT, 9. Aufl. 2004

ders. / Canaris, Claus-Wilhelm, Methodenlehre der Rechtswissenschaft, Berlin/Heidelberg, 3. Aufl. 1995
zitiert: *Larenz/Canaris*, Methodenlehre der Rechtswissenschaft, 3. Aufl. 1995

Lehmann, Matthias, Zinsswaps der öffentlichen Hand: Vertragswirksamkeit und Beratungspflichten, BKR 2008, 488-497
zitiert: *Lehmann*, BKR 2008, 488

Lehmensiek-Starke, Moritz, Erkenntnisse der Behavioral Finance zur Beratung und Systemgestaltung in der Altersvorsorge, BKR 2012, 191-197
zitiert: *Lehmensiek-Starke,* BKR 2012, 191

Leisch, Franz Clemens, Informationspflichten nach § 31 WpHG: Rechtsnatur und Inhalt. Zur zivilrechtlichen Geltung einer Norm des Wirtschaftsrechts, München, 2004 (zugl.: Augsburg, Univ., Diss., 2002)
zitiert: *Leisch*, Informationspflichten nach § 31 WpHG, 2004

Leisner, Walter Georg, Die subjektiv-historische Auslegung des Gemeinschaftsrechts. Der Wille des Gesetzgebers in der Judikatur des EuGH, EuR 2007, 689-707
zitiert: *Leisner,* EuR 2007, 689

Lenel, Otto, Unentgeltliche und entgeltliche Geschäftsbesorgung, AcP 129 (1929), 1-15
zitiert: *Lenel*, AcP 129 (1929), 1

Lenenbach, Markus, Kapitalmarktrecht und kapitalmarktrelevantes Gesellschaftsrecht, München, 2. Aufl. 2010
zitiert: *Lenenbach*, Kapitalmarktrecht, 2. Aufl. 2010

Leuering, Dieter / Zetsche, Dirk, Die Reform des Schuldverschreibungs- und Anlageberatungsrechts – (Mehr) Verbraucherschutz im Finanzmarktrecht?, NJW 2009, 2856-2861
zitiert: *Leuering/Zetsche*, NJW 2009, 2856

Lieb, Manfred, Sonderprivatrecht für Ungleichgewichtslagen? Überlegungen zum Anwendungsbereich der sogenannten Inhaltskontrolle privatrechtlicher Verträge, AcP 178 (1978), 196-226
zitiert: *Lieb*, AcP 178 (1978), 196

– Grundfragen einer Schuldrechtsreform, AcP 183 (1983), 327-366
zitiert: *Lieb*, AcP 183 (1983), 327

Lieder, Jan, Anmerkung zu EuGH: Anlageberatung bei Zinsswaps (Urt. v. 30.5.2013, Rs. C-604/11, NZG 2013, 786 – Genil 48), LMK 2013, 349404
zitiert: *Lieder*, LMK 2013, 349404

Limbach, Jutta, Das Rechtsverständnis in der Vertragslehre, JuS 1985, 10-15
zitiert: *Limbach*, JuS 1985, 10

Loacker, Leander D., Verbraucherverträge mit gemischter Zwecksetzung, JZ 2013, 234-242
zitiert: *Loacker*, JZ 2013, 234

Löhnig, Martin, Treuhand: Interessenwahrnehmung und Interessenkonflikte, Tübingen, 2006 (zugl.: Regensburg, Univ., Habil., 2006)
zitiert: *Löhnig*, Treuhand, 2006

Loistl, Otto, Kapitalmarkttheorie, München/Wien/Oldenburg, 3. Aufl. 1994
zitiert: *Loistl*, Kapitalmarkttheorie, 3. Aufl. 1994

Lorenz, Egon, Der Einfluss des allgemeinen Widerrufsrechts in dem Entwurf des Versicherungsvertragsgesetzes 2006 auf den Abschluss von Versicherungsverträgen nach dem Antrags- und Policenmodell, in: Risikoforschung und Versicherung: Festschrift für Elmar Helten zum 65. Geburtstag, Albrecht, Peter / Lorenz, Egon / Rudolph, Bernd (Hrsg.), Karlsruhe, 2004, S. 331-352
zitiert: *Lorenz*, in: FS Helten, 2004

Loritz, Karl-Georg, Ausschüttungen in Verlustjahren bei geschlossenen Fonds, NZG 2008, 887-892
zitiert: *Loritz*, NZG 2008, 887

Loss, Louis D., Securities Regulation, Volume I, Boston, 2. Aufl. 1961
zitiert: *Loss*, Securities Regulation, Vol. I, 2. Aufl. 1961

Lüdemann, Jörn, Die Grenzen des homo oeconomicus und die Rechtswissenschaft, in: Recht und Verhalten: Beiträge zu behavorial law and economics, Engel, Christoph / Englerth, Markus / Lüdemann, Jörn / et al. (Hrsg.), Tübingen, 2007, S. 7-59
zitiert: *Lüdemann*, in: Engel/Englerth/Lüdemann (Hrsg.), Recht und Verhalten, 2007

Luhmann, Niklas, Das Recht der Gesellschaft, Frankfurt, 1993
zitiert: *Luhmann*, Das Recht der Gesellschaft, 1993

Lutter, Marcus, -, Zur Haftung des Emissionsgehilfen im grauen Kapitalmarkt, in: Recht und Wirtschaft in Geschichte und Gegenwart. Festschrift für Johannes Bärmann zum 70. Geburtstag, Lutter, Marcus / Kollhosser, Helmut / Trusen, Winfried (Hrsg.), München, 1975, S. 605-628
zitiert: *Lutter*, in: FS Bärmann, 1975

– Die Auslegung angeglichenen Rechts, JZ 1992, 593-605
zitiert: *Lutter*, JZ 1992, 593

Maas, Heiko, Mündige Verbraucher? Ein schönes Ideal, Süddeutsche Zeitung vom 10.3.2014, abrufbar unter: http://www.bundesregierung.de/Content/DE/ Namensbeitrag/2014/03/2014-03-10-maas-sueddeutsche.html
zitiert: *Maas*, SZ v. 10.3.2014

Macey, Jonathan R. / Miller, Geoffrey P., Origin of the Blue Sky Laws, 70 Texas Law Review 347-397 (1991)
zitiert: *Macey/Miller*, 70 Texas Law Review 347 (1991)

Magen, Stefan, Fairness, Eigennutz und die Rolle des Rechts – eine Analyse auf Grundlage der Verhaltensökonomik, in: Recht und Verhalten: Beiträge zu behavorial law and economics, Engel, Christoph / Englerth, Markus / Lüdemann, Jörn / et al. (Hrsg.), Tübingen, 2007, S. 261-360
zitiert: *Magen*, in: Engel/Englerth/Lüdemann (Hrsg.), Recht und Verhalten, 2007

Malhotra, Naresh K., Information Load and Consumer Decision Making, 8 Journal of Consumer Research 419-430 (1982)
zitiert: *Malhotra*, 8 Journal of Consumer Research 419 (1982)

– Reflections on the Information Overload Paradigm in Consumer Decision Making, 10 Journal of Consumer Research 436-440 (1984)
zitiert: *Malhotra*, 10 Journal of Consumer Research 436 (1984)

Mankowski, Peter, Kurzkommentar zu EuGH 27.4.1999 – Rs. C-99/96 (Slg. 1999, I-2277), EWiR Art. 13 EuGVÜ 1/99, 743-744
zitiert: *Mankowski*, EWiR Art. 13 EuGVÜ 1/99, 743

Mansel, Heinz-Peter, Reziprozität und Utilität als Auslegungselemente bei konkludentem Vertragsschluß – am Beispiel unentgeltlicher Informationsgewährung, in: Gedächtnisschrift für Alexander Lüderitz, Schack, Haimo/ Horn, Norbert / Lieb, Manfred / et al. (Hrsg.), München, 2000, S. 487-513
zitiert: *Mansel*, in: Schack/Horn/Lieb (Hrsg.), GS Lüderitz, 2000

Märker, Klaus / Hillesheim, Rainer, Brennpunkt Finanzkrise: Anlegerschutz in Deutschland, ZRP 2009, 65-69
zitiert: *Märker/Hillesheim*, ZRP 2009, 65

Martinek, Michael, -, Das neue Teilzeit-Wohnrechtegesetz – mißratener Verbraucherschutz bei Time-Sharing-Verträgen, NJW 1997, 1393-1399
zitiert: *Martinek*, NJW 1997, 1393

– Verbraucherrechte als – unverzichtbare – subjektive Rechte passiver Marktbürger, in: Systembildung und Systemlücken in Kerngebieten des Europäischen Privatrechts: Gesellschafts-, Arbeits- und Schuldvertragsrecht, Grundmann, Stefan (Hrsg.), Tübingen, 2000, S. 511-557

zitiert: *Martinek*, in: Grundmann (Hrsg.), Systembildung und Systemlücken, 2000
Maunz/Dürig: Kommentar GG, Herzog, Roman / Scholz, Rupert / Herdegen, Matthias / et al. (Hrsg.), München, 69. Erg.-Lfg. 2013
zitiert: *Bearbeiter*, in: Maunz/Dürig, GG, 69. Erg.-Lfg. 2013

May, Hermann, Geldanlage, München, 5. Aufl. 2009
zitiert: *May*, Geldanlage, 5. Aufl. 2009

Mayer-Maly, Theo, Handelsrechtliche Verbotsgesetze, in: Strukturen und Entwicklungen im Handels-, Gesellschafts- und Wirtschaftsrecht. Festschrift für Wolfgang Hefermehl zum 70. Geburtstag am 18. September 1976, Fischer, Robert/ Gessler, Ernst / Schilling, Wolfgang / et al. (Hrsg.), München, 1976, S. 103-112
zitiert: *Mayer-Maly*, in: FS Hefermehl, 1976

– Was leisten die guten Sitten?, AcP 194 (1994), 105-176
zitiert: *Mayer-Maly*, AcP 194 (1994), 105

Medicus, Dieter, Wer ist ein Verbraucher?, Wege zum japanischen Recht: Festschrift für Zentaro Kitagawa zum 60. Geburtstag am 5. April 1992, Leser, Hans Georg / Isomura, Tamotsu (Hrsg.), Berlin, 1992, S. 471-486
zitiert: *Medicus*, in: FS Kitagawa, 1992

– Allgemeiner Teil des BGB, Heidelberg, 10. Aufl. 2010
zitiert: *Medicus*, BGB AT, 10. Aufl. 2010

Merkl, Adolf, Die Lehre von der Rechtskraft entwickelt aus dem Rechtsbegriff: eine rechtstheoretische Untersuchung, Leipzig, 1923
zitiert: *Merkl*, Die Lehre von der Rechtskraft, 1923

Mertens, Bernd, Culpa in contrahendo beim zustande gekommenen Kaufvertrag nach der Schuldrechtsreform, AcP 203 (2003), 818-854
zitiert: *Mertens*, AcP 203 (2003), 818

Metz, Alexander, Verbraucherschützende Informationspflichten in der Werbung, München, 2007 (zugl.: Humboldt-Univ. zu Berlin, Diss., 2007)
zitiert: *Metz*, Verbraucherschützende Informationspflichten, 2007

Metz, Rainer, Verbraucherschutz bei Finanzdienstleistungen: Ein neuer Akzent der Aufsicht gefordert?, in: Entwicklungslinien im Bank und Kapitalmarktrecht, Festschrift für Gerd Nobbe, Habersack, Mathias / Joeres, Hans-Ulrich / Krämer, Achim (Hrsg.), Köln, 2009, S. 883-905
zitiert: *Metz*, in: FS Nobbe, 2009

Micklitz, Hans-Werner, Brauchen Konsumenten und Unternehmen eine neue Architektur des Verbraucherrechts?, Verhandlungen des 69. Deutschen Juristentags, München 2012, Bd. I: Gutachten A
zitiert: *Micklitz*, Gutachten A z. 69. DJT 2012, 2012

– Brauchen Konsumenten und Unternehmen eine neue Architektur des Verbraucherrechts? – Plädoyer für ein bewegliches System, NJW 2012, 77-81
zitiert: *Micklitz*, NJW 2012, 77

ders. / Träger, Monika, Länderbericht Deutschland, in: Anlegerschutz in Deutschland, Schweiz, Großbritannien, USA und der Europäischen Gemeinschaft, Keßler, Jürgen / Micklitz, Hans-Werner (Hrsg.), Baden-Baden, 2004, S. 53-117
zitiert: *Micklitz*, in: Keßler/Micklitz, Anlegerschutz in Deutschland, Schweiz, Großbritannien, USA und der EG, 2004

ders. / Reich, Norbert, Der Kommissionsvorschlag vom 8.10 2008 für eine Richtlinie über „Rechte der Verbraucher", oder: „der Beginn des Endes einer Ära …", EuZW 2009, 279-286
zitiert: *Micklitz/Reich*, EuZW 2009, 279

Mill, John Stuart, On Liberty, in: On Liberty and Utilitarianism, New York, 1993 (Erstaufl. 1859)
zitiert: *Mill*, On Liberty, in: On Liberty and Utilitarianism, 1993

Miller, George A., The Magical Number Seven, Plus or Minus Two: Some Limits on Our Capacity for Processing Information, 63 Psychology Review 81-97 (1956)
zitiert: *Miller*, 63 Psychology Review 81 (1956)

Mohr, Daniel / Germis, Carsten, EZB-Zinssenkung frustriert Sparer und freut Schuldner, FAZ v. 9.11.2013, Nr. 261, S. 21
zitiert: *Mohr/Germis,* FAZ v. 9.11.2013, Nr. 261, S. 21

Möllers, Thomas M.J., -, Rechtsgüterschutz im Umwelt- und Haftungsrecht, Tübingen, 1996 (zugl.: München, Univ., Habil., 1995)
zitiert: *Möllers*, Rechtsgüterschutz im Umwelt- und Haftungsrecht, 1996

– Anlegerschutz durch Aktien- und Kapitalmarktrecht – Harmonisierungsmöglichkeiten nach geltendem und künftigem Recht, ZGR 1997, 334-367
zitiert: *Möllers*, ZGR 1997, 334

– Vermögensbetreuungsvertrag, graue Vermögensverwaltung und Zweitberatung – Vertragstypen zwischen klassischer Anlageberatung und Vermögensverwaltung, Wertpapiermitteilungen, WM 2008, 93-102
zitiert: *Möllers*, WM 2008, 93

– Effizienz als Maßstab des Kapitalmarktrechts, AcP 208 (2008), 1-36
zitiert: *Möllers*, AcP 208 (2008), 1

–

– Übersetzung von B.98 und B.99 ins Deutsche als: Regulierung von Ratingagenturen – Das neue europäische und amerikanische Recht. Wichtige Schritte oder viel Lärm um Nichts?, JZ 2009, 861-871
zitiert: *Möllers*, JZ 2009, 861

– Vollharmonisierung im Kapitalmarkt. Zur Regelungskompetenz nationaler Gerichte und Parlamente, in: Vollharmonisierung im Privatrecht: Die Konzeption der Richtlinie am Scheideweg?, Gsell, Beate / Herresthal, Carsten (Hrsg.), Tübingen, 2009, S. 247-272
zitiert: *Möllers*, in: Gsell/Herresthal (Hrsg.), Vollharmonisierung im Privatrecht, 2009

– Anlegerschutz im System des Kapitalmarktrechts, in: Festschrift für Klaus Hopt zum 70. Geburtstag am 24. August 2010: Unternehmen, Markt und Verantwortung, Grundmann, Stefan / Haar, Brigitte / Merkt, Hanno / et al. (Hrsg.), Berlin/New York, 2010, Bd. II, S. 2247-2264
zitiert: *Möllers*, in: FS Hopt, 2010, Bd. II,

– Rechtsprechungsänderung zur Vermutung aufklärungsgerechten Verhaltens – Sackgasse oder Königsweg?, NZG 2012, 1019-1022
zitiert: *Möllers*, NZG 2012, 1019

– Die Vermutung aufklärungsrichtigen Verhaltens, in: Anlegerschutz im Wertpapiergeschäft – Verantwortlichkeit der Organmitglieder von Kreditinstituten (Bankrechtstag 2012), Habersack, Mathias / Mülbert, Peter O. / Nobbe, Gerd / et al. (Hrsg.), Berlin/Boston, 2013, S. 81-109
zitiert: *Möllers*, in: Habersack/Mülbert/Nobbe (Hrsg.), Bankrechtstag 2012, 2013

ders. / Ganten, Ted, Die Wohlverhaltensrichtlinie des BAWe im Lichte der neuen Fassung des WpHG, ZGR 1998, 773-809
zitiert: *Möllers/Ganten*, ZGR 1998, 773

ders. / Kernchen, Eva, Information Overload am Kapitalmarkt – Plädoyer zur Einführung eines Kurzfinanzberichts auf empirischer, psychologischer und rechtsvergleichender Basis, ZGR 2011, 1-26
zitiert: *Möllers/Kernchen*, ZGR 2011, 1

ders. / Hailer, Sabrina, Management- und Vertriebsvergütungen bei Alternativen Investmentfonds – Überlegungen zur Umsetzung der Vergütungsvorgaben der AIFM-RL in das deutsche Recht, ZBB 2012, 178-193
zitiert: *Möllers/Hailer*, ZBB 2012, 178

ders. / Holzner, Florian, Die Offenlegungspflichten des Risikobegrenzungsgesetzes (§ 27 Abs. 2 WpHG-E) – Defizitäre Rechtsvergleichung und mangelnde Allokationseffizienz, NZG 2008, 166-172
zitiert: *Möllers/Holzner*, NZG 2008, 166

ders. / Poppele, Mauritz Christopher, Paradigmenwechsel durch MiFID II: divergierende Anlegerleitbilder und neue Instrumentarien wie Qualitätskontrolle und Verbote, ZGR 2013, 437-481
zitiert: *Möllers/Poppele*, ZGR 2013, 437

ders. / Rotter, Klaus, Ad-hoc-Publizität: Handbuch der Rechte und Pflichten von börsennotierten Unternehmen und Kapitalanlegern, München, 2003
zitiert: *Bearbeiter*, in: Möllers/Rotter (Hrsg.), Ad-hoc-Publizität, 2003

ders. / Wenninger, Thomas, BGH: Aufklärungspflichten der Bank über verdeckte Rückvergütungen (Retrozessionen/kick back-Provision) beim Vertrieb von Anteilen an Investmentfonds – Anmerkung zu BGH, Urteil vom 19.12.2006 – XI ZR 56/05, LMK 2007, 220857
zitiert: *Möllers/Wenninger*, LMK 2007, 220857

Moloney, Niamh, -, How to Protect Investors? Lessons from the EC and the UK, Cambridge, 2010
zitiert: *Moloney*, How to Protect Investors?, 2010

– Regulating the Retail Markets: Law, Policy, and the Financial Crisis, 63 Current Legal Problems 375-447 (2010)
zitiert: *Moloney*, 63 Current Legal Problems 375 (2010)

– The Investor Model Underlying the EU's Investor Protection Regime:Consumers or Investors?, 13 EBOR (2012), 169-193
zitiert: *Moloney*, 13 EBOR (2012), 169

Mülbert, Peter O., Aktiengesellschaft, Unternehmensgruppe und Kapitalmarkt: die Aktionärsrechte bei Bildung und Umbildung einer Unternehmensgruppe zwischen Verbands- und Anlegerschutzrecht, München, 2. Aufl. 1996 (zugl.: München, Univ., Habil., 1994)
zitiert: *Mülbert*, Aktiengesellschaft, Unternehmensgruppe und Kapitalmarkt, 2. Aufl. 1996

– Der (zukünftige) Gesellschafter – stets ein Verbraucher?, in: Festschrift für Walther Hadding zum 70. Geburtstag am 8. Mai 2004, Häuser, Franz / Hammen, Horst / Hennrichs, Joachim / et al. (Hrsg.), Berlin, 2004, S. 575-592
zitiert: *Mülbert*, in: FS Hadding, 2004

– The Eclipse of Contract Law in the Investment Firm-Client-Relationship: The Impact of the MiFID on the Law of Contract from a German Perspective, in: Investor Protection in Europe: Corporate Law Making, The MiFID and Beyond, Ferrarini, Guido / Wymeersch, Eddy (Hrsg.), Oxford/New York, 2006, S. 299-320
zitiert: *Mülbert*, in: Ferrarini/Wymeersch (Hrsg.), Investor Protection in Europe, 2006

– Anlegerschutz bei Zertifikaten – Beratungspflichten, Offenlegungspflichten bei Interessenkonflikten und die Änderungen durch das Finanzrmarkt-Richtlinie-Umsetzungsgesetz (FRUG), WM 2007, 1149-1163
zitiert: *Mülbert*, WM 2007, 1149

– Auswirkungen der Art. 19 ff. MiFID auf das Zivilrecht am Beispiel von Vertriebsvergütungen im Effektengeschäft der Kreditinstitute, Johannes-Gutenberg-Universität Mainz, Arbeitspapiere 2008, abrufbar unter:http://www.jura.uni-mainz.de/muelbert/Bilder_allgemein/Auswirkungen_der_Art_19_ff_MiIFD_auf_das_Zivilrecht_am_Beispiel_von_Vertriebsverguetungen_neu.pdf
zitiert: *Mülbert*, Auswirkungen der Art. 19 ff. MiFID auf das Zivilrecht, JGU Mainz, Arbeitspapiere 2008

– Auswirkungen der MiFID-Rechtsakte für Vertriebsvergütungen im Effektengeschäft der Kreditinstitute, ZHR 172 (2008), 170-209
zitiert: *Mülbert*, ZHR 172 (2008), 170

– Anlegerschutz und Finanzmarktregulierung – Grundlagen -, ZHR 177 (2013), 160-211
zitiert: *Mülbert*, ZHR 177 (2013), 160

ders. / Sajnovits, Alexander, Das künftige Regime für Leerverkäufe und bestimmte Aspekte von Credit Default Swaps nach der Verordnung (EU) Nr. 236/2012, ZBB 2012, 266-285
zitiert: *Mülbert/Sajnovits*, ZBB 2012, 266

Müller-Armack, Alfred, Die Wirtschaftsordnungen sozial gesehen, ORDO 1 (1948), 125-152
zitiert: *Müller-Armack*, ORDO 1 (1948), 125

Müller-Graff, Peter-Christian, Die Geschäftsverbindung als Schutzpflichtverhältnis, JZ 1976, 153-156
zitiert: *Müller-Graff*, JZ 1976, 153

Müller, Friedrich / Christensen, Ralph, Juristische Methodik, Band II: Europarecht, Berlin, 2. Aufl. 2007
zitiert: *Müller/Christensen*, Juristische Methodik, Bd. II, 2. Aufl. 2007

Münchener Handbuch des Gesellschaftsrechts, Band 1: BGB-Gesellschaft – Offene Handelsgesellschaft – Partnerschaftsgesellschaft – Partenreederei – EWIV, Gummert, Hans / Weipert, Lutz (Hrsg.), München, 3. Aufl. 2009
zitiert: *Bearbeiter,* in: Münch. Hdb z. GesR, Bd. I, 3. Aufl. 2009

Münchener Kommentar Versicherungsvertragsgesetz (VVG), Langheid, Theo / Wandt, Manfred (Hrsg.), München, 2010
zitiert: *Bearbeiter* in: Münch. Komm. z. VVG, 2010

Münchener Kommentar zum Bürgerlichen Gesetzbuch, Säcker, Franz Jürgen / Rixecker, Roland (Hrsg.),

– Band 1: Allgemeiner Teil, §§ 1-240, ProstG, AGG, München, 6. Aufl. 2012
– Band 2: Schuldrecht, Allgemeiner Teil §§ 241-432, München, 6. Aufl. 2012
– Band 3: Schuldrecht, Besonderer Teil I §§ 433-610, Finanzierungsleasing, HeizkostenV, BetriebskostenV, CISG, München, 6. Aufl. 2012
– Band 4: Schuldrecht, Besonderer Teil II, §§ 611-704 EFZG, TzBfG, KSchG, München, 6. Aufl. 2012
– Band 5: Schuldrecht, Besonderer Teil III, §§ 705-853, Partnerschaftsgesellschaftsgesetz, Produkthaftungsgesetz, Habersack, Matthias (Redakt.), München, 6. Aufl. 2013
– zitiert als *Bearbeiter*, in: Münch. Komm. z. BGB

Münchener Kommentar zum Handelsgesetzbuch, Schmidt, Karsten (Hrsg.),

– Band 5: Viertes Buch. Handelsgeschäfte. Erster Abschnitt. Allgemeine Vorschriften §§ 343-372, Recht des Zahlungsverkehrs, Effektengeschäft, Depotgeschäft, Ottawa Übereinkommen über Internationales Factoring, München, 2. Aufl. 2009

Band 5: Viertes Buch. Handelsgeschäfte. Erster Abschnitt. Allgemeine Vorschriften. Zweiter Abschnitt. Handelskauf. Dritter Abschnitt. Kommissionsgeschäft §§ 343-406. Wiener UN-Übereinkommen über Verträge über den internationalen Warenkauf – CISG, München, 3. Aufl. 2014
zitiert: *Bearbeiter*, in: Münch. Komm. z. HGB

Mußler, Hanno, Im Gespräch: Roland Boekhout, Vorstandsvorsitzender der ING Diba – „Bankkunden sollten wenig komplexe Produkte wählen", FAZ Nr. 279 v. 29.11.2012, S. 20
zitiert: *Mußler*, FAZ Nr. 279 v. 29.11.2012, S. 20

N.N., Anlegern drohen noch härtere Ausschläge, Handelsblatt v. 17.8.2007, S. 19
zitiert: *N.N.*, Handelsblatt v. 17.8.2007, S. 1

– Bankgebühren: Depotkosten drücken, Finanztest 2/2008, S. 29
zitiert: *N.N.*, Finanztest 2/2008, S. 29
– Misstrauen unter den Banken wächst wieder, FAZ v. 26.8.2008, Nr. 199, S. 21
zitiert: *N.N.*, FAZ v. 26.8.2008, Nr. 199, S. 21
– Rettungspakete gigantischen Ausmaßes – Turbulenzen an den Börsen – aus einer Krise des amerikanischen Immobilienmarktes droht eine Weltwirtschaftskrise zu werden, FAZ v. 13.12.2008, Nr. 292, S. J18
zitiert: *N.N.*, FAZ v. 13.12.2008, Nr. 292, S. J18
– Bloß weg von teuren Banken, Finanztest 5/2011, S. 44
zitiert: *N.N.*, Finanztest 5/2011, S. 44

Nelson, Phillip, Information and Consumer Behavior, 78 Journal of Political Economy 311-329 (1970)
zitiert: *Nelson*, 78 Journal of Political Economy 311-329 (1970)

Neumann, Nils, Bedenkzeit vor und nach Vertragsabschluss: Verbraucherschutz durch Widerrufsrechte und verwandte Instrumente im deutschen und im französischen Recht, Tübingen, 2005 (zugl.: Saarbrücken, Univ., Diss., 2004)
zitiert: *Neumann*, Bedenkzeit vor und nach Vertragsabschluss, 2005

Nikolaus, Max / d'Oleire, Stefan, Aufklärung über „Kick-backs“ in der Anlageberatung: Anmerkungen zum BGH-Urteil vom 19.12.2006 = WM 2007, 487, WM 2007, 2129-2135
zitiert: *Nikolaus/d'Oleire*, WM 2007, 2129

Nink, Katrin / Schröder, Helmut, Zu Risiken und Nebenwirkungen: Lesen Sie die Packungsbeilage?, PharmR 2006, 118-122
zitiert: *Nink/Schröder*, PharmR 2006, 118

Obst/Hintner: Geld-, Bank- und Börsenwesen – Handbuch des Finanzsystems, von Hagen, Jürgen / von Stein, Johann Heinrich (Hrsg.), Stuttgart, 2000, 40. Aufl.
zitiert: *Bearbeiter*, in: Obst/Hintner, Geld-, Bank- und Börsenwesen, 40. Aufl., 2009

Oehler, Andreas, Theoretische, empirische und experimentelle Befunde unter Marktrelevanz, ÖBA 2000, 978-989
zitiert: *Oehler*, ÖBA 2000, 978

Oelkers, Felix, Der Begriff des "Eigenhandels für andere" im KWG, WM 2001, 340-348
zitiert: *Oelkers*, WM 2001, 340

Palandt: Bürgerliches Gesetzbuch, Bassenge, Peter / Brudermüller, Gerd / Diederichsen, Uwe / et al. (Bearb.), München, 71. Aufl. 2012 und 73. Aufl. 2014
zitiert: *Bearbeiter*, in: Palandt

Parchomovsky, Gideon / Goshen, Zohar, The Essential Role of Securities Regulation, 55 Duke Law Journal 711-782 (2006)
zitiert: *Parchomovsky/Goshen*, 55 Duke Law Journal (2006)

Paredes, Troy A., Blinded by the Light: Information Overload and its Consequences for Securities Regulation, 81 Washington University Law Quarterly 417-485 (2003)
zitiert: *Paredes*, 81 Washington University Law Quarterly 417 (2003)

Pascua, José Antonio Ramos, Die Grundlage rechtlicher Geltung von Prinzipien – eine Gegenüberstellung von Dworkin und Esser, in: Prinzipien des Rechts, Orsi, Giuseppe / Seelmann, Kurt / Smid, Stefan / et al. (Hrsg.), Frankfurt/Main/Berlin/Bonn, 1996
zitiert: *Pascua*, in: Orsi/Seelmann/Smid (Hrsg.), Prinzipien des Rechts, 1996

Pennekamp, Johannes, -, Ökonomie neu denken – Mehr Macht für den Staat?, Handelsblatt Online v. 23.1.2012, abrufbar unter www.handelsblatt.de
zitiert: *Pennekamp*, Handelsblatt Online v. 23.1.2012

– Der Homo oeconomicus lebt, FAZ Nr. 250 v. 26.10.2012, S. 11
zitiert: *Pennekamp*, FAZ Nr. 250 v. 26.10.2012, S. 11

Pfeiffer, Thomas, Der Verbraucherbegriff als zentrales Merkmal im europäischen Privatrecht, in: Europäische Rechtsangleichung und nationale Privatrechte, Schulte-Nölke, Hans / Schulze, Reiner (Hrsg.), Baden-Baden, 1999, S. 21-44
zitiert: *Pfeiffer*, in: Schulte-Nölke/Schulze (Hrsg.), Europäische Rechtsangleichung, 1999

– Vom kaufmännischen Verkehr zum Unternehmensverkehr – Die Änderungen des AGB-Gesetzes durch das Handelsrechtsreformgesetz, NJW 1999, 169-174
zitiert: *Pfeiffer*, NJW 1999, 169

– Verbraucherrecht mit vielen Säulen – Auf der Suche nach funktionsgerechten Konstruktionsprinzipien eines Rechtsgebiets, NJW 2012, 2609-2012
zitiert: *Pfeiffer*, NJW 2012, 2609

Pikart, Heinz, Die Rechtsprechung des Bundesgerichtshofs zum Bankvertrag, WM 1957, 1238-1246
zitiert: *Pikart*, WM 1957, 1238

Piper/Ohly/Sosnitza, Gesetz gegen den unlauteren Wettbewerb: UWG, Ohly, Ansgar / Sosnitza, Olaf (Hrsg.), München, 5. Aufl. 2010
zitiert: *Bearbeiter*, in: Piper/Ohly/Sosnitza, Komm. z. UWG, 5. Aufl. 2010

Podewils, Felix / Reisich, Dennis, Haftung für Schrott-Zertifikate? Aufklärungs- und Beratungspflichten nach BGB und WpHG beim Erwerb von Zertifikaten, NJW 2009, 116-121
zitiert: *Podewils/ Reisich*, NJW 2009, 116

Poscher, Ralf, Grundrechte als Abwehrrechte: reflexive Regelung rechtlich geordneter Freiheit, Tübingen, 2003 (zugl.: Berlin, Humboldt-Univ., Habil., 2002)
zitiert: *Poscher*, Grundrechte als Abwehrrechte, 2003

Poser, Norman S. / Fanto, James A., Broker-Dealer Law and Regulation, Austin, 4. Aufl. 2010
zitiert: *Poser/Fanto*, Broker-Dealer Law and Regulation, 4. Aufl. 2010

Posner, Richard A., Rational Choice, Behavioral Economics and the Law, 50 Stanford Law Review 1471-1550 (1998)
zitiert: *Posner*, 50 Stanford Law Review 1471 (1998)

Praktikerhandbuch Wertpapier- und Derivategeschäft, Ellenberger, Jürgen / Schäfer, Holger / Clouth, Peter / et al. (Hrsg.), Heidelberg, 4. Aufl., 2011
zitiert: *Bearbeiter*, in: Ellenberger/Schäfer/Clouth (Hrsg.), Wertpapier- und Derivategeschäft, 4. Aufl. 2011

Prentice, Robert, Whither Securities Regulation? Some Behavioral Observations Regarding Proposals for its Future, 51 Duke Law Journal 1397-1511 (2002)
zitiert: *Prentice*, 51 Duke Law Journal 1397 (2002)

Preuße, Thomas / Schmidt, Maike, Anforderungen an Informationsblätter nach § 31 Abs. 3 a WpHG, BKR 2011, 265-272
zitiert: *Preuße/Schmidt*, BKR 2011, 265

Preute, Thomas, Interessengerechte Anlageberatung: Dogmatik, ökonomische Analyse und Rechtsvergleich, Frankfurt, 2000 (zugl.:,Augsburg, Univ., Diss., 2000)
zitiert: *Preute*, Interessengerechte Anlageberatung, 2000

Prölss/Martin, Kommentar Versicherungsvertragsgesetz VVG, Armbrüster, Christian / Dörner, Heinrich / Klimke, Dominik / et al. (Hrsg.), München, 28. Aufl. 2010
zitiert: *Bearbeiter*, in: Prölss/Martin, Komm. z. VVG, 28. Aufl. 2010

Purnhagen, Kai P., Die Auswirkungen der neuen EU-Richtlinie auf das deutsche Verbraucherrecht, ZRP 2012, 36-39
zitiert: *Purnhagen*, ZRP 2012, 36

Rachlinski, Jefferey J., The Uncertain Psychological Case for Paternalism, 97 Northwestern University Law Review 1165-1225 (2002-2003)
zitiert: *Rachlinski*, 97 Northwestern University Law Review 1165 (2002-2003)

– Cognitive Errors, Individual Differences, and Paternalism, 73 University of Chicago Law Review 207-229 (2006)
zitiert: *Rachlinski*, 73 University of Chicago Law Review 207 (2006)

Raffée, Hans /Fritz, Wolfgang, Informationsüberlastung des Konsumenten, in: Grundbegriffe der Wirtschaftspsychologie: Gesamtwirtschaft, Markt, Organisation, Arbeit, Hoyos, Carl Graf / Kroeber-Riel, Werner / Rosenstiel, Lutz von / et al. (Hrsg.), München, 1980, S. 83-90
zitiert: *Raffée/Fritz*, in: Hoyos/Kroeber-Riel/Rosenstiel (Hrsg.), Grundbegriffe der Wirtschaftspsychologie, 1980, S. 83

Raiser, Ludwig, Das Recht der Allgemeinen Geschäftsbedingungen, Hamburg, 1935 (zugl.: Berlin, Univ., Habil.)
zitiert: *Raiser*, Das Recht der Allgemeinen Geschäftsbedingungen, 1935

– Vertragsfunktion und Vertragsfreiheit, in: Hundert Jahre deutsches Rechtsleben: Festschrift zum hundertjährigen Bestehen des Deutschen Juristentages 1860-1960, Caemmerer, Ernst von (Hrsg.), Karlsruhe, 1960, Band I, S. 101-134
zitiert: *Raiser*, in: 100 Jahre Deutscher Juristentag, Bd. I, 1960

Reder, Melvin W., Chicago Economics: Permanence and Change, 20 Journal of Economic Literature 1-38 (1982)
zitiert: *Reder*, 20 Journal of Economic Literature 1 (1982)

Regelsberger, Ferdinand, Die rechtliche Bedeutung der sog. Geschäftsbedingungen der Bankiers für die Kontokorrentverträge, Bank-Archiv 5 (1905/06), 169-172
zitiert: *Regelsberger*, Bank-Archiv 5 (1905/06), 169-

Reich, Norbert, Zivilrechtstheorie, Sozialwissenschaften und Verbraucherschutz, ZRP 1974, 187-194
zitiert: *Reich*, ZRP 1974, 187

– Markt und Recht: Theorie und Praxis des Wirtschaftsrechts in der Bundesrepublik Deutschland, Darmstadt, 1977
zitiert: *Reich*, Markt und Recht, 1977

– Informations-, Aufklärungs- und Warnpflichten beim Anlagengeschäft unter besonderer Berücksichtigung des „execution-only-business" (EOB), WM 1997, 1601-1609
zitiert: *Reich*, WM 1997, 1601

Reiff, Peter, Die Vermittlung von Nettopolicen in der Lebensversicherung, r+s 2013, 525-538
zitiert: *Reiff*, r+s 2013, 525

Reifner, Udo, Alternatives Wirtschaftsrecht am Beispiel der Verbraucherverschuldung: Realitätsverleugnung oder soziale Auslegung im Zivilrecht, Neuwied, 1979
zitiert: *Reifner*, Alternatives Wirtschaftsrecht, 1979

– Verbraucherschutz im Umbruch – Nachhaltigkeit oder Selbsthilfe durch die Hilflosen?, VuR 2004, 130-140
zitiert: *Reifner*, VuR 2004, 130

– Europäische Finanzmarktkrise und Verbraucherschutz – Wie kann der Schutz der Verbraucherinteressen in die BaFin integriert werden?, VuR 2011, 410-416
zitiert: *Reifner*, VuR 2011, 410

Repgen, Tilman, Kein Abschied von der Privatautonomie: Die Funktion zwingenden Rechts in der Verbrauchsgüterkaufrichtlinie, Paderborn/München/Wien, 2001
zitiert: *Repgen*, Kein Abschied von der Privatautonomie, 2001

Reul, Adolf, Grundrechte und Vertragsfreiheit im Gesellschaftsrecht, DNotZ 2007, 184-210
zitiert: *Reul*, DNotZ 2007, 184

Richter, Rudolf / Furubotn, Eirik G., Neue Institutionenökonomik, Tübingen, 3. Aufl. 2005
zitiert: *Richter/Furubotn*, Neue Institutionenökonomik, 3. Aufl. 2005

Rittner, Fritz, Über den Vorrang des Privatrechts, in: Festschrift für Wolfram Müller-Freienfels, Dieckmann, Albrecht (Hrsg.), Baden-Baden, 1986, S. 509-524
zitiert: *Rittner*, in: FS Müller-Freienfels, 1986

– Interaktion zwischen Aufsichts- und Zivilrecht, Perspektiven des Wirtschaftsrechts. Deutsches, europäisches und internationales Handels-, Gesellschafts- und Kapitalmarktrecht. Beiträge für Klaus J. Hopt aus Anlass seiner Emeritierung, Baum, Harald / Hellgardt, Alexander / Fleckner, Andreas M. / et. al. (Hrsg.), Berlin, 2008, S. 55-84
zitiert: *Rittner*, in: Baum/Hellgardt/Fleckner (Hrsg.), Perspektiven des Wirtschaftsrechts, 2008

Röchert, Norman, Treuhand und neues Pfandbriefrecht: eine Untersuchung zur Frage der Insolvenzfestigkeit treuhänderisch gehaltener Grundpfandrechte und Forderungen vor dem Hintergrund jüngster Rechtsänderungen (zugl.: Leipzig, Univ., Diss., 2011), Aachen, 2011
zitiert: *Röchert*, Treuhand und neues Pfandbriefrecht, 2011

Röder, Bettina, Treuhand und Refinanzierungsregister: gesetzliches Interventionsrecht des Treugebers in der Finanzwirtschaft, Hamburg, 2011 (zugl.: Mainz, Univ., Diss., 2011)
zitiert: *Röder*, Treuhand und Refinanzierungsregister, 2011

Roth, Markus, Der allgemeine Bankvertrag, WM 2003, 480-482
zitiert: *Roth*, WM 2003, 480

Roth, Wulf-Henning, Die „Lehman-Zertifikate"-Entscheidungen des BGH im Lichte des Unionsrechts, ZBB 2012, 429-439
zitiert: *Roth*, ZBB 2012, 429

Rubin, Edward L., Rational Choice and Rat Choice: Some Thoughts on the Relationship among Rationality, Markets, and Human Beings, 80 Chicago Kent Law Review 1091-1127 (2005)
zitiert: *Rubin*, 80 Chicago Kent Law Review 1091 (2005)

Rümker, Dietrich, Haftung bei dem Erwerb und der Finanzierung von Vermögensanlagen, ZHR 147 (1983), 27-42
zitiert: *Rümker*, ZHR 147 (1983), 27

Rumpf, Max, Wirtschaftsrechtliche Vertrauensgeschäfte, AcP 119 (1921), 1-156
zitiert: *Rumpf*, AcP 119 (1921), 1

Russen, Jonathan, Financial Services: Authorisation, Supervision and Enforcement. A litigator's Guide, Oxford, 2006
zitiert: Russen, Financial Services, 2006

Russo, J. Edward / Krieser, Gene / Miyashita, Sally, An Effective Display of Unit Price Information, 39 Journal of Marketing 11-19 (1975)
zitiert: *Russo/Krieser/Miyashita*, 39 Journal of Marketing 11 (1975).

Saint-Paul, Gilles, The Tyranny of Utility: Behavioral Social Science and the Rise of Paternalism, Princeton, 2011
zitiert: *Saint-Paul*, The Tyranny of Utility, 2011

Samuelson, Paul A. / Nordhaus, William D., Economics, Boston, 19. Aufl. 2010
zitiert: *Samuelson/Nordhaus*, Economics, 19. Aufl. 2010

Santomero, Anthony M., Modeling the Banking Firm: A Survey, 16 Journal of Money, Credit and Banking 576-602 (1984)
zitiert: *Santomero*, 16 Journal of Money, Credit and Banking 576 (1984)

Sargent, Mark A., A Future For Blue Sky Law, 62 University of Cincinnati Law Review 471-512 (1993)
zitiert: *Sargent*, 62 University of Cincinnati Law Review 471 (1993)

Satzger, Helmut, Probleme des Schadens beim Betrug, Jura 2009, 518-528
zitiert: *Satzger*, Jura 2009, 518

Sauer, Knut, Haftung für Falschinformation des Sekundärmarktes, Frankfurt/Main/Berlin/Bern/u.a., 2004 (zugl.: Frankfurt/Main, Univ., Diss., 2004)
zitiert: *Sauer*, Haftung für Falschinformation des Sekundärmarktes, 2004

Schäfer, Frank A., Der Begriff des Emissionsgeschäfts im KWG – und die Tätigkeiten von Venture-Capital-Gesellschaften aus bankaufsichtsrechtlicher Sicht -, WM 2001, 361-367
zitiert: *Schäfer*, WM 2001, 361

– Sind die §§ 31 ff. WpHG n.F. Schutzgesetzt i.S.v. § 823 bs. 2 BGB?, WM 2007, 1872-1879
zitiert: *Schäfer*, WM 2007, 1872

– Die Pflicht zur Protokollierung des Anlageberatungsgesprächs gemäß § 34 Abs. 2 a, 2 b WpHG, in: Festschrift für Klaus Hopt zum 70. Geburtstag am 24. August 2010: Unternehmen, Markt und Verantwortung, Grundmann, Stefan / Haar, Brigitte / Merkt, Hanno / et al. (Hrsg.), Berlin/New York, 2010, Bd. II, S. 2427-2453
zitiert: *Schäfer*, in: FS Hopt, 2010, Bd. II

– Zivilrechtliche Konsequenzen der Urteile des BGH zu Gewinnmargen bei Festpreisgeschäften – Besprechung der Urteile des BGH vom 27. September 2011, XI ZR 178/10 = WM 2011, 2261 und XI ZR 182/10 = WM 2011, 2268 -, WM 2012, 197-201
zitiert: *Schäfer*, WM 2012, 197

ders. / Schäfer, Ulrike, BGH: Aufklärungspflicht der anlageberatenden Bank über Kickbacks – Anmerkung zu BGH, Urteil vom 19.12.2006 – XI ZR 56/05, BKR 2007, 163-166
zitiert: *Schäfer/Schäfer*, BKR 2007, 163

Schäfer, Hans-Bernd / Ott, Claus, Lehrbuch der ökonomischen Analyse des Zivilrechts

Berlin/Heidelberg/New York, 4. Aufl. 2005
zitiert: *Schäfer/Ott*, Ökonomische Analyse des Zivilrechts, 4. Aufl. 2005

Schaub, Renate, Beratungsvertrag und Sachmängelgewährleistung nach der Schuldrechtsmodernisierung, AcP 202 (2002), 757-807
zitiert: *Schaub*, AcP 202 (2002), 757

Schick, Michael, Zum Widerrufsrecht des Verbrauchers beim Telefonvertrieb von Lehman-Zertifikaten, AG 2011, R73-R74,
zitiert: *Schick*, AG 2011, R73

Schimikowski, Peter, Versicherungsvertragsrecht, München, 5. Aufl. 2014
zitiert: *Schimikowski*, Versicherungsvertragsrecht, 5. Aufl. 2014

Schlegelberger: Kommentar HGB, Handelsgesetzbuch, Band VI: §§ 383-460, Geßler, Ernst / Hefermehl, Wolfgang / Hildebrandt, Wolfgang (Hrsg.), München, 5. Aufl. 1977
zitiert: *Bearbeiter*, in: Schlegelberger, HGB, 5. Aufl. 1977

Schlosser, Peter, Sonderanknüpfungen von zwingendem Verbraucherschutzrecht und europäisches Prozessrecht, in: Festschrift für Ernst Steindorff zum 70. Geburtstag am 13. März 1990, Baur, Jürgen F. / Hopt, Klaus J. / K. Peter Mailänder (Hrsg.), Berlin/New York, 1990, S. 1379-1391
zitiert: *Schlosser*, in: FS Steindorff, 1990

Schmidt-Rimpler, Walter, Grundfragen einer Erneuerung des Vertragsrechts, AcP 147 (1941), 130-197
zitiert: *Schmidt-Rimpler*, AcP 147 (1941), 130

– Zum Vertragsproblem, in: Funktionswandel der Privatrechtsinstitutionen: Festschrift für Ludwig Raiser zum 70. Geburtstag, Baur, Fritz (Hrsg.), Tübingen, 1974, S. 3-26
zitiert: *Schmidt-Rimpler*, in: FS Raiser, 1974

Schmidt, Detlef, Die Unterscheidung von privatem und öffentlichem Recht, Baden-Baden, 1985 (zugl.: Göttingen, Univ., Diss., 1985)
zitiert: *D. Schmidt*, Die Unterscheidung von privatem und öffentlichem Recht, 1985

Schmidt, Ingo / Rittaler, Jan B., Die Chicago School of Antitrust Analysis: wettbewerbstheoretische und -politische Analyse eines Credos, Baden-Baden, 1986
zitiert: *Schmidt/Rittaler*, Die Chicago School of Antitrust Analysis, 1986

Schmidt, Karsten, -, Unternehmer – Kaufmann – Verbraucher, BB 2005, 837-842
zitiert: *K. Schmidt*, BB 2005, 837

– Verbraucherbegriff und Verbrauchervertrag – Grundlagen des § 13 BGB, JuS 2006, 1-7
zitiert: *K. Schmidt*, JuS 2006, 1

– Kapitalmarktrecht, Kartellrecht und deliktsrechtlicher Drittschutz – Wirtschaftsrechtliche Nagelproben des Schutzgesetzprinzips nach § 823 Abs. 2 BGB -, in: Unternehmensrecht zu Beginn des 21. Jahrhunderts. Festschrift für Eberhard Schwark zum 70. Geburtstag, Grundmann, Stefan / Kirchner, Christian / Raiser, Thomas (Hrsg.), München, 2009, S. 753-769
zitiert: *K. Schmidt*, in: FS Schwark, 2009

Schmies, Christian, Die Regulierung von Hedgefonds, Baden-Baden, 2010 (zugl.: Bonn, Univ., Diss., 2007/2008)
zitiert: *Schmies*, Die Regulierung von Hedgefonds, 2010

Schneider, Tilmann, Der Begriff des Verbrauchers im Recht, BB 1974, 764-768
zitiert: *Schneider*, BB 1974, 764

Schneiders, Günter, Anlegerschutz im Recht der Effektenkommission, Berlin, 1977
zitiert: *Schneiders*, Anlegerschutz im Recht der Effektenkommission, 1977

Schricker, Gerhard, Unlauterer Wettbewerb und Verbraucherschutz, GRUR Int. 1970, 32-44
zitiert: *Schricker*, GRUR Int. 1970, 32

Schröcker, Stefan, Unternehmenskauf und Anteilskauf nach der Schuldrechtsreform, ZGR 2005, 63-100
zitiert: *Schröcker*, ZGR 2005, 63

Schumacher, Rolf, Vertragsaufhebung wegen fahrlässiger Irreführung unerfahrener Vertragspartner, Bonn, 1979 (zugl.: Tübingen, Univ., Diss., 1978)
zitiert: *Schumacher*, Vertragsaufhebung wegen fahrlässiger Irreführung, 1979

Schünemann, Wolfgang B., -, Rechtsnatur und Pflichtenstruktur des Versicherungsvertrages, JZ 1995, 430-433
zitiert: *Schünemann*, JZ 1995, 430

– Mündigkeit versus Schutzbedürftigkeit: Legitimationsprobleme des Verbraucher-Leitbildes, in: Festschrift für Hans Erich Brandner zum 70. Geburtstag, Pfeiffer, Gerd / Kummer, Joachim / Schleuch, Silke (Hrsg.), Köln, 1996, S. 279-298
zitiert: *Schünemann*, in: FS Brandner, 1996

Schwab, Martin, Die Vermutung aufklärungsrichtigen Verhaltens bei mehreren hypothetischen Entscheidungsmöglichkeiten, NJW 2012, 3274-3277
zitiert: *Schwab*, NJW 2012, 3274

ders. / Giesemann, Amelie, Die Verbraucherrechte-Richtlinie: Ein wichtiger Schritt zur Vollharmonisierung im Binnenmarkt, EuZW 2012, 253-257
zitiert: *Schwab/Giesemann*, EuZW 2012, 253

Schwarcz, Steven L., Regulating complexity in Financial Markets, 87 Washington University Law Review 211-268 (2009)
zitiert: *Schwarcz*, 87 Washington University Law Review 211 (2009)

Schwark, Eberhard, Anlegerschutz durch Wirtschaftsrecht: Entwicklungslinien, Prinzipien und Fortbildung des Anlegerschutzes, zugleich ein Beitrag zur Überlagerung bürgerlich-rechtlicher Regelung und gewerbepolizeilicher Überwachung durch Wirtschaftsrecht, München, 1979 (zugl.: Bonn, Univ., Habil., 1977)
zitiert: *Schwark*, Anlegerschutz durch Wirtschaftsrecht, 1979

– Zur Haftung der Emissionsbank bei Aktienemissionen – börsen-, bilanz- und gesellschaftsrechtliche Aspekte -, ZGR 1983, 162-188
zitiert: *Schwark*, ZGR 1983, 162

– 100 Bände BGHZ: Bank- und Wertpapierrecht, ZHR 151 (1987), 325-354
zitiert: *Schwark*, ZHR 151 (1987), 325

– Die Verhaltensnormen der §§ 31 ff. WpHG, in: Das zweite Finanzmarktförderungsgesetz in der praktischen Umsetzung (Bankrechtstag 1995), Habersack, Mathias (Hrsg.), Berlin/New York, 1996, S. 109-133
zitiert: *Schwark*, in: Bankrechtstag 1995, 1996

Schwarze, Roland, Vorvertragliche Verständigungspflichten, München, 2001 (zugl.: Göttingen, Univ., Habil., 1999)
zitiert: *Schwarze*, Vorvertragliche Verständigungspflichten, 2001

Schwerdtfeger, Jörg, Änderungen des AGB-Gesetzes durch Umsetzung der Verbrauchervertragsrichtlinie, DStR 1997, 499-503
zitiert: *Schwerdtfeger*, DStR 1997, 499

Schwintowski, Hans-Peter, Bankrecht, München, 3. Aufl. 2011
zitiert: *Schwintowski*, Bankrecht, 3. Aufl. 2011

Seibt, Christoph H., Finanzanalysten im Blickfeld von Aktien- und Kapitalmarktrecht, ZGR 2006, 501-539
zitiert: *Seibt*, ZGR 2006, 501

Seiler, Wolfgang, Verbraucherschutz auf elektronischen Märkten: Untersuchung zu Möglichkeiten und Grenzen eines regulativen Paradigmenwechsels im internetbezogenen Verbraucherprivatrecht, Tübingen, 2006 (zugl.: Oldenburg, Univ., Habil., 2005)
zitiert: *Seiler*, Verbraucherschutz auf elektronischen Märkten, 2006

Sendler, Horst, Grundrecht auf Widerspruchsfreiheit der Rechtsordnung? – Eine Reise nach Absurdistan?, NJW 1998, 2875-2877
zitiert: *Sendler*, NJW 1998, 2875

Serchuk, David, Suitability: Where Brokers Fail, Forbes Magazine Online v. 24.6.2009,
abrufbar unter: http://www.forbes.com/2009/06/23/suitability-standards-fiduciary-intelligent-investing-brokers.html
zitiert: *Serchuk*, Forbes Magazine Online v. 24.6.2009

Sethe, Rolf, Anlegerschutz im Recht der Vermögensverwaltung, Köln, 2005 (zugl.: Tübingen, Univ., Habil., 2002)
zitiert: *Sethe*, Anlegerschutz im Recht der Vermögensverwaltung, 2005

– Die Zulässigkeit von Zuwendungen bei Wertpapierdienstleistungen, in: Entwicklungslinien im Bank- und Kapitalmarktrecht – Festschrift für Gerd Nobbe, Habersack, Matthias / Joeres, Hans-Ulrich / Krämer, Achim (Hrsg.), Köln, 2009, S. 769-790 zitiert: *Sethe*, in. FS Nobbe, 2009

Seyfried, Thorsten, Die Richtlinie über Märkte für Finanzinstrumente (MiFID) – Neuordnung der Wohlverhaltensregeln, WM 2006, 1375-1378
zitiert: *Seyfried*, WM 2006, 1375

Shapiro, David L., Courts, Legislatures, and Paternalism, 74 Virginia Law Review 519-575 (1988)
zitiert: *Shapiro*, 74 Virginia Law Review 519 (1988)

Shefrin, Hersh / Statman, Meir, -, The Disposition to Sell Winners Too Early and Ride Losers Too Long: Theory and Evidence, 40 Journal of Finance 777-790 (1985)
zitiert: *Shefrin/Statman*, 40 Journal of Finance 777 (1985)

– Making Sense of Beta, Size, and Book-to-Market, 21 Journal of Portfolio Management 26-34 (1995)
zitiert: *Shefrin/Statman*, 21 Journal of Portfolio Management 26 (1995)

Shiller, Robert J., From Efficient Markets Theory to Behavioral Finance, 17 Journal of Economic Perspectives 83-104 (2003)
zitiert: *Shiller*, 17 Journal of Economic Perspectives 83 (2003)

Shleifer, Andrei, Inefficient Markets: An Introduction to Behavioral Finance, Oxford/New York, 2000
zitiert: *Shleifer*, Inefficient Markets, 2000

Siebert, Wolfgang, Das rechtsgeschäftliche Treuhandverhältnis: ein dogmatischer und rechtsvergleichender Beitrag zum allgemeinen Treuhandproblem, Marburg, 1933 (zugl.: Halle, Univ., Habil., 1932)
zitiert: *Siebert*, Das rechtsgeschäftliche Treuhandverhältnis, 1933

Simitis, Konstantin, Verbraucherschutz, Schlagwort oder Rechtsprinzip?, Baden-Baden, 1976
zitiert: *Simitis*, Verbraucherschutz, Schlagwort oder Rechtsprinzip?, 1976

Simon, Herbert A., A Behavioral Model of Rational Choice, 69 Quarterly Journal of Economics 99-118 (1955)
zitiert: *Simon*, 69 Quarterly Journal of Economics 99 (1955)

– Models of Man: Social and Rational, New York, 1957
zitiert: *Simon*, Models of Man, 1957

Sindelar, Wolfgang, Die neue Kundenklassifizierung nach der Richtlinie über Märkte für Finanzinstrumente, ÖBA 2007, 206-212
zitiert: *Sindelar*, ÖBA 2007, 206

Singer, Reinhard, -, Vertragsfreiheit, Grundrechte und der Schutz des Menschen vor sich selbst, JZ 1995, 1133-1141
zitiert: *Singer*, JZ 1995, 1133

–

– Fehler beim Kauf – Zum Verhältnis von Mängelgewährleistung, Irrtumsanfechtung und culpa in contrahendo, in: 50 Jahre Bundesgerichtshof: Festgabe aus der Wissenschaft, Canaris, Claus-Wilhelm / Heldrich, Andreas (Hrsg.), München, 2000, Band I, S. 381-405
zitiert: *Singer*, in: FG 50 Jahre Bundesgerichtshof, 2000, Bd. I

Smith, Adam, Der Wohlstand der Nationen: eine Untersuchung seiner Natur und seiner Ursachen, München, 1974 (Erstaufl. 1789)
zitiert: *Smith*, Der Wohlstand der Nationen, 1974

Soergel: Bürgerliches Gesetzbuch mit Einführungsgesetz und Nebengesetzen, Band 2: Allgemeiner Teil 2. §§ 104 – 240 BGB, Soergel, Hans-Theodor (Begr.) / Siebert, Wolfgang (Bearb.), Stuttgart, 13. Aufl. 1999
zitiert: *Bearbeiter*, in: Soergel, BGB, 13. Aufl. 1999

Späth, Walter, Lehman-Zertifikate im Fokus der Rechtsprechung der letzten 2 Jahre, VuR 2010, 451-460
zitiert: *Späth*, VuR 2010, 451

Spindler, Gerald, -, Neuregelungen des Kapitalmarkt- und Börsenrechts zum Anlegerschutz? – Zur gesellschafts- und wirtschaftsrechtlichen Abteilung des 64. Deutschen Juristentages, DStR 2002, 1576-1586
zitiert: *Spindler*, DStR 2002, 1576

– Prime Standard und General Standard – Die Börse als Ersatzgesetzgeber für Quartalsberichte?, WM 2003, 2073-2085
zitiert: *Spindler*, WM 2003, 2073

– Aufklärungspflichten eines Finanzdienstleisters über eigene Gewinnmargen? – Ein „Kick-Back“ zu viel, WM 2009, 1821-1828
zitiert: *Spindler*, WM 2009, 1821

– Anlegerschutz im Kapitalmarkt- und Bankrecht – Neujustierung durch Behavioural Finance?, in: Festschrift für Franz Jürgen Säcker zum 70. Geburtstag, Joost, Detlev / Oetker, Hartmut / Paschke, Marian (Hrsg.), München, 2011, S. 469-485
zitiert: *Spindler*, in: FS Säcker, 2011

– Aufklärungspflichten im Bankrecht nach dem „Zins-Swap-Urteil“ des BGH, NJW 2011, 1920-1924
zitiert: *Spindler*, NJW 2011, 1920

– Behavioural Finance and Investor Protection Regulations, 34 Journal of Consumer Policy 315-336 (2011)
zitiert: *Spindler*, 34 Journal of Consumer Policy 315-336 (2011)

ders. / Kasten, Roman A., Der neue Rechtsrahmen für den Finanzdienstleistungssektor – die MiFID und ihre Umsetzung – Teil II, WM 2006, 1797-1804
zitiert: *Spindler/Kasten*, WM 2006, 1797

Spranger, Eduard, Lebensformen: geisteswissenschaftliche Psychologie und Ethik der Persönlichkeit, Tübingen, 8. Aufl. 1950
zitiert: *Spranger*, Lebensformen, 8. Aufl. 1950

Stackmann, Nikolaus, Klagen gegen Finanzberater – Beobachtungen der Bodenstation, NJW 2011, 2616-2620
zitiert: *Stackmann*, NJW 2011, 2616

Stahl, Carolin, Information Overload am Kapitalmarkt: eine verhaltensorientierte Untersuchung der Notwendigkeit und der Möglichkeiten zur Deregulierung der Informationspflichten des WpHG, Baden-Baden, 2013 (zugl.: Augsburg, Univ., Diss., 2012)
zitiert: *Stahl*, Information Overload am Kapitalmarkt, 2013

Staub: Großkommentar Handelsgesetzbuch, Staub, Hermann (Begr.),
- Band 5: Bankvertragsrecht, 1. Teil, 4. Aufl. 2005
- Band 9: §§ 373-376; 383-406, Berlin, 5. Aufl. 2013
  zitiert: *Bearbeiter*, in: Großkomm. z. HGB

Stauss, Bernd, Verbraucherinteressen: Gegenstand, Legitimation und Organisation, Stuttgart, 1980 (zugl.: Hannover, Univ., Diss., 1979)
zitiert: *Stauss*, Verbraucherinteressen, 1980

Stern, Klaus, Das Staatsrecht der Bundesrepublik Deutschland, Band III, Halbbd. 1: Grundlagen und Geschichte, München, 1988
zitiert: *Stern*, Das Staatsrecht der Bundesrepublik Deutschland, Bd. III/1, 1988

Stiglitz, Joseph E. / Weiss, Andrew, Credit Rationing in Markets with Imperfect Information, 71 American Economic Review 393-410 (1981)
zitiert: *Stiglitz/Weiss*, 71 American Economic Review 393 (1981)

Stout, Lynn A., Trust Behavior: The Essential Foundation of Securities Markets, UCLA School of Law, Law-Econ Research Paper No. 09-15 v. 31.7.2009, abrufbar unter: http://www.ssrn.com
zitiert: *Stout*, UCLA School of Law Research Paper No. 09-15 v. 31.7.2009

Streit, Manfred E., Wissen, Wettbewerb und Wirtschaftsordnung – Zum Gedenken an Friedrich August von Hayek, ORDO 43 (1992), 1-30
zitiert: *Streit*, ORDO 43 (1992), 1

Sunstein, Cass R. /Thaler, Richard H., Libertarian Paternalism Is Not an Oxymoron, 70 University of Chicago Law Review 1159-1202 (2003)
zitiert: *Thaler/Sunstein*, 70 University of Chicago Law Review 1159 (2003)

Tamm, Marina, Verbraucherschutzrecht: Europäisierung und Materialisierung des deutschen Zivilrechts und die Herausbildung eines Verbraucherschutzprinzips

Tübingen, 2011 (zugl.: Berlin, Humboldt-Univ., Habil., 2010)
zitiert: *Tamm*, Verbraucherschutzrecht, 2011

Teuber, Hanno, Finanzmarkt-Richtlinie (MiFID) – Auswirkungen auf Anlageberatung und Vermögensverwaltung im Überblick, BKR 2006, 429-437
zitiert: *Teuber*, BKR 2006, 429-437

Thaler, Richard H. / Sunstein, Cass R., Nudge: Improving Decisions About Health, Wealth, and Happiness, New Haven, 2008
zitiert: *Sunstein/Thaler*, Nudge, 2008

Tilmann, Winfried, Das AGB-Gesetz und die Einheit des Privatrechts, ZHR 142 (1978), 52-70
zitiert: *Tilmann*, ZHR 142 (1978), 52

Tison, Michel, The civil law effects of MiFID in a comparative law perspective, in: Festschrift für Klaus Hopt zum 70. Geburtstag am 24. August 2010: Unternehmen, Markt und Verantwortung, Grundmann, Stefan / Haar, Brigitte / Merkt, Hanno / et al. (Hrsg.), Berlin/New York, 2010, Bd. II, S. 2621-2639
zitiert: *Tison*, in: FS Hopt, 2010, Bd. II

Triebel, Volker / Peglow, Christian, Positive Funktion des ordre public bei Termingeschäften? – Zugleich Kritik an OLG Frankfurt 16 U 134/85 und 16 U 40/85 -, ZIP 1987, 613-621
zitiert: *Triebel/Peglow*, ZIP 1987, 613

Trinkhaus, Hans, Handbuch der Versicherungsvermittlung, Berlin, 1955
zitiert: *Trinkhaus*, Handbuch der Versicherungsvermittlung, 1955

Trueman, Brett, Analyst forecasts and herding behavior, 7 Review of Financial Studies 97-124 (1994)
zitiert: *Trueman*, 7 Review of Financial Studies 97 (1994)

Tuchtfeldt, Egon, Über die Staatsfunktionen bei Adam Smith, ORDO 27 (1976), 29-45
zitiert: *Tuchtfeldt*, ORDO 27 (1976), 29

Ulmer, Peter, Der Vertragshändler: Tatsachen und Rechtsfragen kaufmännischer Geschäftsbesorgung beim Absatz von Markenwaren, München, 1969 (zugl.: Heidelberg, Univ., Habil., 1968)
zitiert: *Ulmer*, Der Vertragshändler, 1969

van den Bergh, Roger / Lehmann, Michael, Informationsökonomie und Verbraucherschutz im Wettbewerbs- und Warenzeichenrecht, GRUR Int. 1992, 588-599
zitiert: *van den Bergh/Lehmann*, GRUR Int. 1992, 588

van Randenborgh, Wolfgang, „Zertifikate" gehören nicht in die Hand privater Anleger! – Zweifel an unvoreingenommener Anlageberatung der Banken, ZRP 2010, 76-79
zitiert: *van Randenborgh*, ZRP 2010, 76

Veil, Rüdiger, -, Anlageberatung im Zeitalter der MiFID – Inhalt und Konzeption der Pflichten und Grundlagen einer zivilrechtlichen Haftung -, WM 2007, 1821-1827
zitiert: *Veil*, WM 2007, 1821

– Vermögensverwaltung und Anlageberatung im neuen Wertpapierhandelsrecht – eine behutsame Reform der Wohlverhaltensregeln?, ZBB 2008, 34-42
zitiert: *Veil*, ZBB 2008, 34

– Aufklärung und Beratung über die fehlende Einlagensicherung von Lehman- Zertifikaten? Eine Analyse der zivil- und aufsichtsrechtlichen Pflichten bei der Anlageberatung, WM 2009, 1585-1592
zitiert: *Veil*, WM 2009, 1585

ders. /Walla, Fabian, Schwedisches Kapitalmarktrecht: eine rechtsvergleichende Studie aus der Perspektive des europäischen Kapitalmarktrechts, Köln, 2010
zitiert: *Veil/Walla*, Englisches Kapitalmarktrecht, 2010

ders. / Wundenberg, Malte, Englisches Kapitalmarktrecht: eine rechtsvergleichende Studie aus der Perspektive des europäischen Kapitalmarktrechts, Köln, 2010
zitiert: *Veil/Wundenberg*, Englisches Kapitalmarktrecht, 2010

Verbraucherrecht, Tamm, Marina / Tonner, Klaus (Hrsg.) Baden-Baden, 2012
zitiert: *Bearbeiter*, in: Tamm/Tonner (Hrsg.), 2012

Vieweg, Theodor, Topik und Jurisprudenz: ein Beitrag zur rechtswissenschaftlichen Grundlagenforschung, München, 5. Aufl. 1974
zitiert: *Vieweg*, Topik und Jurisprudenz, 5. Aufl. 1974

Viscusi, W. Kip, Individual Rationality, Hazard Warnings, and the Foundations of Tort Law, 48 Rutgers Law Review 625-671 (1996)
zitiert: *Viscusi*, 48 Rutgers Law Review 625 (1996)

Vogel, Christian, Vom Anlegerschutz zum Verbraucherschutz: Informationspflichten im europäischen Kapitalmarkt-, Anlegerschutz und Verbraucherschutzrecht, Baden-Baden, 2005 (zugl.: Bielefeld, Univ., Diss., 2004)
zitiert: *Vogel*, Vom Anlegerschutz zum Verbraucherschutz, 2004

Vogenauer, Stefan, Die Auslegung von Gesetzen in England und auf dem Kontinent: eine vergleichende Untersuchung der Rechtsprechung und ihrer historischen Grundlagen, Band I, Tübingen, 2001
zitiert: *Vogenauer*, Die Auslegung von Gesetzen, Bd. I, 2001

Voigt, Daniel, Rückvergütungen: Eine Bestandsaufnahme, NZG 2010, 1217-1218
zitiert: *Voigt*, NZG 2010, 1217

von Dalwigk zu Lichtenfels, Reinhard, Das Effektenkommissionsgeschäft, Köln/Berlin/Bonn/u.a., 1975
zitiert: *v. Dalwigk zu Lichtenfels*, Das Effektenkommissionsgeschäft, 1975

von Hayek, Friedrich A., Individualismus und wirtschaftliche Ordnung, Zürich, 1952
zitiert: *v. Hayek*, Individualismus und wirtschaftliche Ordnung, 1952

– Der Wettbewerb als Entdeckungsverfahren, Kiel, 1968
zitiert: *v. Hayek*, Der Wettbewerb als Entdeckungsverfahren, 1968

– Recht, Gesetzgebung und Freiheit, Bd. I: Recht, Gesetzgebung und Freiheit: eine neue Darstellung der liberalen Prinzipien der Gerechtigkeit und der politischen Ökonomie, Bd. II: Die Verfassung einer Gesellschaft freier Menschen, Bd. III: Die Illusion der sozialen Gerechtigkeit, Landsberg/Lech, 1980-1981
zitiert: *v. Hayek*, Recht, Gesetzgebung und Freiheit, Bd. I-III, 1980-1981

von Hippel, Eike, Verbraucherschutz, Tübingen, 3. Aufl. 1986
zitiert: *v. Hippel*, Verbraucherschutz, 3. Aufl. 1986

von Jhering, Rudolf, Culpa in contrahendo oder Schadensersatz bei nichtigen oder nicht zur Perfection gelangten Verträgen, 4 Jherings Jahrbücher für die Dogmatik des bürgerlichen Rechts (1861), 1-112
zitiert: *v. Jhering*, 4 Jherings Jahrbücher für die Dogmatik des bürgerlichen Rechts (1861), 1

– Der Zweck im Recht, Leipzig, 3. Aufl. 1893
zitiert: *v. Jhering*, Der Zweck im Recht, 3. Aufl. 1893

von Westphalen, Friedrich Graf, Die Novelle zum AGB-Gesetz, BB 1996, 2101-2106
zitiert: *v. Westphalen,* BB 1996, 2101

Vortmann, Jürgen, Aufklärungs- und Beratungspflichten der Banken, Köln, 10. Aufl. 2013
zitiert: *Vortmann*, Aufklärungs- und Beratungspflichten der Banken, 10. Aufl. 2013

Voß, Thorsten, Geschlossene Fonds unter dem Rechtsregime der Finanzmarkt-Richtlinie (MiFID)?, BKR 2007, 45-54
zitiert: *Voß*, BKR 2007, 45

Wagner, Klaus-R., -, Ausstieg aus fremdfinanzierten geschlossenen Immobilienfonds per HWiG, VerbrKrG, Anlageberatungshaftung und Prospekthaftung, NZG 2000, 169-182
zitiert: *Wagner*, NZG 2000, 169

– Der stillschweigende Anlagevermittlungs-/-beratungsvertrag, DStR 2003, 1757-1760
zitiert: *Wagner*, DStR 2003, 1757

– Sind Kapitalanleger Verbraucher? Zum Verhältnis von Kapitalanlagerecht zum Verbraucherschutzrecht -, BKR 2003, 649-656
zitiert: *Wagner*, BKR 2003, 649

– Neue Entwicklungen zur Anlagevermittler-/Anlageberaterhaftung (Teil II), DStR 2004, 1883-1886
zitiert: *Wagner*, DStR 2004, 1883

Weber-Rey, Daniela / Baltzer, Corinna, Aufsichtsrechtliche Regelungen für Vermittler von Finanzanlagen und Vermögensverwalter nach der 6. KWG-Novelle, WM 1997, 2288-2296
zitiert: *Weber-Rey/Baltzer*, WM 1997, 2288

Weichert, Tilman / Wenninger, Thomas, Die Neuregelung der Erkundigungs- und Aufklärungspflichten von Wertpapierdienstleistungsunternehmen gem. Art. 19 RiL 2004/39/EG (MiFID) und Finanzmarkt-Richtlinie-Umsetzungsgesetz, WM 2007, 625-636
zitiert: *Weichert/Wenninger*, WM 2007, 625

Weller, Marc-Philippe, Die Dogmatik des Anlageberatungsvertrags – Legitimation der strengen Rechtsprechungslinie von Bond bis Ille./. Deutsche Bank, ZBB 2011, 191-199
zitiert: *Weller*, ZBB 2011, 191

Wendehorst, Christiane, Anlageberatung, Risikoaufklärung und Rechtswidrigkeitszusammenhang, ÖBA 2010, 562-574
zitiert: *Wendehorst*, ÖBA 2010, 562-574

Wertpapierhandelsgesetz (WpHG), Fuchs, Andreas (Hrsg.), München, 2009
zitiert: *Bearbeiter*, in: Fuchs (Hrsg.), WpHG, 2009

Wieacker, Franz, Das Sozialmodell der klassischen Privatrechtsgesetzbücher und die Entwicklung der modernen Gesellschaft: Vortrag gehalten vor der Juristischen Studiengesellschaft in Karlsruhe am 12. Dezember 1952, Karlsruhe, 1953
zitiert: *Wieacker*, Sozialmodell der klassischen Privatrechtsgesetzbücher, 1953

Wiechers, Ulrich, Aktuelle Rechtsprechung des XI. Zivilsenats des Bundesgerichtshofs, WM 2012, 477-486
zitiert: *Wiechers*, WM 2012, 477

Wiedemann, Herbert, Gesellschaftsrecht: ein Lehrbuch des Unternehmens- und Verbandsrechts, München, 1980
zitiert: *Wiedemann*, Gesellschaftsrecht, 1980

Wieneke, Laurenz, Discount-Broking und Anlegerschutz, Baden-Baden, 1999 (zugl.: Berlin, Humboldt-Univ., Diss., 1998)
zitiert: *Wieneke*, Discount-Broking und Anlegerschutz, 1999

Wiewel, Theo, Das neue KapMuG in Anlageberatungsfällen, VuR 2013, 173-177
zitiert: *Wiewel*, VuR 2013, 173

Wilburg, Walter, Entwicklung eines beweglichen Systems im Bürgerlichen Recht: Rede, gehalten bei d. Inauguration als Rector magnificus d. Karl-Franzens-Universität in Graz am 22. Nov. 1950, Graz, 1950
zitiert: *Wilburg*, Entwicklung eines beweglichen Systems, 1950

Wildmoser, Gerhard / Schiffer, Jan / Langoth, Bernd, Haftung von Ratingagenturen gegenüber Anlegern?, RIW 2009, 657-668
zitiert: Wildmoser/Schiffer/Langoth, RIW 2009, 657

Williamson, Oliver E., Transaction Cost Economics Meets Posnerian Law, 149 Journal of Institutional and Theoretical Economics 99-118 (1993)
zitiert: *Williamson*, 149 Journal of Institutional and Theoretical Economics 99 (1993)

– Die ökonomischen Institutionen des Kapitalismus, Tübingen, 2000
zitiert: *Williamson*, Die ökonomischen Institutionen des Kapitalismus, 2000

Winneke, Maik, Telefonvertrieb von Zertifikaten im Wege des Festpreisgeschäfts, BKR 2010, 321-327
zitiert: *Winneke*, BKR 2010, 321

Winter, Gerrit, Öffentliches Übernahmeangebot bei Versicherungsunternehmen, VersR 2000, 1453-1467
zitiert: *Winter*, VersR 2000, 1453

Würdinger, Hans, Gesellschaften, Bd. I: Recht der Personengesellschaften, Hamburg, 1937
zitiert: *Würdinger*, Gesellschaften, Bd. I, 1937

Zeiss, Walter, Gerichtliche Änderung vertraglich vereinbarter Preise?, NJW 1964, 477-480
zitiert: *Zeiss*, NJW 1964, 477

Zimbardo, Philip G. / Gerrig, Richard J., Psychologie, München, 18. Aufl. 2008
zitiert: *Zimbardo/Gerrig*, Psychologie, 18. Aufl. 2008

Zohlnhöfer, Werner, Von der Sozialen Marktwirtschaft zum Minimalstaat?, ORDO 43 (1992), 269-284
zitiert: *Zohlnhöfer*, ORDO 43 (1992), 269

Gesetzesmaterialien und Statistiken

A.T. Kearney, Banking Radar: Privatkundengeschäft erweist sich für Europas Banken als stabiler Anke, Pressemitteilung v. 9.7.2013,
abrufbar unter: http://www.atkearney.de
zitiert: Banking Radar: Privatkundengeschäft erweist sich für Europas Banken als stabiler Anker, Pressemitteilung v. 9.7.2013

Ausschuss der Weisen, Schlussbericht v. 15.2.2001 über die Regulierung der europäischen Wertpapiermärkte (Lamfalussy-Verfahren),
abrufbar unter: http://ec.europa.eu/internal_market/securities/docs/lamfalussy/wisemen/final-report-wise-men_de.pdf
zitiert: Ausschuss der Weisen, Schlussbericht v. 15.2.2001 z. Lamfalussy-Verfahren

Ausschuss für Binnenmarkt und Verbraucherschutz, Bericht v. 22.2.2011 über den Vorschlag für eine Richtlinie des Europäischen Parlaments und des Rates über Rechte der Verbraucher, A7-0038/2011
zitiert: Ausschuss für Binnenmarkt und Verbraucherschutz, Bericht v. 8.10.2008 z. Verbraucherrechte-RiL-E, A7-0038/2011

Ausschuss für Wirtschaft und Währung, Bericht v. 4.9.2003 über den Vorschlag für eine Richtlinie des Europäischen Parlaments und des Rates über Wertpapierdienstleistungen und geregelte Märkte und zur Änderung der Richtlinien 85/611/EWG, 93/6/EWG des Rates und der Richtlinie 2000/12/EG des Europäischen Parlaments und des Rates, A5-0287/2003
zitiert: Ausschuss für Wirtschaft und Währung, Bericht v. 4.9.2003 z. MiFID I, A5-0287/2003

Autorité des marchés financiers (AMF), Risk and Trend Mapping No. 12: Risk and Trend Mapping for Financial Market and Savings, 2012, abrufbar unter: http://www.amf-france.org/en_US/Publications/Lettres-et-cahiers/Risques-et-tendances/Archives.html?
zitiert: Autorité des marchés financiers (AMF), Risk and Trend Mapping No. 12, 2012

BaFin, Merkblatt: Hinweise zur Erlaubnispflicht nach § 32 Abs. 1 KWG, Stand: 1.4.2005
zitiert: BaFin, Merkblatt: Hinweise zur Erlaubnispflicht nach § 32 Abs. 1 KWG, Stand: 1.4.2005

– Jahresbericht 2010, April 2011
zitiert: BaFin, Jahresbericht 2010, April 2011

– Konsultation v. 20.12.2011, Entwurf des Rundschreibens zum Anwendungsbereich des § 121 Abs. 1 bis 3 InvG
zitiert: BaFin, Konsultation 20/2011: Entwurf des Rundschreibens zum Anwendungsbereich des § 121 Abs. 1 bis 3 InvG v. 20.12.2013

– Jahresbericht 2012, März 2013
zitiert: BaFin, Jahresbericht 2012, März 2013

– Merkblatt: Hinweise zum Tatbestand der Anlagevermittlung, Stand: 24.7.2013
zitiert: BaFin, Merkblatt: Hinweise zum Tatbestand der Anlagevermittlung, Stand: 24.7.2013
– Merkblatt: Hinweise zu den Tatbeständen des Eigenhandels und des Eigengeschäfts, Stand: 25.7.2013
zitiert: BaFin, Merkblatt: Hinweise zu den Tatbeständen des Eigenhandels und des Eigengeschäfts, Stand: 25.7.2013
– Rundschreiben 4/2013 (WA), Auslegung gesetzlicher Anforderungen an die Erstellung von Informationsblättern gemäß § 31 Abs. 3 a WpHG / § 5 a WpDVerOV, Stand: 26.9.2013
zitiert: BaFin, Rundschreiben 4/2013 (WA), Stand: 26.9.2013
– Rundschreiben 4/2010 (WA), Mindestanforderungen an die Compliance-Funktion und die weiteren Verhaltens-, Organisations- und Transparenzpflichten nach §§ 31 ff WpHG für Wertpapierdienstleistungsunternehmen (MaComp), Stand: 7.1.2014,
zitiert: BaFin, Rundschreiben 4/2010 (WA) – MaComp, Stand: 7.1.2014
alle abrufbar unter: http://www.bafin.de

Batten & Company, Studie: Welches Kundenvertrauen Finanzdienstleister genießen, Oktober 2011,
abrufbar unter: http://www.batten-company.com/uploads/media/111031_Finanzdienstleistungsstudie_Vertrauen.pdf
zitiert: Batten & Company, Studie: Welches Kundenvertrauen Finanzdienstleister genießen, Oktober 2011

BME Consulting, The EU Market For Consumer Longterm Retail Savings Vehicles – Comparative Analysis of Products, Market Structure, Costs, Distribution Systems and Consumer Saving Patterns, November 2007, abrufbar unter: http://ec.europa.eu/internal_market/finan-ces/docs/cross-sector/study_en.pdf
zitiert: BME, The EU Market For Consumer Longterm Retail Savings Vehicles, 2007

BMJ, Pressemitteilung v. 9.6.2006, Neues Versicherungsvertragsrecht: Mehr Verbraucherschutz für Versicherte,
abrufbar unter: http://www.pressrelations.de
zitiert: BMJ, Pressemitteilung v. 9.6.2006, Neues Versicherungsvertragsrecht: Mehr Verbraucherschutz für Versicherte

Bundesjustizamt, Liste qualifizierter Einrichtungen gemäß § 4 des Unterlassungsklagengesetzes (UKlaG), Stand: 6. Januar 2014,
abrufbar unter: https://www.bundesjustizamt.de/DE/Shared-Docs/Publikationen/Verbraucherschutz/
zitiert: Bundesjustizamt, Liste qualifizierter Einrichtungen gemäß § 4 UKlaG, Stand: 6.1.2014.

BVI, BVI-Anlegerbefragung 2012, Juni 2012,
abrufbar unter: http://www.bvi.de
zitiert: BVI, BVI-Anlegerbefragung 2012

BVR, Volkswirtschaft special Nr. 13 v. 8.10.2013,
abrufbar unter: http://www.bvr.de
zitiert: BVR, Volkswirtschaft special Nr. 13 v. 8.10.2013,

CESR, Public Consultation: Inducements under MiFID, Dezember 2006, CESR/06-687,
abrufbar unter: http://www.esma.europa.eu/system/files/06_ 687.pdf
zitiert: CESR, Public Consultation: Inducements under MiFID, Dezember 2006, CESR/06-687

CESR/CEBS/CEIOPS, Report of the 3L3 Task Force on Packaged Retail Investment Products (PRIPs) v. 6.10.2010,
abrufbar unter: http://www.esma.europa.eu/system/files/20101006_3L3_TF_on_PRIPs_Final_Report.pdf
zitiert: CESR/CEBS/CEIOPS, 3L3 Task Force-Report v. 6.10.2010

Commissione Nazionale per le Società e la Borsa (CONSOB), Newsletter Nr. 29 v. 18.7.2011,
abrufbar unter: http://www.consob.it/mainen/consob/publications/newsletter/search_newsletter.html
zitiert: Commissione Nazionale per le Società e la Borsa (CONSOB), Newsletter Nr. 29 v. 18.7.2011

DAI, DAI-Factbook 2012, 2013, abrufbar unter: www.dai.de
zitiert: DAI, Factbook 2012

Deutsche Bundesbank, Private Haushalte und ihre Finanzen, Tabellenanhang zur Pressenotiz v. 21.3.2013,
zitiert: Deutsche Bundesbank, Private Haushalte und ihre Finanzen, Tabellenanhang zur Pressemitteilung v. 21.3.2013

– Pressemitteilung v. 21.3.2013: Private Haushalte und ihre Finanzen" – Ergebnisse der Panelstudie zu Vermögensstruktur und Vermögensverteilung
zitiert: Deutsche Bundesbank, Pressenotiz v. 21.3.2013: „Private Haushalte und ihre Finanzen"
– Monatsbericht Juni 2013 v. 14.6.2013
zitiert: Deutsche Bundesbank, Monatsbericht Juni 2013

alle abrufbar unter: http://www.bundesbank.de

DSGV, Vermögensbarometer 2011,
abrufbar unter: http://www.dsgv.de/_download_gallery/Publika-tionen/Vermoegens-barometer_2011_final.pdf
zitiert: DSGV, Vermögensbarometer 2011

Europäischer Wirtschafts- und Sozialausschuss, Stellungnahme des Europäischen Wirtschafts- und Sozialausschusses v. 25./26.4.2012 zu dem Vorschlag für eine Richtlinie des Europäischen Parlaments und des Rates über Märkte für Finanzinstrumente zur Aufhebung der Richtlinie 2004/39/EG des Europäischen Parlaments und des Rates (Neufassung), ABl. Nr. C 191 v. 29.6.2012
zitiert: Europäischer Wirtschafts- und Sozialausschuss, Stellungnahme v. 25./26.4.2012 z. MiFID II-E, ABl. Nr. C 191 v. 29.6.2012

Europe Economics, Final Report v. 29.9.2010: Study on the Costs and Benefits of Potential Changes to Distribution Rules for Insurance Investment Products and other Non-MIFID Packaged Retail Investment Products, abrufbar unter: http://ec.europa.eu/internal_market/consultations/docs/2010/prips/costs_benefits_study_en.pdf
zitiert: Europe Economics, MiFID-Versicherungsreport v. 29.9.2010

European Insurance and Occupational Pensions Authority (EIOPA), Statistical Annex Insurance 2011, Dezember 2012,
abrufbar unter: https://eiopa.europa.eu
zitiert: EIOPA, Statistical Annex Insurance 2011, Dezember 2012

EWG-Kommission, Der Aufbau eines Europäischen Kapitalmarkts: Bericht einer von der EWG-Kommission eingesetzten Sachverständigengruppe, 1966
zitiert: EWG-Kommission, Der Aufbau des Europäischen Kapitalmarkts, 1966

EZB, Stellungnahme der EZB v. 22.3.2012 zu i) einem Vorschlag für eine Richtlinie über Märkte für Finanzinstrumente zur Aufhebung der Richtlinie 2004/39/EG des Europäischen Parlaments und des Rates, ii) einem Vorschlag für eine Verordnung über Märkte für Finanzinstrumente und zur Änderung der Verordnung (EMIR) über OTC-Derivate, zentrale Gegenparteien und Transaktionsregister, iii) einem Vorschlag für eine Richtlinie über strafrechtliche Sanktionen für Insider-Geschäfte und Marktmanipulation sowie iv) einem Vorschlag für eine Richtlinie über Insider-Geschäfte und Marktmanipulation (Marktmissbrauch), ABl. Nr. C 161 v. 7.7.2012
zitiert: EZB, Stellungnahme v. 22.3.2012 z. MiFID II-E, ABl. Nr. C 161 v. 7.7.2012

– Statistics Paper Series Nr. 2: The Eurosystem Household Finance and Consumption Survey – Results from the First Wave, April 2013,
abrufbar unter: http://www.ecb.europa.eu/pub/pdf/other/ ecbsp2en.pdf
zitiert: EZB, Statistics Paper Series Nr. 2, April 2013

FCA, Retail Conduct Risk Outlook, 2012,
abrufbar unter: http://www.fsa.gov.uk/pubs/other/rcro12.pdf
zitiert: FCA, Retail Conduct Risk Outlook, 2012

FESE, Share Ownership Structures in Europe, Dezember 2008, abrufbar unter: http://www.fese.eu/_lib/files/Share_Ownership _Survey_2007_Final.pdf
zitiert: FESE, Share Ownership Structure in Europe, 2008

Fidelity, Anlegerinteressen im Fokus: Ergebnisse der zweiten europäischen Studie zur Qualität der Anlageberatung, September 2011,
abrufbar unter: https://www.fidelity.de/static/pdf/presse/studien-ergebnisse-anlegeri nteressen-im-fokus-de-20110928.pdf
zitiert: Fidelity, Anlegerinteressen im Fokus, September 2011

GDV, Die deutsche Lebensversicherung in Zahlen 2012, Juni 2012,
abrufbar unter: http://www.gdv.de/2012/06/die-deutsche-lebensversicherung-in-zah len-2012
zitiert: GDV, Die deutsche Lebensversicherung in Zahlen 2012

IIG/IBF/JAC, Joint Industry Written Contribution on Suitability Requirements for Market Intermediaries in Relation to Investors v. 11.3.2011,
abrufbar unter: http://www.icmagroup.org/Regulatory-Policy-and-Market-Practice/Primary-Markets/retail-structured/
zitiert: IIF/IBF/JAC, JAC Letter v. 11.3.2011

IOSCO, Supervisory Framework for Markets, Mai 1999
zitiert: IOSCO, Supervisory Framework for Markets, Mai 1999
– Objectives and Principles of Securities Regulation, Juni 2010
zitiert: IOSCO, Objectives and Principles of Securities Regulation, Juni 2010
alle abrufbar unter: http://www.iosco.org/library/pubdocs

Kommission, Grünbuch über Finanzdienstleistungen: Wahrung der Verbraucherinteressen, Mai 1996, KOM(1996) 209 endg.
zitiert: Kommission, Grünbuch Finanzdienstleistungen, KOM(1996) 209 endg.
– Vorschlag v. 14.10.1998 für eine Richtlinie des Europäischen Parlaments und des Rates über den Fernabsatz von Finanzdienstleistungen an Verbraucher und zur Änderung der Richtlinie 90/619/EWG des Rates und der Richtlinien 97/7/EG und 98/27/EG, KOM(1998) 468 endg.
zitiert: Kommission, Vorschlag v. 14.10.1998 z. FinFA-RiL 2002/65/EG
– Mitteilung v. 11.5.1999, Finanzdienstleistungen: Umsetzung des Finanzmarktrahmens: Aktionsplan, KOM (1999) 232 endg.
zitiert: Kommission, FSAP v. 11.5.1999, KOM(1999) 232 endg.
– Background Note: Draft Commission Regulation amending Commission (EC) No. 809/2004 implementing Directive 2003/71/EC ('the Prospectus Directive') as regards supplementary financial information in prospectuses where the issuer has a complex financial history
zitiert: Kommission, Background Note
– Weißbuch v. 1.12.2005 zur Finanzdienstleistungspolitik für die Jahre 2005-2010, KOM(2005) 625 endg.
zitiert: Kommission, Weißbuch Finanzdienstleistungspolitik, KOM(2005) 625 endg.
– Call for Evidence: Need for a Coherent Approach to Product Transparency and Distribution Requirements for "substitute" Retail Investement Products?, Oktober 2007, Feedback Statement on Contributions to the Call for Evidence on "Substitute" Retail Investement Products, März 2008,
zitiert: Kommission, Feedback Statement on Contributions to the Call for Evidence on "Substitute" Retail Investement Products, März 2008
– Minutes of the Industry Workship on Retail Investment Products v. 22.5.2008
zitiert: Kommission, Minutes of the Industry Workshop on Retail Investment Products v. 22.5.2008
– Record of Open Hearing on Retail Investment Products v. 15.7.2008, abrufbar unter: http://ec.europa.eu/internal_market/finservices-retail/docs/investment_products/minutes_workshop_en.pdf
zitiert: Kommission, Record of Open Hearing on Retail Investment Products v. 15.7.2008
– Mitteilung v. 30.4.2009: Anlageprodukte für Kleinanleger, KOM(2009) 204 endg.
zitiert: Kommission, PRIP-Mitteilung v. 30.4.2009, KOM(2009) 204 endg.
– Commission Staff Working Document v. 30.4.2009: Impact Assessment Accompanying the Communication from the Commission to the European Parliament and the Council Packaged Retail Investment Products, SEC(2009) 556
zitiert: Kommission, PRIP-Impact Assessment v. 30.4.2009, SEC(2009) 556

- Zusammenfassung der Anhörung v. 20./21.9.2009, abrufbar unter: http://ec.europa.eu/internal_market/securities/isd /mifid_de.htm
  zitiert: Kommission, Zusammenfassung der Anhörung v. 20./21.9.2009
- Commission Staff Working Document on the Follow up in Retail Financial Services to the Consumer Markets Scoreboard, 22.9.2009, SEC(2009) 1251 endg.
  zitiert: Kommission, Commission Staff Working Document Retail Financial Services v. 22.9.2009
- Update on Commission work on Packaged Retail Investment Products (PRIPs) v. 16.12.2009, abrufbar unter: http://ec.europa.eu/internal_market/finservices-retail/investment_products/index_en.htm
  zitiert: Kommission, PRIP-Update v. 16.12.2009
- Packaged Retail Investment Products: Issues for discussion, Arbeitspapier des PRIP-Workshops v. 22.10.2009 in Brüssel, abrufbar unter: http://ec.europa.eu/internal_market /finservices-retail/docs/investment_products/2009-10-22_prips _en.pdf
  zitiert: Kommission, Arbeitspapier des PRIP-Workshops v. 22.10.2009 in Brüssel
- Midday Express v. 26.11.2010: News from the Communication Directorate General's midday briefing,
  abrufbar unter: http://europa.eu/rapid/press-release_MEX-10-1126_de.htm?locale=en
  zitiert: Kommission, Midday Express v. 26.11.2010: News from the Communication Directorate General's midday briefing
- Public Consultation v. 8.12.2010: Review of the Markets in Financial Instruments Directive (MiFID), abrufbar unter: http:/ec.europa.eu/internal_market/consultations/docs/2010/mifid/consultation_paper_en.pdf
  zitiert: Kommission, Public Consultation v. 8.10.2010 z. MiFID II
- Mitteilung der Kommission v. 8.12.2010: Consultation on the review of the Markets in Financial Instruments Directive, abrufbar unter: http://ec.europa.eu/internal_market-/consultations/docs/2010/mifid/consultation_paper_en.pdf
  zitiert: Kommission, Mitteilung zur MiFID I-Konsultation v. 8.12.2010
- Mitteilung der Kommission an das Europäische Parlament, den Rat, den Europäischen Wirtschafts- und Sozialausschuss und den Ausschuss der Regionen v. 11.6.2013: „Auf dem Weg zu einem allgemeinen europäischen Rahmen für den kollektiven Rechtsschutz", COM(2013) 401 endg.
  zitiert: Kommission, Mitteilung kollektiver Rechtsschutz, KOM(2013) 401 endg.
- Empfehlung der Kommission v. 11.6.2013: Gemeinsame Grundsätze für kollektive Unterlassungs- und Schadensersatzverfahren in den Mitgliedstaaten bei Verletzung von durch Unionsrecht garantierten Rechten,
  ABl. Nr. L 201 v. 26.7.2013, S. 60-65
  zitiert: Kommission, Grundsätze kollektiven Rechtsschutzes v. 11.6.2013, ABl. Nr. L 201 v. 26.7.2013, S. 60-65

Kommission zur Reform des Versicherungsvertragsrechts, Abschlussbericht v. 19.4.2004,
abrufbar unter: http://www.gesamt.bundesgerichtshof.de/gesetzes-materialien/16_wp/versvertrg/abschlussbericht.pdf
zitiert: Kommission zur Reform des Versicherungsvertragsrechts, Abschlussbericht v. 19.4.2004

Kommission/OPTEM, Pre-Contractual Information for Financial Services: Qualitative Study in the 27 Member States (Summary Report), Januar 2008,
abrufbar unter: http://ec.europa.eu/consumers/rights/docs/PCI_final_report_22Feb2008_en.pdf
zitiert: Kommission/OPTEM, Pre-Contractual Information for Financial Service, Januar 2008

Regierungskoalition CDU/CSU/SPD, Koalitionsvertrag CDU/CSU/SPD, Deutschlands Zukunft gestalten, 18. Legislaturperiode, abrufbar unter: www.cdu.de
zitiert: Regierungskoalition CDU/CSU/SPD, Koalitionsvertrag 18. Legislaturperiode

SEC, Study on Investment Advisers and Broker-Dealers (as required by Section 913 of the Dodd-Frank Wall Street Reform and Consumer Protection Act), Januar 2011,
abrufbar unter: http://www.sec.gov/news/studies/2011 /913studyfinal.pdf
zitiert: SEC, Study on Investment Advisers and Broker-Dealers, Januar 2011

– Duties of Brokers, Dealers, and Investment Advisers, Release No. 34-69013; IA-3558; File No. 4-606 v. 1.3.2013,
abrufbar unter: http://www.sec.gov/rules/other/2013/34-69013.pdf
zitiert: SEC, Duties of Brokers, Dealers, and Investment Advisers, Release No. 34-69013 v. 1.3.2013

Statistisches Bundesamt, Sektorale und gesamtwirtschaftliche Vermögensbilanzen 1991-2012, Stand: 4.9.2013,
abrufbar unter: https://www.destatis.de/DE/Publikationen/Thematisch/VolkswirtschaftlicheGesamtrechnungen/Vermoegensrechnung/
zitiert: Statistisches Bundesamt, Sektorale und gesamtwirtschaftliche Vermögensbilanzen 1991-2012 v. 4.9.2013

VGF, Branchenzahlen Geschlossene Fonds 2011, Stand: 7.2.2012,
abrufbar unter: http://www.sachwerteverband.de/
zitiert: VGF, Branchenzahlen Geschlossene Fonds 2011

Wirtschafts- und Sozialausschuss, Stellungnahme v. 27.9.1989 zu dem Vorschlag für eine Richtlinie des Rates über Wertpapierdienstleistungen, ABl. Nr. C 298 v. 27.11.1989, S. 6-18
zitiert: Wirtschafts- und Sozialausschuss, Stellungnahme v. 27.9.1989 z. WpDiRiL 93/22/EWG, ABl. Nr. C 298 v. 27.11.1989

Stichwortverzeichnis